聶魯達——回憶錄

Confieso que he vivido

Memorias

聶魯達 著
李文進 譯

Pablo Neruda

聶魯達——回憶錄

*代表最新智利版新收錄篇章

未曾結束的傳記

智利版主編　達里歐・歐塞斯（Darío Oses）

《聶魯達回憶錄——坦白說，我沒有白活》是一部卷帙浩繁、手法獨特的作品。聶魯達一直到一九七三年九月臨終前，都還在整理這部回憶錄。回憶錄當中有他對先前不同時期、不同出處作品的重寫，也有他審視和反思個人生平之後再創作的作品。

大約在一九七二年中旬，當時擔任駐法大使的聶魯達，在歐梅洛・阿爾塞（Homero Arce）的協助下，有系統地整理個人回憶錄。同年八月，他在寫給好友傅羅迪亞・泰德爾鮑姆（Volodia Teitelboim）的信中說道：「我正著手完成《十字路口》[1]的連載，直到把它變成一本重要的書為止。」就這樣，十篇自傳式的編年史成了他回憶錄的基礎，以「詩人的歲月」（Las vidas del poeta）為題，刊登在一九六二年的《國際十字路口》上。期刊的版面總是有限，但是關於「聶魯達」這題材需要更大的發揮空間與更多的篇幅，所以他乾脆重寫，並且加上不同時期創作的文章，例如一九五四年一月在智利大學進行的一系列關於個人生平與著作的講座講稿。

1　《十字路口》（*O Cruzeiro*），一九二八年至一九八五年間在巴西發行的葡萄牙文週刊，由里約熱內盧的十字路口設計公司（Empresa Grafica Cruzeiro, S.A.）創辦，主題包含明星生活、運動、健康、飲食、電影，甚至加入了政治、漫畫、時尚等議題。一九五六年，該週刊在拉丁美洲的銷售量衝破七十五萬冊，進入了巔峰期，因此增設西班牙文版《國際十字路口》（*O Cruzeiro Internacional*）。

曾有人說，聶魯達的詩也成了他寫回憶錄的養分。他在我們編輯的這個版本的引言中提到：「我的詩是什麼？我不知道。還不如直接向我的詩問我是誰。」

事實上，聶魯達總是在回憶錄中穿插自己的詩歌和散文。他的生平不僅表現在那部縝密規劃且有系統撰寫的傳記式詩歌中，也遍布在他大部分的作品裡。從他的第一部作品便能看出他企圖把發生在自己身上的事都記錄下來。對此，他寫道：「《晚霞》（*Crepusculario*）像我某些成熟時期的創作。有某部分是關於發生在我內心和外在世界的所有事情；關於所有打動了我的感覺。」

雖然聶魯達提及了不同時期、來自不同國籍的作家，但是並非單純引述他們的作品來建構回憶錄。在回憶錄裡，我們發現他以不同的方式撰寫個人的生平故事。其中一種是以事件發生順序作爲敘事主軸，比如描述前往俄南德斯（Hernández）家的脫粒場故事。他部分借用了英雄冒險旅程的典型：主角從原生家庭出發，在架構上與背景上歷經種種現實與夢境交錯，然後達到情節的高潮——主角的初夜，最後在回程中又回到了平淡的現實生活。在敘述行經安地斯山的旅程中，也有同樣的敘事特性：身體的長途跋涉同時也意味著精神狀態的改變，從被通緝的人過渡到自由的人，也開啓了詩人通往「世界的康莊大道」。

除此之外，《聶魯達回憶錄》中的許多篇章也寫得很像遊記。

另一種撰寫回憶錄的方式是透過描述地點、人物、回想與反思，將許多事件彙集起來，例如第十一章〈詩是一種職業〉，大多是雜記。在回憶錄的其他章節，我們也看到作者描寫了一系列人物，而這些有如演員表般的人物，也出現在聶魯達的某些詩歌作品裡。比如說，回憶錄中由一九二〇年代聖地牙哥的波希米亞作家組成〈冬天裡的瘋子〉這篇章中的主要人物；另外還可看到聶魯達年輕時在天堂谷認識的一群放蕩不羈的奇才，以及分散在此書各章節中許多不平凡的男男女女：羅哈斯．希梅內斯（Alberto Rojas Giménez）、阿卡里歐．柯達伯斯（Acario Cotapos）、南希．庫納（Nancy Cunard）等。這些人物以某種形式呼應了詩人在他的小說《居民與其希望》（*El habitante y su esperanza*）前言中所宣稱的，那種對於「不平靜與不滿的人們」的一種喜好。

聶魯達自己在簡短的前言中，指出本書的特殊之處：「回憶錄作家的回憶與詩人的回憶不同。他們或許生活經驗少，但卻忠實記錄許多外在的事物；他們經營細節來消遣讀者，讓我們看到他們那由時代光影交織出的幻象。」如同我們看到的，聶魯達抒情式的回憶錄是一種從他最初期的創作逐漸累積成的一部作品，經由這樣長期且緩慢的沉澱過程，他賦予了這部回憶錄既豐富又完整的內容。

聶魯達在此書前言中指出的另一項特殊性，在於他多重的生命：「我的生活精彩豐富，這就是詩人的生活。」在他的創作中，許多地方都隱含有他對多重自我的影射。光是以下這幾句，就是很好的例子：「我是人群，無數的人群。」（《漫歌》〔*Canto general*〕）；「我無法／沒有生活而活著／無法身爲人而不關心人……」（《元素頌》〔*Odas elementales*〕）；「在我的歌裡，彙集了看不見的人爲大家所唱的歌……」（同上）。

因此，這本書可以說是代表個人與眾人的聶魯達傳記，也是一部被所有人認同的個人傳記。

如同我們先前提過的，《晚霞》中已看得出詩人動了寫自傳的念頭，但是在某些代表性的作品中，這樣的企圖表現得更加明顯，例如在《漫歌》中〈我是〉（Yo soy）的部分；之後在歡慶五十歲生日的活動上，於智利大學暑期學校公開發表的五場演說；以及前面所提及的，他於一九六二年發表的一系列標題爲「詩人的生命」的文章；還有一九六四年，他爲了慶祝六十歲生日，創作的一部重要的傳記式詩歌集——《黑島備忘錄》（*Memorial de Isla Negra*）。

關於最後這一點，聶魯達同年在智利聖地牙哥國立圖書館舉辦的一場個人創作研討會中提過。當時詩人以即興演說作爲開頭，談論他的《備忘錄》一書：「在這部作品中，我同時仔細回顧了我在《晚霞》中的最初感受，也就是回顧一部記錄每天感受的詩歌集。雖然書是以生平爲主軸，但在這部長達五卷的詩歌集裡，我除了看見每天幸福或幽暗的表情，什麼也沒找到。確實，這部作品就像一個散落後又再次聚集的故事，被我個人生命的大事件以及無數呼喚我的大自然聲音糾纏、串連。」

聶魯達結束演說時，表達了想繼續撰寫自傳，直到生命結束那天的想法：「我不知道活到這把年紀了，這麼講是不是在說大話，我不會放棄繼續珍藏我見過、愛過的所有事物；珍藏我感受過、經歷過、爭取過的一切，這樣我才能繼續寫這一系列還沒完成的長詩，因爲我將寫到生命的最後一刻，才會停筆。」

《聶魯達回憶錄》本來應該在一九七四年出版，作爲慶祝他七十大壽的其中一項活動。然而，一九七三年九月十一日爆發軍事政變，使他在同月二十三日提早結束了生命。[1] 本書確實在一九七四年出版，不過卻成了遺作。

聶魯達基金會仔細檢查檔案後，找到某些與回憶錄相關的文件。首先是一本聶魯達於一九七三年六月親筆寫的筆記本，內容包括大量有趣的眉批，並且記載如何將各主題安插在《聶魯達回憶錄》中的構思。再來又找到兩個文件夾，裡面收有從未曝光的自傳稿。其中，包含了許多類似〈返鄉的少女〉這類的文章，它們就像拼圖裡少掉的圖案，與回憶錄的某些部分幾乎完全吻合。其他像〈詩人費德里克最後的愛〉這類的文章，則附上說明，解釋他當時爲什麼公開「群眾能完全拋開成見，接受費德里克有同性戀傾向，而無損於他的名望嗎？」這樣的自問。之後，瑪蒂爾德・烏魯蒂亞（Matilde Urrutia）澄清：「我也同樣質疑這一點，所以沒有將這篇放進回憶錄中。我將它放在這裡，我認為我沒有權利去破壞它。」隨著那個「我將它放在這裡」的舉動，瑪蒂爾德將這個小節交給時間處理。她靜置，希望在更尊重人之多元性的未來，有某個人能找到這篇文章，將它公諸於世。而這就是我們做的。

我們加入的其他文章，在當時並沒有被編入回憶錄中，原因可能是發行《聶魯達回憶錄》第一版時，情勢危急。我們回想一下，聶魯達臨終前在聖地牙哥的聖母醫院度過，當時智利正處於有史以來最嚴峻的軍事獨裁統治。他位於聖地牙哥的家——恰斯孔納（La Chascona），和另一個位於天堂谷的家——塞巴斯蒂安納（La Sebastiana），皆慘遭嚴重破壞，而且他的許多朋友都被逮捕、處決，或者下落不明、被隔離。

聶魯達死後，他的遺孀瑪蒂爾德好不容易將回憶錄從智利救出，以委內瑞拉外交郵袋將它寄到卡拉卡斯（Caracas），然後自己再飛過去，與一起合作出版此書的米格爾・歐德羅・希爾巴（Miguel Otero

---

1 按照智利官方說法，聶魯達因前列腺癌，健康狀況惡化，於病房中過世，享年六十九歲。但另一派的說法是，聶魯達為忠貞的共產黨員，又是擁護阿言德（Salvadodr Allende）左派政府的世界名人，因此一九七三年九月，當皮諾切（Augusto Pinochet，一九一五年—二〇〇六年）將軍在美國扶持下發動流血政變、成功推翻阿言德總統之後，不但讓智利陷入長達十七年的獨裁統治，也讓聶魯達的性命陷入危機。他的住所遭到軍政府包圍、搜索，許多著作被焚毀，接著不到兩週，他就在醫院病逝。謠傳聶魯達於醫院治療期間，剛上台的獨裁政府派人潛入病房，對他注射不明的有毒藥劑，導致其猝死。參見譯者李文進作品〈聶魯達死亡真相追蹤〉，《聯合文學》，三四三期（二〇一三年五月），頁八八—九一。

Silva）會合。

最後，我們找到三份不曾出版、撰寫於一九五四年的自傳式演講稿。這些都是詩人撰寫回憶錄時最主要的資料來源。

雖然聶魯達曾說，要到生命的最後一刻才會寫下那一系列長詩的最後一個字，但是這一版新加入的這些珍貴的自傳式資料，讓我們得以重新閱讀他的回憶錄，同時延續且豐富詩人未曾結束的生命故事。

巴布羅．聶魯達回憶錄的潤稿因為作者過世而中斷。一九七四年發行的第一版，章節順序由瑪蒂爾德．烏魯蒂亞和米格爾．歐德羅．希爾巴負責編排。

二〇一六年和二〇一七年間，我們在準備發行的新版回憶錄中加入了在聶魯達基金會檔案室裡找到的未公開傳記資料。

為了方便讀者分辨，新添的文章採不同字體印刷。＊

主編、序文、註解　達里歐．歐塞斯

＊台版編按：因《聶魯達回憶錄》過去並未正式授權出版繁體中文版，並考慮到閱讀的順暢性，因此新加入的篇章，在目次頁及各篇文章篇名下方以＊標示，不另換字體。

坦白說，我沒有白活

Confieso que he vivido

Memorias

聶魯達

Pablo Neruda

我今天帶給各位的是我詩裡某部分被吞噬的場景。它們是一路上陪伴我的寒冰與烈火，它們經常超越我寫作的腳步，滲入它們遇見的所有開放事物，同時拍打著在它們延伸的世界裡封閉的框架。

我了解每天有許多的反駁與爭論圍繞在我話語的四周，猛烈地燃燒又被澆熄。在這趟旅程中，我們將完全不涉及那個部分，此時我只想成為你們的好遊伴，陪你們一起遊歷有時連我都不認識的領域。

我的詩是什麼？我不知道。還不如直接向我的詩問我是誰。詩在靈魂的黑夜裡帶領了我，解放了我，又為我上了鐐銬；它帶著我走過孤寂，走過愛情，走過人群。

今天我特別覺得我是自己心聲的主角。請你們接受我，就像你們身邊多了一個人；就像時而痛苦、時而快樂的普通人；就像和大家一起進入森林、進入圖書館、進入民眾聚會和進到內心祕密深處的一個人。

我詩歌的南方是孤寂，北方是人民。孤寂是我第一部詩集的母親。在它的海灣中，在它的迷宮裡，我撒下孤獨、年輕漁夫的漁網，企圖劃破夜晚的神祕。在我生命那個有如宇宙浩瀚、激情、布滿星辰的年代，我的疑問在不確定的黃昏、在孤獨的世界裡，隨著痛苦的大翅膀一起覺醒……

於是，就像森林的盡頭發生大火，出現了愛的光芒，出現了初戀溫柔失控的火焰，發現了享受與甜蜜。在愉悅的縫隙裡仍聽得見黑暗、孤獨的風聲，在它的盡頭，愛的呼喚濃縮了令人沮喪的經驗。迷失在最初激情的男子抓住愛的荊棘，他帶著渺小的渴望淹沒在深夜的海裡。

巴布羅．聶魯達，〈繞著我的詩旅行〉（Viaje alrededor de mi poesía）

這些回憶和記憶是不連貫的，而且有時容易遺忘，因為真實的生活就是如此。不連貫的夢讓我們撐過工作的時日。在我回想過去時，許多記憶已經模糊不清，就像一片變為粉塵，無法挽救的碎玻璃。

回憶錄作家的回憶與詩人的回憶不同。他們或許生活經驗少，卻忠實記錄許多外在的事物；他們經營細節來消遣讀者，讓我們看到他們那由時代光影交織出的幻象。

或許我經歷的不是我自己的生活，或許我經歷的是其他人的生活。

我寫的這所有篇章，就像秋日的樹林，就像採收季的葡萄園；在這些詩篇裡，將會不斷落下奄奄一息、發黃的葉子，將會結出在聖酒裡重獲新生的葡萄。

我的生活精彩豐富，這就是詩人的生活。

01——鄉下的年輕人

智利的森林

……在火山山腳下，緊挨著長年積雪的地方，在大湖之間，那個芬芳、安靜、茂密的智利森林……雙腳陷進凋零的樹葉中，一根斷裂的樹枝發出啪啦聲，巨大的山毛櫸高挺著雄偉的身軀，一隻寒帶森林的野鳥飛過，撲打翅膀，停在茂密的樹枝間。接著從牠躲藏的地方，傳來一陣像是雙簧發出的音樂聲……野生的月桂樹芬芳、淡淡的波爾多香，進了我的鼻，直到我心底……瓜伊特卡斯柏[1]阻斷我的去路……這是層次分明的世界，有各種的鳥類，豐茂的樹葉……一顆石頭絆了我一下，我挖開無意間發現的洞，一隻全身長了紅毛、像螃蟹一樣大的蜘蛛，一動也不動地盯著我看……甲蟲對我釋放臭氣，同時牠彩虹般的身影就像閃電一樣迅速消失……我穿過一片比我人還要高的蕨類叢林。蕨類的末端捲曲，模樣就像冰冷的綠眼睛，當我通過時，它們在我臉上撒下六十顆淚珠，而且葉片像扇子一樣在我背後晃動了許久……一根枯木。真是塊寶！……黑色和藍色的蕈菇讓它長出了耳朵，紅色的寄生植物為它鑲上

1 即皮爾格柏（學名 *Pilgerodendron uviferum*），又名智利南部柏，是該國南部及阿根廷西南部特有的柏樹，在西班牙語中以智利的瓜伊特卡斯群島（Archipiélago de las Guaitecas）命名，稱為瓜伊特卡斯柏，是所有柏樹中分布緯度最南的物種。

紅寶石，其他懶洋洋的植物就像替它黏上了鬍子，還有一條像它分身的小蛇，快速地從它的裡面竄出，彷彿枯木的靈魂出竅……在更遠處，每棵樹都與它的同類保持距離……它們聳立在祕密叢林的綠色地衣上，呈現出各式各樣的枝葉形狀，有直線形的，有捲曲狀的，有枝葉茂密的，也有披針形的，就像一把永不停下的剪刀創造出的藝術品……一道峽谷下方，透明的河水流過花崗岩和斑紋大理石……一隻像萊姆般潔淨純黃的蝴蝶在水和光之間飛舞……我身旁數不盡的黃色蒲包花像極了一顆顆頭，頻頻向我致意……紅色的智利風鈴草在上方揮舞擺動，彷彿魔幻森林裡一滴又一滴從動脈流出的鮮血……紅色風鈴草像鮮血凝結成的花，白色風鈴草像是冰雪凝結成的花。在一陣葉子顫抖中，一隻飛奔的狐狸打破了寧靜，但寧靜終究是這些枝葉的自然法則……遠處傳來不明動物的微弱叫聲……隱匿的鳥禽發出響亮的叫聲呼應……各種植物很不起勁地發出窸窸窣窣的聲音，直到下起一場大雷雨，大地才開始發出奏鳴曲。

不認識智利森林，就不認識這寰宇。我從那片土地、那塊泥濘、那樣寧靜的環境出發，開始在世界漫步、歌唱。

童年與詩歌

我將開始描述我童年的日子，當時讓我唯一印象深刻的就是雨水。南方的大雨有如極地的瀑布，從合恩角[1]的天空一直到邊界[2]，一瀉而下。我就是在這個邊界，在祖國的「大西部」（Far West）誕生，我開始面對生命、面對土地、面對詩歌、面對雨水。

儘管我見過那麼多世面，我都感覺再也看不到像我出生地阿勞卡尼亞地區所下的那樣有氣勢、那樣細膩、藝術的雨。下了整整幾個月、整整幾年。雨一根一根地落下，像是細長的玻璃針摔碎在屋頂上，有時又像透明的浪花打在窗戶上，讓每間房子都像冬天大海上的小船，拚了命地駛進港口避難。

美洲南方這種寒冷的雨，不像熱呼呼的雨，稀里嘩啦地下得很是猛烈，也不會像鞭子抽打般扎得人刺痛，下完後更不會出現藍色的天空。相反地，南方的雨很有耐心地下，從灰濛濛的天空裡滴落，下得沒完沒了。

我家對面的街道變成一灘泥濘的大海。穿透雨水，我從窗戶裡看見一台牛車陷進路中間的泥坑。一位披著粗毛料、黑色斗篷的農夫，吆喝著卡在雨水和泥濘中動彈不得的牛。

當時我們沿著人行道，冒著寒冷的風雨，踩著一顆又一顆的石頭走到學校。風吹走了雨傘。當時雨衣很貴，我不喜歡戴手套，鞋子也被淋濕。我永遠忘不了緊靠在暖爐旁烘烤的濕襪子，以及許多冒著水蒸氣、有如小火車頭的鞋子。接著，洪水爆發，沖走住在河邊的窮人家的房子。大地跟著搖晃、顫抖。有幾次山邊冒出一絲絲可怕的光：雅伊瑪火山醒了。

1 合恩角（Cabo de Hornos），南美洲火地群島（Archipiélago de Tierra del Fuego）中最南端的陸岬，位於智利的合恩島上，被廣泛認為是南美洲的最南端。

2 聶魯達認同南美洲原住民的歷史，以此為傳記的開端，和自己的生命連結。故此處他指的邊界並非智利真正的國界，而是指當地原住民馬普切人（mapuches）佔領的阿勞卡尼亞地區（Araucanía）的邊界，即比奧比奧河（río Biobío）一帶。

蝶夢谷是拓荒者建立的城市；是座只有五金行，沒有過去歷史的城市。印第安人不識字，所以五金行在街上擺著明顯的標誌來招攬生意：無敵大鋸子、超級大鍋子、大鎖和南極用的大湯匙。

如果說蝶夢谷是智利南部生活發展比較先進的城市，那它也象徵了一段悠久的血淚歷史。

受到西班牙征服者的排擠，在歷經將近三百年的戰爭之後[1]，居住在阿勞卡尼亞的人被趕到寒冷的地區生活。但後來智利人仍持續發動所謂的「平定阿勞卡尼亞」[2]行動，也就是用流血與武力攻擊，搶奪自己同胞的土地。他們毫不留情，使盡各種手段對付印第安人：用卡賓槍射擊、用火燒他們的房舍，然後採取比較仁慈的方式——用法律制裁、用酒精誘惑。律師此時也成了剝削土地的專家，法官判抗議的人有罪，神父用永恆的地獄之火來威脅他們。印第安人的偉大、勇敢和美德，都曾經被阿隆索·德·埃西亞以鏗鏘有力的詩句記載在《阿勞卡尼亞之歌》[3]中。但是到最後，烈酒讓一個民族引以為傲的部分消失殆盡。

我父母抵達帕拉爾（Parral），也就是我出生的地方。那裡位於智利中部，是個葡萄鄉，盛產葡萄酒。我不記得、也不清楚當時自己是否親眼看著母親羅莎·巴索阿爾多（Rosa Basoalto）過世。我出生於一九〇四年七月十二日，兩個月後我母親就因為撐不過結核病的折磨，在九月時撒手人寰。

智利中部的小農生活困苦。我祖父何塞·安赫·雷耶斯（José Ángel Reyes）只有一小塊地，但是生了很多孩子。這些叔叔伯伯的名字聽起來都很像遙遠國度的王子，不是阿莫斯、歐瑟亞斯，就是侯耶爾、阿巴迪亞斯。只有我父親的名字很普通，叫何塞·德爾·卡門（José del Carmen）。他很年輕就離開故鄉到塔卡瓦諾港的船塢當工人，最後在蝶夢谷的鐵路公司上班。

他是開道碴[4]車的司機。很少人知道什麼是道碴車。南部地區常颳大風，如果不在枕木裡填上碎石子，火車軌道就會被大雨沖走。工人必須用簍筐將砂石場開採的道碴搬出來，再倒進板車裡。四十年前，在一輛這樣的火車上工作的人數相當可觀。他們來自鄉下、郊區或監獄，每個都是大塊頭、肌肉發達的粗漢。公司付給他們的薪水眞是少得可憐，而且對於肯在道碴車上工作的人也不要求經驗。我父親就是道碴車司機，他習慣使喚其他人，也習慣接受上級的指令。有時他會帶我一起去工作。我們曾在伯洛瓦[5]開採石頭，那裡是蠻荒邊界的中心，也是當初西班牙人和阿勞卡尼亞人的殺戮戰場。

1 西班牙殖民政府與南美原住民（以馬普切人為首的聯盟）之間爆發的阿勞卡尼亞戰爭（Guerra de Arauco，一五三六年—一七七二年），根據歷史記載，這場戰爭持續了二百三十七年，最後原住民獲致勝利，取得阿勞卡尼亞地區一帶的自治權。

2 佔領阿勞卡尼亞（Ocupación de la Araucanía，一八六一年—一八八三年），或是智利官方所稱的「平定阿勞卡尼亞」（Pacificación de la Araucanía）行動。該事件指的是智利政府對馬普切人自治的阿勞卡尼亞地區發動的軍事攻擊，旨在收復位居智利中部、將國土分割成南北兩段的阿勞卡尼亞。戰後，智利政府成功收復前述自治區，但該地局勢仍持續動盪，因此二十世紀初智利政府成立了卡賓槍兵兵團，維持該地區的秩序，並強制執法。

3 《阿勞卡尼亞之歌》（*La Araucana*）是十六世紀西班牙詩人埃西亞（Alonso de Ercilla y Zúñiga，一五三三年—一五九四年），根據自己在智利十七個月（一五五七年至一五五九年間）的所見所聞、參與戰役的親身經歷，再加上後來蒐集到的史料，所創作的巨著。全書分三卷，內容除了記載阿勞卡尼亞戰爭初期的歷史和戰役之外，對於馬普切族的諸位首領也有細膩的描寫，甚至為了避免內容枯燥單調，加入了幾段想像的劇情。此部作品被視為西班牙語國家最重要、也是寫得最好的史詩之一，後來更得到西班牙最著名的小說家塞萬提斯的推崇。

4 道碴，亦作「道砟」，指鋪在軌道枕木下的碎石子。

5 伯洛瓦（Boroa），阿勞卡尼亞地區小鎮，距蝶夢谷市約三十公里。

那裡的大自然令我陶醉。各種鳥類、甲蟲和鵪鶉蛋吸引著我。牠們就像抹了油，好似步槍槍管般又黑又亮，能夠在山谷間找到這些寶貝真是奇蹟。我也於驚奇昆蟲完美的樣子。我收集「蛇娘」[1]。我們用這個奇怪的名字稱呼昆蟲界的巨無霸，牠是智利最大型的甲蟲，外表烏黑、強壯，有光澤。突然在馬基斯灌木叢、歐洲野蘋果樹、智利風鈴草攀附的樹幹間看見這種昆蟲，會嚇到發抖；但是我知道牠很強壯，即使當時的我用兩隻腳站在牠身上，都踩不死牠；防禦力這麼強，根本不會有毒性。

我的這些探索引起工人們的好奇，開始對我的發現感興趣。只要我父親一不注意，他們就會鑽進未經開發的森林裡。他們比我熟練、比我聰明、比我有體力，總是幫我找到令人難以置信的寶物。有一個男孩叫孟荷，據我父親表示，他是個逞凶鬥狠的危險人物。他黝黑的臉上有兩道明顯的線：一條直的是刀疤，另一條橫的是他充滿親切感又有點壞壞的咧嘴笑。這個叫孟荷的男孩幫我找到白色的智利風鈴草、毛絨絨的蜘蛛、白頸野鴿的小幼鳥，有次他還發現了最令我心醉神迷的東西：智利風鈴草和桃金孃樹上的甲蟲。我不知道你們有沒有親眼見過這種昆蟲。我只看過那麼一次。牠就像披了彩虹的閃電，殼上閃耀著紅色、紫色、綠色、黃色的光澤。牠以迅雷不及掩耳的速度從我手中溜走，飛回森林。孟荷已經不在了，沒人幫我抓昆蟲，我再也看不到那炫麗甲蟲的身影，但也沒忘記我那朋友。我父親告訴我他的死訊。他從道碴車上摔下來，滾落懸崖。雖然整車的人都停了下來，但是根據我父親的轉述，當時的他已經血肉模糊。

我的家在六十年前就建好了，是棟典型的邊界老房子，很難描述得清楚。

首先，住家相通。雷耶斯家[2]、歐德卡斯家（Ortegas）、坎迪亞家（Candia）和梅森（Mason）家的人在院子後面互通有無：交換工具、書籍、生日蛋糕、挫傷藥膏、雨傘、桌子和椅子。

在這些拓荒者的屋子裡，能完成一整個村子能做的事。

從美國來的卡洛斯．梅森[3]先生，一頭白蒼蒼的亂髮，看起來很像愛默生[4]。他是此區居民的大家長，他的孩子們全是道地的克里歐人[5]。卡洛斯．梅森先生尊重律法與聖經。他不是帝國主義者，只是單純地想建個城。那裡的居民並非都是窮光蛋，有人開印刷廠，開旅館，開肉鋪。他們的孩子有些在不同的報社當主管，有些卻在同一家印刷廠賣勞力賺錢。日子就這樣一天一天地過，所有的人還是跟從前一樣不富有，只有德國人死守著錢財，在邊境地區特立獨行。

---

1 蛇娘（*madre de la culebra*，學名 *Acanthinodera cumingii*），在昆蟲分類上屬於鞘翅目中的食肉亞目、天牛科。外殼黑亮，頭部和胸部偏小，腹部偏大，是智利特有種，也是該國體型最大的昆蟲。雄蟲大約四至五公分長，雌蟲身長可達八至九公分，主要分布於智利中北部的科金博地區（Región de Coquimbo）至中部的阿勞卡尼亞一帶。

2 作者的父系家族。聶魯達本名里卡爾多．埃列瑟．內夫塔利．雷耶斯．巴索阿爾多（Ricardo Eliécer Neftalí Reyes Basoalto，一九〇四年—一九七三年），十三歲時以本名在報紙上發表第一篇詩作，直到一九二〇年代中期，為了躲避父親的反對，才改採巴布羅．聶魯達作為筆名。

3 卡洛斯．梅森（Carlos Mason），英語原名查爾斯．森納．梅森（Charles Sumner Mason，一八二九年—一九一四年），出生於美國緬因州波特蘭市，一八六五年移民到智利南部的小鎮帕拉爾（即聶魯達出生地），一八七四年娶當地的少女米卡艾拉．坎迪亞．瑪貝爾德（即聶魯達繼母的姊姊）為第二任妻子，隨後於一八八一年南遷至阿勞卡尼亞地區（即回憶錄中所謂的邊界地區），建立了蝶夢谷市。

4 此處指的是拉爾夫．沃爾多．愛默生（Ralph Waldo Emerson，一八〇三年—一八八二年），美國思想家、文學家。他提出的超驗主義強調人自身的神性，以及人與上帝之間直接交流的能力，是美國思想史重要的創舉。

5 克里歐人（criollo），源自葡萄牙語 crioulo（即「育養」之意），指殖民時期歐洲白人在殖民地（尤其美洲）所生的後代。

我們的房子老實說有點像野外的帳篷，或像發明家的店舖，進到裡面看得到大桶子、馬具、農具，還有一些難以描述的雜物。

總是有蓋了一半的房間、沒完成的樓梯。他們老是說會繼續蓋，但那些做父母的卻已經開始思考孩子們上大學的事了。

重要的慶祝會都在卡洛斯．梅森的家裡舉行。命名日[1]的餐會上有芹菜佐雞肉、烤羊肉串，還有奶油蛋白慕斯當作餐後甜點。我已經好久沒吃到奶油蛋白蛋糕了。頭髮灰白的族長坐在長到看不見盡頭的桌子最前面，旁邊坐著他的妻子米卡艾拉．坎迪亞夫人，背後掛了一大面智利國旗，上面用小別針別著一面小小的美國國旗，這也意味著此地美國裔與智利裔居民的比例。智利國旗上單獨的一顆星星顯得特別搶眼。

梅森家裡有一個大廳禁止小孩進入，裡面的家具一直蓋著白色布套，我根本不曉得它們是什麼顏色，直到某次發生火災，它們被搬出來，我才看到。裡面還有一本梅森家族的相簿。這些照片和後來蜂擁而至邊界地帶人們那些放大又塗上顏色的可怕照片比起來，顯得更爲精緻、更有質感。

其中一張照片裡的人是我母親。她穿得一身黑，身材瘦瘦的，神情專注。據說她會寫詩，但是我從沒看過，只看過那張美麗的照片。

我父親再婚，娶了我的繼母特里妮妲．坎迪亞．瑪貝爾德（Trinidad Candia Marverde）。我童年的守護天使就叫這個名字，讓我覺得太不可思議了。她動作俐落，待人和藹，帶著一種純樸的幽默感，又無比熱心，好像從不倦怠。

在父親面前，她就像當時那裡所有的婦女一樣，成了丈夫身邊溫柔的影子。

我在那個大廳看大家跳馬祖卡舞和方舞。

我家還有一個裝了令人著迷的東西的大箱子，箱底有個吸引人的神奇鸚鵡月曆。某天我母親翻動那個神聖的大箱子時，我為了拿到那隻鸚鵡，一頭栽進箱子裡。不過我後來漸漸長大，偷偷打開過那個箱子，裡面有幾把珍貴精緻的扇子。

那個大箱子裡還保存了我另一段回憶，也就是第一部讓我心動的愛情小說。那是上百張不知道是署名安立奎（Enrique）還是阿貝爾多（Alberto）的人寄給瑪麗亞．蒂爾曼（María Thielman）的明信片。它們都很漂亮，上面印著女明星的照片，而且旁邊不是鑲著小珠子，就是偶有黏著小星星。還有一些上面印著遠方城堡、城市、風景的明信片。有好幾年我都只會看圖片，但漸漸懂事後，我開始讀著卡片上用漂亮字體寫的情話。我總想像那位追求者頭上戴著大帽子，手上拿著手杖，領帶上別著一顆鑽石。不過，他的那幾行字眞教人心醉神迷。那些都是他旅行時從世界各地寄來的卡片，上面寫了大膽表白、令人動容的情話，讓我忍不住也開始和瑪麗亞．蒂爾曼談戀愛。我想像她頭上別著珍珠，是個不可一世的女明星。但那些卡片怎麼會在我母親的大箱子裡呢？我始終不得其解。

一九一〇年是值得紀念的一年，我到蝶夢谷市上小學。那裡教室凌亂、地下室陰暗，好像一間空蕩蕩的大房子。春天時，從學校高處可隱約看見河道蜿蜒、景色宜人、兩岸種著歐洲野蘋果樹的高廷河。清涼的河水流過白色的石子，我們經常為了到河裡泡腳而蹺課。

---

1 命名日（onomástico），與本人同名的聖徒紀念日，例如名字都叫塞西莉亞（Cecilia）的人，會在十一月二十二日聖則濟利亞（Sancta Caecilia）日中一起慶祝。此活動主要盛行於信奉天主教和東正教的國家。

對於六歲的我來說，小學確實是個充滿憧憬的地方。一切都可能是個謎。禁止進入的物理實驗室，裡面充滿了誘惑我的儀器、曲頸蒸餾瓶、光折槽。永遠關閉的圖書館。拓荒者的孩子不喜歡吸收知識。不過最吸引人的地方是地下室。那裡又黑、又暗、又安靜，我們在裡面點起蠟燭，玩打仗遊戲，贏的人將俘虜綁在斑駁的柱子上。至今我仍記得蝶夢谷小學地下室裡的那股霉味，聞起來就像是隱匿的角落或墳墓所散發出的氣味。

慢慢長大後，書開始讓我產生興趣。透過水牛比爾[1]的事蹟和艾米里歐．薩加里[2]的冒險旅程，我的心在幻想的國度裡漫遊。我純純的初戀就在把情書寄給布蘭卡．威爾森（Blanca Wilson）的過程中展開。她是鐵匠的女兒。一個愛她愛到發狂的年輕人要我幫他寫情書。我不記得那些信寫得怎樣，但那應該是我最早期的文學創作。某一次在學校巧遇那位女同學，她問我追求者給她的信是不是我寫的。我不敢否認自己的作品，情急之下就回答了「是」。當時她給了我一顆榲桲，我當然捨不得吃，把它當作寶貝珍藏起來。我持續不間斷地寫情書給她，不斷地收到她的榲桲。就這樣，我在那女孩心中取代了我同學的地位。

學校的男同學不知道我是詩人，也不懂得尊重詩人的地位。邊界地區被神奇地烙上「大西部」的刻板印象。我的同學有著各國姓氏，如史內克（Shnake）、史勒（Schler）、豪瑟（Hauser）、史密斯（Smith）、泰托（Taito）、塞拉尼（Serani），也有西班牙姓氏的同學，如阿拉塞納（Aracena）、拉米雷斯（Ramírez）、雷耶斯（Reyes），還有西班牙猶太裔叫阿巴拉（Albala）和法蘭克（Franco）的同學，但就是沒有從巴斯克[3]來的。另外，還有來自愛爾蘭的麥金提斯（Mc Gyntis）和來自波蘭的亞尼赫夫斯基（Janichewski）。還有阿勞卡尼亞當地的梅里比魯斯和卡特里雷歐斯[4]，他們的姓氏隱隱發光，有如木頭和水散發出的大自然清新氣息。

有時候我們躲在密閉的大棚子裡，把橡樹果實當作子彈打仗。沒被攻擊過的人不知道被那打到有多痛。在抵達學校之前，我們會將口袋裝滿子彈。我很遜，沒什麼力氣也不夠精明，所以老是只有挨打的份。每當我欣賞著又綠又亮的神奇果實，還有它尾端粗糙的灰色小蓋子，正感覺很有趣時；或者每當我笨拙地用橡實做一根讓我自己魂遊物外的菸斗時，我已經被從天而降的橡實打得滿頭包。上了二年級後，我突然想戴父親那鮮綠色的防水帽出門。對我來說，那頂帽子跟他的粗毛料披風與紅色綠色的警示燈一樣帥氣萬分。只要一有機會，我就把它們帶去學校向同學炫耀……那次雨下得很猛烈，沒有任何帥氣的東西比那頂綠色橡膠帽更像隻鸚鵡。當我抵達大家有如三百名亡命之徒般狂奔的大棚子時，我的帽子像隻鸚鵡般飛了起來。我追了過去，等到我快抓到它時，它又在我有史以來聽過最誇張的尖叫聲中

---

1 水牛比爾（Buffalo Bill，一八四六年—一九一七年），本名威廉．弗雷德里克．科迪（William Frederick Cody），美國野牛獵人、馬戲團表演者、「小馬快遞」（Pony Express）騎士、南北戰爭軍人。他的一生充滿精彩故事，是美國西部開拓時期最具代表性的人物。傳奇的事蹟屢屢改編為電視劇、電影和百老匯音樂劇、文學作品，最有名的就是馬克．吐溫在一九〇七年創作的小說《馬的傳說》（*A Horse's Tale*）。

2 埃米里歐．薩加里（Emilio Salgari，一八六二年—一九一一年），義大利作家，以創作劍客行俠仗義的冒險故事和前衛的科幻小說為主。曾經在義大利與水牛比爾見面，之後將他鮮明的個人形象與事蹟融入在小說創作。

3 巴斯克（País Vasco），西班牙的一個自治大區，位於該國北邊與法國交界處。

4 梅里比魯斯（Melivilus）及卡特里雷歐斯（Catrileos）這兩個姓氏，皆源自當地原住民的馬普切語，前者為「四條蛇」之意，後者意為「被截斷的河流」。

溜走。之後我就再也沒看見那頂帽子。

記憶裡，我已不太清楚那些事情發生的確切時間。我被重要的芝麻綠豆小事搞得糊裡糊塗，而且我覺得我最早的情慾之旅和自然歷史[1]莫名其妙地產生交集。或許就是因爲這樣，愛和大自然從很早以前就成了我詩歌創作的泉源。

我家對面住了兩個不停盯著我看、讓我臉紅的女孩。我害羞又沉默，而她們早熟又不懷好意。有一次我停在家門口，不想和她們對到眼，但是她們手上拿了東西吸引我的注意。我小心翼翼地靠近，她們拿了一個野鳥用苔草和羽毛築好的鳥巢給我看，裡面裝了幾顆非常漂亮的藍綠色小鳥蛋。當我伸手準備拿鳥巢時，其中一個女孩說她們想先搜我的身。我嚇得發抖，快速逃跑。她們兩個把那個誘人的小寶貝舉得高高的，追著我跑。我被逼進一條死巷，衝到父親擁有的一間廢棄麵包店裡。主動出擊的女孩抓到了我，開始脫掉我的褲子，此時走廊上傳來我父親的腳步聲。鳥巢在那裡被打翻了，美麗的小鳥蛋也在廢棄的麵包店裡被弄破了。我們躲在櫃台下，憋住喘息聲。

我還記得有一次在家中隱密角落尋找小東西跟小生物時，發現木頭圍牆上有一個洞。從洞裡看過去，我發現一塊跟我家一樣大、沒開墾、荒蕪的地。我退後了幾步，因爲依稀感覺到有東西靠過來。突然出現了一隻手；那是一隻年齡跟我一樣的孩子的手。當我靠近時，原本的手消失了，換成了一隻小白羊。

那隻羊是用褪色的羊毛做成的，下面用來移動的輪子掉了。我之前從沒看過這麼可愛的羊。我轉身拿了一顆半開、有著芬芳香脂，我珍愛的毬果當作禮物，放在那地方。

我再也沒看過那孩子的手。某一次的火災把那隻羊燒掉後，我也再沒看過那麼可愛的羊。即使到現在，每當我經過玩具店時，都會快速掃視玻璃櫥窗，但都徒勞，因爲再也沒有人製作出同款的綿羊。

雨的藝術

美洲南方冬天氣候嚴峻、惡劣，會極冷，會瘋狂下雨，街上布滿泥濘。同樣地，酷熱的黃色夏天也會席捲這個地區。我們雖然被原始山林包圍，但我比較想認識大海。好在我父親很有心，向鐵路公司同事借了海邊的房子。在漆黑的晚上四點（我一直搞不懂爲什麼大家要說早上四點），負責開車的父親用司機的哨子把全家人叫醒。從那一刻起，屋內就不再平靜，也沒有燈光，只有幾盞被四竄的疾風吹得忽明忽滅的小燭光。在燭光照明下，我母親、哥哥羅多爾佛（Rodolfo）、妹妹蘿拉（Laura）和廚師四處跑來跑去，將幾張大床墊捲起，彷彿裹著黃麻布的大皮球，接著幾個女人快速地將它們搬走。還有床也得送上火車。那些床墊離開家門，被送到鄰近的火車站時，上面還溫溫熱熱的。我天生體弱多病，睡到一半被吵醒，讓我感覺噁心想吐，全身顫抖。此時，家人繼續忙著彷彿永遠做不完的事。窮人爲了那一個月的假期，會將所有東西都帶出門，連放在點燃的火盆上用來烤乾長期受潮的床單與衣物、用柳條編成的烘衣架，也被指定放入大車，準備和其他大包小包的東西一起載走。

1 自然歷史（Historia naturalis），又稱博物誌或自然史，指在人類演化過程中對世界上一切生物的觀察、記錄、分析與研究。

火車在那寒冷的省分——從蝶夢谷到卡拉威[1]——走了一小段。火車穿過罕無人煙、沒有作物的大片荒地，穿過一片又一片的原始森林，穿過山洞與橋樑，轟隆轟隆地發出地震般的滔天巨響。一個個火車站佇立於曠野中，孤伶伶地被開滿花朵的相思樹與蘋果樹包圍。阿勞卡尼亞印第安人穿著傳統服飾，臉上掛著一貫的嚴肅表情，在車站裡等著販售小羊、母雞、蛋和編織品給前來的旅客。我父親買任何東西都會沒完沒了地殺價，可以見到這個金色小鬍子抓起母雞，面對一位不爲所動、半毛錢也不給殺的阿勞卡尼亞婦人。

車站的名字一個比一個美，幾乎全源自於古老的阿勞卡尼亞語。當初西班牙入侵者和智利最早期原住民（也就是在那土地上扎根的子子孫孫）打得最激烈的地方，就在這一區。

第一站叫拉布郎薩（Labranza），接著是伯洛瓦和郎奇爾克（Ranquilco）。這些名字散發著一股野生植物的芬芳，它們的音節深深吸引了我。這些阿勞卡尼亞名字往往具有某種令人愉悅的涵義：隱藏的蜂蜜、森林旁的湖泊或溪流、以鳥類命名的山。我們經過詩人阿隆索·德·埃西亞差點被西班牙統治者處決的小鎮印貝里阿爾（Imperial）。十五、十六世紀期間，西班牙佔領者曾經將首都設在這裡。阿勞卡尼亞人在捍衛家園的戰爭中，想出了「焦土」戰略，將埃西亞筆下的美麗、氣派之城夷爲平地。

接著，我們來到河岸城市。火車發出更加輕快的汽笛聲，排出大量的煤煙，瞬間遮蔽了原野與車站的天空。鐘聲叮噹叮噹地響，已聞得到從寬闊、平靜、天藍色的印貝里阿爾河那頭傳來鄰近海洋的氣息。卸下數不盡的行囊，牛車把我們這個小家庭的成員全數帶到航行於印貝里阿爾河的汽船上。負責主導這一切的，就是我父親那雙藍眼睛和他鐵路公司的哨子。我們和所有家當一起上了那艘將帶著我們開往海上的小船。船上沒有客艙。我坐在靠船頭的位置。螺旋槳葉片在河水中推進，小船的機械發出巨大的喘息聲，並且嘎吱嘎吱作響。沉默寡言的南方人分散在甲板上，一個個都像不會動的家具。

某處傳來浪漫、憂傷的手風琴聲，召喚著愛情。對一個十五歲的少年來說，沒有比航行在寬闊、陌生的河流；沒有比被兩岸的山林包圍、前進神祕的大海還要讓他心動。

下印貝里阿爾[2]只有一排有著紅色屋頂、面向河流的岸邊房屋。從那棟等著我們入住的房子，或甚至更往前走，從那艘小汽船停靠的破舊碼頭，我聽到了遠方大海的滔天巨響。眞是一股遙遠、振奮人心的聲音。海浪進入了我的心靈。

那棟房子是巨人農夫赫拉修・巴伽克（Horacio Pacheco）所有，在我們居住的那一個月裡，他帶著牽引機和脫粒機，在難以通行的山林和小徑間忙進忙出。他用機器幫忙住在偏遠地區的印第安人和其他農民採收小麥。他是個會突然打斷我們這個鐵路員工家庭的大老粗，全身滿是麥殼粉末和麥秸，以宏亮的聲音對我們說話，接著又轟隆轟隆地離開，回到山裡繼續工作。對我來說，他就是我們南方地區艱困生活的最佳代表。

那個房子、那些破舊的街道、那些圍繞在我身邊的陌生事物，以及那遠方大海發出的低沉聲音，對我來說都是神祕的。房子裡有一座花園，我覺得它雖然很大但缺乏整理。白色木頭搭建的主要涼亭受到雨水侵蝕，木頭上爬滿了攀緣植物。除了我這個用處不大的人之外，沒有任何人會進到那個被黑暗與

1 卡拉威（Carahue），屬阿勞卡尼亞地區的高廷省管轄，位於印貝里阿爾河中下游。

2 下印貝里阿爾（Bajo Imperial），意指阿勞卡尼亞地區印貝里阿爾河下游的城市。為今日薩韋德拉市（或名薩韋德拉港）自一八九五年至一九二四年間的舊名。

孤獨佔據，長出野草與忍冬花，讓我詩意漫生的花園。當然，在那個奇怪的花園裡，還有一個令我著迷的東西：一艘大船。在歷經一場浩劫後，它像個孤兒般躺在那裡，不再受海浪與暴風雨的襲擊，只是擱淺在四周圍繞著虞美人的花園裡。

奇怪的是，在那雜亂的花園裡只看得到虞美人。不曉得是刻意安排，還是不小心所致，其他植物消失在那幽暗的空間裡。有的虞美人又大又白，像一隻隻鴿子；有的是艷麗的紅色，像極了一滴滴鮮血；有的又黑又紫，宛如被遺棄的寡婦。我從來沒看過，之後也沒再見過這麼壯觀的虞美人花園。在所有的花卉當中，虞美人會讓人產生某種迷信的恐懼。我雖然帶著敬意看著它，但還是忍不住時不時地摘下一朵。它斷掉的梗流出濃稠的白色乳汁滴在我手上，飄散出一股難聞的氣味。後來，我撫摸它絲綢般高貴的花瓣，將它們收藏在我的一本書裡。對我來說，那些花瓣就像不會飛的大蝴蝶身上的翅膀。

第一次面對大海時，我愣住了。大海在威爾克（Huilque）和茅雷（Maule）兩大丘之間，波濤洶湧。冰冷的大浪不僅在我們面前打上好幾公尺高，還有如一顆巨大的心臟，有如宇宙的脈搏，發出了滔天巨響。

我的家人在那裡準備好桌布和茶壺。吃到嘴裡的食物都帶著沙，但我並不是很在意。最令我害怕的是，父親每天都命令我們泡進海水裡；對我來說，那就像世界末日。那裡的海水不是滔天巨浪，但卻像寒冷的小鞭子般抽打在我和妹妹蘿拉的腳上。我們冷得發抖，深深以爲一波小小的浪就要將我們拖進像高山一樣深的大海中。我們的牙齒喀噠喀噠作響，胸部凍得發紫，正當我和妹妹手牽手準備迎接死亡時，那個鐵路公司的哨子響起——我父親允許我們脫離苦海。

我還要說說那個地區其他的神祕故事：一個是關於佩爾什馬[1]，另一個是關於三個著了迷的女人。

在破舊的小村子盡頭，矗立著幾棟大房子。它們可能是製造皮革的廠房，擁有者是幾位來自法國巴斯克地區的商人。智利南部的皮革業幾乎完全操控在巴斯克人手裡。其實，我到現在也不曉得那裡是做什麼用的。唯一令我感興趣的是在下午的某個特定時刻，會看到幾匹大馬穿過村子。

牠們全是體型高大的佩爾什馬，有小馬也有母馬。從牠們高挑的頸背上，垂下有如秀髮般、又多又長的鬃毛；粗壯的腿上，也長滿了一束束又多又捲的毛，奔跑時有如帽子上的羽飾，上下起伏。牠們有紅棕色的、白色的、斑點的，都長得十分健壯。要是火山能夠小跑與奔馳，應該也和那些高大的馬移動時沒什麼兩樣。牠們走在多塵土、多石子的巷弄間，產生了有如地震般的震撼；牠們發出低沉的嘶鳴，彷彿從地底傳來的聲響，打破了周遭的寧靜；牠們高傲、突出、有如雕像般完美。我這輩子除了在中國明皇陵看到的那幾座石雕馬外，再也沒看過和佩爾什一樣的馬。但是，石雕馬再怎麼令人肅然起敬，也沒辦法像那些活生生、巨大的動物一樣產生無比的震撼力。在我一個小孩子的眼中，牠們彷彿從夢境的黑暗裡走出來，準備將我載到另一個巨人的世界。

事實上，那個原始的地方到處都是馬。街上有智利的、德國的和馬普切的騎士，他們不論馬上馬下總都披著粗毛黑色斗篷。有乾癟的馬，也有被細心照料的馬；有憔悴的馬，也有豐腴的馬。牠們待在騎士擱下牠們的地方，反覆咀嚼著路邊的青草，並且從鼻子裡噴出熱氣。牠們已經習慣自己的主人，習慣寂寞的生活。較晚時，牠們馱著一袋又一袋的糧食與工具，往曲折蜿蜒的高山前進，爬上最崎嶇的道路，或是在看不見盡頭的海岸沙地上奔馳。偶爾，某個阿勞卡尼亞的騎士會從當舖或陰暗的小酒館裡走

1 佩爾什馬（percheron），一種重型挽馬，原產於法國西北部佩爾什地區（Perche）。

出來，醉到失去意識的他，費力地騎上不動聲色的馬，搖搖晃晃地上路，穿過山林返回自己的家。我看著他啓程繼續往前行，感覺那酒精中毒的半人馬只要驚險地搖晃一下，就彷彿快要跌到地上，但是我錯了，他總是能直起身，然後再彎一下身，往另一邊傾斜，恢復原狀，緊緊黏在馬背上。他就那樣騎了好幾公里，最後似乎變成了一隻左右搖擺、不知爲何不受影響的動物，與原始的大自然融合在一起。

之後好幾個夏天，我們都回到那個迷人的地方，進行例行性的家庭活動。從蝶夢谷的苦澀冬季，到海岸旁的神祕夏季，隨著時間一年一年流逝，我逐漸成長，我不斷地閱讀、戀愛與創作。

我習慣以騎馬代步。因爲陡峭的黏土路，因爲無法預測的彎曲道路，我的生活漸漸變得更加高遠、更加寬闊。我偶遇千奇百怪的花草樹木，我置身幽靜或享受森林裡的鳥鳴，我突然看見某棵會開花的樹綻放鮮紅，彷彿深山裡有某位巨大的主教穿上了紅色大禮服，又或者看到某棵樹爲了和不知名的花朵爭奇鬥艷而披上了雪白的戰袍。偶爾也會巧遇野生、頑強、不馴的智利風鈴草，它們像一滴滴的鮮血，垂掛在茂密的灌木叢間。我逐漸習慣馬兒、馬鞍、堅硬又複雜的馬具，還有在我鞋後跟叮叮作響的殘酷馬刺。在一望無際的海灘或山陵密林裡，我的心靈開始與自然交流，我的詩與世界上最寂寞的大地開始對話。那樣的交流、那樣的啓示、那樣與空間之間的默契，從此在我生命中持續了好多年。

我的第一首詩

現在我要跟你們說一個關於鳥的故事。在布迪湖（Lago Budi）有人用殘暴的方式捕捉天鵝。他們會坐在小船上悄悄接近，然後船槳突然划得很快、很快……天鵝和信天翁一樣很難飛起，必須在水上迅速滑行。而且牠們要張開大大的翅膀也有一定的難度。所以獵人能靠近牠們，用棍棒把牠們敲暈。

有人帶了一隻垂死的天鵝給我。那是隻美麗的黑頸天鵝，在這個世界上我就只見過那麼一次。牠就像雪做的小船，瘦長的脖子上套著一條細長的黑絲襪，泛著橘色的小嘴，加上兩顆紅紅的眼睛。

這一切就發生在南方印貝里阿爾河的薩韋德拉港附近的海邊。

我收到天鵝時，牠已經快死了。我幫牠清洗傷口，把一小塊一小塊麵包和魚肉塞到牠喉嚨裡，餵牠吃東西，不過牠全都吐了出來。但是隨著傷口慢慢復元，牠開始了解我是牠的朋友；而我也慢慢明白，牠會因爲相思病而死。我用雙手捧著那隻沉甸甸的大鳥，沿街走到河邊。牠在我前面游了一下下。我想要牠自己捕魚吃，指著河裡的小石頭，指著南方銀色小魚游過的沙子。但是牠哀傷的眼神看著遠方。

我每天帶牠到河邊，再帶牠回家，就這樣往返超過二十天。天鵝幾乎長得跟我一樣大了。某天下午，牠若有所思地游到我身邊，但是當我想再教牠捕魚時，牠沒有露出心不在焉的表情，反而顯得相當平靜。我用兩隻手再度將牠抱起，準備帶牠回家。接著，正當我把牠舉到胸前時，感覺到彷彿一條緞帶鬆脫，有如一隻黑色手臂般的東西磨蹭了我的臉。原來是牠那纖長優美的脖子倒下來了。到那時我才曉得天鵝垂死前不會歌唱[1]。

高廷河的夏日相當炎熱，把天空和小麥都烤焦了，大地想從昏睡中甦醒。家家戶戶依然像冬天時

---

1 天鵝的歌唱，典故源於優雅、美麗的天鵝是詩神和音樂之神阿波羅的聖禽，古希臘人認為天鵝一輩子大多沉默，只有在臨死前一刻才會發出美妙的歌聲。

毫無準備般，也都沒做好避暑準備。我出門到田野裡閒晃，走呀走的，結果在涅羅爾山（Cerro Ñielol）迷路了。我獨自一人，口袋裡裝滿了金龜子，還帶了一個盒子，裡面裝著一隻剛抓到的、毛絨絨的蜘蛛。往上看不到天空。森林裡的濕氣很重，我滑了一跤。突然有隻鳥發出有如幽魂般的叫聲，原來是竄鳥（chucao）。一陣恐懼從我腳底升起。我幾乎認不出如血滴般鮮紅的智利風鈴草。在巨大的蕨類植物底下，我就像個渺小的生物。一隻白頸野鴿啪嗒啪嗒拍著翅膀，從我嘴邊飛過。更高處的其他鳥兒則發出嘶啞的叫聲取笑我。天色已黑，我好不容易才找到路。

我父親還沒到家，他要凌晨三、四點才會回來。我上樓進房間讀薩加里的小說。外面下著傾盆大雨。就短短一分鐘，黑夜和大雨覆蓋了這個世界。我獨自在房間裡，在數學練習簿上寫詩。隔天我很早起。當時李子還沒成熟，但我帶著一包鹽上山。我爬上一棵樹，找了個舒服的位置，然後小心翼翼地咬了一口李子，再把口中一小塊李子肉取出，蘸滿了鹽，再把它吃下肚。我就這樣吃了一百顆李子。我知道，我眞的吃太多。

因爲我們舊家發生火災燒掉了，所以這個新房子對我來說充滿了神祕感。我爬上籬笆觀察鄰居，發現沒人。我又舉起幾根籬笆的木棍，然後什麼也沒看見，只發現幾隻可憐的小蜘蛛。在那最偏僻的角落有一間廁所，廁所旁的樹上有毛毛蟲。當時杏樹上結了覆著白色絨毛的果實。我知道如何用手帕抓大黃蜂而不傷害牠們。我把牠們包住一會兒，再把牠們舉到耳朵邊聽。嗡嗡嗡的聲音眞是美妙！

一個住在廣闊可怕的邊界、身穿黑衣的小詩人，眞的好孤單呀！生命和書籍漸漸讓我觀察到巨大又沉重的奧祕。

我忘不了昨天讀到的故事。在一個遙遠、叫作馬來西亞的地方，麵包果救了桑德坎[1]和他的同伴。

我不喜歡水牛比爾，因爲他殺了印第安人。不過他眞的是個很厲害的「騎務士」[2]！大草原好漂亮！印第安人的錐形帳篷好美！

經常有人問我，第一首詩是什麼時候創作的，第一首詩是什麼時候誕生的。

我試著回想。在我還很小、才剛學會寫字的時候，突然產生一股強烈的情感，然後就隨便寫了幾行與平常說話不一樣、有點押韻的句子，就連我自己都感到很奇怪。我把那幾句話謄寫在紙上，當時我感到一股強烈的焦慮，一種在當下也說不上來的情緒，有點痛苦，又有點悲傷。那是一首獻給我當時認定的母親，也就是有如天使般溫柔呵護我童年的繼母。我完全沒辦法判斷我的處女作寫得好還是壞，所以就拿去給我父母親看。他們當時在飯廳裡竊竊私語，沉浸在一些像條大河般隔開大人和小孩世界的話題中。我把那張寫了幾行字的紙拿給他們，當時我還因爲第一次有靈感而全身顫抖。我父親漫不經心地把紙拿在手裡，隨意看了一下，然後毫不在意地把紙退還給我，對我說：

「你哪抄來的？」

接著，又繼續跟我母親悄悄談論起那重要但卻離我很遙遠的話題。

1 桑德坎（Sandokan），為十九世紀末至二十世紀初，著名義大利小說家薩加里（Emilio Salgari）所著「馬來西亞海盜系列」（Ciclo dei pirati della Malesia）的主角。這系列冒險小說共有十一部。

2 騎務士，指一八六〇年至一八六一年間（僅維持了十八個月）於美國「小馬快遞」公司服務的郵遞員。其運作方式類似中國古代的驛站，即以快馬接力的方式，讓郵務迅速在密蘇里州和加利福尼亞州之間流通。水牛比爾曾經在「小馬快遞」擔任騎士，負責郵務。

我隱約記得，我的第一首詩就是那樣誕生的；就是那樣首次收到漫不經心的文學批評。

與此同時，我有如孤獨的水手在浩瀚的知識中航行，在毫無秩序的書海中前進。出於對書的貪得無厭，我不眠不休地閱讀。在海邊，在小小的薩韋德拉港，我發現了一間市立圖書館，還認識了一位名爲奧古斯多．溫特（Augusto Winter）的老詩人。他佩服我書讀得快。「那些都看完了？」他問我，同時拿了一本巴爾加斯．比拉[1]的新作、一本易卜生（Ibsen）的書，以及一本關於羅坎伯雷[2]的小說給我。我就像隻鴕鳥，來者不拒，全把它們吞下肚。

那時候，一名身材高大，穿著長版套裝、低跟皮鞋的女士來到蝶夢谷。她是女子中學的新校長，來自智利南邊白雪皚皚的麥哲倫地區。她的名字是加芙列拉．米斯特拉爾[3]。

看她穿著長到腳後跟的外衣，走在小鎮的街道上，我對她感到敬畏。但是當有人介紹她給我認識時，我發現她人很好。在她深褐色、有如阿勞卡尼亞美麗陶罐的臉頰上，表現出明顯的印第安人特徵。她露出潔白的牙齒，發出爽朗開懷的笑聲，讓整屋子的氣氛都活絡起來。

我太年輕、太害羞，又太沉浸在自己的世界，所以沒跟她成爲朋友。我很少見到她。她每次出現都會送我書，我覺得那樣就夠了。她認爲世界上最精彩的就是俄羅斯文學，所以她送的那些書都是俄文小說。我可以說加芙列拉讓我與俄羅斯小說家嚴肅、驚人的洞察力接軌，讓我深深愛上托爾斯泰、杜斯妥也夫斯基、契訶夫——到現在他們仍持續陪伴著我。

三個寡婦的家

某次有人邀我去體驗母馬脫麥粒[4]的農家生活。那裡位於高山上，離我們的小鎮很遠。我喜歡獨自一人出遊，享受在山區裡找路的感覺。反正要是自己迷路了，一定會有人來幫我。我騎著馬離開下印貝里阿爾，近距離地路過印貝里阿爾河的沙洲。那一段的太平洋威力十足，一而再、再而三地攻擊最遠、最突兀的茅雷山丘上的岩石和灌木叢。接著我改走布迪湖外圍。海浪猛烈地侵襲山丘的基部。我必須趁著海浪減弱和退潮的幾分鐘時間恢復體力，然後一口氣通過山和海水之間的那一小段路，才不會被新一波的大浪把我和馬推倒在粗糙的山丘前。

脫離險境後往西走，一邊是一片寧靜的藍色湖面，另一邊則是無限延伸往遠方托騰湖（Lago Toltén）湖口的沙灘。智利的海灘經常都布滿礁岩，但這裡則立刻變換成永無止盡的美麗沙帶。沙灘上人們在海浪陪伴下，足以玩上兩天兩夜。

這沙灘似乎沒有終點。它沿著智利的形狀發展，彷彿某個行星的光環。它有如一個圓形指環，與

1 巴爾加斯．比拉（José María Vargas Vila，一八六〇年—一九三三年），哥倫比亞作家。

2 羅坎伯爾（Rocambole），為十九世紀小說家彭松．杜特拉伊（Ponson du Terrail，一八二九年—一八七一年）多部作品中的虛構人物。

3 加芙列拉．米斯特拉爾（Gabriela Mistral，一八八九年—一九五七年），智利女作家，一九四五年獲頒諾貝爾文學獎，讓拉丁美洲文學首度在國際文壇上發光，也是至今唯一獲得該獎的拉丁美洲女性作家。

4 一種利用母馬踐踏將麥粒從麥稈上分離的傳統方法，主要在工業革命前盛行於智利、阿根廷和幾個南美洲國家。一八七〇年代後，此傳統脫粒技術逐漸被機械化的脫粒機或收割機取代。

南方大海的滔天巨浪緊緊糾纏。它就像一條繞行智利海岸線的軌道，直直延伸到南極的盡頭。

靠森林的一邊，又油又亮、枝葉扶疏的深綠色榛果樹正對我打招呼，有些樹上結滿了有如硃砂色紅潤的當季果實。智利南方的巨型蕨類植物長得相當高，即使騎馬從它們下面經過，也搆不到上面葉柄的分枝。當我的頭磨蹭到它們的綠葉時，一陣露水有如洩洪般灑在我和馬身上。另外，在我右手邊出現的是遼闊、與遠方森林相接、有如鏡子般寧靜的藍色布迪湖。

我終於看到一些當地罕見的漁夫。在海水與湖水交融，或相擁、或互相侵犯的那一小塊地上，停留了幾隻被海水沖上來的海魚；沙洲上，人們特別愛捕捉像迷了途般拚命掙扎、又大又寬的銀白色鯔魚。一個、兩個、四個、五個漁夫，他們站得筆直，專注地觀察誤闖沙洲的魚兒。長長的魚叉瞬間插入水中，完美的出擊之後，高高舉起銀白色、肥美的鯔魚。牠們在太陽光底下顫抖、閃著耀眼光芒，然後才掉進漁夫的簍子裡，斷了氣。已經黃昏了。離開了湖畔後，我在高低起伏的山坡間專心找路。天色愈來愈昏暗。一隻沒見過的野鳥突然發出低沉、悲悽的鳴叫聲。在黃昏的天空中，一隻老鷹或康多禿鷲[1]在我頭上緩慢飛翔，拍打著黑色翅膀標示出我所在的位置，緊跟著我不放。祕密森林裡跑得飛快的紅尾狐狸或不知名的野獸，此起彼落地咆哮、吼叫，抑或在步道上穿行。

我知道我迷路了。原本讓我開心的黑夜與森林，現在卻成了一種威脅，令我內心充滿恐懼。在天色漸黑、孤寂的路上，我突然遇見一位同樣單獨行動的旅人。我和他愈走愈近，當我停下腳步時，才發現他其實就是當地粗獷、披著簡陋斗篷，騎著一匹瘦馬，時不時就會默默出現的農夫。

我向他描述我遇到的情況。

他跟我說我當天到不了脫粒場。他對這裡的景物瞭若指掌，知道脫粒的人家住在哪裡。我跟他說我不想野宿，請他告訴我哪裡可以收留我，讓我天亮後再上路。他簡單地指引我，要我沿著一條小岔路走兩里格[2]。「大老遠您就看得到一間亮著燈的大木屋，兩層樓的。」他說。

「是飯店？」我問。

「不是，年輕人！但是她們會很樂意收留您。她們是三個做木材生意的法國太太，在這裡住了三十年，對大家都很客氣。她們會好好接待您的。」

我對農夫簡要的指引表示感激之後，他騎著搖搖晃晃的瘦馬離開了，而我則像個痛苦的靈魂，繼續在羊腸小徑上走著。潔白的新月彷彿剛剪下來的彎形指甲，在天空中緩緩上升。

大約晚上九點，我從遠處就看見一間屋子裡透出明亮的光。我快馬加鞭，深怕那個奇蹟般的聖地在我抵達前就緊閉門窗，不讓我進去。通過房子最外面的柵門，避開一段又一段的木塊，一堆又一堆的木屑，我抵達了那棟莫名被遺忘在孤獨森林中的房子大門。我在白色的門廊上，先輕輕敲門，接著使了一點勁。過了幾分鐘，我著急了，心想裡面沒人。此時出現一頭白髮、身形乾瘦、身穿喪服的老太太。她嚴肅地看了我一眼，稍稍開了一點門，對著我這個冒昧打擾的訪客問話。

「您哪位？有事嗎？」她像鬼一樣，用很輕的聲音說。

---

1 康多禿鷲（cóndor，學名 *Vultur gryphus*），又名安地斯神鷹或禿鷲、南美神鷹，主要分布於安地斯山脈和南美西部太平洋沿岸一帶，為南美特有種，也是整個西半球最大的飛禽。

2 里格（legua），古代歐洲用來測量人步行或騎馬的長度單位，在不同國家和不同地區有不同的定義，從四公里到七公里不等，但基本上一里格即為一小時路程之意。目前在某些拉丁美洲國家仍持續使用此度量單位。

「我在森林裡迷路了。我是學生，有人邀請我去俄南德斯家的脫粒場。我很累，聽說您和您的姊妹心地善良。我只是想隨便找個地方窩一下，天一亮就上路，繼續往俄南德斯的脫粒場前進。」

「請進。」她回應我。「您就當自己家。」

她帶我進到黑暗的大廳，然後點亮了兩、三盞煤油燈。我發現那些美麗的燈是新藝術風格，用蛋白石和鍍金的青銅做成的。客廳裡有股霉味，巨大的紅色窗簾高掛在窗戶上，扶手椅上蓋著一層白色防護罩。是要保護什麼？

那是一個難以形容、過時又令人惶惶不安的客廳，猶如夢境一般。那個白髮夫人流露出懷舊氣息，穿著喪服靜悄悄地移動著。我看不見她的腳，也聽不見她的腳步聲。她手上拿過相簿、扇子，東西一件又一件地摸，從這裡移動到那裡，完全沒有發出聲音。

我彷彿掉進了湖底。我身心俱疲，在湖的深處作夢、繼續喘息。突然有兩位女士走了進來，她們和剛才接待我的那位太太長得很像。當時天色已晚，溫度又低。她們兩人坐在我身邊，一個賣弄起過時的風騷，露出一絲絲微笑；另一個和幫我開門的女士一樣鬱鬱寡歡，帶著憂傷的神情看著我。

我們的對話很快就跳開遙遠的田野，也遠離了被上千隻小蟲襲擊、被青蛙呱呱聲干擾、被晝伏夜出的鳥兒包圍的夜晚。她們問我讀什麼？我靈光一閃地提到波特萊爾的名字，並告訴她們說我已經著手翻譯他的一些詩句。

那就像電擊發出的火花。原本有氣無力的三位貴婦，突然醒了過來。她們痛苦的眼神和僵硬的表情開始產生變化，彷彿三張老舊的面具從她們三個老態龍鍾的臉上被撕下來。

「波特萊爾！」她們大聲地說。「或許這是自從世界生成以來，第一次有人在這孤寂的地方提到他的名字。我們這裡有他的《惡之華》（*Les Fleurs du mal*）。方圓五百公里之內只有我們看得懂他美麗的詩。在這山裡沒人懂法文。」

她們其中的兩位出生於亞維儂。最年輕的妹妹雖然是法國血統，但在智利出生。她們的祖父母、外公外婆、爸爸媽媽和所有的親人，很早以前就過世了。三姊妹已經習慣颳風下雨，習慣鋸木廠的木屑，習慣來往的只有極少數粗人和當地僕役。她們決定待在那裡，住在鬱鬱蔥蔥的山間唯一的房子裡。

一個原住民僕人走進來，在最年長的老太太耳邊小聲說話。接著我們離開，穿過冰冷的走廊，抵達飯廳。我嚇傻了。飯廳的中央，兩座銀製的枝狀燭台插著點燃的蠟燭，照亮了一張鋪著白色長桌巾的大圓桌。銀和玻璃在那驚人的餐桌上閃閃發亮。

我彷彿被維多利亞女王邀請到她的宮殿用餐，讓我瞬間感到非常尷尬。我披頭散髮、全身疲憊又髒兮兮，但那張桌子似乎正等待著某位王子的蒞臨，而我差得遠了。對她們來說，我倒比較像是把牛羊馬群擱在她們家門前、汗流浹背趕牲口的人。

我很少吃得那麼好。這些老太太都是廚藝大師，從爺爺奶奶或外公外婆那裡得到法式甜點的祖傳祕方。每一道菜都讓人驚艷，又香又好吃。她們還從酒窖裡拿了幾瓶依照法國古法釀造並儲存的陳年葡萄酒。

雖然我一度累到閉上眼睛，但還是聽到她們在談論奇怪的事。她們最驕傲的事就是精進廚藝。餐桌對她們來說是在展示神聖的遺產：呈現一種她們被時間和廣闊的大海阻隔、再也回不去的祖國文化。她們像自嘲一般，拿了一個名片盒給我看。

「我們是怪老太太。」最小的妹妹對我說。

三十年來有二十七個人來過這個偏僻的房子，有些是因爲經商，有些是因爲好奇，有些和我一樣也是意外造訪。最讓我感到新奇的是，她們爲每一個客人製作了一張卡片，上面寫了來訪時間，以及她們三人準備的菜式。

「我們保存菜單是爲了避免哪天朋友再回來時，重複煮了任何一道菜。」

就寢時，我就像一袋市場裡的洋蔥般躺在床上，倒頭就睡。一大早，天還是暗的，我點了一根蠟燭，梳洗，更衣。一位男僕人幫我把馬鞍放上馬背，此時天漸漸亮了。我不敢向滿臉愁容的優雅老太太們道別。在我的心底有一個聲音告訴我，那一切都是奇怪、誘人的夢，我應該不要醒來，才不會破壞這個幻影。

這件事發生在四十五年前，當時我才剛進入青春期。之後那三位遠走他鄉、帶著《惡之華》定居人煙罕至的森林裡的老太太發生了什麼事？她們的陳年葡萄酒，以及點了二十根蠟燭的閃亮亮餐桌又怎麼了？鋸木廠和那個在樹林裡的白色大房子，命運又如何？

最單純的結果，死亡和遺忘會接踵而至嗎？或許在那個令人難以忘懷的晚上接待我的老太太和她們的房子，被森林呑噬了。不過，那些情境就像沉在夢裡的清澈湖底，繼續活在我的記憶裡。我敬佩那三位神情哀傷的女人，她們在荒野的孤寂中，不爲利益所誘，盡力保持自己原有的尊嚴。她們捍衛祖先留下來的手藝，我們可以說，她們在遠方，在世界最孤寂、最難以靠近的群山之極，保存最後一滴美食文化的精髓。

麥稈堆裡的愛

中午以前，我神清氣爽、開心地抵達了俄南德斯臨時搭建的脫粒場。我形單影隻地騎馬走在荒蕪的路上，夢境般的一宿，那一切都在我木訥寡言的青春時期閃耀著光芒。

小麥、燕麥、大麥的脫粒工作仍由母馬來完成。母馬繞著成堆的麥子周圍奔跑，伴隨著騎士急促的吆喝聲，這世界上沒有比觀賞這個景象更令人開心了。陽光普照，清新的空氣有如野外閃耀的鑽石，讓山間的顏色變得更加明亮。脫粒工作有如一場黃金派對，黃色的麥稈堆得像座金色小山，一切是如此熱鬧、歡快。一袋又一袋被裝滿、搬運的麥子；爲煮飯忙進忙出的女人；失控狂奔的馬兒；亂吼亂叫的狗；還有像麥稈上的穀物或被束縛的馬蹄一樣，每隔一段時間就得獲得解放的孩子。

俄南德斯是一個奇特的家族。所有男人都頭髮凌亂，不刮鬍子，穿著襯衫，腰上掛著左輪手槍，全身總是油膩膩的、沾滿麥粉和泥土，或者從頭到腳被雨水淋得濕透透。爸爸、兒子、堂兄弟、姪子的表情都一樣。他們可以在引擎底下、在屋頂上或爬上電動脫粒機，待上好幾個小時。他們從來不交談，但只要一開口，就是互開玩笑，除非吵架。他們一吵起架來，就像海上颳起龍捲風，摧毀眼前所有的東西。他們也是最先在野外烤牛肉、喝紅酒、用吉他伴奏唱悲歌的人。他們住在邊界，同時也是我喜歡的族類。我氣色不佳，一副學生樣，在他們那些大老粗旁邊，更顯得蹩腳。但不曉得爲什麼，他們對我卻比對誰都還要客氣。

在吃完烤肉、聽完吉他彈奏、在刺眼的陽光曝曬過並忙完麥子脫粒工作後，我們必須想辦法過夜。夫妻和落單的女人睡在臨時用木板搭起的營地上，而我們男生被分配睡在脫粒場。脫粒場上堆得和山一樣高、黃到泛白的麥稈堆，讓我感覺可以讓一整個村子的人都鑽到裡面去。

對我來說，在那裡過夜非常不舒服。我不知道要怎麼翻身。我小心翼翼地在鞋子上鋪了一層麥草當作枕頭。我脫掉上衣，裹著斗篷，然後把自己埋進麥草堆裡。所有人都倒頭呼呼大睡，就我一個人離他們遠遠的。

我眼睛睜得大大的，臉和手都被麥草覆蓋著，仰躺了很久很久。晚上的天空很亮，空氣很冷，寒氣很透。月亮沒露臉，但星星卻像剛被雨水刷洗過一樣，趁其他人都呼呼大睡時，在夜空中一閃一閃地對我眨眼。之後我睡著了。我突然醒來，因爲有東西慢慢接近我。一個莫名的身體在麥草堆下竄動，往我身上靠。我害怕。那個東西緩緩地接近。我感覺到一根根的麥稈被那個移動的不明物體壓斷。我全身進入備戰狀態，等著它。也許我應該起身或大喊。我一動也不動。聽到一個離我很近的喘息聲。

突然有一隻手伸過來，那是一隻又大又能幹的女人的手。它溫柔地摸過我的額、我的眼、我的整張臉。然後一張貪婪的嘴貼著我的唇，我感覺到我從頭到腳被一個女人的身體緊貼著。漸漸地，我的恐懼變成了一種激動的快感。我的手摸到了髮辮，摸到了平順的額頭，摸到一對有如罌粟花般柔美的濃眉大眼。我的手繼續探索，摸到了堅挺的大胸部、圓潤的大臀部，還有纏住我的一雙腿，然後我的手指陷入有如山上苔蘚的陰部。我完全說不出話來，同時那個陌生女子的嘴巴也沉默不語。

在那個麥草堆上，旁邊又躺了七、八個連天塌下來都叫不醒的男人，真的很難不發出聲音地做愛。不過可以肯定的是，只要有心，沒什麼做不到的事情。過了一會兒，那個陌生女子也突然在我身邊睡著了。我當時被搞得全身發燙，開始感到害怕。我感覺天很快就要亮了，而早起的人會發現有個裸體的女人在脫粒場，倒在我身旁。醒來後，我伸手一摸，驚覺她走了，留下一處有餘溫的麥草凹洞。很快地，一隻小鳥開始嘰嘰喳喳，然後整個森林開始充滿鳥的鳴叫。引擎發出鳴笛聲，男男女女開始走動，在脫粒場上忙著自己的工作。新的一天就此展開。

中午，我們坐在幾塊長木板前吃午飯。我一邊吃，一邊偷看所有女人，尋找誰有可能是昨晚的祕密訪客。但有些太老，有些又太瘦，有些年輕的女孩像個沙丁魚一樣沒肉。我要找的是結實、大胸部、留著長辮子的女人。突然有一位婦人帶著一塊烤肉進來，拿給了她姓俄南德斯的丈夫。有可能就是她！當我從餐桌的另一端看著她時，她快速地看了我一眼，同時對我露出一抹輕柔的微笑。我感覺那個微笑進到我心裡後，完全舒展開來，變得更燦爛、更難以忘懷。

返鄉的少女*

幾天後，我為了不再迷路而必須從另一條路回家。一個也想從山上回到海邊小鎮的家庭打算和我一起走。他們有兩匹馬跟在我後面，上面載了幾個女人、小孩和大籃子。但因為他們隨行的人太多，所以拜託我在馬的屁股上多載一位少女。他們讓我先在馬鞍上坐穩後，再把那個不知如何是好的女孩舉到我的馬背上。她應該二十幾歲，我只看到她被曬黑、沒穿襪子的腳，還有她總是笑盈盈的嘴巴上方有如歐洲野蘋果般紅潤的臉頰。我開始騎馬時，她肯定在笑我技術差。我的虛榮心受到打擊：每當我一個人旅行時，總是覺得自己像國王出巡。

我們直接繞到湖邊，接著往海邊走，朝托騰湖的湖口方向前進。到了海岸邊後，我們轉向沿著沙灘前進，直到下印貝里阿爾。

伴隨著一樣的山景，兩邊奇特的樹，還有居住在湖泊蜿蜒處的黑頸天鵝以及紅色火鶴，我們三匹人員滿載的馬，一步接著一步緩慢地前進。我們一大早就出發，還不到中午就聽到遠方傳來海浪的滔天巨響，提醒我們很快就得改變方向。

我們在海浪前停了下來，坐在馬背上吃起麵包、乳酪，大口喝著葡萄酒。

接著，我們有體力重新啓程。我和我的旅伴快馬加鞭，不知不覺把其他同行的人遠遠拋在後頭，很快地與他們拉開一大段距離。太陽發出炙熱的光照在我們頭上，可憐的馬被青少年身形的我和結實身材的少女壓得直冒汗。爲了讓其他人有時間跟上，我們放慢速度，沿著那條路繼續前進。一望無際的荒涼土地，加上海浪捲起一波又一波的浪花，還有數不盡在太陽照射後變得有如鹽或玻璃一般的沙，在濕濕的沙灘上閃閃發亮，另外右邊的遠方露出了山的身影。看著這些美景，心情眞是愜意；但沿途就只有海灘，看不見任何一塊遮陰處，也遇不到任何樹。

我的旅伴被繫得牢牢的，她在行進中、在馬背上、在我的皮帶和臀部之間搖晃，但我很快就發現她的手不安分。我感覺那雙手冰冷而堅定，它們似乎四處游移地撫摸我，很明顯她企圖探索我的身體。我回頭看她，只聽見她爽朗、開心哈哈大笑的聲音，有如年輕母馬發出的嘶叫。

我左手抓著韁繩，右手開始探索她身體我能搆到的任何部位。於是她主動對我伸出一條腿。她的肌膚緊實、帶點熱度，把我夾得愈來愈緊。漸漸地，那樣的愛撫變得愈來愈激烈。我開始變得魯莽，手往後伸長再伸長。她不但沒有抗拒，還碰觸了我青春期最敏感的部位。

我們必須解決那樣的處境。海岸邊的沙灘是理想的床。但是馬要拴在哪裡？連一棵樹、一根海上漂流木、一小片灌木叢都沒有！我們下定決心，必須找到——不那麼做就沒法開始歡樂的時光。不過那匹馬和這一帶的馬一樣，沒有完全被馴服，一鬆開牠就會立刻消失去找水喝，去深山裡找母馬，到時候我和那女孩只得一絲不掛地待在那裡，孤伶伶的兩個人會像被丟在天堂裡的亞當和夏娃。她已經挑起了我的慾火，讓我血脈賁張。但此時一點進展也沒有：只有陽光、沙灘，但是連一根用來拴住馬、讓我們得到快感的該死樹枝都沒有！

天色漸漸接近黃昏，原本落後的旅伴也趕上了我們。眼前出現進入村子的小山丘。我們再次沿著海浪與岩石間的小徑前進，遠遠望見教堂的紅瓦屋頂和鐘樓。看來已經沒戲唱了。我也只能咒罵爲什麼只在海邊創造了沙子，爲什麼不在海邊種點植物。

過了五十年，我回憶起這段往事仍會微笑。我想，在漫長的人生當中，那是我最挫敗、最失意的其中一天。

皮革店的馬*

我回來探望祖國南邊一座名爲蝶夢谷的城市。對我漫長的童年來說，那裡代表著一切現實，代表著世界上一切的謎。我的童年漫長，原因是在雨區和寒冷地區，時間彷彿停滯不前。

智利南方的樹需要幾世紀的時間生長。所以當我回故鄉時，看到的風景幾乎是全毀的。這片土地的主人無情地焚燒美麗又古老的森林。貪婪突襲了這場浩劫。樹必須快速地成長，木材的買賣迫使它們必須這樣。

在城市裡，我童年夢裡的事物所剩無幾，當然幾乎沒有一張我認得的臉。孩子、長者、人群，都對我露出一副陌生的眼神。

我只遇見一個我一眼就認得出、而它也似乎認得我的臉。那是被放在村子皮革店裡的大木馬。旁邊有馬鞍、用來繫牲口的皮繩、巨大的踢馬刺和粗野騎士使用的寬皮帶，它總是和這些商品擺在一起。但是在那一堆令人眼花繚亂的鄉下物品中，只有大木馬那對玻璃眼珠再度深深吸引我。它用無限悲傷的眼神看著我，認出我就是環繞世界不只一周，如今回來問候它的小男孩。我和它都老了。我們確實很有必要聊一聊。

五十年前的蝶夢谷，商人總是在門口掛著很大的圖案來推銷自己的商品。從偏僻又神祕的住處前來的阿勞卡尼亞印第安人，大老遠就能輕易分辨哪裡買得到油、釘子、鞋子。一支無敵大鎚子在某個角落，提醒他們那裡買得到工具。他們也可以到掛著一個藍色大鎖招攬生意的「鎖五金」買。鞋店門口高高掛著巨大的靴子吸引他們進去消費。幾支三公尺高的巨型木湯匙、木鑰匙，以簡單明瞭的方式告訴他們那裡買得到米、咖啡和糖。

我穿著短褲，帶著特別的敬意，在這些巨大的標誌下方走著。它們就像在附近森林裡高大的蕨類植物，和掛在參天大樹上的藤蔓一樣，讓我感覺像是身處在誇張、奇特、異常的世界裡。狂風把可憐的木製小東西吹得東倒西歪，火山運動[1]瞬間噴出火花，發出轟隆巨響，摧毀了這裡所有的一切。

皮革店的馬沒有遭受那樣的肆虐。每天上學經過那裡時，我總會在櫥窗前停留，看看它是否還在。

它沒有被高高地放在店門口，而是被縫上眞的馬皮、馬蹄、馬鬃和馬尾，在冰冷的南方把它放在外面風吹雨淋，眞是太糟蹋了。不，它安靜地待在那裡，爲身上光亮的皮和高級的馬具感到自豪。當我確定它還在，確定它沒有疾馳或飛奔到深山裡時，我就會進到店裡，伸出我當時還小小的手，滑過它柔軟的口鼻。大木馬知道，不管晴天或雨天，這個小學生都會來摸它。有好幾次我在它玻璃眼珠的凝視中看到這樣的感覺。

這城市變化如此巨大，似乎面目全非。木造的房子、冬天的顏色都變成了悲慘的水泥大房子。街上的人變多了，但是停在五金行前的馬和牛車變少了。那裡是智利唯一會有阿勞卡尼亞原住民在街上活動的城市。現在依然如此，我感到很開心。印第安女人披著紫色披肩，印第安男子的黑色斗篷上有像閃電般反覆出現的奇怪白色回紋。以前他們只來買賣小商品，例如：編織品、蛋、雞。現在他們有了新花樣。我將述說我有多麼驚訝。

全村的人都到體育館裡聽我唸詩。那是一個星期天的早晨，會場裡擠滿了騷動不安的人，聽得到孩子的叫聲和笑聲。孩子們是最大的干擾，沒有詩歌能讓一個在那時刻想要吃早餐的孩子不鬼叫。當觀眾向我打招呼時，我走上台，感覺自己變得有點像可能殺害親人的大希律王[2]。此時，我聽到現場安靜

---

1 指附近的雅伊瑪火山噴發。二十世紀約有二十三次較明顯的雅伊瑪火山運動，聶魯達在世時有九次較為劇烈的噴發，若按作者生平的重要事蹟來分析，這篇文章很有可能是一九六九年聶魯達代表智利共產黨參選智利共和國總統，順道拜訪故鄉蝶夢谷後所撰寫的，再加上前一段作者對照五十年前的蝶夢谷和當時造訪當地的情況，故此處作者所提到的天然災害最有可能是一九五六年和一九五七年間劇烈的火山運動。

下來，而就在這安靜的氣氛裡，從最後面的群眾中突然傳來一陣這世界上最特殊、最基本、最古老、最質樸的音樂。

他們是彈奏樂器、爲我吟唱悲傷小調的阿勞卡尼亞原住民。我從來沒親耳聽過這樣的音樂。這些個性孤僻的同胞們，用自己的儀式音樂來參與這場詩歌與政治的典禮。我沒想到自己有機會見證這樣的表演，也從不認爲他們會因爲我而獻出這樣的交流，所以覺得非常感動。我濕了眼眶，聽著他們用老皮鼓和大笛子演奏出世界上最老的古調。音樂時而低沉、時而尖銳、時而單調、時而激昂，就像風吹雨打聲，或像一隻古老生物在地底下被獻祭時發出的悲鳴。

這音樂似乎出自於他們很古早以前的夢，表達了他們想參與卻直到現在依然被拒於門外的世界，敘述了阿勞卡尼亞或它僅存的樣子是如何被外界所影響。

野外的景觀變了樣。一大部分的山以粗暴的方式被燒光。許多高山禿了頭，彷彿地表的骨頭外露。侵蝕的速度不斷加快；另一方面，南方許多村鎮的房子及建築被地震震裂、摧毀。時間就這樣過去了，但是重建的區域僅限於市中心、行政中心和精華地段。某些重建後塗著美麗外牆的新住宅上，以白底黑字寫著「此住宅以美援重建」。

許多國家在最近一次的可怕災難中來智利救災，提供無數的援助。但只有美國人會在極少數由他們贊助的美麗屋宅前炫耀。顯然，他們不提在開採智利的銅礦時拿走的錢可以重建所有的城市、所有的道路和鐵路、所有的橋樑和工廠，抑或人們有史以來在我國建設的一切。

目睹如此多變化卻一動也不動的老馬看著我，此時我也應該向它說說我變了多少。

我的老朋友：自從我離開這個城市，我寫了關於愛情與黑夜的詩，還有內心的漫歌；它們在我內心就像麥的種子慢慢地發芽，或像山底下的泉水祕密地奔流。小馬，我要說我的詩千變萬化。它沾染城市的氣息；它替人民發聲；它也被當作武器和旌旗。

老朋友，我很滿足。

但我不想被歸類，不想被塞進我們時代的教條裡。我想不斷地變化、不斷地萌芽、不斷地成長。我想用我內心的經歷、用雨水、用大地歌唱。我回來看你，老朋友，我想讓你知道我和一般人一樣都會變，但我的本質仍然一樣。

我沒辦法用嘴巴說出這些話，所以我用眼睛說，說完，我再一次撫摸它的口鼻向它道別，同時我發現我手放的位置，也就是原本被套上美麗皮革的口鼻部，已經磨損，所以我摸到的不是外在的皮膚，而是內在的木頭——那彷彿觸碰到了老馬的靈魂。

在那之前我都以爲只有小時候的我會摸皮革店的馬，但那個磨損的記號向我證明了有很多人、非常多的人都曾經和我一樣。我才了解到有很多孩子、非常多的孩子繼續經過那條街上學和回家。

我也了解到，雖然它是被遺忘在浩瀚世界中遙遠的小鎮裡的一匹木製老馬，但是它或許擁有溫柔那樣的溫柔陪伴我們這些孩子，在這條我們經過多次的漫長道路上成長。

2 大希律王（西元前七四年或七三年—西元前四年），羅馬帝國猶太行省的從屬王。根據記載，希律是個殘酷的暴君，為了鞏固自己的勢力和權位，不惜殺害親人和多位拉比。

02——迷失的都市叢林

青年旅館

經過多年的中學生活，以及每年十二月痛苦的數學考試，我終於在形式上準備好面對未來在智利聖地牙哥的大學生活。我之所以說「形式上」，是因爲當時我的頭腦裡裝滿了書、詩歌和夢想，它們像蜜蜂般在我心中嗡嗡作響。

我身材乾瘦、單薄，有如一張紙片。我穿著詩人不可或缺的黑色套裝，手上提著鍍錫鐵皮的盒子，進入了一列夜車的三等車廂。火車不眠不休地往前進，經過一天一夜的時間才抵達首都聖地牙哥。

我搭過好幾次這列跨越了不同地區、不同氣候的長長列車，至今它仍保有獨特的魅力。披著濕斗篷、帶著雞籠的農民，還有沉默的馬普切人，他們的生活都在三等車廂裡度過。他們有好多人都沒買票，坐在椅子底下，等到驗票員來時，便瞬間變換隊形：許多人消失不見，某些人躲到斗篷底下，然後兩位乘客假裝在上面玩牌，好讓驗票員不去注意到這個臨時搭起的牌桌。

此時，火車經過種著橡樹和南美杉的原野，路過牆面濕透的木屋，來到了種著白楊樹的智利中部，看到了塵土覆面的土坯建築。我後來在首都和家鄉之間往返過好幾次，但每當我離開大片森林與帶著家鄉味的木頭分離時，就覺得自己快要窒息。土坯的房子，有歷史的城鎮，它們讓我感覺布滿了蜘蛛網，裡頭一片沉寂。直到現在我仍是一位來自惡劣環境，在那時就告別寒冷森林的詩人。

別人推薦我去馬魯里街（Calle Maruri）五百一十三號的青年旅館。不知道爲什麼，至今我仍忘不了這個門牌號碼。所有日期，甚至所有年份，我都記不住，偏偏五一三那個數字像電鍍了一般，牢牢地鑲在我的腦海裡。我害怕永遠到不了那間旅館，害怕迷失在廣闊、陌生的首都裡，所以從好幾年前就記下那個數字。我常坐在面對馬魯里街的陽台上，看著每天傍晚的暮色，看著天空中一條條泛著綠色與胭脂紅，有如旗幟般的晚霞，看著郊區的房子被火紅的天空籠罩，屋頂上透露出悲傷的景象。

我住在青年旅館那幾年飢寒交迫，那時我創作的量比現在多很多，但吃的量卻相對地少很多。當時我認識幾位詩人，他們因爲太窮必須嚴格控制食量，結果就餓死了。我還記得其中有一位和我年齡相當，長得比我高很多，而且比我更不靈活的詩人，他的抒情詩歌既優美又有內容，讓所有在場聽到的人都深受感動。他的名字叫羅梅歐・穆爾加[1]。

我和這位羅梅歐・穆爾加會去首都附近的聖貝納爾多市（San Bernardo）朗誦自己創作的詩歌。在我們上台前，現場沉浸在一片歡愉的過節氣氛當中：有花神節[2]選拔的王后和其他皮膚白皙的金髮佳麗；有當地的社會賢達上台致詞；有當地類似樂隊的團體演奏。但是當我上場，開始用悲傷萬分的語調朗誦我的詩歌時，整個氣氛都變了。現場群眾有人咳嗽，有人對我冷嘲熱諷，有人覺得我憂鬱的詩歌很好笑。看到那些俗人的反應，我速速唸完詩歌，就把舞台讓給我的朋友羅梅歐・穆爾加。那次眞的太令人難忘了。大家看著那個身高將近兩百公分、長得像唐吉軻德、穿得一身烏漆抹黑、破舊衣服的男子上台，當他開始用比我還要悲傷的語氣朗誦時，群眾再也忍受不了內心的憤怒，紛紛大喊：「窮詩人，走開！別掃興！」

我像隻軟殼動物離開自己的窩，搬離了馬魯里街的青年旅館。我爲了認識大海、認識這個世界，告別了我的保護殼。我之前經常往返於就讀的古老學院和青年旅館空蕩蕩的窩，但卻很少探索聖地牙哥的大街小巷。這個未知的世界就是我的大海。

我知道，在這趟旅程中，我原本就難以被滿足的飢餓感將日益嚴重。旅館裡任何與我老家沾得上邊的阿姨們都曾經救濟過我，給過我一顆馬鈴薯或洋蔥。但我沒有別的辦法，還是得離開。生命、愛情、榮耀和自由都在呼喚我。或至少我是這樣感覺的。

我租的第一間獨立單人房位於師範學院[3]附近的阿奎耶斯街（Argüelles）。在那條灰灰的街上，某個窗戶掛著一張寫著「房間出租」的招牌。正面靠街道的房間全是房東在使用。他是一位白髮蒼蒼、衣冠楚楚但眼神令我感覺怪異的男人。他話多，能言善道，做美容院的造型師維生，但又沒有很用心經營這個工作。據他所說，他比較在意的反而是那個死後看不見的世界。

---

1 羅梅歐．穆爾加（Romeo Murga，一九〇四年—一九二五年），智利詩人、作家、譯者。大學時期常與聶魯達在餐館裡聚會，積極參與學生組織。一九二五年染上結核病，英年早逝。

2 花神節（Floralia），是一種從古羅馬時期就存在的節慶活動，主要目的是歌頌花神佛羅拉（Flora），迎接春天的到來，象徵新的一年、新生命的開始。許多拉丁美洲國家至今仍於每年的四月底到五月初之間舉辦。活動內容除了有花神小姐的選拔，還有文學、音樂、舞蹈、藝術、攝影、動畫等方面的競賽。

3 師範學院（Instituto de Pedagogía），一八八九年成立於智利聖地牙哥的高等院校，附屬在智利大學（Universidad de Chile）內，一開始只有三個科系：西班牙語教育學系、英語教育學系和法語教育學系（聶魯達於該系就讀）。隨著編制逐漸擴大，一九四八年還移校區，一九八一年成為獨立院校。

我從蝶夢谷帶來的行李箱和金屬盒裡拿出我的書和極少的衣物。我因爲享受到無拘無束、慵懶的氣息而變得放縱。我癱在床上，隨意地看書、睡覺。

那棟房子裡沒有院子，只有一道長長的走廊，連接了一整排大門緊閉、數不盡的房間。隔天早上，當我走在細長的走廊上探索著孤單的大房子時，我發現所有的牆上，甚至在廁所裡，都出現了一些內容大同小異的標語：「死了這條心吧！妳沒辦法跟我們溝通！妳已經死了！」那些令人毛骨悚然的話散落在每個房間、餐廳、走廊和交誼廳。

那是智利聖地牙哥某一年寒冷的冬天。經過西班牙人的殖民，我的國家遺傳到的是不適應寒冷和低估了大自然的嚴酷。（五十年後，伊利亞·愛倫堡[1]告訴我，他雖然從冰天雪地的莫斯科來，可是從沒感覺像在智利時那麼冷。）那一年冬天，窗戶的玻璃凍到發紫，路上的樹木也冷到發抖，拉著復古馬車的馬，嘴裡吐出陣陣白煙。此時住在有那麼多亡靈暗示的房子裡，眞是再糟糕不過了。

房東是美容院的設計師，也是個神祕論者。他露出瘋子般的眼神，深深地注視著我，然後很鎭定地對我說：

「我老婆小帕蘿（Charito）在四個月前過世了。對死人來說，這個時候是最難熬的；他們會在原本的家陰魂不散。我們看不到他們，但他們沒有發現我們看不到他們。要讓他們知道這個事實，這樣他們才不會以爲我們不在乎他們，也不會因此感到難過。所以我才替小帕蘿貼上了這些標語，讓她更清楚地知道自己現在已經死了。」

不過，那個頭髮灰白的男人應該是覺得我的生活太精彩了，所以開始監視我的出入，限制我的女性訪客，偷翻我的書和信件。有幾次我在不該出現的時候回到房間，都發現那個怪房東在我寥寥無幾的家具中東看看、西看看，檢查我少得可憐的隨身物品。

冬天正冷的時候，我不得不踏出蹣跚的步伐，在天氣惡劣的大街小巷裡尋找新住所，好讓我受到威脅的自主權有容身之地。就離那裡不到幾公尺，我在一間洗衣店裡找到了合適的地方。顯而易見地，這個女屋主與死人的世界沒有任何的關係。冰冷的院子裡，青苔覆蓋了噴泉的水，讓它停滯不動，有如一片堅固的綠色地毯。通過院子後，看得到幾塊沒人照料的花圃。在那後面，有一間挑高很高的房間，窗戶位在又高又大的門上方，這讓我感覺天花板和地板的距離拉得更大了。我決定就在這個家、這個房間裡待下來。

我們這些學生詩人的生活都很荒謬。我堅持在鄉下的習慣，在房間裡用功寫著好幾首與當下有關的詩歌，同時一杯接著一杯不斷地喝著自己準備的茶。但是在我的房間外面、在我住的街道以外，當時騷動的詩人生活也同樣對我有特殊的吸引力。這些詩人不相約在咖啡廳，而是聚在啤酒屋和小酒館。他們交談，討論詩歌，一來一往，直到天亮。我的心思愈來愈不放在課業上。

我父親因為平常必須冒著風雨工作，所以鐵道公司送給他一件粗毛料的灰色斗篷，可是他從來沒用過。我把它拿來在創作詩歌時使用。有三、四位詩人開始學我，在身上披了類似我父親那樣的斗篷。這樣的裝扮引來正派人士的不滿，當然還包括一些不是那麼正派的人。當時探戈才剛流行到智利，不只引進了探戈的節奏、如同剪刀開合開合的舞步、手風琴的音樂與韻律，同時還帶來了一群干擾我們夜生

---

1 伊利亞．愛倫堡（Ilya Grigoryevich Ehrenburg，一八九一年——一九六七年），俄國猶太裔作家、記者。

活、侵犯我們聚會場所的地痞流氓。這些來跳舞、逞凶鬥狠的傢伙，行爲囂張，看我們在那裡披著斗篷不順眼，所以刻意找碴。我們這些詩人當然就卯起來，跟他們拚了。

在那段時間裡，我意外認識了一位在我記憶中揮之不去的寡婦。她爲了悼念剛過世的丈夫，用面紗輕輕蓋住那雙藍色的大眼睛。她先生是一位年輕小說家，以帥氣的外表出名。他們才剛結婚，是一對令人印象深刻的夫妻：女的一頭小麥般的金色秀髮、水藍色的眼珠，搭配著無可挑剔的完美身材；男的長得又高又壯。那位小說家因爲得到一種人稱「奔馬癆」的急性肺結核過世了。之後我在想，他的金髮枕邊人在他發病時爲他加了「奔馬春藥」[1]，以致於在還沒發現青黴素的年代，如此壯碩的先生在熱情如火的金髮美女陪伴下還不到幾個月，就蒙主寵召了。

這位金髮美女身穿黑色、紫色絲綢，宛如一顆果皮凍傷的冰水果。起初她還沒打算爲我脫去這一身顏色黯淡的衣物，直到某一天下午，她在洗衣店後面，在我房間裡剝掉了那身外殼，讓我不只可以碰，還能夠從頭到腳撫摸她這顆冰到發燙的水果。當我的本性正要爆發時，我看見眼前這個女人閉上眼，一邊大喊，一邊像是喘息或哭泣地說：「喔！羅貝爾多！羅貝爾多！」（我感覺那宛如一場禮拜儀式。她像一位古代的護火貞女[2]，在進行一場新的儀式之前，極力地召喚消逝的天神。）

我儘管年紀輕輕，無依無靠，但這寡婦對我來說似乎有點過頭了。她的召喚愈來愈急促，但她熱情的心卻讓我的衝動漸漸消退。她這樣激情、濃烈的愛，根本不適合我這種營養不良的年輕小伙子。況且，我的營養不良還愈來愈嚴重。

事實上，在很多時候，我的第一年，或許到了第二年和第三年，都呈現一種又聾又啞的狀態。

我從很年輕時就開始習慣穿得一身黑，自以爲這樣很稱頭，很像上個世紀的大文豪。不過，我知道在女孩面前我會結巴、會臉紅，所以與其和她們親近，我寧可側身繞過她們，表現出一副不在乎的樣子。但事實上，我完全不是那樣的人。對我來說，她們充滿了神祕感。我眞的好想在祕密的愛情火堆中被燒死，在深不可測的慾望井水中被淹死，但我就是沒勇氣往火裡和水裡跳。我找不到人推我一把，只能在誘惑的邊緣徘徊，表現出一副不屑一顧、面無表情的模樣。

我也用同樣的方式對待大人，對待在鐵路和郵局上班的無名小卒，以及他們的「夫人」（señora esposa）。當時的小資產階級[3]被「女人／妻子」（mujer）這個字給嚇壞了，很反感，因此都改稱自己的

---

1 奔馬春藥（Venus galopeante），作者為了嘲弄那位詩人的病和他美麗又熱情的老婆，刻意以「奔馬癆」（tisis galopeante）為發想，自創出的一種春藥名。

2 護火貞女（virgo Vestalis），古羅馬爐灶和家庭女神維斯塔（Vesta）的女祭司，平時的主要工作是守護維斯塔神廟裡的爐灶，不讓聖火熄滅。

3 小資產階級（源自法語：petite bourgeoisie）出現在十七世紀，用來指由小商人、放款人、藝術家和僕人等職業構成的中下經濟階層。後來到了十九世紀，馬克思借用這個詞，專指靠自己的勞動維生，擁有少量生產資源與財產的人；包括從事貿易的小商人、自由業和手工業者（如：鐵匠、鎖匠、鞋匠、麵包師等）。此階層有別於完全付出勞力的無產階級，也與剝削勞力或以壓低成本來獲得高報酬的資產階級或資產家截然不同。

另一半爲「夫人」。我會聆聽和我父親同桌吃飯的人的聊天，可是到了隔天，如果在路上遇到他們，我就不敢向他們打招呼，甚至會改走小路避開他們。

害羞是人靈魂中一種奇怪的狀態。它是通往孤獨的一種分流、一種空間，也是一種無法切割的折磨；就好比人有兩層表皮，而第二層比較靠近身體的皮會收縮，會讓人感受到刺痛。在人的所有構成物中，這個特質（也可以說是傷害）具有某種聚合力量，長久下來會讓人逐漸養成難以改變的性格。

我在雨區養成了比一般人嚴重的遲鈍，以及長時間沉思的習慣。當我到首都時，花了很長時間才交到朋友。別人不在乎我的情況下，我會比較容易結交朋友。那時候我對人不怎麼感興趣，我對自己說，要認識這世界上所有的人是不可能的；也正因爲如此，在某些場合開始有人默默對我這個剛滿十六歲的新詩人感到好奇。我話不多又孤僻，從不打招呼，也從來不開口說再見。除此之外，我總是披著一件西班牙式大斗篷，看起來像個稻草人。根本沒人想過，我會打扮得如此標新立異，純粹是因爲我窮到沒錢買衣服。

在所有對我好奇的人當中，有兩位當時著名的假面夫妻：皮洛·亞涅斯（Pilo Yáñez）和他的老婆米娜（Mina）。他們是我夢寐以求的美好休閒生活的最佳典範。那是我第一次進到如此舒適的家，有暖氣，有寧靜的燈，有可愛的座椅，還有好幾面擺滿書的牆，五顏六色的書背彷彿組成了看得見卻摸不著的春天。亞涅斯夫婦好幾次邀請我去他們家，他們很客氣又很謹慎，完全不在意我爲了僞裝沉默和孤僻，披了各種斗篷去他們家。我每次都是開心離開，他們也發現了，所以一再邀請我去作客。

我頭一次看到立體主義的作品，就是在那個屋子裡，其中一幅是胡安·格里斯[1]的畫。據他們說，胡安·格里斯是他們家族在巴黎的朋友。不過，更引起我注意的是我朋友的睡衣，只要一逮到機會，就帶著驚訝的眼神朝他身上瞄。那時是冬天，他群青色粗毛料的睡衣，看起來好像用撞球桌的檯布做成。當時我從沒想過，除了像囚服般的條紋服外，竟然有這種顏色的睡衣。皮洛．亞涅斯身上的那一件睡衣，跳脫了所有的想像框架。粗毛料和閃耀的藍色讓一個住在聖地牙哥郊區的窮詩人心生羨慕。不過老實說，我往後這五十年，再也沒看過那樣的睡衣。

我有好幾年沒再見亞涅斯夫婦。亞涅斯太太爲了一個在聖地牙哥巡迴演出的俄羅斯馬戲團特技演員，拋棄了丈夫，丟下了家裡那些柔美的燈飾和舒服的椅子。隨後，她又跟著那個讓她神魂顛倒的特技演員，從澳洲到不列顛群島四處巡演，幫他賣表演的門票。最後，她加入了玫瑰十字會或類似的團體，在法國南部一處神祕宗教的營地生活。

關於她的丈夫皮洛．亞涅斯，則改名爲胡安．埃馬爾[2]，後來成了鮮少露面的作家。我們是一輩子的朋友。他是個沉默、溫文儒雅的人，但是一貧如洗，最後就這樣過世了。他有很多作品至今仍未出版，不過我相信總有一天會問世。

再回到我的害羞話題。我記得在學生時期，朋友皮洛堅持要介紹他父親給我認識。「他絕對可以讓你飛到歐洲玩一趟。」他對我說。當時所有拉丁美洲的詩人和畫家，目光都緊盯著巴黎。皮洛的父親是

1 胡安．格里斯（Juan Gris），本名何塞．畢多利亞諾．龔薩雷斯．貝雷斯（José Victoriano González-Pérez，一八八七年—一九二七年），西班牙畫家、插畫家、雕刻家，主要在巴黎發展，亦為前衛藝術運動的立體主義大師。

2 胡安．埃馬爾（Juan Emar，一八九三年—一九六四年），本名阿爾巴洛．亞涅斯．畢安齊（Álvaro Yáñez Bianchi），小名皮洛（Pilo），智利作家、文學評論家暨畫家。一九三〇年代曾出版一部故事集和三部短篇小說，之後就不曾公開個人創作，直到死後十三年，他的小說、散文和素描等才陸續被出版。

個了不起的人物，是智利的參議員，住在國防部和總統府附近某條街上一間很難看的大房子裡。當然，他朝思暮想，恨不得住進總統府裡。

我的朋友們幫我脫去斗篷，企圖讓我看起來比較像正常人，然後就留在辦公室前廳。有人幫我開了門，等我進去後再立刻把門關上。那個辦公室很大，以前應該是個接待大廳，但眼前卻什麼都沒有，只在最裡面的一盞立燈下有張大椅子；參議員拿著報紙，坐在那張椅子上閱讀，報紙的大小有如一面屏風，擋住了他整個人。

我踏出第一步，踩上因打了蠟而閃閃發亮的拼木地板，像個滑雪選手般，開始往前滑行，速度愈來愈快，雖然想踩煞車，卻搖晃得更加厲害，跌倒了好幾次，最後一跤好死不死就摔在參議員的腳跟前。他沒放下報紙，只是冷冷地看了我一眼。

我好不容易爬起來，坐在他旁邊的一張小椅子上。那個大人物像個昆蟲學家般，抬起疲憊的雙眼，把我當作被送進來的標本，上下打量了一番，然後立刻認定我只是一隻無害的蜘蛛。他敷衍地問了一下我的計畫。我在跌了那一跤之後，變得比平時更害羞，口才更遲鈍了。

我不知道當時說了什麼，只記得過了二十分鐘之後，他舉起一隻小小的手，暗示我可以走了。我想，我有聽到他用微弱的聲音答應我，一有消息會跟我說。接著，他再度拿起報紙閱讀，而我則記取剛才進門時的教訓，極度小心地通過危險的拼木地板，往回走出去。當然，那個參議員，也就是我朋友的父親，後來沒再給過我任何消息。之後，爆發了一場愚蠢且確實是反動的軍事政變；動盪中，他帶著永遠讀不完的報紙，從椅子上跳了起來。坦白說，我當時樂了一下。

學生聯會

還在蝶夢谷時，我曾經擔任智利大學學生聯會「光明」（Claridad）雜誌社的駐校代表，賣了二、三十本雜誌給高中同學。一九二〇年的新聞傳到蝶夢谷，在我這一代留下血淋淋的傷口。寡頭政府的子女組成的「黃金少年」，攻擊了學生聯會，並毀掉他們的根據地。從殖民時期到現在，司法始終都只保護有錢人；在那次事件中，不但沒有讓攻擊者入獄，反而還逮捕了遭受攻擊的學生。智利詩壇的新希望多明哥．高梅斯．羅哈斯（Domingo Gómez Rojas）就因此被逼瘋、被刑求，最後冤死在牢裡。這樣的惡行，在智利這樣的小國境裡引起軒然大波，後來費德里克．賈西亞．洛爾卡[1]在格拉納達被暗殺的事件彷彿歷史重演。

一九二一年三月，當我到聖地牙哥讀大學時，首都裡只住了五萬人。街上飄著汽油味和咖啡味。成千上萬的房子裡住了一群不認識的傢伙與討厭鬼。電車吃力地在城市裡移動，發出金屬磨擦的咔嚓聲和小鈴的噹噹聲，街道被電車搞得很擁擠，交通也被弄得相當混亂。從獨立大道（Avenida Independencia）

1　費德里克．賈西亞．洛爾卡（Federico García Lorca，一八九八年—一九三六年），二十世紀西班牙文學巨擘，創作類型多元，有詩歌、戲劇、散文、歌曲、插畫。時常以影射、暗喻的方式，表達對社會的不滿與反抗。西班牙內戰爆發後，由於他支持第二共和左翼民主政府，反對法西斯反叛軍，因此於一九三六年八月十八日凌晨，在家鄉遭佛朗哥軍隊殺害，棄屍荒野。洛爾卡的死訊一出，對一九三三年就認識他且交情深厚的聶魯達來說，打擊相當大。聶魯達不僅在一九三七年發表一首名為「西班牙在我心」（España en el corazón）的詩歌來追悼這位在內戰中喪生的詩人好友，更促使他決心投入民主運動。更多關於該作家的描述，請參見本書第五章。

到中央車站（Estación Central）附近我上學的地方，從城市的這一端到另外一端，就像是一條永遠也走不完的路。

學生聯會的總部裡，知名的學運人士進進出出，他們在意識形態上深受當時活躍的無政府運動影響。阿弗雷多・德馬利亞（Alfredo Demaría）、丹尼爾・史懷哲（Daniel Schweitzer）、桑提亞戈・拉巴爾卡（Santiago Labarca）和胡安・坎杜爾弗（Juan Gandulfo）都是重要的領袖。而毫無疑問地，胡安・坎杜爾弗是裡面最優秀的人物。他大膽的政治理念和勇於嘗試的精神都令人感到敬畏。我在他眼中就像個孩子，其實我當時眞的是個孩子。有一次我跟他約時間看診，結果我遲到了，他皺起眉頭對我說：「你爲什麼不準時來？還有其他病人在等。」「我不知道時間。」我回答。「拿著，下次你就知道了。」他對我說，從背心裡拿出一只手錶送我。

胡安・坎杜爾弗的個子不高，臉圓圓的，有少年禿，但是只要他一出現，就很難不注意到他。某次，一個以好鬥聞名又擅長劍術的政變軍人找他單挑。坎杜爾弗接下戰帖，學了十五天的劍術；結果他的對手不但被嚇傻了，還被他搞得狼狽不堪。那幾天裡，他還幫我雕刻第一本著作《晚霞》（*Crepusculario*）的木版畫封面和插圖。從來沒有人猜得到，這些美麗版畫的作者竟然是一位與藝術創作完全搭不上邊的人。

在革命文學創作中最重要的人物之一，是《青春》雜誌的總編輯——羅貝爾多・梅薩・福恩德斯（Roberto Meza Fuentes）。相較於《光明》雜誌，雖然這本雜誌的內容比較雜，文字風格也比較沒那麼犀利，但都同屬學生聯會的出版品。在《青春》雜誌裡表現突出的是龔薩雷斯・貝拉（González Vera）和馬努耶・羅哈斯（Manuel Rojas）。不過，對我來說，他們都屬於老一輩的人。馬努耶・羅哈斯曾在阿根廷待過好幾年，那時他才剛來智利沒多久。他身材魁梧，說話時帶著一種睥睨、驕傲和尊貴的神情，總令我們感到驚奇。他負責排版工作。至於龔薩雷斯．貝拉，則是在他於學生聯會遭到攻擊後逃到蝶夢谷時，我就認識他了。他直接從距離我家只有幾步路的火車站過來找我。對於一個年僅十六歲的詩人來說，他的出現讓我想忘都忘不掉；我從來沒見過那麼蒼白的臉。他無比乾瘦的臉頰彷彿是骨頭或象牙刻出來的。他穿得一身黑，褲腳和袖口處看得出嚴重磨損，但仍不減他優雅的舉止與談吐。他一開口就讓我感覺他是個說話犀利、語帶機鋒的人。我原本不曉得龔薩雷斯．貝拉還活著，那天晚上他冒雨前來，那場景彷彿安德列耶夫[1]筆下被拉丁美洲叛逆青年視爲偶像的虛無主義革命家，出現在薩什卡．日古列夫的家門口，令我感動到將他請進門。

阿貝爾多．羅哈斯．希梅內斯

我像個政治和文學的激進份子，加入了當時幾乎完全由阿貝爾多．羅哈斯．希梅內斯主導的光明

1 列昂尼德．尼古拉耶維奇．安德列耶夫（Leonid Nikolaievich Andreyev，一八七一年—一九一九年），俄國小說家、劇作家，早期的寫作風格承襲自杜斯妥也夫斯基和契訶夫，擅長刻畫現實社會小人物的心理。一九一二年出版的中篇小說《薩什卡．日古列夫》（*Sashka Yegulev* 或 *Sachka Yegulev*），描寫一九〇五年俄國革命時的農民革命鬥爭。

雜誌社。他逐漸成爲我們這一輩同伴當中，讓我看得最順眼的人。他總是戴著帽簷寬平的毛氈帽，跟厲害人物一樣留著與鬢角相連的長鬍子。他優雅、帥氣，雖然沒什麼錢，但看起來活像隻快樂飛舞的金絲雀，全身上下散發著新時代花花公子的氣息。他帶著一種睥睨的神情，能立刻理解許多衝突的原點。他頭腦靈活，也很關心所有重要議題。書和少女、船和酒瓶、路線和島嶼，這一切他都再熟悉不過，甚至表現在他最細微的動作上。在文壇走跳時，他帶著浪子般漫不經心的性格，任意揮灑個人的才華與魅力。在我們這些普遍貧窮的人當中，他繫的各式領帶總成爲個人炫富的工具。他時常換房子、換城市居住，他那不受拘束的歡快以及波希米亞生活方式，就這樣在好幾週之間讓朗卡瓜（Rancagua）、庫里克（Curicó）、巴迪比亞（Valdivia）、康塞普西翁（Concepción）和天堂谷的居民出乎意料地感受到歡樂氣氛。他來去自如，會在待過的地方留下詩、畫、領帶、戀情和友誼。他的舉手投足有如童話中的王子，他的闊氣令人難以想像；他什麼都能送人，帽子、襯衫、外套，甚至鞋子；在他沒有任何東西可以送時，他會把一句話、一段詩或任何有趣的俏皮話寫在一張紙上，然後在轉身離開時落落大方地把那張紙送給你，彷彿是將一個無價的寶物交到你手上。

他總是跟隨最新的潮流創作詩歌。他追隨阿波利奈爾[1]和西班牙極限主義[2]詩人的風格，用「阿嗚」（Agu）這個名字創了一個新的詩歌流派。據他所說，這是人最原始的叫聲，也是新生兒的第一句詩。

羅哈斯．希梅內斯逼迫我們跟他一樣，無論是衣著、抽菸，還是寫字，都要有點時髦的樣子。他用盡各種方式捉弄我，幫我擺脫一身憂鬱陰沉的氣息。他懷疑一切和放縱飲酒的態度，從來沒有影響到我。不過，直到現在，我仍深刻記得他讓一切事物發亮的身影；他讓周遭任何美好的事物都像躲藏的蝴蝶，在受到他的感召後翩翩起舞。

他從米格爾．烏納穆諾[3]那裡學會如何摺紙小鳥。他會先摺出長長的脖子和張得大大的翅膀，然後對著小鳥哈氣，他幫這個動作取名爲「吹生」小鳥。他發現法國的詩人，找到埋在地窖裡的暗色酒瓶，又寫信給法蘭西斯．詹姆斯[4]作品中的女主角。

他優美的詩句縐巴巴地塞在口袋裡，直到現在都沒出版。

他大剌剌的個性非常引人注意。某天在一家咖啡館裡，一個陌生人走過來對他說：「先生，我一直在聽您聊天，發現您跟我的個性很合得來。我可以要求您一件事嗎？」「什麼事？」羅哈斯．希梅內斯不在乎地回答。「就是請您讓我從您身上跳過去。」陌生人說。「那怎麼跳？」我的詩人朋友問，又接著說：「您這麼有力氣，而我就坐在這桌子前，您大可從這裡跳過去。」「不，先生。」陌生人用卑

1 紀堯姆．阿波利奈爾（Guillaume Apollinaire，一八八〇年—一九一八年），法國作家、藝術評論家。作品風格新穎，被認為是超現實主義先驅。

2 極限主義（Ultraísmo），一九一八年在西班牙興起的一種反映在詩歌創作上的前衛主義風潮。在題材上融合未來主義和達達主義，在詩句的排版上創新突破，最佳的例子就是阿波利奈爾的圖像詩（calligramme），又稱圖形詩，亦即利用排版字母、有藝術感的書法或手寫等方式，將詩句排成特定的圖案，或是與詩句內容一致的圖案，例如雨、鳥、花、草和艾菲爾鐵塔等。

3 米格爾．德．烏納穆諾（Miguel de Unamuno，一八六四年—一九三六年），西班牙學者、詩人、哲學家。最著名的小說為《迷霧》（*Niebla*），故事中透過男主角為愛自殺的劇情，傳達個人對存在主義的擔憂。

4 法蘭西斯．詹姆斯（Francis Jammes，一八六八年—一九三八年），法國作家。早年作品深受波特萊爾的影響。

微的語氣補充：「晚一點，我想等您安靜地躺在棺材裡再跳。這是我向我覺得有趣的人表達敬意的方式。只要他們同意，我就在他們過世後從他們身上跳過去。我是個孤獨的人，這是我唯一的樂趣。」接著他拿出一本小冊子，對著詩人說：「我這裡有一份被我跳過的人的名單。」羅哈斯．希梅內斯很瘋，竟然欣然接受那樣奇怪的要求。幾年後，在我印象中智利下過最多雨的一個冬天，羅哈斯．希梅內斯過世了。他和往常一樣，將外套留在聖地牙哥市中心某個酒吧裡。在那個寒風颼颼的冬天裡，他只穿著襯衫，穿過市區，走到金塔諾瑪爾區（Quinta Normal）他妹妹羅西妲的家裡。兩天後，支氣管炎將我認識的這個萬人迷帶離了人世。那位詩人走了，他在飄著細雨的天空中和他用紙摺的小鳥一起遨遊。

不過，當我的朋友們為他守靈時，某天晚上來了一名不速之客。滂沱大雨打在屋頂上，雷電閃個不停，強風吹得金塔諾瑪爾區高大的胡桃樹劇烈搖晃。門被打開了，一位穿了隆重喪服、被雨淋濕的男子走了進來。沒人認識他。正當這幾位守靈的朋友對他感到好奇時，這個陌生人兩腳用力一蹬，跳過了棺材。接著，他和進來時一樣，默不吭聲地突然走掉，消失在黑夜的大雨裡。阿貝爾多．羅哈斯．希梅內斯傳奇的一生，就以這種奇妙、至今無人可以解釋清楚的儀式劃下了句點。

當我得知他過世的消息時，才剛到西班牙。我很少感到那麼痛苦哀傷。當時我人在巴塞隆納，立刻為他創作了一首名為〈阿貝爾多．羅哈斯．希梅內斯在飛翔〉（Alberto Rojas Giménez viene volando）的哀歌，之後將它刊登在《西方雜誌》（*Revista de Occidente*）上。

然而除此之外，我還應該為他做個像樣的告別式。他在智利那麼遙遠的地方過世，那幾天還下大雨，挖好的墓都被雨水淹沒了。我沒辦法見他最後一面，也沒辦法陪他走完最後一段旅程，所以我想為他舉辦個儀式。我去找我的畫家朋友伊薩亞斯．卡貝松（Isaías Cabezón），兩人結伴一起去美麗的海上聖母教堂。我們買了兩根幾乎和人一樣高的大蠟燭，帶著它們進到昏暗、奇特的聖殿。海上聖母教堂庇佑討海人。幾百年前，漁夫和船員們用一塊塊石頭將大教堂堆砌起來，再裝飾上千幅的還願畫；在永恆世界航行的各式大大小小的船，把教堂的每一面牆、每一片天花板都點綴得美輪美奐。我突然想到，那樣壯麗的畫面最適合我過世的詩人朋友，而且他如果知道有那樣的地方，一定會愛上它。我們選在教堂中間、靠在彩繪著雲朵的天花板下方，將那兩根蠟燭點燃。我和我的畫家朋友坐在空蕩蕩的教堂裡，身旁各放了一瓶綠色的葡萄酒，心想著雖然我們都不是什麼虔誠的教徒，但是在那個無聲的儀式中，我們都以奇妙的方式接近我們死去的朋友。蠟燭在空曠的教堂高處燃燒著，發出強烈、閃耀的光芒，彷彿那位心臟已經永遠停止跳動的詩人，正在黑暗的角落、在信徒的還願畫之間，用狂熾的雙眼看著我們。

寒冬裡的瘋子

提到羅哈斯．希梅內斯，就不得不提到瘋狂，或許某種程度上的瘋狂與詩歌是脫離不了關係的。或許詩人很難保持理性，就好比非常理性的人很難成爲詩人一樣。不過在這場角力中，理性贏了，因爲理性是判定輸贏的標準，也應該是統治世界的力量。深愛著智利的西班牙作家米格爾．烏納穆諾曾經說過：「我不是很喜歡那句格言。什麼叫作『講道理或憑武力』[1]？講道理，永遠都要講道理。」

1 作者指的是印在智利國徽上，以西班牙文寫的格言：「講道理或憑武力。」（Por la razón o la fuerza）

在我所認識的瘋子詩人當中，我要講一講阿貝爾多．巴迪比亞（Alberto Valdivia）的事。他是全世界最瘦的詩人，臉色泛黃，全身上下瘦得彷彿只剩下骨頭。一頭蓬鬆的灰白長髮，搭配著一副蓋住近視眼的大眼鏡，眼神冷漠，我們都叫他「巴殭屍」。

他出入酒吧、飯館、咖啡廳和音樂會時，都靜悄悄地，不會發出任何聲音，而且腋下總是夾著一份神祕的報紙。「哈囉！殭屍。」我們這些朋友會這樣向他打招呼，同時摟著他乾巴巴的身體，感覺像是和一陣風擁抱。

他的詩歌優美，充滿細膩的情感和無比的甜蜜。其中有一段是這樣寫的：

午後、陽光、生命，一切都將遠離，
無法彌補的惡是最後的勝利。
在我生命的盡頭，只會剩下妳，
如同我的手足，與我永不分離。

我們口中的「巴殭屍」，是一位真正的詩人，我們都這樣暱稱他。我們常對他說：「殭屍，留下來一起吃飯。」他從來不討厭我們給他取的這個綽號，有時他薄薄的嘴唇還會露出一絲絲的微笑。他的話很少，但字字珠璣。我們每年都會舉行一場儀式，將他帶到墳墓。每年十一月一日[1]的前一晚，我們這些沒錢的年輕學生作家都會竭盡所能地請「殭屍」吃一頓豪華晚餐，並且讓他坐在貴賓席。十二點一到，我們整桌的人站起來，浩浩蕩蕩、快樂地往墳墓移動。在寧靜的夜晚，我們會說一段話，祝福這位「屍／詩」人。接著，我們每個人都鄭重地與他道別，一個個走掉，最後讓他單獨留在墓園的大門內。「巴殭屍」已經習慣這個完全無害的傳統，他也很投入演出這場鬧劇，直到結束。在離開前，我們會留點錢給他，讓他可以買個三明治在墓穴裡吃。

兩、三天後，這位殭屍詩人又會再次回到我們的聚會裡或咖啡廳裡，大家看到他也完全不會驚訝。在下次的十一月一日來臨前，他都可以安安靜靜地過日子。

我在布宜諾斯艾利斯時，認識了一位特立獨行的阿根廷作家，歐馬爾．畢紐雷（Omar Vignole）。我不知道他現在是否還活著。他身材魁梧，手上總拿著粗拐杖。有一次，他請我到市中心的餐廳吃飯，當我們來到餐桌旁時，他對我比了個請的手勢，然後用很誇張的音量說：「坐吧！歐馬爾．畢紐雷！」擠滿常客的餐廳裡幾乎每個角落都聽得到。我感到有點不自在，坐下後馬上問他：「你明知道你才是歐馬爾．畢紐雷，我是巴布羅．聶魯達，爲什麼你要叫我歐馬爾．畢紐雷？」「是啊！」他回答，「這間餐廳有很多人只聽過我的名字，但其中有不少人想揍我，所以我想讓他們揍你而不是我。」

這個畢紐雷以前在阿根廷某個省從事農畜工作，從那裡帶了一頭已經和他建立深厚情感的母牛來到布宜諾斯艾利斯。出門時他都會用繩子牽著牠，帶牠逛大街。當時他出版的那幾本書都和這頭牛有關，如《母牛怎麼看?》（*Lo que piensa la vaca*）、《母牛與我》（*Mi vaca y yo*）等等。國際筆會第一次決定在布宜諾斯艾利斯召開年會時，以維多利亞．歐坎波（Victoria Ocampo）爲首的作家們一聽到畢紐雷要牽著牛進會場，都嚇到直發抖。他們向政府通報了這可能造成的危險，於是警方封鎖了廣場飯店附近的

1 十一月一日為天主教國家的諸聖節或萬聖節，這天經常和隔天十一月二日的諸靈節或萬靈節一起慶祝。十一月一日也是西班牙語系國家追思過世親人和掃墓的日子。

街道，阻擋我那位瘋狂的朋友和他的牛上樓闖入舉辦年會的豪華會場。但一切都徒勞無功。當會議進行到最高潮，作家們正熱烈討論古希臘世界和歷史現代意義的關係時，那個身材魁梧的畢紐雷和他那隻形影不離的母牛進到了會議廳。彷彿為了讓會場更熱鬧，母牛開始哞哞地叫，好像也想發表意見一樣。其實牠的主人是用密閉的大貨車將牠載進市中心，才躲過警方的監視。

關於這個畢紐雷，我還要說說他向自由式摔角選手下戰帖的事。專業的摔角手接受了他的挑戰，雙方開戰的那一夜，月神公園（Luna Park）體育館裡塞滿了人。我的朋友和他的母牛準時出現，他把牛拴在擂台一角，脫掉超級華麗的袍子，迎戰「加爾各答殺手」。

不過，英勇的詩人帶了母牛又穿了華麗的戰服，在這個場合卻一點也沒用。「加爾各答殺手」往畢紐雷身上一撲，三兩下就制伏他，讓他動彈不得，而且一腳踩在他的喉嚨上，有如在羞辱這位牛詩人。野蠻的觀眾發出震耳欲聾的噓聲，要求他們繼續打。

幾個月後，他出版了一本名為「與母牛對話」（Conversaciones con la vaca）的新書。那印在第一頁、別出心裁的獻辭讓我印象深刻。如果我沒記錯，他是這樣寫的：「我把這本哲學書獻給二月二十四日晚上在月神公園裡噓我、叫我去死的四萬名混蛋。」

在最近這次戰爭爆發前，我在巴黎認識了畫家亞爾瓦洛．格瓦拉（Álvaro Guevara），在歐洲大家都叫他智利．格瓦拉。某天，他打了緊急電話給我。「這是很重要的事。」他跟我說。

於是我從西班牙去到巴黎。當時我們對抗的人是希特勒，也就是那個年代的尼克森總統。轟炸機摧毀了我在馬德里的房子，我看到男男女女還有小孩被炸得血肉模糊。世界大戰即將爆發。我聯合其他作家，以我們自己的方式對抗法西斯主義。我們在書中緊急呼籲大家正視這個嚴重的問題。

而我那位同胞則置身事外，不參與這個抗爭。他很沉默，是個勤奮工作的畫家。但是當時整個氛圍充滿了火藥味。世界列強實施了武器禁運，企圖讓西班牙共和派得以自衛[1]，接著又在慕尼黑爲希特勒軍隊開啓大門，之後戰爭就爆發了。

我去見智利．格瓦拉。他有重要的事想跟我說。

「什麼事？」我說。

「我們沒有時間好浪費了。」他回答我，「你沒必要反法西斯，也沒必要反任何事情，我們應該直接切入重點。那個重點我找到了，我想趕快跟你說，這樣你才會放棄你那些反納粹的聚會，直接行動。我們不能再浪費時間了。」

「好，那你說，重點到底是什麼？老實說，亞爾瓦洛，我也沒什麼時間。」

「巴布羅，其實我想說的話都寫在這部三幕劇裡。我把它帶來了，可以唸給你聽。」他從口袋裡掏出一本厚厚的手稿，濃密眉毛下方同時露出老派拳擊手般專注的眼神盯著我。

我感到很害怕，所以藉口沒時間，說服他把拯救人類的大計畫跟我說一說就好了。

1 西班牙內戰期間，以佛朗哥為核心的國民軍和西班牙長槍黨獲得德國（希特勒）和義大利（墨索里尼）大量的財力與軍事支援；相對地，支持西班牙共和政府的共和派，則從蘇聯得到有限的援助。英法擔心西班牙內戰會演變成武力競賽，戰況也會愈來愈激烈，因此提出武器禁運政策，但成效不彰；歐洲列強（包括簽訂禁運政策的法國）繼續私下提供武力裝備給西班牙的左翼或右翼，最後此舉被國際間視為另一場世界大戰的導火線。

「跟哥倫布立蛋一樣，很簡單的。」他說。「我解釋給你聽。種一顆馬鈴薯可以生出幾顆馬鈴薯？」

「嗯，四、五顆吧！」我隨便回答。

「還要多更多。」他回應。「有時可以生出四十顆，有時可以超過一百顆。你想想每個人在花園裡、在陽台上或隨便在哪裡，只要種一顆。智利有多少人？八百萬。巴布羅，八百萬顆的馬鈴薯，然後再乘以四倍，或乘以一百倍。那就不會有饑荒，那戰爭就結束啦！中國有多少人？五億，對不對？每個中國人種一顆馬鈴薯，而每一顆馬鈴薯生出四十顆。五億乘以四十顆馬鈴薯，人類就得救了！」

當納粹進入巴黎時，他們根本不在意那個可以拯救世人的「哥倫布立蛋」，或更確切地說，哥倫布種馬鈴薯的議題。在某個霧氣很重、寒冷的夜裡，他們在亞爾瓦洛．格瓦拉在巴黎的家中逮捕了他。待他離開那個地獄般的監牢時，已經瘦得只剩皮包骨，而且很難再恢復原本模樣。他最後一次回智利時，感覺像是在與故鄉道別。他像個遊魂，爲故鄉的土地獻上最後一吻便返回法國，最後客死他鄉。

偉大的畫家同時也是我心愛的朋友智利．格瓦拉，我想向你說一件事。我知道你已經過世，也曉得你那個不過問任何政治的馬鈴薯理論，對你一點幫助也沒有。我知道是納粹殺了你。去年六月我到英國的國家美術館時，原本只打算看特納[1]的作品，但是在走到他的大展覽廳之前，看到一幅令人印象深刻的畫。對我來說，這幅畫與特納的作品一樣迷人，畫裡是一名貴婦，她叫艾蒂絲．席特威爾[2]。那是她收藏的畫之一，也是有史以來唯一由拉丁美洲畫家創作，而受到倫敦這間大博物館青睞的畫。

我不在意地點，不在意殊榮，老實說，我也不太在意那幅畫美不美。我在意的是我們彼此不夠認識、不夠了解。我們因爲一顆馬鈴薯的錯，對彼此了解得不夠，因而錯過了我們的生命。

我曾經過分單純。我以此爲榮，也爲此感到羞愧。我陪我那些朋友惡作劇，羨慕他們華麗的衣服、狂放的舉止、用紙摺的小鳥，甚至是那隻母牛。或許他們以奇妙的方式與文學產生關聯，但無論如何，我認爲我不是天生來指責別人，而是來愛人的。即便是那些想攻擊我的分裂主義者，或是那些從我詩歌裡吸收了養分後又集結起來想挖掉我眼睛的人，我都不會對他們口出惡言。我從來不害怕深入敵營，被他們同化，因爲我唯一面對的敵人就是我的同胞。

阿波利奈爾說：「可憐我們這些在不眞實的世界邊緣探索的人吧！」我憑記憶引述他的話，同時回想著我剛才講的故事；故事裡的主角不會因爲行徑怪異而比較不可愛，也不會因爲行爲不被理解而比較沒價值。

大生意

我們詩人總是認爲自己有很棒的想法，可以發大財；我們自以爲有做生意的天分，只是還沒被發

1 特納（J. M. W. Turner，一七七五年—一八五一年），英國浪漫主義風景畫大師，其捕捉瞬間光影的技巧對後期印象畫派有很大的影響。

2 艾蒂絲．席特威爾（Edith Sitwell，一八八七年—一九六四年），英國詩人與評論家，這張肖像畫為格瓦拉作品。

掘。我記得一九二四年時，我被錢沖昏了頭，把詩歌集《晚霞》賣給了當時在智利的出版商，而且賣的還不是出版一次的版權，是永遠賣斷。我以爲那樣就可以發大財，所以在公證人面前簽下了名。那傢伙付了五百披索給我，當時換算成美金，還不到五塊錢。羅哈斯．希梅內斯、阿爾巴洛．伊諾霍薩（Álvaro Hinojosa）和歐梅洛．阿爾塞在公證人辦公室門口等我，準備一起去吃大餐，慶祝這次的交易成功。我們眞的去了當時一間最頂級、名字叫「港灣」的餐廳，點了最貴的酒和菸來享用。而且在那之前，我們還去把皮鞋擦得晶亮。在那次交易中，獲利的是餐廳、四個擦鞋匠和出版商，而詩人眞的沒有因此變成有錢人。

能夠誇自己投資任何生意都像鷹眼般精準的人，只有阿爾巴洛．伊諾霍薩。他遠大的計畫讓我們都嘖嘖稱奇。他能付諸行動，讓白花花的銀子從天而降。對我們這些不修邊幅的波希米亞人來說，他精通英文，抽好的菸，在紐約讀大學，這一切都讓他做大生意的想法更讓人信服。

某天，他私下邀我聊一樁能夠瞬間致富的誘人生意，而且他願意讓我加入。只要我把在其他地方賺的錢撥一點過去，就可以成爲投資金額達百分之五十的合夥人，剩下的金額他會負責。那一天，我們就像意志堅定、連上帝和法律都阻擋不了的投資客。

「我們要做什麼買賣？」我含蓄地問那位讓我還摸不著頭緒的投資大亨。

阿爾巴洛閉上雙眼，吐出一口菸圈，最後神祕兮兮地跟我說：

「皮貨！」

「皮貨？」我很驚訝，再說了一遍。

「海獅的。正確來說，是南海獅的毛皮。」

我不敢再細問。我從來不知道海豹或海獅的皮膚上有長毛。我在智利南方海邊只看見牠們懶洋洋地躺在岩石上，油亮的皮膚反射著太陽光，從來沒發現牠們的肚子上有什麼毛。

我迅速將所有財產湊齊。我顧不了房租還沒繳，裁縫店和鞋店的帳單也沒付，就把錢都交給我的生意合夥人，支付投資金。

我們去看阿爾巴洛從一位阿姨那裡買來的皮貨。那位阿姨住在南方，是許多貧瘠小島的島主。海獅習慣在那些荒島的岩石上求愛。當時呈現在我眼前的是一大捆一大捆黃色皮貨，皮的表面被那個壞心阿姨僱來的獵人用卡賓槍打得千瘡百孔。一捆又一捆的皮放在阿爾巴洛租來的倉庫裡，從地上堆到天花板，讓有興趣的買家看得眼花繚亂。

「我們要這一大堆跟山一樣高的皮做什麼?」我不好意思地問。

「全世界都會要這種皮的，你等著看好了。」他回答。當我們離開倉庫時，阿爾巴洛充滿幹勁，我卻頭低低的，一句話也沒說。

阿爾巴洛四處遊走，每次都帶著用眞正南海獅毛皮做成的公事包，裡面塞滿白紙，假裝看起來像個生意人。我們把最後一點資金花在媒體廣告上。只要能吸引到一個有興趣又懂皮貨的大買家就夠了，我們會變成富翁。愛打扮的阿爾巴洛想訂做六套英式西裝，我的野心沒那麼大，最想買一支好的小刷子，方便刮鬍子，因爲我現在用的那支毛已經快掉光了。

買家終於上門。他是一位身材精壯、個子不高、眼神堅定的皮匠。雖然他話很少，但有時非常不拘小節，在我看來已經接近粗魯的程度。阿爾巴洛接待他時很拘謹，不是很熱情。他們約好三天後來看那些神奇的皮貨。

在那三天，阿爾巴洛買了上等的英國菸和幾根「羅密歐與茱麗葉」牌的雪茄。在等待客人上門時，他故意把雪茄放在外套口袋最明顯的位置。我們還把狀態最好的皮貨都攤開，放在地上。

那男人準時赴約。他沒有脫帽，隨便出個聲，假裝跟我們打過招呼。他快速又不屑地看著攤在地上的皮革，然後移動精明、篤定的眼神，掃視塞滿皮貨的架子。他舉起胖乎乎、猶疑不決的手，指著放在最高、最後面的那一捆皮貨。好死不死，我把比較劣等的皮都塞在那裡。

阿爾巴洛在這個關鍵時刻，拿出一根眞正的古巴雪茄請他抽。那個看似不怎麼樣的生意人快速接過雪茄，牙一咬，把尖頭去掉，然後用嘴叼著。但他並沒有因此被收買，仍指定要看那捆皮貨。沒辦法，只能拿給他看。我的合夥人爬上梯子，接著像被判了死刑般，拿著那一大捆貨，苦笑地走下樓梯。買家一邊忙著抽阿爾巴洛招待的雪茄，一邊仔細檢查那捆貨的每一張皮。

那男人拿起一張皮，搓了搓，摺了摺，然後丟在一旁；接著拿起下一張皮，同樣也是抓一下，刮一下，然後就丟下。當他看完那捆皮貨時，再度抬起銳利的眼神，掃視塞滿南海獅毛皮的架子，最後把目光停在投資大亨，也就是我的合夥人身上。那一刻眞緊張。

他用堅定、嚴肅的語氣說了一句——至少對我們而言——永遠也忘不了的話：

「先生，這些皮我都不要了。」接著，他同樣戴著帽，抽著阿爾巴洛招待他的高級雪茄，不發一語地轉頭走掉，再也沒回來。我們成爲百萬富翁的發財夢就這樣無情地被摧毀了。

我最早的幾本書

我因爲極度害羞而躲進詩歌的世界裡。新的文學流派在聖地牙哥鼓譟。我在馬魯里街五百一十三號完成了我的第一本書。我每天寫二、三、四、五首詩。傍晚太陽下山時，陽台前上演的是我每天絕不錯過的精彩好戲：那顏色層層疊疊、光芒四射，呈現一大片橘色與紅色的晚霞。我這本書裡最主要的那一篇就叫作「馬魯里的晚霞」（Los crepúsculo de Maruri）。從來沒人問我那個「馬魯里」是什麼意思；或許極少人知道那只不過是一條不起眼的街道，只在黃昏時會出現絕美的日落景色。

一九二三年，我出版了第一本書《晚霞》。爲了付清印刷費，我每天都遇到許多困難，也戰勝許多困難。我賣掉原本就少得可憐的幾件家具。我父親鄭重送給我、還親自在上面畫了兩面小旗子的手錶，也很快就去了當舖。緊接在手錶之後的，是我的黑色詩人套裝。最後書都已經印好，封面也都貼上了，出版商還是很不通情理，擺出一副壞心的嘴臉跟我說：「不行！在費用沒繳清之前，您一本也別想拿走！」評論家阿洛內（Alone）慷慨地幫我付清剩餘的一點尾款，錢立刻被出版商收走。我扛著書走到街上，雖然腳下穿著一雙破鞋，但已開心到像要飛上天。

我的第一本書！我總是認爲，作家的工作既不神祕也不可悲；相反地，至少對我們詩人來說，它是一種與眾人利益相關的個人事業。詩歌最像一塊麵包或一個用陶土捏出來的盤子，又或是技巧不成熟但很有耐心雕琢出來的一件木雕作品。不過，我認爲沒有任何的手工藝匠能和詩人一樣，一生僅此一次地陶醉在親手做的第一件作品當中，而且神魂顛倒，感覺像在作夢般。這個時刻不會再出現第二次。雖然第一本書還會再出更好、更精美的版本，雖然它令人陶醉的內容會被翻譯成各種語言，猶如美酒倒進其他的酒杯裡，在世界各個角落流傳、飄香；但是第一本書帶著新鮮的油墨與柔軟的紙張誕生的那一刻，有如小鳥飛舞、有如第一朵鮮花在被自己征服的高峰綻放時發出的聲響一般，如此地令人著迷、醉心，那一刻在詩人的一生中只會出現一次。

我其中的一首詩似乎從那本不成熟的書裡脫穎而出，走出自己的路，它叫「再會」（Farewell）。直到現在，還有很多人記得這首詩。連在我最出乎意料的地方，也都會有人背給我聽，或要求我背誦。這很困擾我。有次我剛出現在某個會場，一位小女孩便開始提高音量唸那首令人著迷的詩歌，還有許多次中央機關的部長像軍人般直挺挺地站在我面前接待我，突然背誦起詩歌開頭的第一段給我聽。

幾年後我在西班牙時，費德里克．賈西亞．洛爾卡與我分享他的詩歌〈不忠的妻子〉（La casada infiel），也是同樣的情形。背誦出對方最受歡迎的美妙詩歌就是他與人友好的最大表現。我們憂心成功只停留在某一部作品上，是一種健康且很本能的直覺。讀者們那種強迫人的行爲，只是想讓詩人多停下腳步一分鐘，但事實上創作就像一個轉動的巨輪，或許愈轉愈沒有新鮮感，或許自發性的轉動會愈來愈少，但它是一種不斷學習、保持意識清醒的轉動。

我已經漸漸把《晚霞》拋到腦後。強烈的不安擾亂了我的詩興。匆匆前往南方旅行之後，我再度恢復創作的動力。一九二三年，我回到蝶夢谷老家，經歷了特別的體驗。當時已過了午夜十二點，我在睡前打開了房間窗戶，蒼穹布滿星群，夜色像剛被洗滌過般清澈乾淨，南方的繁星籠罩在我頭頂，讓我目眩神迷。

我沉醉在星星、蒼穹和宇宙當中。我奔向桌前，彷彿接到某種指示，瘋狂寫下腦中聽到的聲音。我這本書的第一首詩原本有很多標題可選，最後我將它命名爲「激情的投石手」（El hondero entusiasta）。我下筆如飛，寫得十分順手。

隔天，我讀著前一晚寫的詩，感覺十分開心。不久，我回聖地牙哥後把它唸給一位綽號叫魔法師的朋友阿里洛．歐亞孫（Aliro Oyarzún）聽時，他除了表示讚許，還用深沉的語氣問我：

「你確定那首詩沒有受薩巴特．埃爾卡斯提（Sabat Ercasty）的影響？」

「我當然確定。我靈感一來就把它寫下來了。」

後來我一時興起，把這首詩寄給薩巴特．埃爾卡斯提本人。他是偉大的烏拉圭詩人，只是現在已莫名其妙被淡忘了。我在他身上看到我的雄心壯志如何被實現。他的詩裡涵蓋了人與自然，還有隱藏的力量；他史詩般的詩歌中，不僅處理了宇宙浩瀚的奧祕，也探索人類種種的可能性。我開始與他通信。我一邊繼續精進我的作品，一邊仔細閱讀薩巴特．埃爾卡斯提給我這素未謀面的年輕作家的每一封信。

我把那天晚上寫的詩寄到蒙特維多（Montevideo）給他，問他是否有受到他的影響。他很快就回我一封信：「我很少看到技巧那麼高超、內容那麼優美的詩，不過我必須老實說，您的詩裡確實有那麼一點薩巴特．埃爾卡斯提的影子。」

那封信就像夜裡的一道閃光，如此地發人深省，讓我至今仍感激在心。之後的好幾天，我都把信放在口袋裡揉來揉去，最後就爛了。很多事情都有危險性，尤其是當我沉迷於那天晚上自以爲了不起的創作靈感時。我徒勞地沉浸在星星裡，感官徒勞地受到南方那一陣騷動的刺激。我錯了，我不應該相信靈感。在創作的羊腸小徑上，我應該讓理性一步步地引導我前進。我必須學會謙虛。我毀掉許多原稿，改了其他作品的思路，直到十年後，我才出版最後定稿的這些詩，讓它們出現在讀者眼前。

薩巴特・埃爾卡斯提的那封信，結束了我定期出現的突發奇想、企圖創作大量詩歌的雄心壯志，關閉了我隨便說大話，最後又做不到的路徑，讓我謹慎思索如何精練個人的創作風格與文字表達。我一方面找尋更簡單樸實的詩歌特色，以形成具個人色彩的和諧天地；並著手創作另一本關於愛情的作品。最後，誕生了《二十首情詩》（*Veinte poemas*）。

《二十首情詩和一首絕望之歌》（*Veinte poemas de amor y una canción desesperada*）是一部憂傷、具田園風格的作品，內容包含了我青少年時期最痛苦的強烈情感，還混合了我祖國南方令人讚歎的大自然風光。這是我很喜愛的一部作品，因爲儘管它散發著濃濃的憂鬱氣息，但它令我享受到存在的快感。另外，印貝里阿爾河和它的出海口也爲我的寫作提供了不少幫助。《二十首情詩》寫的是我在聖地牙哥生活的浪漫傳奇，記錄了我學生時期的街道、大學的校園，還有飄散著分享之愛的忍冬花香。

關於聖地牙哥生活的部分，我是在埃喬仁街和西班牙大道之間，以及師範學院的古建築裡完成的，但詩歌裡呈現的風貌往往都是南方的水景與森林。〈絕望之歌〉（Canción desesperada）裡的碼頭，是卡拉威和下印貝里阿爾的碼頭：破舊的木板被湍急的水流拍打成有如殘肢的木材，還感受得到海鷗振翅，彷彿不斷在出海口處盤旋。

我在一艘不曉得從哪個船難遺留下的廢棄小艇裡，從頭到尾讀完了《約翰・克里斯朵夫》[1]，並寫下了那首〈絕望之歌〉。天空在我頭頂上呈現出前所未見、驚人的藍。我躲進那艘埋在大地裡的小艇中寫作。我想，我再也無法像那幾天一樣，感覺如此地崇高、有深度。頭上的天，藍到無法望穿。在我手中的不是《胡安・克里斯多巴傳》，就是正在創作的詩句。身旁的一切都是已經存在，或是正在誕生以便永遠化爲詩歌的美好事物：遠方的海浪聲、野鳥的叫聲，還有像黑莓樹般常青、生生不息、炙熱的愛。

經常有人問我一個很難回答的問題：《二十首情詩》中的女人是誰？那部詩集中穿插了兩三位女子，例如：瑪莉索爾和瑪麗松普拉[2]。瑪莉索爾來自夜空布滿星辰的故鄉，她是田園之愛的女神，黑色水汪汪的眼睛就像蝶夢谷濕潤的天空。

活潑、俏麗的形象，伴隨著港口的河水與海水，以及山巒間的月牙，瑪莉索爾幾乎出現在所有的詩篇中。瑪麗松普拉則是在首都讀書的女孩，她化身爲灰色的貝雷帽，化身爲無比溫柔的雙眼，也化身爲時常散發出大學生用情不專氣味的忍冬花香，還呈現出在大城市隱密處激情幽會後恢復平靜的模樣。

此時智利的生活起了變化。

群眾運動轟轟烈烈地崛起，他們在學生和作家間尋求更多支持。一方面，生氣勃勃且具煽動性的

1 《約翰．克里斯朵夫》（*Jean Christophe*），是法國作家、藝術史專家暨一九一五年的諾貝爾文學獎得主羅曼．羅蘭（Romain Rolland，一八六六年—一九四四年）的代表作品，該系列小說共計十冊，於一九〇四年至一九一二年間陸續出版。

2 瑪莉索爾（Marisol）和瑪麗松普拉（Marisombra）都是由兩個有意義的西班牙單詞組成的名字，亦即海洋與太陽（mar y sol）、海洋與陰影（mar y sombra）。確實有女性的名字叫瑪莉索爾，但從來沒人叫瑪麗松普拉。可想而知，這兩位只是聶魯達杜撰出來的人物。這樣的命名一方面突顯了智利南方的自然景觀特色，另一方面也強調了西方文學從佩脫拉克（Francesco Petrarca，一三〇四年—一三七四年）以來，運用明與暗、光與影、火與冰等強烈的感官對比，來影射情人內心遭受愛情折磨的一種寫作風格。

小資產階級領導人阿圖洛．阿雷桑德里．帕爾馬（Arturo Alessandri Palma）入駐總統府，之前他用火藥味十足、具有威脅性的演講撼動了整個國家的人民。雖然他作風獨特，但是當他取得政權之後，卻立刻變成我們美洲傳統型的統治者。他反對的寡頭政權像頭張開血盆大口的獅子，吞掉了他先前的改革宣言。全國繼續陷入可怕的抗爭中。

另一方面，一位名叫路易斯．埃米利歐．雷卡巴連（Luis Emilio Recabarren）的工人領袖，以大規模的活動組織無產階級，建立總工會，並且在全國設立九個到十個報社。失業潮震撼了全國各政府機關。我每週在《光明》雜誌發表社論。我們學生主張人民應維護自己的權利，因此在聖地牙哥的大街小巷被警察用棍棒追著打。成千上萬失業的硝石和銅礦工人來到首都。示威遊行，以及隨之而來的鎮壓行動，爲全國人民的生活增添了悲慘的色彩。

從那時候起，我的詩歌和生活就離不開政治。我不可能關在詩歌的象牙塔裡不看外面發生什麼事；就像我年輕時寫詩，不可能封閉自我，不去面對戀愛、生活、快樂或悲傷。

字

……是的先生，您要哪個都行，不過這些是會唱歌、有高低起伏的字……我跪倒在它們面前……我愛它們、擁護它們、追捕它們、咬它們、融化它們……我是如此地熱愛它們……意想不到的字……人們貪心地盼望著它們、偷偷地看著它們，直到它們某天突然降臨……討喜的字……有如彩色寶石般閃耀，有如泛著銀光的魚兒在跳躍，它們像浪花、像絲線、像金屬、像朝露……我捉到了某些字……它們美到讓我想把它們放進所有的詩歌裡……當它們像昆蟲嗡嗡地飛舞時，我緊抓著它們，捕捉它們，將它們洗乾淨，扒了皮，放進盤子裡，我感覺它們晶瑩剔透、活蹦亂跳、有如象牙般的質地、有植物的生命力、有油潤的光澤，它們像水果、像海藻、像瑪瑙、像橄欖……接著我翻攪、搖晃它們，我喝下它們，我把它們狼吞虎嚥地吃下肚、絞碎，我精心點綴它們，然後放它們一條生路……它們像鐘乳石、像拋光的小木塊、像木炭、像海難的殘骸、像海浪的禮物，被我放進詩歌裡……文字裡包山包海……一個字位移了，或者像個霸道的女王，硬是插進某個不適合的句子裡，整個意思都變了調……字有影子、有透光度、有重量、有羽翮、有毛髮，它們在河裡滾動了許久、離開祖國在海裡流浪了許久、在土地上扎根了許久，它們擁有在此過程中額外被添加的一切……它們相當陳舊，又無比地新奇……它們住在隱密的棺材裡，同時也在花苞中等待綻放……我的語言真讚！我們從征服者手上繼承的語言多麼棒！……那些凶神惡煞快速越過高聳的群山，穿過高低起伏的美洲大陸，他們帶著世界上前所未見的貪婪胃口找尋馬鈴薯、灌腸、菜豆、黑色菸草、黃金、玉米、煎蛋……他們和當初把東西全放進大口袋帶到美洲來一樣，把這裡所有的事物，連同宗教、金字塔、部落、偶像崇拜，通通吞下肚……他們所到之處無一倖免，全被夷為平地……不過，從野蠻人的靴子裡、鬍鬚裡、盔甲裡、馬蹄裡，落下有如小石子般閃閃發光的璀璨文字……語言。我們不斷地流失……也不斷地得到收穫……他們帶走了黃金，但也留下了珍貴的寶藏……他們奪走了全部，但也留下了所有的一切……他們贈與我們這些文字。

03——世界的道路

在天堂谷流浪*

天堂谷離聖地牙哥不遠，但光是幾座茂密的山，以及山上長著劍拔弩張又開滿花的巨大仙人掌，就將這兩個城市區隔開來。

事實上，將天堂谷和智利首都聖地牙哥區隔開的，是一股永遠也無法言喻的力量。聖地牙哥是個很前衛的城市，被層層的雪包圍。天堂谷是一座面對無限寬廣的大海，擁抱車水馬龍的喧囂，充斥著孩子天真眼神的城市。在那裡，一切都很不一樣。在年少輕狂時期，我和朋友們只要心血來潮，就跳上火車；我們永遠都在凌晨、永遠都沒睡覺、永遠都坐三等車廂，然後身無分文就出發，前往閃耀的城市——天堂谷。我們都是大約二十歲的詩人和畫家，其中有四、五個同行者帶著難能可貴的傻勁，期望被賞識，期望一展長才，期望一炮而紅。天堂谷對我們來說有相當大的吸引力。

只有在多年後我到了其他城市，才又和年輕時一樣，感受到那股無法言喻的召喚力量。當時我在馬德里。某天晚上，我和朋友們從劇院裡出來，又或者只是單純地在大街上閒晃，走進了一間啤酒屋，耳邊突然聽見從托雷多[1]傳來的召喚，聽見它的幻影、它的寂靜發出無語的聲音。大半夜，和我年輕時一樣瘋的朋友們，立刻跟我一起動身，前往那個歷經風霜、有崎嶇蜿蜒道路的小古城。我們再一次當了完全沒人接待、身無分文的窮旅客；我們沒衣服可替換，露宿石頭橋下的泰霍河沙洲。

我不曉得，爲什麼在我多次前往天堂谷的奇幻之旅中，一位散發著濃郁野草味的男子深深烙印在我的腦海裡。我就來講講這個故事。

我們準備爲一位詩人和一位畫家送行。他們大概要搭乘停靠在港邊的太平洋輪船公司[2]的三等艙前往法國。船上燈火通明，巨大的煙囪像個癮君子般地吞雲吐霧。船確定要啓航了。

我們在天堂谷這座大城市裡，連最便宜的旅館都住不起，所以去找當地最要好的瘋子朋友諾伯瓦（Novoa）。我們知道他不會讓我們失望，而且他山上的房子隨時都敞開大門，歡迎我們這些瘋子。我們當天出發時已經是三更半夜，要到他家不是那麼容易。經過了永無止盡的上坡、下坡，終於在黑暗中看見諾伯瓦靜靜站在那裡指引我們。他身材魁梧，嘴上留了濃密的落腮鬍。他穿得一身黑，衣服下襬有如兩片翅膀飄呀飄。他就站在我們爬得氣喘吁吁、瞎摸著前進的不知名山頂上，等著我們大家。

他一開口說話就沒完沒了，只有我們這些寫詩的瘋子把他當作聖人。他不在意光榮的頭銜，比較在意（只有他自己才曉得的）人體健康和地球自然萬物之間的奧祕關係。毫無疑問，他是個崇尚自然、吃全素的人。我們一邊走，他還一邊不停地跟我們講大道理。他宏亮的聲音從前面往後面傳，彷彿我們都是追隨他的信徒。他頗有氣勢地在寂寞的郊區裡走著，就像黑夜裡領路的聖克里斯多福[3]。

我們終於到了他家。那是個簡陋的房子，只有兩個房間。其中一間裡擺了我們聖人的床，另一間則被一張柳條編的大椅子佔據。那是一件維多利亞時代的傑作，椅子上大量裝飾著用麥稈做成的玫瑰花，扶手上還鑲了一些奇怪的小抽屜。

當天晚上，我就被指定睡在那個大椅子上。

我的朋友們把晚報攤開鋪在地上，小心翼翼地躺在最新消息上睡覺。

聽著他們的呼吸和打呼聲，我知道他們全都睡著了。儘管我全身疲憊，但坐在那個大椅子上真的很不舒服，害我輾轉難眠。

孤寂的山頂上一片寧靜。天空中只有大犬座和小犬座發出微弱星光，遠方只有進港或出航的大船發出汽笛鳴聲。此時我更確定這就是天堂谷的夜色。

突然，我感覺到一股特殊、懾人的氣息向我襲來。那是山間草地的氣味；那是陪伴我童年的花草香；那是在城市喧囂中被我遺忘的芬芳。大地彷彿母親般將我抱在懷裡，我感覺進入了夢鄉。但是那股濃郁、原始的土地味道究竟從何而來？我完全沉浸在其中，那股無比純淨的氣味如此濃烈，完全佔有我的感官。在黑暗中，我碰觸那張巨大扶手椅的骨架。

我把手指插進凹凹凸凸的扶手椅裡，摸到無數個小抽屜。雖然黑暗中我看不見，但雙手摸到曬得

1 托雷多（Toledo），十六世紀時的西班牙首都，位於馬德里南方約七十公里處，城外有泰霍河（el Tajo）圍繞，形成天然護城河，自古為各民族兵家必爭之地，是西班牙最具特色的三大宗教文化（天主教、猶太教和回教）交會處。

2 太平洋輪船公司（Pacific Steam Navigation Company, PSNC），一八四〇年成立於倫敦，是全世界最早以蒸汽為動力在太平洋上航行的船公司。起初僅在智利的巴帕拉索和秘魯的卡亞歐（Callao）之間航行。一八六八年與英國簽約後，航行路線逐漸延伸至全世界。

3 聖克里斯多福（San Cristóbal），於三世紀中葉或末期被羅馬帝國殺害的基督徒。關於他的故事不少，最著名的是他揹著一名陌生孩子並護送他過河，後來才曉得那個孩子是基督的化身。這段傳說成了他在宗教畫中最常出現的形象。被教會追封為聖徒後，他也成了旅人和運輸業的守護神。

又乾又平的植物，樹枝有粗的、有長刺的、有圓滑不銳利的，披針形的葉子有柔軟的、有堅硬的。這全都是我們素食主義的屋主養生的法寶，他用聖人般的一雙大手，帶著熱忱的心四處奔走，採集這些雜草過生活。

發現了這個祕密後，我很快就在那些守護我的香氣中睡著了。

今天，一九七三年八月的某個早上，我在黑島[1]上想到了他，我確定在那個奇特、芬芳的夜裡跟我在一起的朋友們，全都悲慘地或平靜地離開了這個世界。

諾伯瓦和他的落腮鬍消失了好多年。隔天搭船去巴黎的那兩個人也過世了。一個從海上來的颶風摧毀了在那次冒險中接待我們的簡陋小屋，還有伴我入睡的大扶手椅。

所有的一切都消失了。唯一揮之不去，偶爾還會在黑夜進到夢裡來折磨我的，就是那股乾燥的野草香，不過只有我知道它從何而來。

我在天堂谷的一條小巷子裡住了幾星期，而且就住在索伊羅．埃斯科巴爾先生（Zoilo Escobar）家對面。我們的陽台幾乎靠在一起。我的鄰居一大早就會出現在陽台上，露出他豎琴般的肋骨，做著一種隱修士才會的健身操。他總是穿著一件素面大罩衫，或是以幾件破舊的寬大外套替換，讓他看起來有點像水手又有點像宗教畫裡的天使長。他早期在海運公司和海關上過班，也當過船員，現在已經退休好幾年。他每天都會把禮服整理得一塵不染。那是一套做工精細、黑色毛料的閃亮華服，多年來從沒見他穿過。索伊羅先生總是把它和其他寶物一起鎖在舊衣櫥裡。

不過，他最珍貴、最誘人的寶物是他一輩子小心翼翼收藏的一支斯特拉迪瓦里小提琴。索伊羅先生自己不拉，也不准別人拉，還計畫把它賣到紐約去。有時他會把琴從破舊的衣櫃裡拿出來，讓我們帶著朝聖的心欣賞它。說不定哪天索伊羅先生就帶著它往北前進，回來時手上拿的不是小提琴，而會戴著大大小小浮誇的戒指，另外他多年來被蛀得坑坑洞洞的一嘴爛牙，還會補滿了金色的假牙。

某天早上，他不再到陽台上做早操。我們將那套黑色毛料禮服穿在他那如隱修士般瘦小的軀體上，並將他埋葬在山上的墓園裡。那支斯特拉迪瓦里提琴無法爲他拉奏哀歌，因爲沒人會拉；而且打開衣櫥時，沒人見到它的蹤影。或許它已飛向大海、飛向紐約，替索伊羅完成了他的夢想。

天堂谷是個隱密、道路彎彎曲曲的城市，山坡上充滿了像瀑布般的貧民窟。大家都知道山上那些居民吃多少，知道他們怎麼穿（也知道他們吃得沒多少，穿得不怎麼樣）。在那些像蜂窩般的房子裡，光憑家家戶戶都把衣服晾得跟萬國旗一樣，光著腳丫進進出出的人不斷增加，就能看出那裡永不止息的愛。

相反地，在海邊的平地上，房子有陽台，但門窗緊閉，沒什麼人進出。拓荒者就住在那裡。我連敲了好幾下門上的銅環，希望裡面的人能聽見。終於一陣輕柔的腳步聲靠近了門邊，一個想搞清楚狀況

1 黑島（Isla Negra），位於天堂谷南方約四十五公里的一處沿海小鎮，聶魯達自從一九三九年至一九七三年去世為止，長期住在這裡。某天聶魯達看到海上一顆黑色的巨大岩石，因此就將此處喚作黑島。如今聶魯達故居設為博物館，名字就叫作黑島之家（Casa de Isla Negra）。

的人把門開了一個小縫，並用不信任的眼神看著我，希望我待在門外別進去。她是那個家的老僕人，整天披著大披肩、圍著圍裙，走路幾乎一點聲音也沒有，活像個幽魂。

拓荒者也是個老人，他和老僕人就住在那間窗戶緊閉的大房子裡。我來看他的神像收藏。走廊和牆壁上到處都是泛著紅色的小東西，塗著白色顏料帶有凹紋的面具、複製消失的大洋洲神祇形象的雕刻、來自波里尼西亞的乾燥毛髮、綳著美洲豹皮看起來兇狠的木製盾牌、野獸牙做成的項鍊、小船用的槳。殘暴的刀掛在牆上。牆上泛著銀色光澤的刀片折射出的彎曲影子，彷彿有生命般，正在顫抖著。

我觀察到男性木雕神像矮了一截，因爲它們的陽具都被小心翼翼地蓋上了遮羞布。不難發現，老僕人身上的大披肩和圍裙跟那些遮羞布是同一塊布料。

老拓荒者一輩子都和這些戰利品爲伍。他一個房間一個房間、半認眞半開玩笑地跟我解釋，好像他在那些收藏品中活了很久，而且還會繼續活在它們的回憶裡。他灰白的小鬍子很像薩摩亞的神像。他拿出曾經追過敵人，並且讓羚羊和老虎倒地不起的手槍和獵槍給我看。他用同樣的語調，小聲說著他的奇遇故事，那彷彿是窗戶緊閉的屋子裡透進一絲絲陽光，一隻活潑的小蝴蝶在神像間飛舞盤旋。

離開前，我和他分享了自己打算去小島旅行，想立刻動身前往金色海灘的計畫。他看了看四周，然後把參差不齊的灰白鬍子湊到我耳邊，顫抖地磨蹭了我一下說：「不要讓她聽到，不要讓她知道，因爲我也準備去旅行。」

他把一根手指放在嘴唇上，就這樣停了一會兒，彷彿正聽著可能在森林裡出現的老虎腳步聲。接著門關上了，屋內瞬間變得陰暗，宛如黑夜降臨到非洲。

我問鄰居們：

「有什麼奇怪的新鮮事嗎？我值得再回到天堂谷嗎？」

他們回答我：

「如果有，也八成不是什麼好事。不過您沿著那條街，就會遇到巴托樂梅（Bartolomé）先生。」

「那我要怎麼認出他？」

「您不會搞錯的，他總是搭馬車出門。」

幾個小時後，當我在一家水果攤買蘋果時，門口停了一輛馬車。一位身穿黑衣、樣子瘦瘦、不怎麼好看的男子從馬車上走了下來。

他也來買蘋果。他肩膀上停了一隻綠色鸚鵡。鸚鵡立刻朝我飛過來，完全不怕生地停在我的頭上。

「您是巴托樂梅先生？」我問那位紳士。

「沒錯！我就是巴托樂梅。」他將斗篷底下的長劍拿出來交給我，同時把蘋果和葡萄放在自己的籃子裡。那是一把古老、鋒利的長劍，握把上有銀飾雕花，造型有如一朵盛開的玫瑰。

我和他不熟，而且之後也沒再見過他。但是我很有禮貌地陪他走到大街上，默默幫他把馬車的門打開，讓他和他的水果籃可以順暢進到車內，然後再恭敬地把鳥和劍放在他的手上。

天堂谷的小天地無緣無故被世人遺忘，被時間沖淡了記憶。它們就像某個儲藏室深處的大箱子，沒人認領，沒人知道它們來自哪裡，也永遠不會離開儲藏室。或許在這些祕密的地方、在天堂谷的靈魂裡，總是保有海浪失去的力量、暴風雨、鹽，和嗡鳴且閃爍的海洋。鎖在每個人內心裡的險惡海洋，就像無法溝通的聲音、像化為夢幻泡影的孤獨傾向。

我很驚訝，在我發現的那些特殊的生命裡，竟然與那令人心碎的港有著密不可分的關係。山上的貧民窟在瀝青和歡樂中迅速成長。起重機、大船和粗重的活，以短暫的歡樂將沿海一帶覆蓋上美麗的假象。但其他人既沒辦法上山獲得歡愉，也沒辦法下到港口去建構虛華的泡影。他們只能將自己無限、破碎的海景保存在內心的大箱子裡。

他們竭盡所能，守護著自己的憧憬，同時遺忘又像一陣逼近的雲霧，讓他們變得迷惘。

天堂谷有時像隻受傷的鯨魚，它在空氣中掙扎、奄奄一息、死而復生。這裡的每個人都有一段地震記憶。那樣的恐慌就像一片片花瓣，圍繞著這座城市，與它共存。其實每個市民在出生前就已經是無畏的英雄。因為在那港口的記憶裡，有災難，有天搖地動的震撼，還有來自地心的怒吼，彷彿某一座地底或海底的城市敲響了隱藏的鐘樓，警告人們一切都要完蛋了。

有時候，牆和屋頂化為瓦礫，遭大火襲擊，伴著鬼哭神嚎，接著又被人遺棄；當一切似乎永遠陷入平靜、呈現一片死寂時，突然從海上來了滔天巨浪。那像是一隻駭人的綠色大手伸得又長又高，彷彿最後的鬼魂攀上復仇的巨塔，摧毀萬物。

有時候，所有東西開始緩慢晃動，然後熟睡的人才醒來。夢裡的靈魂探觸植物的根部，與深沉的地底溝通。人的靈魂一直想知道地底的一切，現在知道了。一陣巨大的搖晃緊接而來，人們求救無門；因為神跑了，虛華的教堂也成了廢墟。

那樣的恐懼有別於奔跑時的恐懼、發怒的鬥牛發出的恐懼、短刀威脅的恐懼，或洪水吞噬的恐懼，是一種宇宙性、造成瞬間不安的恐懼。它會讓整個世界都崩壞、瓦解，同時還讓大地發出一種所有人都沒聽過、無聲的雷鳴。

房屋倒塌，塵土飛揚，漸漸地一切恢復平靜。身邊的親友全死光，世間萬物也全喪命，而我們卻不知道爲什麼自己還活著。

樓梯上上下下延伸、旋轉又曲折。它們像頭髮又細又長，讓人稍稍休息片刻後，又變得陡峭難行。它們有時令人加快腳步，有時令人繞了遠路，有時折返回到原點。它們沒完沒了，令人走得暈頭轉向。有多少樓梯？有多少階？有多少踩踏的腳印？人們帶著書、帶著番茄、帶著魚、帶著瓶瓶罐罐、帶著麵包，沿著樓梯上上下下，走過了多少世紀？階梯被侵蝕了幾千、幾萬個小時，最後成了雨水遊戲和哭泣流淌的溝渠？

樓梯啊！

沒有一座城市像天堂谷一樣到處布滿樓梯。在這座城市歷史的容顏裡，樓梯像花瓣一片片被剝去，被吹向空氣，最後又被聚集在一起。所有的生命沿著這些樓梯來來去去，彷彿一直往上爬到了天庭，又彷彿一直往下降生到世間萬物。再也找不到第二座城市有這樣的風景。

在樓梯的半路，長出了一株開著紫色花朵的刺苞菜薊。在樓梯的上坡，從亞洲回家的水手在家裡看到一張殷殷期盼的笑容，抑或是發現屋裡空無一人的噩耗。在樓梯的下坡，一位醉漢像顆黑色的流星跌落谷底。在樓梯的頂端，太陽升起，在山巒間發出愛的光與熱。

要是能夠走完天堂谷的所有樓梯，我們就等於繞了世界一大圈。

我心痛的天堂谷……南太平洋孤獨的角落別來無恙？有流星？還是災難後發出燐光的小蟲子，像在打鬥般地四處亂竄？

黑夜裡的天堂谷！它是地球上一處發亮的地方，它是空曠的宇宙中一個微不足道的小點。螢火蟲蠢蠢欲動，山巒間開始燃燒，呈現出一道馬蹄鐵形、黃金般耀眼的光芒。

接著，廣闊、空曠的夜空中出現巨大的圖形，與地面上的光互相輝映。畢宿五在遠處微微顫抖，仙后座將美麗的彩衣掛在天庭入口，同時南十字座拉著幽靜的馬車，通過銀河撒在天空裡有如精液般乳白的星群。

此時，直挺挺、有如長了蓬鬆毛髮的人馬座，身上落下某個東西，那彷彿是消失的馬腿上遺留下的鑽石，又像是相隔甚遠的皮毛上蹦出的一隻小跳蚤。

天堂谷誕生了。它燈火通明、人聲鼎沸。它有浪花，還有娼妓。

夜晚，小巷裡到處是黑色的水仙女。黑暗中，門縫裡有人偷窺你，有手緊抓著你不放，有船員被南方的溫柔鄉迷得失去了方向。波莉安妲（Polyanta）、特麗特彤加（Tritetonga）、卡梅拉（Carmela）、上帝之花（Flor de Dios）、穆蒂庫菈（Multicula）、貝蕾妮瑟（Berenice）、甜蜜寶貝（Baby Sweet），她們在小酒館裡穿梭，招呼那些胡言亂語、在海上遇難的人[1]。她們互相輪流、替換。她們跟我這個多雨地區的人一樣，帶著憂鬱的神情，有氣無力地隨著音樂擺動。

最兇狠的帆船從港口出發，準備去捕鯨。其他的大船出航，前往加利福尼亞淘金。最後一批船穿越了七大洋，之後載回了有如從一座被推倒的雕像上散落的無數粉塵，藏在世界最乾燥大地之下的寶藏，也就是智利沙漠裡的硝酸鹽。

這些都是大冒險。

天堂谷在寰宇的夜裡閃爍。一艘艘裝飾得有如美麗白鴿的大船，飄著香氣的小船，還有在合恩角滯留過久、飢餓難耐的三桅帆船，它們來自世界各地，並航向世界的四面八方……剛擁入這裡的人經常急著奔向牧場……在野蠻、難以想像的歲月裡，海洋只能通過遙遠的巴塔哥尼亞海峽才能彼此溝通。當時，天堂谷提供高薪給那些對錢又愛又恨的船員，要他們出海遠行。

某艘船帶來了平台鋼琴，一艘船載來了高更的秘魯裔外祖母芙蘿拉．特里斯坦[2]；另一艘名叫維傑號（Wager）的船，則把史上第一位抵達胡安．費南德斯群島、真正的魯賓遜．克魯索[3]載到此處來……其他的船帶來了鳳梨、咖啡、蘇門答臘的胡椒、瓜亞基爾的香蕉、阿薩姆的茉莉花茶、西班牙的大茴

1 在海上遇難的人（naufragio），暗指感情上遇到挫折的男子。在西方的文學傳統中，從十四世紀佩脫拉克創作《歌集》（*Canzoniere*）開始，「海」與「感情生活」、「水手」與「失戀」、「港口」與「避風港／情感的慰藉」開始有緊密的連結。之後許多作家將此元素運用在自己的創作中。

2 芙蘿拉．特里斯坦（Flora Tristán，一八〇三年—一八四四年），秘魯裔法國女作家、社會主義思想家、法國女權主義運動先驅。

3 蘇格蘭水手亞歷山大．塞爾科克（Alexander Selkirk，一六七六年—一七二一年）漂流至智利胡安．費南德斯（Juan Fernández）群島，在荒無人煙的小島上生活了四年。一般認為英國作家丹尼爾．笛福（Daniel Defoe，一六六〇年—一七三一年）的代表作品《魯賓遜漂流記》，就是根據這位水手的故事寫成。

香……遙遠、有如人頭馬生鏽的馬蹄鐵形海灣裡，時不時充滿著各種香氣。在一條巷子裡，你可能遭到香甜的肉桂香氣襲擊；在另一條巷子裡，秘魯番荔枝的果香如同一支白色的箭，射穿你的心靈；在另一條死巷裡，從智利四面八方大海裡流進的海藻屑，跑出來攻擊你。

於是，天堂谷開始發光，呈現出深沉的金黃色。它成了一棵海邊的柳丁樹，枝繁葉茂，供人乘涼，遮擋陽光，樹上的果實發出耀眼光芒。

天堂谷的山勢險峻，企圖讓人們放棄山頂，將房子往下搬遷，定居在被黏土染成紅色、被金色風鈴草染成金黃、被原始的大自然染成綠色、幽靜的山谷裡。但人們與房子卻抓緊高處不放，圍成一圈，往下扎根。他們內心雖然擔憂，但決心住在陡峭的山間，因此竭盡所能地將房子懸掛在峭壁上。這個港口是大海與山中原始大自然抗衡的產物。不過在這場戰爭裡，人們獲得最終的勝利。山丘與海洋構成了這座城市，塑造了它的格局，讓它不像座軍營，而是充滿春天的氣息，具有圖畫般強烈的色彩，還有著無比的生命力。城市裡的房子都被塗上了顏色：莧紅搭配黃色、洋紅搭配鈷藍、綠色搭配紫色。天堂谷完成了它的使命，成了真正的港口，成了一艘擱淺但仍繼續存在的大船；成了一些插著旗幟在風中飄揚的船隻。遼闊大洋的風，有理由吹向這座掛滿各式旗幟的城市。

我曾住過這片飄散著香氣又遍體鱗傷的山裡。在這些豐饒的山裡，數不盡的簡陋小屋，蝸牛般螺旋狀、難以捉摸的建築，以及小喇叭般造型、彎彎曲曲的景色，這些生命力都深深地感動你。在旋轉而上的過彎處，等待你的可能是一座橘色的旋轉木馬；一位下山的神父；一位埋頭猛吃西瓜的赤足小女孩；一群水手與女人胡混的派對；一個賣鏽鐵的小販；一個帳篷小到只能容納馴獸師兩片鬍子的迷你馬戲團；一座高聳直達雲端的梯子；一座正把洋蔥運往山上的升降梯；七頭載水的驢子；一輛剛滅完火的消防車；一個擺滿生命或死亡之水瓶子的櫥窗。

這些山的名字很深奧。玩轉這些山名是一場永無止境的旅行，因爲到天堂谷旅行，不僅地方走不透，名字也多到數不清。快樂山、蝴蝶山、波朗科（Polanco）山、醫院山、小桌山、牆隅山、海獅山、帆纜山、陶匠山、查帕羅家族（los Chaparro）山、蕨類山、漆樹山、磨坊山、杏林山、洋蔥餡餃子山、鶯鷦鷯山、阿塞維多（Acevedo）山、針茅山、要塞山、母狐山、埃琵拉夫人（Doña Elvira）山、聖埃斯特班（San Esteban）山、阿斯托爾加（Astorga）山、翡翠山、杏樹山、羅德里格斯（Rodríguez）山、火砲山、牛奶小販山、無染原罪山、墳墓山、荊棘山、茂樹山、英國醫院山、棕櫚山、維多利亞女王山、卡巴佑（Carvallo）山、上帝的聖胡安（San Juan de Dios）山、波庫羅（Pocuro）山、小海灣山、羚羊山、比斯蓋亞（Vizcaya）山、埃利亞斯先生（don Elías）山、角嶼山、蘆葦山、瞭望台山、巴拉西亞（Parrasia）山、榅桲山、公牛山、佛羅里達山。

我走不完這些地方。只有新品種的八腳大海怪才有辦法走遍天堂谷。它的寬廣、它的親暱讓我受惠；但我無法環抱它右邊豐富的色彩、它左邊茂密的植被，也無法環抱它的高山和它的懸崖。

我只能跟隨它的鐘聲，跟隨它起伏的地勢和地名。

尤其是它的地名，每個名字都有來源和典故；都有氣息和油脂；都有故事和音樂劇。在每個音節裡都流淌著血液。

智利駐小洞領事

我得到一項學生文學大獎，幾本新書頗受歡迎，再加上我那件著名的斗篷，讓我在文藝圈以外也享受到被人尊敬的光環。不過，二〇年代我們這些拉丁美洲國家的文化生活完全依賴歐洲，只有屈指可數的幾個傑出的例外。在我們每個共和國當中，都有一個大都會的「菁英」團體主導一切。至於這些屬於寡頭領導階層的創作者，他們全住在巴黎。我們偉大的詩人畢森德．魏多伯羅[1]不僅用法文創作，偶爾還會將名字「畢森德」改成「范松」（Vincent）。

確實，當我年輕小有名氣時，所有在路上遇到我的人都會問我：

「嗯，您還在這裡做什麼？您應該去巴黎。」

一位朋友推薦我去見外交部某個處室的長官。我立刻獲得接見，因爲那個長官讀過我的詩。

「我也懂您的渴望。請您先坐在那張舒服的扶手椅上。從這裡您可以清楚地看到廣場，還有廣場上的市集。您瞧那些汽車。一切都是空虛的。很幸運，您是一位年輕詩人。您看到那棟豪宅了嗎？那原本是我家人住的地方，如今您見我在這裡，在這間又小又髒的房子裡，跟這些公文搞在一起。這時唯一有價值的就是心靈。您喜歡柴可夫斯基嗎？」

聊了一個小時的藝術，當我伸手準備向他道別時，他教我不要擔心，因爲他是領事事務局的局長。

「從現在起，您可以認定海外已經有個位子在等著您了。」

接下來的兩年，我每隔一段時間就到那位親切的外交部長官的辦公室。他愈來愈熱情地接待我。幾乎一見到我出現，就冷冷地使喚他的一位祕書，挑著眉跟他說：

「我現在誰也不想見。讓我忘記每天平淡無趣的事。在這個外交部裡，只有這位詩人來訪才讓我感覺有靈魂。希望他永遠都不要離開。」

他很認眞地說，我確定。接著，我們不停地在種狗的話題上打轉。「不愛狗的人就是不愛孩子。」然後說到了英國小說，話鋒一轉又跳到了人類學，還有精神主義，最後扯到家徽和家譜才打住。與我道別時，他有如講兩人的小祕密般再次跟我強調，我在海外的位子已經確定了。雖然我沒什麼錢可以吃飯，但是那天晚上我走在街上卻感覺自己像個外交部的參事。當我的朋友們問我準備做什麼時，我自以爲了不起地回答他們：

「我準備去歐洲。」

這樣的情況一直持續到遇見好友畢安齊（Bianchi）。他家是智利有頭有臉的大家族。畫家、流行音樂家、法學家、作家、探險家和安地斯山登山運動員，在這些光環的加持下，所有畢安齊家族的成員都被認爲是不安於現狀且腦筋靈活的人。我的朋友曾經擔任大使，懂得外交部裡的祕密，所以他問我：

「你的任命書還沒出來嗎？」

「根據一位在部裡擔任高階主管的文藝贊助人向我保證，我隨時都可能收到任命書。」

他笑了笑，跟我說：

「我們去見部長。」

---

1 畢森德．魏多伯羅（Vicente Huidobro，一八九三年—一九四八年），智利著名詩人，二十世紀初以創造主義（Creacionismo）引領拉丁美洲前衛文學風潮。

他抓住我的手，沿著大理石的樓梯往上走。沿途打雜的辦事員和其他僱員快速地讓開。我緊張到說不出話來，因爲我第一次見外交部長。他個子很矮，爲了掩蓋這個事實，他一跳，坐到辦公桌上。我的朋友向他提起，我非常渴望離開智利。在眾多的電鈴中，部長按了其中的一顆按鈕，隨後立刻出現我那位重視心靈的贊助人，讓我更加不知所措。

「你們部門還有什麼空缺？」部長對他說。

那位衣著講究的官員，當下不能再聊柴可夫斯基，只能一一唸出分布在世界各地的幾個城市的名字。其中我只隱約捕捉到一個從沒聽過也完全不認識的名字：仰光。

「巴布羅，您想去哪裡？」部長問我。

「仰光。」我毫不猶豫地回答。

「給他任命書。」部長對我的贊助人下令。他急忙跑開，又帶著任命書回來。

部院的大廳有一顆地球儀。我和我朋友畢安齊一起尋找著這一無所知的城市。老舊的地圖上，在亞洲地區凹了一大塊，我們在凹陷的地方找到了仰光。

「仰光！這裡就是仰光。」

但幾個小時後，我和幾位詩人朋友見面，當他們想慶祝我的任命時，我卻忘了那座城市的名字。我只能滿心歡喜地跟他們說，我被派到奇幻的東方擔任領事，被指派的地方位在地圖上的一個小洞裡。

蒙帕納斯

一九二七年六月的某一天，我們朝遠方離去。在布宜諾斯艾利斯，我們將我的一張頭等艙船票換成了兩張三等艙的「巴登號」（Baden）船票。那是一艘只有單一艙等的德國籍客輪，而那所謂的「單一艙」，老實說可以算是五等艙。用餐時間分成兩種：一種是爲葡萄牙和加利西亞[1]的移民提供快餐；另一種是服務其他各國的旅客，尤其是在拉丁美洲礦區和工廠工作的返鄉德國乘客。我的旅伴阿爾巴洛是個「玩家」，他快速將船上的女乘客分類。在他眼中女人只分成兩類：妖媚的女人和逆來順受的女人。他的分類法不是永遠都奏效。他花招百出，只爲了得到高貴女子的芳心。只要甲板上出現兩三個他有興趣的女乘客，他就立刻抓起我的一隻手，假裝神祕地幫我看手相。第二次她們再經過時，便會停下腳步，要求阿爾巴洛也幫她們看。他會立刻牽起她們的手，吃她們豆腐，然後在幫她們觀看未來命運的同時，告訴她們來我們房間一趟。

不過對我來說，這趟旅行很快就變了調。我不再看到那些鬧哄哄、抱怨永遠都只有馬鈴薯餐的旅客，也不再觀察周遭世界與單調的大西洋。我只想欣賞一位從里約熱內盧跟著她爸媽和兩兄弟一起上船、純正的巴西少女。

我感到無比驚訝。那幾年的里斯本很歡樂，漁夫穿梭在大街小巷，而且薩拉查[2]還沒上台。食物美味的小旅館，佔滿整個餐桌的巨大水果盤，五顏六色的房子，門口有拱門的舊皇宮，幾百年前上帝就

1 加利西亞（Galicia），西班牙西北邊的一個自治大區，與葡萄牙北部接壤。

已離開的大教堂，設在舊豪宅裡的成人遊樂場，以及喪失理智、帶著嚴肅表情走在石頭路上的布拉干薩女公爵，她身後跟著上百個年輕、目瞪口呆的流浪漢。這裡就是我進入歐洲的地方。

接著，我來到咖啡廳裡擠滿了人的馬德里。普利莫．德．里貝拉[3]給即將受到完全高壓統治的西班牙人上了獨裁專政的第一課。在《居住在土地上》（*Residencia en la tierra*）最開始的幾首詩裡，我寫到這樣的情況，不過只有等到阿貝爾迪、洛爾卡、阿萊桑德雷、迭戈等同一年代[4]的詩人出現時，西班牙人才懂得我在那幾首詩歌中想要表達的意思。對我來說，西班牙也是一個火車永遠數不完的國家，他們那個全世界最難坐的三等車廂將我們載到了巴黎。

我們消失在人聲鼎沸的蒙帕納斯，被阿根廷人、巴西人、智利人包圍。當時還不見委內瑞拉人的蹤影，因爲他們在哥梅斯[5]統治期間都死在他手裡。在遠方，我首次看到一群穿著長袍子的印度人。在我隔壁桌的女客人脖子上纏了一條小蛇，露出淡淡哀傷的神情，徐徐喝著手中的那杯咖啡牛奶。而南美洲來的移民，則成天喝白蘭地、跳探戈，一逮到機會就想大幹一架，好像跟世界另一半的人都有仇。

對我們這些從南美洲鄉下來的藝術家來說，巴黎、法國、歐洲只有兩百公尺遠，只有兩個街角的範圍：蒙帕納斯、圓亭咖啡廳（La Rotonde）、多摩咖啡廳（Le Dôme）、圓頂餐廳（La Coupole），還有其他三四間咖啡廳。黑人舞廳正開始流行。在所有的南美洲人當中，最多的是阿根廷人。他們最有錢也最愛打架。時不時出現混亂場面，然後就會有一個阿根廷人被四個年輕人架起，騰空經過一張張餐桌，被狠狠丟到大馬路上。這些從布宜諾斯艾利斯來的遠房親戚，不喜歡那樣粗暴的行爲，因爲那樣讓他們的褲子縐了，更重要的是讓他們的頭髮亂了。在那年代的阿根廷文化中，髮膠是不可或缺的。

其實在巴黎最開始的那幾天，時間飛逝，我連一位法國人、歐洲人、亞洲人都不認識，更別說來自非洲和大洋洲的人。講西班牙語的美洲人，北自墨西哥，南至巴塔哥尼亞高原，各國的人都有，他們形成自己的小圈圈，都在說對方的缺點、貶低對方，但又沒辦法不依賴對方獨自生存。爲了能夠混水摸魚，瓜地馬拉人會寧可選擇在四處漂泊的巴拉圭人開的店裡打工，也不願意去巴斯德[6]那裡上班。

---

2 薩拉查（António de Oliveira Salazar，一八八九年—一九七〇年），葡萄牙史上任期最長的總理，時間長達三十六年（一九三二年至一九六八年）。在位期間施行威權統治。

3 普利莫·德·里貝拉（Miguel Primo de Rivera，一八七〇年—一九三〇年），西班牙復辟時期的首相，在位期間長達七年（自一九二三年至一九三〇年），任內施行威權統治。

4 意指一九二七年為了紀念黃金時期重要詩人貢戈拉（Luis de Góngora，一五六一年—一六二七年）逝世三百週年，一群年紀相仿的作家在塞維亞文藝協會聚會，被後人譽為一九二七世代的作家。代表人物除文中提到的阿貝爾迪（Rafael Alberti，一九〇二年—一九九九年）、洛爾卡、阿萊桑德雷（Vicente Aleixandre，一八九八年—一九八四年）和迭戈（Gerardo Diego，一八九六年—一九八七年）之外，還有薩里納斯（Pedro Salinas，一八九一年—一九五一年）、紀嚴（Jorge Guillén，一八九三年—一九八四年）、阿隆索（Dámaso Alonso，一八九八年—一九九〇年）和塞努達（Luis Cernuda，一九〇二年—一九六三年）等。主要的訴求是在動盪的政治與社會局勢當中，復興西班牙輝煌時期的文學傳統，並且在當時以歐洲其他國家主導的藝術表現中，強調作家個人的風格與西班牙的文學特色。重要流派包括：超現實主義、新大眾主義（Neopopularismo）、同性愛文風（Homoerotismo）等。

5 哥梅斯（Juan Vicente Gómez，一八五七年—一九三五年），委內瑞拉將軍，自一九〇八年擔任總統起，以獨裁手段統治委國長達二十七年。

6 此處指由法國偉大化學家，亦為最先研發狂犬病疫苗和炭疽病疫苗的科學家路易·巴斯德（Louis Pasteur，一八二二年—一八九五年）所創立的巴斯德研究所。

那幾天我認識了偉大的詩人瑟薩·巴列霍[1]。他是印歐混血，他的詩歌看似粗糙，像野獸的皮膚，摸起來凹凸不平，但都是充滿力量的偉大作品。

我們剛認識時，確實有一點溝通上的困難。那一天我們在圓亭咖啡廳互相自我介紹時，他用很濃的秘魯口音跟我打招呼：

「您是我們最偉大的詩人。只有盧本·達里歐[2]可以和您相提並論。」

「巴列霍。」我對他說，「如果我們還想繼續當朋友，就請您不要再跟我提類似的話題。因爲只要一談到文學，我就不知道我們會說到哪裡才能停。」

我的話似乎激怒了他。我的反文學態度讓我成了一個沒禮貌的傢伙。相反地，他來自古老的家族，彬彬有禮得像個總督。我發現他有點不開心，當下感覺自己就像個令人難以忍受的大老粗。

不過那件事就如一小朵雲，很快就過去了。從那時候起，我們成了眞正的朋友。過了幾年，當我在巴黎停留比較久時，我們每天見面，而我也慢慢了解他的內心。

巴列霍個子沒有我高，比我更瘦、更沒肉。他的眼珠顏色很深，額頭又高又凸，長得比我還像美洲原住民。他俊俏的臉龐上有著印加人的特徵，也因爲帶著一點尊貴氣息，而顯得鬱鬱寡歡。他和所有詩人一樣愛慕虛榮，喜歡別人談論他外表的原住民特徵。他將頭抬起，希望得到我的稱讚。他說：

「我是不是長得很不同？」接著竊笑起來。

巴列霍的熱情與畢森德·魏多伯羅偶爾表現出的熱情不一樣。在很多方面他們是南轅北轍的兩位詩人。魏多伯羅會把額頭前的一撮頭髮放下來，將手指插入背心的口袋，挺起胸膛問說：

「諸位看我像不像拿破崙？」

巴列霍外表看起來很憂鬱，好像長期待在陰暗角落的人。他天生長得嚴肅，彷彿戴著面具、臉上沒什麼表情的僧侶。事實上，他的內心並非如此。有好幾次，尤其是我們讓他脫離那個像舍監一般，蠻橫又自以爲是的法國老婆時，我看到他像小學生般快樂地跳了起來，然後才又恢復嚴肅、謙恭的模樣。

很快地，在我們黑暗的巴黎生活中，出現了我們朝思暮想但又遲遲等不到的贊助人。他是智利作家，也是阿貝爾迪的朋友。他與法國人和世界上幾乎所有的人都處得很好。還有最重要的是，他是智利最大船公司老闆的兒子，以花錢不眨眼出名。

那位剛剛從天而降的救世主想招待我，所以把我們所有人帶到一間俄國白人出沒，名爲「高加索酒窖」的舞廳。舞廳的牆壁上，裝飾著高加索的傳統服飾和風景畫。過沒多久，我們就被一群打扮成山上村姑模樣的俄國女郎或是假的俄國女人包圍。

招待我們的贊助人叫孔東（Condon）。他金髮，看起來有氣無力的模樣像是俄國最後一位頹廢者。他不停地點香檳，並且模仿他從來沒見過的哥薩克民族舞蹈，像發了瘋似地蹦蹦跳跳。

1 瑟薩．巴列霍（César Vallejo，一八九二年—一九三八年），秘魯最具代表性的作家，也是拉丁美洲二十世紀重要的詩歌改革者。雖然他一生只出版過三本詩歌集，卻被美國作家托馬斯．莫頓（Thomas Merton，一九一五年—一九六八年）和英國作家暨評論家馬丁．塞莫—史密斯（Martin Seymour-Smith，一九二八年—一九九八年）譽為二十世紀最重要且在世界文學中具有舉足輕重地位的詩人。

2 盧本．達里歐（Rubén Darío，一八六七年—一九一六年），尼加拉瓜作家、評論家，也是開創拉丁美洲文學現代主義的重要功臣。在作品中融合法國的象徵主義和高蹈派（Parnasse），為西語文學創作注入新的活力。

「香檳！再來點香檳！」接著，面無血色的大富豪砰的一聲倒下。他跌在桌子底下睡死了，和高加索山上被熊攻擊、失血過多身亡的屍體沒兩樣。

我們全身發抖，直冒冷汗。不管我們用裝著冰塊的紗袋，還是打開阿摩尼亞的瓶蓋把瓶子湊近他的鼻子，都叫不醒他。當我們無助、不知所措時，所有的女舞者都棄我們而去，只剩下一位沒離開。我們翻遍贊助人的口袋，只找到一本空白支票，不過他睡得跟死人一樣，根本沒辦法在支票上簽名。

舞廳裡負責管事的哥薩克人要我們立刻付錢，同時把門關上，讓我們無處可逃。我們唯一脫困的辦法，就是把我值錢的外交公務護照留在那裡當作抵押。

我們把奄奄一息的大富豪扛出去，花了好大的工夫才將他搬上計程車，塞進車裡坐好，並把他送回他所住的氣派飯店。我們扶他下車，交給了兩名壯碩、穿著紅色制服的門房。他們帶他上樓，彷彿在搬運跌倒在自己甲板上的艦長。

計程車裡有個人在等我們，她就是在舞廳裡唯一沒有拋棄我們這幾個倒楣鬼的那個女孩。我和阿爾巴洛邀她一起去巴黎的中央市場品嚐清晨的洋蔥湯。我們在市場裡買了花送她，親吻她，感謝她的好心腸。我們發現她還頗迷人。雖然她長得不漂亮，但也不醜，而且她跟巴黎女孩子一樣，有個高高翹翹的鼻子，讓她多增添了幾分姿色。我們邀請她到我們慘不忍睹的二流飯店。她毫不猶疑，立刻答應跟我們走。

她和阿爾巴洛進了房。我累倒躺在床上。沒過多久，我感覺有人在搖我，原來是阿爾巴洛。他的臉上露出瘋子般激動的表情，同時又故作鎮定，讓我覺得有點奇怪。

「不得了。」他說。「這個女的很特別，她異於常人，但是我說不上來。你應該立刻來試一下。」

幾分鐘後，那個陌生的女子雖然一副睡眼惺忪的模樣，但還是很善解人意地鑽進我的被窩裡。我跟她做愛時，體驗到她神祕的過人之處。那種無法言喻的體驗，就像接觸到某個從她靈魂深處綻放出來的東西。那好比是歡樂的泉源；好比是一股海浪的誕生；好比是生育女神維納斯的祕密。阿爾巴洛說的有道理。

隔天吃早餐時，阿爾巴洛趁機用西班牙語跟我交談，警告我：

「如果我們不立刻甩開那個女人，我們的旅行就會完蛋了。我們不會淹死在海裡，會葬身在深不見底的性愛遊戲裡。」

我們決定送小禮物討她歡心：花、巧克力，還有身上僅剩的一半法郎。她向我們坦承，她不在那間高加索人開的夜總會上班，那天晚上是她第一次也是唯一一次進到那個地方。隨後我們與她一起搭計程車。當司機穿越一個我們不認識的街區時，我們命令他停車。我們熱情地吻了那位女子，向她告別，而她傻笑，搞不清楚東南西北，被我們丟在那裡。

從此我們再也沒見過她。

朝東方邁進

我也忘不了把我們載到馬賽的火車。我們的車廂活像個異國情調的水果籃，裝了各式各樣不同膚色的人，有農夫，有船員，洋溢著手風琴的琴聲和歌聲，整車的人哼哼唱唱，好不熱鬧。我們往地中海前進，航向充滿陽光的大港……當時是一九二七年。馬賽浪漫的商業氣息，還有熙來攘往的人群擠在船帆揚起、有如長了翅膀的舊港，在在吸引了我。我們搭了法國輪船公司的船，朝新加坡前進。它像一塊法國在海上漂流的領土，載著小資產階級到遠方的僑居地打拚。在航行中，大家看到我們的打字機和處理的稿件，紛紛叫我們幫忙打信。聽著船員們講的故事，我們一封接一封地打著令人難以置信的情書，寄給他們在馬賽、波爾多和鄉下的女友。事實上，他們並不在意信的內容，只在意那是用打字機打出來的。信裡寫的就像崔斯坦．科比耶爾[1]的詩一樣，都是表達直率、溫柔的情感。地中海逐漸變得開闊，以它的港口、經商的生意人、地毯和市場歡迎我們的到來。紅海的吉布地[2]港讓我印象深刻。那裡有阿蒂爾．韓波[3]多次往返踩踏、燒燙的沙灘；有雕像般的女黑人和她們的水果籃；有原始村落的破舊小屋；有咖啡樹間五味雜陳、被一道魔幻般直射的光淨化的氣味……我們在那裡喝著冰涼的檸檬茶。

看在夜上海會發生什麼趣事很重要。惡名昭彰的城市像蛇蠍美女一樣誘人。上海的夜晚正張著血盆大口，等待我們這兩個從大老遠鄉下搭著三等艙而來的可悲又好奇的窮光蛋。

我們進了一間又一間的大型夜總會。那天是平常日的晚上，店裡沒什麼人。寬敞的舞池感覺像是蓋來給上百頭大象跳舞的場地，竟然沒有人在裡面跳舞，看了真令人沮喪。昏暗的角落出現幾個骨瘦如柴的俄國女人，她們哈欠連連，同時要求我們請她們喝香檳。我們就這樣逛了六、七個墮落的聲色場所，而唯一浪費的就只有我們的時間。

當時天色已晚，要返回我們輪船停靠的地方——也就是港口後面錯綜複雜的小巷子——有點困難，所以我們一人叫了一部人力車。我們不習慣那種用人力拉的交通工具。一九二八年的那些中國人拚命地拉著小車子，長途奔波不停。

那時開始下起雨，而且愈下愈大，我們的人力車伕輕巧地把車停下來，並且小心翼翼地用一塊防水布把人力車的前部蓋上，以免任何一滴水濺濕我們這些外國人的鼻子。

「眞是仔細又貼心的民族！兩千年悠久的文化眞不是蓋的！」我和阿爾巴洛各自坐在前後搖晃的椅子上，內心這樣想著。

不過，我開始感覺有點不安。我被關在小小的空間裡，什麼都看不見，令人提心吊膽。儘管隔了防水布，我還是聽得到人力車伕和同伴的竊竊私語。在他赤腳發出的聲音中，混合著其他同伴在濕答答的路面上發出有韻律感的沙沙聲。最後，沙沙聲愈來愈模糊，這表示鋪過的路面已經到了盡頭，很有可能我們現在已經出城，走在荒地上。

我這輛人力車突然停了下來。車伕熟練地掀開幫我遮雨的防水布。人煙稀少的郊區裡見不著船的蹤影。另一輛人力車停在我旁邊，阿爾巴洛驚慌失措地離開座椅。

---

1 崔斯坦．科比耶爾（Tristan Corbière，一八四五年—一八七五年），法國作家，其詩歌式的散文受到法國象徵主義大師保羅．魏爾倫的極力推崇。

2 吉布地，正式國名為吉布地共和國（République de Djibuti），位於非洲東北部亞丁灣西岸，一八五〇年被法國佔領，一九七七年成為獨立國家。

3 阿蒂爾．韓波（Arthur Rimbaud，一八五四年—一八九一年），法國天才型作家，年僅十四歲即有能力寫出優美的拉丁文和法文詩歌，後來成為無政府主義者，過著放縱的生活。最後因癌症過世，享年三十七歲。他在巴黎的生活經歷於一九九五年被改編成電影《全蝕狂愛》（*Total Eclipse*），由李奧納多．狄卡皮歐主演。

「錢！錢！」七、八個中國人圍著我們，用鎮定的聲音說。

我的同伴把手伸進褲子口袋，假裝要掏槍，害得我們兩人的後腦勺都被敲了一下。我向後倒，那幾個中國人即時接住我，讓我不至於直接撞到頭，然後再輕輕讓我倒在濕答答的地上。他們的手腳有如雜耍藝人般俐落，快速翻動了我的口袋、襯衫、帽子、鞋子、襪子和領帶。衣物上任何細微的地方，還有我們身上僅剩的一分一毫，他們都不放過。但他們依循上海老扒手的優雅傳統，完全沒動我們的證件和護照。

我們被丟下後，開始朝遠方的發光處前進。不久我們遇見上百個在夜晚活動但正直的中國人。他們不懂法語，不懂英語，也不懂西班牙語，但是每個人都想幫我們脫困。他們用盡各種方法，指引我們回到令人渴望、有如天堂的三等艙。

我們到了日本。從智利匯過來的錢應該已經在領事館了。此時，我們必須借住在橫濱的船員避難所。我們睡的床墊相當糟。避難所有一個窗戶的玻璃破了，外面下著雪，我們冷得幾乎半死。沒有人理我們。某天清晨，一艘油輪在日本外海斷成兩截，於是避難所裡塞滿了遇難的船員。其中一位是巴斯克人，他什麼語言都不會，只會講西班牙語和自己故鄉的方言。他向我們訴說他的遭遇：他深陷石油引燃的火海當中，扶著油輪的殘骸在海上漂了四天四夜。有人提供毯子和物資給那些遇難的船員，而那個巴斯克人眞是很慷慨，成了我們的庇護人。

相反地，智利總領事（他應該是叫德．拉．馬利納或叫德．拉．里貝拉）見到我們時，一副高高在上的樣子，更讓我們體會到當下的地位有多微不足道。他沒時間理我們，當天他和由布夫人有飯局。

他不是接受日本天皇的邀約去喝茶，就是潛心研究當代皇室，還會補上一句「天皇這個人眞是再優雅不過！」等等之類的話。

沒有，他沒有電話。在橫濱爲什麼要有電話？有人打電話來找他，也只會說日語。關於我們的錢，銀行經理，也就是總領事最要好的朋友，什麼消息也沒跟他說。他只覺得很抱歉，然後就走了，因爲還有一場宴會等著他。明天見！

日子就這樣一天天過去。我們離開領事館時總是冷得直哆嗦，因爲被搶後，我們所剩的衣物不多，只有油輪船員給的幾件破毛衣。最後一天，我們得知在我們抵達橫濱之前，經費就已經下來了。銀行寄了三封通知給領事，但是那個長得像蠟像的高傲公務員，完全沒發現這件微不足道的瑣事。（現在每當我在報紙上讀到某個領事被喪心病狂的同胞殺了，就會想起那位受封勳章的名人。）

當天晚上，我們去了銀座的「小樂」，也就是東京最好的咖啡廳。在東京的那段期間，我們吃得很不錯，而且之前捱餓一週，讓人感覺食物眞的萬分美味。在漂亮的日本小姐作陪下，我們頻頻舉杯，對全世界被失職領事冷落的不幸旅客致上最深的敬意。

到了新加坡時，我們以爲就在仰光旁邊。然而晴天霹靂的是，地圖上的幾公釐，實際上卻差了十萬八千里。船已經等了我們好幾天。更糟的是，唯一的接駁船隻，在前一天已經出發前往仰光。我們身上沒錢住旅館，也沒錢再買船票。我們的經費已經匯到仰光等我們了。

啊！幸好在新加坡的領事館裡有我的同事。曼西亞（Mansilla）先生匆忙趕來協助我們，但他臉上的表情變得愈來愈僵硬，最後完全消失，變成了不耐煩的苦笑。

「我什麼忙也幫不上，諸位去找部長吧！」

我徒勞地請求領事的協助。那男人就像個無情的獄卒。他拿起帽子，跑向門邊準備離開。此時我突然想到一個好點子：

「曼西亞先生，我可以做幾場演講，聊聊我們的祖國，收取一些費用來籌措旅費。麻煩您幫我們準備場地、翻譯，還有申請必要的許可。」

那男人聽了面無血色，說：

「在新加坡開講座，談智利？我不同意。這可是我的特權，除了我，沒有人可以在這裡講智利。」

「曼西亞先生，您冷靜一點！」我回答他。「愈多人談我們遙遠的祖國愈好。我不明白您爲什麼不高興。」

最後在同胞的親情勒索下，我們妥協，結束了那次奇怪的談判。那男人氣得發抖，要求我們簽下十張領據，才把錢借給我們。數了數錢，我們發現實際拿到的錢並沒有領據上寫的那麼多。

「那些是利息。」他宣稱。

（十天後，我從仰光寄了償還的支票給他，當然沒有把利息算進去。）

從甲板上，我大老遠就看見仰光大金寺頂端那有如金色漏斗的巨塔。一大群奇裝異服的人聚在碼頭，形成了強烈的顏色對比。一條又寬又髒的河流淌到那裡，注入馬達班灣。那條河叫伊洛瓦底江，它的名字無比美麗，超越世界上所有的河川。

依著江水，我展開了新生活。

阿爾巴洛

……阿爾巴洛這個人真的很可怕……他現在叫阿爾巴洛．德．希爾巴（Álvaro de Silva）……住在紐約……他的一生幾乎都在紐約的都市叢林裡度過……我印象中，他總是在不尋常的時間吃柳丁，用火柴點燃捲菸，對許多人提出無理取鬧的問題……他總像個性格散漫的老師，他聰明過人，打破砂鍋問到底的智力讓他與每個地方都格格不入，只適合到紐約去。那時候是一九二五年……他手上拿著就要滑落的紫羅蘭，跑去送給一位路過的陌生女子。他連那女生的名字和來歷都不清楚，就想立刻跟她上床。他除了跟我和其他人分享這件事，還對我說他不斷閱讀愛爾蘭作家喬伊斯的作品之後，對那位住在自己城市的窩裡，並且出門去調查最新的音樂、繪畫、書籍、舞蹈的主角，有什麼出乎意料的意見與看法……他總是在吃柳丁；總是在削蘋果皮；總是有令人無法忍受的飲食和特別愛管閒事的習慣。我們在他身上終於看到夢想中都市人的典範。我們所有鄉巴佬夢想的並不是在行李箱上貼上各式各樣的貼紙，而是希望在自己的行李箱中裝下一個融合許多國家、音樂會、清晨喝的咖啡、屋頂積雪的大學等等的寶物……最後，他把我的生活搞得很難過下去……我不管到哪裡，都會作一個植物的夢；我被固定在某個地方，為了思考、為了生存，我開始長出根來……當阿爾巴洛對某個事物產生強烈的熱情時，又很快地轉移到下一個。如果我們可能參與的任何電影吸引他，他便立刻要我們打扮成穆斯林的樣子前往片場……當我們到杜姆杜姆工作室（Dum Dum Studio）去看看他們願不願意和我們簽約時，那裡已經有我穿成孟加拉人模樣的照片（如果我在加爾各答的菸草店不開口說話，他們還誤以為我和泰戈爾是一家人）……接著，我們匆匆離開青年旅館，因為沒錢付住宿費用……還有，護士們很愛我們……阿爾巴洛開始投入大買賣……他想賣阿薩姆的茶、喀什米爾的布、鐘錶、古董……他快速地揮霍所有的資源……他拋下所有喀什米爾的樣布，丟棄所有放在桌上和床上的茶包……他早已拎了一只行李箱，身處世界另一個角落……在慕尼黑……在紐約……

要是說我認識了一些努力不懈、無可取代的多產作家，那麼這一位可算是箇中翹楚……他幾乎不出版……我不懂……一大早，他連床都還沒離開一步，就把眼鏡高高掛在鼻樑上，靠在打字機旁，喀喀喀地打起字來，消耗了大量的各類紙張，用光了所有的紙都……但是，他缺乏定性；他愛批評；他有吃柳丁的怪癖；他時不時就會轉移注意力；他在紐約有個藏身的窩；他愛送女生紫羅蘭；他混亂時似乎很清楚；他頭腦清楚時又顯得一團亂，種種原因……讓他一直期待的作品沒有一部真的出版……可能是因為他沒有意願……也可能是因為他沒辦法完成創作……有可能是因為他太忙……也有可能是因為他太過懶散……不過，他見多識廣，什麼都知道，他那對藍色的眼睛毫無畏懼，然而他那細膩的觸覺卻讓時間的沙從他的指縫間溜走……

04——明亮的孤寂

叢林的印象

我應該沉溺在那些回憶裡時，被大海的聲音驚醒。我在天堂谷附近，在黑島的海岸旁寫作。猛烈拍打著海岸的強風剛剛平息。與其說我從窗戶裡望著大海，不如說它用上千顆泡沫般的眼睛看著我，在它的浪中仍保有暴風雨可怕的威力。

好多年前的事了！回憶那些往事，就好像聽著外面斷斷續續進到我內心裡的海浪聲，有時吼啊吼的，讓我昏昏欲睡；有時又像劍影般閃一下就立刻消逝。我記不得那些影像發生的先後順序，它們就像那些海浪一樣，恣意地來來去去。

一九二九年。晚上。我看見一群人聚集在街上。那是穆斯林的慶典。人們在大馬路上架起一條長長的篝火，並在上面鋪滿了燒燙的炭。我向前湊了過去。一整排泛著紅光的大火下，只有一層薄薄的灰燼，炭堆上炙熱的火焰照亮了我的臉。此時，突然出現一位奇怪人物。他的臉上塗了紅、白顏料，由四位穿著紅衣的男子抬著。他下來後，開始搖搖晃晃地在炭火上走。他一邊走一邊大喊著：

「阿拉！阿拉！」

巫師安然無恙地走完這一長排炭火。大群圍觀的民眾看著這一幕，臉上露出不敢置信的表情。就在這時候，從人群中跳出一位男子，摘下拖鞋，赤腳走在同一排炭火上。接著，不停地有自願者跳出來。某些信徒走到一半就停下來，一邊踩著炭，一邊大喊「阿拉！阿拉！」他們帶著嚇人的表情大吼大叫時，還會朝著天空翻白眼。另外，也有信徒把孩子抱在懷裡一起通過。沒有人燒傷，又或許有，只是我不知道。

聖河旁矗立著一座死亡女神迦梨[1]的神廟。我們跟著上百名從印度鄉下地方來的信徒，一起進入廟裡祈福。他們衣衫襤褸，一臉惶恐地被僧侶推著走，每走一步都被要求付錢。七層帷幕隔著那位目露凶光的女神。僧侶掀開其中一層，此時傳來一陣彷彿足以震碎全世界的鑼聲。信徒們立刻下跪、合掌、叩首，然後繼續前進，直到最後一層帷幕。僧侶將他們聚集在一個小廳裡。斧頭一揮下，立刻斬向一頭山羊的頭，接著再向他們要一次香油錢。痛苦的山羊咩咩咩地叫，被一陣又一陣滔天巨響的鑼聲給掩蓋過去。原本就髒髒的石灰牆被鮮血濺得亂七八糟，甚至噴上了天花板。那女神黑臉，白眼，血紅的舌頭長達兩公尺，從嘴巴一直垂到地上。祂的耳朵上、脖子上掛著一圈又一圈的頭顱，還有帶著死亡標誌的鏈子。信徒付完身上僅剩的幾毛錢後，就被趕到了街上。

跟那些虔誠的信徒很不一樣的，是包圍我、與我分享歌曲與創作的詩人們。他們帶著小鼓，穿著白色的長罩衫，蹲坐在草地上。每個人時不時發出低沉的哼哼聲，開始唱起他們根據千年老調的形式和韻律，自創的歌曲。不過，歌曲的意思改變了，它們表達的不是情慾，也不是歡愉，而是內心不滿的心情。這些是在監獄裡創作的歌，內容都在控訴飢餓。我走遍印度遇到許多年輕詩人，他們的眼神我永遠都忘不了。他們才剛出獄，或許明天又準備被關進監牢，因為他們打算起義對抗貧窮，推翻眾神。這就是我們生存的時代。這就是世界詩歌的黃金世紀。當這些新詩歌被打壓時，有上百萬的人每晚睡在孟買郊區的馬路上。他們睡覺、出生、死亡。他們沒有家、沒有食物、沒有醫療。文明又驕傲的英國就讓殖民帝國陷入如此的窘境。他們拋棄原有的子民，沒有爲他們留下學校、工廠、房舍、醫院；只留下監獄和滿坑滿谷的威士忌空瓶。

我對猩猩「朗哥」（Rango）的印象，是另一段隨著浪花進到我腦海裡的甜蜜回憶。在蘇門答臘的棉蘭，我偶爾會去敲一下那個傾圮植物園的大門。每次都是「朗哥」來幫我開門，迎接我的驚訝。我們會手牽手，在小徑裡走一圈，最後坐在一張小桌子上。牠用手腳拍打桌子，接著出現一位服務生，爲我們送上一壺啤酒。那壺啤酒說大不大、說小不小，很適合猩猩，對詩人也剛好。

在新加坡的動物園裡，我們看見一隻關在籠子裡的琴鳥[2]。牠的羽毛顏色艷麗，個性暴躁，光芒萬丈的美麗模樣，彷彿剛從伊甸園逃出來的仙鳥。在同一座籠子裡，離牠不遠處有一頭黑豹，全身上下仍散發著源自叢林的氣息。牠就像布滿星星的黑夜裡一隅令人好奇的風景；一條不停悸動的黑色磁帶；一座企圖摧毀全世界的黑色火山；一台上下起伏、動力十足的發電機。牠黃色的雙眼炯炯有神，有如銳利的短刀般咄咄逼人，但牠還不懂什麼是被囚禁的感覺，也還不夠認識人類。

1 迦梨（Kālī 或 Kālikā，字面上為「黑色」之意），印度教重要神祇，傳統上認為祂是三大主神之一濕婆（Śiva 或 Shiva）的妻子雪山神女（Pārvatī）的化身，具有強大的降魔力。

2 琴鳥（lyrebird，學名 *Menura*），原產於澳洲的雀形目鳥類，分為華麗琴鳥（*Menura novaehollandiae*）和亞伯特琴鳥（*Menura alberti*）兩種。作者指的是第一種華麗琴鳥，其雄鳥尾羽長，兩根色彩繽紛的羽毛呈現美麗的弧形，有如古希臘吟遊詩人吟唱時使用的里拉琴（*λύρα*）。

我們到了以前大家稱為印度支那的半島，進入檳城郊區一座奇特的蛇廟。有很多遊客和記者描述過這座廟。但經過那麼多的戰爭、破壞、時間的摧殘，還有落在檳城大街小巷的雨水沖刷，我不曉得它是否還存在。在瓦片的屋頂下是一棟黑灰色、被熱帶雨水侵蝕的矮房，四周被茂密、大片的芭蕉葉包圍，聞得到濕氣和雞蛋花的芬芳。進到廟裡，一片昏暗，我們什麼也沒看見，只聞到強烈的薰香，感覺那裡有個東西在動。原來是一條在蠕動的蛇。慢慢地，我們察覺到還有其他的蛇。接著我們發現應該有幾十條。再過一會兒，我們才知道有上百條、上千條的蛇。有小蛇纏繞在枝形燭台上。有暗色的蛇，有呈現金屬光澤的蛇，也有細長的蛇，牠們全都吃得飽飽的，昏昏欲睡。其實，在每個角落都可以見到瓷器做的小池子，裡面有些裝了牛奶，有些裝了雞蛋。蛇完全不看我們。當我們穿過這座狹窄有如迷宮的廟時，蛇與我們擦身而過；有些就在我們的頭頂，倒掛在金色的建築上，或睡在石砌的廳裡，或攀在神桌上。我在那裡看到一條可怕的山蝰，牠正在生吞雞蛋，旁邊有十幾條能令人立刻喪命的珊瑚蛇，牠們身上一圈又一圈的紅色紋路正向大家發出劇毒的警訊。我還認出了矛頭蝮蛇、各種巨大的蟒蛇、游蛇和眼鏡蛇。大廳裡布滿了綠色、灰色、藍色、黑色的蛇。整座廟鴉雀無聲。偶爾會遇到某個穿得一身藏紅的和尚在黑暗裡來回穿梭。鮮艷的紅袍子讓他彷彿成了一條在廟裡慵懶移動、四處尋找雞蛋或牛奶的大蛇。

「這些蛇是有人帶來的？」「牠們怎麼適應這裡？」面對我們的問題，只以微笑回答我們，這些蛇都是自己過來的，而且牠們也會自己離開。確實如此，那裡沒有門、沒有柵欄、沒有玻璃罩住牠們，也沒有任何東西強迫牠們留在廟裡。

巴士離開檳城，必須穿越中南半島的叢林和小村莊，才能到達西貢。沒有人懂西班牙語，而我也不懂他們的語言。我們的巴士停在前不著村後不著店的原始叢林裡，乘客們紛紛下車。他們全是穿著奇裝異服的農夫，沉默、嚴肅，而且斜眼看人。在一動也不動的破車裡，只剩下三、四個人。巴士發出嘎吱嘎吱的聲響，彷彿在警告我們車子就要在炎熱的黑夜裡解體。

我內心突然一慌。我在哪裡？我要去哪裡？爲什麼我要跟那麼多陌生人度過如此漫長的夜晚？我們正穿越寮國和柬埔寨。我觀察身旁這些同行旅客，他們的表情讓人猜不透，睜大的雙眼讓我感覺他們是凶神惡煞。錯不了，我一定是被東方故事裡典型的土匪包圍了。

他們互相交換眼神示意，還斜眼看我。此時，巴士安靜地停在叢林深處。我選好自己的葬身之地。我不會允許他們把我帶到那些枝繁葉茂、黑影足以遮天蔽日的不知名樹下處死。我要死在那裡；死在快要解體的公車長凳上；死在最後一刻我唯一熟悉的菜籃和雞籠旁。我觀察了四周，決定勇敢面對劊子手的心狠手辣時，發現車上的人也都已經不見了。

我獨自一人，等了又等，陌生的夜晚顯得特別漆黑，讓我的內心備受煎熬。我要死了卻沒人發現！我親愛的小國家離我好遙遠！我所有的愛和我的書離我多麼地遠！

突然出現了一個光點，然後又是另一點。整條路充滿了光。傳來一個鼓聲，接著響起一陣柬埔寨音樂刺耳的演奏聲。笛子、小鼓、火把，讓整條路都亮了起來，叮叮咚咚好不熱鬧。一個男子上車，用英語告訴我：

「巴士故障了。因爲要等很久，難保不會等到天亮，再加上這裡沒有地方可以睡覺，所以這些乘客去請了一隊音樂舞蹈團來娛樂您。」

我在那些不再讓我感到害怕的樹下待了好幾個小時，觀賞高貴且古老的神奇儀式舞蹈，聽著那傳遍整條路的美妙音樂，直到太陽升起。

詩人不能害怕人民。我感覺生命在告誡我，它深刻地爲我上了一課：那就是不四處張揚的榮譽、未知的情誼，以及在黑暗中綻放的美麗。

印度國大黨

今天是燦爛美好的一天。我們在印度國大黨。印度是個全力爭取自由的民族。上千名代表擠在走廊上，我見到甘地（Gandhi）本人，也見到另一位運動發起人莫迪拉爾・尼赫魯（Pt. Motilal Nehru），還有他年輕的兒子，也就是剛從英國回來的賈瓦哈拉爾（Jawahrlal）。尼赫魯支持獨立，不過甘地認爲只要先取得自治權就夠了。甘地清秀的臉蛋看起來像隻機靈的狐狸，他是個很實際的政治人物，很像早期在我們美洲土生土長的白人領袖。他擅長組織委員會，睿智又有手腕，而且體力充沛。當群眾如潮水般崇拜地摸著他的白袍邊，大喊著「甘地！甘地！」時，他沒有取下眼鏡，只是心不在焉地對他們點點頭、笑一笑。他平時收信、讀信、回電報，一切事情都做得很輕鬆，就像個永遠都不會累垮的聖人。尼赫魯是他們革命的軍師。

蘇巴斯・錢德拉・鮑斯（Subhas Chandra Bose）是該黨的核心人物。他是個衝動的群眾領袖，強烈反對帝國主義，也是印度別具魅力的政治人物。在一九一四年的戰爭中，當日本展開侵略行動時，他與日本人結盟，對抗大英帝國。許多年後，當我們來到印度，他的一位朋友告訴我新加坡這個據點是如何淪陷時，順便提到：

「我們原本把槍口指向日本的侵略者，但過不了多久，我們問自己……那是爲什麼？因此我們讓印度士兵回過頭來，將槍口對準英國軍隊。原因很簡單，日本人只是暫時的侵略者，但英國人似乎永遠霸佔著不走。」

鮑斯後來被捕，在印度的英國法庭接受審判，被冠上叛國罪。民怨四起，又受到獨立份子的推波助瀾，最後在歷經許多合法管道的抗爭後，鮑斯的辯護律師，也就是尼赫魯本人，讓他獲得特赦。從那時候起，他就成了民族英雄。

臥佛

……到處都有佛像，還有佛陀……有肅穆的，有站立的，有被侵蝕的，有鍍金閃閃發亮的，也有彷彿被空氣損耗搖搖欲墜的……在祂們的臉上，袍子的縐褶上，手肘上，肚臍上，嘴巴上，笑臉上和小污點上，長出了黴，坑坑疤疤，呈現叢林裡最「屎」的痕跡……也有巨大的佛像橫臥著，用蒼白的花崗岩雕成，長達四十公尺。祂們徜徉在發出沙沙聲的樹葉間，出其不意地出現在叢林的某個角落，某個附近的平台上……有睡著的，有醒著的，祂們在那裡躺了一百年，一千年，千千萬萬年……然而，祂們帶著大家熟悉又難以捉模的來世樣貌，露出一臉溫和的神情，期望入世，又期望遁世……那個無比溫柔的石頭笑容，那莊嚴的模樣，卻都是堅硬、不朽的石頭做的。在血淋淋的土地上，祂們在對哪個人、哪些人微笑？……祂們的身邊經過了逃跑的農婦、遭惡火攻擊的人、偽裝的士兵、虛偽的僧侶、貪得無厭的遊客……那尊被刻上膝蓋、打褶袍子、又被賦予漠然眼神的巨石雕像站在原地，一動也不動。祂存在於那裡，完全不具人性，但在某種形象上也像人。叢林裡黑色的鳥呱呱地叫，紅色的鳥啪嗒啪嗒地振翅，祂就在這些聲音中以某種形象，或某種非雕像的樣貌現身；祂是佛，但又不完全像個佛；祂是石頭做的，但又不僅僅是顆石頭……在某方面令我們想到了西班牙人遺留給我們的可怕基督像：祂們帶著傷口、膿包、結痂和其他等等，被關在教堂祕密的房間裡，伴隨著蠟燭和潮濕的氣味……那些基督像也是半人半神……為了讓祂們看起來像世人，更接近受苦受難的芸芸眾生、更接近臨盆的孕婦、被砍頭的犯人、癱瘓的人、守財奴、神職人員、信徒，雕刻家在基督像上添加了令人毛骨悚然的聖殤，使得這一切竟成了苦難的宗教；你犯罪得受罪，你不犯罪也得受罪；只要活著，你就沒辦法擺脫這一切，就得受罪……在這裡不一樣，平靜滲透到石頭裡……雕刻家違逆苦難的教條，讓擁有巨腳的大佛臉上少了苦難，增添了祥和、具有人性的笑容……祂們散發出的氣味聞起來不像死氣沉沉的房間，也不像聖器室或蜘蛛網，而是花木扶疏的原野所散發出的芳香，彷彿無限廣闊的森林裡突然颳起一陣陣狂風，挾帶羽毛、樹葉、花粉的氣味那般清新……

悲情人世間

我看了幾篇關於我詩歌作品的評論，內容提到遠東地區的生活在某種程度上影響了我的作品，尤其是《居住在土地上》。其實，我當時的創作都放進了《居住在土地上》這部詩集中，只不過我不敢那麼篤定。我想說的是，關於那樣直接影響的說法，在我看來似乎不太正確。

東方國家的哲學都很奧祕，然而一旦面臨現實生活，總會衍生出如西方般的焦慮、迷惘、精神官能症和機會主義等問題，也就是資本主義的基本概念：經濟危機。在那個年代，印度還沒有太多可以讓人看出眞正核心問題的地方。他們過度追求物質生活，殖民地建立在最卑劣的條件之上；每天都有成千上萬的人因霍亂、天花、發燒、飢餓等原因而死亡，人口過剩和工業化貧困導致封建制度脫序，這種種問題使得那裡的生活不再蒙著神祕面紗，而是被烙上野蠻的大印記。

靈修中心幾乎被西方來的投資客壟斷，其中不乏北美和南美人。當然有一些是虔誠信徒，不過這些冒險家慷慨投資，目的是爲了開發廉價市場，好大量批發以神祕色彩包裝的劣質護身符和偶像。那些人成天把法和瑜珈掛在嘴邊，對於充滿空無和唸唸有詞的宗教體操相當著迷。

因爲這樣，東方讓我留下一種「世間不幸的大家族」的印象。我無法認同他們的儀式，也沒辦法認同他們的神。不過，我認爲我當時的詩歌，不光光反映了一個移居到奇怪又野蠻國度的異鄉人內心感到的孤獨。

我記得有一位信仰神祕主義的遊客。他是個中年大學講師，吃素，頭頂禿得發亮，藍色眼珠晶瑩剔透，眼神犀利彷彿能望進你內心。他姓鮑厄斯（Powers），是來自美國加州的佛教徒。他講課最後總是像開處方箋一樣，用這樣一句話來做結尾：「根據洛克斐勒的說法，每天要吃一顆柳丁。」

鮑厄斯的個性活潑開朗，讓我覺得他很親切。他會說西班牙語。他講完課後，我們習慣一起去大吃烤羊肉配洋蔥。他是佛學家，其實我也不知道是眞是假，但可以確定的是，他驚人的食量比他講課的內容還要眞實。

他很快地戀愛了。首先他擄獲一位混血少女的芳心。她迷戀他的禮服，迷戀他傳授的理論。這位眼神憂傷、貧血的少女把他視爲神，認爲他是活菩薩。宗教往往就這樣誕生了。

他和那女孩戀愛了幾個月。某一天他來找我，要我見證他的另一段新婚姻。他騎著他當冰箱銷售員時的摩托車，載著我快速穿過樹林、修道院和稻田。最後，我們來到一個有中國式建築和住了中國人的小村莊。村民又放沖天炮又奏樂地歡迎他，而臉上塗著白色的妝、有如玩偶般的年輕新娘子則坐在最高的椅子上。伴隨著音樂旋律，我們喝著被調成各種顏色的檸檬水。鮑厄斯和他的新婚妻子從頭到尾都沒有交談。

我們回到市區。鮑厄斯向我解釋，那是新娘出嫁的儀式。他沒必要在場，典禮仍會繼續進行。之後他就會回去和新娘一起住。

「您知道您這樣是一夫多妻嗎？」我問他。

「我另一個太太知道，而且她應該很開心。」他回答。

這個肯定的回答，就和他每天吃柳丁的故事一樣眞實。某一天我跟鮑厄斯一起回他大老婆的家裡，我們看見那位眼神痛苦的混血女子有氣無力地倒在地上，床頭櫃上放著她裝毒藥的杯子和一封遺書。她的膚色發黑，全身赤裸，一動也不動地倒在蚊帳底下。幾個小時後她斷了氣。

雖然我已經對鮑厄斯的行爲有點反感，但當下他眞的很痛苦，所以我還是陪著他。他偏激的心已經崩解。我陪他參加喪禮。我們將那個廉價的棺木放在河邊的一堆柴火上。鮑厄斯用一根火柴點燃了柴薪，口中唸唸有詞，用梵語爲亡妻禱告。

幾個穿著橘色袍子的樂師唱著讚美詩，或吹奏著相當悲悽的音樂。柴火燒到一半熄滅了，必須用火柴重新點燃。河水冷淡地流逝。東方永恆的藍天目睹著這名可憐棄婦的孤獨與悲傷葬禮，一副完全無動於衷、事不關己的模樣。

每三個月都會有一艘加爾各答的商船，準備將堅硬的石蠟和一大箱一大箱茶葉運往智利，此時我才需要執行公務。我得瘋狂地在文件上蓋章、簽名。然後，我又會有三個月無所事事、成天像個僧侶般，逛逛市場，參觀廟寺。這是我詩歌創作最痛苦的時期。

我的宗教信仰在街上。緬甸街，還有野台戲、紙龍和絢麗燈籠的唐人街。印度人的街道最破舊，有作爲種姓交易場所的寺廟，也有在廟外泥地上跪拜的窮人。市場裡一絡絡檳榔葉堆得像綠色金字塔，有如一座座用孔雀石堆起的小山。鳥店裡販售野生動物與飛禽。婀娜多姿的緬甸女人嘴上叼著長長的菸，在彎彎曲曲的小巷裡穿行。那一切是如此地吸引我，讓我逐漸沉溺在現實生活的魅力當中。

種姓制度將印度人分成不同的等級，有如層層疊疊的階梯劇場，位居頂端的是神明。同樣地，英國人也保有自己的階級種姓制度，最底層的是店家的小僱員，再上一層是專業人士和讀書人，接著是從事進出口貿易的商人，最後舒服坐擁金字塔頂端的是行政機關的貴族和帝國的銀行家。

這兩個世界的人沒有交集。印度當地人不能進入英國人專屬的地方，居住在當地的英國人也不參與印度人的生活。這樣的情況帶給我許多困擾。我的英國朋友們見我搭乘一種叫作「招徠」（gharry）的小馬車，就提醒我說，像我這樣的領事，不管出於什麼理由，都不應該搭乘那種專供風流之人快速奔波、幽會用的交通工具。而且他們還威脅我，要我別坐在人聲鼎沸的波斯餐廳裡，用透明的小杯子喝全世界最頂級的茶。那幾次是他們對我發出的最後警告，之後他們就再也不跟我打招呼。

我對那樣的拒絕往來感到很開心。那些帶有偏見的歐洲人，不像我們說的那麼有趣。簡單地說，我當初來東方，不是爲了與那些有如過客般的殖民者過一樣的生活，而是爲了體驗東方世界的古老精神，與那世間不幸的大家族一起受苦。我是如此地深入印度人的靈魂與生活，以致於最後愛上一位當地人。她穿得像英國人，出門在外化名爲喬斯·布莉斯（Josie Bliss）。但是回到我們不久後同居、親密的家裡，她就會擺脫那身英式的外出服和化名，改穿令人眼花繚亂的紗籠，改用隱密的緬甸名字。

鰥夫的探戈

我的私人生活遇到了困難。甜美的喬斯·布莉斯在情感上愈來愈投入，愈來愈無法自拔，最後得了疑心病。要不是因爲那樣，我可能還會繼續跟她在一起，永無止盡地愛相隨。我在她赤裸的美足上，在她黑色秀髮上綻放的白花裡，感受到溫柔的情感。但是她古怪的脾氣讓她成了一頭發了狂的野獸。她懷疑、討厭任何一封從遠方寄來給我的信。她會把我沒拆封的電報全部藏起來。她會氣憤地盯著我，看著我呼出的氣息。

有時候，一道光把我喚醒。鬼影在蚊帳後面移動，那其實是她。她穿著一身白衣，揮舞著銳利的原住民長刀，在我床邊徘徊了整整幾個小時，考慮著要不要把我殺了。「你一死，我的恐懼就結束了。」她那樣對我說。到了隔天，她又會弄個神祕儀式，確保我永不變心。

她總有一天會殺了我。幸好，我接到將調任錫蘭的公文。我祕密地準備動身。某天，我和平常一樣出門，丟下衣服和書籍，登上那艘將我帶到遠方的船。

我拋下緬甸來的小野豹——喬斯．布莉斯，內心痛苦萬分。所以當船一航向孟加拉灣，在海上開始搖晃時，我就動筆寫下〈鰥夫的探戈〉。我把這首悲傷的詩歌獻給我失去同時也失去我的女人，因爲在她的血液裡彷彿存在著一座憤怒的活火山，不眠不休地劈啪作響。夜色是如此地廣闊！大地是如此地孤寂！

鴉片

……有好幾條街都在做鴉片交易……矮木板床上躺著抽鴉片的人們……那裡才是印度真正的信仰所在……鴉片房裡沒有任何華麗的飾品，沒有壁毯，也沒有綢緞做的靠枕……眼前看得到的只有沒有上漆的木板、竹製的煙槍、瓷製的枕頭……空氣裡飄浮著莊嚴、樸素、不存在於寺廟裡的煙……昏昏欲睡的人們一動也不動，完全不出聲……我拿起一管煙來抽……感覺沒什麼……就是溫溫的、朦朧的、有如牛奶一般的煙……我共抽了四管，接連病了五天，我的背脊發出一陣從腦門延伸下來的噁心感……我畏光，痛不欲生……那是鴉片的反撲……不過它的作用應該不只這樣……大家說了那麼多，寫了那麼多，而且到了海關時，人們在公事包和行李箱裡翻了又翻，企圖搜出這個神聖又著名的毒藥……我一定可以戰勝這股噁心的感覺……我應該認識鴉片，嚐嚐鴉片的味道，這樣我才能證實這一切……我抽了好幾管煙，最後我體認到……抽鴉片不會作夢，不會有幻影，不會突然發作……而是像輕柔的音符在空氣中永無止盡地蔓延開來，有節奏地讓身體變得虛弱……那是一種彌留般的狀態，一種在人體內的黑洞……任何手肘、後頸的移動，任何遠方的車聲、喇叭聲，或是街上的喧囂聲，漸漸成為這整體的一部分，成了令人放鬆的愉悅感……我終於了解為什麼農夫、臨時工、整天拉人力車的車伕會迫不及待地去待在那裡，昏昏欲睡，一動也不想動……鴉片不是追求異國情調者向我描述的那樣像天堂，而是被剝削者逃離現實的慰藉……鴉片房裡所有的人都是墮落的可憐蟲……那裡一顆繡花靠枕也找不到，一點富貴的痕跡也沒有……任何東西都黯淡無光，就連鴉片客半開半閉的眼裡也看不到絲毫光芒……他們在休息？在睡覺？……我永遠都無法知道……沒人說話……永遠不會有人說話……沒有家具，沒有地毯，什麼也沒有……因為多人觸摸而變得無比光滑的破舊床板上，看得到幾顆木頭做的小枕頭……除了寂靜以及特別濃烈、令人作噁的鴉片煙味外，再也沒有其他東西……在那裡，毫無疑問存在著一條通往毀滅的道路……權貴商人和統治者用鴉片瞄準被殖民者……在鴉片房門口有經過授權、帶有編號和許可證的零售商……房間裡瀰漫著一片昏暗的寧靜，以及一股減輕苦難、舒緩疲憊的無力感……那是一片霧茫茫的寧靜，是許多不完整的夢沉澱後，滯留的結果……那些眼睛半張半閉、昏昏欲睡的鴉片客，正潛入海底一小時、一整個夜晚躺在山丘上，享受著一種飄飄然、愜意的閒適生活。

從此，我再也沒去過鴉片房……我已經了解到……已經見識到……已經體會到深深躲藏在煙霧之後……那某種難以捉摸的神祕感受。

錫蘭

世界上最美麗的大島——錫蘭，大約在一九二九年就和緬甸、印度有相同的殖民結構。英國人築起高牆，把自己關在自己居住的區域和俱樂部裡，外面圍著一大群的樂師、陶工、編織工、種植園的奴隸、穿著黃袍的僧侶，以及刻在岩石山上的幾尊大佛。

在每晚穿著禮服的英國人和茫茫的印度人海中，除了孤獨，我別無選擇。那時可說是我人生中最孤獨的時期。不過如今回想起來，那也是我最光明的時期，彷彿一道特別耀眼的閃電停留在我的窗口，照亮我內在和外在的命運。

我前往威拉瓦特（Wellawatte）郊區，住在一棟剛蓋好、有迴廊、臨海的小平房裡。那一區人煙稀少，海浪拍打礁岩，在夜晚發出巨大悅耳的聲響。

白天，那片剛被洗滌過的自然美景向我襲來。一大早我就跟漁夫打交道。配有長長漂浮物的漁船如同海上的蜘蛛。漁夫拖起顏色強烈的漁獲。有些魚長得像永恆森林的珍禽；有些發出深藍色的燐光，活靈活現得有如緊實的天鵝絨；還有一些圓滾滾像長了刺的球，洩氣後竟變成扎了一堆針的破袋子。

我膽戰心驚地看著海中珍寶被屠殺的畫面。魚被切成一小塊一小塊，賣給貧窮的居民。屠夫的砍刀把大海裡撈上來的神聖物質剁切成塊，把牠們變成血淋淋的商品。

沿著岸邊走，我逐漸抵達大象的澡堂。在狗的陪伴下，我不會迷路。在平靜的水面上，浮現一朵靜止不動、灰色的蕈菇，接著它又成了一條蛇，然後是一顆巨大的頭，最後化爲一堆尖牙的小山。無論過去或現在，沒有一個國家擁有這麼多在路上工作的大象。當下看到牠們，我眞的感到很震驚。牠們不像馬戲團裡或關在動物園柵欄裡的大象，而是有如勤奮、巨大的臨時工，正搬運著木頭，從一端走到另一端。

唯一陪伴我的是我的狗和灰獴。這隻剛從森林裡逃跑的小動物，是在我身邊長大的。牠和我一起睡覺，一起吃飯。沒有人能夠想像我的灰獴有多溫柔。我的這隻小動物時時刻刻都與我同在。牠每天在我的稿紙上走來走去，在我身後跑來跑去。午休時牠會纏著我的肩和頭，帶著跟其他野生動物一樣的警覺，迅速地進入夢鄉。

我的灰獴已經被馴化，牠在我居住的郊區很有名。灰獴們每次都能勇猛地與可怕的毒蛇搏鬥，所以保有神話般的美名。看了那麼多次灰獴與毒蛇對決，我相信牠們是用敏捷的反應和身上那層胡椒鹽色系的粗毛皮將蛇騙得暈頭轉向。當地人相信，灰獴與毒蛇打鬥後，會自行尋找藥草解毒。

我那隻每天陪我到海灘散步的灰獴，確實很有魅力。某天下午，住家附近的孩子們全跑到我家來找牠。因爲街上出現了一條猛蛇，他們想出動我家那隻明星灰獴——基利亞（Kiria）去對付，而且還準備好慶祝牠必然的勝利。我手上抱著我家的灰獴，走在出征隊伍的最前面，後面跟著一大群我的崇拜者，他們全是泰米爾族和僧伽羅族的小孩，全身上下只裹著一條遮羞布。

那是一條斯里蘭卡竹葉青或鎖鏈蛇，外皮深黑，樣子嚇人，具有致命的劇毒。牠在草叢間的一條白色管子上做日光浴，顏色的對比讓牠有如雪地裡的一根鞭子那樣明顯。

我的跟隨群眾安靜地往後退。我往管子方向前進，在面對毒蛇兩公尺的地方，放下灰獴。基利亞察覺到危險氛圍，緩慢地接近毒蛇。我和那些一起來的小朋友們屏息以待。大戰即將開打。蛇將身子捲起，高高地抬起牠的頭，張開大嘴，用催眠的眼神盯著前方那隻小動物。灰獴繼續向前，但就在距離毒蛇短短幾公分處，牠察覺到情況不對勁，於是奮力地往後一跳，拔腿狂奔，將毒蛇和我們這些圍觀群眾遠遠地甩在後頭，毫不停歇地跑回我的臥房。

就這樣，早在三十多年前，我就失去在威拉瓦特郊區的聲望。

這幾天，我妹妹捎來一本筆記本給我，裡面有我最早期在一九一八年和一九一九年間創作的詩歌。我一邊笑，一邊看著我童年和少年的痛苦，看著我年輕時期創作中散發出的文學孤獨感。年輕作家沒有了孤獨感（即使是虛構的也好），就無法創作，就好像成熟的作家沒有與人交際和社會歷練，就寫不出東西一樣。

我在威拉瓦特才真正了解孤獨的感受。那段時間，我像軍人或冒險者一樣，睡在行軍床上。陪伴我的只有一張桌子、兩張椅子、工作、狗和灰獴，還有白天來幫傭、晚上回自己村子睡覺的小僮。這個男孩不算眞的陪伴我，因爲東方對僕人的要求是讓他比影子還要安靜。他叫布朗皮（Brampy）。不用我命令他，他就會把所有的事都做好：桌上放著備好的食物，剛燙好的衣服，威士忌酒瓶放迴廊。他似乎忘了要怎麼說話，只會像馬一樣露出大大的門牙微笑。

在這種情況下，孤獨不會變成任何文學題材，只會像監獄築起的堅硬高牆，讓你撞得頭破血流，而且儘管你再怎麼哭喊，都不會有人理你。

我明白，在藍天之下，在金黃的土地上，除了原始的叢林，除了毒蛇和大象之外，還有好幾百人，甚至成千上萬的人在水邊唱歌、工作、點火、做大水罐，另外也有熱情的女人在繁星照耀下，一絲不掛地躺在薄薄的草蓆上睡覺。但是我要怎麼做才能不被當作敵人，靠近那樣令人興奮的世界呢？

我漸漸地認識這座島。某天晚上，我爲了出席一場盛宴，穿越附近昏暗的郊區。一間黑漆漆的房子裡，傳來一個小男孩或女人唱歌的聲音。我要求人力車伕停車。在簡陋的門旁邊，一股錫蘭特有的氣息朝我撲來，那是一陣混合著茉莉花、汗水、椰子油、雞蛋花和木蘭花的香氣。黑黑暗暗的臉混合著夜色與香氣。他們邀我進門，我安靜地坐在草蓆上。此時，剛剛讓我停下腳步、不曉得是小男孩或女人的神祕歌聲繼續唱下去。歌聲在黑暗中顫抖、啜泣，往上飆到令人難以言喻的高音，然後瞬間停頓。音調接著下降，與黑影一樣變得黯淡無光，隨後化爲阿拉伯式圖紋般，與雞蛋花的香氣交纏。最後，晶瑩剔透的聲音像是噴射到最高處的泉水，在觸及天空後立刻下墜，瞬間落在茉莉花叢裡。

我在那裡持續待上了好一陣子，靜靜地被鼓聲和美妙的歌聲吸引。接著，我繼續出發，沉浸在說不上來的奇妙感受裡，陶醉在所有土地釋放出的神奇韻律當中。那是一塊被黑暗和香氣包覆、會歌唱的土地。

穿著黑色與白色正裝的英國人已經坐在位子上。

「抱歉，我剛才停在半路聽音樂。」我向他們解釋。

他們在錫蘭住了二十五年，但聽到我的話時，卻優雅地露出驚訝的表情。「音樂？當地人有音樂？」他們從來不知道。那是他們第一次聽說。

英國殖民者與廣大的亞洲世界不相往來。這種可怕的隔離永遠不會停止，而且一直以來都代表著一種反人性的孤立，一種對那些人的價值觀和生活的全然不了解。

我後來才發現，在殖民主義裡也有例外。某天，有個在福利俱樂部（Club Service）工作的英國人，不顧一切地愛上某個印度美女。他立刻被解僱，而且像得了痲瘋病一樣，被其他的英國人孤立。當時還發生另一件事：殖民者想趕走一名僧伽羅族的農夫並霸佔他的土地，下令放火燒他的茅舍。奉命燒燬他家的是個英國低階公務員，名叫倫納德．吳爾芙（Leonard Woolf）。他拒絕執行這項任務，因此被開除。回到英國後，他寫了一本史上關於東方的最佳創作《叢林裡的村落》（*The Village in the Jungle*）。這是一部反映眞實生活、眞正的文學佳作，只是他的光環被太太蓋過去了。他的太太不是別人，就是全球知名、頗具個性的女作家——維吉尼亞．吳爾芙（Virginia Woolf）。

那個難以突破的保護殼逐漸裂開，我和少數的幾個人成了好友。我同時觀察到，腦中充滿文化殖民主義的年輕人，談論的是英國最新出版的書。我也發現鋼琴家，同時也是攝影師、評論家和電影攝影指導的萊諾．溫特（Lionel Wendt），是當地藝文生活的中心。他們有人堅持和帝國一起苟延殘喘，有人則反思錫蘭的原始價值。

這個萊諾．溫特擁有一座大圖書館，收藏最新出版的英國書籍。他有個奇怪的善行，就是每週會裝滿一袋的書，派一個腳踏車伕將書送到我位於偏僻郊區的家裡。我在那段時間就這樣讀了排起來長達數公里的英國小說，其中還包括首度在佛羅倫斯獨立發行的《查泰萊夫人的情人》（*Lady Chatterley's Lover*）。D．H．勞倫斯的作品讀起來有詩意，而且反映某種隱藏在人與人之間的生命魅力，令我印象深刻。但我很快就察覺到，他雖然有才華，但和其他許多英國大文豪一樣，因爲過度熱中於說教而不是那麼成功。他曾經提出一個性教育課程，卻和我們在生活和愛情上自發學習來的知識沒有一點關係。我雖然很欣賞他，認同他說的愈得不到的愛愈痛苦的這種神祕主義、受折磨的慾望追求，但最後我還是認爲他的理論確實很無聊。

在所有關於錫蘭的事物中，我還記得大規模的獵象行動。某個地區的大象過度繁殖，入侵人類的家園，損害農作物。那裡的農民花了超過一個月的時間，帶著火和鑼，沿著一條大河燃燒火堆以聚集野生象群，將牠們趕進森林的某個角落。火堆和噪音不分晝夜地騷擾大象，迫使牠們有如緩慢流動的河川，往錫蘭島的東北方遷徙。

那天，人們把柵欄架好，堵住一部分的森林。我看見第一頭大象進了狹窄的通道。牠發現自己被困住了，但是爲時已晚。另外上百頭大象也進了那個沒有出口的窄道。近五百頭象群進退兩難。強壯的公象帶頭往前衝，企圖撞破柵欄，但柵欄後方插出無數根長矛，阻止牠們輕舉妄動。於是牠們撤退，回到圍場中央保護母象和小象。牠們的防衛和組織令人感動。牠們發出類似馬嘶或刺耳號角聲的痛苦哀號，絕望中連根拔起了最不起眼的小樹。

突然，兩名馴獸師各自騎著一頭已馴服的大象進來。這兩頭壯碩的大象有如地方警察，站在被囚禁的野生大象旁，用象鼻抽打牠們，逐漸削弱牠們的體力，讓牠們累到動彈不得。此時，獵人用粗繩將牠們的後腳拴在一棵粗壯的大樹下。野生大象就這樣一頭一頭地被制服了。

被囚禁的大象持續好幾天拒絕進食。不過獵人熟悉牠們的弱點，會先讓牠們餓上一段時間，再帶著牠們最喜歡的幼苗和嫩葉誘惑牠們。即使牠們自由自在地在外面生活，也得千辛萬苦穿過大片叢林，才找得到那些美味的植物。於是牠們決定妥協，就這樣被馴服，開始學習做粗重的活。

在可倫坡的生活

在可倫坡，表面上看不出任何革命徵兆。這裡的政治氛圍與印度不同，呈現出壓抑的平靜。這個國家提供世界最頂級的茶給英國人享用。

這整個國家分成幾個階層或部分。佔據金字塔頂端的英國人，住在有花園的大宅邸，緊接在後的是類似南美洲國家的中產階級。他們是以前「波爾人」[1]的後裔，也就是上個世紀在殖民戰爭中，被流放到錫蘭的南非荷蘭移民，他們在過去和現在都被稱爲「伯格人」[2]。

下一個階層是信奉佛教和伊斯蘭教的僧伽羅族，他們人數高達幾百萬。再接下來是廉價的勞工，他們也多達百萬人，全是來自印度南部、說泰米爾語、信奉印度教的外來移民。

在可倫坡的頂級俱樂部中，有個裝腔作勢、炫耀服裝和珠寶的交際圈，裡面有兩位自命不凡的名人在爭奪主導權。一位是假法國貴族，名字叫莫尼（Mauny）伯爵，擁有一票自己的追隨者。另一位是我的波蘭朋友溫澤（Winzer），他舉止高雅、不拘小節，喜歡在可倫坡僅有的幾間時尚沙龍裡高談闊論。這個人聰明絕頂，時常不遵守道德常規，但通曉宇宙萬物。他的職業相當有趣，是負責保管文化寶

---

1 波爾人（Boers），指十八和十九世紀居住在南非境內，由荷蘭、法國與德國後裔所形成的混血民族。在荷蘭語中，波爾為農夫之意。

2 伯格人（Burghers），指住在錫蘭（今斯里蘭卡）的歐洲人後裔。

藏和考古出土的文物。某次，我跟著他巡視了一輪，令我大開眼界。

阿努拉德普勒（Anuradapura）和波隆納魯瓦（Polonnaruwa），這兩座曾經被叢林吞噬的宏偉古城，都因爲考古挖掘而重見天日。柱子和迴廊在錫蘭的陽光下再度閃耀。當然，那些所有能搬動的文物都被打包好，運往倫敦的大英博物館。

我的朋友溫澤做事確實很有一套。他來到偏遠的修道院，讓佛教僧侶臉上露出無比滿意的表情，將千年歷史、非凡的石雕搬上公務用小貨車，它們最終將落腳於英國各大博物館。大家一定要看看，當溫澤拿走他們的古物，換上用日本合成樹脂做成、亂塗亂畫的佛像時，那些穿著藏紅色袍子的僧侶們滿意的樣子。他們畢恭畢敬地望著那些廉價雕像，將它們放在原本有碧玉和花崗岩佛像笑了幾百年的神龕上。

我的朋友溫澤是大英帝國傑出的產物，換句話說，他是個舉止高雅卻無恥的傢伙。

突然發生了一件事，打亂了那幾天原本被太陽烤焦的日子。我的緬甸情人，也就是火爆的喬斯·布莉斯，無預警地搬到我家對面。她從遙遠的故鄉來到這裡。她以爲只有仰光才有米，所以扛了一袋米來，還把我們最喜歡的保羅·羅伯遜[1]唱片和一張捲起來的大地毯一起帶來。被疑心病纏身的喬斯·布莉斯，一開始在我家對門偷偷觀察我所有的訪客，後來辱罵他們，攻擊他們，同時還威脅要放火燒了我家。我到現在都還記得，她用長刀攻擊一位來拜訪我的歐亞混血女孩。

殖民地警察認定，她的失控是擾亂街頭寧靜的主因，所以跟我說，如果我不帶走她，那他們就要驅逐她出境。我痛苦了好幾天，她在情感上的不幸讓我很不捨，但她又造成我的恐懼。我不能讓她踏進我家門一步，她是愛情的恐怖份子，什麼事都幹得出來。

有一天，她終於決定離開。她求我陪她去搭船。正當船準備出航而且我也必須與她分開時，她突然發狂，丟下同行的人，一時間內心湧現愛與痛苦，開始親吻我，讓我熱淚盈眶。她彷彿在進行一場宗教儀式，親吻了我的雙臂，我的衣裳，在我還來不及反應時，突然往下一直親到我的鞋子。她再度起身後，臉上沾了我白色鞋子上的石灰粉。我未曾要她放棄那趟旅程，未曾勸她與我一起留下，別搭上那艘永遠將她載走的船。理智阻止了我，但我的內心留下了無法抹去的傷痕。那劇痛，那些在她沾滿石灰粉的臉上縱橫交錯的眼淚，至今仍在我的記憶裡徘徊不去。

我幾乎完成《居住在土地上》第一冊的撰寫。不過我的寫作速度緩慢。距離與沉寂將我和我的世界隔離，而我也無法眞正進入周遭的奇怪世界裡。

我的生活懸浮在空無中，生活上的感受有如再自然不過的事，那些全被我收錄到我的書裡，「與其說那是筆墨之作，不如說是血肉的眞實感受」。我雖然企圖精煉我的寫作風格，但反而愈來愈依賴反覆作用的狂亂憂傷。我講究眞實感受，講究修辭，因爲它們是詩歌創作的精髓，所以我堅持採用悲苦風

1 保羅．羅伯遜（Paul Robeson，一八九八年—一九七六年），美國黑人歌手、演員、運動員、政治人物，曾積極參與美國的民權運動、反帝國主義，也在西班牙內戰爆發時以行動支持西班牙共和軍，並且在他的許多歌曲中控訴社會不公、對法西斯主義的不滿。聶魯達對羅伯遜的讚賞表現在《漫歌》裡一首名為「林肯之風」（El viento sobre Lincoln）的詩當中。

格，將創作導向自毀。風格不只代表個人，還代表他周圍所有事物。如果他的氣無法進入他的詩裡，那麼他的詩就死了。因為詩歌無法呼吸，就無法再繼續活下去。

我長時間獨居在可倫坡郊區，生平不曾像當時一樣自在地閱讀那麼多書。我偶爾重讀韓波、克維多[1]或普魯斯特的作品。《在斯萬家那邊》[2]讓我重新回味了年輕時期苦悶、戀愛和妒忌的感受。同時，我也在那被普魯斯特稱為「有氣息的、有味道的」凡特耶奏鳴曲[3]的詩句裡，欣賞到他如何細膩描繪那令人激動的聲音，也感受到熱戀所帶來的絕望之情。

在那時期的孤寂中，我的問題就是找出那樣的音樂，聽到那樣的聲音。在一個樂師暨音樂學家朋友的幫助下，我們探究了普魯斯特筆下的凡特耶奏鳴曲，最後發現它應該是融合了舒伯特、華格納、聖桑、弗雷、丹第和塞薩爾．法朗克[4]的創作而成。我貧瘠的音樂素養，讓我對這幾位音樂家幾乎一無所知。他們的作品對我來說，就像一個個消失的或緊閉的音樂盒。我的耳朵完全分辨不出它們有什麼不同，只能勉強聽出比較明顯的旋律。

我的文學分析多過於音樂分析。經過進一步的研究，我終於找到塞薩爾．法朗克的某個音樂專輯裡，有三張鋼琴奏鳴曲和小提琴奏鳴曲的唱片。毫無疑問，凡特耶的詩句就出自那裡，應該錯不了。

唯一吸引我的地方是它的文學性。普魯斯特是最偉大的、最有詩意的現實主義作家，他在故事中批評一個他又愛又恨、搖搖欲墜的社會，同時又興致勃勃、熱情地提及許多藝術作品、繪畫、教堂、書和女明星。他的洞察力讓所有被提到的事物都發光，不過他或許用了比其他篇章都還要強烈的描述手法，提升了這首奏鳴曲的魅力，讓它的詩句重獲新生。普魯斯特的文字引領我再度過好自己的生活，讓我重新發現心中那些被遺棄的久遠的情感。我想在那奏鳴曲的詩句中，感受普魯斯特文學敘事的魔力，而且帶著音樂的翅膀或跟著它被帶向遠方。

音樂的詩句被籠罩上沉重的陰影，它嘶吼吶喊著，讓垂死的音樂變得更加消沉，且蔓延開來。它讓憂傷的情緒堆砌得有如一座哥德式建築，音樂的節奏帶著反覆出現的螺旋式裝飾，隨著細細的尖塔不停地向上攀升。

在痛苦中誕生的音樂尋找著勝利的出口，但當它到達頂端時，也不會否認自己悲傷、混亂的起源。它似乎在令人動容的旋律中盤旋、嘶吼，同時一架伴奏的深色鋼琴一次又一次地彈奏出死亡與重生的音符。鋼琴陰暗的內在不斷創造出曲折乖舛的生命，直到愛與痛苦交織，最後成了垂死的勝利。

這就是凡特耶奏鳴曲和它的詩句給我的感覺。

突如其來的黑影有如一顆拳頭，沉重地落到我迷失於威拉瓦特椰林裡的房子上。奏鳴曲每天晚上

---

1 克維多（Francisco de Quevedo，一五八〇年—一六四五年），西班牙黃金時期的作家，以諷刺性作品著稱。其創作文類多元，有詩歌、散文、戲劇；其創作題材廣泛，包含哲學、政治、道德、宗教、歷史等。代表作品為流浪漢小說《騙子外傳》（*El buscón*）。

2 《在斯萬家那邊》（*Du côté de chez Swann*），為普魯斯特經典作品《追憶似水年華》（*À la recherche du temps perdu*）七卷中的第一卷。

3 凡特耶奏鳴曲（*Sonate de Venteuil*），為普魯斯特在《在斯萬家那邊》中杜撰的音樂作品。小說裡的主人翁斯萬先生引用奏鳴曲中的一句詩，來影射他對心儀女子的愛。

4 塞薩爾．法朗克（César Franck，一八二二年—一八九〇年），比利時裔法國作曲家、管風琴演奏家暨音樂教師。

陪伴我、指引我、包圍我，對我演奏出它永恆的哀傷、勝利的惆悵。

到目前爲止，仔細研究過我作品的評論家們，從沒見到我在此坦承的這層隱藏的影響力，原因在於我在威拉瓦特時，創作的大部分作品都收錄在《居住在土地上》。雖然我的詩不是「有氣息的、有味道的」，而是悲慘的人間題材，但我認爲那些不斷重複的憂傷，與當時陪伴我的那首富有詩意的音樂有關。

幾年後，當我回到智利時，在一場文藝聚會中遇到三位智利音樂界的重要人物。我想當時應該是一九三二年，在瑪爾妲．布魯內特[1]家裡。

克勞迪歐．阿勞（Claudio Arrau）與多明哥．聖塔．庫魯斯（Domingo Santa Cruz）和阿曼多．卡巴哈爾（Aramando Carvajal）在某個角落聊天。我朝他們走了過去，但他們幾乎沒正眼瞧我，繼續聊著音樂和音樂家。我打算炫耀一下，於是跟他們說起那首我唯一知道的奏鳴曲。

他們轉頭看我，不屑地跟我說：

「塞薩爾．法朗克？怎麼會是塞薩爾．法朗克？威爾第才是你應該認識的人。」

接著，他們丟下我繼續聊天，讓我陷入至今仍沒辦法擺脫的無知深淵裡。

新加坡

事實上，可倫坡的孤獨不僅沉重，還令人麻木。我在居住的那條巷子裡幾乎沒什麼朋友。不同膚色的女性朋友輪番到我床上，除了擦出肉體的火花之外，沒留下任何回憶。我的身體有如孤獨的篝火，在熱帶的海岸邊日日夜夜燃燒著。我的戀人帕姬（Patsy），經常帶著膚色深淺不一的女伴們來我家作客，有波爾人、英國人和達羅毗茶人[2]，她們不求回報，只與我在床上纏綿。

其中一個女孩鉅細靡遺地向我描述了她去「倉梅里」[3]的經驗。當地人這樣稱呼一群在商家或企業上班的英國年輕小職員，爲了節省房租和伙食開銷而共同分租的平房。那女孩完全不會感到害臊，稀鬆平常地告訴我她同時和十四個人發生性關係的某次經驗。

「妳怎麼辦到的？」我問。

「某天晚上我獨自一人和他們一起舉辦派對。他們開留聲機放音樂，我和每個人扭腰擺臀，跳著跳著，我們就迷失在其中一個房間裡了。最後他們每個人都很開心。」

她不是妓女，反而比較像殖民制度下的產物。她很天眞、大方，她的故事讓我震驚，讓我對她只有感到同情。

我孤獨、與世隔絕的平房，離任何現代化設備都有好長一段距離。要租下它時，我還試著搞清楚

1 瑪爾妲．布魯內特（Marta Brunet，一八九七年—一九六七年），智利女作家，一九三三年曾獲得智利作家協會（SECH）小說獎殊榮，並在一九六一年獲頒智利全國文學獎，當時被認為是繼一九四五年諾貝爾文學獎得主加芙列拉．米斯特拉爾之後最重要的智利女作家。

2 達羅毗茶人（Dravidian Peoples，也譯作德拉維達人），統稱所有使用達羅毗茶語系的民族，主要分布在印度半島中南部及斯里蘭卡東北部。分布在斯里蘭卡島上的是泰米爾人，為南達羅毗茶分支。

3 倉梅里（音譯自 chummery），在南亞指的是單身者或離家工作者共同分租的房子。

廁所在哪裡，因爲我找了半天都不見它的蹤影。其實它離浴室很遠，在房子的最裡面。

我好奇地看了看，發現我的廁所就是中間開了一個洞的木盒。那和我小時候在智利鄉下看過的茅坑很像，只是我們的廁所下面有很深的坑，或是有流動的水。但是這間平房的廁所裡，圓圓的洞下面只有一個簡單的鐵桶。

每天早上天亮時，我都在完全不知道桶子裡的東西是怎麼消失的情況下，發現它變乾淨了。某天早上我比平常還要早起，驚訝地看著眼前發生的一切。

從房子後門進來了一位我不曾見過的大美女。她是泰米爾人，屬於種姓制度中的賤民；但她走路的樣子有如一尊會移動的深色雕像。她身穿紅色與金色交錯的紗麗，只是布料粗了些。雙腳上沒穿鞋，戴著沉重的鐲子。她的鼻子兩側分別有兩顆閃耀的小紅點，那應該是普通玻璃做的裝飾品，只是在她臉上看起來有如高貴的紅寶石。

她完全不看我，也沒顯露出她是否察覺到我的存在，只是嚴肅地朝廁所的方向前進，接著將污穢的便桶頂在頭上，帶著女神般的腳步離開，消失在我眼前。

她美到令我不安，雖然她做的是卑微的工作，但她就像一隻來自叢林、離群索居的美獸，是屬於另一個世界的生物。我叫她，她不回應。之後，我有次在她路過的途中放了大概是絲綢或水果的禮物。她充耳不聞、視而不見，就那樣默默地走掉。她烏黑又矜持的美，使得那段原本可悲的路程，成了有如冷漠女王必定會有的出巡儀式。

某天早上，我不顧一切，用力抓起她的手腕，然後正眼看著她。我們之間沒有可溝通的語言。她被我牽著走，臉上沒有展露一絲絲笑容，緊接著她就光溜溜地躺在我的床上。她無比纖細的腰、豐腴的臀、堅挺飽滿的胸，讓她與印度南部的千年佛像沒什麼兩樣。那次的交合有如人與雕像在做愛。她全程雙眼睜得大大的，完全沒反應。很明顯，她對我的行爲表示不齒。那樣的經驗只發生過一次。

我好不容易讀完了電報。智利外交部通知我一道新的人事命令。我可以不用再當可倫坡的領事，但必須前往新加坡和巴達維亞[1]擔任相同的職務。因爲這樣的人事異動，我從赤貧階級晉升爲普通等級的窮人。在可倫坡，（如果錢有匯進來）我可以收到一百六十六塊又六十六分的收入。如今，同時在兩個殖民地擔任領事，（如果錢有匯進來）我可以收到兩份一百六十六塊又六十六分的收入，也就是說，（如果錢有匯進來）總共會有三百三十三塊又三十二分。這也意味著，我很快就可以不必睡在行軍床上。我的物質慾望其實不大。

但我的灰獴基利亞怎麼辦？我該把牠送給那區沒禮貌又不再相信牠有能力與蛇搏鬥的孩子們嗎？辦不到。他們不會善待牠，不會像我一樣讓牠到餐桌上吃飯。我該放生牠，讓牠回到森林過原始生活嗎？絕不。毫無疑問，牠已經喪失防禦本能，猛禽會毫無預警地吃掉牠。話說回來，我該如何帶走牠？他們不會讓那麼特殊的乘客上船。

於是，我決定讓我的僧伽羅小僮布朗皮陪我一起旅行。那樣的決定很瘋狂，而且也很花錢，因爲我們接下來要往馬來西亞和印尼前進，但是當地的語言布朗皮一竅不通。只是灰獴可以藉此躲進甲板上

---

1 巴達維亞（Batavia），荷屬東印度（一八〇〇年—一九四九年荷蘭人統治下的印尼）的首都，即今日的雅加達。

的籃子裡，偷偷跟著我們旅行。布朗皮和我一樣了解灰獴。海關是關鍵所在，不過機伶的布朗皮知道該如何矇混過去。

我們就那樣，帶著感傷和愉悅的心情，帶著灰獴離開錫蘭小島，往另一個陌生的世界前進。

眞的很難理解爲什麼智利在各個地方都設立領事館。一個位在南極附近、不起眼的共和國，竟然在世界各地的島上、岸邊和礁岩上都有派駐的官方代表，實在令人難以理解。

我認爲，這些領事館畢竟是我們習慣幻想和習慣自以爲是的南美人製造出來的產物。除此之外，如同我之前提到的，我們會將黃麻、製造蠟燭用的石蠟塊，還有茶，特別是茶，非常多的茶，從那些地方運回智利。智利人每天要喝四次茶，但我們種不出茶葉。有時硝石工人舉行大罷工，只是因爲缺少這種從國外進口的東西。我到現在都還記得，某次在喝了幾杯威士忌後，一些英國出口商問我，我們智利人要這麼多茶葉做什麼？

「喝啊！」我回答。

（如果他們以爲可以從我這裡得到一些有用的商業機密，那眞是抱歉，我讓他們失望了。）

駐新加坡的領事館已經存在十年，因此我帶著二十三歲年輕人該有的自信，還有總是伴在身邊的布朗皮和灰獴下了船，直接往瑞福斯飯店（Raffles Hotel）前進。抵達那裡之後，我送洗了不少的髒衣服，接著走到迴廊，慵懶地癱坐在躺椅上，並且點了一、兩杯，甚至三杯的苦琴酒來享用。

整個場景都很毛姆[1]，直到我突然想到要去翻電話簿，尋找領事館的地址。見鬼了，上面竟然沒有！我立刻撥了一通緊急電話給英國政府單位。詢問後，他們回答我，那裡沒有智利的領事館。於是我又問有沒有曼西亞先生的聯絡方式，他們說沒有這個人。

我心情沉重。我幾乎沒有錢付當晚的住宿費和洗衣費。我想如謎一般的領事館應該在巴達維亞，所以決定搭同一班船繼續旅行。剛好那一班船最後的目的地就是巴達維亞，而且還停在港口。我請人去取出泡在水缸裡的衣服，布朗皮將濕答答的衣服打成一大包之後，我們奔向碼頭。

登船梯緩緩升起，我氣喘吁吁地爬了上去。我先前的旅伴和船上的工作人員驚訝地看著我。我進入和早上離開時一樣的船艙，在小床上躺平，閉上雙眼。此時，船逐漸遠離那個讓我倒楣的港口。

我在船上認識了一位猶太少女，名字叫庫姬（Kruzi）。她是個有著琥珀色眼睛的金髮小胖妞，性格開朗活潑。她跟我說，她在巴達維亞有很好的工作。我在船上舉行的最後一場派對上找她聊天。在酒酣耳熱之際，她拉我去跳舞。我肢體僵硬，笨拙地跟著她跳著當時流行的緩慢舞步。在船上的最後一晚，我們到我的船艙裡做愛。我們一拍即合，彼此都感覺到兩人的命運就在那麼一次機會裡偶然地結合。我向她描述我的不幸。她溫柔地安慰我，短暫的甜蜜直達我的心坎裡。

另一方面，庫姬也坦誠地告訴我，眞正在巴達維亞等待她的是一個什麼樣的工作。一個類似跨國企業的組織，將歐洲女孩送到有頭有臉的亞洲男子床上。他們有三個選項讓她挑：一位印度王公，另一位是暹羅王，還有一位是華裔富商。她選了最後一個，因爲他又年輕又溫柔。

---

1 毛姆（William Somerset Maugham，一八七四年—一九六五年），英國當代作家，最著名的作品為《人性枷鎖》（*Of Human Bondage*）。

隔天下船時，我大老遠就看到富豪的勞斯萊斯汽車，透過花花綠綠的汽車窗簾，還隱約看得到車主身影。庫姬在人群和旅客的行李間失去蹤影。

我入住尼德蘭（Der Nederlanden）飯店。當我準備吃午餐時，看見庫姬進門。她撲向我的懷抱，泣不成聲。

「他們趕我離開這裡。我明天就要走了。」

「但是誰要趕妳走？為什麼要趕妳走？」

她斷斷續續向我敘述她的遭遇。就在她坐上那輛勞斯萊斯時，移民局警察逮捕了她，將她送進恐怖的小房間裡審問，讓她不得不說出所有實情。荷蘭當局認為她可能與華人姘居，所以判定她犯了嚴重的大罪。他們要她答應不准與情人見面，而且隔天就得搭同一班船回去，這樣才放她離開。

令她傷心的是她讓情人等待的希望落空了。而在她悲傷的情緒中，還包括再也得不到那輛氣派的勞斯萊斯。不過，庫姬畢竟是個性情中人，她會流淚不光只是眼前的利益化為泡影，還因為她感覺受委屈、被羞辱了。

「妳知道他的地址嗎？妳有他的電話嗎？」我問。

「有。」她回答我。「不過我擔心被捕。他們威脅我要把我關進牢裡。」

「妳不會有任何損失。去看那個一直想妳卻見不到妳的男人吧！至少要跟他說幾句話。荷蘭警察能拿妳怎麼樣？妳就讓他們好看啊！去見妳的中國情人吧！妳自己小心點，躲過那些羞辱妳的人。妳會覺舒服一點。我認為這樣妳離開這個國家才比較沒有遺憾。」

那天半夜，我的朋友回來了。她去看了那位與她通過信的愛慕者。她向我描述兩人見面的過程。

他是一個接受法國教育的東方人，法語表達自然流利。他按照華人體面的婚禮習俗結婚了，過著無聊透頂的生活。

在白皮膚的女友遠從西方過來之前，那位黃皮膚的情郎早已爲她準備好一棟有庭院、有裝紗網、有迴廊的平房，裡面附有路易十四風格的家具和一張大床。當晚他們就試用了那張大床。房子的主人面帶愁容，一一介紹爲她精心準備的小東西，有銀製的刀叉（雖然他用筷子吃飯），還有備好歐洲飲料的吧台，以及裝滿水果的冰箱。

他在一個緊閉的大箱子前停下腳步，接著從褲子口袋裡掏出一支小鑰匙，將箱子打開。呈現在庫姬眼前的是情人最詭異的收藏：上百條女性底褲、精緻襯褲和極小的內褲。在濃郁的檀木催化下變得神聖的大箱子裡，塞滿了上百條或上千條的女性私密衣物，全都是絲綢做的，而且從紫色到黃色，從深淺不一的粉紅色到神祕的綠色，從狂野的紅色到發亮的黑色，從令人興奮的天空藍到婚禮常見的白色，各種顏色都有。彩虹般的五顏六色代表了一位戀物癖男子的淫慾，他收藏女性的私密衣物，無疑是爲了滿足個人感官的快感。

「我看傻了。」庫姬再度哽咽地說。「我隨意抓了一把內褲，就是這些。」

謎一般的人性同樣震撼到我。我們的華裔情人是個正經八百的進出口商人，竟然會像個捕捉蝴蝶的人一樣，四處收集內褲。有誰想得到？

「給我一條。」我向她開口。

她拿出一條白色、綠色相間的內褲，在交給我之前，輕輕地撫摸它。

「庫姬，寫句話送我吧，拜託。」

於是，她仔細把內褲攤平，在絲綢的布面上寫上我和她的名字，並灑上幾滴眼淚。

隔天，她趁我不注意時離開了，而且我再也沒見過她。那條有她簽字並灑上眼淚的輕薄內褲，被我放進行李箱裡，跟著我的衣服和書一起陪我旅行了好多年。不知道什麼時候，也不清楚發生了什麼事，後來有一位無禮的女訪客從我家穿走了那條內褲。

巴達維亞

在當時那個還沒發明「汽車旅館」的年代，那間尼德蘭飯店是很獨特的。它有一個專門供餐和辦公用的主體建築，然後每個旅客住在各自獨立的平房裡，彼此之間以小庭院和茂密的樹叢隔開。樹上住了無數的鳥禽、穿梭在樹之間的飛鼠，還有吱吱叫的昆蟲。我的灰獴在新處所感到愈來愈不安，幸好有布朗皮專心照顧牠。

這裡確實存在著智利領事館，至少它出現在電話簿裡。隔天，休息夠了也打扮得宜之後，我朝辦公室的方向走去。智利的領事徽章掛在一棟大建築的正面。那是一間航運公司。某位職員將我帶到經理辦公室。那位經理的臉紅紅的，個頭很大，看起來不像航運公司的主管，反倒像碼頭捆工。

「我是新來的智利領事。」我自我介紹。「首先感謝您的幫忙，麻煩您告訴我這裡的領事主要負責什麼業務，我想立刻開始工作。」

「我是這裡唯一的領事。」他暴怒地回答我。

「怎麼會？」

「你們要把欠我的都還來。」他咆哮。

那男人或許懂一點航運，但是對他來說，他的字典裡根本不存在「禮貌」這個詞。他大口大口抽著危害空氣清新的劣質雪茄，同時又毛毛躁躁地說個不停。

他忿忿不平，讓我很難找到機會打斷他。他的憤怒和那個劣質的雪茄害得他拚命咳嗽，但此時又沒辦法漱口，讓他把痰吐出來。我終於可以插上話替自己辯解：

「先生，我不欠您，我也沒錢付給您。我懂您是榮譽領事，如果您對這樣的安排不滿，我不認為您這樣大吼大叫有辦法解決問題，況且我也不想聽。」

之後，我證實那個荷蘭大老粗說得沒錯。他真的被騙了，但是錯的人不是我，也不是智利政府。他之所以會怒氣沖沖，完全是曼西亞那個不誠實的傢伙造成的。經過調查，我發現那個叫曼西亞的人，根本沒在巴達維亞處理領事工作，而是長年待在巴黎。他和那個荷蘭人簽了協議，讓那荷蘭人幫他做領事工作，每個月將有關稅收的文件和錢寄到巴黎給他。同時他承諾每個月付一筆錢給那荷蘭人當薪水，但是一直都沒給。為此，天真的荷蘭人才爆炸般將怒氣全出在我頭上。

隔天，我覺得我病到奄奄一息。嚴重的高燒、感冒、鬱悶、出血。天氣酷熱，令人揮汗如雨，而我卻像童年住在寒冷的蝶夢谷時一樣，開始流鼻血。

為了能在此倖存，我費勁地移動到位於波登佐格[1]、被茂密和美麗植物園包圍的總督府。官僚的辦事員很難得地抬起頭來，一雙藍色眼睛只盯著白紙，手上拿起同樣在散熱的鉛筆，滴下了幾滴汗，寫上我的名字。

出來後，我感覺比進去之前還要不舒服。我沿著街道走，最後在一棵大樹下坐下來。這裡的一切都清新、健康。強韌的生命力平靜地在呼吸。聳立在我眼前的是挺拔、平整的參天大樹，它們像白銀般發亮，最多可達一百公尺高。我讀了點綴它們的分類名牌，知道它們是各式各樣我不熟悉的尤加利樹植物。一陣清涼的香氣從天而降，一直進到我的鼻子裡。大樹的統治者可憐我，送來了那陣芬芳，讓我恢復了元氣。

幽靜的綠色植物園、各式各樣數不清的葉子、橫貫交錯的藤蔓植物、躲藏在樹葉間閃爍如海上繁星的蘭花、寧靜如深海的廣闊林地、金剛鸚鵡的叫聲、猴子的吱吱喳喳，或許是因爲這一切，我逐漸燃燒殆盡的生命恢復了對自己未來的信心，也恢復了生活的愉悅感。

我再度充滿活力。回到飯店後，我坐在平房的迴廊上，桌上有草稿紙還有我的灰獴陪伴，此時我決定傳一封電報給智利政府。我沒有墨水，所以叫飯店服務生過來，用英語對他說 ink，希望他可以拿一瓶墨水給我。他一臉茫然，只能去叫另一位和他一樣穿著白衣、打著赤腳的服務生，讓他來幫忙翻譯我要的神祕之物。他什麼忙也沒幫上。我又說了一次 ink，並拿起鉛筆將它插進想像的墨水瓶裡，此時湊過來幫忙第一位服務生的七、八個男孩，也隨我做了同樣的動作。他們各自從褲袋間抽出一枝鉛筆，幹勁十足地大喊「ink！ink！」，笑得東倒西歪。他們以爲是在學習一種新的儀式。我灰心地起身，走到對面的平房，後面跟著一整排穿著白衣的服務生。在一張孤伶伶的桌子上，我拿起一瓶神奇出現在那裡的墨水，在那些眼神驚訝的男孩面前搖晃了一下，然後大聲用英語對他們說：

「這個！這個！」

於是，他們露出了微笑，異口同聲地說：

「Tinta！Tinta！」

我當下才明白，原來馬來語的墨水也和西班牙語一樣叫作 tinta。

到了交接、恢復我領事職權的時候了。我爭取來的財產包括：一顆破爛的橡皮圖章、一個用來蓋印的印台，還有幾個附有收支表的檔案夾。在巴黎那個混帳領事的操盤下，支出的錢早已進了他的口袋。被騙的荷蘭人露出那種大老粗受挫的表情，嘴邊始終叼著那根劣質雪茄，冷冷地笑了笑，將那整捆沒用的紙交給我。

我偶爾開立領事發票，並在文件上蓋上破舊的關防。我的收入就這樣從美金轉成荷蘭盾到了我的手裡，勉強打平我的住宿和伙食費、布朗皮的薪水，以及照顧灰獴基利亞等的生活開銷。基利亞已經長得好大，每天需要吃三到四顆蛋。而且我還得花幾個月的薪水買一套白色禮服和一套燕尾服。有時坐在擠滿人的咖啡廳裡，緊鄰著廣闊的運河，往往是自己一個人，喝著啤酒或苦琴酒。也就是說，我又回到失落、平淡的生活。

飯店餐廳提供的菜飯拼盤[2]相當豐盛。進到餐廳時，通常會有十到十五名的服務生列隊出場，他

1 波登佐格（Boitenzorg，荷蘭語中為「無憂」之意），荷蘭殖民時期茂物（Bogor）的古名，距離首都雅加達約七十公里，當地有著名的宮殿和植物園。一八七〇年至一九四二年間，該宮殿為總督府，四周圍繞著佔地廣大的植物園。

們手上高高端著一個大盤子，歡迎每位賓客到來。每個大盤子裡都分成好幾個小格子，每一個小格子都裝著閃耀、神祕的佳餚。數不清的佳餚底下襯著白米飯，將菜餚墊得高高的。我因爲貪吃又長期吃太少，所以從那十五或十八位服務生的大盤子裡各挑了一些東西，直到我手上的小盤變成了一座小山。異國風味的魚、無法辨識的蛋、出乎意料的蔬菜、無法解釋的雞肉和罕見的肉類料理，它們就像一面彩旗，全蓋在我的午餐上。中國人說食物講究色、香、味，飯店提供的菜飯拼盤不只融合了這三個精髓，還有一個優點，就是量很多。

那幾天，我的灰獴基利亞不見了。牠有個不好的習慣，喜歡偷偷摸摸、快速移動，跟著我到處走。牠在我後面就表示牠要撲到汽車、卡車、人力車，還有荷蘭人、華人、馬來人川流不息的街上去。對一隻單純的灰獴來說，那是個混亂的世界，而且在這世界上除了兩個人，就沒有其他人了解牠了。

不可避免的事情發生了。回到飯店，我看著布朗皮，知道事情不妙。我什麼也沒問。但是當我坐到迴廊上時，灰獴沒有跳上我的膝蓋，牠毛茸茸的尾巴也沒有在我頭上磨蹭。

我在各報紙刊登廣告：「找灰獴，叫牠名字基利亞會有反應。」我沒有收到任何消息，也沒有鄰居看到牠。或許牠已經死掉，永遠消失了。

看顧牠的布朗皮感到愧疚，刻意避開我好長一段時間，彷彿打理我衣服、鞋子的是一個幽魂。有時在夜晚，我似乎聽到基利亞在樹上發出聲音叫我。我點了燈，打開門窗，仔細查看椰子樹。不是牠。基利亞認識的世界已經成了一個大騙局，牠的信心已經在危機四伏的都市叢林裡瓦解。我長時間沉浸在悲傷中。

感到愧疚的布朗皮決定回國。我感到很可惜，其實是那隻灰獴聯繫起我們兩人之間的關係。某天下午，布朗皮主動找我，想給我看他買的一套新衣，好可以體面地回到錫蘭的故鄉。他突然穿了一身白地出現在我眼前，鈕釦扣到脖子上。最令我吃驚的是，他在烏黑的頭上戴了一頂巨大的廚師帽。我忍不住爆笑出來。布朗皮非但沒生氣，還用一個無比甜蜜、理解我無心冒犯的微笑來回應我。

我在巴達維亞的新家位於龐越（Probolingo）街，裡面一房、一廳、一衛，還有一個廚房。我不曾有車，但有一個車庫，所以總是空在那裡。房子雖然不大，但空間綽綽有餘。我請了廚師，是個爪哇老婦人，個性耿直，相當討喜。我還有一位在餐桌幫忙以及負責洗衣的男孩，也是爪哇人。我在那裡完成了我的作品《居住在土地上》。

我感到倍加寂寞，因此萌生結婚念頭。我認識了一位克里歐女子，更確切地說，是一位混到一點點馬來血統的荷蘭人。我很喜歡她。她身材高挑、溫柔，與藝文界一點關係也沒有。（許多年後，我的好友瑪格麗特．阿吉雷〔Margarita Aguirre〕幫我作傳，在提到我的婚姻時，她這樣寫：「一九三二年，聶魯達回到智利。兩年前他在巴達維亞與瑪麗．安東妮．海格納（María Antonieta Hagenaar）結婚。她是定居爪哇的荷蘭人，很驕傲自己能和一位領事結婚，而且對美洲有特別的異國幻想。她開始學她不懂的西

---

2 菜飯拼盤（Rijsttafel，直譯為「飯桌」之意，因此經常以英語形式出現，寫成 rice table），是一種經荷蘭殖民者改良的精緻印尼料理，源自於西蘇門答臘省的巴東菜飯（Nasi Pandang），以蒸白米飯和各種肉類、蔬菜製成，食用方式類似自助餐，每人揀選想吃的食物到自己的盤子裡。

班牙語，但毫無疑問地學不來的不只是語言。儘管如此，她在情感上十分依賴聶魯達，而且兩個人總是形影不離。聶魯達口中的瑪露卡，是一個身材相當高挑、行動悠緩、表情嚴肅的女人。」）

我的生活很簡單。很快地，我認識了其他好人。因爲講著同樣的語言，所以我很自然地與古巴領事和他太太成了好友。卡巴布朗卡（Capablanca）的同胞講起話來嘰哩呱啦，像個永遠不會累的機器人。在公務上，他代表的是古巴獨裁者馬恰多（Machado），不過私底下他與我分享政治犯的衣物、手錶、戒指，甚至有時連金牙都會進到巴哈馬海灣鯊魚肚裡的故事。

德國領事赫茲（Hertz）很欣賞現代藝術，例如：法蘭茲·馬克[1]的藍馬、威漢·雷恩伯克[2]刻意拉長的人像等。赫茲是感性、浪漫的人，繼承了幾百年的猶太人文化。有一次我問他：

「那個名字偶爾出現在報紙上、反猶太主義、反共產主義的領袖希特勒，您認爲他會當選嗎？」

「不可能。」他回答。

「任何荒謬的事都可能在歷史上發生，怎麼會不可能？」

「那是因爲您不了解德國。」他堅持。「像他那麼瘋狂的煽動者，是完全不可能當選的，就連讓他管理一個村莊都不可能。」

我可憐的朋友！可憐的赫茲領事！那個瘋狂的煽動者只差一點沒統治全世界。天眞的赫茲應該在某個祕密、可怕的毒氣室裡被殺害了，他所有的文化和他高貴、浪漫的情操，應該也隨著他一起消失了。

1 法蘭茲．馬克（Franz Marc，一八八〇年—一九一六年），德國畫家，也是表現主義的創始人之一，與瓦西里．康丁斯基等藝術家在一九一二年時共組一個名為「藍騎士」（Der Blaue Reiter）的藝術團體，標榜輕鬆、自由的創作風格。

2 威漢．雷恩伯克（Wilhelm Lehmbruck，一八八一年—一九一九年），德國著名的雕塑家，創作題材主要以人體的表現為主，受自然主義與表現主義的影響極深。

05——西班牙在我心

費德里克是什麼樣的人

一九三二年，經過兩個月的海上漂流，我終於回到智利。我在那裡出版了在我紙上迷失方向的《激情的投石手》，以及在東方創作的《居住在土地上》。一九三三年，我被派到布宜諾斯艾利斯當領事，同年八月到那裡述職。

費德里克·賈西亞·洛爾卡[1]爲了指導羅拉·曼布理貝斯（Lola Membrives）劇團表演他的悲劇《血婚》（*Bodas de sangre*），並且參加該劇的首演，幾乎與我同時抵達那座城市。我們原先沒見過面，是到了布宜諾斯艾利斯才認識，而且有好幾次與其他作家和朋友一起同歡。當然不乏有些意外。有人看費德里克不順眼。我也曾經發生同樣的事，而且還持續在發生。那些仇敵受到慫恿，企圖打壓別人的光芒，讓人無法嶄露頭角。那次的情況就是這樣。當我們有興趣參加國際筆會在廣場飯店舉辦的晚宴時，某個人打電話來騷擾我和費德里克一整天，通知我們慶祝活動取消。甚至還騷擾飯店經理、接線服務生和餐廳主廚，要他們不要接待前來的賓客，也不要準備食物。但這個伎倆被識破，最後來了上百名阿根廷作家

1 本章主要內容圍繞在聶魯達與費德里克·賈西亞·洛爾卡之間的往來，因此無論是單獨使用「費德里克」或是「賈西亞·洛爾卡」或是「洛爾卡」，都是指同一人。

與我和費德里克歡聚一堂。

我們準備了雙人演說，表演的形式令人吃驚。諸位或許不知道什麼是雙人演說，我原本也不曉得。創意十足、鬼點子特多的費德里克向我解釋：「兩個鬥牛士可以用一件斗篷同時鬥同一頭牛。這很危險，也是鬥牛藝術的一大考驗。因此這樣的表演很少見，一個世紀頂多出現兩、三次，而且能做這樣表演的鬥牛士只能是兄弟，不然至少也得有血緣關係。這種就叫雙人鬥牛，而我們這種形式的演說就叫雙人演說。」

我們當時就這樣表演，只是沒人知道我們的巧思。當我們打算感謝國際筆會會長招待的晚宴時，我們兩位「鬥牛士」同時起身，輪流說同一份講稿的台詞，就像同一齣戲在不同的場景上演。我站在一個角落，費德里克站在另一個角落，觀眾以爲我搞錯，有人扯我外套的衣角，暗示我先坐下，另一邊也有人對費德里克做了同樣的動作。不過我就直接說了「各位女士」，同時他也緊接著說「各位先生」，我們兩人台詞交錯，從頭到尾的和諧程度猶如一個人在致詞，直到講完所有的台詞。那次的演講是獻給盧本·達里歐。雖然沒人會懷疑我和賈西亞·洛爾卡是現代主義作家，但是我們都一致認爲盧本·達里歐是西語創作最偉大的詩人。

下面是演說的稿子：

聶魯達：各位女士……

洛爾卡：……各位先生。在鬥牛的節慶裡，有一種節目叫作「雙人鬥牛」，那是一種由兩個鬥牛士拿著同一塊斗篷，同時閃躲鬥牛攻擊的表演。

聶魯達：我和費德里克像被一條電線綁住，我們要一起感謝這次非常有誠意的招待。

洛爾卡：在這種場合，詩人習慣講一些生動的話，華麗的或樸實的都好，並且直接向他的朋友和同伴問好。

聶魯達：不過，我們今天找來一位死去的鰥夫與大家同桌用餐。他的死亡比其他人偉大，但是他已被黑暗死神的陰影籠罩。他雖然在世時就成了鰥夫，但也曾有一段令人稱羨的婚姻生活。我們將躲到他發光發熱的黑影底下，將再次提到他的名字，直到他的偉大不再被人遺忘。

洛爾卡：我們像企鵝般溫柔地擁抱親愛的詩人阿馬多・畢亞（Amado Villar）之後，就要亮出一個偉人的名字，保證震驚到酒杯破掉、叉子跳起插在它們渴望的目標上、海浪拍打浸濕桌布。我們要介紹的就是美洲與西班牙詩人：盧本……

聶魯達：達里歐。各位女士……

洛爾卡：各位先生……

聶魯達：布宜諾斯艾利斯的盧本・達里歐廣場在哪裡？

洛爾卡：盧本・達里歐的雕像在哪裡？

聶魯達：他喜歡公園。盧本・達里歐公園在哪裡？

洛爾卡：盧本・達里歐的玫瑰花店在哪裡？

聶魯達：盧本・達里歐的蘋果樹和蘋果在哪裡？

洛爾卡：盧本・達里歐的手模雕塑在哪裡？

聶魯達：盧本・達里歐的油、樹脂、天鵝在哪裡？

洛爾卡：盧本・達里歐在他「出生的尼加拉瓜」沉睡，在那嚇人、有如富翁家門口擺放的大理石獅子底下安息。

聶魯達：用一頭買來的獅子獻給創造獅子的人，用一頭不會發亮的獅子獻給創造光芒的人。

洛爾卡：他在森林的聲音裡添加一個形容詞，又如語言大師路易斯・德・格拉納達修士[1]，用檸檬、鹿蹄和充滿恐懼與無限的軟體動物創造出星辰的符號。在我們的瞳孔中，他用船槳和夜幕將我們推向大海，並在天空漸灰的晚霞裡勾勒出琴酒壯闊的漫步旅行。他有如浪漫詩人般由衷地向灰暗的南風噓寒問暖，並帶著幾世紀以來的悲傷與諷刺的懷疑，將手放在科林斯式柱頭上。

聶魯達：在本質上，他響亮的名字與他內心痛苦的哀傷，與他炙熱的不安，與他往下通往冥界的輪迴，與他向上升至高聳城堡般的威望，還有他自始至終、無可取代的偉大詩人特質，都應該被銘記。

洛爾卡：他如同西班牙詩人，用現在詩人所缺乏的世界觀和普世性，教導前輩大師與小孩。他的詩歌教導了巴耶—殷克蘭、胡安・拉蒙・西門內斯以及馬恰多兄弟[2]；他的聲音有如硝石與流水，灌溉了我們尊貴的語言。從羅德里格・卡洛到阿亨索拉兄弟或胡安・德・阿基霍[3]，從來沒有人像盧本・達里歐一樣，為西語創造出如此豐盛的文字饗宴，讓文字中的子音產生如此頻繁的碰撞，構思如此多的顏色對比與形式表現。從委拉斯蓋斯（Velázquez）的風景畫到哥雅（Goya）的篝火和克維多的憂愁，再到馬約爾卡鄉下女孩臉上優雅的蘋果色澤，盧本・達里歐就像置身在自己的土地上，行跡遍布西班牙。

聶魯達：北方一陣溫暖的潮汐將他帶到智利，將他放在堅硬、銳利的暗礁。大洋激起浪花和滔天巨響，他在天堂谷黑夜的海風吹拂下，沾滿了鹽，發出窸窸窣窣的聲響。今晚讓我們用空氣來為他塑像，為他綴飾雲煙、聲音、氣氛與生活，就像他以夢境與聲韻，成就完美詩作。

洛爾卡：不過，我想有如潮汐撥弄珊瑚的觸手一般，爲這空氣做的塑像注入鮮血；如同光束投射影像一般，爲他添上神經脈絡；並在他長了牛角的半獸半人的頭顱上，增添有如蜂鳥飛行般的巴洛克式華麗的白雪；再爲他點上熱淚盈眶、矇矓的雙眼，以及種種的缺點。他那些被鑽果大蒜芥淹沒、發出笛子般空靈聲音的書櫃；讓他喝到渾然忘我的白蘭地酒瓶；他那缺乏品味的性格魅力；他那些直言不諱、讓大量詩歌充滿人性的贅詞。在他的偉大詩歌裡，排除格律、形式以及誘人的文字，剩下的是肥沃的精髓。

聶魯達：費德里克．賈西亞．洛爾卡，西班牙人；我，智利人。我們與在場各位朋友，將今晚的榮耀獻給那個偉大的靈魂，他的詩歌唱得比我們高亢，他不凡的聲音曾呼喚我們目前所在的阿根廷土地。

洛爾卡：巴布羅．聶魯達，智利人；我，西班牙人。我們講相同的語言，也同樣認識偉大作家盧

---

1 路易斯．德．格拉納達（Fr. Luis de Granada，一五〇四年—一五八八年），西班牙道明會修士、詩人。

2 巴耶—殷克蘭（Ramón María del Valle-Inclán，一八六六年—一九三六年）、胡安．拉蒙．西門內斯（Juan Ramón Jiménez，一八八一年—一九五八年）以及馬恰多兄弟（馬努耶爾．馬恰多〔Manuel Machado，一八七四年—一九四七年〕和安東尼歐．馬恰多〔Antonio Machado，一八七五年—一九三九年〕）皆為二十世紀西班牙重要詩人。其中，胡安．拉蒙．西門內斯曾於一九五六年獲得諾貝爾文學獎殊榮。

3 羅德里格．卡洛（Rodrigo Caro，一五七三年—一六四七年）、阿亨索拉兄弟（巴托洛梅．雷歐納多．德．阿亨索拉〔Bartolomé Leonardo de Argensola，一五六二年—一六三一年〕和盧佩修．雷歐納多．德．阿亨索拉〔Lupercio Leonardo de Argensola，一五五九年—一六一三年〕）和胡安．德．阿基霍（Juan de Arguijo，一五六七年—一六二三年），皆為西班牙矯飾主義和巴洛克主義風格的詩人。

本．達里歐，他是尼加拉瓜人，也是阿根廷人、智利人和西班牙人。

聶魯達和洛爾卡：我們舉杯，向他的榮耀致敬。

米格爾．俄南德斯

我在布宜諾斯艾利斯領事館停留了短暫時間。一九三四年初，我被調到巴塞隆納做相同的工作。圖利歐．馬蓋伊拉（Tulio Maqueira）先生是我的上司，也就是智利駐西班牙總領事。確實，他也是我所認識的所有負責領務的公務員當中，最盡責的人。他很嚴肅，以孤僻的個性聞名，但是他卻對我特別友善、富有同理心又真誠。

圖利歐．馬蓋伊拉先生很快就發現我非常不擅長減法和乘法，也發現我對（一直以來都學不會的）除法一竅不通。所以他向我說：

「巴布羅，您應該住在馬德里。那裡才有詩歌。巴塞隆納這裡只有可怕的乘法和除法，並不適合您。這些我自己就可以處理。」

到了馬德里之後，我像被施了魔法般，一夕之間成了智利駐西班牙首都的領事，同時認識了賈西亞．洛爾卡和阿貝爾迪等所有的朋友。其中一個年輕詩人叫米格爾．俄南德斯（Miguel Hernández），當我見到他時，他剛從歐里維拉（Orihuela）過來。他在家鄉從事牧羊工作，所以當時他腳下穿著麻繩編的草鞋，下半身穿著燈芯絨材質的農夫褲。我非常喜歡他詩歌中所呈現的風采與活力，因此我將他的創作刊在我主編的《綠馬》（*Caballo Verde*）詩刊上。

米格爾非常樸實，散發出一股大地氣息。他的臉像從地底連根拔起的馬鈴薯或像團泥塊，保留了新鮮的土味。他住在我家，在我家裡寫作。我的詩歌呈現另一種視角、另一種平原風光的美洲，這些讓他留下深刻的印象，也讓他逐漸產生了變化。

他告訴我鄉下動物與鳥類的故事。這個作家就像在自然界撿到的一塊璞玉，身上帶著原始的純眞和豐富的活力。他與我分享，當山羊睡著時，若把耳朵放在牠們的肚子上，可以聽到羊奶流到乳房的聲音，那是多麼地不可思議。除了他，那樣的聲音再也沒人聽過。

他偶爾會向我描述夜鶯的歌聲。他來自西班牙東部沿岸，那裡種滿了柳丁樹，樹上開了花，還有棲息的夜鶯。因爲我的國家沒有夜鶯，所以這個瘋狂、傑出的詩人米格爾竭盡所能，企圖生動地模仿這種鳥的聲音給我聽。他爬上一棵行道樹，在最高的樹枝上吹口哨，發出他故鄉那可愛小鳥啾啾啾的聲音。

他沒有收入，所以我幫他找工作。在西班牙，詩人不好找工作。最後，某位具有子爵頭銜、同時在外交部高層工作的官員表示有興趣。他告訴我，在讀完米格爾的詩之後很欣賞他，米格爾若有任何想做的工作，都可以跟他說，他可以安排。我興奮地跟詩人說：

「米格爾．俄南德斯，你終於有工作了，是子爵幫你安排的。你就要變成高級職員了！跟我說你想做什麼工作，這樣他好幫你寫任命書。」

米格爾陷入沉思。他年輕卻布滿皺紋的臉上露出心事重重的樣子。過了幾小時，直到下午我才得到答案。他有如找到解決生活問題的答案般，兩隻眼睛閃閃發亮地對我說：

「子爵不能在馬德里這附近安排一群山羊給我嗎？」

到現在，我仍忘不了米格爾．俄南德斯。東部夜鶯的尖銳歌聲在黑夜與柳丁樹的花叢間繚繞，這些畫面對他來說仍歷歷在目，成了他的血液，以及他原始、純樸詩歌的一部分。他的作品裡融合了西班牙東部極爲豐富的色彩、香氣與聲音，以及年輕、有男子氣概的精力與氣息。

他的臉很有西班牙特色。圓圓的臉像一顆麵包或地球，在光的照射下，皺得跟播完種的土地沒兩樣。炯炯有神的雙眼有如兩道溫暖的強光，在那灼熱、被風軟化的土地上燃燒著。

我發現他的詩歌元素就像從他嘴裡說出來的話，但因爲現在有高超的新手法，散發原始的光芒，以及老酒裝新瓶大變身的奇蹟，因此詩歌產生了變化。但是在我當詩人而且是當流浪詩人的時候，我可以肯定，我沒看過和他一樣如此有抱負、語言表達如此流暢的奇才。

《綠馬》

我每天都在某人家裡或咖啡廳，與費德里克，以及住在我家附近林蔭大道閣樓裡的阿貝爾迪聚會。另外，當時已成爲抽象雕刻大師的托雷多麵包師傅阿貝爾多（Alberto），以及阿多拉吉雷（Altolaguirre）、貝加明（Bergamín）、大詩人路易斯．塞努達，還有前途無量的詩人畢森德．阿萊桑德雷和建築師路易斯．拉卡薩（Luis Lacasa）也會來參加。我們不是全員到齊，就是分成幾個小團體一同歡聚。

我們從卡斯蒂亞大道[1]或郵政啤酒屋[2]往下坡前進，一直到我位於阿奎耶斯（Argüelles）區、花團錦簇的家。我們一群人吵吵鬧鬧，從雙層巴士的上層走下來，吃吃喝喝又唱歌。我的同鄉大個子柯達伯斯稱這種公車叫低音號。我還記得這群年輕、快樂、寫作的朋友包括了詩人阿爾圖洛・塞拉諾・普拉哈（Arturo Serrano Plaja）、才華洋溢且風度翩翩的畫家何塞・卡巴耶洛（José Caballero）、從安達魯西亞地區直接北上到我家的安東尼歐・阿巴里修（Antonio Aparicio），還有許多已經不存在，或者已經不是我朋友的人。那段深厚的友誼，就好比我身體的一部分，或我靈魂的精髓，讓我至今仍十分懷念。

當時的馬德里啊！加利西亞地區來的女畫家馬露哈・馬佑（Maruja Mallo）帶著我們，一起在市中心地勢較低的區域尋找賣北非蘆葦草、賣蓆子的店，大街小巷尋找賣桶子、賣繩子、賣所有編織西班牙、束縛西班牙的乾燥材料。西班牙乾燥、崎嶇多岩石，直射的太陽熱氣逼人，讓平原熱得冒火，熱氣與大片的塵土形成了海市蜃樓。西班牙僅有的、真實的河流是詩人：克維多筆下的水呈現出深幽的綠，混合著黑色的泡沫；卡爾德隆[3]的音節有如潺潺流水會唱歌；阿亨索拉兄弟的寫作風格像清泉，乾淨澄澈；

1 卡斯蒂亞大道（Paseo de la Castellana，簡稱：La Castellana），馬德里市區的主要幹道之一，與雷克雷多斯大道和普拉多大道形成馬德里街道的南北縱軸。

2 郵政啤酒屋（Cervecería Correos），位於卡斯蒂亞大道與阿爾卡拉街轉角處，鄰近雷提洛公園（Parque del Retiro）、普拉多博物館、植物園等藝術文化區，因此與啤酒屋一旁的里昂咖啡廳（Café Lion）成為年輕作家們聚會的首選。

3 卡爾德隆（Pedro Calderón de la Barca，一六〇〇年—一六八一年），西班牙巴洛克時期的重要詩人、劇作家，著名的劇作為《人生如夢》（*La vida es sueño*）、《薩拉梅亞鎮長》（*El alcalde de Zalamea*）和《神奇的魔法師》（*El mágico prodigioso*）等。

貢戈拉詩中的小溪裝飾得像紅寶石般燦爛。

我只見過巴耶–殷克蘭一次。他很瘦、留了長長的白鬍子，讓我覺得他就像從自己書裡走出來一樣，泛黃且被扉頁壓扁。

至於拉蒙．高梅斯．德拉．塞爾納（Ramón Gómez de la Serna），我是在他的祕密基地——彭伯咖啡廳[1]認識他的，後來在他家見過他。我到現在仍忘不了他宏亮的聲音。他主導著咖啡廳裡的交談、笑聲、意見交流，甚至抽菸。對我來說，他是西班牙語最重要的作家之一，他的才華就像克維多和畢卡索一樣多姿多彩，他的每一頁作品就像火鉗子一樣，探究有形的物質與形而上的概念，探究真理與現象，而且他知道的西班牙、他寫的西班牙，都是前人沒有說過、獨一無二的。他是世界祕密的蒐集家，他用自己的手改變了西班牙語，讓語言裡充滿了無人可以磨滅的個人色彩。

至於安東尼歐．馬恰多，我好幾次見到他穿著黑色的公證人套裝，坐在常去的咖啡廳裡。他非常安靜、謹慎，個性溫和、莊重，有如一棵西班牙老樹。的確，詩壇可惡的老頑童又愛攻擊人的胡安．拉蒙．西門內斯，在說到安東尼歐．馬恰多時，將他形容爲全身總是蓋滿菸灰、口袋裡只裝菸屁股的人。

胡安．拉蒙．西門內斯是光芒萬丈的詩人，負責的工作就是讓我了解西班牙傳說中的文人相輕。他不需要嫉妒別人，因爲他的作品跟著二十世紀的黑暗一起出現，已散發出耀眼的光芒。他活像個虛僞的隱士，暗地裡不停地放箭攻擊任何可能對他造成威脅的人。

年輕的詩人像賈西亞．洛爾卡、阿貝爾迪，以及霍爾赫．紀嚴和貝德羅．薩里納斯[2]，都被他緊咬不放。胡安．拉蒙那個大鬍子惡魔，成天對這個人或那個人開砲。他每週都會寫幾篇像蝸牛殼般繞來繞去的長篇大論，然後週日發表在《太陽日報》來攻擊我。但我選擇過好自己的生活，所以隨他愛怎樣就怎樣，從不回應他任何的批評。我不回應，即使現在我也不回應任何文學上的抨擊。

詩人馬努耶爾・阿多拉吉雷有一間印刷廠，而且他有心成爲印刷廠老闆。某一天，他到我家對我說想發行一本全西班牙最高檔、最精美的詩刊。

「必須要有個人當主編。」他對我說。「而這個人就是你。」

我曾經是勇敢的雜誌創辦人，不過很快就放棄，又或者說雜誌很快就棄我而去。一九二五年，我創了一本叫「權杖騎士」（Caballo de Bastos）的刊物。當時我們流行寫作不標句逗[3]，而且在喬伊斯筆下的街道中發現都柏林。溫貝爾多・迪亞斯・卡薩努耶巴（Humberto Díaz Casanueva）當時穿著一件像烏龜般的圓領毛衣，對於那個年代的詩人來說，這是一種非常大膽的裝扮。他的詩歌始終乾淨、優美。羅薩梅爾・德爾・巴耶（Rosamel del Valle）就像一般詩人的打扮，從帽子到鞋子一身黑。我印象中，這兩個出色的好友，是很積極參與的合作夥伴。我忘記其他還有誰，不過我們那隻快速起跑的馬兒在當時引

1 彭伯（Pombo），一間位於馬德里市中心太陽門（Puerta del Sol）旁的咖啡廳，地址為卡雷塔斯街四號（C/ Carretas, 4），現已不存。一九一二年起，每週六晚上都有藝文人士在此聚會，討論當時最前衛的藝術創作與文學流派，成為二十世紀最重要也最富有文化氣息的咖啡廳之一。

2 霍爾赫・紀嚴（Jorge Guillén，一八九三年—一九八四年）和貝德羅・薩里納斯（Pedro Salinas，一八九一年—一九五一年）皆為西班牙一九二七世代的重要作家。

3 意指模仿喬伊斯（James Joyce，一八八二年—一九四一年）在《尤利西斯》（*Ulysses*）最後一章完全不標任何標點符號，展現意識流的敘事技巧。

起了騷動。

「好！馬努耶爾，我願意當詩刊的主編。」

馬努耶爾．阿多拉吉雷是很成功的印刷商，他揀選出完美的博多尼字體[1]，豐富了印刷字盤。他以自己的文采和那雙親力親爲的雙手，光榮了詩壇。他翻譯且用獨特的美感出版了雪萊爲哀悼濟慈過世所寫的《阿多尼》（*Adonais*）哀歌。也出版貝德羅．埃斯畢諾薩[2]的《赫尼爾傳說》（*Fábula del Genil*）。在完美的活字印刷中，文字彷彿在熔鉛爐裡再度合爲一體，展現全新的魅力，讓作品裡有如黃金或上了釉般閃亮的詩句，散發迷人光彩。

我精心製作的《綠馬》詩刊，已有五期問世。我喜歡看馬努耶爾充滿笑聲或臉上帶著微笑地揀選鉛字，將它們放進字盤裡，然後用腳操作凸版印刷機。有時候他用他女兒芭洛瑪（Paloma）的嬰兒車裝著書在路上走，路人還會讚美他：

「好棒的爸爸！交通爛透了還願意帶孩子出來！」

那個孩子是詩，它將乘著《綠馬》去旅行。這本詩刊載了米格爾．俄南德斯的第一首新詩，當然還有費德里克、塞努達、阿萊桑德雷以及〈優秀的西班牙詩人〉[3]紀嚴的作品。神經兮兮、仍活在十九世紀的胡安．拉蒙．西門內斯，繼續固定每週日開砲，攻擊我。拉法耶爾．阿貝爾迪不喜歡雜誌的名字：

「爲什麼馬是綠色的？應該叫紅馬。」

我不會因爲他更換顏色。不過我和阿貝爾迪也沒因此吵架，我們從來不爲任何事吵架。世界上還有很多地方可以接納彩虹光譜般各種顏色的馬和詩人。

《綠馬》的第六期沒有編碼、沒有裝訂，停留在畢利亞多（Viriato）街上。那一期是爲了紀念號稱第二位羅特阿蒙伯爵[4]的蒙特維多詩人——胡利歐・埃雷拉・伊・萊席格[5]而製作的，西班牙詩人特別寫來獻給他的作品全都印好了，很漂亮，只是沒有問世，也沒了未來。那期雜誌應該在一九三六年七月十九日出刊，但是那一天大街上砲火連天。一個沒沒無聞、名字叫佛朗西斯科・佛朗哥的將軍，帶著他在非洲的駐軍叛變，對抗共和政府。

在格拉納達發生的罪行

就在我寫這幾行字的同時，西班牙當局正在慶祝許多年前的起義成功。（這麼多年啦！）「大首領」

---

1 博多尼字體，一種優美、有設計感、有襯線的印刷字體，由十八世紀的義大利排版工人吉安巴提斯達・博多尼（Giambattista Bodoni）所創，因此以他的姓為該字體命名。

2 貝德羅・埃斯畢諾薩（Pedro Espinosa，一五七八年—一六五〇年），西班牙黃金世紀矯飾主義與巴洛克風格作家。

3 聶魯達在此處特別用括弧標記「優秀的、西班牙的」紀嚴，或許是要與另一位同時期的古巴詩人尼可拉斯・紀嚴（Nicolás Guillén，一九〇二年—一九八九年）做區隔。

4 羅特阿蒙伯爵（Conde de Lautréamont），法裔烏拉圭作家伊西多爾・呂西安・杜卡斯（Isidore Lucien Ducasse，一八四六年—一八七〇年）的筆名。

5 胡利歐・埃雷拉・伊・萊席格（Julio Herrera y Reissig，一八七五年—一九一〇年），浪漫主義晚期的詩人、劇作家、散文作家，後來積極投入現代主義風格創作。

在馬德里，身穿著藍色與金色禮服，被摩爾衛兵[1]團團包圍，一旁還有美國、英國和許多國家的大使陪同，一起觀看閱兵。組成這支軍隊的年輕人，大部分都不清楚那場戰爭。

不過我很清楚。一百萬的西班牙人死了！一百萬的人流亡了！那根血淋淋的刺似乎將永遠無法從人類的記憶中拔除。然而，那群在摩爾衛兵前列隊前進的年輕人，或許不知道那段可怕歷史的眞相。

對我來說，這一切都是從一九三六年七月十九日晚上開始的。一位名叫波比・德葛拉內（Bobby Deglané）的智利人，很好心且很有冒險精神。他在馬德里巨大的普萊斯馬戲團（Circo Price）裡經營自由式摔角比賽。我對那種「運動」的眞實性持保留態度。但是他想說服我，要我和賈西亞・洛爾卡一起到馬戲團，證明那樣的表演有多麼逼眞。我說服了費德里克，約好合適的時間在那裡見面。我們本來打算觀賞「蒙面野人」、「衣索比亞劊子手」和「猩猩惡煞」的精彩表演來消磨時間。

費德里克失約了，因爲他正踏上死亡之路，之後我們再也沒能見面。其他的劊子手已經與他有約了。對我來說，那場改變我詩歌的西班牙戰爭，隨著一位詩人的消失，就此展開。

多麼偉大的詩人啊！我從沒看過有人和他一樣，結合了優雅與才華於一身，兼具自由飛翔的心以及有如瀑布般澄淨的靈魂。費德里克・賈西亞・洛爾卡是個毫不藏私、恣意散播喜悅的精靈，他如同一顆行星，由內而外綻放生命的幸福。他既天眞又會裝傻，既有宇宙觀又是個鄉巴佬；他是個獨特的音樂家，也是了不起的默劇演員；他膽小且迷信，光芒四射且風度翩翩；他綜合了西班牙各個時代的特色，也濃縮了民間傳統的精華；他是安達魯西亞阿拉伯文化的產物，有如一株茉莉，在當時的西班牙舞台上發光、飄送芬芳。天啊！那樣的場景已經消失！

賈西亞・洛爾卡強大的隱喻能力深深吸引我，而且他寫的所有作品都令我感興趣。而他偶爾要求我讀我近期的詩作給他聽，在我朗誦的過程中，他會大聲打斷我：「停！停！你影響我了！」

在劇場裡和寂靜中，在人群裡和正式場合中，他都是美的製造機。我從沒看過那麼有魔力的雙手，我從沒有過那麼樂天的兄弟。他嘻笑、歌唱、彈奏、跳耀、發明，他的創意無限。可憐的孩子，他擁有世間所有的天賦，他就像冶金的工匠，他是偉大詩歌的工蜂，他是展現個人才華的浪子。

「欸！」他拉著我的手對我說。「你看到那個窗戶了嗎？你不覺得它非常無俚頭？」

「什麼是無俚頭？」

「我也不知道，但是大家都要注意東西是不是無俚頭，不然我們就會迷惘。你看那隻狗。牠好無俚頭！」

他還與我分享某次受邀到格拉納達一間正在紀念《唐吉軻德》的小學，當他抵達校舍時，所有的孩子都在女校長的帶領下，唱著這首詩歌：

從疆界的這裡到那裡，
世人將永遠慶祝
這部羅德里格斯．馬林
評註的世界名著。

1 摩爾衛兵（Guardia Mora），西班牙內戰期間以及之後獨裁政權早期，佛朗哥的貼身保鏢，主要兵源來自佛朗哥從非洲帶領的軍團裡挑選出的菁英部隊。

在賈西亞．洛爾卡死後多年，有次我在研討會上談論他時，台下一位觀眾問我：

「為什麼您在〈費德里克頌歌〉（Oda a Federico）中提到人們為了他『將醫院漆成藍色』？」

「朋友，您聽好了。」我回答他。「對詩人問這樣的問題，就像問女人年紀一樣難以回答。詩歌不是靜態的物質，而是像動態的水流，有時不經意就從作者的手中溜了出去。它的原料是由同時為元素與非元素、同時存在與非存在的物質所組成。因此不瞞您說，我認為在所有的顏色當中，藍色最美麗。它令人聯想到人類活動的空間，有如嚮往自由、快樂的天空。我的詩或許是想說，在他魔力的影響下，就連醫院和它悲傷的氣氛都能夠翻轉，瞬間變成美麗的藍色建築。」

費德里克對自己的死亡有預感。某次，他做完戲劇巡迴表演回來，打了電話給我，向我說了一件奇怪的事。他跟著「破房子劇團」（La Barraca）的演員一起到了卡斯蒂亞地區一個很偏僻的鄉下，在附近的空地紮營。一路舟車勞頓，害得費德里克累到無法入眠，清晨醒來便去附近蹓躂。天很冷，而且是卡斯蒂亞那種寒風刺骨、特別讓旅人和不速之客受不了的冷。濃霧四起，化為一團團的白色氣團，將周遭的一切都變成如鬼魅般的幻影。

一個鏽掉的巨大鐵柵欄。損毀、坍塌在落葉間的雕像和柱子。他在一間舊房子的門前停下腳步。從那入口進去，可通往一座封建莊園的廣闊庭院。那樣的荒涼、那個時間、那種寒氣，令人倍感孤單。那個即將從黎明裡出現，那個即將在此發生的不確定事物，讓費德里克瞬間感到壓迫。於是，他坐在一塊倒塌的柱頭上。

一隻小羔羊走了過來，在廢墟間吃草。牠的出現就像一個在白霧中出現的小天使，也像一片從天降落在荒蕪土地上的嫩花瓣，瞬間緩和了孤單。詩人感覺有了個伴。

突然，一群豬也進到裡面來。牠們是四、五隻有如陰暗怪獸、還沒完全被馴化的黑豬；牠們飢腸轆轆，爪子像石頭般堅硬銳利。

此時，費德里克目睹了驚悚的一幕。那些豬朝著小羔羊撲了過去，在詩人的驚恐中，撕碎了小羔羊，然後將牠吞下肚。

這血腥、淒涼的畫面，讓費德里克決定叫他的巡迴劇團立刻啓程，繼續趕路。

內戰爆發前三個月，當費德里克告訴我這個可怕的故事時，我不寒而慄。之後，我愈來愈清楚那個故事提早上演了他死亡的慘狀，預告了他令人難以置信的悲劇。費德里克．賈西亞．洛爾卡不是被槍殺，是被謀殺的。當然，沒有人想到他會在某天遇害。整個西班牙文壇中，他是最可愛、最有人緣、最像小孩的詩人，因爲他性格非常開朗。誰會相信在這片土地上，而且是在自己的土地上，會有這麼可怕的野獸犯下如此無理的罪行？

在那場長期的抗戰當中，最令我痛心的就是那件謀殺案。過去的西班牙一直都是鬥士的沙場，是一塊充滿鮮血的土地。現在，帶著犧牲和殘忍的優雅、包裝著表演性質的鬥牛場，在光與影之間重現了古代的殊死戰。

宗教審判讓路易斯．德．雷翁修士[1]入獄；讓克維多在牢裡飽受折磨；讓哥倫布的腳上了鐐銬，蹣跚而行。而最令人觸目驚心的，莫過於埃斯克里亞爾[2]的納骨塔，也就是今日上面插了一根大十字架、裡面有百萬名死者亡魂、並且由數不盡的黑牢囚犯所建造的烈士谷。

《黑暗之愛的十四行詩》*

在描述世俗之愛的傳奇詩歌或情詩當中，賈西亞·洛爾卡很少表達深層內心的情感。或許因爲他與我們活在不同的感情世界。我不懂那樣的問題，所以沒辦法爲他澄清。

不過，在一首他早期創作的十四行詩裡，有個細微的部分似乎指出了答案。這首確實是費德里克寫得最好的其中一首詩歌。我總是想要他再唸一次給我聽，所以有一次我們兩個坐在餐廳裡，他用鉛筆在一張紙上寫下了這首詩。他憑記憶寫完後，將紙遞給我，並且說：「我把原稿送給你，也就是說，這是獨一無二的。」

其中兩句是這樣寫的：

血肉之軀的阿波羅，去除無人性的隔閡，
我的血液在此，春天的燈芯草與我交織……

最後幾句是：

喔！深膚、黑髮、纖腰的小姑娘！
喔！生產金屬，令人感傷惆悵的秘魯故鄉！

喔，西班牙！喔，堅石上斷送性命的月亮！

他把這些詩句獻給一位叫卡門（Carmen）的秘魯朋友，也就是那個智利同胞阿弗雷多・孔東（Alfredo Condon）的妻子。

此外，我還應該提提，在賈西亞・洛爾卡被殺害的前幾週，有一次我們在馬努耶爾・阿多拉吉雷家裡聚會時，他告訴我說那些詩歌的名字叫作「黑暗之愛的十四行詩」（Sonetos del amor oscuro）。它們給我很美的感覺，而且我很確定那些是獻給他最後一段的眞愛。

我聽說，當他遇害時，那整部作品完好地與其他稿子放在一起。若這是眞的話，再加上賈西亞・洛

---

1 路易斯・德・雷翁修士（Fr. Luis de León，約一五二七年—一五九一年），西班牙詩人、人文主義學者、奧斯定修會修士、薩拉曼卡大學教授。一五七三年左右，將《聖經》中《雅歌》的部分內容一字不漏地譯成當時被教會認定為低俗的方言——西班牙文，因而遭到宗教法庭審判，被視為異端，被判入獄四年。

2 埃斯克里亞爾（El Escorial），全名為聖羅倫索—德埃爾埃斯克里亞（San Lorenzo de El Escorial），位於馬德里郊區西北部，距離首都市中心約四十七公里處。當地最著名的兩大古蹟為：十六世紀建造、用來擺放歷代帝王和王室成員遺體的埃斯克里亞爾王室修道院（Real Monasterio de San Lorenzo de El Escorial），以及聶魯達在下文中提到的烈士谷（Valle de los Caídos）。烈士谷與當地的王室修道院相距約九公里，是佛朗哥當權後，為了消弭左、右兩派勢力的對立，在當地興建的紀念館。從一九四〇年開始動工，歷經十八年興建，於一九五九年四月一日正式對外開放。烈士谷至今仍有許多爭議，因在當初興建時，用了許多政治犯和被捕的共和軍當作廉價（甚至血汗）勞工；此外，在大量採用人力搬運又不重視施工安全的年代，幾乎每天都有工人死傷。

爾卡的家人錯誤的道德感阻止了他出版這部作品，那就太不可原諒了。不過，我不確定這是否屬實。幾年前，當我在聖保羅遇到他弟弟弗朗西斯科・賈西亞・洛爾卡（Francisco García Lorca）時，我沒機會問他，把整件事情搞清楚。

詩人費德里克最後的愛＊

大家會用隱晦的方式處理費德里克・賈西亞・洛爾卡的同性戀傾向，但對我來說，這是無法逃避的議題。西班牙和拉丁美洲都小心翼翼地隱藏費德里克的這種傾向，這當中有很多是基於對這位被暗殺詩人的尊重，但也存在著對性愛的禁忌、西班牙帝國和殖民的教會遺毒、十九世紀過時的虛僞。

另一方面，還出現了某些令人譁然的意見。爲了隱藏可怕的政治迫害，這些幾乎總是與大家意見相左的人認爲，賈西亞・洛爾卡特殊的性傾向可能是造成他死亡的主因。這只是個煙霧彈。西班牙法西斯主義就跟德國和義大利一樣，都特別想消滅知識分子。

納粹在佔領的土地上屠殺作家、專業人士、藝術家和科學家。在波蘭，他們什麼人都想殺，只想在死傷慘重的地方留下幾千名或許能做做謄抄工作的社會底層人員。

西班牙的法西斯也不遑多讓。在加利西亞地區，他們用最殘暴的方式迫害老師、專業人士、共濟會成員、大學生；趁夜晚搜捕聚集在巴達霍斯（Badajoz）鬥牛場裡的知識份子；或者在清晨，隨便找個地方直接槍殺他們。加利西亞的女畫家馬露哈・馬佑告訴我，她連續三個月露宿野外，雖然冷得要死，但她擔心有人晚上來抓她。每天早上偷偷返家時，還會在路上不小心踢到清晨被槍殺的五、六具屍體。

賈西亞．洛爾卡一定是被處死的，假如阿貝爾迪和馬恰多兩人也被捕，他們的命運也會像他一樣。佛朗哥在唯一一次的聲明中，將賈西亞．洛爾卡的死歸咎於內戰爆發初期的失序。但這個假面具很容易就被揭穿了，因為遭到逮捕的詩人米格爾．伐南德斯被關在牢裡很長一段時間，更因此犧牲、喪命。雖然各國大使和許多樞機主教與作家們都紛紛為他請命，可是不僅沒有得到西班牙法西斯的赦免，反而還延長了他的刑期。他的死就和費德里克一樣，都是令人氣憤的政治謀殺。

回到賈西亞．洛爾卡的內心世界，我要說的是，我很少有機會認識同性戀者或與他們接觸，所以，即使一九三三年在布宜諾斯艾利斯時，連續好幾個月與賈西亞．洛爾卡相處，都沒察覺到他有什麼不一樣，也不認為他有女性化的特質。他所有的聰明才智讓他有如寶石般，散發閃耀的光芒。他粗獷、黝黑的臉看起來一點也不像女生。他的魅力自然，是有文化內涵的。我後來發現，他的同性戀傾向是有憑據的。或許有幸福和不幸福的同性戀者，只是悲傷的一面比較容易被人發現。費德里克散發著快樂，在幸福洋溢的氣氛中，人們應該講述他快樂的戀情。

在布宜諾斯艾利斯，我開始有點懷疑他的性向，原因是某一次他告訴我，他飯店的房間裡充滿了女孩——她們大部分是剛開始學習創作的女詩人——讓他呼吸困難。他半開玩笑地向我描述當時的情景。我發現被女性包圍時他會心生恐懼，所以馬上表示可以提供協助。我們約好在真正緊急的時候，他可以打電話給我，我就會以閃電的速度趕過去，負責以和顏悅色的方式將某個愛慕者拖到一旁。

我們開心地達成共識。我辦事頗有效率，某幾次還得到出乎意料的好結果。原本為費德里克著迷的花蝴蝶，有幾個還真的落入了我的手掌心。

某天晚上，我們受到一位只可能出現在阿根廷或美國的土豪邀請。這人離經叛道、自學成功，靠著聳動的報紙大賺了一筆。他家四周圍繞著大片公園，正是新興暴發戶夢想的豪宅。公園沿途擺著上百座鳥籠，裡面關著各種顏色、來自世界各地的雉雞。超大的圖書館裡，擺滿了邀請人從歐洲愛書者拍賣會上透過電報買來的古董書。最壯觀的是這個大房間的地上，鋪了一張完全用豹皮拼起來的巨幅地毯。我當下才知道，那個男人在非洲、亞洲和亞馬遜河流域都有專屬的代理人，幫他搜集豹皮、虎貓皮和各種美麗貓科動物的皮，牠們的圓點點被我踩在腳下，在這個任性的資本主義者的圖書館裡閃閃發亮。

這就是著名的新興暴發戶，同時也是在布宜諾斯艾利斯很有勢力的納達里歐·波達納（Natalio Botana）家裡的擺設。席間，我和費德里克緊鄰著屋主坐，隔著餐桌面對一位身材高挑、長得精緻的金髮女詩人。用餐時，她看我的時間比看費德里克的時間還多。我們這一餐吃的是由八到十個高卓人[1]扛來的巨大烤肉架、下面以炭火燻烤的整隻閹牛。這一晚的夜空湛藍，布滿星辰。燒烤的香味搭配了阿根廷偉大的發明——皮革，混合著草原的氣息、三葉草和薄荷的芬芳，同時伴隨著上千隻蟋蟀和蝌蚪的窸窣呢喃。

餐後，我和女詩人，以及什麼都能慶祝、什麼都能笑開懷的費德里克一同起身，往點著燈的泳池方向前進。費德里克走在前面，一直在說說笑笑。他很開心。那是他的習慣，因爲開心就是他的皮囊。明亮的泳池畔矗立著一座高塔。在夜色的照耀下，石灰質地的白色塔身閃閃發光。

我們三個人緩慢地爬上塔最頂端的觀景台。三位風格迥異的詩人站在上方，遠離塵囂。泳池的水面有如一顆藍色大眼，由下往上反射光芒。在遠處，聽得到歡樂聚會的吉他伴奏與歌聲。頭頂上，布滿星辰的夜空是如此地近，彷彿要罩住我們的頭，讓我們陶醉在它深沉的懷中。

我牽起那位高挑的金髮少女。親吻她時，發現她身材緊實有肉，完全是個發育成熟的女人。費德里克驚訝地看著我們躺在觀景台的地上，我正開始一邊幫少女寬衣解帶，一邊脫掉自己的衣褲。我發現費德里克在我們附近瞪大了眼，不敢相信眼前正在發生以及即將發生的事。此時我大喊：

「走開！到旁邊去，還有注意不要讓人爬上來。」

就這樣，我們兩人在塔頂上為星空、為黑夜的愛神舉行獻祭儀式的同時，費德里克快樂地站著夜哨，充當媒人。但是在黑暗中，他下樓過於匆忙，以致滾下了好幾層階梯。最後，我和金髮少女必須吃力地攙扶他下樓。他因此跛了半個月。

一九三四年抵達馬德里，我認識了賈西亞·洛爾卡和阿貝爾迪等所有朋友。他們人很多，但不到幾天，我就和這些西班牙詩人打成一片。當然，西班牙人和美洲人非常不一樣，所以我們相處時總是帶著優越感，或對彼此有所誤解。

我發現我們這個世代的西班牙人，都具有濃厚的手足情誼，而且比我們美洲的朋友更會互助合作。同時，我也證實了，我們比他們國際化，更容易接受外來的語言和文化。當德斯諾和克維爾[2]到馬德里時，我必須幫他們翻譯，他們才有辦法溝通。費德里克只會三腳貓的法語。不過，當然也有例外，例

1 高卓人（gauchos），住在南美彭巴（Pampas）草原、查蘭克（Charanco）平原和巴塔哥尼亞（Patagonia）高原上的居民，主要分布在阿根廷、巴西南部、巴拉圭和烏拉圭。

2 德斯諾（Robert Desnos，一九〇〇年—一九四五年）和克維爾（René Crevel，一九〇〇年—一九三五年）皆為法國超現實主義作家。

如：阿貝爾迪、紀嚴、薩里納斯常旅行，所以見識比較廣。一般來說，我們都感覺西班牙人是歐洲的鄉下人。我打從一開始就很喜歡這一點。後來我才明白，西班牙主要的力量，他們在精神上的理性與不理性，都是因爲地域的限制，或許這也是他們的悲哀。

我在西班牙時，每天都去聚會的費德里克朋友圈裡，幾乎沒有同性戀者。有可能因爲他像個偉大的鬥牛士一樣顯眼，所以在別的地方發展戀情。之後，在我們的文藝聚會中，他身邊總是伴隨著一位體型壯碩、很有男子氣概、英俊的大男孩。我漸漸發現，這個年輕人是費德里克長期交往的對象，也是他的最後一段戀情。他叫拉法耶爾．拉賓[1]，工人出身，個性害羞，留著長鬈髮，個子不是太高，也沒有很瘦，就是一個普通、樸素的西班牙人，和一般男子沒有兩樣。我覺得如果他和其他來聚會的男孩子一起去咖啡廳，完全不會有人發現他是同志。某一天，我就像個好心的爸爸，帶著兩、三個朋友，其中包括費德里克的男朋友，一起到我們聚會的啤酒屋附近找妓女。對於像我這樣早熟的美洲人來說，那些男孩從沒跟女人做過愛，眞是讓我感覺太不可思議了。

我覺得西班牙有瘋狂的性飢渴。某天下午，我們路過郊區，前往廣受歡迎的經典休閒區邦皮亞（La Bombilla）。我們沿著一條破舊、兩邊築起延綿幾公里白牆的道路，往曼薩納雷斯河（Manzanares）的方向前進。我發現整片白色的石灰牆上都被塗了鴉，使得這兩片看不到盡頭的白牆都變得黯淡無光。

我下車查看那些奇怪的塗鴉。結果，大大小小的字千篇一律都用同樣笨拙的話表達同樣的意思：「貝貝路過這，雞雞正火熱！！」、「安東尼歐、阿貝爾多、何塞．馬利亞，三人經過這，提槍想發射！！！」、「七月三日PS和R到此一遊，我們正想幹！！」

對性慾的恐懼成了西班牙的一部分，組成了它的封閉、它的沉默，還有它層層的武裝。這讓我感到震驚。我幾乎不害臊，早已在溫柔鄉和女人的肉體間流連。雖然講西班牙語的美洲各國，也必須承受殖民時期留下的貞節約束，但所有人都一笑置之。

我不介意帶那些年輕小伙子去見見世面。當然發生那個事件之後，我和費德里克相處變得有些不自然，但是他只是笑一笑，沒做出什麼反應。我把這件事講出來，就是想讓大家知道，詩人在情感上脫離世俗規範也沒什麼大不了的。

因爲我認爲就像賈西亞．洛爾卡在描述紐約的詩歌中所提到的，他嚴厲斥責道德的墮落，而他只不過就是一個普通的凡人。在大自然神聖的命令下，他溫柔的心以不規則的方式轉了方向，使得他不得不遵守這樣的安排。

戰爭時，反叛軍起義，結束了那位快樂詩人的生命。

他過世後短短幾個星期，那段奇特戀情的男主角拉法耶爾．拉賓也置生死於度外。

他負責帶著一群砲兵，深入特魯埃爾（Teruel）戰區。敵軍的霰彈正中他的作戰位置。

英俊的大男孩體無完膚。他的骨頭、他的鮮血飛濺，化爲細小碎片，化爲幾乎看不見的印記，落在西班牙的土地上，日復一日被成千上萬的無名亡魂吞噬。

1 拉法耶爾．拉賓（Rafael Rapín），真實姓名為拉法耶爾．羅德里格斯．拉彭（Rafael Rodríguez Rapún，一九一一年—一九三七年），是賈西亞．洛爾卡長期交往的對象。一九三六年，他在得知戀人被法西斯槍殺後，決定加入共和軍，對抗佛朗哥勢力。一九三七年在北方前線作戰時，不幸被霰彈槍擊中背部和腰部，送醫不治。湊巧的是，這對戀人相隔一年，都在同一天（八月十八日）身亡。

我的西班牙著作

時間過去了。我們的戰事開始潰敗。詩人們與西班牙人民一起奮戰。費德里克已經在格拉納達遇害。牧羊詩人米格爾·俄南德斯的語氣轉為激昂，他換上軍裝，在戰火第一線朗誦自己的詩歌。馬努耶爾·阿多拉吉雷繼續經營他的印刷事業。他在吉羅納（Girona）附近的東部最前線，找了一間修道院來做印刷廠。他在那裡用獨特的方法幫我印製《西班牙在我心》。我相信，在所有書籍的野史中，很少有書像它一樣經歷這麼奇妙的生產，遭受這麼乖舛的命運。

前線的士兵學習排版。不過，當時缺乏紙張，所以他們找了一座舊磨坊，決定在那裡造紙。在戰火中，他們冒著被炸彈轟擊的危險，做出奇怪的紙漿。他們把所有找得到的東西丟進磨坊，從敵軍的旗幟到摩爾士兵沾著鮮血的軍服。儘管那些原料很少用，儘管那些造紙士兵完全沒有經驗，但紙的成品相當漂亮。那部保存至今、數量稀少的作品，它的凸版印刷令人驚艷，它謎樣般製造出來的扉頁令人嘖嘖稱奇。多年後，我在華盛頓的國會圖書館裡見到這一版本的書，它就像我們這時代最珍稀的作品一樣，被擺在玻璃櫥窗裡。

我的書才剛印好、裝訂好，共和軍就已經節節敗退。數十萬逃亡的人擠滿了西班牙的聯外道路。那是一次西班牙人的大外逃，也是西班牙史上最令人痛心的大事件。

跟著那群人一起流亡的，還有東部陣線的倖存者，其中包括了馬努耶爾·阿多拉吉雷，以及那些造紙與印刷《西班牙在我心》的軍人。對於冒著生命危險生產我詩集的那群人來說，我的書是他們的驕傲。我曉得他們很多人寧可捨棄自己的食物和衣服，也要搬走一袋又一袋印好的書。他們把袋子扛在肩上，往法國方向前進，開始另一大段的旅程。

浩浩蕩蕩的一群人，展開流亡的旅程，被轟炸不下百次。許多士兵倒下了，那些書散落在公路上，剩下的人持續著永無止盡的逃亡。過了邊境，已經遠離家園的西班牙人，被殘酷地對待。那部在戰火中誕生、殞命的作品，最後幾本慘遭被焚燬的命運。

戰爭期間，智利大使館曾爲一群多達四千人的佛朗哥支持者提供避難所。所以當米格爾．俄南德斯到那裡尋求庇護時，當時的大使卡洛斯．莫爾拉．林奇（Carlos Morla Lynch）雖然口頭上說是他的朋友，卻拒絕保護這位優秀的詩人。不到幾天，米格爾遭到逮捕、拘禁。三年後，他因爲肺結核病死在牢裡。夜鶯入獄，難以活命。

我已喪失領事的職權，因爲參與了捍衛西班牙的共和勢力而被智利政府免除了職務。

戰爭與巴黎

我們抵達巴黎後，與拉法耶爾．阿貝爾迪和他的太太瑪麗亞．特雷莎．雷翁（María Teresa León）合租了一間公寓，位於鐘樓碼頭旁一個安靜又美麗的地段。住家對面看得到新橋、亨利四世雕像，和塞納河畔的垂釣者。住家的後面是出現在內爾瓦[1]作品裡的多芬廣場（Place de Dauphine），飄散著樹葉的芬芳與餐廳的香氣。那裡還住著「法國作家」阿雷霍．卡本鐵爾[2]。他是我認識的人當中，立場最中立的人之一。他對任何事都不敢評論，即使納粹像餓狼撲羊般追殺他到了巴黎，他也完全不敢吭聲。

從我的陽台探出去，右手邊隱約看得到巴黎古監獄（La Conciergerie）黑黑的大塔樓。對我來說，它上面金色的大鐘是我這區的盡頭。

在巴黎這麼多年，我很幸運認識了兩位摯友：保羅·艾呂雅[3]和阿拉貢[4]。他們在法國文壇上的表現相當傑出。無論是過去或現在，他們都是有趣、不受拘束、富有生命力的古典作家，也是法國名人堂裡說話很有份量的人物，同時他們的立場堅定，打從心底背負歷史道德的使命感。很少人像他們兩人一樣，有如此大的差異。我經常與保羅·艾呂雅一起浪費生命，享受那樣有詩意的好心情。如果詩人誠實回答問題，就會洩露祕密，沒什麼比虛度光陰還要美好。每個人都有自己追求原始渴望的行爲模式。和保羅在一起時，我不會意識到白晝或黑夜的時間在流逝，也不會覺得我們聊天的內容重不重要。而阿拉貢就像電子計算機，他的頭腦靈光、學識豐富，口才流利，說話又快又辛辣。從艾呂雅家裡出來，雖然不知所以然，但總是樂開懷。而和阿拉貢在一起只是短短幾個小時，就會被這個大魔頭逼得不停思考，累到虛脫。這兩人都是我無法抗拒、忠實的好朋友，他們最吸引我的或許就是他們天大的反差。

南希·庫納

我們決定和南希·庫納[5]合作，出版一本我命名爲「世界詩人捍衛西班牙人民」（Les Poètes du monde défendent le peuple Espagnol）的詩刊。

南希在法國鄉下的家裡有一間小型印刷廠。我不記得那地方的名字，總之離巴黎很遠。到她家時已是晚上，月亮高掛在半空。月亮和雪景相互輝映，有如莊園四周的簾幕。我興奮地出門去散步。回程時，雪花堆在我的頭上，凍得讓我難忘。我完完全全迷了路，在白皚皚的夜裡摸索，走了半個小時。

南希有印刷經驗。當她仍和阿拉貢交往時，曾出版過她與阿拉貢合譯的《獵鯊記》（*The Hunting of the Snark*）。老實說，路易斯．卡羅[6]的這首長詩不好譯，他那種荒誕、鑲嵌拼貼的混合詞，我想只有在貢戈拉的作品[7]中才能找到類似的表現。

我第一次親自下去排版，我想再也不會有比我更爛的排版工了。印刷時所有排出來的字母都是反

---

1 內瓦爾（Gérard de Nerval），法國浪漫主義作家吉哈德．拉布尼（Gérard Labrunie，一八〇八年—一八五五年）的筆名，他的創作獨具個人色彩，後來成了影響法國象徵主義和超現實主義創作的靈魂人物。

2 阿雷霍．卡本鐵爾（Alejo Carpentier，一九〇四年—一九八〇年），古巴作家、文學評論家、音樂理論家、記者，早期作品已在歐洲的文學理論中融合古巴的在地文化元素，因此被譽為當代拉美文學的先驅。雖然從小在古巴哈瓦那長大，但因為出生在瑞士法語區的洛桑，一九二七年又因獨裁政府統治古巴，被迫流亡法國長達十二年，因此被聶魯達戲稱為「法國作家」。

3 保羅．艾呂雅（Paul Éluard，一八九五年—一九五二年），法國詩人，是法國超現實主義創立者之一。

4 路易．阿拉貢（Louis Aragon，一八九七年—一九八二年），法國作家、編輯、龔固爾學院（Académie Goncourt）成員，亦為法國超現實主義創立者之一。

5 南希．庫納（Nancy Cunard，一八九六年—一九六五年），出身英國上流社會，曾經做過記者、編輯、作家、詩人等工作，以資助文藝活動和從事社會運動聞名。

6 路易斯．卡羅（Lewis Carroll），英國作家查爾斯．路德維奇．道奇森（Charles Lurwidge Dodgson，一八三二年—一八九八年）的筆名，以《愛麗絲夢遊仙境》和續集《愛麗絲鏡中奇遇》聞名。

的。由於我的笨拙，讓所有的p都變成了d。在某一首詩歌裡出現了兩次párpados（眼皮），最後那兩個字印出來都是dardapos（大大波）。南希為了懲罰我，持續好幾年都用這個字稱呼我。她從倫敦寄信來，開頭經常寫著「親愛的大大波……」。儘管如此，這個出版品還是非常有模有樣，我們出到第六卷還是第七卷。除了激進的詩人，例如貢薩雷斯．杜濃（González Tuñón）、阿貝爾迪和其他法國作家的作品外，我們還出版了奧登（W. H. Auden）、斯賓德（Stephen Spender）等人的情詩。

英國紳士永遠不會懂，我笨拙的手指在排版他們的詩句時有多麼難受。

南希那些追求時髦、會在翻領上別朵白花、不時從英國來找她的朋友們，也寫反佛朗哥的詩。在思想史上，從來沒有任何事件，比西班牙內戰更能提供豐富的題材給詩人創作。西班牙的鮮血具有強大的吸引力，震撼了一個偉大時代的詩壇。

我不知道那本刊物有沒有成功，因為大約就在那時候，西班牙內戰悲慘地結束了，接著又悲慘地開始另一段新的世界大戰。雖然這場戰爭的規模更大，殘酷程度更無法估量，英雄主義更加濃厚，但是卻無法像西班牙內戰一樣，勾動詩壇所有人的心弦。

不久後我就得離開歐洲，返回我的國家。南希在一位鬥牛士的陪同下，也立刻動身前往智利。到了聖地牙哥，鬥牛士為了做香腸和灌腸的生意，拋棄了鬥牛，也拋棄了南希．庫納。但是我那位最高等級的時髦好友並沒有因此被擊垮。她在智利另外交了一位不修邊幅、到處流浪的詩人。他是西班牙巴斯克裔的智利人，才華洋溢，就是嘴上缺牙。此外，南希的這位新歡還是個酒鬼，經常在晚上揍這位英國貴族的千金小姐，害得她出席社交場合都得戴著深色大墨鏡。

其實，在我認識的人當中，南希就像唐吉軻德一樣不切實際、本性難移、勇敢又多愁善感。她是庫納夫人的獨生女，是冠達郵輪[8]唯一的繼承人，但是在一九三〇年左右，她與薩伏伊飯店最早引進的黑人爵士樂團的樂師私奔，在倫敦引起軒然大波。

庫納夫人發現女兒的床上空蕩蕩，還收到一封她留下來的信，信裡驕傲地說她的未來要和黑人在一起。這位貴族夫人當下便去找了她的律師，取消女兒的繼承權。不過，我見到的這位在世界各地奔走的富家千金，仍是英國上流社會的寵兒。她母親舉辦的沙龍，參加者有大家竊竊私語、以爲是南希生父的喬治·摩爾（George Moore），還有湯瑪士·畢勤爵士（Sir Thomas Beecham），以及年輕的阿道斯·赫胥黎（Aldous Hexley）和後來成了溫莎公爵的威爾斯親王。

南希·庫納反擊了。在她被母親逐出家門那一年的十二月，所有的英國貴族都收到一本紅色書皮、標題寫著「黑人男子與白人淑女」（Negro Man and White Ladyship）的聖誕禮物。我沒看過更辛辣的書，某些部分嘲弄的語氣和史威夫特[9]不相上下。

她捍衛黑人的言論，彷彿是給庫納夫人和英國社會的當頭棒喝。她的口才之流利，比我描述的好

---

7 意指西班牙巴洛克時期的重要詩人貢戈拉寫作時擅用的誇飾文體（culteranismo，或譯為「綺麗文體」），其特色在於反覆使用隱喻、誇張、迂迴等修辭方式來表現詩歌語言，並且大量借用拉丁語和古代神話等元素來烘托其創作主題，也因此該文體的作品往往晦澀難懂。

8 冠達郵輪（Cunard Line），一八四〇年由南希的曾祖父薩米爾（Samuel Cunard）所創立的航運公司，歷經多次併購，至今仍持續運作。二十世紀後期，旗下所有的遠洋郵輪皆以英國女王或王后命名。

9 史威夫特（Jonathon Swift，一六六七年—一七四五年），英裔愛爾蘭作家，以諷刺文學著稱，最有名的作品為《格列佛遊記》（*Gulliver's Travels*）。

多了，我憑印象回想，記得她對大家說：

「白皮膚夫人，如果您，或更確切地說諸位這些白人，曾經被另一個更強大的族群綁架、毆打、銬上鏈子，然後像奴隸一樣把諸位帶離英國去賣掉，或把諸位當作醜陋人類的滑稽樣品般展示出來，還有鞭打諸位，讓諸位挨餓，逼迫諸位幹活，那諸位白人還剩下什麼？黑人的遭遇就是這樣，甚至遠超過這些暴力與殘酷的對待。但是，經過幾世紀的苦難，他們現在成了最優秀、最高尚的運動員，並且史無前例地創造出最廣為人知的新興音樂。和夫人一樣身為白人的諸位，在歷經如此大的動盪後，也有辦法那麼有成就嗎？所以，誰比較有價值？」

這樣的文字持續大約三十頁。

南希無法再定居英國，從那時候起，她開始為受迫害的黑人打抱不平。當衣索比亞遭入侵的那段期間，她前往阿迪斯阿貝巴[1]。之後前往美國，聲援那些被冠上莫須有罪名的斯科茨博羅男孩[2]。那些黑人青少年被帶有種族主義的美國司法定罪。所謂民主的美國警方，後來將南希．庫納驅逐出境。

一九六九年[3]，我的好友南希在巴黎過世了。在生命垂危的緊急時刻，她幾乎全身赤裸地搭著飯店的電梯下樓。就在那裡，她倒下，永遠闔上她那雙美麗、天藍色的眼睛。

她過世時體重只有三十五公斤，瘦得只剩皮包骨。在長期對抗世界的不公不義中，她的身體日漸消瘦。她沒有得到任何回報，只有讓日子變得愈來愈孤單，最後換來孤苦伶仃的死亡。

在馬德里的一場聚會

西班牙的戰況愈來愈糟，但西班牙人民反抗的精神已感染全世界。國際縱隊[4]已經到西班牙參戰。一九三六年，我看見他們抵達馬德里，整裝待發。他們是一大群不同年齡、不同髮型、不同膚色的人。

一九三七年，我當時人在巴黎，主要是為世界各地反法西斯的作家籌辦一場即將在馬德里舉行的會議。因爲那次的機緣，我開始認識阿拉貢這個人。起初，最讓我驚訝的是他的工作和組織能力。所有的信都是他親自口述、修改，他還會把信件內容記在腦子裡，任何微小的細節都不會遺漏。他在我們的小小辦公室裡連續工作了好幾個小時。而且，如同大家所知道的，他還能寫出厚厚的散文著作，並且創作出最優美的法語詩歌。我看過他修改自己從俄文和英文翻譯過來的校樣文稿，也看過他在印好的校樣上直接重新改寫。老實說，他是個奇才。我從那時候就注意到這一點。

1 阿迪斯阿貝巴（Addis Ababa），衣索比亞首都。一九三六年，二戰前夕，被墨索里尼的軍隊佔領，成了義屬東非的首都，直到二次大戰結束才脫離義大利控制。

2 指一九三一年爆發的美國司法醜聞——斯科茨博羅事件（Scotsboro Case）。九名黑人青少年因在火車上集體鬥毆而被捕入獄。事件發生在當時仍堅持種族隔離的美國南方小鎮——阿巴拉馬州的斯科茨博羅，這九名黑人隨後被控性侵同車兩名白人少女的莫須有罪名，帶有膚色與種族成見的一審法院草率定罪，判處其中八名少年死刑。此判決在南方以外地區引起撻伐，更引來其他民間團體的請願與施壓。

3 此處作者筆誤，南希真正死一九六五年。由於聶魯達在許多事件都採「回憶」的方式來敘述，所以在整本書中有不少地方都出現了「我依稀記得」、「依稀看見」、「依稀有印象」等表達。

4 國際縱隊（Brigadas Internacionales），西班牙內戰期間，由共產國際號召，以聲援西班牙共和軍為目的的國際志願者所組成的兵力。據史學家統計，該縱隊共計約六萬人，其中一萬五千人在戰爭中身亡。

我沒有領事館可待，所以沒有收入。我開始在阿拉貢領導的文化保護協會工作，每個月領四百舊法郎。我當時的太太，也是與我相伴多年的妻子德麗雅．德爾．卡里爾（Delia del Carril），總是散發著莊園女主人的富貴氣質，事實上她比我還窮。我們住在一間詭異的廉價旅社裡，那裡的一樓整層都是租給來幽會的情侶。我們有好幾個月都吃得很少、很差。不過，舉辦反法西斯作家大會是千眞萬確的。從各地紛紛傳來難能可貴的答覆。其中一封來自愛爾蘭的國民詩人葉慈，另一封來自瑞典的偉大女作家塞爾瑪．拉葛洛夫[1]。他們年紀都太大，無法移動到像馬德里這種被包圍、被轟炸的城市，但是他們的心與西班牙共和勢力站在同一陣線。

我知道奧賽碼頭流傳著一份針對我的報導，內容大概是這樣：「聶魯達和他的太太德麗雅．德爾．卡里爾經常往返西班牙，幫蘇俄政府帶口信。蘇俄作家伊利亞．愛倫堡也和聶魯達祕密往返西班牙，負責接收指令。聶魯達爲了讓他與愛倫堡之間的來往更隱密，還租了一間公寓，與那位蘇俄作家住在同一棟大樓裡。」

眞的是胡說八道。強—理查．布洛奇[2]給了我一封信，要我交給他一位在外交部當高級主管的朋友。我向那位高級官員解釋，大家基於天大的謊言想把我趕出法國。我還告訴他，我很想認識愛倫堡，但是很遺憾地到那天爲止，我都沒有那樣的榮幸可以見到他。那位大官露出惋惜的神情看了我一眼，保證會幫我調查清楚眞相。不過，從來沒有人去調查，荒謬的指控仍然滿天飛。

於是，我決定自己去見愛倫堡。我知道他每天都會去圓頂餐廳，在那裡享用俄式午餐，也就是在黃昏的時候吃飯。

「我是智利詩人巴布羅・聶魯達。」我對他說。「根據警方的說法，我們是密友，我跟您住在同一棟大樓。因爲您的緣故，我將被趕出法國，所以我想至少要和您見個面、認識您，和您握個手。」

我一直以爲不管世界發生什麼事，愛倫堡都會處變不驚。沒想到，當時在他凌亂、灰白的長髮底下，我發現他濃密的眉宇之間流露出一種類似無比驚訝的眼神。

「我也很想認識您啊，聶魯達！」他回答我。「我喜歡您的詩。那現在您也來嚐嚐這個阿爾薩斯的酸菜料理。」

從那一刻開始，我們成了非常要好的朋友，我感覺他就在那一天開始翻譯我的書《西班牙在我心》。我應該感謝法國警方（他們也萬萬沒想到），在我人生中爲我準備了這麼一段開心的友誼，還爲我送來了一位最優秀的俄語譯者。

我一直覺得自己沒什麼能力，尤其在實務和重要的任務上更是不在行。所以，當我收到銀行的通知單時，嚇到目瞪口呆。那是西班牙政府匯過來的一筆錢，金額很大，包括那次大會的主要開銷，包含世界各地代表們的旅費。幾十名作家開始陸續抵達巴黎。

我很慌張。我應該怎麼處理這筆錢？我選擇背書轉讓，將經費交由主辦方來處理。

1 葉慈（William Butler Yeats，一八六五年—一九三九年）和塞爾瑪・拉葛洛夫（Selma Lagerlöf，一八五八年—一九四〇年），兩人分別為一九二三年和一九〇九年諾貝爾文學獎得主。

2 強—理查・布洛奇（Jean-Richard Bloch，一八八四年—一九四七年），法國評論家、小說家、劇作家。曾與路易・阿拉貢同時在《今夜》（*Ce soir*）晚報工作。

「那筆錢我連看都沒看，而且我也沒能力處理。」我向當時暫住巴黎的拉法耶爾・阿貝爾迪說。

「你眞是個大傻瓜。」拉法耶爾回答我。「你爲了西班牙丟了你的領事工作，現在穿著破鞋四處奔波。你就是不懂得爲自己的辛苦工作和基本開銷留個幾千法郎來花花。」

我看了一眼腳下的鞋，發現它們眞的破了。阿貝爾迪買了一雙新的來送我。

再過幾個小時，我們就要和所有的代表一起出發，前往馬德里。爲了替自世界各地前來的作家辦理各種文件，德麗雅、安帕蘿・貢薩雷斯・杜濃[1]還有我自己，都被壓得喘不過氣。在法國出境的簽證上，問題一大堆。事實上，我們霸佔了簽發我們戲稱爲「小收據」（recipisson）的巴黎警察局，有時候我們還拿起法國人叫「戳子」（tampon）的高級圖章，自己蓋在護照上。

除了挪威人、義大利人、阿根廷人，還有一位千里迢迢從墨西哥來的詩人歐塔維歐・帕斯[2]。在某方面來說上，我很自豪能夠吸引他來參加。他只出版過我兩個月前拿到的一本書。我覺得他的作品裡蘊含了蓄勢待發的能量，但是當時沒有人認識他。

我的老朋友瑟薩・巴列霍臉色陰沉地過來找我。他很生氣，因爲他那位讓大家都無法忍受的妻子沒有拿到車票。我立刻去幫她補買，然後把票交給巴列霍，但是他離開時還是和來的時候一樣，擺了臭臉。他怪怪的，而那個怪怪的事發生了幾個月之後，我才完全弄明白。

事情的經過是這樣的：我的同胞畢森德・魏多伯羅已經到了巴黎，準備參加大會。我和魏多伯羅交惡，互相不打招呼。但是他和巴列霍卻是很要好的朋友，他趁待在巴黎的那幾天，在我這位單純的文學友人耳邊說我的壞話。後來我和巴列霍進行了一場激烈的對話後，才一切眞相大白。

從來沒有一列從巴黎出發的火車，會像我們那次一樣載滿了作家。在車廂的走道上，我們與老朋友重逢，同時也遇到一些不認識的作家。有的人去睡了，有的人不停地抽菸。對許多人來說，西班牙是個謎，也是那個時代的謎底。

巴列霍和魏多伯羅待在列車的某個角落。臉部慣性抽搐、肩上會掛著風衣的安德烈．馬爾羅[3]停留了一下，與我交談。這次他自己一個人旅行。之前我看到他身邊總是跟著飛行員寇東－墨葛利尼耶爾（Corton-Moglinière）。有了那位重要的左右手，他得以冒險飛上西班牙天空，視察淪陷的城市和未受保護的城市，或是提供飛機給共和軍。

我記得火車在邊境停留了很久。當時魏多伯羅好像掉了一件行李，但所有人都在忙或在煩惱耽擱的事情，所以沒人有心情理他。那位仍在調查行李下落的智利作家，在不對的時機走上了月台，詢問我們那次出遊的領隊馬爾羅。馬爾羅本能地感到惱火，再加上身上背負了一大堆問題，壓力已經達到臨界

1 事實上這是由聶魯達的作家好友拉烏爾．貢薩雷斯．杜濃（Raul González Tuñón）和他的太太安帕蘿．蒙（Amparo Mom）兩人拼湊出來的名字。或許聶魯達寫作時筆誤，將先生的姓冠在太太的名字上，也有可能聶魯達指的是夫婦兩人，只是忘記在兩人中間加上 y（和）。

2 歐塔維歐．帕斯（Octavio Paz，一九一四年—一九九八年），墨西哥重要詩人、文學評論家、外交官。一九九〇年獲得諾貝爾文學獎。重要作品為《太陽石》（*Piedra de Sol*）、《孤獨的迷宮》（*El laberinto de la soledad*）等。

3 安德烈．馬爾羅（André Malraux，一九〇一年—一九七六年），法國作家、政治家，曾在戴高樂總統任內擔任文化部長，小說《人性的尊嚴》（*La Condition humaine*）於一九三三年獲得法國龔固爾文學獎。西班牙內戰初期，馬爾羅為共和軍調來空中兵力支援，在馬德里成立「西班牙中隊」（Escuadrilla España），其重要貢獻受到西班牙空軍表揚，授階為空軍中校。

點。或許他不認識魏多伯羅的大名，也沒眞的見過他。所以當魏多伯羅靠近他，向他申訴行李不見時，他最後僅存的一點耐心完全耗盡。我聽到他對魏多伯羅大吼：「您到底要騷擾所有人到什麼時候？滾開！去你的！」

我意外目睹了這個讓魏多伯羅顏面盡失的一幕。我當時恨不得身處一千公里外，不過人生就是那樣無法捉摸。在那列火車上，魏多伯羅唯一討厭的人是我，而且同行的一百位作家都沒人知道他遇上的事，偏偏唯一的目擊者就是我這個和他同國籍的智利人。

旅程繼續，晚上我們進入了西班牙領土。我想著魏多伯羅，想著他的行李箱，想著剛才經歷不愉快的短暫時光。一群某中美洲共和國的年輕作家接近我的包廂，於是我對他們說：

「各位也去看看魏多伯羅，他應該獨自一人，心情沮喪。」

二十分鐘後，他們笑嘻嘻地回來。魏多伯羅對他們說：「別提行李箱不見的事，那不重要。重要的是芝加哥大學、柏林大學、哥本哈根大學、布拉格大學都已經頒發榮譽學位給我了，而諸位那個小國、那個不起眼的大學，竟然是唯一不把我放在眼裡的學校，連邀我去講一場創造主義的演講都沒有。」

我的同胞、我們的大詩人，眞的是沒救了。

最後我們抵達了馬德里。當大家歡迎與會來賓並爲他們安排好住宿時，我只想回到我將近一年沒見的家裡。我的書、我的東西全部都在那裡。那是一間位於大學城入口附近、名爲「百花之家」大樓裡的公寓。佛朗哥的陣線已經逼近那一帶，所以那一區的公寓已轉手過好幾回。

米格爾・俄南德斯穿著軍服，帶著步槍，弄來一輛貨車，準備幫我搬走家裡的書和其他有意思的個人物品。

我們爬上五樓，心情有點激動地打開公寓大門。霰彈打破了窗戶，擊碎了部分的牆。我的書從架子上倒落。我們無法在瓦礫堆中分辨方向。但不管怎樣，我慌張地找了一些東西。有趣的是，我那些多餘、用不到的衣服全不見了，肯定是被入侵者或防衛的士兵帶走了。另一方面，我的鍋子、盤子和縫紉機都被弄得亂七八糟，不過都還健在。而我的領事燕尾服、我的玻里尼西亞面具、我從東方帶來的刀，全消失得無影無蹤。

「戰爭和作夢沒兩樣，讓人摸不透。」我對米格爾說。

他在散落的紙張中發現我某些創作的原稿。那樣混亂的場面讓我人生陷入了絕境。我對米格爾說：

「我什麼都不想要了。」

「都不要？連一本書也不要？」

「連一本書都不要了。」我回答他。然後我們帶著空貨車離開。

面具與戰爭

……我的家位於兩陣線之間……某一邊，摩爾人和義大利人向前挺進……另一邊，守護馬德里的士兵前行、倒退、停息……我的牆遭到砲火襲擊……我的窗碎裂成了瓦礫……在地上、在書間，我找到子彈的殘骸……但是我的面具已經不在……我從暹羅、峇里島、蘇門答臘、馬來群島、印尼萬隆收集來的面具……有金色、有灰色、有番茄色、有塗銀色眉毛、藍色眉毛、凶神惡煞的眉毛、沉思的眉毛，這全是我首次獨自一人前往東方的回憶，迎接我的味道混合著當地的茶、糞肥、鴉片、汗水、濃郁的茉莉、雞蛋花、路上爛掉的水果……那些面具讓我回想起無比純淨的舞蹈、在神廟前跳的舞蹈……木製的擺飾被染上神話的色彩，花草神話的殘餘，在空氣中與夢境、習俗、惡靈還有與我美洲性格中無法妥協的神祕力量，全部交織在一起……當時，或許那些士兵戴著我的面具，從我家的窗戶探出頭去，或許這樣，他們在槍林彈雨中嚇到了摩爾人……就在那裡，許多面具裂成了碎片，並沾上了鮮血……還有一些被槍擊中，從我五樓的家滾了下去……在這些面具前，佛朗哥的勢力不斷挺進……在這些面具前，那群文盲傭兵咆哮而過……三十張亞洲神明的面具在我家站立，跳起了最後的死亡之舞……當時是休戰期……情勢起了變化……我坐下看著瓦礫，看著蓆子上斑斑的血跡……透過霰彈開出來的洞、透過那些新的窗櫺……我眺望遠方，看到大學城再過去的平原、古堡……我覺得西班牙空蕩蕩……我覺得我最後邀請的賓客已經永遠地離去……戴著面具或不戴面具，在槍林彈雨裡和軍歌繚繞間，那些瘋狂的歡樂、難以想像的防守、生或死，那些對我來說都已經成了過去……那是慶典過後最新的寧靜……最近的一場慶典過去了，對我來說，西班牙和那些不請自來的士兵戴著消失的面具，帶著那些掉落的面具都已離去……

06——出發尋找落難者

選擇一條路

雖然正式入黨後過了許久，我才收到黨員證，但是在西班牙的戰爭期間，我就自認爲是一名共產黨員，而許多事情更加深了我的信念。

我的詩人朋友雷翁・費立貝（León Felipe）是尼采的追隨者，個性矛盾但也是一個討喜的人。他最吸引人的地方是不受規範約束、愛捉弄人、叛逆的無政府傾向。在內戰打得如火如荼時，他輕易採信了伊比利無政府主義聯盟（FAI）的聳動文宣，經常到無政府主義陣營去發表個人理念，朗誦反偶像崇拜的個人詩作。在這些作品中，他以祈求和褻瀆的方式，表達了一種類似無政府主義、反教會干政的概念思想。他的文字吸引了在馬德里迅速激增的無政府主義族群，此時人民也站到愈來愈逼近的戰爭前線。無政府主義者在輕軌電車和公車上刷上一半紅一半黃的顏色。他們頂著一頭亂亂的長髮，留著落腮鬍，戴著子彈做的項鍊和手環，成了西班牙末日嘉年華的主角。我看見他們好多人穿上具有象徵意義、一半紅皮一半黑皮的鞋子，要做出那樣的鞋，肯定讓鞋匠費了不少工夫。不過，大家不要以爲他們沒攻擊性，只是在演鬧劇。其實他們每個人都帶刀，帶非常規的大手槍，帶來福槍和卡賓槍。通常他們會一群一群地杵在大樓的正門口，一邊抽菸或吐痰，一邊亮出他們的武器裝備。他們主要的目的是向那些嚇得半死的住戶收取保護費，或者讓他們乖乖地吐出珠寶、戒指和手錶。

雷翁·費立貝從一場無政府的聚會回來，當時已入夜，我們在我家轉角的咖啡廳相遇。他披了一件西班牙式斗篷，與他耶穌般的大鬍子非常相配。離開時，他帶著那件高雅斗篷，衣襬不小心蹭到一位與他同信仰但小心眼的傢伙。不曉得是不是因爲雷翁·費立貝溫文爾雅、有如紳士的老派作風惹到那位擋路的「門神」，但可以確定的是，我們往前移動了幾步之後，被一群無政府主義者攔了下來，而帶頭的那個人，就是剛才在咖啡廳裡感覺被冒犯的傢伙。他們想查我們的證件，出示給他們看一眼之後，雷翁詩人就被兩名帶槍帶刀的男人架走了。

他們將他帶到我家附近、晚上多次發出巨響讓我睡不著的槍決刑場。此時，我見到兩名剛從前線回來的軍人。我向他們解釋雷翁·費立貝是誰，他現在的處境有多危險。多虧他們，我才得以讓我的朋友脫困。

這樣意識形態混亂、無理由就破壞的氛圍，提供了我很多思考機會。我得知一位奧地利無政府主義者的偉大事蹟。那位近視眼，留著一頭金色、凌亂長髮的老人，擅長帶人去「散心」。他組了一支命名爲「黎明」的軍團，因爲他們都在旭日東昇時行動。

「您偶爾會有頭痛的感覺嗎？」他問受害者。

「會啊！當然，偶爾會痛。」

「那麼我來給您一顆好的止痛藥。」那位奧地利無政府主義者對他說，同時拿起左輪手槍瞄準他的額頭，對他開了一槍。

當那幾幫人在馬德里的夜裡聚集，共產黨員是唯一有組織的勢力，他們組成一支軍隊，對抗義大利人、德國人、摩爾人和長槍黨，同時也是維持反抗法西斯、對抗法西斯的道德力量。

簡單來說，大家都得選擇一條路。那就是我在那幾天所做的事，而且我從來沒後悔在那悲慘的時代，在黑暗與希望之間做了決定。

拉法耶爾·阿貝爾迪

詩歌永遠是一種和平行動。詩人從和平裡誕生，就像麵包出自麵粉一樣。

縱火者、戰士、豺狼虎豹尋找詩人，想燒死他、殺死他、吃了他。一處陰暗公園的樹叢裡，一名逞凶好鬥的人讓普希金[1]受傷身亡。裴多菲[2]失去生命跡象的軀體遭到狂奔揚塵的馬兒踐踏。奮力抗戰的英國詩人拜倫在希臘喪命。西班牙的法西斯主義者在西班牙發動戰爭，謀殺他們最好的詩人。

拉法耶爾·阿貝爾迪就是在那樣的背景下倖存的詩人。他們爲他設下了上千次的埋伏，一次在格拉納達，另一次死神在巴達霍斯（Badajoz）等著他。他們在陽光普照的塞維亞或在他小小的故鄉——卡迪斯（Cádiz）和聖瑪莉亞港（Puerto de Santa María）通緝他，想要刺死他、吊死他，並且想藉由他的死，

1 普希金（Aleksandr Sergeyevich Pushkin，一七九九年—一八二七年），俄國浪漫主義時期的作家、文學評論家，重要作品有《葉夫蓋尼·奧涅金》（*Yevgeniy Onegin*）、《上尉的女兒》（*Kapitanskaya dochka*）等。其作品的重要性及其對後世作家的深遠影響，讓他被譽為俄國文學之父。

2 裴多菲（Petöfi Sándor，一八二三年—一八四九年），匈牙利愛國詩人、革命英雄。

再次扼殺詩歌。

但是詩歌沒有死，它像貓一樣有七條命[1]。人們讓它不得安寧，在街上拖行它、唾棄它、嘲弄它；人們限制了它的出路，讓它窒息，讓它四處流浪，將它囚禁，並補上幾顆子彈。歷經這所有的劫難，它帶著全新的面貌和米粒般潔白的笑容，安然地離開。

我是在馬德里街上認識拉法耶爾．阿貝爾迪的，當時他穿著藍襯衫，打著紅領帶。我知道他是為人民發聲的鬥士，當時做這種苦差事的詩人並不多。雖然西班牙的戰地鐘聲還沒響起，但是他已經知道即將發生的事。他是南方人，出生在發出聲響的大海旁，同時緊靠著生產黃玉般白葡萄酒的酒莊。他的內心就是因為這樣變得有如葡萄酒般熱情如火、有如海浪般發出澎湃的巨響。他一直都是創作詩歌的料，只是早年他自己不曉得。後來全西班牙人，甚至更後來全世界的人，都體認到了這個事實。

對於我們這些有幸會講而且又懂西班牙文的人來說，拉法耶爾．阿貝爾迪代表西文詩歌的榮耀。他不僅天生就是個詩人，還非常懂格律。他的詩有如冬天裡奇蹟盛開的紅玫瑰，裝飾著貢戈拉般的雪花，長著霍爾赫．曼利克[2]般的根，開著加西拉索般的花瓣，散發出古斯塔博．阿多爾夫．貝克般憂鬱的芬芳。也就是說，在他晶瑩剔透的酒杯裡，調和了西班牙詩歌的精髓。

這朵紅玫瑰照亮了在西班牙企圖攔截法西斯主義者的道路。全世界都曉得這一段英雄、悲壯的歷史。阿貝爾迪不僅寫出了史詩般的十四行詩，不僅在軍營和前線朗誦詩歌，還創造出詩歌游擊隊，用詩歌的戰爭來抗戰。他創造的詩歌在砲聲隆隆下長出了羽翅，之後在所有的土地上翱翔。

這位血統無比純正的詩人，在世界關鍵時刻教導我們詩歌的群眾功能。他在這一點和馬雅可夫斯基[3]相似。詩歌的這種群眾功能，是基於它的力量、它的溫柔、它的愉悅和它真正的精髓。少了這樣的特性，詩歌就只會發出優美的聲音，但無法吟唱。阿貝爾迪的詩一直都在吟唱。

迷霧的禮物*

戰爭開打前不久，我在馬德里送了一隻公狗或母狗（其實我一直都沒搞清楚）給拉法耶爾．阿貝爾迪。

這是我送給惠我良多的人唯一的一件禮物。

我先說我的禮物，再來說他給我的種種恩惠。

某天晚上，我離開「百花之家」大樓，朝拉法耶爾的家前進。他的家就在不遠處，有個氣派的陽

1 相對於世界其他國家對「九命怪貓」的傳說，在西班牙、墨西哥和智利等國的人們，相信貓有七條命。其由來說法不一，有人認為因為「七」在西方傳統中是「幸運」、「神奇」的數字，就像貓遇到危機時往往能化險為夷。也有人認為此說法可以追溯到古埃及時期，當時貓被奉為神明，傳言牠們死後會再投胎，因此生命不斷輪迴。

2 霍爾赫．曼利克（Jorge Manrique，約一四四〇年—一四七九年）、加西拉索（Garcilaso de la Vega，約一五〇〇年—一五三六年）、貝克（Gustavo Adolfo Bécquer，一八三六年—一八七〇年），三人分別是西班牙中世紀、文藝復興和浪漫主義三個時期的文學代表人物。

3 馬雅可夫斯基（Vladimir Vladimirovich Mayakovsky，一八九三年—一九三〇年），俄國著名詩人。一九二〇年在全歐洲和世界各地談論俄國革命，並在一九二二年至一九二五年間以創作宣傳理念，如海報、電影台詞等。

台，朝向烏爾奇霍侯爵（Marqués de Urquijo）街和樹木扶疏又聽得到鳥叫聲的公園。那個房子曾經住著一位兇狠、屠殺曼比[1]的將軍，在玄關放了一顆我看過的最大的硨磲蛤屬（*Tridacna*）巨型貝殼，那應該是從菲律賓帶來的。

我喜歡漫步，走過相隔我們兩家的這六、七個街區，然後再爬上拉法耶爾令人開心的家。在此之前，我是對那位殖民上校依稀有印象，但此印象卻往往停留在那個古人用來放聖水的巨型貝殼上。爬上幽暗、寧靜的螺旋階梯之後，直接見到在發光的拉法耶爾，旁邊陪伴著金色頭髮、亮麗的卡斯蒂亞女子瑪麗亞·特雷莎，她盡力讓寬敞的空間看起來更亮些。拉法耶爾和我一樣夜夜笙歌，因為每天都非常辛苦地工作。

抵達那裡時，身邊多了一隻公狗或母狗。沒人知道牠的性別、牠的品種，也聽不懂牠的叫聲。牠的蓬鬆毛髮凌亂又糾結，眉毛和鬍鬚都過長，所以才會變成那團迷霧，在我出門後就一直跟著我。

當時是嚴冬，馬德里罕見的霧頗具西班牙特色，降得又濃又密，滲入了大街小巷。如此的濃霧讓我難以前進，視線幾乎全被遮住了，不過還不至於聽不見。我察覺路上有個東西跟著我。這個東西很有可能是鬼，是烏鴉，或什麼都不是。我孤身一人，有點迷失在濃霧當中。在那個時間，我是個完全孤獨的路人。沒有其他人經過，沒有任何的聲音，就只聽得到跟在我後面、像鬼走路般喀噠喀噠的奇怪腳步聲。我停下腳步，那個跟得很緊的聲音也停了。我才剛重新起步，那個東西又立刻跟了上來。這一切和那場大濃霧都讓我感到不舒服。一進到阿貝爾迪家的大門，無比溫順的狗兒從濃霧裡出現，跟著我一起上樓。一隻郊區的狗，有點像在霧裡，又有點像在夢境，牠從灰白濃密的毛髮間看著我。牠完全呈現流浪狗的毛色，樣子看起來有點像迷失在都市裡的綿羊，但在牠的眼睛裡仍看得到原始的純真。

當我和狗一起進門時，拉法耶爾立刻叫牠「迷霧」，因爲牠看起來仍充滿了神祕感。牠坐在客廳中央，乖乖地接受詩人的疼愛。從那時候起，那隻奇特的狗在阿貝爾迪夫婦的家裡似乎就變得很自然、很不可或缺，與家裡四處隨性擺放的阿貝爾多．參切斯（Alberto Sánchez）抽象石雕和鋼鐵雕塑融合在一起。

迷霧那個名字和牠狂野的毛髮，對拉法耶爾來說，很有紀念意義。牠陪伴在他身邊很長一段時間，幫助他在路上走，甚至幫助他寫詩；一隻那樣在夜裡出現的狗，什麼事情都能做。只是奪走我們許多事物的戰爭讓他們分開了。那場戰爭讓拉法耶爾失去了他的西班牙[2]，也失去了他那隻叫迷霧的狗。

拉法耶爾．阿貝爾迪是海濱聖瑪麗亞港的詩人，是英勇城市馬德里的詩人，是流亡又多產的詩人，但我這輩子唯一送給他的禮物就是那條狗。

拉法耶爾這麼多年來給予我的和我現在欠他的，完全是兩碼事。我曾經不只在一首詩裡提過。全部就這樣？那很多了。不過，我原本還可能欠他更多。那也是我愛他的原因。

現在，他比我早滿七十歲，但也沒提前我多少，因爲我們兩人年紀相仿，他應該還記得，當年我帶著他和他心愛的妻子移民美洲，原本我安排他們到我的祖國，但他們卻滯留在繁華的布宜諾斯艾利斯。

這多年來，我可能都成了拉法耶爾和他妻子的最大債主。他們很懂得生活，比任何人都懂如何讓

1 曼比（mambí），指參與古巴、多明尼加和菲律賓脫離西班牙殖民的游擊隊。

2 拉法耶爾．阿貝爾迪因身為積極的共產黨員，在西班牙內戰結束後擔心被佛朗哥勢力清算，因此流亡海外，直到佛朗哥過世、恢復君主立憲制之後，才於一九七七年回到西班牙。

自己過得幸福。

拉法耶爾生活精彩。所有這幾年他在我內心勾起的快樂，都是我欠他的。我具有地方性格，內心只有出生地南方極地的微光、大森林的豪雨，還有讓我寒冷的祖國雪上加霜的火山。對我來說，拉法耶爾就像一扇甜蜜的窗，引導我走向他開滿花的故鄉、廣闊的原野。

沒有像拉法耶爾．阿貝爾迪那樣能讓我感到如此開心的人了。或許我們共同的好兄弟費德里克．賈西亞．洛爾卡可以像拉法耶爾一樣讓我笑。就只是單純地笑，就如每天所需的麵包和水果一樣，笑得如此自然。他們兩個詩人，雖然截然不同，但永遠活在我心裡，直到其中一位被另一位的敵人給殺了。

不過，我現在講的是活著的這位拉法耶爾．阿貝爾迪。他繼續發光發熱，過得開心，努力奮鬥，因爲他完美的人格特質和他堅忍奮鬥的生命，無論現在或未來，都繼續結合在一起，成了他永恆詩歌的理想化身。

納粹在智利

我再度搭乘三等艙的船，回到我的祖國。雖然在我們拉丁美洲沒有發生類似塞林[1]、德里俄．拉霍榭爾[2]或艾茲拉．龐德[3]等知名作家爲了效忠法西斯而背叛人民的案例，但希特勒強大的滲透力量不會因爲這樣就不存在（本性使然也好，被資金收買也好）。到處形成一個又一個的小團體，他們穿成衝鋒隊員的模樣，舉起手、以法西斯的方式打招呼。他們的人數不少。美洲大陸守舊、封建的寡頭領袖對任何形式的反共主義都有好感，不管是從德國來的，還是在地白人的極左派。此外，我們還不能忘記有大批的德國後裔，他們大部分定居在智利、巴西和墨西哥的特定地區。這些人很容易就受到希特勒瞬間崛起的吸引，而且相信日耳曼強盛一千年的神話傳說。

希特勒大肆宣揚勝利的那幾天，我在智利南部的小村或城鎮，必須不只一次地穿越某條街，頭上掛滿了有如眞森林般的納粹卐字旗。有一次，我在南方的小鎮逼不得已必須使用當地僅有的一支電話，所以不情願地向那位「元首」（Führer）致意。那家店的德國老闆想方設法，將電話的位置放得剛剛好，讓用電話的人不得不高高地舉起手臂，對希特勒的肖像表達擁戴。

我當時擔任《智利曙光》（*Aurora de Chile*）雜誌的主編。我們所有文字的火力（別的火力我們也沒有）都對準了一個國家接著一個國家併吞的納粹。希特勒的駐智利大使，將一些所謂新德意志文化的書，送給了智利國家圖書館。我們反擊，要求我們的讀者將眞正關於德國、被希特勒查禁的德文書寄來給我們。那次眞是一個很大的實驗。我收到了死亡威脅，但也收到包得整整齊齊、裝有淫穢刊物的包裹，同時也收到了《衝鋒報》（*Der Stürmer*）的完整收藏。這份報紙裡含有情色、性虐待、反猶太的

1 塞林（Céline），本名路易—費迪南．德圖什（Louis-Ferdinand Destouches，一八九四年—一九六一年），二十世紀最具影響力的法國作家之一。但當納粹勢力崛起時，發表了三部反猶太作品，因此也被視為最具爭議性的作家。

2 德里俄．拉霍榭爾（Pierre Drieu La Rochelle，一八九三年—一九四五年），法國作家、記者。在第二次世界大戰德國佔領法國軍事管轄區時，通敵與德國納粹合作，出賣自己的國家。

3 艾茲拉．龐德（Ezra Pound，一八八五年—一九七二年），美國著名作家、音樂家、評論家。後期思想轉向法西斯主義，二戰爆發前到了義大利，在當地組織反美廣播電台，支持墨索里尼。

內容，它的主編就是幾年後在紐倫堡接受審判、被處以絞刑的施特萊徹（Julius Streicher）。不過，開始有人偷偷寄來德文版的海涅（Heinrich Heine）、湯瑪斯．曼（Thomas Mann）、安娜．西格斯（Anna Seghers）、愛因斯坦、阿諾德．褚威格（Arnold Zweig）等人的書。當我們收集到大約五百冊時，決定把書送到國圖去。

喔，太驚訝了！國圖竟然上了鎖，把我們關在門外！

於是我們動員遊行，帶著尼默拉[1]牧師和卡爾．馮．奧西茨基[2]的肖像進到大學禮堂。不知道他們當時在那裡舉辦什麼典禮，找來了外交部長米格爾．克魯恰卡．托寇納爾（Miguel Cruchaga Tocornal）先生擔任主持人。我們將書和肖像放在主持人的講台上。抗爭成功！他們收下了那些書。

黑島

我打算更專心、投入更多精力創作。和西班牙接觸後，我變得更堅強、更成熟。必須與詩歌裡的痛苦做個了結。《二十首情詩》裡憂傷的主觀風格已經落幕，《居住在土地上》裡哀戚、打動人心的表現即將到達終點。我感覺像找到了一條珍貴的礦脈，但它並非藏在地下的岩石裡，而是隱匿在書頁之中。詩歌能對我們人類有幫助？它能在抗爭中陪伴人們？我在不理性和負面裡遊走太久，應該停下腳步，尋找被當代文學流放但又深深引人發想的人文主義道路。

我開始寫《漫歌》。

為此，我需要可以工作的地方。我找了一棟面海的石頭房子，它位在一個大家都不曉得、名叫「黑島」的地方。屋主埃拉迪歐．蘇布里諾（Eladio Sobrino）是一位西班牙社會主義老人，當過船長，當時蓋那棟房子是要給家人的，但是他想賣了。我要怎麼買？我提出《漫歌》的書寫計畫，但是被當時出版過我其他作品的埃西亞（Ercilla）出版社拒絕了。最後，在其他主編直接把錢付給屋主之後，我才能在一九三九年買下黑島那間工作用的小窩。

我最急著想完成的任務，就是構思一首彙集種種歷史事件、地理條件以及民族生活和奮鬥經歷的詩歌。黑島原始的海岸、滔天巨浪的聲響，能讓我盡情地全心投入新詩歌的創作。

幫我帶回西班牙人

但是現實生活立刻把我從那裡抽離。

1 尼默拉（Martin Niemöller，一八九二年—一九八四年），德國神學家，以寫反納粹的懺悔文著稱。因反對納粹對德國新教教會的干預，又多次發表言論，希望教會與政治脫鉤，於一九三七年被捕入獄，隔年轉至集中營，差點被處死。二戰結束後才被盟軍救出。

2 卡爾．馮．奧西茨基（Karl von Ossietzky，一八八九年—一九三八年），德國記者、作家、和平民主運動者。因發表多篇關於希特勒的負面報導，並在希特勒上台後參與國會縱火案，於一九三三年被納粹囚禁於集中營。一九三六年獲得一九三五年度的諾貝爾和平獎。最後因肺結核，並在集中營長期受到虐待，於一九三八年過世。

驚人的西班牙移民消息傳到了智利。超過五十萬的男人和女人、戰士和老百姓，穿越法國邊境。萊昂·布魯姆（Léon Blum）帶領的法國政府受到反對勢力施壓，將難民關入集中營，分送到要塞和監獄，或將他們塞到撒哈拉沙漠旁的非洲地區。

智利政府已經換了人。西班牙人民歷經的種種波折，讓智利人民的力量變得更強大，如今我們才有一個進步的政府。

智利當時的人民陣線政府，決定派我到法國，去完成我這一生當中最崇高的任務：把西班牙人從牢裡救出來，然後送他們到我的國家。我的詩歌就這樣，有如來自美洲的一道耀眼光芒，在那些背負著比任何人都要多痛苦和英雄事蹟的人群中散播開。我的詩就這樣，在迎接西班牙人時，與來自美洲的物資援助一起還清了一筆我已經回想不起來的債務。

我才剛動完刀，一隻腿上打了石膏（當時我的身體狀況就是這樣）；我幾乎殘廢地從我隱居的地方出來，出現在智利總統的面前。貝德羅·阿基雷·瑟爾達（Pedro Aguirre Cerda）先生熱情地接見我。

「沒錯！您要把成千上萬的西班牙人帶來給我。我們爲他們準備了工作。把漁夫帶來，把巴斯克、卡斯蒂亞、埃斯特拉馬杜拉（Extremadura）的人都帶來。」

幾天後，我的石膏還沒拆，便出發去法國，幫智利把西班牙人找過來。

我有一個明確的職位，就是負責西班牙移民的領事，任命書上就是這樣寫的。我到智利駐巴黎的大使館報到，同時炫耀我的頭銜。

那裡的政府和政治情勢與我的祖國不同，但是巴黎的大使館還是沒變。我能有權限將西班牙人送到智利，讓衣冠楚楚的外交人員感到很火大。他們將辦公的地方設在廚房旁邊，用各種方式表達對我的敵意，甚至不提供我辦公用紙。一波又一波不受歡迎的人開始來到使館大樓的門口：受傷的軍人、法學家、作家、失去診所的醫生、各種專長的工人。

那些西班牙人必須拚了老命才能到我的辦公室，而我的辦公室又在四樓，所以大使館的人想了一個很邪惡的鬼點子：讓升降梯停擺。許多西班牙人在戰爭中受傷，在非洲的集中營裡死裡逃生，我痛心地看著他們辛苦地爬上四樓，與此同時，那些壞心的公務員卻對我的困境幸災樂禍。

狡猾的傢伙

智利人民陣線政府爲了讓我的生活有點變化，通知我來了一個新人負責協商事務。我開心極了，因爲新來的負責人，或許能夠排除使館裡老鳥在西班牙移民事務上對我的層層阻撓。從聖拉查（Saint-Lazare）火車站出來了一位乾瘦、戴著一副夾鼻眼鏡的年輕人。他的眼鏡讓他看起來像隻紙摺的老鼠。他大約二十四或二十五歲，講話聲音和女生一樣尖銳，而且隨著情緒起伏斷斷續續。他告訴我，他把我當作上司，就像是我的助理，完全聽從我的安排，協助我處理運送「光榮戰敗者」到智利的偉大任務。雖然我很高興得到一個新的工作夥伴，但是這個人令我覺得不舒服。儘管他對我講了一些恭維和誇語，我還是看得出並不是眞誠的。我後來得知，隨著智利人民陣線勝出，原本屬於耶穌會組織的哥倫布騎士團團員，立刻成了智利共產主義青年團的團員。在密集招募期間，這個青年團非常吸引有才華的知識份子。阿雷亞諾・馬林（Arellano Marín）寫文章、創作劇本，是位博學多聞的講師，他似乎什麼都懂。

世界大戰即將爆發。巴黎每晚都等著被德國轟炸，而且每戶都收到躲避空襲的告示。我每天晚上都到塞納河畔維列（Villiers-sur-Seine）小鎮一間面河的小屋休息，隔天早上再心情沉重地回使館工作。

不到幾天，新來的阿雷亞諾・馬林就比我吃得開了。我把他介紹給內格林[1]、阿爾巴雷斯・德爾・巴尤[2]，還有其他西班牙政黨的黨主席。一個星期之後，這個菜鳥用「你」和幾乎他們所有人稱兄道弟。一些我不認識的西班牙領導人物在他的辦公室裡進進出出，談論的內容不會讓我知道。偶爾他會喚我進去，給我看一顆他買給媽媽的鑽石或翡翠，或者向我掏心掏肺，開始講某個金髮騷貨在巴黎夜店裡讓他花費超支的瑣事。連曾經為了躲避反共人士迫害而躲進大使館裡的阿拉貢夫婦，尤其是埃爾莎[3]，他都可以立刻與他們成為好朋友，把他們照顧得無微不至，還送他們小禮物。埃爾莎・特里歐雷應該覺得阿雷亞諾・馬林這個人很有趣，因為她曾經在一、兩部小說裡提到他。

雖然我的眼光不是非常敏銳，但我慢慢發現他對奢侈品和金錢愈來愈貪得無厭。他隨意更換不同廠牌的車，租豪宅。而且，那個金髮騷貨似乎每天都對他有所求，讓他感到更加痛苦。

我必須搬到布魯塞爾，以解決嚴重的移民問題。當我正要離開當時住的小旅社時，巧遇我那位新手助理——優雅的阿雷亞諾・馬林。他大聲、友善地向我打招呼，邀請我那天一起吃飯。

我們約在他住的、布魯塞爾最貴的飯店見面。他已經找人在我們的餐桌上放好一盆蘭花，並理所當然地擺上了兩份魚子醬和香檳。用餐時，我一邊保持焦慮的沉默，一邊聽著我的邀請人訴說他精彩的計畫、接下來的休閒旅遊、珠寶採買。我感覺在聽一個有點失心瘋的暴發戶說話，他銳利的眼神、堅定的說話語氣，都讓我感到有點頭暈。我決定直接向他表明我的憂慮，要求到他的房間喝咖啡，有些話要跟他說。

當我們抵達大樓梯的入口處，正要上樓談話時，兩位我不認識的陌生男子朝他走來。他用西班牙語請他們先等一下，他過幾分鐘就下來。

「在我看來，」我對他說，「你的路走偏了。你漸漸變成眷戀金錢的人。或許你太年輕了，還不懂，但是我們的政治使命是很嚴肅的。成千上萬難民的命運掌握在我們手中。這不是鬧著玩的。我不想知道任何關於你個人的事，但我想要提醒你。很多人在慘遭不幸之後都會說：『沒有人給我建議；沒有人提醒我。』你不會遇到這種事，因爲我已經提醒你了。現在我要走了。」

向他道別時，我看著他。他的兩行清淚從眼睛流到嘴巴。我突然感到後悔。我該不會說得太過頭了？我向前拍了拍他的肩膀。

「別哭了！」

1 內格林（Juan Negrín，一八九二年—一九五六年），西班牙醫生、政治人物。一九三七年擔任第二共和總統，一九三九年隨著共和政府流亡法國，並持續擔任該職，隔年法國被納粹佔領後，流亡政府決定遷至墨西哥，內格林則選擇暫居英國，於一九四五年辭去總統職務。

2 阿爾巴雷斯．德爾．巴尤（Julio Álvarez del Vayo，一八九一年—一九七五年），西班牙法學家、記者、外交官、政治人物。內戰期間被任命為西班牙流亡政府的外交部長，最大貢獻是將馬德里普拉多博物館的收藏運到瑞士以避開戰火，並且呼籲國際聯盟的盟國以武力保護西班牙領土的完整與政治獨立。

3 埃爾莎．特里歐雷（Elsa Triolet），原名埃菈．尤里耶夫納．卡根（Ella Yurievna Kagan，一八九六年—一九七〇年），法國作家，出生於俄國的猶太裔家庭，一九二八年結識阿拉貢，兩人交往十年後，於一九三九年結為夫妻。一九四四年，成為第一位獲得法國龔固爾文學獎的女作家。

「我是氣到哭。」他回答我。

我一句話也沒說就離開了。回到巴黎之後，就再也沒見過他。那兩位正在等候的陌生人見我下樓，立刻衝上他的房間。

這個故事的結局，是多年後當我在墨西哥擔任智利領事時才知道的。某天，我受邀參加一群西班牙流亡人士舉辦的午宴，其中兩個人認出我來。

「兩位在哪裡見過我嗎？」我問他們。

「我們是在布魯塞爾上樓找您的同胞阿雷亞諾·馬林說話的那兩個人，當時您正從他房間下來。」

「當時發生什麼事了？我一直都很好奇。」我問。

他們向我講了精彩的故事。他們見他淚流滿面、情緒激動、精神幾乎崩潰。他一邊抽泣，一邊對他們說：「我剛才遭遇了人生最大的驚嚇。聶魯達已經從這裡離開去向蓋世太保檢舉兩位，說兩位是危險的西班牙共產黨員。兩位還剩幾分鐘時間可以逃跑。把行李給我，我替兩位保管，之後我會想辦法交到兩位手上。」

「他有病啊！」我對他們說。「幸好，兩位最後總算擺脫德國人的魔掌。」

「但是行李箱裡有西班牙勞工工會的九萬美金，我們沒再看到，而且再也看不到這筆錢了。」

此外，我之後還得知那個狡猾的傢伙，做了一趟環遊近東的愉悅長途之旅，享受他的巴黎戀情。附帶一提的是，那個對他索求無度的金髮騷貨，其實是巴黎索邦大學的金髮男大生。

後來，他在智利公開放棄共產黨員身分。「理念的嚴重分歧迫使我做了這樣的決定。」他給報章媒體的信中這樣寫著。

將軍和詩人

每個戰敗者、每名囚犯，都是一部有章節劇情、有哭、有笑、有孤單、有愛情的小說。有些故事確實讓我吃驚。

我認識一位又高又瘦的空軍上將，他軍校畢業，擁有各種頭銜。他走在巴黎街頭，就像唐吉軻德在西班牙土地上那又老又挺拔的影子，又像是一棵卡斯蒂亞地區的白楊樹。

當時佛朗哥軍隊將共和軍掌控的地區隔成兩個區塊，那位埃雷拉（Herrera）將軍必須在一片漆黑當中巡航，監控防禦設施，並在兩區下達指令。偶爾佛朗哥軍隊的射擊會擦過他的飛機。不過在黑暗之中，他大多感到無聊，所以學起了點字。當他熟悉盲人書寫的文字之後，便一邊執行危險任務，一邊用指頭點字閱讀，此時腳下的戰火猛烈、民不聊生。將軍告訴我，他讀完了《基度山恩仇記》，正要開始讀《三劍客》時，他夜間的盲人閱讀活動就因爲戰敗和流亡而中斷了。

另一個讓我回想起來心情無比激動的是安達魯西亞詩人貝德羅．賈爾費亞斯（Pedro Garfias）的故事。他流亡後滯留在一個蘇格蘭貴族的城堡裡。那座城堡向來空無一人，靜不下來的賈爾費亞斯每天都到伯爵領地裡的酒館報到。他默默、孤單、憂傷地喝著啤酒，因爲他不會說英語，只會講一口連我也聽不懂的吉普賽人式西語。這個啞巴常客引起酒館老闆的注意。某天晚上，當所有客人都離開時，老闆請他留下，兩人繼續安靜地喝酒。一旁的壁爐劈啪劈啪地冒出火花，彷彿在爲兩人說話。

這樣的邀請成了一種慣例。每天晚上賈爾費亞斯都受到和他一樣孤單、無妻子、無家庭的酒館老闆歡迎。漸漸地，他們打開了話匣子。賈爾費亞斯在談話中穿插了感嘆句、誓言，還有非常安達魯西亞式的咒罵，向老闆敘述了西班牙整個戰爭的經過。酒館老闆像在參加宗教儀式般，安靜地聽他說，當然一個字也沒聽懂。

輪到那個蘇格蘭人開始講他不幸的際遇，應該講了他妻子拋棄他的故事，應該講了壁爐上那些軍裝照的兒子們的英勇事蹟。我說「應該」，是因爲在他們持續那麼多個月的對話裡，賈爾費亞斯一個字也沒聽懂。

然而，這兩個孤單的人，用各自的語言，講著各自的故事，使得他們的友誼逐漸加溫。每個晚上見面、聊到清晨才結束，變成了兩人每日必不可少的事。

當賈爾費亞斯必須離開前往墨西哥時，兩人互相道別，又是喝酒又是聊天，又是擁抱又是流淚。讓兩人情緒如此激動的原因就是孤單的兩人又得被拆開了。

「貝德羅，」我問了詩人好幾次，「你覺得他對你說了什麼？」

「巴布羅，我從來都沒聽懂過一個字，但是當我聽他說話時，總感覺我眞的懂他在說什麼。而且我在說話時，也確定他聽得懂我說的。」

溫尼伯號

某天早上我抵達大使館時，公務員拿了一封很長的電報給我，然後笑了笑。我覺得奇怪，他們平常連招呼都不打一聲，那天竟然對我笑，應該是電報裡寫了什麼讓他們竊喜。

那是一封從智利發過來的電報，上面簽名的人正是貝德羅・阿基雷・瑟爾達總統，也就是下達明確指示、要我把西班牙戰敗者送上船的那個人。

我吃驚地讀著電報，原來當天早上我們英明的總統——貝德羅大人赫然發現我準備把西班牙的流亡者送到智利。他要我立刻否認這個奇怪的消息。

對我來說，奇怪的是總統的電報。組織、審核、篩選移民，這些工作都是艱難且孤單的。幸好西班牙的流亡政府了解這任務的重要性。但是，每天都會出現新的、意料之外的困難，而且成千上萬被塞進法國和非洲集中營的難民，每天都有好幾百人從那裡出來，準備前往智利。

共和國的流亡政府想辦法弄來一艘船，溫尼伯號（Winnipeg）。它被改造成可以容納更多乘客的輪船，停靠在波爾多附近的小港口特隆普鹿（Trompeloup）。

我該怎麼辦？在世界大戰前夕，那個緊鑼密鼓、激動人心的工作，對我來說就像是存在的最高價值。我向被迫害的戰士們伸出援手，意味著對他們的解救，也展現了我的祖國熱情迎接、英勇奮戰的本質。那所有的夢想都要因爲總統的電報而幻滅了。

我決定向內格林諮詢這件事。我有幸與胡安・內格林總統、阿爾巴雷斯・德爾・巴尤部長，以及其他近幾任的西班牙共和國總統有交情。在他們之中，最有趣的是內格林。我總認爲西班牙的中央領導政策有點區域性，或過於落後，缺乏開闊的眼界，內格林是國際化或至少歐化的人，他曾在萊比錫求學，擁有大學的高學歷。他讓流亡政府在巴黎保有尊嚴，雖然無實質存在，卻維持實際運作功能。

我向他說明情況，向他解釋總統的那通怪電報，讓我眞的成了空口說白話、給戰敗人民提供一個不存在的收容所的騙子。解決的方式有三種。第一種令人不齒，就是直接宣布取消西班牙難民送往智利的計畫。第二種很戲劇性，就是公開坦承我的疏失，解除我的職務，然後從我的太陽穴開一槍。第三種難度有點高，就是在沒有得到允許的情況下，將難民塞滿船，然後我和他們一起出發前往智利天堂谷，看看會發生什麼事。

內格林倒向椅背，抽著古巴雪茄，接著惆悵地笑了笑，對我說：

「您不能打個電話嗎？」

那幾天歐洲和美洲之間的長途電話非常難接通，必須等上好幾個小時。在震耳欲聾的雜音和斷斷續續的雜訊中，我終於聽到外交部長遙遠的聲音。我們同一句話重複了二十遍，不曉得對方有沒有聽懂；我們一下子大聲吼叫，一下子又像在聽大海螺的呼喚。經過一陣不流暢的對話後，我想我讓歐德卡（Ortega）部長明白了我不會遵守總統的撤銷令，而且我也感覺聽到他要我等到隔天再行動。

想當然耳，我在巴黎的小旅社裡度過了不安的一晚。隔天下午，我得知外交部長在當天早上提出辭呈。他也不接受我的抗命。內閣震驚，我們英明的總統受到輿論壓力影響，收回他的命令。於是，我收到一封新的電報，指示我繼續進行移民的工作。

我們最後將人送上了溫尼伯號。在登船處，聚集了長時間分隔歐洲和非洲兩地的先生與太太、父母與兒女。等待的大批人群迅速衝向每一列抵達的火車。在奔跑、淚水和呼喊中，他們在一顆顆探出車窗的頭裡認出自己心愛的親人。所有人一一上了船，他們有漁夫、有農民、有工人、有知識份子，儼然是力量、勇氣、勤奮的最佳展現。我的詩在奮鬥中成功地讓他們找到自己的歸屬感，我爲此深感驕傲。

我買了一份報紙，沿著塞納河畔瓦雷訥（Varennes-sur-Seine）小鎮的一條街上走著，路過一座舊城堡。泛紅的、攀滿藤蔓植物的城堡廢墟旁，矗立著一座瘦瘦高高的板岩塔樓。對我來說，那個隆薩[1]和七星詩社[2]詩人過去聚會的舊城堡，魅力在於石頭與大理石，在於古代黃金文學寫下的十四行詩。我打開報紙。當天二戰開打。黑黑髒髒的油墨印著如此大大的標題。報紙從我手上滑落，掉在那座傾圮、老舊的小村子裡。

所有人都知道會有這一天。希特勒已經併吞了許多領土。英國和法國的政客打著傘，急急忙忙將更多的城市、國家和人民拱手讓給他。

一片愁雲慘霧籠罩在人們心頭。在巴黎，我從窗戶望向傷兵院[3]，看見第一批招募士兵離開。那群連軍服都不知道怎麼穿的年輕人，出發準備送死。

毫不掩飾地，他們出征時的場面哀傷。有點說不上來，就好像一場已提早宣告失敗的戰爭。沙文

---

1 隆薩（Pierre de Ronsard，一五二四年—一五八五年），法國十六世紀重要詩人，主要創作佩脫拉克風格的理想愛情詩歌，又以十四行詩為主要創作文體。

2 七星詩社（La Pléiade），指法國文藝復興時期以隆薩和貝萊（Joachim du Bellay，一五二二年—一五六〇年）為首的七位詩人，該詩社主要在弘揚人文主義思想，改革缺乏創新的法國中世紀文學，同時在法文中加入拉丁文和希臘文等優雅與新穎的用詞，在豐富民族語言之餘，也提升該語言崇高的地位，重要的思想代表作為一五四七年由貝萊掛名出版的《捍衛和發揚法蘭西語言》（*La Défense et illustration de la langue française*）。

3 傷兵院，位於巴黎第七區，一六七〇年由路易十四下令興建，是用來接待、治療退伍軍人，以及戰後殘疾軍人的醫院，目前為巴黎軍事博物館及拿破崙一世陵墓所在地。

主義[1]團體橫行街頭，迫害思想前衛的知識份子。在他們眼中，眞正的敵人不是希特勒的追隨者，也不是拉瓦爾[2]之類的人，而是法國的思想菁英。我們在已經人事全非的大使館裡接待詩人路易·阿拉貢。他就在智利大使館裡完成了他的小說他創作了整整四天四夜，此時外面的暴民正在找他，打算殺掉他。他就在智利大使館裡完成了他的小說《車頂上的乘客》（*Les Voyageurs de l'impériale*）。第五天，他換了軍服站上前線，那是他第二次參加對抗德國的戰役。

那幾天的黃昏，我已習慣歐洲不安的氣氛。那裡沒有一場又一場的革命，也沒有地牛翻身，但是戰爭致命的毒液瀰漫在空氣和麵包裡。因爲害怕被轟炸，巴黎晚上熄燈，七萬人陷入黑暗中，曾經燈紅酒綠的市中心變成了一片漆黑，那樣的深刻經驗停留在我的回憶裡。

在這時期的最後，我再次單獨處於新發現的天地裡，彷彿這一段漫長的旅程全都是徒勞的。我像處在生產的危機裡；我像處在最初詩句的泉源湧現時、在想法上出現了警訊和被警告的初期恐懼裡；我像處在個人寫作製造的新曙光裡，我陷入了極度的痛苦，進入了第二次的孤寂。我該何去何從？我該回哪裡去？該朝哪裡前進？該對著哪裡沉默或悸動？我朝光亮和黑暗處望去，除了發現自己雙手精心刻劃出的空洞作品外，我什麼也沒看見。

但是直到此刻，離我最近的、最根本的、最廣泛的、最意外的事物才出現在我的道路上。我想到了全世界，但沒有想到人。我既殘忍又痛苦地探索人的內在，但沒有想到人本身。我看見的只是一座座空虛的城市。我看見了表面哀傷的工廠，卻沒看見在屋子裡、在大街小巷、在所有車站以及遍及城市與鄉間的苦難。

最初射穿西班牙吉他的子彈沒使它發出音樂，而讓它流出汩汩鮮血，我的詩像鬼魂般停在人類痛苦的街頭。沿著這哀傷的道路，一條由不同源頭組成的血流開始往上竄出。從那時候起，我的道路與所有人的道路匯集。很快地我發現，我已從孤獨的南方朝著人民所在的北方前進。我卑微的詩想提供他們劍與手巾，讓他們得以擦淨極大痛苦留下的汗水，讓他們擁有武器得以爭取溫飽的權利。

於是，我的天地變大、變深、變長久。我們矗立在土地上。我們想深入任何存在事物的永恆狀態。我們不尋找神祕，我們本身就是一個謎。我的詩開始成為無限寬廣空間的一部分實體，它同時存在於水面下，也存在於地下；它開始進入珍奇植物的藝廊，開始在大白天與陽光的鬼影對談，開始探索隱藏在祕密土地裡的礦藏，開始建立人類與秋天之間被遺忘的關係。天暗了下來，偶爾出現閃著磷光、帶著恐懼的閃電將它照亮。一個完全不明顯、不陳腐的新建築出現在半空中，一塊新大陸從我詩歌最私密的題材中升起。我耕植這些土地，我分類這個新王國，我摸索它所有神祕的海岸，我平撫它的浪花，我巡視它的動物，我從南到北遊歷它的疆土，我在這些過程中度過了黑暗、孤單、遙遠的時光。

1 沙文主義（Chauvinisme），此處指極端、不合理、過度吹捧、危險的愛國主義。

2 拉瓦爾（Pierre Laval，一八八三年—一九四五年），法國政治家，曾在希特勒控制下擔任維琪政府，或正式名稱法蘭西國）的總理，二戰後，被巴黎高等法院以叛國罪判處死刑。

07——百花齊放且多刺的墨西哥

政府派我去墨西哥。一九四〇年，就在諸多痛苦與混亂使我幾乎窒息時，我終於得以呼吸到安納瓦克（Anáhuac）谷地上的空氣，阿豐索．雷耶斯（Alfonsc Reyes）盛讚那裡是空氣最純淨的地方。

墨西哥，仙人掌和蛇的樂土；墨西哥，百花齊放且多刺、乾燥且多颶風、輪廓分明且濃墨重彩、爆發力十足且極富創造力。墨西哥用它的魅力並散發驚人的光使我折服。

我花了整整幾年時間，逛遍一個又一個市場，因爲墨西哥就在那些市場裡。它不在低沉的電影歌曲裡，也不在滿是小鬍子和手槍的所謂墨西哥騎術裡。墨西哥宛如一塊披著鮮紅亮麗土耳其綠的大批肩，也像擺滿陶甕、大瓦罐、切開的水果而上面有一群飛蟲盤旋的土地，更是遍布著頂端有黃色尖刺的灰藍色龍舌蘭的原野。

這一切都源自於那些世界上最美的市場。水果和羊毛、黏土和織機，墨西哥人的雙手以驚人的力量，創造著無盡的富饒。

我曾在墨西哥的土地上徜徉，跑過它所有的海岸，高聳陡峭的海岸，燃著不滅的綠色閃電。從錫納羅亞州（Sinaloa）的托波洛班波（Topolobampo）開始，我沿著那些半球體般圓弧的地名一路前行。這些未經修飾的地名，都是比較不殘暴的人類佔領諸神的土地之前，神留給墨西哥的遺產。我沿著神祕且燦爛的音節行走，沿著黎明般的聲音前進。索諾拉（Sonora）和猶加敦（Yucatán），還有一個像被撐起的冰冷火盆、匯集混合了從納亞里特（Nayarit）到米卻肯（Michoacán）各種芬芳的墨西哥谷地——安納瓦克。從米卻肯能依稀看到哈尼吉歐（Janitzio）小島上的煙霧，嗅到從哈里斯克（Jalisco）蒸騰而上的龍舌蘭和玉米的氣味，以及巴里庫丁（Paricutín）新火山的硫磺挾帶著帕茨夸羅（Pátzcuaro）湖裡的魚群濕潤、清新的氣息。墨西哥，最後一個神奇的國家，因古老和歷史而神奇，因音樂和地理而神奇。我漂遊在被長流的鮮血鞭笞的石頭上，血與苔的深痕交會於此。我感到自己變得龐大、古老，與亙古長存的萬物融為一體。險峻的山谷被巨大的石牆截斷，時不時出現的高聳山丘好似被利刃削平，無邊無際的熱帶雨林裡叢生著熾熱的樹木和蛇、鳥、神話。無垠的土地上，人類無止境的鬥爭蔓延至天涯海角，就在那巨大的空間裡，我發現了，智利和墨西哥是美洲的兩極。日本大使會從智利櫻桃裡看出兩國的相似之處，英國人會在我們海岸的濛濛霧靄裡發現我們的共通點，阿根廷人或德國人會在我們周圍的皚皚白雪裡發現我們有雷同之處，老套的外交辭令總說我們和其他國家都極其相似。可是我卻從未被這些言詞打動。我很高興世間是如此地多樣，在地表不同的緯度能生長出不同的水果。我把墨西哥視為離我們大西洋沿岸農耕國家最遠的地方，並不是貶低這片熱土，而是強調它的不同，這樣我們的美洲就可以炫耀它的分層、它的高度和它的深度。在美洲，甚至可能在整個地球上，都沒有任何一個國家比墨西哥和它的人民有更深的人文內涵。它做過明智的決定，也犯過可怕的錯誤，可是在這二者之中我們看到同樣偉大的包容、深刻的活力、不竭的歷史和無限的成長。

我們經過漁村，漁網潔淨得就像一隻大蝴蝶回到水裡取走落下的銀鱗。我們經過礦場，金屬剛被開採出，就從堅硬的鑄塊變成了美麗的幾何體。我們漫步路上，天主教修道院密集且多尖塔，有如巨型的仙人掌。我們經過市場，豆科植物擺得像鮮花一樣，五彩繽紛，風味各異。我們就這樣漫遊著，直到有一天穿越墨西哥，來到了孕育世界上最古老民族馬雅的搖籃，亦即膜拜偶像的猶加敦半島。在那裡，歷史和種子一起撼動著土地。在黃條龍舌蘭旁，由智慧和犧牲砌成的遺跡仍在擴張。

走過最後幾條街道，我們來到了一片廣闊的地帶，當地的古代墨西哥人就將他們繡成的歷史深隱在雨林中。在那裡，我們找到了一種新的、地球上最神祕的水源。它不是大海，不是小溪，不是河流，不是任何我們所知的水。在猶加敦，只有地下才有水。大地突然開裂，露出巨大而粗獷的深潭，從旁邊長滿熱帶植物的坡上俯視，便會看到深不可測的粼粼碧波。馬雅人找到了這些叫作天然井的大地開口，而且用神奇的儀式讓它變得更加神聖。所有宗教一開始都爲滿足需要和追求多產而祭神，馬雅人也是如此。在那片土地上，大地斷裂，用深藏的水驅走了荒蕪。

於是，在那些神聖的灰岩坑上，上千年的時光裡，原始宗教和侵略者的宗教爲神祕的水更添上一層神祕。在灰岩坑岸邊，數百名處女被授予鮮花和黃金，婚禮結束後，她們被戴上貴重的首飾，推入無底的水流。花朵和頭冠從深處浮了上來，可處女們卻陷在遙遠水底的淤泥裡，被金鏈牢牢繫住。

幾千年後，極少數珠寶被打撈上岸，如今正躺在墨西哥和美國博物館的陳列櫃裡。可是我走進這與世隔絕之地後，想找的並不是黃金，而是女孩們的悲嚎。在一片怪異而聒噪的鳥鳴聲裡，她們瀕死之際聲嘶力竭的哭喊，彷彿在我耳邊迴盪；當飛鳥掠過古老的幽幽深潭，這些哀逝的黃皮膚少女之手還若隱若現。

有一座石像將它的手伸到這亙古不變的水和空氣之上，我曾見過一隻鴿子停在上面，應該有什麼老鷹在追牠吧！牠與那地方格格不入，那裡只有結巴的美洲夜鷹、羽毛華麗的綠咬鵑、綠松石色的蜂鳥和其他猛禽，牠們爲生存和自我的光榮，征服了雨林。鴿子停在雕像的手上，白得猶如落在熱帶石塊上的一片雪花。我凝視著牠，深知牠來自另一個世界，來自一個完美和諧的世界，來自某個畢達哥拉斯之杜，或是某個地中海的數字。牠停在黑暗的邊緣，看我已神遊在那個美洲的、血腥的、古老的世界，爲了不打擾這寧靜，從我眼前飛走，消失在空中。

墨西哥的畫家們

繪畫是墨西哥人精神生活的主軸。

這些墨西哥畫家用歷史和地理、內部衝突和激烈論辯來反映城市。他們當中，瘦得皮包骨的獨臂巨人何塞．克雷門特．歐羅斯科（José Clemente Orozco），就是一座高峰，是墨西哥這片變幻莫測土地上的哥雅。我與他交談過好幾次。他本人似乎並不像作品那樣乖戾，反倒像是一位雖已在轉盤中失去了一隻手，卻還執意要用另外那隻手繼續創造天地的溫和陶匠。他的男兵和女兵、被工頭射殺的農夫，還有盛著十字架上釘死的駭人屍體的石棺，都是美洲繪畫史上最不朽的作品，並將作爲我們殘酷歷史的見證者。

迪耶戈．里維拉（Diego Rivera）已經從事繪畫工作很久，也和所有人鬧了彆扭。他這個偶像般的畫家，早已是個傳說。我見到他，就很好奇爲什麼他身上沒有帶鱗片的尾巴，或是長著蹄子的腿。

迪耶戈．里維拉總是信口開河。第一次世界大戰前，愛倫堡在巴黎出版了一本以他的豐功偉業和胡言亂語爲藍本的書《胡立歐．胡雷尼多的生活與軼事》（*Vida y andanzas de Julio Jurenito*）。

三十年後，迪耶戈．里維拉依舊是繪畫和胡說大師。他建議吃人肉，說這種飲食很衛生，偉大的美食家們都這麼吃，還給出了不同年齡段人類的烹調方法。他有時還投身於女同性戀的理論研究，斷言這種關係是唯一正常的關係，而由他帶領的考古團隊所發掘出的最原始的歷史遺跡，已經證明了這一點。

有時他會和我聊上好幾個小時；他眉頭緊鎖，眼珠在半垂的印第安眼皮下轉動，向我介紹他的猶太出身。還有些時候，他忘了我們之前的對話，對我發誓他是羅梅爾（Rommel）將軍的父親，還說必須嚴格保守這個祕密，否則會在國際上造成嚴重後果。

他的語氣是那麼有說服力，在誇誇其談時，一邊不著邊際地講著聳人聽聞的細節，一邊還能保持冷靜。這一切都使他成了一個了不起的騙子，任何認識他的人都無法遺忘他的魅力。

大衛．阿法羅．西凱羅斯（David Alfaro Siqueiros）那時正在坐牢，他被人牽連進托洛斯基宅中的武裝襲擊事件。我在監獄裡認識他，不過也算是在監獄外認識的，因為我們經常和獄長貝雷斯．魯佛（Pérez Rulfo）少校一起出去，找個不是那麼引人注目的地方喝上幾杯，晚上再回去。大衛回到牢房，我就隔著欄杆和他擁抱告別。

就在某天，我和西凱羅斯一起從大街走回監獄時，認識了他的弟弟黑素斯．西凱羅斯（Jesús Siqueiros）。他是個不可思議的人，「棉裡藏針」這個詞很適合形容他，只不過在這裡是褒意。他會順著牆壁溜過來，不製造出一點動靜，突然就在你的身後或旁邊。他很少說話，就算說了也只能算是嘟囔。但這並不妨礙他用隨身小提包運送四、五十把手槍，而且同樣那麼安靜。有一次我不小心弄開了那個包，吃驚地發現了那個裝滿手槍的軍火庫，裡面手槍的槍柄有黑色的、珠光的，也有銀色的。

這一切都沒什麼，因為黑素斯．西凱羅斯人很和氣，與他愛鬧事的哥哥大衛截然不同。黑素斯還有當偉大藝術家或演員的潛質，簡直是個滑稽小丑。他不動身體也不動手，甚至不發出一點聲響，只憑著一張臉隨意變換表情，就可以生動地傳達恐懼、焦慮、喜悅、溫和的情緒，就好像在不停換面具一樣。他帶著幽靈般蒼白的面孔，時不時還有從來不使用的手槍，行走在孕育他的生命迷宮裡。

這些脾氣像火山一樣暴烈的畫家，總是吸引著公眾注意。他們有時爭論得很厲害，在一場論戰中，當能說的都說完時，迪耶戈．里維拉和西凱羅斯便取出大口徑的手槍，幾乎同時扣了扳機，只不過是對準劇院天花板上石膏天使像的翅膀。沉重的石膏羽毛開始從觀眾頭頂上掉落，人們紛紛逃離劇院。那場爭吵最後就伴隨著濃烈的火藥味，在空蕩蕩的劇場裡結束了。

魯費諾．達馬佑（Rufino Tamayo）那時不住在墨西哥。他的畫從紐約開始流傳，那些作品繁複而熾烈，就像市場裡的水果或織物般具有墨西哥色彩。

迪耶戈．里維拉和大衛．阿法羅．西凱羅斯的繪畫迥然不同。迪耶戈的作品是古典的線條畫，無盡的曲線是書寫歷史的方法，他用這曲線把墨西哥的歷史一一串連，凸顯事實、傳統和悲劇的存在。西凱羅斯的作品則一如他火山般的脾氣，是他驚人技藝和漫長探索的結晶。

我和西凱羅斯一起策劃了他的逃脫計畫，在這期間，他經常從祕密出口越獄，和我一起討論各項事宜。最後他和妻子安赫莉卡．阿雷納雷斯（Angélica Arenales）去了智利，護照上有我親自印的簽證。

墨西哥曾在智利的奇漾（Chillán）城建了一所學校，後來毀於地震。西凱羅斯在這所「墨西哥學校」裡畫了他最傑出的壁畫之一。智利政府爲了報答我對國家文化的傑出貢獻，把我的領事職務暫停了兩個月。

拿破崙・鄔畢克

我決定去瓜地馬拉。我是坐汽車去的，途中經過特萬特佩克（Tehuantepec）地峽。那裡是墨西哥的精華地段，女人們打扮得像蝴蝶，空氣中飄著蜂蜜和糖的味道。後來我們進了恰巴斯（Chiapas）大雨林。到了晚上，雨林裡電報般的聲響嚇得我們把車停了下來。上千隻蟬發出劇烈的噪音，彷彿整個地球都爲之震動，簡直難以置信。神祕墨西哥的綠色陰影蔓延在古老的建築上、遙遠的繪畫、珠寶和遺跡上，蔓延在巨大的頭像與石雕動物上。

這一切都存在於雨林裡，在墨西哥千年的未知世界裡。我們越過了墨西哥的邊界。在中美洲的最高處，瓜地馬拉沿途風光讓我眼花繚亂，先是巨大的藤蔓和枝葉，然後又是高處寧靜的湖泊，好似被古怪的神遺忘的眼睛，最後是松林和寬廣的原始河流，成群的海牛像人類般將身子探出水面。

我和米格爾・安赫・阿斯圖利亞斯（Miguel Ángel Asturias）一起待了一週，那時他在小說界尚未嶄露頭角。我們一見如故，幾乎每天都在一起，一到晚上就計畫著去遙遠的地方旅行，去雲霧繚繞的山脈或是聯合果品公司的熱帶港口。

瓜地馬拉人沒有說話的權利，不會在別人面前談論政治，因爲隔牆有耳，誰知道什麼時候會被人檢舉。有時我們把車停在高地上，確定沒有人躲在樹後，才如飢似渴地討論起時局。

當時的總統叫鄔畢克，已經在位很多年。他是個大塊頭，目光冷峻，因此也顯得冷酷。他專斷獨行，在瓜地馬拉沒有他的明確吩咐，誰也不敢造次。我認識他的一個祕書，那人現在是我的朋友，也是革命者，有次因爲一件微不足道的事情衝撞到鄔畢克，便被他當場綁在總統辦公室的柱子上痛打。

青年詩人們要我舉辦一場個人詩歌朗誦會。他們給鄔畢克發了一封電報請求批准。朗誦會上我所有的朋友都來了，他們和青年學生一起把場地擠得滿滿。我朗誦時感到很高興，覺得我的詩會爲那座巨大牢籠帶來一絲光明。警察局長就坐在第一排。後來我才知道，當時有四架機關槍對著我和聽眾，只要局長離席並打斷朗誦，他們就會開槍。

但什麼也沒發生，因爲那傢伙一直聽到最後。

後來他們想把我介紹給那個獨裁者，那個像拿破崙一樣瘋狂的男人。他在額前留了一撮頭髮，經常模仿拿破崙的姿勢要人幫他拍照。人們告訴我若拒絕這個提議會有危險，但我可不想跟那個人握手，於是迅速趕回了墨西哥。

手槍集

當時墨西哥儘管持槍者很多，但那僅僅是一種主義。人們對「點四五」口徑的左輪手槍有一種戀物癖般的崇拜，總是掏出那些大口徑手槍來耀武揚威。議會候選人和新聞從業者們發起了「禁槍」運動，但是他們很快就明白，墨西哥人寧願失去一顆牙齒，也不願心愛的武器被奪走。

有一次，詩人們請我坐花船在索奇米爾科（Xochimilco）湖上泛舟，那片湖其實是個沼澤地，通往阿茲特克時代就已存在的鮮花小徑。十五或二十位詩人邀我穿過寬廣的水道和崎嶇的險灘，在流水和花叢中漫遊。小船的每個角落都裝飾著各種五彩繽紛的鮮花。墨西哥人的雙手和中國人一樣，不管用石頭、白銀、黏土，還是康乃馨，都能做出美麗的東西。

事實是在那次航行途中，有一位詩人龍舌蘭酒喝多了，爲了以特別的方式向我致敬，堅持讓我用他槍柄上有金銀標誌的漂亮手槍往空中開一槍。一個離他最近的同行也立刻拔槍，熱情地一掌把前者的槍打到一邊，邀請我用他的。一陣混亂後又來了其他詩人，各個都毫不猶豫地拔出自己的槍，高高舉在我面前，要我選他們的。他們爭相把槍伸到我鼻子前，或是從我的腋下遞過來。那麼多手槍形成了一頂搖動的華蓋，我愈發感到一種威脅。終於，我靈機一動，抓起一頂墨西哥大草帽，以詩歌與和平之名請這一大群詩人把手槍都放到裡面。大夥照辦了，就這樣，我成功沒收了他們的武器，在家裡放了幾天。我想我是唯一編寫手槍集向自己致敬的詩人。

為什麼叫聶魯達

墨西哥曾經是個群英薈萃的地方。那時歐洲的戰爭還看不到盡頭，希特勒的軍隊屢戰屢勝，已經佔領了法國和義大利，各國被流放的作家在自由的墨西哥找到歸宿，這其中就有安娜．西格斯和如今已不在的捷克幽默作家俄剛．歐文．柯什（Egon Erwin Kish）。這個柯什留下了幾本吸引人的作品，他才華橫溢卻孩子脾氣，還會變戲法，所有這一切都令我仰慕。從前他一進我家，就會從耳朵裡掏出一顆雞蛋，或是吞下七枚錢幣，而這些錢正是這個被流放的可憐大作家所需要的。我們在西班牙就認識了，他鍥而不捨地追問我爲什麼叫聶魯達，因爲我原本不姓這個，我也總是向他開玩笑說：

「偉大的柯什啊，你雖然解開了雷德爾（Redl）上校之謎（一九一四年奧地利著名的間諜案），卻永遠也解不開我名字聶魯達的謎。」

事實也的確如此，他後來大概死在了布拉格，被解放了的祖國給了他所有能給的榮譽，可是這個愛管閒事的人，卻永遠也查不出聶魯達爲什麼叫聶魯達了。

其實答案太簡單、太無趣了，所以我才不說出來。我十四歲的時候，父親一心阻撓我的文學創作。他不同意自己的兒子當詩人。我第一次發表詩歌後，爲避他耳目，找了一個他完全料想不到的姓。而那個捷克名字還是從一本雜誌上找到的，當時甚至不知道他是全民崇拜的偉大作家，寫出非常優美的歌謠和傳奇詩歌，在布拉格小城區還有他的紀念碑。許多年後我一到捷克斯洛伐克，就在他大鬍子的雕像下放了一朵花。

珍珠港事件前夕

我家聚集了一群西班牙人：薩拉曼卡（Salamanca）的溫瑟斯勞・羅瑟斯（Wenceslao Roces）；在美國出版暢銷書《換取榮耀》（*In Place of Splendour*），也是茂拉（Maura）公爵表親及共和黨員的康斯坦莎・德拉・莫拉（Constancia de la Mora）；詩人雷翁・費立貝、胡安・雷哈諾（Juan Rejano）、莫雷諾・畢亞（Moreno Villa）和埃雷拉・貝德雷（Herrera Petere），還有畫家米格爾・布里耶多（Miguel Prieto）和羅德里格斯・魯納（Rodríguez Luna）。此外還有義大利人，像維多里歐・維達雷（Vittorio Vidale），他曾是第五軍團著名的卡洛斯指揮官；以及被流放的馬里歐·蒙塔尼亞納（Mario Montagnana）。往昔的回憶、波詭雲譎的歷史與文化，他們都仍歷歷在目。在我家的還有賈克·蘇斯特爾（Jacques Soustelle）和吉伯爾·梅蒂歐尼（Gilbert Medioni），他們是戴高樂主義者，自由法國的代表人物。另外還聚集了來自中美洲、自願或被強制流放的人，有來自瓜地馬拉的、薩爾瓦多的、宏都拉斯的。這一切，讓墨西哥成了許多國家的重要之地，我在聖天使區的老別墅有時就像世界心臟一樣。

當時，蘇斯特爾是左派社會主義者，幾年後成為阿爾及利亞政變的主導者，給戴高樂總統惹了很多麻煩。關於他，我有件事不得不說：

那是一九四一年末，納粹包圍了列寧格勒，長驅直入蘇聯領土。狡猾的日本軍國主義者加入了柏林—羅馬—東京的軸心，但也冒著德國獲勝、自己一無所獲的風險。世界上流傳著各種謠言。有人預計，力量強大的日本會在零點於遠東發起猛攻。與此同時，一個日本和平使節團正在華盛頓拜會美國政府。毫無疑問地，日本會發起突襲，畢竟「閃電戰」是那個時代的血腥時尚。

為了讓我的故事比較好懂，我必須先說明，有一條古老的航線連接了日本和智利，我坐過好幾次，因此相當了解。船長們把船停在我們智利的港口，然後就去買舊鐵器或是拍照。船沿著智利、秘魯和厄瓜多的海岸航行，沿途停靠各港口，一直行駛到墨西哥的曼薩尼約（Manzanillo）港，再從那裡轉向，穿越太平洋駛往橫濱。

現在可以開始我們的故事了。當我還是智利駐墨西哥領事的時候，有一天，七個日本人來拜訪我，請求我盡快簽發他們去智利的簽證。他們是從美國沿海的舊金山、洛杉磯和其他地方的港口來的，臉上流露出不安神色。他們衣著考究、證件齊備，看起來像是工程師或是企業家。

於是我問他們，爲什麼剛到墨西哥就要趕第一架飛機去智利。他們說想在智利北部出產硝石的多寇比亞（Tocopilla）港搭乘日本船。我告訴他們沒必要去大陸另一頭的智利，這些船會在墨西哥的曼薩尼約港停靠，如果他們願意，步行就可以及時趕到。

他們相互看了一眼，遲疑地笑了笑，然後開始用自己的語言交談，還和隨行的日本大使館祕書商量了一陣。

祕書決定不再跟我兜圈子，說道：

「同事，情況是這樣的，這艘船改變了航線，不會再停靠曼薩尼約了。這些優秀專家們只能到智利搭船。」

我的腦海裡迅速閃過一種奇怪感覺，覺得這件事非比尋常。我要了他們的護照、照片和在美國的工作資訊等等，然後請他們第二天再來。

但他們堅持只要能立刻辦好簽證，給多少錢都可以。

爲了爭取時間，我明確告訴他們，辦理緊急簽證不在我的職權範圍內，只能第二天再談。

他們都走了，剩下我一個人。

我開始琢磨起這件事。他們爲什麼匆匆忙忙從美國跑掉？爲什麼急著辦簽證？那艘開了三十年的日本船改變航線？這到底意味著什麼？

我突然明白了，這是一群消息靈通的重要人物，而一場重大變故已迫在眉睫。他們在確保日本間諜工作萬無一失之後，便逃離美國。對此唯一的解釋就是日本參戰，而我提到的這些日本人是知情者。

得出這個結論之後，我感到如坐針氈。我能做些什麼呢？

同盟國在墨西哥的英國或美國代表我都不認識，和我有直接聯繫的只有由戴高樂將軍任命、有權接觸墨西哥政府的代表。

我火速與他們聯絡，並解釋了情況。我們手上有這些日本人的名字和其他資訊，一旦法國人決定介入，日本人就會是我們的甕中之鱉。我向這些支持戴高樂的代表們據理力爭，可他們的無動於衷使我失去了耐心。

「年輕的外交官們，」我勸他們說，「行行好，調查一下這些日本特務的祕密吧。反正我這邊是不會給他們簽證的，但你們各位也得馬上做決定啊。」

這場僵持又持續了兩天，蘇斯特爾對此事沒興趣。他們不願意採取行動，而我只是智利領事，也不能僭越本分。那夥日本人見我拒絕出簽，便迅速辦好外交護照，去了智利大使館，準時在多寇比亞登船。

一週後，珍珠港的爆炸聲驚醒了全世界。

我是軟體動物學家

幾年前，智利的一家日報刊登過這樣一則新聞：我的好朋友、知名教授朱利安．赫胥黎（Julian Huxley）到達聖地牙哥的機場，向人們問起了我。

「你是說詩人聶魯達嗎？」記者們反問他。

「不是的，我不認識什麼詩人聶魯達。我找的是軟體動物學家聶魯達，我想和他談談。」

Malacólogo 這個希臘語單字，指的是研究軟體動物的專家。

這則軼聞的本意是想激怒我，可反倒讓我很高興。其實這不可能是眞的，我和赫胥黎認識好多年了，他是個機靈的傢伙，比他有名的弟弟阿道斯[1]要活潑、坦率得多。

在墨西哥的時候，我會在海灘漫步，在清澈溫暖的海水裡潛泳，還會撿拾各種奇異的貝類。後來在古巴和其他地方，通過交換或是購買、贈送，甚至偷盜（世上沒有誠實的收藏家）的方式，我的海洋寶藏愈來愈豐富，導致我家的房間裡到處都是。

我收藏了來自中國和菲律賓海域、日本海和波羅的海最罕見的品種，還有南極海螺和古巴的糖果蝸牛，或是紅橘相間、藍紫相間、好像加勒比海舞者一樣的彩色海螺。說實話，我的收藏裡只缺一種產自巴西馬托格羅索州（Mato Grosso）的蝸牛了，我只見過它一次，可是買不到，去雨林裡也捉不到。這種蝸牛通體綠色，就像一塊新切割的美麗祖母綠。

我對海螺十分狂熱，甚至會去遙遠的海域尋找。我的朋友們也開始收集海螺，成了海螺迷。

我的藏品已經超過一萬五千個，架子上到處都是，甚至還會從桌子、椅子上掉下來。我的藏書室裡也擺滿了關於海螺學和軟體動物學（隨便叫它什麼學）的書。有一天，我把它們全部拿下來，裝進幾個大箱子，送到了智利大學，完成了我對母校的第一次捐贈。那時這些書就已經是知名的收藏了。作爲南美洲優秀的教育機構，我的大學讚不絕口地接受了這些書，把它們安置在地下室，後來就再也沒人見過它們。

《阿勞卡尼亞》

我佇立在遙遠的群島上，大海低喃，寂靜世界裡的一切彷彿都在向我的孤獨傾訴。冷戰和熱戰使得領事服務不再純粹，領事館慢慢變成了沒有感情的自動機器，領事什麼也決定不了，工作幾乎與員警無異。

部長要求我查明那些人的血統，非洲人、亞洲人和以色列人都不能進入我們國家。

這種愚蠢的偏見如此極端，連我自己都無法倖免。當時我創辦了一本精美的雜誌，並沒有花智利國庫一分錢。我將雜誌命名爲「阿勞卡尼亞」（Araucanía），還在封面上印了一位開懷大笑的阿勞卡尼亞美女的照片。不過，外交部認爲這本雜誌不得體，就此事給了我一頓訓斥。但諷刺的是，那時共和國的總統是貝德羅·阿基雷·瑟爾達先生，在他和藹、高貴的臉上，能看得到我們所有的混血特徵。

眾所周知，阿勞卡尼亞人曾慘遭滅頂之災，最終抑或被忘卻，抑或被征服了。書寫歷史的人不是勝利者，就是因勝利而喜悅的人。然而，地球上幾乎沒有比阿勞卡尼亞更高尚的族群了，總有一天我們會看到阿勞卡尼亞人的大學、用阿勞卡尼亞文出版的書籍，還會意識到我們失去了所有清晰、純淨、有如火山般蓬勃的能量。

某些南美洲國家因殖民思想遺毒，荒謬地追求「種族主義」，偏偏這些國家本身就是大量雜交與混

---

1 阿道斯·赫胥黎（Aldous Huxley，一八九四年—一九六三年），英國著名作家，以小說和大量散文著稱，曾被提名諾貝爾文學獎七次，一九六二年獲頒英國皇家文學學會最高榮譽「文學之友」（Companion of Literature）。

血的產物。他們想搭建一個看台，讓一些趕時髦、純種的白人或少量混血的白人，可以從這裡進入社交圈，在純種的雅利安人或自命不凡的遊客面前裝模作樣。但幸運的是，這所有的一切正化爲過去的歷史，聯合國裡有愈來愈多的黑人和蒙古人代表，而這也意味著，由不同人種組成的大樹得到了智慧汁液的滋養，使得每一片葉子都各自呈現出繽紛的色彩。

我終於厭倦了，便在某一天永遠辭去了總領事的職務。

魔幻和神祕

另外，我意識到，墨西哥世界仍會繼續存在，依舊有著掩藏在前哥倫布時期文明內的壓抑、暴力和民族主義，就像我存在與見證之前的那樣。

我決定回國時，竟然比初來乍到時更弄不懂墨西哥的生活。

藝術與文學在競爭圈裡誕生，但如果有哪個可憐的傢伙想從外界支持或反對某人、某個群體，那麼二者都會轉身圍攻那個人。

當我準備動身時，成了一場可怕「遊行」的目標：那是一場有將近三千人參加的午餐會，另外還有幾百人沒有座位。幾位總統表示了他們的支持。然而墨西哥是美洲的試金石，古代美洲的太陽曆石在那裡被雕刻出來並非偶然，它是由射出的光、智慧與謎團構成的中央圓形。

一切都可能發生，也正在發生。反對派唯一掌控的報紙得到了政府的補助，那是能想像出的最獨裁的民主。

還記得一個讓我感慨萬分的悲劇。一家工廠的罷工已經僵持許久，沒有人知道該如何解決。於是罷工者的妻子們便聚集起來商議，決定拜訪共和國的總統，或許是想把她們的苦難和焦慮告訴他吧。女人們當然沒有帶武器，沿路還買了花，打算送給總統或是他的夫人。總統府的一個警衛想要阻攔，她們只好試圖闖進去。可是她們不能再前進了，因爲總統先生不願意接見。她們必須找有關部門處理此事，並且馬上離開總統府，這是不容違抗的命令。

女人們說明了來意，答應不會惹任何麻煩，只是想把花送給總統，懇請他盡快解決罷工問題。她們的孩子們還飢腸轆轆，生活難以爲繼。可是警衛拒絕傳達任何口信，女人們也不肯離開。於是，從府邸的守衛室裡傳來一陣密集的掃射聲。六、七個女人當場死亡，另外還有很多人受傷。

第二天，葬禮匆匆舉行。我本來以爲會有很多人爲那些女人送葬，但事實上卻寥寥無幾。不過，那位偉大的工會領袖倒是說了幾句話。他被認爲是出色的革命家，在葬禮上的演講得體又無可挑剔。第二天，我在報紙上讀到了完整版，沒有一句抗議的話語，沒有一個憤怒的字眼，也沒有將這起慘案的主謀送交審判的任何要求。兩週後，已經沒有人討論這起屠殺，我後來也沒再看到有人在文章裡回憶這件事。

那個總統就是個阿茲特克皇帝，比英國皇室還要碰不得一千倍。沒有任何報紙能批判這個崇高的官員，哪怕是開玩笑也不行，否則就會立刻遭到致命打擊。

儘管在墨西哥發生種種悲劇，統治者卻這樣粉飾太平。經歷過這些悲劇的人已對隱喻麻木，那是一種離心跳、離血與肉愈來越愈遠的隱喻。哲學家們又變得浮誇，在火山旁忙著討論存在的意義，眞是荒唐可笑。民事訴訟時斷時續，且十分艱難。人們以不同的方式服從著統治者，分出了不同的階層。

可是，各種神奇的事屢屢在墨西哥出現。一座當農民在園子裡種萊豆時突然噴發的火山；人們瘋狂尋找的俄南．科爾特斯（Hernán Cortés）遺骸，據說它現在在墨西哥，頭上戴著有上百年歷史的黃金頭盔；同樣令人神往的還有四個世紀前就消失的阿茲特克皇帝夸烏特莫克（Cuauhtémoc），他突然又出現在各個地方，由幾個神祕的印第安人守衛著，以便重新隱沒在詭異的黑夜裡。

在我的生命裡，墨西哥是一隻在我的血管裡迷路、盤旋的小鷹，而我是個沉睡的士兵，只有死亡才能在我的心臟折斷牠的羽翼。

08 —— 黑暗中的祖國

馬丘比丘

外交部很快就接受我的請辭。

放棄外交生涯爲我帶來極大的快樂，因爲我可以回到智利。我認爲人應該住在自己的國家，而且覺得人若失去了根，會感到挫敗，從而或多或少阻擋了靈魂之光。我只能在自己的土地上生活；如果沒有把手、腳和耳朵放置在自己的土地上，如果沒有感覺自己土地的水流、自己土地的光影，如果沒有感覺我的根在自己土地的泥巴地裡尋找最初的養分，就沒辦法活下去。

回到智利之前，我做了一次新的探索，讓我的詩歌提升到另一個層次。

我滯留在秘魯，上了馬丘比丘遺址。當時沒有公路，所以我騎馬上山。從高處我看見了外圍被極高、蒼綠的安地斯山頂包圍的石頭建築。幾條瀑布從殘破、經過幾百年時間侵蝕的古城傾瀉而下。威爾卡馬尤（Willkamayu）河上升起一團又一團的白雲。在那個石頭圓陣的中心，我感覺自己極爲渺小。那是驕傲、傑出、荒蕪世界的肚臍，在某種程度上我屬於那裡。我感覺到，在某個遙遠的時期，我曾經用自己的雙手在那裡開鑿溝渠，磨平巨大的岩石。

我認爲自己是智利人、秘魯人、美洲人。在那個難行的山巔上，在那些光榮和散落的廢墟間，我找到了堅定的信念，繼續創作我的詩歌。

在那裡，誕生了〈馬丘比丘之巔〉（Alturas de Macchu Picchu）。

硝石曠野

一九四三年年底，我再次來到聖地牙哥，住在我用多年的貸款買來的房子裡。我將書堆在這個被大樹包圍的家中，開始另一段艱辛的生活。

我重新找尋祖國的美、大自然的壯麗、女人的迷人魅力、同伴們的辛勞付出，與同胞們的聰明才智。

這個國家沒有改變。曠野、了無生氣的小村、礦區的赤貧、擠滿鄉村俱樂部的優雅紳士。我必須做出決定。

我的決定讓我慘遭迫害，也讓我受到擁戴。

有哪個人會為此感到後悔？

多年後，庫爾齊歐．馬拉帕爾特（Curzio Malaparte）採訪我，問了我關於現在我要說的這件事。他在報導中講得很好：「我不是共產黨員，但要是我也是智利詩人，我會和巴布羅．聶魯達一樣入黨。在這裡就是得選邊站，要不就和凱迪拉克之流的人站在一塊，要不然就和沒受教育、沒穿鞋的人站在同一陣線。」

一九四五年三月四日，這些沒受教育、沒穿鞋的人選我出來當共和國的參議員。我會永遠感到驕傲，我在智利最艱困、產銅和硝石的大礦區，受到成千上萬智利選民的愛戴。

行走在曠野上，舉步維艱。在那些半個世紀沒下過雨的地區，礦工的容顏已被沙漠定了型。他們的臉被烤焦，孤獨、絕望的表情全烙印在黯淡無光的眼神裡。從沙漠爬上山嶺，進到每一戶貧窮的家裡，了解那些不是人幹的活，感受那些與世隔絕、深陷苦難的人將希望寄託在你身上，這樣的責任非比尋常。我的詩打開了交流的康莊大道，讓我暢行無阻，並且被生活艱困的同胞們當作永遠的兄弟般熱情接待。

我不記得是在巴黎還是布拉格，曾經突然對當時在場的朋友是否學識淵博產生了小小的懷疑。他們幾乎全是作家，少數是學生。

「我們一直不停地談論智利，」我對他們說，「很可能因爲我是智利人。但是，諸位眞的認識我遙遠的故鄉嗎？例如，我們出門搭什麼交通工具？大象、汽車、火車、飛機、腳踏車、駱駝、雪橇？」

大部分人都認眞地回答：「大象。」

智利沒有大象，也沒有駱駝。但是我明白，從冰天雪地的南極一直延伸到整個世紀都沒下過雨的鹽鹼地和沙漠，這樣的一個國家確實像個謎。我被那些孤獨的居民選爲參議員，代表著無數名不曾穿過襯衫、打過領帶的硝石工人與銅礦工人的聲音；我必須花上幾年時間，才能走完那所有荒蕪的土地。

進入那些高原，面對那樣的沙地，就像踏上了月球。在那有如空曠星球的地方，存放了我國的寶庫，只是必須從那乾燥的地底下、從那岩石的山間取出白色的肥料和紅色的礦藏。世界上很少有地方的生活是如此艱苦，同時還缺少任何可以快樂生活的機能；要付出巨大的代價才能運送淡水，保住一株能開出最普通花朵的植物，飼養一條狗、一隻兔子、一頭豬。

我來自共和國另一個極端的氣候區。我出生在大片樹林、綠油油的土地上，我的童年是雨和雪。所以，光是面對那有如月球表面的荒漠，就在我生命裡造成了不小的震撼。要我在國會裡代表那些人、代表他們的無依無靠和他們浩瀚的土地，這任務對我來說也頗爲艱鉅。那光禿禿、沒有任何一根草、沒有任何一滴水的土地，眞是個孤單且天大的謎。在樹下、在河邊，所有的一切都在與人訴說，但是沙漠不與人溝通。我不懂它的語言，或者說，我不懂它的沉默。

多年來，硝石企業在曠野上建立起眞正的版圖、領地或王國。英國人、德國人和各種入侵者圍起礦區的生產地，並在那裡標上公司的名字。那裡強制使用自己的貨幣，嚴禁任何的集會結社，不准發行民間報紙，沒有特許進不到圈地裡。當然很少人可以得到特許。

某天下午，我在瑪麗亞·埃雷納硝石公司和機械維修場的工人們聊天。偌大廠房的地上總是被水、油和酸性溶劑弄得髒兮兮。我和陪同的工會領袖在一塊隔離的大木板上行走，免得被污泥弄髒。

「爲了這幾塊大木板，」他們告訴我，「我們付出了十五次連續罷工、八年請願，和七條人命的代價。」

這七條人命是因爲在其中一次罷工當中，公司的私人武力帶走了七個帶頭抗議的人。他們被拴在同一條繩子上，走在騎馬的警力後面，橫度荒涼的沙漠。幾顆子彈發射後，他們全被殺害，曝屍荒野，飽受沙漠陽光與寒冷的摧殘，直到遺體被同伴們找到，才得以下葬。

在此之前，情況更加糟糕。例如：一九〇七年在伊基圭（Iquique），各硝石公司的工人想直接向政府請願，所以來到這個城市。上千名長途跋涉、疲累不堪的人，聚集在學校對面的一處廣場上休息。早上他們打算見地方首長，當面向他表達訴求，但始終沒完成願望。天剛亮時，一名上校帶領的軍隊包圍了廣場，二話不說就開槍掃射。在那場屠殺中，死了超過六千人。

一九四五年的情況好轉一些，但有時會覺得大屠殺的日子又回來了。有一次，他們禁止我在工會辦公室與工人說話，所以我把他們叫到廠區外，在空曠的沙漠中向他們解釋情況，告訴他們解決衝突的可行方法。我們大約二百人。我突然聽到引擎的聲音，發現一輛陸軍坦克朝我們開來，在距離我們四、五公尺的地方停了下來。坦克的蓋子打開，出現一支機關槍對著我的頭。機關槍旁站了一位鬍子刮得光亮、表情相當嚴肅的軍官。我一邊繼續講，他一邊觀察我。當時的情況就是這樣。

那一群大部分不識字的勞工階級，之所以如此信任共產黨員，是因爲最開始他們和路易斯·埃米利歐·雷卡巴連在沙漠地區一起抗爭。雷卡巴連從單純的勞工煽動者、舊的無政府主義者搖身一變，成了幻影般難以捉摸的大人物。他讓整個國家充滿工會以及聯合組織，最後還發行了十五種報紙，專門用來保護他新成立的組織。這全都沒讓他花到一毛錢，所有的經費都來自工人的新自覺。

我有幸參觀雷卡巴連設在幾個地方的報社，它們都很英勇，經過了四十年仍然屹立不搖。那裡的某些機器被警方敲壞，然後又被仔細地修好。用愛心焊接、讓它們能再運作的復原處下方，仍看得出明顯的傷痕。

在漫長的巡視之旅中，我習慣住在沙漠居民非常不起眼的家、破房子或茅舍裡。在公司門口，幾乎總有一群人帶著小國旗等我，然後帶我去看我要過夜休息的地方。男男女女一整天進出我借住的地方，來跟我發工作上的牢騷，或跟我講他們有點私密、不愉快的問題。有時他們的抱怨很有個性，在一個外地人看來，或許會覺得滑稽、怪誕，甚至非常可笑。例如：缺少茶可能引發他們一場後果嚴重的大罷工。在如此荒涼的地區，竟出現如此典型倫敦人的需求，這有辦法理解嗎？不過可以肯定的是，智利人如果一天不喝上好幾次茶，是活不下去的。某些打著赤腳的工人，一方面痛苦地問我爲什麼這個每天必喝、從國外來的爛飲料如此稀有，另一方面又編了理由，對我說：

「是因爲如果我們沒喝，就會頭痛得受不了。」

在寂寞的天地裡，那些被關在無聲高牆裡的人，對政治總是感到相當好奇。他們想知道在南斯拉夫和中國有什麼大事。他們關心社會主義國家遭遇的困難和變化，關心義大利大罷工的結果，關心戰爭的謠言，關心更遠的地方革命爆發的情形。

在上百次各地的聚會中，我經常聽到有人要我爲他們朗誦我的詩歌。有好幾次，他們要我朗誦指定的詩歌。當然，我不曉得他們是不是全部的人都懂，或不懂我某部分或大部分的詩。在那個鴉雀無聲的氣氛裡，大家都畢恭畢敬地聆聽，我確實很難判斷。但是那有什麼關係？我這個飽讀詩書的呆頭鵝，也有不少賀德林[1]以及馬拉美[2]的詩句從來沒搞懂過。而且要知道，我當初也是帶著畢恭畢敬的心在讀他們的作品。

當他們想讓食物有過節的氣氛，就會來一鍋曠野上的珍禽：燉雞肉。還有，最常出現的佳餚就是天竺鼠肉，這道菜對我來說有點難以下嚥。這種在其他環境下註定要死在實驗室裡的小動物，成了一道受歡迎的菜。

在無數個我住宿過的家裡，他們提供給我睡的床，都普遍具有兩個修道院般的特點。其一是漿得又硬又挺、似乎能自己站立，且有如雪般潔白的床單；其二是和沙漠地面有得比的硬床。他們沒睡過床墊，只有又平又粗糙的木板床。

儘管如此，我和這群眾多支持者住在一起，總能毫不費力就進入夢鄉，睡得像天使一樣香甜。沙漠的白天總是又乾又熱，像在炭火上烤；但是到了晚上，繁星點綴的天空散發出清涼。

我的詩和我的生活有如一條流動的美洲大河，有如一條源自智利南方祕密深山裡、滔滔不絕流向出海口的湍流。我的詩在流動，來者不拒，捲帶走所有的一切。它接受熱情，解開神祕，通向人民的心底。

我曾受苦、奮鬥；我曾愛人、歌唱。我與世界分享了勝利與挫敗的心情，我嘗試過麵包與血的滋味。一個詩人還想要什麼？從哭泣到親吻，從孤單到群眾，所有的選項都存在於我的詩歌裡，而且具有實際作用，因爲我爲我的詩而活，我的詩支持我的奮鬥。我得過許多獎，它們都像採花粉的蝴蝶一樣脆弱、稍縱即逝。不過我得了一個大獎，一個許多人瞧不起但事實上他們高攀不上的獎。經過一段艱辛的美學訓練與探索，歷經文字迷宮的淬煉，我終於成了人民的詩人，那就是我得到的殊榮。它不是翻譯的書與詩歌，也不是用來說明或剖析我的文字的著作，而是那個生命的重要時刻，在智利洛達（Lota）煤

1 賀德林（Johann Christian Friedrich Hölderlin，一七七〇年—一八四三年），德國浪漫派詩人。

2 馬拉美（Stéphane Mallarmé，一八四二年—一八九八年），法國詩人，與阿蒂爾．藍波和保羅．魏爾倫同為早期法國象徵主義文學代表人物。

礦坑的深處，一位有如地獄來的男子，從礦坑隧道上到艷陽高照、燒燙的岩層，他的臉部因辛苦工作而變形，雙眼因粉塵污染而發紅，他伸出一隻僵硬且像曠野表面粗糙、布滿皺紋的手，睜大眼睛對我說：「兄弟，我很早就認識你了。」那就是我詩歌的桂冠。在曠野艱辛的礦坑裡，在那位工人出現的地方，智利的風、夜晚與星辰經常告訴他：「你不孤單，有位詩人陪你一起煎熬。」

一九四五年七月十五日，我加入了智利共產黨。

龔薩雷斯・彼德拉

我和同伴們想陳情的悲苦心聲好不容易進到了參議院。議會的殿堂像是鋪了舒服的軟墊，以免群眾不滿的聲音在裡面產生影響力。坐在另一邊席次的同僚是空談理論的專家，善於發表表達愛國情操的長篇大論。我在假絲做的掛毯下方，感覺到呼吸困難。

不久出現了新希望。一位名叫龔薩雷斯・彼德拉（González Videla）的總統候選人保證會伸張正義，他生動的口才引起廣大的迴響。我在選戰中被任命爲文宣部主任，負責把好消息帶到智利的各個角落。

他以壓倒性的多數勝出，當選總統。

然而，美洲出生的白人當選總統後，都會有驚人的大變身。在我說的這個案例中，新的統治者快速地更換朋友圈，讓他的家人與「貴族」攀上關係，然後他也漸漸地從煽動者變成了大亨。

事實上，龔薩雷斯・彼德拉並不算典型的南美獨裁者。在玻利維亞的梅卡雷霍（Melgarejo）和委內瑞拉的高梅斯（Gómez）將軍身上，都存在著明顯的群眾基礎。他們在某種程度上都有偉大之處，行事看似被一股悲傷的力量推動，但是都幹勁十足。當然，他們也都是衝鋒陷陣、不畏懼子彈的首領。

相反地，龔薩雷斯・彼德拉就像政壇快餐店端出來的菜。他為人輕浮、執迷不悟，是個假裝硬漢的軟腳蝦。

在我們美洲的動物大觀園裡，如果傲視群雄的獨裁者像鬣蜥，是史前土地上龐大的封建體制遺留下來的生物，那麼智利的這位猶大就是暴君的小跟班，在蜥蜴目的分級中，充其量只能算隻四腳蛇。但光是他，就足以讓智利頭破血流，讓國家出現歷史上的衰退。智利人感到慚愧，面面相覷，不太清楚這一切到底出了什麼問題。

那傢伙是個走鋼索的藝人，是國會上的雜技演員。他成功地將行事作風明顯導向左派。在這齣「撒謊喜劇」中，他是個名副其實的影帝。沒人質疑過這一點。在一個普遍上政客都是或似乎一派正經的國家，人民樂見膚淺的餘興節目，但是當這個跳康加舞的小丑開始脫序演出時，就為時已晚：監獄裡關滿了政治犯，甚至像在皮薩瓜（Pisagua）一樣蓋起一座座的集中營。警察國家就這樣建立起來了，這是智利的大新聞。沒有其他可以忍受的理由，只能以祕密的形式抗爭，讓它恢復成正常的國家。

許多陪伴龔薩雷斯・彼德拉打完選戰的朋友，都因為他變了一個人而與他意見相左，被關進高山上或沙漠中的監獄。

事實上，圍繞在他身邊、掌控經濟大權的上層社會已逐漸吞食我們的國家，就像往昔時常發生的那樣。但這一次情況很不樂觀，智利像是得了重病，在癱瘓與垂死間徘徊。

在美國的保護下，我們人民投票選出來的共和國總統，變成了一隻邪惡、殘酷的小吸血鬼。儘管他爲了追求歡愉，在總統府附近用地毯和鏡面打造一間個人專屬的溫柔鄉，但他的內疚讓他輾轉難眠。這個可鄙的傢伙，小心眼又心理變態。在開始執行大規模反共鎮壓行動的那一晚，他邀請兩、三位工人領袖共進晚餐。飯後，他陪他們走下總統府的階梯，然後擁抱他們，一邊擦去幾滴淚水，一邊說：「我哭是因爲我已經下令將諸位關進大牢裡。諸位走出去就會遭到逮捕，不曉得還能不能再見到諸位。」

野心家的嘴臉*

加芙列拉．米斯特拉爾在那不勒斯時，因爲龔薩雷斯．彼德拉當選智利共和國總統的事指責我。女詩人說話的聲音溫柔，有如在低語哼唱，但數落我時猛烈的威力不減，彷彿彼德拉當選是我的個人行爲，彷彿我和所有共產黨員都有錯。錯在哪裡？錯在我們都不是預言家？

但是，加芙列拉爲什麼當初不說？遲來的建議總是像棒打死驢子一樣，都是在放馬後炮。我們共產黨員就算是再好的政治家，也沒有預言的天分。

她睜大眼睛，聽我解釋，有如我們偶爾將石子投進水裡，非但沒有引起漣漪反而默默地沉入水底那般平靜，所以我在描述此事件時穿插了加芙列拉的橋段。在智利的社會民主仍未成形、有待加溫的環境中，唯一表現看似勇敢且有經驗的人就是龔薩雷斯．彼德拉。他是反佛朗哥主義者、反裴隆主義者的總統，也是想建立自己國家的猶太人，以及當時打著人民抗爭口號的所有聯合團體選出來的總統。和他站在同一陣線的其他黨員，沒有人和他一樣對民眾的聲音、對土地改革、對爭取勞工權益、對反抗美國帝國主義入侵有興趣。明顯地，當他一登上總統大位後，就開始鎮壓反佛朗哥主義者，鎮壓工會領袖，迅速背叛會影響他總統職權的猶太復國者，並關閉工會報社，用流血衝突和武力解散罷工的人。但這只是到達巔峰的緩慢過程。現在美國大使克羅德．鮑爾斯（Claude Bowers）的報告書已經由國務院公布而曝光。

這個老實人在很早以前就已經知道龔薩雷斯．彼德拉打算做什麼。他知道他老早就知道的事，他報告背叛者的背叛、出賣者的出賣，以及變節者所收到的種種細節。

我在巴黎工作時認識他。當時我負責聚集在西班牙戰敗的共和軍，帶到智利。某天，新任大使前往我位於智利大使館內的狹小辦公室，這個人正是未來的總統。我不曉得他的身分。

他個子不高，穿著浮誇，土裡土氣。他露出兩排剛裝上的大假牙，假裝自己有想法。

他自我介紹時對我講了個想法，與我的感覺相差不遠。他說他想進索邦大學讀書，因爲他的求學過程倉促、不完整，讓他什麼都只知道一點點。他打算當個奇怪的在職進修大使。

「太好了！」我回答他。

他始終沒進到索邦大學，只有進到會客廳。

〈被分開的身體〉

我的發言變得激昂，議會大廳總是擠滿來聽我演說的人。立刻有人要求對我採取非常行動，要求警方逮捕我。

不過，我們詩人的體質都相當特殊，其中有很大的比例是火和菸。菸用來創作。我所有歷經過的歷史事件，都大大拉近了我與古老美洲題材之間的距離。在我深陷危機、躲躲藏藏的那一年，我完成了最重要的作品《漫歌》。

我幾乎每天都在搬家，所到之處沒有一戶不接納我。那些與我素昧平生的人，總以某種方式表達想多收留我幾天的意願。他們要我躲到那裡去，哪怕是幾小時或幾星期都好。我在鄉間、港口、城市、營區躲藏過，也在農民、技工、律師、水手、醫生和礦工的家裡避過風頭。

有一首在我們所有國家都流傳的古老民歌，主題是「被分開的身體」。民歌手要表達的是他的腳在一處，腎臟在另一處，他的各個部分散落在鄉間與城市。在逃亡的那些日子，我感覺自己就是如此。

在所有收留我、令我感動的住所中，我記得有一棟隱匿在貧瘠的天堂谷山上、有兩個房間的房子。我被迫擠在一間斗室，在窗戶邊的一個小角落。從那個小小的瞭望台，我能觀察到港口的生活百態，還看得到一小部分的街景。晚上我望著窗外快速穿梭的人群。那是一個貧窮的郊區，整區最明亮的地方全集中在距離我窗口下方一百公尺處的那條小巷子。

我被困在小角落裡，但我的好奇心無窮。偶爾會有一些我自己解不開的問題。例如：爲什麼路過的人群，無論是漫不經心或急急忙忙，總會在同一個地方停下來？那個櫥窗展示的是什麼神奇的商品？整家人在那裡駐足許久，小孩還被舉在肩膀上觀看。我看不見他們陶醉、無疑在欣賞那神奇櫥窗的臉，但我想像得到他們的模樣。

六個月後，我得知那是一家普通鞋子店的櫥窗，所以得到人們最感興趣的是鞋子的結論。我下定決心觀察這個議題，研究它，並把它說出來。但我一直沒時間完成那項計畫，或者說履行我在如此奇怪的情況下所做出的承諾。然而，不少鞋子出現在我的詩裡。鞋跟喀噠喀噠地敲擊出伴隨了我許多段落的旋律，但我沒打算因此變成鞋子詩人。

突然有訪客來到家裡，他們閒聊了那麼久，萬萬沒想到在他們身邊，在紙板和舊報紙做出的隔牆後面，躲了一位不曉得有多少賞金獵人正在追捕的詩人。

星期六下午，以及星期天早上，家中其中一位女孩的男朋友會過來。他屬於那種應該什麼都不懂的男孩子。那個年輕人工作認眞，已擄獲那女孩的芳心，但可惜呀！大家還是對他不放心。他平時騎著腳踏車在那一大片住宅區分送雞蛋，我從窗戶的通風口看見他從腳踏車上下來。過不了一會兒，就聽到他哼哼唱唱，進到家裡來。他是我內心平靜的敵人。我說敵人，原因是他硬要在離我耳邊幾公分的地方對著那女孩說甜言蜜語。女孩邀請他到某個公園或電影院，談一下柏拉圖式的戀愛，他卻斷然拒絕了。我在嘴邊咒罵那個送雞蛋的呆瓜，爲何堅持待在家裡。

家裡的其他成員，守寡的媽媽、兩位漂亮又年輕的女兒，以及兩位跑船的兒子，都參與了這項祕密行動。兩位兒子在碼頭搬運香蕉，但有時會因爲沒有船家僱用他們而大發雷霆。我透過他們得知有人正在拆一艘舊船。我從祕密小房間下指示，要他們拆下船頭的美麗雕像，並把它藏在港口的一處倉庫。在歷經多年的逃難與流亡後，我才眞正見到它。那尊木頭做的女人像，和古代帆船的船首雕塑一樣，具有希臘的臉孔。我現在看著她憂愁的美，同時在海邊寫著我的回憶錄。

我們的計畫是，我偷偷潛入一個男孩的船艙裡，到瓜亞基爾跟著香蕉一起上岸。那位船員跟我解釋說等船停在那個厄瓜多的港口時，我必須扮成優雅乘客的模樣，出其不意地出現在甲板上，抽著一根我一直不會抽的雪茄。既然我立刻就得出發，所以那家人決定幫我量尺寸，爲我縫製一套既高雅又適合熱帶地區氣候的服裝。

我的衣服兩三下就做好了。沒有比收到一套這樣的衣服更令我開心了。那家女人對流行的概念深受當時知名電影《亂世佳人》的影響。而那兩個男孩子則認爲，他們在哈林區的舞廳、加勒比海的酒吧，以及廉價舞廳見到的服裝，才是優雅的典型。雙排釦上衣，前襟交叉、長到膝蓋，加上一條腰帶，褲管緊緊箍著腳踝。

我留著這套由好心人精心製作、如此有特色的衣服，但沒機會穿到它。我一直沒離開那個藏身處上船，也沒機會穿得跟克拉克·蓋博一樣，然後跟著瓜亞基爾那批香蕉上岸。相反地，我選擇走寒冷的路線。我朝智利的南方出發，也就是往美洲最南的方向走，打算穿越山脈。

森林裡的一條路

到那時候爲止，一直都是里卡爾多·馮瑟卡（Ricardo Fonseca）擔任我黨的總書記。他是一位堅強、總是笑咪咪的人，而且和我一樣都是南方人，來自氣候寒冷的卡拉威。馮瑟卡關心我的地下生活、我的躲藏處、我的祕密潛逃、我的小冊子出版，不過他對我住在哪裡保密到家。我在躲藏的一年半時間中，唯一眞正知道我每天去哪裡吃飯、晚上在哪裡睡覺的人，就是這位年輕、出色的領導人，也就是里卡爾多·馮瑟卡總書記。不過，從他眼睛所散發的綠色火光中，看得出他的健康狀況不佳，笑容逐漸消失。

某一天，這位傑出的同志永遠離開了我們。

在共產黨仍未合法化之前，我們選了一位在天堂谷當過捆工的粗漢來擔任我們新的最高領導。他叫卡洛．龔薩雷斯（Galo González），是一位複雜的人，外表好像會騙人，但是又顯得十分堅定。我應該說，在我們黨裡從來沒有個人崇拜問題，不過它是個舊組織，帶有所有意識形態的弱點。但有一點是值得驕傲的，那就是在智利人的概念裡，什麼都得靠自己的雙手完成。在我們智利的實際生活中很少有地方角頭，我們的黨也反映了這樣的情況。

然而，由於我們的黨仍處於違法狀態，所以史達林時代的金字塔政策在智利產生了某種類似個人崇拜的氛圍。

卡洛．龔薩雷斯無法和大批的黨員溝通。迫害的情況愈來愈嚴重。上千人被囚禁，還在皮薩瓜荒蕪的沿岸邊設立了一個特殊的集中營。

卡洛．龔薩雷斯過著充滿革命活動的地下生活，但是他的領導小組與全黨的黨員們無法聯繫，而且情況愈來愈嚴重。他是偉大的人物，是大眾的智者，是勇敢的鬥士。

我的新逃亡計畫傳到他耳裡，而且這次要確實執行。他想辦法將我帶到離首都一千公里的地方，讓我騎著馬穿越山脈，然後在某個地方會有阿根廷的同志接應我。

我們傍晚離開時，恰巧碰到一輛汽車掩護我們。我的朋友拉烏爾．布爾內斯（Raúl Bulnes）當時擔任騎警的醫生。他開著他那輛不會被攻擊的車，將我載到聖地牙哥郊外，由黨組織負責我的安危。在另一輛專門作爲長途旅行用的汽車上，一位老黨員埃斯科巴爾（Escobar）司機正在等著我。

我們沒日沒夜地趕路。白天時，爲了加強假鬍鬚和假眼鏡的僞裝效果，尤其是在路過小鎮、城市以及停在加油站的時候，我會披上幾塊毛毯來掩飾自己。

中午，我路過蝶夢谷，沒有在任何地點停留，也沒人認出我。只是湊巧，我的故鄉蝶夢谷在我逃離智利的路線上。我們穿過橋和巴德雷·拉斯卡薩斯（Padre Las Casas）小村，到距離蝶夢谷很遠的地方，坐在一顆石頭上吃點東西。斜坡的下方有一條小河流過，潺潺的水聲傳到我耳邊。那是我的童年正在與我道別。我在這個城市長大，我的詩在山丘與河流間誕生。詩裡有雨聲，而且像木頭一樣吸飽森林的精華。現在，在我奔向自由的道路上，我在蝶夢谷旁稍作停留，聽聽教我歌唱的流水聲。

我們繼續前進。讓我們瞬間陷入驚嚇的情況只發生過一次。一位態度堅定的緝私隊軍官停在公路上，對著我們大喊「停車」。我瞬間啞口無言，結果只是虛驚一場。軍官要求我們載他一程，到一百公里遠的地方。他坐在副駕駛座，與司機埃斯科巴爾同志聊天。我裝睡，才不至於說話露餡。我的聲音連智利的石頭都認得出來。

我們平安抵達目的地，沒發生什麼大意外。那裡是一棟似乎沒人居住的木材莊園，四面被水包圍。首先得穿越廣闊的蘭科（Ranco）湖，然後在灌木叢和巨大的樹林間登陸，接著再騎馬走一段路，最後得上船橫渡麥威（Maihue）湖。庇護人的房子很不容易被發現，它藏身在大片丘陵的低窪處、在大樹的枝葉間、在發出深沉嗡嗡聲響的大自然裡。大家都聽說過，智利是世界的盡頭。而那片覆蓋著原始森林、四周被白雪和湖水包圍的地方，其實就是地球上最後有人煙的地方。

他們在那棟暫住的屋子裡，安排了一間臥室給我，就像這一區所有的東西一樣，都是臨時的。一個黃銅和鐵鑄的火爐裡，塞著剛剛劈好的柴，日以繼夜地燃燒著。南方的大雨不停地拍打著窗戶，彷彿企圖進到家裡來。大雨主宰了幽暗的森林、湖泊、火山、黑夜，並且在人類的棲身之處逞凶鬥狠，轉爲狂風暴雨。因爲那裡有其他的遊戲規則，不允許它造次。

我不太認識那位等待我的朋友，霍爾赫・貝耶特（Jorge Bellet）。他當過飛行員，個性中融合了務實與冒險犯難的精神；他腳上穿著長筒靴，身上穿著又厚又短的夾克，散發出一副天生指揮官的氣質。在某種程度上，他是一個很適合生活在那個環境的軍人，雖然在那裡排列整齊的軍隊，只是一群大自然森林裡的神木。

屋子的女主人有精神官能症，很脆弱、愛抱怨自己命運坎坷。她認爲那地區惱人的孤寂、永遠下不完的雨和寒冷的氣候，對她都是一種冒犯。她一整天大部分的時間都哭哭啼啼的，不過屋子裡的一切都像時鐘一樣精準地完成，而且食物都直接從森林和湖水裡取來，新鮮且有益健康。

貝耶特經營木材公司。他的公司只加工鐵道用枕木，專門外銷給瑞士和丹麥。整天都聽得到砍伐大樹、發出嘎吱嘎吱、像在尖叫哀嚎的鋸子聲。最開始會傳來樹木倒塌，重重撞擊、從地下傳來的聲響。每五分鐘或十分鐘，山毛櫸、落葉松、智利羅漢松，那些大自然的偉大傑作，那些被風送到那裡落地生根的千年老樹，就會倒下，有如捶擊黑暗大鼓般震撼大地。接著，在大地敲響迎接各方神祇的黑暗大鼓之後，尖銳、高亢、金屬製成的鋸子像野蠻的小提琴，再度發出悲鳴，這一切形成了神話般緊張的氣氛，形成了一種神祕、無限恐懼的寰宇。森林就要死了。我蜷縮在一旁，聽著它們的哀嚎，彷彿我來這裡的目的是爲了聽那些再也不會響起的老樹悲鳴。

那片森林的主人，也就是這裡的大老闆，是一個我不認識的聖地牙哥人。他們說老闆延後到夏天才會過來，而他的到訪總是令大家感到害怕。他叫裴裴・羅德里格斯（Pepe Rodríguez）。我聽他們說，他是現代的資本主義者，擁有織布機和其他產業工廠，他是個努力工作的人，機伶、有衝勁。此外，他是保守份子，是智利極右派的成員。由於我在他不知情的情況下路過他的領地，他的各方面條件，對現在的我來說都是有利的。不會有人到那裡找我。地方當局和警方在這位大人物面前，總是像個附庸的下屬，而我正享受著他的熱情款待，但似乎沒機會和他碰到面。

我得立刻啓程。山脈即將降下大雪，不能和安地斯山開玩笑。我的朋友們每天都在研究逃亡的路。我說「路」，也只是一種隨口說法，其實那是去找尋許久前就被腐植土和大雪抹去的足跡的一種冒險。等待讓我焦躁。再者，阿根廷那邊的朋友也已等不及在找我了。

當一切似乎都準備就緒時，管理木材的大隊長霍爾赫．貝耶特通知我有新的狀況。他滿臉愁容，告訴我再過兩天大老闆就要來視察。

我整個人傻住了。預備工作還沒完全做好，而且在經過那麼長時間的努力後，對我當下的處境來說，最危險的就是大地主竟然已獲悉我暫住在他的土地上。大家都知道，他和要追捕我的龔薩雷斯．彼德拉是很要好的朋友，而且沒人不知道龔薩雷斯．彼德拉懸賞要我的人頭。我該怎麼辦？

貝耶特從一開始就主張跟大老闆羅德里格斯面對面談這件事。

「我很了解他，」他跟我說，「他人很好，絕對不會去告發你。」

我不同意。黨給的指令是絕對保密，但是貝耶特卻企圖抗命。我就這樣告訴他。我們吵得很兇。在針對政治議題的爭論過後，決定讓我搬到位於森林邊的簡陋房子裡，那是一位馬普切酋長的家。

我搬到那簡陋的房子住，但我的處境變得非常危險。因此，我在多次表示反對之後，終於答應和擁有企業、伐木廠和森林的大老闆裴裴．羅德里格斯見面。

我們約在一個不是他家、也不是酋長家的中立之地。黃昏時，我看見一輛吉普車開了過來，跟著我朋友貝耶特一起下車的，是一個成熟、頭髮灰白、神情堅定的年經人。他一開口就是告訴我從那時候起，他會負責罩我。如此一來，就再也沒人敢危害我的生命安全。

我們雖然談得不是很起勁，但是那個人漸漸贏得我的心。當時很冷，所以我邀他到酋長家，到那裡繼續聊。因爲他的吩咐，所以出現了一瓶香檳、一瓶威士忌，還有冰塊。

威士忌喝到第四杯時，我們開始大聲說起話來。

他像個有信仰的絕對論者，說話有趣，什麼都懂，但是他傲慢的樣子惹得我發火。我們兩人用力拍打酋長的桌子，直到喝完那一整瓶酒。

我們的友誼持續了好一段時間。在他的特質中，存在著一種習慣主導一切、不易屈服、率直的個性。但是，他也會用獨特的方式、以有智慧又有男子氣概的音調來朗誦我的詩，讓我感覺到我的詩獲得嶄新的生命。

羅德里格斯回到首都，回到自己的公司，並爲我做了最後一項安排。他把屬下召集到我面前，用命令時特有的語氣告訴他們：

「從現在起一週內，如果雷卡雷塔（Legarreta）先生從走私的小路逃往阿根廷途中遭遇任何困難，各位就爲他開一條直達邊界的路。到時候停下所有的伐木工作，所有人都去開路。這就是我的命令。」

雷卡雷塔是我當時的化名。

兩年後，那位霸氣凌人、像封建地主般的男人裴裴．羅德里格斯，在窮困潦倒和受迫害中喪命。他被指控走私大量貨物，因此在牢裡待了好幾個月。或許對於一個天性高傲的人來說，那是一種無法用言語形容的苦難。

我一直無法確定他是眞的犯下司法控告的罪名，又或者他是被誣告的。但是我知道，多年前我們的寡頭政府因爲收到一張慷慨的羅德里格斯的邀請函，興奮到睡不著，如今一見到他破產、被起訴，馬上就與他劃清關係。

至於我，我一直與他站在同一邊，無法將他從我的記憶中抹去。對我來說，裴裴．羅德里格斯是個小皇帝，他爲了讓一位詩人獲得自由，下令在原始森林裡開闢了一條長達六十公里的道路。

安地斯山

安地斯山上有幾條過去走私販常使用、鮮爲人知的通道。這些通道都相當險惡、寸步難行，有河流和懸崖阻斷去路，所以連當地警察都懶得看管這些通道。

我的旅伴霍爾赫．貝耶特是那次探險活動的隊長。共有五名傑出的騎士和當地嚮導護送我，其中還包括我的老朋友畢多．畢安齊（Victor Bianchi）。他以處理地權糾紛的土地測量師身分提早到了那裡。他沒認出我，因爲我在逃亡的日子裡，鬍鬚已經留了三年半[1]沒刮。他一知道我打算穿越森林，便自告奮勇，爲我們獻上他探險老手的寶貴經驗。之前他爬過阿孔加瓜山[2]，在那次悲慘的山難中，他幾乎是唯一的生還者。

我們在黎明莊嚴的氣氛中列隊前進。童年之後，我已好久沒騎過馬，但這次我們卻要騎馬走過山路。南安地斯山的森林裡，長滿了參天大樹，有巨大的落葉松、美登木、智利桂和針葉樹。山毛櫸粗壯的模樣令人驚訝。我刻意停下來，量了其中一棵樹的樹幹，發現它的直徑有一匹馬那麼長。往上看，看不到天；往下看，地上堆積了幾世紀的落葉已形成一層厚厚的腐植土，讓馬蹄都陷了下去。我們安靜地向前行，欣賞那原始大自然神聖的美景。

由於我們走的是祕密通道，所以只能靠著不明顯的指示來判別方位。沒有足跡，沒有捷徑，我們坐在上下起伏的馬背上，跟著四位騎馬嚮導，排除大樹的阻撓、湍流與巨石的屏障、荒野的積雪，與其說去尋找，不如說去摸索讓我獲得自由的道路。與我同行的旅伴明白地理位置，熟悉大片枝葉間存在著什麼樣的可能性，但是爲了要有十足的把握，他們一左一右地揮舞開山刀，在大樹的外皮上做記號，這樣到了目的地將我單獨放下後，他們才有辦法找到回程的路。

每個人都全神貫注地前進，沉浸在那無邊無際的孤獨裡，在那只有寧靜的白綠環境中：樹木、巨大的藤蔓植物、沉積百年的腐植土、半倒且立刻成爲我們阻礙的樹幹。這一切融合成了一個誘人、隱密的大自然，同時也化身成一種寒冷、冰凍、糾纏，逐漸加重的壓迫感。孤獨、危險、寧靜以及任務的急

1 此處也許是聶魯達的筆誤，又或者是編者的失誤。根據本書後面附上的年表顯示，一九四八年一月，聶魯達因為在國會中發表了不利於執政黨的演說，開始過著逃亡的生活；在友人的幫助下，隔年四月至五月間，已經成功逃到巴黎。另外，在前一章〈森林裡的一條路〉的第一段中，聶魯達也指出「我在躲藏的一年半時間中，唯一真正知道……」。因此，根據時間推算，此處應該是一年半，而不是三年半。

2 阿孔加瓜山（el Aconcagua），屬於安地斯山脈，位於阿根廷西邊門多薩省（Provincia de Mendoza），距離智利邊界只有十五公里，最高海拔六千九百六十一公尺，為亞洲以外的最高峰。

切性……所有的感覺全都交織在一起。

有時我們沿著非常細微的足跡前進，那或許是走私販或一般逃犯走過的小路。我們根本不曉得，他們是不是有很多人因冬天酷寒而死於非命或突然暴斃；也不知道他們是不是在安地斯山的冷氣團發威時，被捲入強烈的暴風雪裡，被埋葬在七層樓厚的皚皚白雪中。

在足跡兩旁，我在淒涼的大自然裡觀察到一個似乎是人造的東西。那是歷經許多年的冬天，由數百名旅人用一段段樹枝堆砌出來的獻祭物，那些木頭堆起的高高墳塚，是用來紀念罹難者，讓路過的人想到那些無法再繼續前進、永遠被埋葬在雪裡的亡魂。我的旅伴也用開山刀砍了一些碰觸到我們頭頂的枝條。那些枝條都是來自從高處垂下的巨大針葉植物，或者在冬天暴風雪還沒來之前末端枝葉就開始顫動的橡樹。我也一一在每個墳塚前留下一件紀念品、一張木製卡片、一段從森林裡砍下的樹枝，用來裝飾所有陌生登山客的墓。

我們必須涉水過河。那些源自安地斯山頂峰的小溪通常水流湍急，具有強大的衝力，它們會變成瀑布，從落差極大的高處挾帶能量，以高速飛奔而下，侵蝕大地與岩石。但是，我們那次遇到的是一條平緩的溪流、一片鏡子般平靜的水面、一處可涉水而過的淺灘。馬兒到了水裡，腳踩不到地，便會往前游到對岸。我那匹馬進到水裡後，很快就幾乎要滅頂，掙扎地讓頭露在水面外，而我也因此失去了支撐，開始搖搖晃晃。我們就這樣過了河。一上了岸，那些陪同我的鄉下嚮導有點失笑地問我：

「您很怕嗎？」

「非常怕。我以為我要掛點了。」我說。

「我們都拉著繩索，跟在您後面走。」他們回答我。

「之前就是在那個地方，」其中一位嚮導說，「我爸爸跌倒，被水沖走。同樣的意外絕不會發生在您身上。」

我們繼續前行，直到進入一處或許是不存在的河流沖刷出的自然隧道，又或許是搖晃群山的地震所留下的鬼斧神工。我們走進的隧道像是挖鑿出的大理石岩洞。馬走了幾步後開始打滑，牠們試著抓緊凹凸不平的地面，但是腿彎曲跪了下來，甚至馬蹄鐵都擦出了火花。我不只一次從馬背上摔下來，倒在岩石上。我那匹馬的鼻子和腿都出血了。不過，我們仍固執地往前進，走完那條漫長、絢麗卻艱辛的通道。

在原始森林的途中，某個事物正等著我們。突然，我們彷彿見到虛幻的世界，抵達一處被群山環抱、精緻、明亮的草原。清澈的水、碧綠的地、野生的花、潺潺的溪流，還有頭上蔚藍的天，以及不被任何枝葉遮蔽的充足光線。

我們在那裡停歇，彷彿置身魔幻的泡泡裡，彷彿成了聖地的座上賓。更神聖的是我目睹的儀式。當地的嚮導們從馬背上下來。一顆公牛的頭骨有如舉行過祭祀般，被放置在場地中央。我的旅伴們安靜地靠了過去，一個接一個在頭骨的窟窿中放上了幾枚錢幣和一些吃的東西。我也加入他們，爲純樸的、迷路的尤里西斯，爲各種不同理由的逃亡者獻上一點供品，讓他們能在死牛的眼窩裡找到麵包和救濟的物資。

但是，令人難忘的儀式還沒結束。當地的嚮導們摘下帽子，開始跳起一種罕見的舞蹈。他們圍繞著放置在那裡的頭骨，沿著先前其他人留在地上的環形印記，單腳跳躍。當下，我在那些難以理解的朋友身旁隱約理解到：陌生人與陌生人之間是有辦法溝通的，即使在這世界上最遙遠、最無人煙的窮鄉僻壞，仍存在著一種寂寞、一種請求、一種回應方式。

夜晚，我們抵達了山脈裡最後幾處峽谷，再往前就要越過我多年以後才能返回的祖國邊界。突然，我們看見點亮的燈火，以為有人煙，走近一看，發現那只是一些幾乎倒塌的建築，一些凌亂、看來沒有人居住的棚舍。我們進入其中一間，在火光的照明下發現在屋子中央，一塊塊大木材、一段段大樹幹在那裡日以繼夜地燃燒，讓一股瀰漫在黑暗中、有如深藍色帷幕的煙從棚頂的裂縫發散出去。我們看見許多乳酪被製作的工人堆放在那裡。幾名男人像大袋子般平躺著，聚在火源旁。萬籟俱寂之際，吉他的旋律和歌詞從炭火和黑暗中傳到我們耳裡。那是我們這一路上第一次聽到其他人的聲音。他們唱的是一首關於愛與遠方的歌曲，獻給遙遠的春天、獻給我們居住的城市、獻給生命無限蔓延的愛與相思的惋惜。他們不知道我們是誰，他們對逃亡者的事完全不清楚，他們不認識我的詩，也不知道我的名。又或者，他們都清楚，也知道我們的身分？真實的情況是，我們圍在那炭火旁唱歌、吃東西；接著在黑暗中，我們朝幾間溫泉流經的簡陋房舍走去。我們浸泡在溫泉裡，享受安地斯火山釋放的溫暖。

我們愉快地潛入水中，刷洗身體，去除長途跋涉後的疲憊感。天亮時，我們感到神清氣爽、被淨化，彷彿重獲新生。接著出發，走向與我黯然失色的祖國揮別的最後幾公里路。我們騎在馬背上，一邊精神奕奕地唱歌，一邊感覺活力十足，準備邁向那條康莊大道，邁向等待著我的新世界。我記得很清楚，當時為了回報山上那些居民唱的歌、提供的食物、溫泉、房舍與床鋪，更確切地說，感謝他們提供意料之外的款待，我們企圖付他們一點錢，卻被他們斷然拒絕。他們只是為我們做了點舉手之勞。但那個無聲的「舉手之勞」裡，代表了很多不可言喻的意義，或許是感恩，或許是夢想本身。

安地斯山的聖馬丁

一間廢棄的破房子爲我們標示邊界的位置。我自由了！我在破屋子的牆上寫著：「再見，我的祖國。我走了，但也帶你一起走。」

一位智利朋友應該在安地斯山的聖馬丁等我們。大家告訴我阿根廷山上的那個鎮很小，所以給了我一個指示：

「你去最好的那一間旅館，小貝德羅・拉米雷斯（Pedrito Ramírez）會在那裡等你。」

不過，世事難料。在安地斯山的聖馬丁，最好的旅館不只一間，而是有兩間。要怎麼選？我們決定挑選位在小鎮郊區、較貴的那間，不考慮在小鎮美麗廣場對面的那間。

後來發生的情況是，我們挑到最頂級的飯店，然後被拒於門外。他們帶著敵意看著我們，我們幾個人風塵僕僕，騎了好幾天的馬，肩上扛了大包小包，滿臉的亂鬚，任誰看了都害怕。

對飯店經理來說，他平常只接待遠從蘇格蘭來阿根廷釣鮭魚的英國嬌客，所以他看到我們更是害怕。我們身上沒有任何高貴氣息。他用很戲劇化的手勢和表情打發我們走，並嚷嚷著最後一間空房在十分鐘前已經被預訂。此時，門後出現了一位明顯軍人出身的優雅紳士，旁邊帶著一位像電影明星的金髮美女。他以宏亮的聲音說：

「留步！誰也不會趕走智利人，諸位就待在這裡。」

於是我們就住下來了。我們的庇護人和裴隆（Perón）將軍長得十分相似，而他的女伴也很像艾維塔（Evita），以致於我們當下都以爲就是他們兩人。但後來我們梳洗、換好衣服後，與他們同桌喝了一瓶可疑的香檳，才知道那個男的是當地駐軍的指揮官，而那個女的是從布宜諾斯艾利斯來探望他的女演員。

我們被認爲是去做大買賣的智利木材商。指揮官都叫我「高山人」。出於友誼和熱愛冒險才陪我過來的畢多．畢安齊發現了一把吉他，於是彈起了俏皮的智利歌曲，把阿根廷的男男女女迷得一愣一愣的。不過，三天三夜過去了，仍不見小貝德羅．拉米雷斯的蹤影。我感到不安。我們已經沒有乾淨的襯衫可以替換，也沒有錢可以買新的。就像畢多．畢安齊說的，大木材商最起碼也要有襯衫吧！

這段期間，指揮官邀請我們到他的軍營用過一次午餐。我們的友誼因此變得更加緊密，他也坦白告訴我們，雖然他的樣子和裴隆很像，但其實他是個反裴隆主義者。我們聊了好幾個小時，爭論到底是智利的總統差，還是阿根廷的總統差。

某天早上，小貝德羅．拉米雷斯意外地進到我的房間。

「你這混蛋！」我對他咆哮。「怎麼那麼久才來？」

會發生的事終究躲不掉。原來他痴痴地在廣場那一間飯店等我。

十分鐘後，我們已馳騁在無邊無際的大草原上。接著是沒日沒夜的趕路。雖然阿根廷人偶爾會停下車，來杯馬黛茶提神，不過我們接著做的仍是不停地穿越浩瀚、單調的草原。

到了巴黎，有了護照

當然，我在布宜諾斯艾利斯的首要工作就是替自己弄到新身分。我拿的那些假證件讓我通過了阿根廷的邊檢，但假如我想跨越大西洋，自由地在歐洲活動，那些假證件是沒用的。那要怎樣獲得新身分？當時阿根廷警方已經接獲阿根廷政府的通報，四處都有警察想逮捕我。

在我黔驢技窮之際，突然想到一個妙招。我中美洲的小說家朋友米格爾・安赫・阿斯圖利亞斯應該在布宜諾斯艾利斯，爲他的國家瓜地馬拉從事外交工作。我們因爲長得有點神似，所以彼此都同意用「窮必北」（chompipe）來互稱對方。在瓜地馬拉和部分墨西哥原住民的語言中，這個詞是「火雞」的意思。長長的鼻子、肉肉的臉和身體，讓我們被跟這種美味多汁的肉雞聯想在一起。

他到我藏身的地方看我。

「『窮必北』好友，」我開口說，「請借我你的護照，讓我有這個榮幸變身爲米格爾・安赫・阿斯圖利亞斯，成功抵達歐洲。」

我必須說，阿斯圖利亞斯向來是個自由主義者，對激進的政治活動非常不感興趣。不過，他當下毫不猶豫就同意了。幾天後，我就在四處被稱爲「阿斯圖利亞斯先生」的招呼聲中，順利穿越分隔阿根廷與烏拉圭的那條大河，進入蒙特維多，通過機場和警察的安檢，最後以那位瓜地馬拉傑出小說家的身分抵達了巴黎。

但是，我的身分在法國又成了問題。我那本引人注目的護照根本騙不了他們安全局嚴格、挑剔的檢查；逼得我不得不放棄米格爾・安赫・阿斯圖利亞斯的身分，重新變回我自己。不過，我要怎麼變回我自己？巴布羅・聶魯達根本沒到法國，眞正到那裡的人可是米格爾・安赫・阿斯圖利亞斯。

我的智囊們堅持要我住進喬治五世飯店。

「混在世界的權貴人士之間，不會有人要求你出示證件的。」他們告訴我。

於是，我在那裡住了幾天，不太需要擔心我那些土裡土氣的衣服和有錢人、高貴的世界格格不入。當時，好心又有才華的畢卡索出現了。他像個孩子一樣開心，因為前不久他才剛做完人生第一場演說，講的是關於我的詩、我遭受到的迫害、我的行蹤成謎。此時，這位現代繪畫鬼才就和對待親兄弟一樣，親暱地關心我的處境和種種細節。他找有力人士談話，打電話給全世界的人。真不曉得他因為我而犧牲掉多少傑出創作。我深深地感覺到，我浪費了他寶貴的時間。

那段時間，巴黎召開了一場和平會議。我在最後一刻現身會場，朗誦我的詩歌。所有的代表為我鼓掌，擁抱我。許多人以為我死了，懷疑我怎麼可能逃得過智利警方的毒手與迫害。

隔天，法新社資深記者阿爾德雷特（Alderete）先生到我住的飯店，問我：

「媒體公開您人在巴黎時，智利政府宣稱那是假消息，說在這裡的人是您的分身。真正的巴布羅·聶魯達在智利，行蹤在他們的掌控之中，遲早會落網。您怎麼回應呢？」

我當下想到，在一場愚蠢、原地打轉的研討會上，有人問到莎士比亞是不是自己作品的作者時，馬克·吐溫插嘴表示：「確實，寫那些作品的人不是威廉·莎士比亞，而是另一個剛好跟他同一天、同一個時間出生，還在同一個日期過世的英國人寫的，而且更巧合的是他也叫威廉·莎士比亞。」

「您就回答，」我跟記者說，「我不是巴布羅·聶魯達，而是另一個寫詩、為自由而奮鬥、剛好也叫巴布羅·聶魯達的智利人。」

辦理我的證件不是很容易。阿拉貢和保羅・艾呂雅幫了我大忙。與此同時，我必須過得低調一些。在我借住的房子當中，包括了佛朗索茲・吉魯（Françoise Giroux）夫人的家。我永遠忘不了這位獨特、聰慧的貴婦。她的公寓位在巴黎皇家宮殿（Palais Royal）附近，與女作家柯萊特（Sidonie-Gabrielle Colette）是鄰居。她收養了一個越南小男孩。當時的法國軍隊在遙遠的越南土地上殺害無辜百姓，與之後美軍幹的事沒兩樣。因此，吉魯夫人收養了那個孩子。

我回想起我在她家見過畢卡索最美麗的畫。那是一幅他還沒進入立體派時期的巨幅創作：一張桌子上方垂掛了兩塊紅色、長流蘇的窗簾，半開半掩的構圖有如一扇窗，桌上還斜放著一根長長的法國硬麵包。那幅畫讓我印象深刻。桌上巨大的麵包就像古代肖像畫中的主要人物，就像收藏在埃斯科里亞爾修道院中葛雷柯（El Greco）的《聖莫里斯的殉難》（*El Martirio de San Mauricio*）。我私自爲畢卡索的這幅畫取了一個名字：「聖麵包的升天」。

某一天，畢卡索到我藏身的地方找我，我帶他到那幅多年前他親筆畫的作品前。他已完全忘記那幅畫。他認眞地端詳，沉浸在他自己很少注意到的不凡之處，以及帶著一點憂鬱的處理手法。他走向前又退後，安靜地觀察那幅被他遺忘的作品超過十分鐘。

「我愈看愈喜歡。」他沉思後，我開口說，「我打算建議我國的博物館把它買下來。吉魯夫人準備把它賣給我們。」

畢卡索再看了一次那幅畫，眼睛盯著那根絕妙的麵包，簡單地回了一句：

「還不錯！」

我找到一間感覺很古怪、正在出租的房子，位於巴黎第二圈的皮耶－米勒街（rue Pierre-Mille）。也就是說，它的位置相當偏遠，是工人和中下階層窮人住的區，必須搭乘好幾個小時的地鐵才到得了。三樓層的房子，有迴廊還有小小的房間，看起來像個難以形容的大鳥籠。

一樓最寬敞，有個燒木屑的爐子。我把一樓用來放藏書和舉行不定期的聚會。樓上住的是我朋友，他們幾乎全是智利人。那裡曾經住過何塞·本圖瑞伊（José Venturelli）和內梅修·安圖內斯（Nemesio Antúnez）兩位畫家，還有我不記得的幾個人。

那時候，我曾接待三位蘇俄文學重量級人物：詩人尼古拉·吉洪諾夫（Nicolai Tikhonov）、劇作家同時也是烏克蘭官員的亞歷山大·科涅楚克（Aleksandr Korneichuk），和小說家康斯坦丁·西蒙諾夫（Konstantin Simonov）。我以前沒見過他們，但他們就像見到離散多年的兄弟一樣地擁抱我，還很響亮地親了我一下。這種斯拉夫男人間的吻，代表了很大的友誼與尊重，我費了好大的工夫才適應。過了幾年，當我了解男性間兄弟般的吻所代表的特殊意義後，終於有機會用這幾個字來寫一段故事：

「第一個吻我的男人是一位捷克斯洛伐克的領事……」

智利政府不喜歡我。他們不喜歡我在智利，也不喜歡我在國外。不管我要去什麼地方，在還沒到之前，當地政府就會收到要爲難我的通知或電話。

某天，儒勒·蘇佩維埃爾[1]來看我。那時候我已經有屬於自己、有效的智利護照。當時這位年長、高貴的烏拉圭作家很少出門，所以他的來訪讓我既感動又驚訝。

「我帶了一個重要的口信給你。我女婿貝爾托（Bertaux）想見你。我不曉得他想做什麼。」貝爾托是警察局長。我們來到他的辦公室，坐在他的桌子前。我從沒看過有桌子放了那麼多支電話。大概有幾支呢？我想不少於二十支。貝爾托聰明、機靈的臉從那堆叢林般的電話中看著我。我確信，那個重要的地方掌握了巴黎所有的地下活動。我當下想到黑暗勢力與馬戈探長[2]。

那位警察局長讀過我的書，而且意外地對我的詩有些了解。

「我收到智利大使的申請，要求我註銷您的護照。大使說您使用的是外交護照，這是違法的。他說的是眞的嗎？」

「我用的不是外交護照，」我回答他，「而只是一般的公護照。我是我國的參議員，所以有權持有這樣的證件。證件就在這裡，您可以拿去檢查，但請別收走，因爲這是我的私人物品。」

「這還有效嗎？誰幫您換發的？」貝爾托拿起我的護照，同時問我。

「當然有效。」我回答，「至於是誰幫我換發的，無可奉告。那位辦事員已經被智利政府開除了。」

警察局長仔細檢查我的證件，接著從數不清的電話中拿起其中一支，指示幫他接到智利大使那一端。

1 儒勒．蘇佩維埃爾（Jules Supervielle，一八八四年—一九六〇年），法國和烏拉圭雙重國籍作家。二十世紀初，當超現實主義與意識流當道之際，他堅持以寫實和更為人性的方式書寫，曾獲得法蘭西文學大獎殊榮。

2 此處指比利時法語作家喬治．西默農（Georges Simenon，一九〇三年—一九八九年）在一系列偵探小說中成功塑造的馬戈（Jules Maigret）探長的形象。

他們就在我面前進行通話。

「不，大使先生，我沒辦法這麼做。他的護照是合法的。我不知道幫他換發護照的人是誰。我再重複一次，註銷他護照是不合規定的。我沒辦法，大使先生，非常抱歉！」

聽得出來大使很堅持，貝爾托也明顯有點惱火。最後局長掛了電話，跟我說：

「感覺他對您有很大的敵意。不過，您可以在法國想待多久就待多久。」

我和蘇佩維埃爾一起離開。老詩人不太清楚發生了什麼事。不過對我來說，我有一種打了勝仗但融合了厭惡、噁心的感覺。那位與我作對的大使——智利派來加害我的共犯，其實就是假裝和我要好、隨時巴結我、當天早上還爲瓜地馬拉大使帶了熱情口信問候我的華金．費南德斯（Joaquín Fernández）。

根

愛倫堡一邊讀我的詩、翻譯我的詩，一邊指責我：太多「根」了，你的詩裡太多「根」了。爲什麼這麼多？

沒錯。邊境的土地在我的詩歌裡扎根，而且永遠無法離開。我的生命長時間漂流，不停地反覆奔走，但總是返回南方的樹林，返回被遺忘的森林。

生命強韌的大樹有時在那裡一站就是七百年，有時被洪水連根拔起，有時被大雪凍傷，有時被大火燒傷。我感覺參天大樹在森林深處倒下。橡樹垮了，發出災難般的滔天巨響，彷彿一隻巨大的手拍打著大地，請求打開墳墓的大門。

但是樹的根露在外面，任由惡意的時間、濕氣、苔蘚、後續的死亡摧殘。沒有比那些受傷、焚燬、有如張開巨手般的樹根還要美麗的東西，它們橫倒在林間小徑上，告訴我們被掩埋的大樹的祕密，還有滋養它的枝葉和植物深層肌理的謎團。樹根既悲傷又像長了絨毛，展現了一種新的美感：它們是深層世界的雕塑作品，是大自然祕密的傑作。

有一次我和拉法耶爾．阿貝爾迪到奧索爾諾附近，一起走在瀑布、灌木叢和樹林間，他要我觀察每一根樹枝都不一樣，而且仔細看每一種葉子似乎都以各種不同的面貌相互競爭。

「似乎是某位植物風景畫家爲了某個美麗的公園，特地把它們挑選出來的。」他向我表示。

幾年後，拉法耶爾在羅馬回想起那次散步，以及我們森林裡豐富的自然風光。

以前是這樣，現在沒有了。我憂傷地回想起童年和青少年時期，我走在伯洛瓦和卡拉威之間，或悠遊在通往托騰湖的山林間，有多少發現啊！姿態優雅的桂皮樹和它於雨後散發的芳香！森林裡數不盡的容顏上，披掛著有如冬天鬍子般的地衣！

我曾推開落葉，試著找出某些發出絢麗光澤的甲蟲。那種金色、披著閃亮外衣的步行蟲，會在樹根下跳起小芭蕾舞。

或者之後，當我騎馬穿越山脈到阿根廷時，在巨樹所構成的綠色穹頂底下，遇到了一個阻礙：其中一棵樹的根比我們的馬還要高，截斷了我們的去路。我們耗費力氣還動用了斧頭，才讓道路暢通。那些根就像坍塌的大教堂，發現它們的巨大，也讓我們了解它們可敬的地方。

09——流亡的開始與結束

在蘇聯

一九四九年，我剛脫離顛沛流離的逃亡生活，首度接受蘇聯邀請，參加普希金百週年紀念活動。傍晚時分，我依照約定，抵達了波羅的海海濱，融合了新與舊、高貴與勇敢，有如一顆寒冷珍珠的列寧格勒。這座彼得大帝與偉大列寧的城市，和巴黎一樣，都有討人喜愛的地方。那是一種灰色的討喜：鋼鐵灰的大道、用石頭砌成的鉛灰色皇宮、綠灰色的大海。世界上最精彩的博物館、沙皇珍貴的收藏，以及他們的繪畫、軍服、絢麗的珠寶、典禮上穿的華服、武器、餐具，全都展示在我眼前。另外，還有永遠忘不了的紀念：曙光號巡洋艦[1]和它依循列寧構想的砲管，推翻了過去的高牆，打開了歷史的大門。

我來赴亞歷山大．普希金的約。他是一百年前過世的詩人，曾創作過許多不朽的傳奇故事與小說。這位受歡迎的詩歌王子，擄獲了偉大蘇聯的心。爲了紀念他逝世百週年，俄國人一磚一瓦地修復沙皇的宮殿，將每一道被納粹槍砲擊毀、化爲瓦礫和粉塵的牆，都重新砌得和當初一模一樣。他們參考了舊皇宮的設計圖和當時的文件檔案，重新打造出明亮的彩繪玻璃窗、有花邊的壁帶、有花草浮雕的柱頭。另

1 曙光號（Avrora），俄國波羅的海艦隊的巡洋艦，一九〇〇年下水，一九〇二年開始服役，直到一九二三年才被編為訓練艦。該艦於服役期間，歷經兩次革命、三次戰爭，見證了不少輝煌且傳奇的歷史。

外還蓋了一間博物館，以紀念這位往昔的傑出詩人。

蘇聯首先令我感到印象深刻的，是它遼闊的幅員、豐富的物產、草地上白樺樹的晃動、無比純淨的廣闊樹林、氣勢磅礴的河川、在麥浪上奔跑的馬兒。

我第一眼就愛上蘇聯的土地。我不只了解到從它的土地裡，出現了一種提供人世間各個角落的道德教義，出現了一種與各種可能性相提並論的標準，出現了一種在行動與分配上的逐漸茁壯；我還看得出在那塊自然純淨、布滿草原的大陸上，將有巨大的飛越。全人類都知道，那裡正在發生的大事，並緊張地等待即將發生的事。某些人帶著恐懼等待，某些人單純等待，另外某些人則認爲自己的預感即將成眞。我在一處森林裡，遇見上千位穿著古代節慶衣服的農民，他們正聽著普希金的詩歌朗誦。人群、樹葉、正要重新生長的大片麥田，一切都在顫動。大自然彷彿與人成功地結合在一起。在米哈伊洛夫[1]的樹林裡，必定偶爾會出現某個人，自普希金的那些詩歌飛向其他行星。

正當農民出席那場紀念活動時，下起一場滂沱大雨。一道閃電落在我們附近，打中了一個男人和他躲雨的大樹。我感覺一切都像是在一幅描繪傾盆大雨的自然繪畫裡。而且，那首有雨相伴的詩已進到我的書裡，與我再也分不開。

蘇聯變化無常。大型城市與運河正在興建，就連地理也逐漸在改變。但是在我第一次訪問時，就體認到我們有多相似；只是關於他們的一切，我還是覺得難以理解，或者與我的靈魂有很大段距離。

在莫斯科的作家們，生活在沸沸揚揚、爭辯不休當中。早在西方評論家譁然之前，我就已在那裡了解到帕斯特納克[2]和馬雅可夫斯基是蘇聯的首席詩人。馬雅可夫斯基是大眾詩人，他說話有分量、外表嚴肅、內心豁達，他打破了語言的既有形式，直接面對政治詩歌中最棘手的問題。帕斯特納克是寫黃昏、抽象人性的偉大詩人，在政治上他是正直的反動者，當他的祖國正在蛻變之際，他就只像個教堂裡的司事，沒什麼太大野心。但無論如何，那些嚴厲抨擊帕斯特納克政治冷漠的評論家們，卻經常背誦他的詩給我聽。

在蘇聯的藝術中，教條主義的確存在很長一段時間，但我們必須說，這種教條主義一直都被視爲一種缺點，而且是被公開批鬥的缺點。出色的教條主義者日丹諾夫[3]發表批判性文章之後，個人崇拜導致蘇聯的文化發展嚴重僵化。不過，各方都對他的文章提出反駁意見，況且大家都知道生命比戒律更強健有力、更富有韌性。革命是生命，而戒律則是自取滅亡。

愛倫堡年歲已高，但他仍是蘇聯文化最眞誠、最活躍的偉大推動者。我經常拜訪這位好友。不是到他在高爾基（Gorki）街、裝飾著畢卡索繪畫與版畫的公寓，就是到他位於莫斯科郊區的鄉間別墅。愛倫堡相當熱愛植物，總是在自己的花園裡一邊拔除雜草，一邊對周遭發生的事物做出結論。

1 指聖彼得堡市中心的米哈伊洛夫宮（Mikhailovski Palace）。

2 帕斯特納克（Boris Leonidovich Pasternak，一八九〇年—一九六〇年），俄國猶太裔作曲家、詩人，以小說《齊瓦哥醫生》（*Doctor Zhivago*）聞名於世，一九五八年獲得諾貝爾文學獎，但在蘇聯眾多輿論與官方施壓下，最後只好拒絕領獎。

3 日丹諾夫（Andrei Aleksandrovich Zhdanov，一八九六年—一九四八年），史達林時期主管意識形態的蘇俄官員。

之後，詩人基爾薩諾夫（Kirsanov）將我的詩翻譯成令人讚歎的俄文，我們之間也建立了深厚友誼。基爾薩諾夫和所有蘇聯的詩人一樣，都是激情的愛國志士。經由他的妙筆創作，優美的俄語如同瀑布般高高拋向半空，化身爲獨具爆發力的語言，並賦予了奪目的光彩與美妙的音韻。

我繼續在莫斯科市或在鄉間拜訪另一位傑出詩人：來自土耳其、被自己國家的政府囚禁長達十八年的傳奇作家納欣・希克美（Nâzım Hikmet）。

納欣因爲被控企圖煽動土耳其海軍造反，被判了各種地獄般的刑罰。審判的地點在一艘船上。他向我描述他們是怎麼讓他在船的甲板上走到虛脫，然後將他丟進屎尿積了半公尺高的化糞池裡。我的兄弟，也就是那位詩人，感覺四肢癱軟。他被臭氣熏到連站都站不穩。當下他想：那些劊子手正在某個地方觀察我，想要看到我倒下，想要幸災樂禍。他高傲地站了起來，開始唱歌。起初小小聲地唱，接著愈唱愈大聲，最後放開音量高聲地唱。他唱了所有的歌，唱了他記得的每一首情歌，唱了他自己的詩、農民的抒情詩，還有讚美人民奮鬥的歌曲。當他告訴我這些事情時，我回應他：「我的兄弟，過去你爲我們而唱，現在我們不需要懷疑，不需要對即將要做的事有所顧忌。因爲我們所有人都知道，我們應該在什麼時候開始歌唱。」

他也向我描述他的人民遭受到的折磨。土耳其的農民被封建主狠心地迫害。納欣看見他們被關，看見他們拿別人發給他們吃的一小塊麵包換取菸草。起初，他們兩眼無神地看著院子裡的牧草，後來集中注意力，幾乎貪婪地盯著它看。某一天，他們拿起一小撮牧草放進嘴裡，後來大把大把地抓起，狼吞虎嚥地將它吃下肚，最後竟然和馬一樣，趴在那裡吃草。

激烈的反教條主義者納欣，在蘇聯流亡好多年。他熱愛接納他的那片土地，他將愛表現在這句話裡：「我相信詩的未來。我相信，因爲在我住的國家裡，詩歌構成心靈不可或缺、最主要的部分。」在他激動人心的話裡，存在著許多看不見、遙遠的祕密。蘇聯人最在意作家，因此所有的圖書館、教室和劇場的門都是敞開的。當我們在討論文學運動的命運時，不應該忘記這一點。一方面，各種新的形式、對所有存在的文學進行必要的革命時，都應該超越並突破文學框架。另一方面，文學運動怎麼不會伴隨著一場影響又深又廣的革命呢？怎麼會排除勝利、衝突、人的問題，和一大群面臨政治、經濟和社會制度遽變的人民的繁衍、運動、發展等，另外尋找核心議題呢？怎麼會不聲援那些被野蠻的入侵者突襲、被無情的殖民主義者和打著各種名號的蒙昧主義者包圍的人民呢？文學或藝術能夠在如此重大的事件中，表現出一副事不關己的態度嗎？

天空透白，但到了下午四點就變黑了，接著夜色籠罩整個城市。

莫斯科是一座冬天城市，是一座美麗的冬天城市。在整齊劃一的屋頂上蓋著白雪。從頭到尾都潔淨無瑕的路面閃閃發亮。空氣像堅硬、透明的玻璃般清晰。淡淡的鋼鐵灰色、快速飛舞的片片雪花、成千上萬來來往往似乎不怕冷的行人，這一切啓發了我們的夢境，將莫斯科想像成一座巨大、帶著虛實交錯、奇特裝飾的冬天宮殿。

溫度低至零下三十度的莫斯科，有如火與雪組成的星，有如一顆鑲在大地胸口上、熱情燃燒的心。

現在我望著窗外。街上有衛兵。發生了什麼事？連原本的降雪都停了。他們正在舉行偉大的維辛斯基[1]的葬禮。街道淨空，讓莊嚴的送葬隊伍通過。現場一片肅靜，冬天的心因這位偉大鬥士而停止跳動。維辛斯基的火重新回到蘇聯祖國的根。

送葬隊伍經過時，持槍的士兵仍然保持著隊形。其中，他們偶爾有人高高舉起戴著手套的雙手，用腳上的高筒靴小跺一陣，獻上短短的一支舞。除此之外，他們似乎一動也不動。

一位西班牙朋友告訴我，在二次大戰期間，就在轟炸後最冷的那幾天，在莫斯科的大街上看到有人吃著冰淇淋。「當他們還沒脫離可怕的戰爭，我就看到他們在零下的寒冷氣候裡，氣定神閒地吃著冰淇淋。」我朋友向我描述，「我那時候就知道他們會打勝仗。」

公園的樹覆蓋著白白的雪，結成了霜。沒有任何事物比得上莫斯科冬天公園裡這些晶瑩剔透的冰霜。太陽把它們照得透亮，讓它們發出白色火焰，但不讓任何的冰晶融化。這是一個樹的寰宇，在皚皚白雪的春天裡，隱約看得到克里姆林宮古老的塔樓，有著幾千年歷史的細長尖塔，以及聖瓦西里主教座堂[2]的金色圓頂。

經過了莫斯科郊區，往另一個城市移動，我看見幾條白色、寬敞的道路。那些都是結冰的河。在靜止的河面上，偶爾會出現若有所思的漁夫身影。他們就像在眼花繚亂的桌布上的蒼蠅，棲息在一大片結冰的白色床單上。他們選好一個定點，在冰上鑽洞，直到看見隱藏在冰面下的水流。這時候還沒辦法釣魚，因爲鑽洞時鐵器發出的磨擦聲，已經把魚群嚇跑了。所以漁夫會撒下一些食物當誘餌，吸引嚇跑的魚兒回來，接著才放下釣鉤，開始等待。他們就在那種冷死人不償命的低溫中，等了一個小時又一個小時。

我認爲，作家的工作與那些極地的漁夫有很多類似的共通點。作家必須尋找河流，如果他找到的是一條結冰的河，就必須鑽開結冰層。他必須耗費大量的耐心，承受嚴峻的天候，容忍不利的批評，接受荒謬的愚弄，尋找更深的潮流，並在適當的時機出手。在做了那麼多、那麼多的工作之後，他只得到了很小的收穫。不過，他還是得不畏寒冷與冰雪，對抗逆境與批評，再持續地釣，直到取得愈來愈大的收穫。

我受邀參加一場作家聚會。主席台上坐著蘇聯的大漁夫，也就是他們的大文豪。有帶著白鬍子笑容與灰白頭髮的法捷耶夫（Fadeyev），有臉瘦瘦尖尖、一副英國漁夫樣的費定（Fedin），有一頭蓬鬆長髮、身上雖然穿著新衣但總令人覺得是睡時被壓得縐巴巴感覺的愛倫堡，另外還有尼古拉．吉洪諾夫。

主席台上還有樣子長得像蒙古人、帶著新書的代表。他們是蘇維埃共和國遙遠地區的文學代言人，他們那族我以前連名字都沒聽過，他們流浪的故鄉沒有文字。

1 維辛斯基（Andrei Yanuaryevich Vyshinski，一八八三年—一九五四年），蘇聯政治家、法學家、外交家。一九三九年從司法界轉入外交界，曾代表蘇聯簽訂德國投降書以及中蘇友好同盟條約。一九四九年至一九五三年任蘇聯外交部長及蘇聯駐聯合國首席代表，在冷戰期間是蘇聯外交政策的積極推動者。一九五四年，死於紐約。遺體火化後，骨灰安葬於克里姆林宮紅場墓園。聶魯達在文中提到的葬禮，並非一九四九年六月第一次到蘇聯時的經歷，而是一九五四年十二月再訪蘇聯時看到的場景。

2 聖瓦西里主教座堂（San Basilio），又譯為聖巴西爾大教堂（Saint Basil's Cathedral），位於莫斯科市中心，鄰近紅場與克里姆林宮，是俄羅斯的象徵建築。一九九〇年被列入聯合國教科文組織世界遺產名錄。

致普希金*

親愛的朋友：

作家們邀請我來慶祝你的一百五十週年冥誕。我就這樣第一次造訪蘇聯。我不曉得爲什麼，我覺得是你邀請我來的，你是我們的邀請人，從那時候起，我就覺得我和你受折磨的生命有一點關聯性，我就覺得我是你的朋友。那次我們在你生前和你詩歌中提到的地點與美景中舉行慶祝活動，眞的很美。一個充滿普希金的春天。你逐漸盈滿、清晰的創作就像河水一般，流到我們身旁。樹上開滿了你的詩歌之花。

所謂的文學大師，他們不只把語言變成了書籍，還把語言化爲每日的生活，改變了文字的結構次序，給予文字新的速度和自由的空氣。一位民族詩人打開了門窗，迎接大地的寧靜與聲音、歷史的激烈變化、海浪的轟天巨響、鳥兒的歌唱。這就是你遺留下來的偉大傑作。

那麼，我在這場嚴肅的聚會上想要闡明的是，你的偉大作品被保護得很好，而且在這五十年期間一直流傳在蘇俄文學中。這些作家都有很深的祖國情懷，同時對於外來的文化也超乎想像地包容。革命帶給你祖國的這些作家與蘇聯的人民，一起創造出偉大的建築、文章、出版品，甚至書成了被深愛、被敬重、新時代社會的核心。在一個前所未見的變革、抗爭中，要有這樣的結果確實不容易。蘇聯的作家不僅是民族英雄，也是人類的希望。

當可怕的戰爭來到雕像跟前時，當入侵者企圖毀掉這些人民、這些文化時，蘇聯的作家們奮力抵抗，然後死亡；奮力抵抗，然後打贏了勝仗。他們揮灑熱血，奉獻出他們的文采、他們的大愛、他們的怒火，都只為了捍衛你有如水一般清澈的詩歌遺產、捍衛十月革命留下的高度人文色彩。

書籍變得強而有力，他們侵略了城市、鄉野、村莊，佔領了圖書館、巷弄、住宅、醫院、工廠，深入到最偏僻、最黑暗的地區。在任何地方工作的蘇聯人都書不離手，甚至到了晚上都還在看書。

你遺留下來的功績已被擁護、已被發揚光大。一位來自南美遙遠故鄉的詩人敢這般向你保證。如果你和我們一起在這裡，我現在就告訴你：「普希金同志，你可以心滿意足了！」

再訪印度

一九五〇年，我意外地必須去一趟印度。約里奧—居里[1]約我在巴黎見面，要我飛到新德里，與不同政治理念的人見面，並評估強化印度和平運動的可能性。

約里奧—居里是第一任世界和平理事會的主席。我們聊了很多。他擔心儘管印度一直以和平的國度著稱，但和平主義者的意見有可能在印度無足輕重。他們的新總理賈瓦哈拉爾·尼赫魯以和平領袖著稱，而和平深深影響了那個古老國家。

1 約里奧—居里（Jean Frédéric Joliot-Curie，一九〇〇年—一九五八年），法國物理學家，一九三五年與妻子伊雷娜·約里奧—居里（Irène Joliot-Curie，一八九七年—一九五六年），即瑪麗·居里夫人的大女兒，共同發表人造放射性同位素研究，一起獲得諾貝爾化學獎。

約里奧－居里給了我兩封信，一封是要給孟買的科學家，另一封要我親手交給印度總理。他指定要我千里迢迢處理一個看似簡單的工作，讓我覺得很奇怪。或許他考量到我年輕時曾經在那裡待過幾年，對那裡仍然有些許依戀。又或許是因爲我以〈伐木工人醒醒吧！〉這首詩，在同一年與巴布羅·畢卡索和納欣·希克美獲得世界和平獎的關係。

我搭機前往孟買。過了三十年，我重到印度。現在它已經不是爭取解放的殖民地，而是一個主權獨立的共和國。這是甘地的夢想，我在一九二八年曾經參加過他早期召開的聚會。我認識的朋友，也就是當時參與革命、與我稱兄道弟描述抗爭故事給我聽的那些學生，他們該已無人倖存。

一下飛機，我直奔海關。原本以爲可以從那裡直接前往任何一間旅館，把信交給物理學家拉曼（Raman），接著前往新德里。結果沒有人來接我，而且我的行李還遲遲出不了關。一群我以爲是海關檢查員的人拿著放大鏡，仔細看我的行李。我看過那麼多次的海關檢查，就是沒見過那樣的。我的行李不多，就一個裝衣服的中型行李箱，還有一個裝個人盥洗物品的小皮包。我的外褲、內褲、鞋子全都被舉得高高，五雙眼睛同時盯著看。任何口袋和接縫都被仔仔細細搜了一遍。爲了不弄髒乾淨衣物，我拿了一張在羅馬飯店裡找到的、縐巴巴的舊報紙將鞋子包起來。我想那應該是《羅馬觀察家》（*L' Osservatore Romano*）的報紙。他們將報紙放在桌上攤平，對著光照，再小心翼翼地把它摺好，彷彿它是個祕密檔案。最後再把那張報紙與我的其他證件放到一邊去。而我的鞋子就像個神奇、獨特的化石標本，裡裡外外都被仔細研究了一番。

這樣令人不可思議的檢查，竟然持續了兩個小時。他們大費周章地把我的文件——護照、通訊錄、要交給總理的信和那張《羅馬觀察家》報紙——打包成一包，而且在我面前煞有其事地將它上了封蠟，同時跟我說隨後會送到飯店還我。

我努力維持智利人的耐心，告訴他們如果少了身分證件，就沒有任何一家飯店會接待我，而且我還解釋，這次我來印度的目的是要把一封信交給總理，信既然被他們沒收，我的事就辦不成。

「我們會通知飯店，讓他們接待您。至於文件，我們隨後就歸還給您。」

我心想，這就是我年輕時見證的那個爲獨立而奮鬥的國家。我關上我的行李箱，同時也閉上我的嘴，但我的內心只想說一個字：「幹！」

我在飯店裡遇到貝拉（Baera）教授，向他敘述我遇到的那些倒楣事。他是個有趣的印度人，沒把那些事放在心上。他對自己的國家很寬容，認爲它仍在發展中沒有成形。相反地，我在那場混亂中感覺到某種惡意，某種我沒預料到的新獨立國家的待客之道。

約里奧－居里委託我把一封介紹信交給他的朋友，他是印度物理與核能研究所的主任，他邀請我參觀他們的研究設施，還補充了一句：我們當天受邀與總理的妹妹共進午餐。我的運氣就是如此，而且一輩子都是如此：他們才剛一隻手拿著棍子揍我的肚子，另一隻手就送來一束鮮花向我賠不是。

核能研究所是個乾淨、明亮、氣派的地方，裡面的男男女女都穿著白色、透光的衣服，有如流水一般行過走廊，穿梭在各種儀器、黑板、方盤之間。雖然我聽不太懂那些科學原理，但那次的參觀就像一場聖浴，洗淨了警察污辱我，在我身上造成的晦氣。我依稀記得，在研究所的儀器中，看到一種像水銀的噴泉。這種金屬就像有生命的靈魂，展現了它的能量，讓我嘖嘖稱奇。它的流動性、它神奇地轉換成液體和球體的能力，在在都吸引我的注意。

那天我們和尼赫魯的妹妹一起吃午餐，我現在已經想不起她的名字。看到她，我原來的氣都消了。她長得非常漂亮，穿著打扮就像個帶有異國風情的女明星。她的紗麗閃著各種顏色的光澤，身上的黃金和珍珠突顯了她的貴氣。我個人對她很有好感。看著那極為細緻的女人用手吃飯，看著她將戴著珠寶的纖纖玉手插進米飯和咖哩醬中，確實有些違和感。我告訴她，我要去新德里見她哥哥，還有見世界和平理事會的朋友。她回答我，在她看來，印度所有的人民都應該參與那個和平運動。

下午，他們把我的一整包東西送到飯店。那些裝模作樣的警察將當初在我面前彌封的封蠟弄破。他們肯定連我送洗的帳單都拍照存證了。我後來得知，那些出現在我聯絡簿上的地址，他們都一一去拜訪過了，而且裡面的聯絡人都被他們問過話了。其中還包括我當時的小姨子，也就是里卡爾多・奎拉爾德斯（Ricardo Güiraldes）的遺孀。她是個相信神智學、膚淺的女人，住在印度偏遠的鄉村，只對東方哲學展現無比的熱情。對於我把她的名字寫在通訊錄上，她感到相當不耐煩。

在新德里，我坐在一座花園的陽傘底下，見到六、七個從印度首都來的名人。有作家、哲學家、印度教或佛教的僧侶，他們全是在印度很受敬重、態度完全不傲慢、單純的人。他們一致認為，和平志士所倡導的運動，與他們文明古國的精神、與他們堅守善良和理智的傳統不謀而合。此外，他們還睿智地補充了一個概念，認為必須去除宗派與霸權的缺點：無論是共產黨、佛教或是中產階級，任何人都不能擅自操控這個運動。各種傾向的意見都對這個主體、這個議題核心有貢獻。我贊成他們的看法。

當時的智利大使是胡安・馬林（Juan Marín）博士，他是醫生，也是作家和我的老朋友。吃飯時，他過來找我。拐彎抹角一番後，他想跟我說，警察局長有找他談過話。那個印度條子的頭頭帶著執法當局對外交官特有的冷靜口吻告訴他，我的一舉一動讓印度政府感到很不安，他希望我盡快離開他們國家。

我回答大使，我的活動只不過是在飯店的花園裡，與六、七個我認為思想可以代表所有人意見的傑出人士見面罷了。至於我，我也跟他說，只要將約里奧－居里的訊息傳達給總理，就立刻離開這個國家。雖然我曾經為它的革命志業付出過真感情，但它無憑無據地對我如此失禮，我早就對它失去興趣。

我們的大使先生雖然曾經是智利社會黨的創黨人之一，但或許是歲月的歷練和享受了外交特權，他變得比較溫和。面對印度政府愚蠢的態度，他竟然一點都不感到憤怒。我不求他任何的協助，我們好聚好散。顯然他已擺脫我的來訪對他造成的沉重壓力，而我也對他的過度反應和我們的友誼徹底灰心。

尼赫魯約我隔天早上在他的小會客室見面。他起身，握手歡迎我，但臉上沒有展露一絲笑容。他家太常出現在媒體上，所以沒什麼值得描述的。他一雙黑不溜丟的眼睛不帶任何情感，冷漠地看著我。三十年前，在一場支持獨立的大會中，有人介紹他和他父親給我認識。我向他提起那件事，但他嚴肅的表情沒有因此改變。不管我說什麼，他都只簡單回答我幾個字，始終以那種冷漠的眼神看著我。

我把他朋友約里奧－居里的信交給他。他告訴我，他很尊敬那位法國學者，同時不疾不徐地讀著那封信。約里奧－居里在信中提到我，並請求尼赫魯幫我完成我的任務。讀完信後，他把信放回信封裡，一句話也沒說地看著我。我突然感覺到，我的出現對他造成一種無法壓抑的反感。此外，我的腦子裡瞬間閃過一個想法：那個臉色泛黃的男人，在生理上、政壇上和情感上都不是很順遂。他的行為有點高傲、有點自大妄為，就像個習慣命令人卻沒權力的地方角頭。我記得他爸爸莫迪拉爾．尼赫魯是古老家族的地主，幫甘地管過帳，而且他不僅為國大黨貢獻他個人的政治智慧，也曾捐獻一大筆財產。我想，或許這位在我面前不發一語的男人已經默默變成了一位扎明達爾[1]，把我看成他其中一位沒穿鞋子的農民，所以帶著同樣冷漠、不屑的態度看著我。

「我回巴黎要怎麼跟約里奧－居里教授交代？」

「我會回他信。」他僅僅回了我這麼一句。

我沉默了幾分鐘，但感覺時間好漫長。我想尼赫魯不想再和我多聊，但也沒有顯露出一絲絲不耐煩，彷彿我是沒有理由而乾坐在那裡，並該爲浪費一位重要人物的寶貴時間而惶恐不安。

我認爲我有必要說一下我來的目的。冷戰的威脅逐漸白熱化，人類可能被某一場新災難吞噬。我告訴他可怕核武的危險，告訴他要團結大部分想避免戰爭的人的重要性。

他似乎沒在聽，仍呈現沉思狀態。過了幾分鐘，他開口說：

「實際上就是一群人和另一群人打著和平的口號，互相打來打去。」

「對我而言，」我接話，「所有講和平或想爲和平貢獻心力的人，都可以站在同一邊，支持同一個運動。我們沒有不歡迎任何人，只排除想報仇、想發動戰爭的人。」

再度陷入沉默。我明白對話已經結束。我起身，向尼赫魯握手道別。在沉默中，他握緊我的手。

當我已經走到門邊時，他有點客氣地問我：

「我能幫您做點什麼？您沒有任何需要嗎？」

我本人反應遲鈍，而且可惜的是，我又沒心機。不過，那次是我生平第一次先發制人：

「喔！當然有！我差點忘了。雖然我以前住過印度，但是一直沒機會參觀離新德里很近的泰姬瑪哈陵。如果警方沒有通知我不能離開新德里，而且還要我盡快返回歐洲的話，這次原本是我認識這個偉大古蹟的好機會。但我明天就要走了。」

我很高興把箭對準他發射出去。我一派輕鬆地向他道別，走出他的辦公室。

飯店經理在櫃台等我。

「您有一封留言。當局剛才來電，要我轉達只要您開心，隨時都可以參觀泰姬瑪哈陵。」

「幫我結帳。」我回答。「抱歉，我沒有要參觀了。現在我就要去機場，搭第一班飛機回巴黎。」

五年後，我和列寧和平獎的評審委員們到莫斯科舉行會議。我也是國際委員之一。在提名和表決當年的候選人時，印度的代表提了尼赫魯的名字。

沒有任何評審委員曉得我露出的微笑代表了什麼意思，接著我投下贊成票。尼赫魯就這樣與其他世界和平的捍衛者一樣，獲得國際大獎的加持。

第一次拜訪中國

革命[2]勝利後，我兩次拜訪中國。第一次是一九五一年，當時我接到指示，要將列寧和平獎頒給孫逸仙的遺孀，宋慶齡女士。

1 扎明達爾（zamindar），在波斯語裡指「土地所有人」，為印度次大陸的世襲貴族，擁有大片土地和為他們耕種的農民。在東印度公司統治和被英國殖民時期，有權向農民收稅。

她在中國作家同時也是副總理的郭沫若提名下，贏得那面金質獎章。此外，郭沫若和阿拉貢都是列寧獎評審委員會的副主席。委員會成員除了我和愛倫堡，還有安娜．西格斯、電影工作者亞歷山德羅夫（Alexandrov），以及一些我已經不記得名字的人。我、愛倫堡和阿拉貢組了一個祕密聯盟，因為這層關係，畢卡索、貝爾托特．布萊希特（Bertolt Brecht）和拉法耶爾．阿貝爾迪在後來幾年都陸續得了獎。當然，這並不容易。

我們搭乘橫貫西伯利亞的列車前往中國。在那列傳說中的火車上，彷彿進到一艘航行於廣闊、神祕空間的大船。火車過了一哩又一哩，大片黃澄澄的景色從車窗各個角落透進來，將我包圍。當時已經是西伯利亞的深秋，放眼望去只有枝葉泛黃的銀色白樺樹。接著，映入眼簾的是一望無際的草原、凍原或西伯利亞針葉林帶。我們不時經過新市鎮的車站，我和愛倫堡下車舒展僵硬的筋骨。車站裡，農民提著大包小包和行李箱，擠在候車室裡等車。

我幾乎沒時間在那些地方閒晃。每個新市鎮的樣子都差不多，都豎立著一尊用水泥砌成的史達林塑像。塑像有時漆成銀色，有時漆成金色。在我們看到的那幾十尊造型都一樣的塑像中，我無法判定到底銀色塑像比較醜，還是金色塑像比較醜。回到車上，愛倫堡那些懷疑論者的言論趣味十足，讓我一整個禮拜都不會感覺無聊。雖然他骨子裡是個非常愛國的蘇聯人，但是他語帶詼諧，以睥睨的口吻分析當時許多生活面向給我聽。

愛倫堡當初跟著紅軍抵達柏林。想當然耳，在所有隨軍到過那裡的戰地記者中，他是最優秀的。所有紅軍士兵都非常喜歡這位特立獨行的怪人。不久前在莫斯科，他拿了那些士兵從德國廢墟裡挖出來送他的兩件禮物給我看。一件是比利時軍械師為拿破崙一世打造的來福槍；另一件是一六五〇年在法國印製的兩小冊隆薩作品集。那兩小冊書已被砲火燻黑，還帶有血漬和被雨水淋濕的痕跡。

愛倫堡將拿破崙漂亮的來福槍捐給法國博物館。「我要那個幹嘛？」他摸著有雕花的槍管和拋光發亮的槍托對我說。而那兩冊隆薩的書，則被他視爲珍寶收藏。

愛倫堡是個熱愛法國的狂熱份子。他在火車上朗誦了一首自己寫的祕密詩歌給我聽。那首獻給法國的短詩，就像對戀人傾訴著甜言蜜語。

我說那是一首「祕密」詩歌，原因是當時的俄國譴責世界主義。報紙經常刊登蒙昧主義者的控訴，在他們眼裡，所有現代藝術都是世界主義。某些作家或畫家就因爲這樣莫名的指控而名聲掃地，又或者美名瞬間被人遺棄。所以，愛倫堡對法國傾心的詩歌就必須像一朵祕密的鮮花，守住它自身的柔情。

許多愛倫堡告訴我的事，之後都在史達林暗夜中永遠消失了。我把那樣的消失歸咎於他愛爭辯、愛反駁的個性。

一頭亂蓬蓬的長髮、明顯的皺紋、老菸槍的黑牙、冷漠的灰色眼珠、帶著憂愁的笑容，對我來說，愛倫堡就是一個老派的懷疑主義者、一個看透世事的厲害角色。而我，則才剛睜大眼睛看清偉大的革命，還沒完全明白有哪些細微的不幸。我難以認同當時普遍的低級品味，不認同那些塗上金漆或銀漆的塑像。時間將證明我是錯的，但我認爲，就連愛倫堡也無法預知那場悲劇到底會有多嚴重，我們所有的人都得等到蘇共第二十次代表大會之後才會明白。

2 此處是指一九四九年國共內戰結束後。

我感覺一天過了一天，白樺樹林一棵接著一棵，火車非常緩慢地在那黃澄澄的土地上前進。我們越過烏拉山脈，慢慢穿越西伯利亞。

某天中午我們在餐車裡吃飯，一名坐在餐桌前的士兵引起我的注意。他喝得醉醺醺、滿臉通紅，是一位嬉皮笑臉的年輕人。他時不時就向服務生點生雞蛋，將蛋敲破，大聲吆喝著將蛋倒進盤子裡，接著又立刻再點了幾顆。從他瘋狂的笑容和那對藍眼珠、孩子般的眼神看來，他一次比一次開心。他應該已經玩了好一陣子，因爲那些蛋白與蛋黃開始驚險地在盤子裡滑動，就要掉到車廂地板上。

「同志！」那名士兵興奮地呼叫服務生，再加點了幾顆蛋，好讓自己的傑作愈積愈高。

在一望無際、寂寥的西伯利亞土地上，我興奮地看著這一幕既愚蠢又難得的超現實畫面。

最後，不知所措的服務生找來了警察。裝備齊全的警察高高地站著，嚴肅地看著那名士兵。但那傢伙不理會警察，繼續忙著打蛋。

我以爲那位警察會狠狠地敲醒那個浪費食物的傢伙，但是我大吃了一驚。那個魁梧的警察坐在他旁邊，溫柔地撫摸他金色的頭髮，用一般的音量開始和他交談，有說有笑，企圖跟他講道理。最後，警察突然緩緩地從座位上站了起來，像個兄長般拉著他的手，帶他朝車廂的門口、朝車站、朝小鎮的街道走了出去。

當下我痛苦地想到，要是有一位可憐的印度醉漢在一輛橫越赤道的列車上打蛋，不曉得他會有什麼樣的下場。

在穿越西伯利亞的那幾天，早上和下午都聽得到愛倫堡用力敲擊打字機的聲音。他在那裡寫完了

《巨浪》（*The Ninth Wave*），這是他在發表《解凍》（*The Thaw*）前完成的最後一部小說。而我只有偶爾湊合地寫了幾首《船長之歌》（*Los versos del capitán*）的詩。這部獻給瑪蒂爾德的愛情詩歌集，後來以匿名的方式在那不勒斯出版。

我們在伊爾庫次克下了車。在搭飛機前往蒙古之前，我們遊歷了西伯利亞邊境著名的貝加爾湖。在俄皇專制時期，它是通往自由的大門。流亡者和囚犯的心思與夢想都奔向那個湖。那是唯一可能脫逃的道路。「貝加爾！貝加爾！」如今在低沉的俄語古調中，仍反覆唱著那樣的歌詞。

湖泊研究中心邀我們享用午餐。學者們向我們揭開了他們的科研祕密。從來沒有人能確定號稱烏拉山之子與烏拉山之眼的湖泊到底有多深，而他們從二千公尺黑暗的深湖底撈起了一種罕見、眼盲的魚。我的食慾瞬間被喚醒，讓研究人員爲我端上兩條那種罕見的魚。我是世界上少數可以一邊吃著這種深湖魚、一邊以西伯利亞優質伏特加佐餐的人。

我們從那裡飛往蒙古。現在我仍依稀記得，在那個形似朔月的土地上，當地人設立最早期的印刷廠和大學的同時，依舊住在遊牧民族的帳篷裡。烏蘭巴托附近與我祖國的阿塔卡馬（Atacama）沙漠相似，完全是一望無際的不毛之地，偶爾出現駱駝，讓那股寂寥感增添一點懷舊風情。我確實曾經用精心製作的銀杯喝蒙古威士忌。每個民族都有他們的釀酒法，我喝的威士忌是用駱駝的奶發酵製作而成，至今回想起那個味道，還是不禁讓我全身顫抖。但是，能去烏蘭巴托確實非常不錯。對我來說，能活在那些美麗的地名裡更是美好。住在那裡，就像住在我命中註定的夢幻豪宅裡。我曾在新加坡、在薩馬爾罕的名字裡，玩味它每個音節。當我離開人世時，希望能夠埋葬在一個臨海的地方，而且那地方的名字必須精挑細選過，能發出鏗鏘有力的聲音，好讓它每個音節都在我的屍骨上歌唱。

中國人是全世界最愛笑的民族之一。在歷經了無情的殖民主義、革命、飢餓與屠殺後，他們比其他愛笑的民族更懂得笑。中國孩子的笑，有如眾人去除稻殼後所得到的最甜美收成。

不過，中國人的笑有兩種。一種是小麥色肌膚上自然散發的微笑；這是農夫和大眾的笑。另一種是瞬息萬變、虛偽的微笑，它在鼻子下方，可以隨時撕下貼上；這是官員們的笑。

當我和愛倫堡首度抵達北京機場時，我們很難分辨這兩種笑。真誠和美好的笑容伴隨了我們好幾天。它們出自熱情招待我們的中國作家朋友、小說家和詩人。我們就這樣認識了中國作家協會的副主席，亦即曾經獲得史達林獎的小說家丁玲，同時認識了茅盾、蕭三，還有中國詩壇翹楚以及老共產黨員艾青。他們都會說英語或法語。幾年後，文化大革命埋沒了他們的文采。當年我們抵達時，他們都還是文壇的中流砥柱。

隔天在列寧獎（當時稱史達林獎）的頒獎典禮結束後，我們在蘇聯大使館用餐。除了得獎者之外，還有周恩來、上了年紀的朱德元帥，以及其他幾個人一同參加宴席。當時的大使是史達林格勒[1]英雄，他又唱歌又敬酒，有著標準的蘇聯軍人性格。我被安排坐在德高望重而且風韻猶存的宋慶齡身旁。她在當時是最受人敬重的女性。

我們每個人都有自己專屬的小玻璃瓶，裡面裝滿了伏特加。餐桌上此起彼落地發出「乾杯」聲。這種中國式的敬酒，逼得我們喝光小酒杯裡的酒，一滴也不能留。坐我對面的朱德老元帥，頻頻斟滿酒杯，而且像農民一樣地開懷大笑，每隔一陣子就找我乾杯。餐後，我趁老元帥不注意時，偷嚐了一口他瓶子裡的酒。我的懷疑果然沒錯。原來他餐間全用白開水魚目混珠，而我卻大口大口地把烈酒喝下肚。

在喝咖啡時，坐在我身旁的孫逸仙遺孀、也是那次受獎的傑出女性宋慶齡，從自己的菸盒裡拿出一根菸，然後帶著精緻、優雅的微笑也遞給我一根。「不，我不抽，非常感謝！」我稱讚她的菸盒，隨後她告訴我：「我保留它，因爲這是我人生中非常重要的紀念品。」那是一個沉甸甸、耀眼的黃金寶盒，上面鑲滿了各種鑽石與紅寶石。我仔細端詳了一番，再度美言幾句之後，便把盒子還給它的主人。

她很快便忘了這件事。當我們起身離席時，她語氣有點重地對我說：

「麻煩您，我的菸盒。」

我非常確定自己已經還給她了。不過無論如何，我還是在桌上找了找，接著在桌子下繼續找，就是沒發現它。孫逸仙的遺孀臉上的微笑不見了，兩顆黑不溜丟的眼睛有如強光般瞪著我。到處都沒看到那個神聖小盒子的蹤影，於是我開始莫名其妙地感覺自己就是把它搞丟的罪魁禍首，而那兩道從黑眼珠射出的強光更讓我相信，我就是偷寶盒的小偷。

幸好，很快地，我就隱約看見菸盒重新出現在她的手裡。想當然，她只不過是找了自己的包，就找到小盒子，臉上也再度恢復了笑容。但我再也笑不出來，而且持續幾年都是這樣。現在我想，在文革時，她那美到不行的黃金菸盒肯定被充公了。

每年的那個時候，中國人總是穿了一身藍，不管男女，都套上同樣的工作服，呈現出整齊劃一的天藍色模樣。沒有人穿得破破爛爛，但也沒有汽車。密密麻麻的人群從四面八方擁入，塞滿所有地方。

當時是革命勝利後第二年。各地肯定物資缺乏、生活困難。但在北京市裡走一圈，完全看不出那

---

1 史達林格勒（Starlingrad），今伏爾加格勒（Volgograd）。史達林格勒為該城一九二五年至一九六一年間的舊名。

樣的情形。真正困擾我和愛倫堡的，都是些雞毛蒜皮、瑣碎的事。但是當我們想買一雙襪子、一條手帕時，那可就成了國家大事。中國同志們互相討論，緊張思索一番之後，就領著我們，一行人浩浩蕩蕩地從飯店出發。最前面是我們的車，接著是隨扈的車、警車、翻譯的車。大批的車隊急馳，穿梭在總是擠滿人群的街上。人群讓出狹窄的通道，讓我們這大陣仗車隊得以快速通行。一抵達百貨公司門口，那些中國朋友便立刻下車，快速趕走店裡的客人，並封鎖交通，以自己的身體形成一堵護欄。我和愛倫堡頭低低地穿越人牆通道，十五分鐘後同樣頭低低地走出來，手上提了一小包東西；當下斷然決定，之後再也不出門買襪子了。

這種事情讓愛倫堡很惱火。同樣的情形也發生在我接下來要講的餐廳上。我們住的飯店提供英國人殖民時期遺留在中國的差勁英國菜。我是一個熱愛中式料理的人，我向隨行的年輕翻譯員說，我很渴望享用知名的北京料理。他回答我，他會去問看看。

我不曉得他是否真的去詢問了，但可以確定的是，我們仍繼續嚼著飯店提供的難吃烤牛肉。我又提了那件事，他思考了一下，回答我：

「同志們為了這件事開過幾次會。問題馬上就會解決的。」

隔天，一位重要的接待人員朝我們走來。他將臉上的微笑調整到正確的位置之後，詢問我們是否真的想吃中國菜。愛倫堡斬釘截鐵地跟他說是。我補了一句，我從年輕時就認識廣東菜，渴望嚐嚐看遠近馳名的北京滋味。

「這件事不好處理。」那位中國同志憂心地回答。

他沉默，搖了搖頭，最後的結論是：

「幾乎不可能。」

愛倫堡露出懷疑論老頑童的臉，苦笑了一下。而我卻非常惱火。

「同志！」我說。「麻煩您幫我準備回巴黎的文件。如果在中國卻吃不到中國菜，那我到拉丁區去吃。那裡絕對沒問題。」

我的抗議奏效了。四個小時之後，我們在那群大陣仗的隨行人員陪伴下，抵達一間有五百年歷史的烤鴨名店。那道菜相當美味，令我印象深刻。

而那間白天和晚上都營業的餐廳，竟然離我們住的飯店才僅僅三百公尺。

《船長之歌》

在流亡的日子裡，我東南西北奔波，來到一個我從沒去過、但讓我開始深深愛上的國家——義大利。在那個國家，我感覺一切都很美妙，特別是他們純樸的味道：自然的油、麵包和葡萄酒，甚至他們的警察……那些警察從來不惡意對待我，但對我窮追不捨。我到處都遇得到他們，即使在夢中、在喝湯，都會出現他們的身影。

作家們邀請我朗誦自己寫的詩。我在大學裡、在半圓形劇院裡、在熱那亞的碼頭工人群眾裡、在佛羅倫斯的拉納藝術中心（Palazzo dell'Arte della Lana）、在杜林（Torino）、在威尼斯，爲人們熱情地朗誦詩歌。

我帶著無限的歡樂，在擠滿了人的廳堂裡朗誦。某個人在我身邊，以優雅的義大利語跟著我複誦。聽著那高尚的語言增添了我詩歌的光彩，眞是開心。但是，警察們聽了並不是那麼高興。我的詩用西班牙語唸沒問題，但是用義大利語唸，就出現了許多點點點的刪節號。那些被「西方」放逐、歌頌和平的字眼，甚至慫恿人民抗爭的傾向，全都成了危險的表現。

受人民政黨愛戴、在大選中獲得勝利的各地政府，將我視爲座上賓，在氣派的市府大樓裡接待我。有好幾次，他們還頒發榮譽市民證給我。我現在是米蘭、佛羅倫斯和熱那亞的榮譽市民。市議員們在朗誦前或朗誦結束時，授予我那響亮的封號。在大廳裡，到場的有城市裡有頭有臉的人物、貴族和主教。大家舉起一小杯香檳，我以遠方祖國之名向大家表示感謝。我和他們又是擁抱，又是親手，最後下了市府大樓的階梯。警察就在外面大街上等著我，讓我進退不得。

在威尼斯發生的事簡直就像電影情節。我一如往常，在教室裡朗誦，再度被封爲榮譽市民。但是警方要我離開苔絲狄蒙娜[1]出生與受苦的那個城市，日夜在我住的飯店門口埋伏。

一位綽號叫「卡洛斯指揮官」的老朋友維多里歐．維達雷，特地從的里雅斯特[2]來聽我朗誦。他還陪我暢遊運河，快樂地看著貢多拉（góndola）划過灰灰舊舊的宅邸。至於警察，他們把我纏得更緊了，直接在我們後面兩公尺處跟蹤。當下，我決定和卡薩諾瓦（Giacomo Casanova）一樣，逃離那座想擋住我去路的威尼斯。我和維多里歐．維達雷，還有湊巧在那裡遇到的哥斯大黎加作家華金．古鐵雷斯（Joaquín Gutiérrez）一起拔腿狂奔，後面跟了兩名威尼斯警察。我們很快搭上威尼斯島上唯一裝備馬達的貢多拉，它的主人是身爲共產黨員的市長。市長的船快速行駛在運河上，而警方人馬則像隻鹿般地狂奔，急著找船。結果他們找來的卻是用槳划、塗著黑漆、帶金色裝飾、供來威尼斯遊玩的情侶搭乘的小船。他們在遠方繼續追，但是就像鴨子划水想趕上海豚一樣，毫無希望。

在那不勒斯的某個早上，所有的跟蹤行動變得更加緊迫盯人。警方派人來到了飯店；當時並不很早，因爲在那不勒斯沒有人很早就開始工作，警察也不會。他們以護照有誤爲理由，要我隨他們回警局一趟。他們請我喝了義式濃縮咖啡，還通知我必須當天離境。

即使我熱愛義大利，也無濟於事。

「一定是有什麼誤會。」我對他們說。

「完全沒有。我們眞的相當抱歉，您必須離開這個國家。」

然後，他們拐彎抹角、盡可能迂迴地讓我知道，是智利大使館要求把我驅逐出境。

火車當天下午出發。前來送行的朋友們早就在車站等候，有保羅．里奇（Paolo Ricci）、阿利卡達（Mario Alicata）夫婦等人。親吻、鮮花、喊叫聲。再見！再見！再見！

在搭火車前往羅馬途中，雖然有警方隨行，但他們對我非常有禮貌，幫我把行李箱搬到火車上放好，買了毫無右派色彩的《團結報》（*L'Unità*）和《國家晚報》（*Paese Sera*）給我看。他們還向我索取簽名，有些人是自己要的，有些人是替家人要的。我從沒見過比他們還要有禮貌的警察。

1 苔絲狄蒙娜（Desdemona），莎士比亞《奧特羅》中的女主角。
2 的里雅斯特（Trieste），位於義大利東北部。

「閣下，很抱歉。我們都是貧窮家庭的爸爸，必須服從上面的指示。不得已才……」

到了羅馬車站，我必須換車才能繼續往邊界前進。我從車窗隱約看見大批人群，聽到喊叫聲，然後發現騷動、極爲混亂的場面。有如潮水般的人群高高地舉著大把大把鮮花，朝著火車擁了上來。

「巴布羅！巴布羅！」

我在嚴密的監控下走下火車，立刻成了一個大戰場的焦點。男作家、女作家、記者、議員，應該有上千人數度把我從警察手中奪走，但警方也同時衝向前，將我從朋友手中拉回來。在那戲劇性的時刻，我認出了幾位名人，有阿貝爾多．莫拉維亞（Alberto Moravia）和同樣是小說家的妻子埃爾莎．莫蘭特（Elsa Morante）、名畫家雷納托．古圖索（Renato Guttuso），還有其他詩人和畫家。名作《基督停留在艾伯里》（*Cristo si è fermato a Eboli*）的作者卡洛．李維（Carlo Levi）遞了一束玫瑰給我。此時，鮮花掉了，帽子和傘齊飛，有如爆破的揮拳聲此起彼落地響起。警方處於弱勢，我再度回到朋友們手裡。在那場衝突中，我看得到非常甜美的埃爾莎．莫蘭特拿起她的絲質陽傘，敲打一位警察的頭。突然，有輛運送行李的小推車經過，我看見其中一位身材魁梧的搬運工拿起棍棒，狠狠地朝警察的背部揍下去。他們都是我在羅馬的支持者。衝突場面極爲混亂，最後警察將我拉到一旁，對我說：

「向您的朋友們說一下，請他們冷靜冷靜……」

民眾大喊：

「聶魯達留在羅馬！聶魯達不離開義大利！讓詩人留下！讓智利人留下！讓奧地利人走！」

（那個「奧地利人」就是當時的義大利總理加斯貝里〔Alcide De Gasperi〕。）

經過半小時的衝突，上級傳來了一道命令，允許我繼續留在義大利。朋友們擁抱我、親吻我。我難過地踏過剛才因打鬥而撒落一地、被蹂躪的花，離開了那座車站。

隔天一大早，畫家雷納托．古圖索仍然不信任政府的承諾，因此在他的帶領下，我來到一位具有議會豁免權的參議員家裡。我在那裡收到一封從卡布里（Capri）島發來的電報，署名的是知名史學家厄文．伽里歐（Erwin Cerio）。我從沒見過他，但在他的認知裡，任何糟蹋、藐視義大利傳統與文化的行為都讓他氣憤，所以在電報最後，他表示願意提供一棟位在卡布里島上的別墅讓我住。

那一切就像一場夢。當我和瑪蒂爾德．烏魯蒂亞，就是我的妻子瑪蒂爾德，一起到了卡布里時，更感覺到有如夢境的不眞實感。

我們在一個冬天晚上抵達那個奇幻小島。黑暗中，矗立在我眼前的是一片白色且無比崇高又陌生且無聲的海岸。會發生什麼事？我們會遇到什麼狀況？一輛可愛的馬車正等待著我們。在黑夜無人的街道裡，馬車往上又往上地爬坡，穿過寂靜的白房子、陡峭的窄巷子，最後馬車停了。車伕將我們的行李放在那一棟同樣是白色、但看似空無一人的房子前。

走進屋內，我們發現大壁爐正燃燒著火焰。在枝形燭台的燭光照亮下，出現一位高高的、髮鬚灰白、穿著一身白的男子。他就是歷史學家、自然史學家，也是半個卡布里地主的厄文．伽里歐先生。他如同兒童故事書裡的上帝天父，在黑暗中現身。

他將近九十歲，是島上最有名望的人。

「這房子現在歸您，您可以安靜地住下來。」

他一走就是好幾天，很貼心地完全沒來找我們，只寄來用工整字體寫的短信，信裡除了訊息或建議之外，還會附上他花園裡的一片葉子或一朵小花。對我們來說，厄文·伽里歐代表了義大利寬闊、慷慨且令人感到舒坦的胸懷。

之後我拜讀了他的作品，雖然他的書沒有阿克塞爾·蒙特（Axel Munthe）那麼有名，但比較真實。老貴族伽里歐以調皮、風趣的口吻重複地說了幾次：

「卡布里廣場是上帝的傑作。」

我和瑪蒂爾德囚禁在我們自己的愛裡。我們在阿納卡布里鎮上漫步許久。那座小島由上千個小果園組成，擁有絕美的自然景觀；有相當多的評論提過那個地方，而且可信度都相當高。在風吹日曬的岩石間，在乾燥的土地上，生長出細細的植物，綻放出小小的花朵，它們儼然成了廣闊園藝世界裡的一部分。這個受人喜愛的卡布里島上，布滿礁岩和小葡萄園，居民個性謙虛、勤奮、樸實，散發出令人無法抗拒的魅力。只有長途跋涉後的朝聖者，或者不再被貼上一般觀光客標籤的旅人，才會進到這個隱密的卡布里島。只有當你融入當地的人、事、物，當你成為隱密、貧窮的卡布里島的一部分時，才知道便宜又好喝的葡萄酒哪裡找，還有卡布里人平常吃的橄欖在哪裡才買得到。

或許在那些高聳的宮殿城牆後面，發生過我們在書裡讀過的那些離奇、病態的事蹟。但是，我在完全的孤獨之中，或在世界上最單純的居民身上，體會到的卻是一種幸福的生活。真是令人難忘的時光！每天早上我寫詩，到了下午，瑪蒂爾德就用打字機幫我把詩打好。我們第一次兩人共同住在一個大房子裡。在那個令人醉心的地方，我們的愛情加溫。我們再也無法分開生活。

我在那裡完成了一本激情又悲痛的情詩作品集，之後匿名在那不勒斯出版，名爲「船長之歌」。

這本書有一個最具爭議的話題，我就來與大家分享它的小故事。有好長一段時間，這本書都一直是個祕密；我不願意在封面寫上我的名字，彷彿我不願意認它這個孩子，而它也不知道自己的親生父親是誰。就像有人因爲自然的愛而生下的私生子，我的《船長之歌》就是一個這樣的自然產物。

書裡收錄了我在歐洲流亡期間，四處逃竄時寫下的作品。它們在一九五二年以匿名的方式被公諸於世。這些詩歌傳達了我對瑪蒂爾德的愛、我對智利的思念、我深深的愛國情懷。它多次再版，但都沒有放上作者的姓名。

在準備首刷時，保羅．里奇取得了一種令人驚歎不已的紙，找到了古老的活字印刷機和龐貝水瓶上的拓印版畫。保羅就像好兄弟般地兩肋插刀，還幫我整理了一張訂購者清單。精美的書只印了五十本，很快就誕生了。我們在桌上擺滿了鮮花、各式海鮮，以及卡布里葡萄園特產、有如水般清澈透明的葡萄酒，來慶祝這場出版盛事，同時還享受了愛我們的朋友們歡愉的祝福。

某些多疑的評論家認爲，這部沒署名的作品背後具有政治因素。「因爲政黨反對，政黨不同意。」他們說。但事實並非如此。幸好我的政黨從不反對任何美的表現。

唯一的眞相是，在持續好長一段時間裡，我都不希望那些詩傷害到已經與我分手的德麗雅。我極爲溫柔的前妻德麗雅．德爾．卡里爾，猶如堅忍與甜蜜交織而成的細繩，在我創作美妙動聽詩歌的那幾年，緊緊地繫住我的手。對我來說，她是我過去十八年裡最佳的伴侶。這本情感表達直接、激烈的詩集問世，無疑是一塊砸向她脆弱心靈的石頭。正因爲那種種深情的理由，還有基於個人因素與尊重的考量，所以我選擇匿名發表。

後來這本書成長茁壯了。雖然它仍是無名無姓的私生子，但已經成了勇敢的男人。它爲自己的生命開闢了一條道路，使我最後不得不承認它是我的孩子。現在這部被眞正的船長簽上大名的《船長之歌》，已經邁開了腳步——在各書店與圖書館裡流傳。

流亡的結束

我流亡的日子即將結束。當時是一九五二年。我們經瑞士到了坎城，預計搭乘一艘義大利籍的船返回蒙特維多。那一次在法國，我們誰也不想見，只向多年好友也是我最忠實的譯者愛麗絲·加斯卡（Alice Gascar）說我們會路過法國。然而，我們在坎城發生了一些突如其來的狀況。

我在輪船公司附近遇到保羅·艾呂雅和他的妻子多米妮可（Dominique）。他們知道我來了，在那裡等我，準備請我吃午餐。畢卡索也在場。接著，我們巧遇智利畫家內梅修·安圖內斯和他的妻子伊內斯·費格羅阿（Inés Figueroa），他們也一起來用餐。

那應該是我最後一次見到保羅·艾呂雅。我記得他在坎城的太陽下穿了一身看似睡衣的藍色套裝。在非洲般酷熱的陽光中，在坎城耀眼的街道裡，我永遠也忘不了他被烤得紅通通的臉、藍澄澄的眼珠、永遠青春洋溢的笑容。艾呂雅從聖特羅佩（Saint-Tropez）過來，特意帶了畢卡索，還安排了午宴，準備爲我餞行。宴會都已準備妥當。

然而，一場意外、愚蠢的小插曲，把我的那天給毀了。瑪蒂爾德沒有烏拉圭簽證，必須立刻趕去那個國家的領事館辦理。我和她一起搭計程車過去，陪她在領事館的門口等。當領事出來接待她時，瑪蒂爾德樂觀地露出笑容。領事是個看似和藹可親的年輕人，嘴裡哼著《蝴蝶夫人》的旋律，身上穿著一件圓領衫和一條短褲，看起來沒什麼領事架子。瑪蒂爾德萬萬沒想到，在言談之中，那傢伙竟然成了土匪。他長得一副平克頓[1]的樣子，想多收加班費，而且百般刁難。我們一整個早上四處奔波。午餐喝到馬賽魚湯時，只覺得它的味道像膽汁。瑪蒂爾德花了好幾個小時才獲得簽證。那個平克頓時不時就追加手續，一下子要她去拍照，一下子要她把美元換成法郎，一下子又要她支付撥打到波爾多的通話費。最後，一份原本免費的簽證竟然要價高達一百二十美元。我甚至以爲瑪蒂爾德就要錯過這班船，而且以爲自己也上不了船。後來，有好長一段時間我都覺得那是我這輩子最痛苦的一天。

海洋研究雜記

我是海洋愛好者，幾年前就開始收集相關知識，但這些對我沒什麼幫助，因爲我平時只會在陸地

---

1 平克頓（Pinkerton），《蝴蝶夫人》（*Madame Butterfly*）中的負心漢，為派駐日本的美國海軍軍官。原為美國作家約翰．路德．朗（John Luther Long）的短篇故事（一九八九年），一九〇〇年由美國劇作家貝拉斯科（David Belasco）改編成戲劇，一九〇四年由義大利音樂家普契尼（Giacomo Puccini）改編成歌劇。

上行走。

現在我要回智利，回到我那海洋國家。我們的船通過了古代的海克利斯之柱[1]，逐漸靠近非洲沿岸。如今，那兩根石柱已加上防護，成了帝國主義最後的一座堡壘。

我像個深知大海表面與底層的海洋學者，毫無利害關係，單純地從研究者角度望著大海。我不帶文學趣味去欣賞，而是像個內行人，帶著鯨魚般的味蕾去品嚐。

我總是喜歡大海的故事，在我的書架上有一張漁網。我最常翻閱的是某本威廉・比比[2]寫的書，或是一本專門描繪南極海海螺的精彩之書。

我對浮游生物有興趣。那是一層有機、有分子、像通了電的水，將海洋染成閃電般的紫色。我也因此了解到，鯨魚幾乎只靠這些數不盡的海洋生物維生。非常細小的植物，以及看似不存在的纖毛蟲，布滿了我們顫動的美洲大陸。鯨魚一邊移動，一邊張開驚人大嘴，並且將舌頭抬至上顎，而這些能塡飽肚子的活水就以這種方式充分地進到牠們的身體裡，讓牠吸收到養分。路過我黑島家窗前、前往南太平洋炎熱小島的藍鯨，就是以這種方式覓食。

那裡也是智利捕鯨者最愛的抹香鯨，或所謂的齒鯨，遷徙時必經的路線。智利的水手常用牠們來描繪傳說中的海洋世界。他們用刀子在抹香鯨的牙齒上刻出愛心或箭頭，刻出小小的愛情見證，幼稚地刻出自己的帆船或戀人的肖像。不過，這些南半球最勇敢的智利捕鯨者，從來不會繞過麥哲倫海峽，不會穿越合恩角、南極和其他險惡的地方，他們的目的不僅是想拔下抹香鯨駭人的牙齒，也想奪取牠們的脂肪寶藏，而且更想獲得這種龐然大物藏在牠們像山一般隆起的肚子裡的龍涎香小囊。

我現在從另一個地方來。地中海最後的藍色聖殿、洞窟，卡布里島的海上與海底風光，美人魚因爲海浪拍打，出現在卡布里島的岩石上，梳著她們狂亂的藍色長髮，我已將這些場景全部拋諸腦後。

在那不勒斯的水族館裡，我看得到有如春天花朵般、會導電的有機微生物，看得到上上下下漂浮、像煙霧又像白銀的水母。牠們的體內就像纏繞了一條通電的腰帶，手舞足蹈地跳著甜美且莊嚴的舞，至今沒有任何海底的高貴生物可以與牠們相媲美。

多年前，當我還年輕、憂傷地住在印度的清奈時，參觀了一座絕妙的水族館。至今我仍記得那些發亮的小魚、有毒的海鱔、一群一群有如火焰與彩虹般的魚，甚至還有樣子特別嚴肅、拘謹、泛著金屬光澤的章魚。那些章魚就像計算機，有數不清的眼睛、腳、吸盤，記錄了無數的訊息。

我們所有人最開始都是從維克多．雨果（Victor Hugo）的《海上勞工》（*Les Travailleurs de la mer*）裡認識到大章魚。那樣的品種我只有在哥本哈根的自然史博物館中看過牠其中一小段的腳。那必定是古代傳說中的挪威海怪，牠在古代的大海中造成恐慌，緊緊抓住帆船，然後包覆它、纏住它，將它摧毀。從我見到的那一段泡在酒精裡的腳看來，那隻大章魚的身長應該超過三十公尺。

不過，讓我最不死心、持續追蹤的是獨角鯨，或更確切地說是獨角鯨的角。由於朋友們對這種北方大海裡的巨型獨角獸一無所知，以至於我覺得自己就像獨角鯨的唯一信使，甚至我自己就是獨角鯨。

1 在古代希臘、羅馬神話故事中，大力士海克利斯（Hercules）在大西洋進入地中海的入口處，即伊比利半島最南端和摩洛哥最北端的兩個海岬處，立了兩根石柱，以穩定這個海域，並且保護往來船隻的安全。

2 威廉．比比（William Beebe，一八七七年—一九六二年），美國自然史學家、鳥類學家、海洋生物學家。

眞的有獨角鯨存在？

一種海裡無敵平和的動物，頭上長了一根四、五公尺，從頭到尾都帶有螺旋狀凹凸紋路的長矛，能夠讓千百萬人都忽略牠的存在，甚至牠的傳說、牠美麗的名字，這有可能嗎？

我可以說「獨角鯨」是海底中最美的名字，它是海中歌唱的高腳杯，是水晶船隻衝角專屬的名字。

那麼，爲什麼沒有人知道牠的名字呢？

爲什麼沒有姓獨角鯨的人？爲什麼沒有美麗的獨角鯨之家？甚至沒有人叫獨角鯨．拉米雷斯，或叫獨角鯨．卡巴哈爾？

這些都沒有。水中獨角獸繼續成謎。牠在外海陰暗的洋流間，繼續帶著牠那象牙質的長劍，潛游在未知的大海。

在中世紀，捕捉任何的獨角獸，都是神祕且具有美感的活動。人世間的獨角獸永遠活在令人目眩神馳的掛毯裡，牠的身邊圍繞著如雪花石膏般白皙、高貴的仕女，牠的頭上圍繞著各種光彩奪目、唱歌的鳥兒，有如爲牠戴上榮耀的光環。

關於獨角鯨，中世紀的君王會將牠一部分的角當作珍貴的禮物送人，他們從這個神奇的角上刮下粉末，溶到烈酒裡，以獲取健康、青春與活力。喔！人類永遠追求的夢想！

某次我漫步在丹麥，進到一間販售自然史商品的老店。那種在我們美洲完全沒見過的店，對我來說擁有這世界上最大的魅力。我在店的角落裡發現三、四根獨角鯨的角。最大根的幾乎長達五公尺。我把它們拿起來揮舞，並且撫摸了好一陣子。

老店主看著我拿起象牙質的長矛，想像自己與看不見的海上風車決鬥。隨後，我把它們一個個放回原本的角落，因爲我只買得起一根初生獨角鯨寶寶那有如船隻衝角、天眞出航探索寒冷北極海域的小角。

我把它收好放入行李箱，當我到了萊芒湖[1]畔的廉價小旅館時，我把它從行李箱裡拿出來欣賞，並摸摸這個專屬於我的海中獨角獸神奇收藏。

現在我已找不到它了。

我把它留在那間維塞納茲（Vésenaz）的廉價旅館了嗎？或者它在最後一刻滾到床底下去了？又或者，它眞的在晚上神奇地回到極圈了？

嶄新的一天，我看著大西洋上的小小浪花。船劃開水面、泡沫與深溝，使得船頭兩側分別留下一道混合著白色、藍色和黃綠色的水痕。

那是海洋顫抖的大門。

銀色、透明的小飛魚在大門上跳躍。

我結束流亡返家。

我注視了海水許久，我正從這片汪洋航向另一片大海，航向祖國的驚濤駭浪中。

在漫長的白晝，天空覆蓋了整片大海。

夜晚即將來臨，它將再次用它的黑影蓋住這座雄偉、神祕的綠色宮殿。

1 萊芒湖（lac Léman），又稱日內瓦湖，位於法國和瑞士邊界，湖面由兩國共有。

10——歸航

一隻在我家的小羊

最近一位擔任參議員的親戚在選舉中勝出，因此到我黑島的家中渡假。小羊的故事就此展開。事情的經過是這樣的。熱情支持參議員的選民前來恭賀他。第一天下午，他們露天搭起了一個大篝火，將整隻羊用一根木製的大型烤肉架串起來，以智利鄉下人的方式烤全羊。他們稱這種烤法叫「串烤」。慶祝時還喝了許多葡萄酒，一面以吉他彈奏克里歐式的哀歌。

他們留了另一隻羊準備明天用。當小羊等著任人宰割時，被拴在我的窗邊。牠整晚又是呻吟，又是哭泣，一下子咩咩叫，一下子為自己的孤獨發牢騷。聽那小羊上下起伏的哀歎聲，我的心都碎了。因此，我決定一大早起床，將牠擄走。

我把小羊塞進我的車裡，運到一百五十公里外我在聖地牙哥的家中，讓牠在那裡免受屠刀的威脅。牠一進門，便豪邁地吃起我花園裡最精心照料的花草。牠熱愛鬱金香，毫不留情地將它們全吃光。雖然玫瑰有刺牠不敢吃，但牠異常興奮地吃掉紫羅蘭和百合。我不得已，只好再度將牠拴起來。牠突然又開始咩咩叫，顯然想和先前一樣，故意引起我的同情。我感到無能為力。

現在，小羊的故事將與華尼多（Juanito）的故事銜接在一起。事情的經過是，當時南部爆發了一場農民罷工，抗議大地主每天付給佃農的工錢不到兩角美元。最後，當地的大地主以棍棒和監禁解決了那場抗議活動。

一位鄉下的年輕人感到相當害怕，因此跳上正在行駛的火車。那位年輕人名字叫華尼多，是位天主教徒，對世界上所有的事都很無知。當驗票員在火車上驗票時，他回答說他想去聖地牙哥，但是沒有票，他以爲想搭火車的人就可以直接跳上去。火車上的服務人員當然請他下車。但是三等車廂裡都是慷慨的鄉下人，他們集資幫他付了車票錢。

華尼多的腋下夾著一捆隨身衣物，在首都的大街小巷和廣場上遊走。他誰也不認識，也不想和任何人攀談。在鄉下時，他聽說首都裡的小偷比居民多，擔心腋下那捆用報紙包起來的襯衫和草鞋會被偷走。白天他會到最繁忙的街道上閒晃，那裡的人總是很趕時間，會將這位彷彿從外星球來的卡斯帕・豪瑟[1]撞開。晚上他也會到人聲鼎沸的地段，在那些大馬路上夜總會林立，夜生活活躍，他在那裡，就像蒼白的牧羊人迷失在一群漁夫之中，顯得更加突兀。他因爲身無分文，沒辦法買東西吃，某天倒在地上，失去了意識。

一大群好奇的人圍著這位倒在街上的男子。他倒下的地方剛好正對著一間小餐館的大門。大家將他抬進店裡，平放在地上。「是心臟病。」一些人說。「是肝病導致暈眩。」另一些人說。餐廳老闆走了過來，看了一下說：「是餓昏了。」一動也不動像個屍體的人才吃了幾口東西，就立刻活了過來。老闆僱他洗盤子，而且對他特別好，因爲這位鄉下來的年輕人雖然要洗堆積如山的盤子，但總是笑臉迎人。他一切都過得很順利，而且比在鄉下時吃得更多。

城市的魔力用神奇的方式讓牧羊人和小羊在我家裡相遇了。

牧羊人突然想認識那座城市，於是奮力地往前跨出一小步，越過了那堆積如山的碗盤。他興奮地走進一條街，穿過一個廣場，一切都讓他心醉神迷。但是當他想往回走時，卻回不去了。因爲他不會寫字，沒記下地址，只能白費力氣地搜尋曾經接待過他的好客大門。但是他再也找不到了。

某個路人看到他迷惘的樣子，同情他，於是告訴他說可以去找巴布羅．聶魯達。我不懂他們這個點子是哪來的。或許是因爲智利人只要腦中出現任何怪點子，就習慣把它塞給我，同時只要發生任何事情，就把罪怪到我頭上。這些都是智利人奇怪的習慣。

可以確定的是，某天，那個年輕人來到我家，發現那隻被拴起來的羊。既然我都負責照顧那隻不需要的小羊了，再多照顧一個牧羊人也不是什麼多困難的事。我吩咐他看好那隻老饕小羊，不只不要讓牠吃掉我的花，還要時不時讓牠在我的花園裡吃草，塡飽肚子。

他們馬上就相處得很好。最開始的前幾天，他很認眞地拿了一條細繩套，像腰帶般繫在小羊的脖子上。他牽著那條繩子，帶著小羊四處走來走去。小羊不停地吃，牠專屬的牧羊人也跟著吃。他們倆在屋子裡恣意亂竄，連我房間也不放過。他們同進同出，像是受到一條大地之母的臍帶牽引，又像是受人命令，形影不離。就這樣過了好幾個月。牧羊人和小羊的身材漸漸變得圓滾滾，尤其是那隻羊，幾乎胖到超過牧羊人的塊頭。有時牠躡手躡腳地進到我的房裡，冷冷地看了我一眼，轉頭離開時在地上留下一串黑色的小念珠。

1 卡斯帕．豪瑟（Gaspar Hauser，一八一二年？—一八三三年），德國著名的野孩子，身分不詳。一八二八年五月二十六日突然出現在紐倫堡，年約十六歲，沉默寡言，智商偏低。曾一度被懷疑是德國巴登大公國的繼承人，後來一些證明文件推翻了這個說法。

當那位鄉下人開始想家，告訴我他要回去遙遠的故鄉時，一切都結束了。那是他最後一刻才做的決定。他必須向故鄉的聖母還願，不能帶著小羊。他們溫柔地互相道別。牧羊人搭火車離開，這次手上有拿車票。那樣的離別很感傷。

他在我花園裡留下的不只是小羊，而是更嚴重，或確切地說，是更大的問題。我要怎麼處理小羊？現在誰來照顧小羊？我有太多政治上的事要處理。我因爲寫了抗爭的詩歌遭到迫害後，家裡一團亂。小羊又開始咩咩叫，奏起了詠嘆調。

我眼睛一閉，立刻叫我妹妹將小羊帶走。哎呀！我確定，牠這次逃不了上烤肉架的命運。

一九五二年八月到一九五七年四月

一九五二年八月到一九五七年四月，在我的記憶裡並不算鮮明，因爲那段時間我幾乎都在智利，沒有發生什麼有趣的事，也沒有經歷任何冒險可以讓讀者們感到新奇。不過，那段時間倒是有些重要事件值得一提。我出版了早已寫好的書《葡萄與風》（*Las uvas y el viento*）。我努力不懈地創作《元素頌》、《新元素頌》（*Nuevas odas elementales*）和《頌歌第三卷》（*Tercer libro de las odas*）。我籌辦了一場洲際的文化會議，地點在智利的聖地牙哥，整個美洲的傑出人物都到場參加了。全世界的知名作家也在聖地牙哥與我一起慶祝五十歲生日，他們包括來自中國的艾青和蕭三、從蘇聯搭機前來的愛倫堡、來自捷克斯洛伐克的德爾達（Jan Drda）和庫特瓦雷克（Kutvalek）；另外還有拉丁美洲的米格爾．安赫．阿斯圖利亞斯、歐立貝里歐・希隆多（Oliverio Girondo）、諾拉・蘭赫（Norah Lange）、埃爾比歐・羅梅洛（Elvio Romero）、瑪麗亞・羅莎・歐立貝爾（*María Rosa Oliver*）、拉烏爾・拉拉（Raúl Larra）等多位作家。我將我的藏書和其他財產捐給智利大學。我以列寧和平獎評審的身分去了一趟蘇聯，在那個時期我也獲頒此獎，不過我獲獎時仍稱作史達林獎。我徹底與德麗雅・德爾・卡里爾分開。我名爲「恰斯孔納」的家蓋好了，我和瑪蒂爾德・烏魯蒂亞一起搬進去住。我籌辦雜誌《智利學報》（*Gaceta de Chile*），並擔任幾期的主編。我參與智利共產黨的大選和其他活動。布宜諾斯艾利斯的羅薩達（Losada）出版社以聖經紙出版了我的《作品全集》（*Obras completas*）。

年輕的詩人巴克羅*

當二十歲的詩人埃弗拉印・巴克羅（Efraín Barquero）來到我家時，讓我彷彿想起三十年前的自己，腋下夾著一本鄉巴佬寫的韻文作品，前往智利首都的模樣。我遍尋出版社，找不到人願意幫我出第一本詩集。

然而，一九二二年時出版社的印刷廠還帶著一點浪漫主義的情懷。這個現在已經不存在了。我不曉得巴克羅要如何出版這些詩歌。現在紙漲價了，通貨膨脹讓印刷成了天價；編輯不想和年輕作家合作，也幾乎不敢出版那些不怕死的作家的書。

但是，拉丁美洲的讀者愈來愈多，美洲的城市裡存在一種明顯的文化發展，一種前所未見、充滿思想、充滿爭議、充滿圖畫、故事和詩歌的騷動。人們努力不懈，爲了再次爭取因爲背叛與貪婪而挫敗的獨立，在這條道路上，大門敞開，世界的風隨著新舊知識的書進到美洲的各個角落。

在我們殖民時期的那段過去，法國博學作家的作品就像宗教書般地被封裝起來，只能偷偷地閱讀。如今，在大部分的美洲地區，例如在瓜地馬拉、在智利、在秘魯、在哥倫比亞，現代北美式的宗教法庭則針對書籍和雜誌進行搜索、審判、焚燒和查禁。不過在今日的美洲，眞理、自由和文化的蓬勃發展，已在誓死捍衛的拉丁美洲國家結出豐碩的果實。

當巴克羅好不容易出版了他的第一本書時，我在序言中清楚地指出幾點關於他未來詩歌的發展：「埃弗拉印．巴克羅的詩有內涵，題材豐富，是一種融合了文字和看似無用的句子之後，對生命法則的重構。這些句子重新組合過，即有如寶劍般重新發光，有如葡萄酒般閃耀；它們化身爲寶石，再次提升了詩歌的尊貴。」

我在他的第一本書裡說了這段話，自然也對他的新作品出版感到擔心。

我離年少時期已經很遠。年輕人不但不會清楚自己未來的路，反而會遭遇到愈來愈大的困難。

西方國家的社會生活沒有逐漸解決這類的問題，而是讓這些問題以各種不同的痛苦樣貌呈現出來。智利詩人巴克羅的天賦似乎確保了他未來的命運。現在是一九五六年，你們已經享有這位纖瘦、蒼白的詩人的天賦。他剛從出生的河岸、從他芬芳的故鄉而來，手上拿著一束由詩歌組成的新枝，漫步在首都與兩百萬的首都居民之間。

金黃色的初秋，當我看見他走在聖地牙哥的街道時，我彷彿看到三十年前走在同樣寒冷街道上的自己。

堅毅奮鬥的手沒有撲滅我詩歌的光，而是深刻地點燃了我血液裡的熱情。

我想著巴克羅，想著許許多多的美洲年輕詩人。希望他們儘管少了庇護，也要讓歌唱的才華、讓光的印記繼續存活在他們心中。

他們的奮鬥將再次使光榮與詩歌獲得新生。

在布宜諾斯艾利斯被捕

前面那段時間結束後，我應邀參加一場和平大會，地點是我多年前曾經住過的錫蘭島上的可倫坡。事情發生在一九五七年四月。

遇到祕密警察不危險，但如果是遇到阿根廷的祕密警察，那就另當別論了。雖然遇到的過程不乏幽默感，但是後果如何卻是無法預料的。當天晚上，我剛自智利抵達，準備繼續往更遙遠的國家移動，所以累得倒在床上。才剛入睡，就有幾個警察闖入家裡，仔細地檢查所有東西。他們將我的書和雜誌全部集中，搜查我的衣櫥，連內衣褲都不放過。他們已經將收留我的阿根廷朋友帶走，到了屋子的最後一間，也就是我睡的臥室，才找到了我。

「這位先生是誰？」他們問。

「我是巴布羅．聶魯達。」我回答。

「他生病了？」他們問我太太。

「是的，他生病了，而且因爲旅行很累。我們今天才到，而明天就要搭機到歐洲。」

「很好，很好。」他們說完便離開房間。

一個小時之後，他們準備了一輛救護車回來。瑪蒂爾德抱怨，但無法改變事情的發展。他們都是奉命行事，不管我是累還是清醒，不管我是健康還是生病，不管我是死是活，他們都得把我抓走。

當天晚上在下雨。斗大的雨滴從布宜諾斯艾利斯厚重的天空中落下。我感到困惑。裴隆的勢力已經瓦解，阿蘭布魯（Aramburu）將軍打著民主的口號，推翻了獨裁政權，但又累又病的我卻被捕了。我不曉得我怎麼了，也不知道我在什麼時候，爲了什麼原因，在什麼地點，是不是因爲做了這件事，或做了另一件事，或是我沒做什麼事，又或是我做錯了所有的事。四個警察用擔架抬著我，讓下樓、進電梯和穿越走廊成了一個難題。那四個抬擔架的人受盡折磨，氣喘吁吁。瑪蒂爾德爲了讓他們感覺更痛苦，竟然用甜美的語氣告訴他們，我重達一百一十公斤。事實上，我穿了毛衣和大衣，毯子又蓋到頭上，才讓他們感覺我那麼重。我像一顆發亮的圓球，又像智利的奧索爾諾（Osorno）火山，躺在阿根廷民主爲我提供的那個擔架上。我幻想在自己沉重的身體底下流汗、掙扎的不是那些押送我的可憐蟲，而是阿蘭布魯將軍本人。想到這裡，我就感覺我的靜脈炎症狀好多了。

我依照程序辦理入監手續，名字被登記在犯人名冊上，私人物品也被沒收了。他們扣留我帶在身上用來打發時間的有趣偵探小說。老實說，我才沒有時間感到無聊。柵欄打開、關上。擔架穿過院子和鐵門，在喧囂和門門的聲音中，逐漸往監獄的深處走。突然，我被一群人包圍。他們都是當晚被逮捕的，總共有兩千多人。我被隔離，誰也無法靠近我。不過，有人偷偷將手伸進毛毯裡和我握手，還有士兵放下步槍、塞紙條向我要簽名。

最後，我被關進上面、最遠方的一間單人牢房，在裡面很高的地方還有一個小氣窗。我想休息，睡覺，睡覺，睡覺。我睡不著，因爲天已經亮了，那些阿根廷囚犯發出震耳欲聾的鼓譟，有如親臨河床隊（River Plate）與博卡青年隊（Boca Juniors）足球對決時聽到的轟天巨響。

幾個小時後，阿根廷、智利和其他國家的作家與朋友們的聲援奏效。警方讓我從單人牢房裡下來，帶我進醫務室，還我私人衣物並讓我出獄。當我正準備離開監獄時，一位穿著制服的警察走了過來，把一張紙交到我手上。那是他寫給我的一首詩，詩句原始，有如民間藝術般單純、不加雕飾。我相信很少詩人能夠從看守者身上得到同樣以詩歌表達的崇高敬意。

詩歌與警察

有一次，我們在黑島聽到女傭說：「夫人、巴布羅先生，我懷孕了。」之後她生下了一個小男孩。我們從來不知道孩子的爸爸是誰。而女傭也不在意。她唯一在意的是要我和瑪蒂爾德當孩子的教父與教母。但是沒辦法，我們當不了。距離當地最近的教堂在埃爾塔波（El Tabo），也就是我們常開小貨車過去加油的可愛小鎮。那神父像隻豪豬，怒髮衝冠地說：「共產黨教父？絕對不行。聶魯達即使手上抱著妳的孩子，也不能進教堂的門。」女傭垂頭喪氣地回到家裡，繼續做她的打掃工作，不懂其中的原因。

還有一次，我目睹了阿斯特里歐（Asterio）先生痛苦的經過。他是一位老鐘錶匠，年紀一大把了，是天堂谷最厲害的精密手錶師傅。他爲智利海軍組裝所有的航海精密計時器。他太太是他的老伴，兩人結婚五十年，但她生命垂危。我當下想到，應該可以為他創作詩文，讓他在那麼大的痛苦中可以感受到一絲絲安慰，可以唸給垂死的妻子聽。我是那麼想的，但不知道這樣對不對。我寫了一首詩。在詩中，我對那位工匠和他的技藝，還有對那種沉溺在舊鐘錶滴答聲的純淨生活，表達了我的讚歎與激動的情感。莎莉妲．畢阿爾（Sarita Vial）把詩寄到報社。那個《同盟》（*La Unión*）報社的主編是一位叫巴斯卡爾（Pascal）的先生，他是神職人員，不想刊登那首詩。後來它的確沒被刊登，因為它的作者聶魯達是一位被教會逐出的共產黨員。那位太太，也就是阿斯特里歐先生的老伴後來死了。那位神職人員就是不刊登那首詩。

我想住在一個沒有人會被逐出教會的世界。我一定不會把任何人逐出教會。未來我不會對那位神職人員說：「您不能替任何人施洗，因為您是反共人士。」我也不會對另一位說：「我不會出版您的詩、您的創作，因為您是反共人士。」我想住在一個所有的人都是人，不享有任何頭銜，無須因為一條規則、一句話、一個禮節而感到苦惱的世界。我想要大家都可以走進所有的教堂，都可以取得所有的出版品。我想要市長辦公室門口沒有守候的警衛會將任何人攔下，或者將任何人趕出去。我想要所有的人都可以帶著笑容進出市府大樓。我希望不會有人需要乘著貢多拉逃跑，也不會有人騎著摩托車被追著跑。我希望大部分，而且這僅僅的大部分指的是所有的人，都能夠說話、閱讀、傾聽、成長茁壯。我只知道奮鬥無非是用來停止抗爭；嚴酷的存在，無非是為了讓嚴酷不存在。我選擇了一條路，因為我相信那條路將帶領我們所有人走向更永恆的友好關係。我為了那樣普世的、廣泛的、無窮盡的善而努力不懈。在我的詩和警察那麼多次的邂逅中，在這些所有的事和其他我沒有反覆敘述的故事中，在我沒有遭遇過但許多已無法述說的人遭遇的經歷中，我對人類的命運只有一個絕對的信仰，那就是我逐漸有意識地感覺到，我們正往一個越來越好的方向靠近。在寫作的同時，我了解在我們和世間萬物的頭上，存在著一場被轟炸的危險，存在著一場可能摧毀所有人、事、物的核彈浩劫。但這仍無法動搖我的希望。我知道在這關鍵的時刻，在這生命垂危的瞬間，會有一道決定性的光，照亮即將闔上的雙眼。我們將彼此理解，我們將會一起成長，而且這樣的希望一定會實現。

再會錫蘭

我爲了反對核彈造成死亡的全球性議題，再度回到可倫坡。我們搭乘大會專門爲這一大團代表們安排、相當高級的「圖－104」型客機，穿越蘇聯，前往印度。我們只在撒馬爾罕（Samarkand）附近的塔什干（Toshkent）停留。經過兩天的飛行，抵達了印度的心臟。

我們曾飛行在一萬公尺的高空。爲了穿越喜馬拉雅山，我們搭乘的大鳥要飛得更高，必須升到大約一萬五千公尺。從如此高的空中往下看，幾乎所有的景色都靜止不動。首先出現了藍藍白白的喜馬拉雅山脈，它如同天地的扶壁一般，構成了天然的屏障。在那極度孤獨的深山裡，或許有令人畏懼的喜馬拉雅山雪怪出沒。接著，在左手邊，聖母峰的主峰突起，有如皚皚頭冠上出現了俏皮的變奏曲。太陽完全直射在這奇異的山間，使得景色的輪廓、齒狀的巨岩和白雪營造出的寧靜與莊重氣氛，都變得更加清晰可見。

我不禁回想起曾多次穿越的美洲安地斯山，只是這裡的山不像我們的那樣混亂，那樣地張牙舞爪，也沒有氣候惡劣的沙漠。在我眼中，亞洲的這些山比較典雅，比較規則。白雪覆蓋在山頂上，有如在一望無際的天地間點綴了一座座寺院與高塔。孤獨更加遼闊。山影不像石頭高牆般聳立、讓人有壓迫感，而是像一座巨大修院裡神祕、深幽的藍色花園般，向外伸展開來。

我告訴自己正在呼吸世界最高處的空氣，鳥瞰地球上最高的山巔。這當中混合了光明與驕傲，混合了速度與雪景，這是種獨一無二的感受。

我們往錫蘭前進，正飛越炎熱的印度領空，飛行高度降低了不少。我們在新德里離開了那架蘇聯大鳥，改搭這班印度籍飛機。它的翅膀發出嘎吱聲，在大片的烏雲裡顫簸。搖搖晃晃中，我的思緒已飛到那開滿花朵的小島。二十二歲時，我在錫蘭度過了孤獨的日子，在那如甜糖般的自然美景圍繞下，完成了最苦澀的詩歌。

經過了好長一段時間，我因爲那個令人印象深刻、連國家政府都支持的和平大會回到了這裡。我發現有許多、偶爾還有上百位的一團團佛教僧侶與會。他們身穿藏紅色僧袍，臉上帶著佛陀弟子莊重且沉思的表情。這些僧侶在反戰爭、反破壞、反傷亡中，堅信悉達多．喬達摩[1]王子（亦即佛陀）所宣揚的和平與和諧的古老觀念。我心想，我們美洲國家的教會，源自西班牙好戰的官方教會，他們的主張還比這個差得遠呢！要是天主教的神職人員在講壇上抨擊殺害上百萬無辜人民、還在人類基因中永遠留下污點的原子屠殺，抨擊這種最嚴重、最可怕的罪行，那麼眞正的基督徒會感到多麼欣慰啊！

我試著在威拉瓦特郊區的小巷子裡，尋找曾經住過的房子。費了一番工夫才找到。那裡的樹長高了，街景也變了。

我曾經在那裡創作出痛苦詩句的老房子就要被拆了。它的門已經蛀掉，牆已經被熱帶的濕氣腐蝕，但依然矗立在那裡，等著最後一刻與我告別。

我沒遇見任何老友，但是小島上尖銳的聲音、強烈的閃光再度呼喚了我的心靈。打在礁石上的海浪，仍在棕櫚樹下唱著同樣的老歌。我再次漫步在森林裡的小路上，我再次目睹浩浩蕩蕩的象群在羊腸小徑中通行，我再次聞到濃郁的芬芳，再次沉醉於森林裡生命與成長的喧囂。我來到一位失心瘋國王建立碉堡的獅子岩（Sigiriya）。人們在巨大佛像的影子底下有如小蟲般來回移動，而我和過去一樣，表達了我對祂們的崇敬之意。

我又得離開，但可以肯定的是，我這次一走就永遠不會再回來。

再訪中國

結束可倫坡的和平大會之後，我們和喬治・阿瑪多（Jorge Amado）與他的太太澤莉雅（Zelia）一起飛越印度。印度的飛機上總是塞滿包著頭巾、穿得五顏六色還帶著籃子的乘客。感覺一架飛機不可能塞得下那麼多人。一群人才剛從第一個機場的飛機上下去，另一群人又進來把位子全部填滿。我們必須越過清奈，飛向加爾各答。飛機在熱帶暴風雨中顫抖。一陣有如白晝的漆黑、一陣比夜還要黑的烏雲突然罩住了我們，接著將我們拋下，把我們留在明亮的空中。飛機再度搖晃，閃電與火花在瞬間的黑暗中發

1　悉達多・喬達摩（Siddhartha Gautama，約西元前六世紀），迦毘羅衛城淨飯王之子，亦即釋迦牟尼的世俗名號。

出亮光。我觀察喬治・阿瑪多的臉如何由白轉黃，再由黃發青。同時，他也觀察我的臉色同樣因爲恐懼壓力出現了相同的變化。機艙內開始下起雨來。又粗又大的雨滴滲入，讓我想起蝶夢谷冬天的家。但是在一萬公尺的高空，我覺得這樣的漏雨一點也不有趣。眞正有趣的是一位坐在我們後面的僧侶，他撐著傘，帶著東方的平和，繼續閱讀古代智慧的經文。

我們平安無事抵達了緬甸的仰光。三十年前的現在，我剛好住在緬甸的這塊土地上。當時我沒什麼名氣，默默寫著我的詩歌。當年正是一九二七年，年僅二十三歲的我就在仰光這裡上岸。那是一塊色彩奔放、語言難懂、天氣酷熱但又充滿魅力的土地。雖然那塊殖民地曾遭到英國統治者的剝削與壓迫，但城市乾淨且明亮，街道上生氣蓬勃，玻璃櫥窗裡展示著各式誘人的舶來品。

現在這個地方幾乎成了空城，櫥窗裡空無一物，街道髒亂不堪，原因是人民爭取獨立不是一條簡單的道路。在意識覺醒、高舉自由的旗幟後，人民必須在困頓與災難中找到一條出路。但是直到現在，獨立後的緬甸歷史就像被隱藏在滔滔的伊洛瓦底江畔，就像被壓在金色的寶塔底下一樣神祕，我完全不了解。不過，我除了注意到街道上的垃圾還有瀰漫的悲傷氣氛之外，還隱約看到這裡存在著那撼動新興共和國的所有悲劇，彷彿過去的勢力仍持續在此鎮壓。

我遍尋不到〈鰥夫的探戈〉中追殺我的女主角——喬斯・布莉斯的蹤影。她是生是死，沒人能告訴我；就連我們當年一起居住的街區，也已不復存在。

現在，我們正從緬甸穿越分隔此地與中國的那一道山脈。那景色簡樸，有如田園詩般寧靜安逸。飛機從曼德勒（Mandalay）起飛，飛過稻田，飛過華麗的高塔，飛過百萬棵的棕櫚樹，飛過緬甸自家人互相殘殺的戰場，接著映入眼簾的是中國寧靜、肅穆、有條不紊的景致。

越過邊界後，在中國第一個城市昆明等候我們的，是我的詩人老友艾青。他黝黑、寬厚的臉上，兩顆古靈精怪又充滿善意的眼睛，加上敏捷的機智，讓我在長途的旅行之後再次提前獲得愉悅的心情。

艾青和胡志明一樣，都是東方古老傳統的詩人，都曾在被壓迫的東方殖民地以及謀生不易的巴黎接受磨練。這些聲韻自然、抒情的詩人出獄後，離開自己的國家，成了窮學生或餐廳裡的服務生。他們堅信革命，在詩歌中極爲溫柔，但在政治上有如鋼鐵般堅毅，爲了實現自己的使命而及時回國。

在昆明的公園裡，樹都像做過整形手術般，形狀都不自然，有一些被截枝的部位被敷上了灰漿，有一些扭曲變形的枝條就像受傷的手臂，被纏上了繃帶。我們被帶去見那裡的園丁，也就是管理那個奇異公園、古靈精怪的鬼才。又粗又老的冷杉只長不到三十公分高，甚至我們還看到金桔樹上結滿了小小顆、有如黃金米粒般的小金桔。

我們也去參觀了石林。每塊岩石都像是又尖又長的針，或像一片凝結的驚濤駭浪。我們得知，從幾個世紀前大家開始欣賞這種造型奇特的岩石。許多古城的廣場都裝飾著形狀如謎的巨石。古代的地方官如果想要向皇帝進貢，就會派人搬運這種巨石。數十名奴隸推著龐大的禮物走了數千公里，必須花上好幾年才能抵達京城。

對我來說，中國不是一個謎。相反地，在它充滿革命鬥志的幹勁中，我甚至認爲它是幾千年前就已建設好，而且總是讓自我變得愈來愈堅強、分層結構愈來愈鮮明的一個國家。它就像一座巨大的寶塔，在它古老的結構中，人與神話、戰士、農民與諸神進進出出。沒有什麼東西是自然存在的，就連微笑也不是。你遍尋所有地方也找不到小件、粗糙的民藝品，也就是那種在透視學上錯得一塌糊塗、但往往又是最接近傑作的藝術品。中國的人偶、瓷器、石雕、木雕都是依照千年以前的模型複製的，都有著完美複製的印記。

最令我感到驚訝的是，我在一個小村子的市集裡看見用細長的竹條做成的捕蟬小籠。竹籠編織成精密的結構，每個小籠裡都關著一隻蟬，籠子像建築一樣堆疊起來，疊到大約一公尺高，形成一座小城堡，眞的很神奇。觀察著綑綁竹條的小結和顏色翠綠的竹竿，我感覺到人民那雙能創造奇蹟、純樸的手又再度復活了。鄉下人看著我發出讚歎的表情，打算不賣我那座發出聲響的城堡，而是將它送給我。因此，有如宗教儀式般單調的蟬叫聲就陪伴了我好幾個星期，一起遊歷深入中國內陸的地區。我記得，自己只有在孩童時期才收過那麼令人難忘、那麼原始的禮物。

我們搭乘一艘載著上千人的船，開始沿著長江旅遊。船上載著農民、工人和漁夫，一群富有生命力的人們。我們在充滿船隻、繁忙，同時交織著生命、憂慮與夢想並印著深刻痕跡的廣闊江面上，朝著南京航行了好幾天。這條大河是中國的主要幹道，不但無比開闊，又平穩，但有時河面寬度會縮減，使得船在這些狹窄河段窒礙難行。兩邊高聳的峭壁似乎就要碰到天，上方偶爾會出現一小片彷彿用毛筆勾勒的雲，或者偶爾會在岩石裂縫中冒出一間小房舍。

這種美到令人窒息的景色，眞是世間難得。或許唯一能與它媲美的只有位在高加索山脈、驚險的達里亞峽谷（Darial Gorge），又或者是我們美洲孤獨、冷峻的麥哲倫海峽。

我觀察到，上次造訪之後的五年間，中國有了顯著的改變。隨著我再次來到這個國家，這觀察逐漸得到了證實。

一開始，我的觀察仍不是很明確。我注意到了什麼？街上有什麼改變？人們有什麼改變？啊！我懷念的藍色不見了。五年前，我在同一個季節拜訪中國時，街道上擠滿了人，生氣蓬勃。只不過當時所有人都穿著無產階級的藍色衣服，那是一種勞工專屬的斜紋織布或丹寧布，男男女女還有小孩都那樣穿。我喜歡那種由不同漸層的藍所組成的簡單服飾。欣賞著無數顆藍色小點點穿梭在巷弄間和馬路上，眞的很美。

現在這一切都變了。到底發生了什麼事？

僅僅這五年的時間，紡織業得到蓬勃發展，使得千千萬萬的中國女人都能穿上各種顏色、各種花樣、各種條紋和點點的圖案，還有各種綢緞製作的衣服，甚至也讓千千萬萬的中國男子有其他顏色、其他好布料的衣服可以選擇。

現在，街道成了一道美麗的彩虹，展現出中國的優雅品味。這個民族不會做出什麼醜的東西；在這個國家，連最原始的草鞋都像是稻草做的花朵。

沿著長江航行，我發現古老的中國水墨畫確實是眞的。我看見一棵彎彎曲曲的松樹，有如一座迷你寶塔蟠踞在峭壁高處，這讓我想到古畫中虛構的場景。很少有其他地方比這些峽谷的美景還要虛幻、還要像夢境、還要令人驚艷。這條大河的峭壁高到令人難以置信，岩石上任一個裂縫都顯示出這個傑出民族的悠久歷史，例如：五、六公尺寬新種的菜園，或是疊了五層屋頂、供人觀賞或冥想的小廟。在更遠處，在光禿禿的岩石上方，我們彷彿看到古代神話中有如薄紗般的水氣。那只不過是世界最古老、最精湛的微型繪畫大師筆下的雲或飛鳥。在這樣壯闊的大自然美景中，誕生出一首頗具深度的詩歌，一首又短又純淨的短詩；它就像鳥的疾掠，或像峭壁間近乎停滯的水流瞬間映出的銀色波光。

然而，在這些風景中，最奇特的莫過於看到在矩形的小格子裡，也就是在岩石間的綠色小區塊裡，有人在勞動。在高聳且垂直的峭壁頂端，只要任何的岩石皺摺裡有一點植物生長的土壤，就會有中國人在那裡耕種。中國的大地之母既驕傲又嚴格。祂教導人、訓練人，將人變成一個永不疲憊、細膩且堅毅的勞動生產工具。遼闊的土地與不可思議的勞動人力，再加上所有逐漸消失的不公不義，使得中國的人性開出既廣泛又深刻的美麗果實。

在遊覽長江的整個過程中，我認為喬治・阿瑪多的心情緊張又鬱悶。船上的人生百態讓他和太太澤莉雅感到不開心。只不過澤莉雅處變不驚，喜怒不形於色。

其中一個不開心的原因是，我們在航行中被迫享有特權。幾百位中國人塞在船的各個角落，而我們卻享受著特等艙，在專屬餐室裡用餐，這讓我們感覺很不自在。那位巴西小說家用嘲諷的眼神看著我，留下一些既風趣又尖銳的評語。

其實，喬治・阿瑪多曾經揭發史達林時代的一些內幕，心裡的某條神經因此斷了線。我們是老朋友，曾經一起度過流亡歲月，而且在某些理念和理想上都有一致的看法。不過，我認為我不是什麼狂熱的宗派主義者；我的天性和我國家民族的性格讓我習慣去理解別人。相反地，喬治一直都是不屈不撓的。他的導師路易斯・卡洛斯・普列斯特斯（Luís Carlos Prestes）遭受了近十五年的牢獄之災，這讓他銘記在心，內心也因此變得更加堅強。雖然我在宗派主義上與喬治的看法不一致，但是我打從心底認為他是有道理的。

對我們所有的革命者來說，蘇共二十大的報告[1]是一波將我們推向新處境、新結局的浪潮。那些嚴厲的批判雖然造成我們的不安，但我們在這當中感覺自己重生了。我們在愚昧和恐懼中重生，我們緊握著真理，準備繼續向前邁進。

然而，喬治似乎到了船上，在長江秀麗的峽谷間，才開始進入人生的新階段。從那時候開始，他變得比較平靜，態度和說話也變得收斂許多。我不認爲他喪失了革命信念，只不過是更專注於個人創作，同時去除了作品中向來直接反映政治的特色。他彷彿開啓內心原有的享樂主義細胞，從一部充滿慾望與快感的傑作《加布里耶拉、丁香與肉桂》（*Gabriela, cravo e canela*）開始，陸續創作出最精彩的小說。

詩人艾青是我們這個代表團的領隊。每天晚上我都和喬治．阿瑪多、澤莉雅、瑪蒂爾德和艾青一起在一個小隔間裡吃飯。餐桌上總是擺滿金黃、翠綠的蔬菜，糖醋魚、烤雞、烤鴨，每道菜的烹調方式都很奇怪，但是都很好吃。連續吃了幾天之後，儘管我們喜歡異國料理，但卻再也嚥不下去。我們找到一個擺脫那些佳餚的機會，不過執行起來卻困難重重。情況變得愈來愈曲折，就如同那些被折磨到變形的枝條。

事情的經過是，那幾天剛好遇到我生日，瑪蒂爾德和澤莉雅想用西方的料理幫我慶生，順便變換一下口味。那是一個非常簡單的慶生，就是用我們的方式烤了一隻雞，再配上智利口味的番茄和洋蔥沙拉。那兩個女人神祕兮兮地幫我準備了這一份驚喜。她們偷偷向我們的好兄弟艾青說了這件事。艾青有點不安地回答必須和其他隨團人員商量，才能答覆她們。

商量的結果令人錯愕。中國全國正掀起一股節約浪潮，毛澤東取消了生日慶祝活動。有那麼嚴格

---

1 蘇聯共產黨在第二十次代表大會上主要報告的是《關於個人崇拜及其後果》，對史達林和史達林主義做了批判，還提出了「和平共處」、「和平競賽」、「和平過渡」的三和理論。

的先例作為示範，我們怎麼能慶祝呢？澤莉雅和瑪蒂爾德回答：一切和大家想的恰恰相反，我們只是想用自己的方式烤一隻普通到不行的雞，以取代先前我們連筷子都沒動過的雞、鴨、魚等一整桌美味佳餚。艾青再度和那個掌控樽節措施、隱形的隨團人員開會，隔天他回答說，我們搭乘的船上沒有爐子。澤莉雅和瑪蒂爾德早已和廚師溝通過，因此回艾青說他們誤會了，有一個很棒的爐子已經點火，等著烤我們準備好的雞。艾青瞇起眼睛，將目光轉向奔流的江水。

那一年的七月十二日，我生日當天，餐桌上出現了我們烤的雞，也就是我們那次極力爭取後獲得的黃金大獎。兩顆番茄加上一顆切碎的洋蔥，將小托盤點綴得有模有樣。他們還在旁邊攤開一張大桌子，而且像平常一樣，擺上一道又一道用閃亮大盤子盛裝的美味中華料理。

一九二八年我曾去過香港和上海。當時的中國被殖民者掐得死死的，是賭徒的天堂，到處都有抽鴉片的人，在妓院、夜間出沒的歹徒，假扮的蘇俄女公爵，還有海盜和土匪。兩大城市的銀行大樓前，八、九艘灰色軍艦突顯了不安與威嚇，揭露了殖民者的勒索，那是一種逐漸散發死亡氣味的垂死掙扎。中國和馬來西亞的流氓私掠船，在得到失格領事們的允許後，飄揚著各國國旗。妓院背後的金主是跨國公司。我在回憶錄的其他章節裡提過，我曾如何遭到歹徒襲擊，衣服和錢財全被奪走，最後還被丟在一條巷子裡。

當我來到革命後的中國時，這些記憶全浮上我腦海。這是一個道德純淨到令人驚艷、全新的國家。缺點、小衝突、誤解，許許多多我提到的情況都成了微不足道的小事。最深刻的印象是，我在孕育世界上最古老文化的廣闊土地上，看到一個成功的轉變。各個地方開始進行難以計數的實驗。封建的農業制度正準備改變。道德的氛圍如同歷經了颶風掃蕩，變得乾淨透明。

讓我與中國改革進程疏離的不是毛澤東，而是毛澤東思想，也就是毛澤東複製了社會主義中將人神格化的史達林思想。誰會否認毛澤東是政壇的大人物，是偉大的管理者，是解放一個民族的偉人？他帶有英雄般的光環，他純樸的內心富有詩意、充滿感傷和懷舊的情感，我怎麼可能不欽佩他呢？

但是在旅行中，我看到上百位貧窮的農民收工回家後，還沒放下工具，就對著那位曾經是謙虛的雲南游擊隊員[1]、現在已成了神的肖像敬禮。我看到成千上萬的人手上拿著一本小紅書[2]，晃啊晃的，把它當作可以打贏乒乓球賽、可以治好闌尾炎、可以解決政治問題的萬靈丹。諂媚的話天天掛在人們嘴邊，出現在每一份報紙、雜誌、筆記本、書刊、年曆上，展現在每一齣戲、每一件雕刻、每一幅畫裡。

在史達林時期，我也曾經懷著一點個人崇拜心理。不過，當時我們眼前的史達林，就像讓希特勒軍隊俯首稱臣的勝利者，就像世界人道主義的救星。他人格的墮落是個神祕的過程，至今對我們許多人來說仍是個謎。

而現在，在無限光明的當下，在天地廣闊的新中國，我眼前竟然再度上演一齣神化個人的戲碼；而此神話註定要獻給壟斷革命良知的獨裁者，註定要獻給掌握世界的魔手。那樣的苦藥丸，再次讓我無

1 此處指毛澤東。毛澤東為湖南人，有可能聶魯達此次再訪中國的第一站是雲南的昆明，對雲南的印象特別深刻，所以才將湖南與雲南搞混了。還有另一種可能性是，聶魯達將毛澤東長征時期的據點延安（Yen'an）和雲南（Yunnan）的音搞混，或在拼字時出現細微的錯誤，才會導致原文中出現雲南，而非延安。

2 即《毛主席語錄》（又稱《毛澤東語錄》，或簡稱《毛語錄》），最流行的版本為紅色塑料封面，開本小，以利放入口袋攜帶，因此外媒報導和著述皆習慣以「小紅書」稱呼這部著作。文革後，部分中國人也漸漸接受這俗稱。

法下嚥。

在重慶時，中國朋友們帶我去遊覽城市裡的橋。我一生都很愛橋。我在鐵路公司上班的父親引發我對橋的崇高敬意。我從來都不用橋來稱呼它們，因為那樣太污辱它們了。我都稱呼它們為藝術品，那是一個不屬於繪畫、不屬於雕塑品，當然也不屬於我的詩歌，而是用來特指橋的專有名詞。我父親經常帶我去觀賞位於智利南部，美麗的馬耶克（Malleco）鐵道橋。直到現在我還是認為，全世界最美的橋就是位在南方綠色山林間，彷彿一台繃緊著弦、等待科利普利（Collipulli）的風來彈奏的小提琴、又高又細又純淨的那座橋。然而，跨越長江的大橋就是另外一回事了。它是中國工程建設，是在蘇聯工程師的參與下完成的偉大作品。而且它也是世紀鬥爭下的產物。重慶市被長江分隔了幾世紀，它的交通不便，意味著一種落後、遲緩和孤立。

中國朋友熱情地為我介紹橋，已超過我的雙腳能負荷的極限。他們一下要我爬上高塔，一下要我走到谷底，如此才能看清楚滔滔不絕奔流了幾千年的江水。如今水面上橫跨了這座長達幾公里的金屬建築，火車將沿著鐵軌通行，馬路是設計給腳踏車的，而大公路是給行人走的。觀賞如此浩大的工程，讓我累到受不了。

晚上，艾青帶我們去一間有傳統料理手藝的老餐廳，嘗試了櫻桃肉、涼拌竹筍拼盤、皮蛋、鯊魚唇。中華料理的複雜程度、神奇的變化、創造的巧思、極度重視形式，都讓我無法用言語形容。一道好的菜必須遵守三個原則：首先是香，接著是味，再來是色。這三個原則必須嚴格遵守。味道要可口，香氣要誘人，顏色要鮮艷、和諧。「我們吃飯的這家餐廳，」艾青說，「還有另一個厲害的地方：聲音。」最後，他們上了一道菜，在排滿一圈美食的大瓷盤裡淋上了有如小瀑布般的蝦尾醬汁，這些蝦尾醬汁被丟入烤紅的金屬板上發出如吹奏笛子般的聲音，只是這個聲音不斷地重複同一段旋律。

到北京時，丁玲來迎接我們。她是作家協會的代表，被指定來接待我和喬治・阿瑪多。在場的還有我們的老朋友蕭三詩人，以及他的德國妻子兼攝影師。一切都很愉悅、開心。我們乘一艘小船，遊覽當初建來供慈禧太后娛樂用的蓮花池。我們還參觀了工廠、出版社、博物館和寶塔。我們在一家世上獨一無二、由皇族後代所經營的餐廳用餐，這家餐廳特別到全店只有一張餐桌。我們兩對南美洲來的夫妻聚在中國作家之間，就像在我們美洲大陸會做的事一樣，喝酒、聊天、嘻嘻哈哈。

我每天把報紙交給我的年輕翻譯員小李，然後用手指著一欄又一欄我看不懂的中文字，對著他說：

「請翻譯給我聽！」

他開始用剛學會的西班牙語逐一翻譯，唸著農業方面的社論、毛澤東的游泳壯舉、毛澤東和馬克思主義的長篇大論、軍事消息等，讓我一聽就感覺很無趣。

「停！」我說。「您還是唸另外這一欄好了。」

就這樣，某天我用手指擊中一個讓我吃驚不已的要害。報紙上提到一樁政治事件，裡面出現的被告都是每天和我見面的中國朋友們。雖然感覺這件事已經發生了一段時間，但是他們仍繼續參與我們的「接待團」，而且從沒向我們透露他們正在接受調查，甚至也從沒提過他們的命運正受到威脅。

時代變了，所有的花朵都枯萎了。當那些花因爲毛澤東下令而綻放時，在工廠和維修廠、在大學和辦公室、在農舍和村莊裡，紛紛出現無數張海報，揭發領導和官僚不公不義、強佔勒索的無恥行爲。

先前因爲一道最高命令，停止了打蒼蠅和打麻雀的行動，那不僅揭露了殲滅害蟲帶來的意外後果，同時也宣告百花齊放的年代結束了。上面又頒布了一道新命令：揪出右翼份子，於是立刻在每個機關、每個工作地點、每一戶人家裡的中國人都開始逼人認罪，或承認自己是右翼份子。

我的好友小說家丁玲，就被指控與蔣介石的士兵談過戀愛。那確實是眞的，不過已經是偉大革命以前的事了。她爲了革命拋下情人，在英雄的年代，手中抱著剛出生的兒子，從延安開始一路長途跋涉。但這對她一點幫助也沒有。她被拔除作家協會副主席的頭銜，被罰待在帶領多年的作家協會的餐廳裡幫忙端菜打雜。但是她在做打雜工作時，因爲態度傲慢或太維護自己的尊嚴，後來被調到一個偏遠的農村，在公社的廚房裡勞動。而這也是我所得知的，關於這位偉大的共產黨作家、中國文學的第一把交椅的最後消息。

我不曉得蕭三後來怎麼了。至於那位帶著我們四處遊覽的詩人艾青，他的下場則很悲慘。他首先被送到戈壁，後來獲准寫作，只是作品上不准放上他的本名。他的名字早已紅遍中國海內外，而這無疑是宣判他在文壇上自殺。

喬治·阿瑪多已出發回巴西。不久後，我也帶著苦澀的滋味離去。至今，我仍能嚐到這股滋味。

蘇呼米的猴子

返回蘇聯後，他們邀請我到南方旅遊。於是我穿越了一大片土地，下了飛機，將蘇聯廣闊的草原、工廠、公路、大城市、小鄉鎮全都拋到腦後，來到了冷杉生長、野生動物棲息、壯麗的高加索山脈。我腳下的黑海披上一襲藍色禮服，迎接我們的到來。一股濃郁的柳丁樹花香四處飄散。

我們在蘇呼米，也就是小小的阿布哈茲蘇維埃共和國的首都。這裡是傳說中的科爾基斯（Colchis），亦即西元前六世紀伊阿宋（Jason）來偷取金羊毛的地方，也是狄奧斯庫里兄弟（Dioscuri）的希臘故鄉。之後，我在博物館裡見到一件剛從黑海撈出的巨大希臘大理石淺浮雕。希臘諸神曾在那海岸邊舉行祂們的神祕慶典，如今，俄國的人民用簡單的勞動生活取代那樣神祕的儀式。這裡的人和列寧格勒的人不一樣。在這塊充滿陽光、小麥和大片葡萄園的土地上，他們用另一種語調說話，帶著一種地中海口音。這裡的男人走路時有另一種模樣，這裡的女人擁有義大利或希臘女人般的眼睛和手。

我在小說家西蒙諾夫的家裡住了幾天。我們到黑海溫暖的水裡游泳。西蒙諾夫帶我去看他果園裡美麗的樹。我認得那些樹，所以當他向我介紹每一棵樹時，我就像個愛國農民般地回答他：

「智利有這種樹。另外這種智利也有。那一種也有。」

西蒙諾夫帶著有點揶揄的微笑看著我。接著我對他說：

「我覺得好可惜啊！你或許看不到我在聖地牙哥家裡的釀酒葡萄，也見不到智利秋天時如金箔般的楊樹，沒有任何的金色比那還要閃耀。如果你看得到春天開花的櫻桃樹，聞得到智利的波爾多芬芳；如果你沿著梅利皮亞（Melipilla）公路就能看到農民如何將一根一根的金黃玉米晾在屋頂上；如果你能將雙腳放進黑島旁乾淨、冰冷的海水裡，那該有多好！不過，我親愛的西蒙諾夫，現在各國架起了藩籬，樹立敵人，在冷戰中互相攻擊，使得人與人之間變得孤立。我們搭快速的火箭上了天空，卻不能在人類的友愛中握起彼此的手。」

「事情也許會轉變。」西蒙諾夫對我笑了笑說，並朝向諸神隱匿的黑海丟了一顆白色的石頭。

蘇呼米的驕傲就是擁有一大群的猴子。某間實驗醫學研究所利用當地的亞熱帶氣候，飼養了全世界所有種類的猴子。在寬敞的籠子裡，我們看到過動的猴子和沉靜的猴子、巨大的猴子和迷你的猴子、光禿禿的猴子和毛茸茸的猴子、臉上若有所思的猴子和眼睛炯炯有神的猴子，而且也有鬱悶的猴子和霸道的猴子。

灰色猴子，白色猴子，三色尾巴的長尾猴，以及身形巨大威嚴的猴子。還有另外一種一夫多妻制的猴子，在牠們的世界裡，沒有經過公猴同意，身邊的母猴不能吃東西，也必須等公猴眞正吃完牠的部分，才會讓母猴進食。

這個研究室做的都是最先進的生物研究。他們研究活的猴子，觀察神經系統、遺傳，仔細研究生命的奧祕與延長壽命的方法。

一隻母猴帶著兩隻小猴吸引了我們。其中一隻小猴緊緊跟著母猴，另一隻小猴則像小嬰兒般，被母猴溫柔地抱在懷裡。研究所所長告訴我們，那隻愛撒嬌的小猴不是母猴親生的，只是牠收養的小猴子。牠才剛生完小猴子，另一隻剛臨盆的母猴就過世了，於是這隻母猴媽媽就立刻收養了那個小孤兒。從那時候起，牠母性的關愛、牠時時刻刻的溫情，都投射在那隻收養的小猴身上，甚至比對自己的孩子還無微不至。科學家們以爲，擁有如此強烈母性的猴子應該可以收養其他的小猴子，但是牠一一拒絕了；牠的態度不單單是受到生命力的驅使，還出自於一種母親之間的共識。

亞美尼亞

現在我正飛向一塊勤奮工作、充滿傳奇的土地。我們在亞美尼亞。在遙遠的南方，覆蓋白雪的亞拉拉特山（Ararat）頂曾上演這個國家的主要歷史。根據《聖經》，這裡就是諾亞方舟停泊、重新屯墾的地方。這是一項艱難的任務，因爲亞美尼亞多石、多火山。爲了開墾這片土地，亞美尼亞人付出了無法言喻的代價，並將整個民族推到世界古老文明的頂峰。社會主義的社會使得這個多災多難、高貴的民族得到了傑出的發展與繁榮。幾個世紀以來，土耳其侵略者屠殺和奴役亞美尼亞人。荒地上的每一顆石子、修道院的每一塊石板，都沾著亞美尼亞人留下的血。這個國家的社會主義復興簡直是奇蹟，而且對於那些存心批評蘇維埃帝國主義的人來說，這也是最諷刺的證明。我在亞美尼亞參觀了有五千名工人的紡織廠、浩大的灌溉工程與電廠，還有其他厲害的工業。我走遍城市與鄉間，只見到亞美尼亞人，男男女女的亞美尼亞人。在那成千上萬黑眼珠、深色皮膚的人群當中，我只遇到一位獨居的俄羅斯工程師是藍眼珠。他管理塞凡（Sevan）湖當中的一座水力發電廠。湖面非常寬闊，但只有一條排水河道，使得水都蒸發掉了，導致乾枯的亞美尼亞沒辦法好好地收集和利用它寶貴的資源。爲了延緩湖水蒸發的時間，河道被拓寬了，湖面的水位也因此降低，同時河水流量也跟著增加。他們也將興建八座水力發電廠；這種新工業、用鋁製成的大型電廠，將能供應全國的用電和灌溉系統。我永遠忘不了那次參觀聳立在湖畔的水力發電廠的經驗；湖面的水無比清澈，照映著亞美尼亞令人難忘的藍色天空。當記者問我對亞美尼亞古老的教堂和修道院有什麼印象時，我誇張地回答：

「我最喜歡的教堂是那座水力發電廠，那座湖邊的聖堂。」

我在亞美尼亞見到許多事物。我認爲其中最美麗的城市是用粉紅玫瑰般和諧的火山凝灰岩建成的葉里溫（Erevan）。參觀布拉堪天文中心（Byurakan）的經驗令我難忘，我在那裡第一次看見星星寫的字。天文館的人捕捉星辰發出的閃爍光芒，用精密的儀器逐一記錄下天體的脈動，彷彿是某種空中的心電圖。我發現，雖然我以地球詩人的眼看不懂那些圖，但每顆星星都各自寫著一種迷人、閃爍的字。

到了葉里溫的動物園時，我直奔關著康多禿鷲的籠子，但我的南美同胞認不得我。那隻想念安地斯山脈的大鳥，縮在籠子的某個角落，頭頂光禿禿，兩眼疑惑、無神。我傷心地看著牠，因爲我將返回我的祖國，而牠卻要永無止盡地過著被囚禁的生活。

我遇到貘的經驗又是非常地不同。葉里溫動物園是少數擁有亞馬遜貘的動物園。這種奇特的動物身體長得像牛，臉上有個又尖又長的鼻子，眼睛很小。坦白說，我跟貘長得很像。這已經不是什麼祕密。

葉里溫的貘在池塘邊的柵欄裡打瞌睡。牠一見我靠近，對我使了個眼色，或許我們曾經在巴西見過面。園長問我想不想看牠游泳。我回答他，我繞了世界一大圈，就是想看貘游泳。他們幫貘開了一個小門。貘開心地看了我一眼，然後跳進水裡，像隻海馬或全身毛茸茸的人魚海神（Triton），大口大口地吸氣。牠整個身體浮出水面後，再潛入水裡，濺起一大片水花。牠上上下下，又是打響鼻，又是大口噴氣，十分開心。接著，牠又迅速表演起不可思議的游泳特技。

「我們從來沒看過牠那麼開心。」動物園的園長告訴我。

中午時，在作家協會招待的飯局中，我除了表達我的感謝之意，還在致詞時提到亞馬遜貘的精彩表演，並且告訴他們我有多麼喜歡動物。我從來不會放過參觀動物園的機會。

亞美尼亞作家協會的會長在致詞時回應：

「聶魯達哪有什麼必要逛我們的動物園？只要來一趟作家協會，就看得到各種動物。我們這裡有獅子、老虎、狐狸、海豹、老鷹、蛇、駱駝和鸚鵡。」

葡萄酒與戰爭

在回國途中，我在莫斯科稍作停留。對我來說，這個城市不只是重要的社會主義之都，不只是實現許多夢想的搖籃，還是我幾個最要好朋友居住的地方。莫斯科對我來說就是一個歡慶派對。我一抵達，就獨自上街閒晃，快樂地呼吸，同時用口哨哼著輕快的魁卡（cueca）舞曲。我觀察俄國男子的臉、女子的眼睛和辮子，我觀察各角落販售的冰淇淋、流行的紙花、櫥窗，尋找新鮮事，尋找讓生命變得更充實的小玩意。

我再度拜訪愛倫堡。這個好朋友先拿了一瓶挪威烈酒阿夸維特（Aquavit）給我看。標籤上印的是一艘彩色大帆船。另一處印著這艘船帶著酒往返澳洲和其原產地斯堪地那維亞的出發與回航日期。

我們開始聊起葡萄酒。我記得在我還年輕的時代，智利產的葡萄酒因爲市場需求而且品質又好，開始銷往國外。對於我們這種只穿鐵路公司發的衣服、像流浪漢般只能住破房子的人來說，那些酒都太貴了。

我到任何國家都在意葡萄酒的製作過程，從「人民的腳下」誕生開始，一直到裝進綠色玻璃瓶或水晶瓶，我都很關心。我喜歡在加利西亞喝里貝羅（Ribeiro）葡萄酒，這種用咖啡瓷杯喝的紅酒，喝完後會在杯裡留下有如鮮血般明顯的酒痕。我還記得在匈牙利有一種名為「公牛血」（Egri Bikavér）的濃烈葡萄酒，那後勁甚至能令吉普賽人無法好好拉琴。

我的高祖父母有葡萄園。我出生的小鎮帕拉爾是葡萄原汁的產地。我從我父親、叔叔和伯伯們（何塞·安赫、侯耶爾、歐瑟亞斯和阿莫斯）那裡學會如何分辨大桶裝粗製的酒和精緻濾過的酒。他們偏愛大酒桶裡倒出來、未過濾的葡萄酒，我費了好大一番工夫才能接受他們那種原始、不能妥協的偏好。這就和其他的情況一樣，在我能嚐出風味的細緻區別、對口味要求變得愈來愈高之後，要我再回去欣賞「原始奔放」的東西眞的有點難。這就如同在藝術上，一個出生就看著普拉克西特列斯[1]〈阿芙蘿黛蒂〉的人，卻要跟大洋洲的原始雕像一起生活。

我在巴黎時，曾在一棟出色的房子裡品嚐過一款出色的葡萄酒。那是款濃度好到無可挑剔、香氣無法言喻、口感完美的酒，由木桐酒莊[2]生產的。那個房子是阿拉貢和他妻子埃爾莎·特里歐雷的家。

「我剛收到這幾瓶酒，特別為了你才開的。」阿拉貢對我說。

接著，他向我講起酒的故事。

德軍在法國境內不斷推進。法國最聰明的軍人——詩人路易·阿拉貢軍官，抵達一處前哨站。他率領一群醫護兵越過哨站，進攻前方三百公尺的一處建築，但遭到法國陣地的指揮官阻止。這位指揮官就是比阿拉貢年輕，個性和他一樣急躁的羅斯柴爾德伯爵阿爾豐斯（Alphonse de Rothschild）。

「您不能越過這裡。」他對阿拉貢說。「德軍馬上要開火了。」

「我收到的指令是抵達那棟建築。」阿拉貢激動地回答。

「我的命令就是，您別動，留在這裡。」指揮官接著說。

我確定當時的阿拉貢就和現在我認識的他沒兩樣，在唇槍舌劍、一來一往的爭論中，必定迸出像榴彈砲般的火花。但爭論還沒持續十分鐘，就突然間在羅斯柴爾德和阿拉貢眼前落下一顆德軍的迫擊砲，砸中附近那棟建築，瞬間將它化為一片瓦礫與灰燼。

多虧了這位固執的羅斯柴爾德，法國最傑出的詩人才因此逃過一劫。

從那時候起，每年到了那個事件的紀念日，阿拉貢都會收到最後那場戰爭的伯爵指揮官從他的木桐酒莊寄來的幾瓶上等葡萄酒。

現在我在莫斯科，在伊利亞·愛倫堡的家裡。這位文學上傑出的游擊隊員是納粹主義的死敵，其危險程度有如一支四萬人的軍團，但他也是一個不折不扣的享樂主義者。我從來搞不懂，他到底比較懂斯湯達爾（Stendhal），還是比較懂鵝肝醬。他品味霍爾赫·曼利克的詩歌時，就像在品嚐波馬利（Pommery）香檳一樣愉悅。他熱愛整個法國，熱愛美味、芬芳的法國靈魂與肉體。

戰後，有傳言說在莫斯科將有人販售某些神祕的法國葡萄酒。先前紅軍長驅直入攻入柏林時，曾

1 普拉克西特列斯（Praxiteles，西元前四世紀），古希臘知名雕刻家，也是第一位表現女性裸體曲線的雕刻家。最著名的作品之一即文中提到的〈克尼多斯的阿芙蘿黛蒂〉（*Aphrodite of Knidos*）。〈阿芙蘿黛蒂〉原作已佚失，目前大家看到的大多是羅馬人的複製品。

2 木桐酒莊，全名為木桐－羅斯柴爾德酒莊（Château Mouton Rothschild），位於法國西南部的梅多克（Médoc）地區，是生產世界知名的波爾多葡萄酒的酒莊之一。一九七三年起，被法國官方列為第一等酒莊（Premier Cru）。

包圍一處地下要塞，要塞裡除了貼滿戈培爾[1]病態的文宣之外，還擺滿了從高貴法國酒窖裡搜刮來的葡萄酒。文宣和葡萄酒都被運到了勝利紅軍的司令部。他們研究那些文宣，但不曉得該怎麼處理那一瓶瓶的酒。

閃亮的玻璃酒瓶上，特製的標籤清楚寫上生產日期。每一款酒都源自知名產區，而且都在廣爲人知的葡萄採收季釀製而成。有羅曼尼（Romané）、博訥（Beaune）和教皇新堡（Châteauneuf-du-Pape）的酒，與它們存放在一起的還有金黃色的普伊（Pouilly）、泛著瑪瑙般光澤的伍夫賴（Vouvray）、口感像絲絨般滑順的香貝丹（Chambertin）。這批藏酒的特別在於都標明是來自最佳採收季。

然而，社會主義的平等主義思維將這些產自法國酒莊的高級戰利品送進了酒吧，貼上了與俄國酒相同的價錢。因爲限制措施，規定每個人只能買特定、少量的酒。社會主義的措施是好的，但是我們這些詩人不管到哪裡都一樣，我的每個作家朋友都派親人、鄰居和熟人去幫忙買這些物美價廉的好酒。酒在一天之內就全賣光了。

一大批的酒進到了與納粹主義誓不兩立的愛倫堡家裡，至於數量有多少，我就不說了。也因爲這個原因，我才能在他身旁，一邊和他聊葡萄酒的故事，一邊以慶祝詩歌和勝利爲由，品嚐著一部分在戈培爾地窖裡找到的葡萄酒。

收復的宮殿

從來沒有商業大亨邀請我去他的豪宅。不過，眞正的原因其實是我對此始終沒有太大的興趣。智利的國民運動是拍賣。每週都看得到許多人爭先恐後，搶著去參加具有智利特色的拍賣會。每個被拍賣的大房子，都有它的宿命。拍賣一旦成交，得標的人便關上門戶的柵欄，不讓我和其他的老百姓進去，並且隨著那戶大宅院的柵欄易主，屋裡的扶手椅、流血的耶穌像、過時的肖像畫、盤子、湯匙以及孕育多少安逸生命的床單，全都換了主人。智利人喜歡進去摸一摸、看一看，但是最後會買的人很少。之後那個房子要拆了，所以每樣東西都拿出來拍賣。買家帶走了房子的眼睛、腸子和雙腳，也就是窗戶、樓梯和地板，最後連棕櫚樹也分了。

在歐洲，大房子反而都保留了下來。我們經常看得到公爵和公爵夫人的肖像，由某個特定的幸運畫家目睹他們裸體的樣子，從而取悅我們這些現在正欣賞繪畫、欣賞身體曲線的觀眾。我們似乎也能觀察到種種祕密、曖昧的罪行、假髮和那些令人錯愕的文件。那些文件就像用掛毯裝飾的假牆，也像未來的電子設備，必然竊取了許多祕密的對話。

我受邀前往羅馬尼亞，並且如期赴約。作家們帶我到他們在美麗的外西凡尼亞（Transilvania）森林裡共同擁有的鄉間別墅過夜。那棟羅馬尼亞作家之家以前是卡羅爾（Carol）國王的宮殿。那位白癡就是談了不合王室體面的戀愛，最後成了全世界笑柄的話題人物。他的宮殿，還有裡面現代化的家具和大理石衛浴，現在都成了服務羅馬尼亞思想與詩歌的工具。我在王后陛下的床上睡得很好，隔天我們還去參觀其他改爲博物館和療養院或渡假村的城堡。陪我參觀的詩人有傑貝雷亞努（Jebeleanu）、貝紐

1 戈培爾（Paul Joseph Goebbels，一八九七年—一九四五年），納粹德國時期的國民教育與宣傳部（RMVP）部長。

克（Beniuc）和拉度．波雷亞努（Radu Boureanu）。在蔥綠的早晨，在古老的皇家林園裡，在冷杉林的深處，我們唱歌唱到走調，我們開懷大笑，我們用各種語言大聲朗誦詩歌。長期遭受法西斯君主政權折磨的羅馬尼亞詩人，是全世界最勇敢、最開心的詩人。這群吟遊歌唱的羅馬尼亞詩人，就像他們遍布森林土地上的小鳥，擁有不可動搖的愛國精神、堅定的革命情操，他們如癡如醉地熱愛生命，這對我來說眞是一大啓示。我很少在這麼短的時間內就交到情同手足的好朋友。

爲了與他們同樂，我向羅馬尼亞的詩人們講了我上次參觀另一座高級宮殿的體驗。那是戰火正猛烈的馬德里利里亞宮（Palacio de Liria）。當時佛朗哥帶著義大利人、北非的摩爾人和納粹的卐字標誌長驅直入，打算完成屠殺西班牙人的使命；另一方面，民兵佔據那座我在一九三四和三五年間路過阿奎耶斯街時經常進去參觀的宮殿。我搭公車經過時，常對那座宮殿投以敬畏的眼神，原因不是後來的這些阿爾巴（Alba）公爵們馴服了像我這樣叛逆又有點野蠻的美洲詩人，讓我想俯首稱臣對他們表達敬意，而是因爲那莊嚴、有如肅穆的白色石棺般的氣氛吸引了我。

當戰爭爆發時，公爵留在英國，因爲他眞正的姓是伯立克（Berwick）。他和他最好的畫和最珍貴的寶藏都留在那裡。講到公爵的逃亡，我就向那些羅馬尼亞的詩人們提起中國解放時，孔子最後一代的子孫也是帶著藏畫、整套的桌布和餐具逃到台灣，另外還帶了孔子的遺骨。他們在那裡收門票，展示遺物，生活應該過得很不錯。

那幾天在西班牙的報紙上刊登了震驚世界的新聞：「阿爾巴公爵的舊宮遭到紅軍洗劫」、「破壞後滿目瘡痍」、「讓我們來拯救這個歷史寶物」。

當時他們已經允許我進入宮殿，所以我前去參觀。那些被稱作洗劫者的民兵穿著藍色連身工作服，手持步槍站在門口。那時候德軍的飛機已經開始轟炸馬德里。我要求民兵讓我進去。他們仔細檢查我的證件。當我正準備往前踏出幾步、進入華麗的廳堂時，他們慌張地把我攔下，因為我沒有在門口的大腳踏墊上將鞋子清乾淨。那地板確實如鏡子一樣閃亮亮。我清好鞋走了進去。牆壁上一個個空蕩蕩的長方框，意味著裡面的畫都被帶走了。這一切民兵都知道。他們告訴我，從幾年前，公爵就將畫收進倫敦某家銀行的保險櫃。在大廳中，唯一重要的就是狩獵的戰利品，也就是那無數顆長了角和長長口鼻部的各種小動物頭顱。最顯眼的展示品是位在房間中央，一頭用兩腳站立的巨大白色北極熊。牠的雙手張開，被製成標本的臉上帶著笑容，露出一顆顆牙齒。民兵最愛的就是牠，所以每天早上都會幫牠刷毛。

我感興趣的當然是公爵的臥房，因為有那麼多的阿爾巴公爵睡覺作惡夢，夢到法蘭德斯的鬼魂來搔他們的腳底板。那些腳都已經不在了，但依舊健在的是我有史以來看過最多的鞋子收藏。最後這個公爵在繪畫上的收藏沒有任何增加，但是在鞋子上的收藏卻相當驚人，多到數不清。一排又一排頂到天花板的大玻璃櫃裡，擺了上千雙的鞋。而且就像在圖書館裡，還有特製的小樓梯，或許是為了要小心地抓住鞋跟將它們取下來。我仔細看了一下，有上百雙十分精緻的馬靴，有黃的，有黑的；還有一些小短靴，有的帶著長流蘇鞋罩和珍珠貝鈕釦。另外，還有大量的套鞋、便鞋、高幫鞋套[1]，而且每一雙裡面都放了鞋楦，讓鞋子看起來彷彿裡面有著實心、準備要出發的腿和腳，只要將玻璃櫃一打開，它們就會全跟著公爵跑到倫敦去！你可以為綿延三、四個房間那麼多的鞋子舉辦派對，一個只限觀賞的視覺派對，因為在持槍民兵的看管下，連一隻蒼蠅都別想碰到那些鞋。「這是文化。」他們說。「這是歷史。」

1 高幫鞋套（polainas，英文：gaiters），覆蓋腳踝到膝蓋的小腿部分，類似綁腿的裝飾，早期多由皮革製成。

他們聲明。這讓我想起了穿著麻鞋、在可怕的索莫謝拉（Somosierra）山頂上阻攔法西斯軍隊、葬身在雪堆和泥濘中的那些可憐年輕人。

在公爵的床旁邊，有一幅鑲著金框的小畫，畫裡大寫的歌德字體吸引了我。我心想，媽呀！這裡印的一定是阿爾巴家族的族譜。我搞錯了。那是魯德亞德．吉卜林[2]的〈如果〉（If）。那首詩內容平庸、虛偽，竟然是《讀者文摘》（*Reader's Digest*）的先驅。在我看來，它的知識水準還不如阿爾巴公爵的那些鞋子。大英帝國，請恕我直言！

我在想，公爵夫人的浴室必定很引人遐想。這讓我回憶起許多事情，尤其是普拉多博物館裡那位斜躺著的貴婦[3]。哥雅將她左右兩邊的乳房畫得很開，讓人遐想那位革命性的畫家在測量距離時是如何一次又一次地吻貴婦，最後在她兩乳房之間留下一條有如隱形項鍊般的痕跡。不過，我又搞錯了。那隻熊、那輕歌劇般的鞋罩、那首〈如果〉的詩歌，那些幻想讓我最後找到的，並不是女神的浴室，而是一個仿龐貝的圓形房間，配上一個降板浴缸、幾隻故作風雅、雪白石膏做的小天鵝，還有幾盞浮誇、可笑的燈。總之，就是一間很像美國電影裡給蘇丹妻妾用的那種浴室。

我的好奇得到滿足，走出來時卻有種被騙的感覺。民兵邀我吃午餐。我和他們一起下樓進廚房。四、五十名在公爵家幫傭的男丁、僕人、廚師、廚師和園丁，繼續爲自己和爲那些守護大房子的民兵做飯。他們將我視爲貴賓。經過一番竊竊私語、進進出出，並且簽了一張領據後，他們拿出一瓶布滿灰塵的酒。那是珍藏百年、他們很捨不得讓我喝上幾口的「基督的眼淚」（Lachrimae Christi）。那是一種濃烈的葡萄酒，成分中彷彿摻雜了甜蜜與熱火，所以喝起來既強烈又順口。我永遠都忘不了阿爾巴公爵的那些「眼淚」。

一週後，德國的轟炸機在利里亞宮上方丟了四顆燃燒彈。我從我家陽台上看見兩隻象徵惡兆的鳥飛過。一片紅光乍現，我當下立刻了解到，我正目睹那座宮殿的最後幾分鐘。

「當天下午我經過仍在冒煙的廢墟……」我告訴羅馬尼亞的作家們，準備結束我的故事。「我在那裡得知一個令人動容的小故事。從天而降的砲火中，在震撼大地和助長火勢的爆破中，那些品德高尚的民兵一心只想救出那隻大白熊。他們幾乎全在嘗試中葬身火窟。梁塌了，一切都著火了，那巨大動物的標本偏偏沒辦法從任何一扇門窗出去。我再次也是最後一次看到那隻熊，牠張著雪白的雙手，站在宮殿花園的草皮上，臉上掛著永遠不變的笑容。」

太空人時代

再度來到莫斯科。十一月七日上午，我出席了一場蘇聯人民、運動員和神采奕奕的年輕人的遊行。

1 魯德亞德．吉卜林（Joseph Rudyard Kipling，一八六五年—一九三六年），出生於孟買的英國作家暨詩人，一九〇七年諾貝爾文學獎得主，是英國第一位也是迄今獲得該獎項的最年輕作家。其才華在英國備受肯定，曾被授與英國桂冠詩人頭銜、功績勳章和大英帝國勳章等殊榮，但都遭到他拒絕。

2 指哥雅（Francisco de Goya，一七四六年—一八二八年）創作於一七九〇年至一八〇〇年間的〈裸體美女〉（*La maja desnuda*，一般譯為「裸體的馬哈」），目前收藏於馬德里的普拉多博物館（Museo del Prado）。

他們在紅場上以堅定、沉穩的步伐前進。一位多年前過世的死者，以犀利的雙眼注視著他們。他就是奠定這股穩定、歡樂和力量的弗拉迪米爾．伊里奇．烏里揚諾夫（Vladimir Ilich Ulianov），也是大家口中永垂不朽的列寧。

在這次的閱兵中，參加的武裝部隊不多；不過，這倒是他們第一次展示巨大的洲際飛彈。我幾乎可以用手摸到那些形狀像大雪茄的飛彈。它們雖然一副無辜樣，卻能夠將毀滅性的核子武器發射到地球的任何一個角落。

那天是兩位從太空返回的俄國太空人接受嘉勉的日子。我感覺自己好像也有了翅膀。詩人大部分的工作就是神遊，我當時正好神遊到莫斯科的大街小巷，神遊到黑海的岸邊，神遊到蘇維埃高加索的山隘間，我心血來潮想寫一本關於智利鳥類的書。我這位蝶夢谷詩人有意識地神遊，有意識地描寫遙遠故鄉各種不同的鳥類，如褐領雀、鶖鶂鶉、智利小嘲鶇、迪卡雀、康多禿鷲、鳳頭距翅麥雞。因爲，那兩個鳥人，也就是蘇聯的那兩位太空人，曾經升到外太空，讓全世界爲之讚歎。我們所有人都感覺他們就在我們的頭頂上，所以屏住呼吸，瞪大了眼看著那兩位鳥人在太空中飛翔。

那一天，他們獲得表揚。在他們身旁的是從頭到尾都留在地球上的家人，那些都是他們的起源、這個民族的根。老先生們留著鄉下人的大鬍子，老太太頭上包著村莊或鄉下標準的大披巾。兩位太空人和我們一樣，靈魂來自田野、村莊、工廠、辦公室。尼基塔．赫魯雪夫（Nikita Jrushchov）代表蘇維埃民族，在紅場上接見他們。之後，我們在聖喬治廳與他們見面。有人介紹格爾曼．季托夫（Guerman Titov）讓我認識。這位大眼睛炯炯有神、很客氣的年輕人就是二號太空人。我突然問他：

「指揮官，請問當您環繞宇宙、望著我們的星球時，能清楚地看到智利嗎？」

這話聽起來就像在對他說：「您應該知道，那一趟旅行最重要的就是從空中看到智利。」他沒有如我預期地笑出來，而是想了幾秒，然後回答我：

「印象中南美洲有幾條黃黃的山脈，看得出來它們很高。那應該就是智利。」

那當然是智利啊，同志！

社會主義滿四十週年當天，我搭乘火車離開莫斯科，準備前往芬蘭。穿過市區前往火車站的途中，我看見一束又一束五彩繽紛的煙火升至高空，有螢光色、藍色、紅色、紫色、綠色、黃色、橘色，像是釋放歡樂的情緒，又像是從勝利之夜開始與全世界人民溝通並傳達友誼的一種訊號。

我在芬蘭買了一根獨角鯨的角，接著我們繼續旅行。到哥德堡（Göteborg）時，我們搭上開往美洲的船。美洲和我的祖國一樣，都隨著時間流逝而有自己的生命變化。後來，當我們經過委內瑞拉，準備前往天堂谷時，美國國務院的寵兒，亦即特魯西佑（Trujillo）和索莫莎（Somoza）的私生子——獨裁者貝雷斯．西門內斯（Pérez Jiménez）像是要出兵打仗一樣，派了好多軍人來阻止我和我太太下船。但是當我們抵達天堂谷時，自由的力量已經趕走委內瑞拉的暴君，又或者是那威嚴的惡霸已像隻夢遊的兔子般，逃到美國邁阿密了。自從一號衛星（PS-1）升空之後，世界的運轉就變得快速。有誰想得到，當我抵達天堂谷時，第一個來敲我船艙的門、對我說歡迎回家的人，竟然會是被我留在黑海繼續游泳的小說家西蒙諾夫？

11——詩是一種職業

詩的力量

在我們這個有著戰爭、革命、巨大社會動盪的時代中，能夠順利地寫詩，將詩歌發展到不被質疑的境界，眞是一種特權。一般人若不是在孤獨中面對詩歌，就是在山上群眾的聚會中面對；所以他們不是傷害了別人，就是被別人傷害。

當我創作最早期的孤獨詩歌時，從沒想過多年後會在廣場上、大街上、工廠、教室、劇場和花園裡朗讀我的詩。我幾乎跑遍智利的每一個角落，將我的詩散播給我的同胞。

接著，我要講一講我在聖地牙哥最大的維加中央市場裡發生的事。黎明時，那裡有無數輛運著蔬菜、水果和食物的馬車、小馬車、大牛車、廂型車，從附近各個小農場進到貪婪的首都。維加市場附近街區的小咖啡廳、廉價旅社和便宜酒吧，全被一群爲數不少、拿著微薄薪水、經常打著赤腳的搬運工給擠滿了。

某天，有人開車來找我，我沒搞清楚到底要去哪裡、要做什麼就上車了。我放了一本我的詩集《西班牙在我心》在口袋裡。他們在車上向我解釋，我受維加市場搬運工工會的邀請，要去做一個講座。

當我一進到雜亂的會場，便感受到何塞．亞松森．希爾巴[1]在〈夜曲〉（Nocturno）裡描述的那種寒意，不光是因爲那裡的冬天寒風刺骨，還因爲當時的氣氛讓我感到詫異。大約有五十個男人坐在箱子上，或坐在臨時做的木頭長凳上等著我。有些人在腰間繫著一個袋子當圍裙，有些人穿著破舊、補丁的圓領衫，還有些人不畏懼智利寒冷的七月天，裸著上半身。我坐在一張小桌子後面，與那群不尋常的聽眾保持了一段距離。他們全帶著我祖國人民有如炭一般的黑色眼珠，散發出呆滯的眼神看著我。

我突然想起老拉費爾特[2]曾經給那些臉部肌肉僵硬、眼神呆滯、無動於衷的觀眾取一個讓我發笑的綽號。有一次在硝石荒漠中，他對我說：「你看，在會場最後的柱子旁，有兩個穆斯林正在看我們。他們只要披上一件有帽子的披風，就和沙漠裡一動也不動的信徒沒兩樣了。」

我要怎麼面對這些群眾？我能對他們說什麼？我生活上有什麼東西是他們感興趣的？我一直下不了決定，同時還得隱藏想逃跑的念頭，因此我拿起了帶在身上的那本詩集，對他們說：

「我在西班牙的時間不長。那裡曾發生激烈的衝突，槍林彈雨。請諸位聽一聽我是怎麼寫的。」

我必須解釋，這本《西班牙在我心》並不好懂。我也想讓它變得清晰、好理解，但那些劇烈、多重的悲痛充斥在詩歌裡，而且猶如漩渦般全攪在一起。

我原本確實只想簡單讀個幾段詩，再加上幾句話，然後就告辭。但實際情況並非如此。我讀了一首又一首的詩，感覺到自己朗讀的聲音彷彿落到萬籟俱寂的水底，我還發現那一雙雙黑色的眼珠與眉毛緊跟著我詩歌的韻律起伏，當下我便了解到，我的這本書正朝著它的目標前進。我持續地朗讀，再朗讀，連我自己都因為朗讀詩歌的聲音而深受感動，我的心也因為詩歌與那些被拋棄靈魂間的吸引力而大受震動。

我持續朗讀超過一個小時。當我正打算離開時，群眾裡有一位男子起身。他就是在腰間繫著袋子的其中一員。

「我想代表大家跟您說聲謝謝。」他大聲說。「而且我還想告訴您，我們從不曾如此感動。」

這話一說完，他突然啜泣起來。其他幾個人也開始哭。我在濕了眼眶和熱情握手的群眾中，走出了會場。

詩人歷經了冰與火的試煉後，仍會是同一個詩人嗎？

每當我想回憶蒂娜．莫多蒂（Tina Modotti）的模樣時，總感覺像是想用手抓起一把雲霧般費勁。是那麼地脆弱，幾乎看不見。我眞的認識她嗎？

她依然很美麗。兩邊捲起的秀髮像黑色翅膀一樣，包覆著白皙的鵝蛋臉；一對有如天鵝絨般柔和的大眼，經過了歲月流逝仍持續凝視著。迪耶戈．里維拉將她的形象放進一幅壁畫裡，爲她戴上了植物和玉米穗的頭冠。

多年前，這位義大利的革命家、偉大的藝術攝影師，爲了拍下廣大群眾、紀錄有紀念性的建築而來到了蘇聯，但當她在那裡被社會主義激進的生命力與創造力包圍時，毅然決然將相機丟進莫斯科河，立志將一生奉獻給共產黨，願意爲它做任何最低下的工作。當她在履行此諾言時，我在墨西哥遇見了

1 何塞．亞松森．希爾巴（José Asunción Silva，一八六五年—一八九六年），哥倫比亞作家，亦為西語文學現代主義先驅。

2 拉費爾特（Elías Laferrte，一八八六年—一九六一年），智利硝石礦工、共產黨政治人物，曾三度參選智利總統，擔任兩任參議員。後文中將有一小節名為「拉費爾特」的文章，即聶魯達對這位好友詳盡的描述。

她，也爲她那天晚上的犧牲感到痛心。

那事發生在一九四一年。她的丈夫是維多里歐．維達雷，也是第五軍團知名的「卡洛斯指揮官」。她在開往家裡的計程車上，因爲心臟病發過世了。她明知自己的心臟有問題，卻憋著不講，免得影響自己全心投入革命事業。她總是樂意做沒人想做的事：打掃辦公室、走路到最偏遠的地方、徹夜不眠地寫信和翻譯文章。在西班牙內戰期間，她還擔任護士，照料共和派的傷患。

我還得知她之前有一段悲慘的歷史。當古巴偉大的青年領袖胡立歐．安東尼歐．梅亞（Julio Antonio Mella）流亡到墨西哥時，他們兩人是男女朋友。獨裁者赫拉爾多．馬恰多（Gerardo Machado）從哈瓦那派殺手去暗殺這位革命領袖。某天下午，蒂娜挽著梅亞的手從電影院出來，經過一陣衝鋒槍掃射後，梅亞倒下了。兩人一起滾到地上，死去男友的血濺了她一身，此時殺手已在層層掩護下逃之夭夭。袒護罪犯的警官甚至想將謀殺的罪名栽贓給蒂娜．莫多蒂。

十二年後，蒂娜．莫多蒂的精力不知不覺地耗盡。墨西哥的反動派打算再度抹黑她，就像之前想把梅亞的死嫁禍給她一樣，企圖讓她死後蒙上一堆醜聞。當時我和「卡洛斯指揮官」都在那嬌小的遺體旁，爲她守靈。看著一個如此強壯、勇敢的大男人飽受煎熬，眞的很難受。當他得知有人想污辱已經死去的蒂娜．莫多蒂時，彷彿在流血的獅子傷口上灑了腐蝕性的毒藥。「卡洛斯指揮官」目露兇光，發出怒吼。蒂娜像個蠟像，躺在小小的流亡者棺材裡。面對聚集在那房間裡的所有人的悲傷情緒，我只能無助地保持沉默。

報紙上，整個版面都以連載小說的方式刊登不堪入目的報導。他們把蒂娜叫作「莫斯科來的神祕女子」，還有報導說：「她就是知道太多才死的！」「卡洛斯指揮官」的悲痛震驚了我，讓我當下做了一個決定。我寫了一首反擊的詩，來對抗污衊我們死去好友的人。我把詩寄給所有的報社，但不抱著有任何一家會刊登的希望。喔，眞是奇蹟！隔天，所有的報紙不但沒將前一晚答應要爆料的那些聳動消息刊登出來，還在頭版刊登了我那氣憤、令人柔腸寸斷的詩。

那首詩叫作「蒂娜．莫多蒂已死」。當天早上，我在墨西哥公墓讀了那首詩。蒂娜的遺體被我們安葬在那裡，而且她就永遠躺在一塊墨西哥花崗岩的石碑底下。在那塊石碑上，刻著我的那幾句詩。

從那之後，當地的報紙就不曾再出現過任何一句毀謗她的話。

多年前，洛塔出現了一場一萬名礦工的集會。幾百年來，那個礦區都處於貧窮、騷動不斷的景況。洛塔小鎭的廣場上擠滿了礦工。政客們長篇大論地說個不停。中午炙熱的空氣裡飄著一股炭與海鹽的味道。附近有海，海水底下綿延了幾公里的黑暗坑道。那些男人就在坑道裡挖煤。

當時他們在大太陽底下聽演說。講台很高，從台上望過去，我看到一整片像海一般的黑帽子與礦工頭盔。我是最後一個上台說話的人。當他們叫到我的名字還有提到我的詩〈新史達林格勒情歌〉時，不尋常的事情發生了。那是一場讓我畢生難忘的典禮。

大批的群眾一聽到我的名字和詩歌的標題，就立刻默默地摘下帽子，因爲在他們聽完那僵硬、政治性的演說之後，我將接著朗誦我的詩，談論詩歌。在高高的講台上，我看見那摘帽的壯闊場面：一萬隻手整齊地摘下帽子，形成了一波無法言喻的浪濤；形成了一陣寧靜大海的拍擊；形成了一片無聲表達崇敬之意的黑色浪花。

於是，我的詩變得激昂，而且前所未有地發出戰爭與解放的聲音。

另一件事發生在我年輕的時候。當時我還是那個披著黑色斗篷的學生詩人，而且就像那年代其他詩人一樣乾瘦，一副營養不良的樣子，體重比一根黑色羽毛還要輕。那時我的《晚霞》詩集剛出版。我和朋友們進到一間三流的夜總會。那年代盛行探戈，還有很多流氓愛打架鬧事。舞突然停了，而且探戈也像一只砸在牆壁上的酒杯，突然中斷了。兩個惡形惡狀的男人站在舞池中間，比手畫腳，口出穢言。當其中一個往前想揍人時，另一個退後，其他來聽音樂、跳舞的人原本躲在桌子後面，也跟著往後退。那場景就像兩隻野獸在大森林的空地上跳舞。

我沒想太多，一個箭步過去，也不顧自己身材瘦弱，便斥責他們：

「可悲的鬥雞、惡煞醜八怪、沒用的敗類，不要煩大家！大家是來跳舞，不是來看你們耍猴戲的！」

他們驚訝地互看了一下，似乎不敢相信親耳聽到的話。比較矮的那個流氓當過拳擊手，他朝我走來，打算把我幹掉。要不是有隻大猩猩即時給他一拳、讓他瞬間倒地，我就眞的要被揍死了。那隻大猩猩就是他幹架的對象，他最後選擇出手了。

被擊倒的拳王像個麻布袋般被拖出去之後，其他桌陸續有人送酒過來給我們，跳舞女郎也對我們展現熱情的微笑，那出拳相救的大塊頭想加入，分享勝利的喜悅，這可以理解，卻遭到我嚴厲的斥責：

「走開！你跟他一樣，半斤八兩！」

過沒多久以後，我的榮耀時刻結束了。我們穿過狹窄的走廊，隱約看到一個虎背熊腰的壯漢擋住去路。他就是另一個流氓拳擊手，也就是打贏架還被我斥責的傢伙。他攔住我們，似乎打算報復。

「我一直在等您。」他對我說。

他輕輕一推，我就被頂到了門板上，此時我的朋友們全都倉皇逃走。我孤立無援，獨自面對即將殺掉我的劊子手。我快速掃視，看看能不能抓起什麼東西來擋一下。沒有，什麼也沒有。大理石的桌面、鐵椅子都太重，我舉不起來。現場既沒有花瓶，也沒有酒瓶，連一根被別人遺忘、不值錢的枴杖都沒有。

「我們聊一下。」那個人說。

我知道任何的反抗都無效，而且他就像一隻美洲豹在吞掉小鹿斑比之前一樣，從頭到尾打量我。我知道我所有的反抗只會讓內心的恐懼看起來更明顯。我回擊，也推了他一下，可是他就像堵石牆，一動也不動。

他突然回頭，兇狠的眼神全變了。

「您是詩人巴布羅．聶魯達？」他問。

「沒錯，我就是。」

他低下頭，繼續說：

「我太不應該了！原來在我眼前的就是我景仰的詩人，而且當面罵我可悲的也是他本人啊！」

他兩手抱頭，繼續唉聲歎氣地說：

「我是小混混，另一個跟我打架的是賣古柯鹼的，我們都是下流中的下流。但我生活中有個純潔的東西，就是我的女朋友，我女朋友給我的愛。巴布羅先生，您看一下。您瞧瞧她的照片。改天我要跟她說，您親手拿過她的照片。她知道會很開心的。」

他把那微笑女孩的照片遞給我。

「巴布羅先生，她是因爲您，因爲我們一起背您的詩，才喜歡我的。」

他莫名其妙就朗誦起我的詩歌：

「一個和我一樣悲傷的孩子跪下，從妳的內心深處，看著我和妳……」

此時，門被撞開了。原來是我的朋友們。他們揪了更多人、帶了傢伙回來了。我看著一張張驚訝的臉擠在門口。

我緩慢地離開。那男人面不改色，口中繼續唸唸有詞：「因爲那生命將讓他的血脈急促，我的這雙手不得不宰殺折磨人。」[1]他被詩歌打敗了。

飛行員鮑爾斯（Francis Gary Powers）駕駛的飛機在蘇聯領空蒐集情報時，從難以置信的高度墜落。兩枚神奇的飛彈擊中了它，將它從雲端射下來。記者們紛紛跑到人煙罕至、發射飛彈的山區。砲手是兩位孤單的年輕人。他們在那只有冷杉、河流、白雪的大地上，過著吃蘋果、玩象棋、彈手風琴、閱讀和巡視的生活。他們的砲口向上，保衛俄羅斯祖國廣闊的天空。

大家用各種問題騷擾他們：

「都吃什麼？」「爸媽是誰？」「喜歡跳舞嗎？」「都看什麼書？」

當他們回答最後一個問題時，其中一名年輕人說他們都讀詩，並且在所有的詩人當中，他們最喜歡俄國的普希金和智利的聶魯達。

聽到那句話時，我開心極了。那枚飛得如此高、讓敵人顏面掃地的飛彈，在某種程度上也射出了一顆原子，將我熱情的詩帶向又高又遠的地方。

樹的持續影響力＊

詩在每個詩人身上都應該是有機的，它應該像詩人的血流，它應該像每個人的脈搏與心跳。它是一種如此親密的物質，不應該拿來研究，反倒應該用來面對種種的動盪。

我從很年輕就開始創作。或許沒有比寫詩更適合或更不適合我了。祖國南方（或許也是世界最南端）的野生大自然、大樹持續影響著我。那裡是一個極度孤寂、人煙稀少、幾乎終年下雨的地方。從那幽暗、荒蕪的環境中，我創作了一部憂愁的詩集。

當時我有很多遠方的朋友，其中有很多來自俄羅斯。它們是大人物、偶發的事件、劇烈的痛苦、激烈的歡樂等，所有偉大文學裡不平凡的人事物。它們在我柔腸寸斷的青春歲月裡散播了孤獨的憂傷。

---

1 故事主角背誦的是聶魯達〈再會〉（Farewell）的第一段，但詩句的順序有些錯誤，所以導致語意奇怪。正確的開頭八句是：「一個和我一樣悲傷的孩子跪下，／從妳的內心深處，看著我們。／因為那生命將讓他的血脈急促，／所以我們的生命必須緊緊拴住。／因為那雙手，那雙出自妳的手，／我的雙手不得不宰殺折磨人。／在塵世，因為他張開了他的雙眼，／所以我將在妳的淚裡看到一天。」

我永遠忘不了我瘋狂閱讀的那幾個夜晚，梅什金公爵[1]的情感或福馬．高爾捷耶夫[2]的種種事蹟，在我心裡交織著南方群島的海浪拍打岸邊所發出的滔天巨響。

我寫了許多情詩，許多關於生命與死亡的詩，我大部分的詩都獻給美洲人民激烈、不平凡的抗爭。遼闊的大陸上，每個角落都留下血跡、垂死、勝利與痛苦的刻痕。如果美洲人犧牲的心不被重視，那就沒有美洲的地理，也不存在美洲的詩歌。貪婪的探險家來自世界各地，他們像猛禽一般地掠奪各個角落。有人必須要述說，述說這段歷史。

但我不認爲詩歌全都必須含有政治色彩。詩人應該開啓各個面向的感官，而且這些面向應該是未知的。過去某些偉大的詩就是一種人與黑暗的對話，其中兩首是霍爾赫．曼利克的《歌謠》（*Coplas*），還有湯瑪斯．葛雷（Thomas Gray）的《哀歌》（*Elegy*）。它們就像在死神緊閉的大門上，拉著門環叩門。那叩門的聲音持續響著，只要人類存在的一天，人們就能聽得到。

在詩歌裡，我想說的都是比較簡單、比較平常、比較根本的事情。我寫過關於林木、空氣、石頭、鐘錶、海洋、番茄、櫻桃、洋蔥的詩。這些詩充滿歡樂，我想在詩裡重新歌頌別人已唱過的所有事物，讓這一切重新活過來。因爲我認爲詩人的責任是還原印第安美洲被剝削、血淚的悲劇史，所以我認爲詩人有義務滌淨、清潔最平凡的事物，爲所有的生命披上一塊新的桌布。

那很奇怪，但我一直都沒有被那些最應該懂我的人充分地理解。一個在世界的某個首都、由年輕人主導的報社堅持向我邀稿。我寄了一首關於玉米，另一首關於櫻桃的詩給他們。這兩首簡單的詩帶著我這類創作的清晰與輕快。他們沒有刊登，也不喜歡。我得到的意外收穫就是，我感覺這些年輕人的心態或許比我還要老。

詩

……好多藝術品啊！……多到世界已經容不下了……必須將它們放到房間外面……好多書啊！……好多書啊！……誰有辦法讀完這些書？……要是它們可以吃有多好……要是我們的胃口非常好，就可以將它們切碎，加點調味料，做成沙拉……再也吃不下……我們飽到頭頂了……世界淹沒在書海裡……雷維第（Reverdy）告訴我……「我已經向郵局說，叫他們別再送書來。我無法打開書，因為沒有位置了。它們沿著牆壁往上爬，我擔心發生災難，它們會砸在我頭上。」……大家都認識艾略特（Eliot）……在他成為畫家、指導戲劇、洋洋灑灑地寫評論以前，他讀我的詩……讓我感到很驕傲……沒有人比他更懂我的詩……直到有一天，他開始讀他的詩給我聽，而我卻自私地逃走，而且還一邊抱怨：「別再唸了！別再唸了！」……我把自己關在廁所裡，但艾略特隔著門仍繼續唸他的詩給我聽……讓我好傷心……蘇格蘭詩人福瑞澤（Fraser）當時也在現場……他斥責我：「你怎麼這樣對待艾略特？」……我回答他：「我不想失去讀者。他是我栽培出來的。他連我的詩哪裡有細紋都瞭若指

1 梅什金公爵，俄國作家杜斯妥也夫斯基長篇小說《白癡》（*The Idiot*）中的男主角，個性純善良、坦率，充滿悲天憫人的情懷，是作者筆下理想的基督式人物。

2 俄國作家馬克西姆．高爾基（Maxim Gorki，一八六八年──一九三六年）第一部長篇小說《福馬．高爾捷耶夫》（*Foma Gordeyev*）中的男主角。故事主要敘述當代俄國生活中，充滿活力的主人翁渴望在現實中發揮自我潛力，但他卻感覺處處受到限制，生活讓他窒息，有如英雄無用武之地。

掌……他如此地有才華……又會畫畫……又會寫散文……不過我想要留住這個讀者，收藏這個讀者，把他當作珍奇的植物一樣灌溉他……福瑞澤，你懂的。」……因為老實說，如果再繼續這樣下去，那麼詩人只會向其他詩人唸他寫的詩……而每個詩人將拿起自己的小冊子塞進別人的口袋裡……將他自己的詩……放進別人的盤子裡……克維多某一次就在國王的餐巾下放了一首詩……那是值得的……抑或在大太陽底下，在廣場上讀詩……抑或者讓書在廣大群眾的指尖磨損、碎裂，都是值得的……但這種詩人對著詩人唸詩的方式對我沒有吸引力，不會讓我心動，也無法刺激到我，只會讓我躲進大自然，去面對一顆岩石、一陣波浪，遠離出版社，遠離印著文字的紙張……詩已失去它與遠方讀者的連結……它必須恢復這樣的關係……必須在黑暗中前進，偶遇男人的心，偶遇女人的眼，偶遇在某個黃昏時刻或某個布滿星辰的深夜裡，大街小巷中即便只需要一句詩的陌生人……我們所有經歷過、閱讀過、學習過的事物都值得那樣偶遇……我們必須迷失在陌生的人群當中，才能讓人們在大街上、在沙地上、在森林裡千年的落葉當中，拾起屬於我們的東西……溫柔地拿著我們創造的作品……只有在那時候，我們才真正成為詩人……在那樣的作品中，詩才具有生命……

和語言共存

一九〇四年，我出生。一九二一年，我在一本小冊子上發表了一首詩。一九二三年，我出版了第一本詩集《晚霞》。一九七三年，我正在寫這些回憶。一個詩人看到自己的作品剛出版時，內心所產生的那種最初的激動，充滿活力、有如新生兒的哭泣般，那樣令人興奮的時刻至今已經過了五十年。

沒有人一輩子只使用一種語言生活，卻只把它從頭到尾地翻動、探索，挑動一下它的頭髮，撥弄它的肚皮，而不讓這樣親密的關係成為自己生命的一部分。我和西班牙語的關係就是這樣。口說語言有其他的意義，書面語言有意想不到的延展性。對於作家來說，語言的使用就像身體的衣服或皮膚，它有袖子，有補丁，它會呼吸，還留有血或汗的痕跡。這就是文學風格。我發現法國一波又一波的文化變革打亂了我所處的時代。那對我總是很有吸引力，只是在某方面來說，它就像一件套在我身上的不合身衣服。智利詩人魏多伯羅把各種法國流行的風格套用在自己的創作上，再依照它們存在和表達的語境加以改造，讓它們變成令人讚賞的樣子。有時候我甚至覺得他超越了被模仿的範本。盧本·達里歐大舉入侵西班牙語詩壇的情況也大致如此。只是盧本·達里歐更像一頭聲音洪量的大象。為了讓全球的風向吹進西語的世界裡，他敲碎了這語言一整個時期的所有玻璃。最後風進來了。

有時候語言將我們美洲人和西班牙人隔開來。不過，將我們一分為二的往往都是對語言的認知。貢戈拉冷酷的美不適合我們美洲地區，但是若沒有貢戈拉的怪異風格、沒有他華麗的詞藻，就沒有西班牙詩歌，也沒有最新的西班牙詩歌。我們美洲的土地是布滿灰塵的石頭材質，是由破碎的熔岩、泥土和血構成的。我們不懂玻璃雕刻。精雕細琢的美洲作家只會發出空洞的聲音。只要有一滴葡萄酒出現在《馬丁·菲耶羅》[1]中，或是濃稠混濁的蜜出現在加芙列拉·米斯特拉爾的作品裡，那就像從別的地方來的花插在大花瓶裡，讓它們在客廳裡顯得呆滯無生氣。

塞萬提斯之後，西班牙語就像鍍了金般，有宮廷的優雅，卻喪失了貢薩洛·德·貝爾塞歐（Gonzalo de Berceo）和伊塔總司鐸（Arcipreste de Hita）帶來的原始力量，也喪失了仍在克維多作品裡燃燒的激情。

同樣的情況也發生在英國、法國和義大利。喬叟和拉伯雷的不節制被閹割了，取而代之的是精雕細琢、讓翡翠和鑽石發亮的佩脫拉克風格，但是也讓偉大作品的泉源開始乾涸。

過去的這個泉源與整個人、與人的逍遙自在、與人的慷慨大方、與人的恣意妄爲，關係密不可分。

至少那是我要面對的問題，雖然我沒用此方式提出那樣的問題，連對我自己也不曾提出。如果我的詩有什麼意義，那就是它有某種特殊、無限延伸的傾向，彷彿不甘心只待在一個小房間裡。我的藩籬必須由我來超越。我不曾將藩籬設限在某個遙遠的文化框框裡。我必須做自己，我必須像我誕生的那塊狹長的土地，盡力自我延伸。另一位同樣是美洲的詩人在這條路上曾經幫助過我。我指的是我曼哈頓的朋友——華特．惠特曼（Walt Whitman）。

評論家才應該受苦

《馬爾多羅之歌》（*Les Chants de Maldoror*）實際上是一個長篇的連載小說。我們別忘了，它的作者伊西多爾．杜卡斯採用連載小說家歐仁．蘇（Eugène Sue）於一八七三年在尚特奈（Chantenay）完成的《羅特阿蒙》（*Lautréamont*）的主角當作他的筆名。但是我們都知道，這個羅特阿蒙比小說裡的羅特阿蒙走得遠太多了。他降到更低的地底下，想成爲地獄的鬼魂；他升到更高的天上，想化身墮落的天使長。馬爾多羅在極大的不幸中慶祝「天堂與地獄的結合」。狂怒、過分的讚揚、垂死的掙扎，這些組成了杜卡斯有如海浪般勢不可擋的文字美學。「馬爾多羅」（Maldoror）其實就是「極大的痛苦」（Maldolor）。

羅特阿蒙想擺脫黑暗的容貌，打算進入新的階段。他寫了樂觀的、新的詩歌前言，但最後沒有完成那部作品。死神在巴黎帶走了年輕的烏拉圭詩人。不過，他在詩中所應許、倡導朝向善良和健康的改變，雖然最終沒有實現，卻引起許多的評論。大家敬重他的痛苦，卻譴責他過渡到歡樂的風格；認爲詩人就應該受苦受難，就應該在絕望中度日，就應該寫絕望的詩歌。這只是某社會階層、某一類人的意見。許多人墨守成規，屈從這樣的苦難，認爲這雖然是一種不成文的規定，卻是一種不可動搖的鐵律。這種隱形的規定逼得詩人註定只能住破房子，穿破鞋，進醫院，躺在停屍間。這樣全世界都開心了，因爲只需要流一點眼淚，就可以繼續慶祝狂歡。

世界變了，所以情況也改變了。我們詩人突然帶頭造反，尋歡作樂。在資本主義沒落的年代，作家遭受的不幸和苦難成了一種幸福的儀式。過去人們巧妙地引導品味，頌揚不幸的命運，將不幸視爲偉大作品的催化劑，並且將行爲的墮落與苦難視爲創作詩歌的配方。瘋癲且命運乖舛的賀德林，生活漂泊且痛苦的韓波，在破舊巷弄的路燈上自縊的傑哈·德·內瓦爾（Gérard de Nerval），他們不僅給予世紀末一種美學上的大爆發，還提供了一條受苦受難的道路。而這條布滿荊棘的道路構成了精神式創作不可或缺的內在條件，這就是他們的信條。

在這群被引導的信眾中，最後一位出現在殉道者名單中的人是狄蘭·湯瑪斯（Dylan Thomas）。奇怪的是，這種老式、粗暴的資產階級觀念，仍繼續存在某些人的心裡，而他們就是不用鼻子來

1 《馬丁·菲耶羅》（*Martín Fierro*），阿根廷作家何塞·埃南德斯（José Hernández，一八三四年—一八八六年）的史詩巨作，主要內容歌詠阿根廷遊牧民族高卓人的風俗習慣與文化。

探查世界脈動的人。其實鼻子前端才是眞正需要探查的地方，因爲世界的鼻子能嗅得到未來。

有些評論家就像葫蘆科植物，伸長了莖和捲鬚，拚命地尋找時尚的最後一口氣息，深怕少了它而無法呼吸，但是它們的根仍沉溺在過去。

只要我們與人民的心緊緊繫在一起，爲他們的幸福努力，我們詩人就有權利追求快樂。

「巴布羅是我認識的人當中少數快樂的人。」伊利亞·愛倫堡在一篇文章中寫到。那個巴布羅就是我本人，愛倫堡說的沒錯。

所以，我一點也不奇怪爲什麼會有知名的週刊作家關心我的物質享受，雖然私生活本來就不應該是批評的重點。我知道，任何可能的幸福都會冒犯許多人。但實際的情況是，我發自內心地快樂。我有平靜的心，還有不平靜的聰明才智。

對於那些似乎責備詩人不該追求更好生活的評論家，我很想建議他們可以爲了詩集能出版、能販售、能完成使命讓評論家有事可做，而感到驕傲。另外，我還想建議他們可以爲有人付版稅給作家，讓他們至少能靠自己神聖的工作維生，而道聲恭喜。評論家應該宣揚這樣的驕傲，不應該見不得別人好。

因此，不久前當我讀到一位有才華的年輕教士寫到關於我的幾段評論時，沒有因爲他的文筆好而認爲他錯得比較不離譜。

根據他的說法，我的詩因爲洋溢著幸福，所以情感變得薄弱。他爲我開了一個痛苦的處方箋。照他這樣的理論來看，得了闌尾炎就可以寫出精彩的散文，而得了腹膜炎或許就能寫出完美的詩歌。

我繼續用我有的素材來寫我自己。我什麼都接受，任何的情感、生物、書籍、事件、戰爭，我都會吞下肚。要是可以的話，我眞想吃光所有的土地，喝乾所有的大海。

詩句有長有短

身爲活躍的詩人，我曾對抗自己的驕傲，因此現實與主觀力量之間的角力，都能在我自身得到解決。我不打算給任何人忠告，但我的經驗或許對大家有幫助。我們大致看一下結果。

很自然地，我的詩會受到嚴肅的評判，也會遭到不理性的抨擊。遊戲規則就是這樣。關於這樣的爭論，我沒有說話的權利，但我可以選擇。對於針對我作品精髓的批評，我選擇和我的書、我所有的詩站在一起。對於惡意的中傷，我也有權做選擇，我的選擇就是堅持個人不斷地創作。

如果我說的話聽起來很空洞，那就被諸位說中了。我就像個工匠，多年來懷抱著澆不熄的愛，從事不切實際的工作。

不過，我對一件事感到滿意，那就是我以某種方式或另一種方式，讓詩人這個職業、讓寫詩這項工作，至少在我的國家受到尊重。

在我剛開始寫作的年代，有兩種詩人。一種是暴發戶，這類詩人因爲有錢，用錢買到正當或不正當的身分地位，所以受人尊重。另一種是在詩壇漂泊的鬥士，是酒吧裡牛飲的常客，是有魅力的瘋子，是受煎熬的夢遊症患者。當然，我們別忘了還有一種被綁在公務機關板凳上的作家，他們像被鎖鏈綁住的划船苦役，面對堆積如山的蓋章文件，再加上對上司和荒謬之事懷著極度恐懼，他們的夢想幾乎全被淹沒。

我比亞當還赤裸地投入創作生命，但我決心保持詩歌的完整性。這樣堅決的態度不但對我有用，也讓那些大傻瓜不再嘲笑我。不過，之後要是那些大傻瓜有心、有良知，他們在面對我的詩歌所喚醒的主要情感時，也會像善良的人一樣，對我投以敬畏之心。

詩壇就這樣受到重視。不光是詩，還有詩人也受到尊重。包括所有的詩，所有的詩人都是如此。

我意識到詩是爲人民服務的，我不會讓任何人從我身上奪走這樣的殊榮，爲此我想要把它當作一枚勳章佩戴在身上。其他事都可以再討論，但我說的這件事已成了無法改變的歷史。

固執、與詩人作對的敵人，想利用許多已經無用的理由來攻擊我。當我年輕的時候，他們叫我餓死鬼。現在看我不順眼，想讓大家相信我是權貴，有一大筆財富。雖然我沒有，但我巴不得變成有錢人，讓他們感覺更不舒服。

還有另一些人會一行一行地丈量我的詩，看看我有沒有把詩分成小小段，或者把詩拖得太長。然而這一點也不重要，有誰規定詩要長一點或短一點、細一點或寬一點、黃一點或紅一點？寫詩的詩人才有權決定，他會按照自己的呼吸與血液脈動，根據自己的智慧與愚昧來決定，因爲這所有的一切都是詩的養分。

不切實際的詩人會死，但只活在現實的詩人也會死。純粹不理性的詩人寫出來的詩只有他和他的戀人看得懂，這很可悲。光憑理性創作的詩人，寫出來的東西再笨的驢子都看得懂，這也很可悲。在詩的恆等式中，空格裡沒有任何數字，上帝或魔鬼也沒有規定要放入什麼元素，只是這兩個無比重要的角色在詩裡互相抗衡，而且在這場戰爭中，一下子這個贏，一下子那個贏，但不管怎樣，詩歌都不可能被打敗。

很明顯地，詩人這職業正一點一點地被糟蹋，出現了很多新面孔、男女詩人，所以很快地似乎所有人都可以是詩人，同時讀者也逐漸消失了。我們將要騎著駱駝穿越沙漠或搭著太空船在太空中繞行，大費周章地尋找讀者。

人內心深層的渴望是詩，從詩衍生出儀式、讚歌以及宗教內涵。詩人勇於面對大自然的種種現象；在早期，他們爲了保有自己的志向，遁世成了神職人員。因此，現在的詩人爲了捍衛自己的詩，接受路上群眾賦予他們的身分地位。如今人民的詩人仍繼續從事最古老的神聖職業，過去他們因蒙昧而妥協，現在他們得傳承這個光。

原創性

我不信仰原創性，因爲那是我們快速崩解的時代所創造出的另一個迷信崇拜。我信仰個人特色，它能透過任一語言、任一形式、任一藝術創作的理念呈現出來。但神智不清的原創性是現代的發明，也是一種騙取選票的伎倆。有人想被選爲他的國家、他的語言，甚至全世界的「首席詩人」。爲了獲取支持，他們四處奔波，辱罵他們認爲可能與他們爭奪榮譽頭銜的人，於是詩歌成了一種虛僞的面具。

不過，重要的是保持內心的方向，掌握自然、文化與社會生活這些素材，讓詩人能做到最好。

在古代，像克維多這種最高貴和最嚴格的詩人，都曾在創作時寫過「模仿賀拉斯（Horatius）」、「模仿奧維德（Ovidius）」、「模仿盧克萊修（Lucretius）」這類警世的話。

而我則保持自己原有的語調，並讓它像其他所有活物一樣，順其自然地逐漸茁壯。無庸置疑地，感情是我最早期詩集裡的精髓。哎！怎麼會有詩人不用詩來回應內心溫柔或憤怒的呼喚！經過了四十年的歷練，我相信詩歌創作能眞正實質地駕馭情感。我相信有方向的自然表現。爲達此效果，詩人必須隨時都有庫存的素材，以隨時應急。首先，在觀察形式、潛在事物、文字、聲音、人物，還有任何經過你身邊像蜜蜂之類的事物後，將這樣的素材儲存下來。必須要瞬間捕捉它們，將它們放進自己褲頭的口袋裡。我在這方面很懶，不過我知道我提供了一個很好的建議。馬雅可夫斯基有一個小本子，他常常在本子上寫東西。情感的庫存也是有的，那要怎樣留住感情呢？當感情產生時，要意識到它的存在，這樣接著在面對白紙時，才能回想起我們當初的意識，而且意識的印象會比情感本身更加鮮明。

我在大部分的創作中，一直想證明詩人能寫別人指定的議題，能寫人類集體需要的內容。幾乎所有古代偉大的作品，都基於這樣的需求才被創造出來，例如羅馬時期的《農事詩》（*Georgica*）就是在農村宣傳莊稼。一個詩人能爲某大學、爲某工會、爲某同業公會、爲某行業寫作，但絕不會因此失去自由。神奇的靈感、詩人與上帝的對話都是出自私心的產物。在許多關鍵時刻，創作會受到外界壓力和讀者的影響，導致成品在某部分上不屬於自己。

我突然中斷這樣帶有一點純理論的思維，開始回想起年輕時的創作時光。畫家與作家的內心默默地激動，在繪畫和詩歌當中呈現秋天的多愁善感。他們每個人都想變得更不受控、更傷風敗俗、更放蕩不羈。智利的社會階級深深受到震撼。阿雷桑德里發表了顚覆性的演講。工人聚集在硝石礦區，準備發動美洲最重要的人民運動。那幾天是卡洛斯．畢庫尼亞和胡安．坎杜爾弗[1]等人發動抗爭、神聖不可侵犯的日子。學生自治與工會組織的想法，立刻打動了我。我最喜歡的書是安德列耶夫的《薩什卡．日古列夫》。當時其他人都讀阿爾志跋綏夫（Mikhail Petrovich Artsybashev）的情色小說，並且認爲意識形態的改變是因它而起，就如同存在主義的情色作品目前所引發的情況一樣。知識份子紛紛躲進小酒館。陳年老酒讓貧窮閃耀著黃金般的光澤，直到隔天早上。富有才華的詩人胡安·埃加尼亞（Juan Egaña）一輩子窮困潦倒。據說他繼承了一大筆財富，但他把所有的鈔票都放在桌子上，扔在被他遺棄的屋子裡。他與酒友們白天睡覺，晚上出門在酒桶裡找酒喝。儘管如此，胡安·埃加尼亞的詩所散發出的那道月光，依舊在我們《抒情叢林》（*Selva lírica*）裡默默顫動。這個浪漫的名字是莫利納·努涅斯（Molina Núñez）和歐·塞古拉·卡斯特羅（O. Segura Castro）爲自己編的現代主義作品精選集所下的標題。這是一部完整的精選集，輯錄了各種偉大、高尚的作品。這部詩歌聖經是一個混亂時代的產物，裡面存在著空泛的虛無和無比純潔的光輝。讓我印象最深刻的是年輕一代的文學獨裁者，現在已經沒人記得他是誰，他叫阿里洛·歐亞孫，他是憔悴的波特萊爾追隨者，他走頹廢風而且各方面條件都不錯，他飽受折磨、臉色死白、俊美且性情古怪，是智利版的巴爾巴—亞各伯[2]。他個子很高，嗓音低沉。他發明以字謎的方式來提出美學問題，某個程度上在我們文學界算是獨樹一格。他提高音量說話時，額頭就像一座智慧聖殿裡的黃色穹頂。他曾說過「圓環中的圓環」、「酒神的狂歡」、「黑暗中的黑暗」這類話。不過，阿里洛·歐亞孫一點也不傻，他將文化的天堂與魔鬼融合於一身。他支持世界主義，他扼殺文化的本質，以

---

1 醫生卡洛斯·畢庫尼亞（Carlos Vicuña）、律師胡安·坎杜爾弗，加上詩人高梅斯·羅哈斯（Gómez Rojas）以及領導人路易斯·特里畢尼歐（Luis Triviño），四人在智利總統卡洛斯·伊巴涅斯（Carlos Ibáñez）實行獨裁統治期間（一九二七年—一九三一年），發動抗爭。在此大規模的行動中，主要還有硝石工人以及智利各大學的大學生加入，最後成功推翻獨裁政權，迫使伊巴涅斯總統流亡阿根廷。

2 巴爾巴—亞各伯（Porfirio Barba-Jacob，一八八三年—一九四二年），哥倫比亞作家，從二十四歲起就旅居中美洲各國、美國、墨西哥和古巴，最後因肺結核在墨西哥病逝。

在理論上自圓其說。聽說他因爲和人打賭，所以寫了唯一的一首詩歌。但我不明白的是，爲什麼不是所有智利的詩歌選集都收錄他創作的那首詩。

酒瓶與船首雕飾

聖誕節快到了。每過一次聖誕節，我們往二〇〇〇年就更邁進了一步。爲了那個未來的歡樂，爲了那明日的和平，爲了那世界的公平正義，爲了千禧年的鐘聲，我們這時代的詩人一直在奮鬥、一直在歌唱。

三〇年代，那位心思細膩、人很好、在布宜諾斯艾利斯領事館曾是我上司的蘇格拉底·阿吉雷（Sócrates Aguirre），要求我在某年的十二月二十四日到他家扮聖誕老人。我一生搞砸過很多事，但是沒有比那次扮成聖誕老人還要更糟的了。我鬍子上的棉花掉了，在發禮物時搞了很大的烏龍。還有，我從小在智利南方潮濕的大自然裡長大，講話都是鼻音，誰都認得出來，我要怎麼僞裝？我想到一個好方法，我對小朋友說英語，但是好幾雙黑色或藍色的小眼珠盯著我看，露出一副有教養的孩子不應該有的懷疑眼神。

誰想得到，在那些孩子當中，竟然有一位是未來的知名作家，也是我最要好的朋友，並替我寫精彩傳記的人？我說的是瑪格麗特·阿吉雷。

我在家裡收集了大大小小的玩具。沒有它們，我活不下去。不玩的孩子不是孩子；不玩的大人，就永遠失去住在他內心、令他懷想的童心。我也將我的房子建成了玩具模樣，讓我可以從早到晚都在裡面玩。

它們是我專屬的玩具。我一輩子都在收集玩具，目的很實際，就只是想娛樂自己。我將列述給小朋友還有所有年紀的大朋友聽。

我有一艘裝在瓶子裡的帆船。老實說，不只有一艘，而是有一整個船隊。每艘船都寫上了名字，還配備桅桿、船帆、船首和錨。有幾艘從其他不重要的海域遠道而來。其中有一艘最漂亮的船，是出版社爲了爭取某本頌詩集的出版權，而從西班牙寄來給我的。主桅的頂端，掛著我們有顆孤獨小星星的智利國旗。除了這艘，其他的幾乎全是卡洛斯·赫蘭德（Carlos Hollander）先生做的。赫蘭德先生是一位老水手，他幫我複製了許多從漢堡、沙連（Salem）或是布列塔尼海岸來載硝石或到南方海域捕鯨的那些華麗名船。

當我沿著漫長的智利公路南下到科羅內爾（Coronel）尋找老水手時，在南方城市的煤炭味和雨的氣息中，進到一間全世界最迷你的船塢中。在小客廳、在飯廳、在廚房、在院子裡，整齊堆放著即將放進透明的皮斯可[1]空酒瓶裡的各種零件。卡洛斯先生吹起神奇的口哨，觸碰一下船頭和船帆，拉一下前桅和主帆，甚至連港口最小的一縷煙都在他的巧手下誕生，最後變成了一件藝術品、一艘裝在酒瓶裡的新船，又清晰又閃亮，準備航向幻想的大海。

我最出色的收藏就是科羅內爾水手用謙虛的手做出的瓶中船，它們與我在安特衛普或馬賽買到的船相比，顯得更爲出色。因爲它們不僅被賦予生命，還被點上了智慧。老水手爲它們貼上標籤，標示每艘船的名字、每個型號的事蹟、乘風破浪的壯遊，同時也註記它們在大海中張著現在已消失的帆、上下起伏運送的各種貨物。

我收藏一些名船，例如：強而有力的「波托西號」（Potosí），還有一九一〇年在英吉利海峽遭遇海難、來自漢堡的「普魯士號」（Preussen）。赫蘭德大師還討我開心，幫我做了兩艘「瑪麗．賽勒斯特號」（Mary Celeste）的模型。這型號的船從一八八二年就成了大家追逐的焦點，成了謎團中的謎團。

我不打算向各位揭曉它們在透明世界航行的祕密，也就是那些迷你小船如何進到它們溫柔的酒瓶裡。我是個職業騙子，目的就是迷惑大家，所以我在一首頌歌中鉅細靡遺地描述了那些神奇工匠耗時且精細的手藝，並講述那些船如何進出像海洋一般的酒瓶。不過，現在我依然要保守這個祕密。

我最大型的玩具莫過於船首雕飾。它們如同我的其他許多東西，都曾經出現在報章雜誌上，也曾經被善意和惡意地討論過。心懷善意的人看完後，會心一笑，然後說：

「這傢伙可眞瘋！瞧他收集了什麼東西！」

不懷好意的人用另一種眼光看待事物。其中有一個人看了我的收藏、看了我豎立在黑島家上方的一面畫著白魚的藍色旗子，內心不是滋味，酸溜溜地說：

「我沒有插自己的旗子。我沒有船首雕飾。」

可憐的人就像嫉妒別人有陀螺的小孩一樣，只會哭鬧。這個時候，我那些從海上來的船首雕飾卻會因為引起別人的嫉妒而得意地笑了。

確實應該來談談船首雕飾。它們是上半身的胸像，是海的雕塑，象徵茫茫的海洋。人們在建好船之後，爲了提高優越感，所以將船首拉高。古代人們將木頭刻成飛禽的造型、鳥的圖騰、神話裡的動物安置在船身。後來到了十九世紀，捕鯨船上雕刻了有象徵意義的圖案，例如：半裸的女神，或是戴著佛里幾亞帽[2]、支持共和的婦女。

我收藏了男性和女性造型的船首雕飾。最小也是最精緻的一尊名字叫作瑪麗·賽勒斯特，有好幾次薩爾瓦多·阿言德都想把它從我這裡搶走。它原本屬於一艘法籍船隻，船身不大，或許只能在塞納河上航行。這個雕像的顏色偏暗，橡木材質。因爲年代久遠，再加上多次的航行，已變成了深棕色。它是一個身材矮小、穿著法蘭西第二帝國美麗服飾的婦女，從雕刻風吹動的線條與造型來看，彷彿在飛翔。在她臉頰酒窩的上方，兩顆瓷土做的眼珠望向天際線。另外，不尋常的是，每年到了冬天，那兩顆眼珠就會流下眼淚。沒人能解釋原因。或許是因爲被烤乾的木頭裡吸飽了濕氣。不過，可以確定的是，那法國女人的雙眼到了冬天就會哭泣，我每年都會看到美麗的淚珠從瑪麗·賽勒斯特秀氣的臉龐滴下來。

面對如此的聖像，無論信基督教的或信異教，人心裡的那股宗教情懷或許就會被點燃。

1 皮斯可（pisco），由新鮮的葡萄壓榨、發酵、蒸餾而成的一種烈酒。

2 佛里幾亞帽（Phrygian cap），一種錐形、無邊、與頭緊密貼合、一般為紅色的軟帽，最早為古代小亞細亞的佛里幾亞人所戴的一種便帽，後來在十八世紀的美國革命和法國大革命中，此帽成了自由和解放的標誌而被廣泛使用（不僅出現在浪漫主義大師德拉克拉瓦的作品《自由引導人民》〔*La liberté guidant le peuple*〕中，也出現在美國參議院的院徽以及阿根廷、玻利維亞、哥倫比亞、古巴等國的國徽當中），因此又有「自由之帽」的美名。

宗教與詩*

某個高大女性造型、胸部豐滿圓潤、不再航行的船首雕飾，擺放在我海邊的院子裡。那是我最喜歡的裝飾品。它讓我回憶起一個七海揚帆[1]、逝去的年代。

在某一段時間，我發現村婦們在這尊巨大的異教雕像前下跪，點起了蠟燭。我花了好大的力氣，說服她們這不是聖母像，也不是女神像。它是一尊屬於我的女神像，一尊來自遠方、來自海上的女神像。雖然這尊雕像又大又莊嚴，看起來眞的很像加芙列拉·米斯特拉爾，但我們不得不打消那些女信徒的念頭，讓她們不要再繼續無知地膜拜一個來自大海的女性雕像，因爲它在我們這邪惡的世界上，航行過最邪惡的海洋。

從那時候起，我把它從院子裡搬走，現在它被放在離我最近的壁爐旁邊。

我相信這段趣事是宗教起源的核心。我、信徒和偶像，要是我沒有想太多，很容易就成了神父或術士；我就會利用人的畏懼，利用他們在某種程度上落後、痛苦、尋找原始偶像崇拜的心理，然後剝削他們。

接著，教堂就蓋起來，藝術創作被賦予了神祕感，然後不容爭辯的教義也隨之而來。很明顯，這就是交易。

從幾個世紀前開始，教士就透過不同的儀式和語言，將一小塊一小塊的天堂包裝成生活上的各種事物，拿來販售：水、電燈、神聖的電視、良知的救贖等。有趣的是，從來沒人看過那個可怕上帝的住所，但那裡仍像房地產一樣繼續販售，而且天上每一立方公尺的空氣或神聖土地，價格還持續上漲。

我從非常小的時候開始，就抗拒這種永遠看不見的世界，抗拒諸神奇怪的作爲。美洲時常發生天災。這裡的地質活動還沒停止。火山從巨大的火山口裡繼續噴出烈火。大海經常溢出海岸線，驚濤駭浪入侵人們居住的土地，摧毀城鎮、人類和動物。地震搖晃我們的土地，一座座城市全被夷爲平地。河流非常叛逆、不受控制，在我的國家只有兩條能夠航行。

可怕的惡火吞噬群山，將芬芳的森林化爲灰燼。

在這所有的災難中，只有窮人、被遺忘的男男女女和殘疾的小孩是受害者。他們才是基督要傳道的對象。但是基督教的上帝和他們沒有太大的關係。祂住在另一邊。祂住在沒有被地震摧毀、沒有被大火吞噬、沒有被水災沖走的人家裡。看來，上帝只住在有錢人的家裡。

我從小就不理解這個宗教裡所有實踐的事物，也不理解神學的奧祕。我也不懂爲什麼上帝會折磨自己狂熱的追隨者。一百年前我的國家受到重創，因爲一座位於首都市中心的教堂發生火災，火的熱氣讓大門關得更緊，當信徒慌張地想去開門時，門打不開。縱使火災發生時大家正在舉行彌撒，上帝也沒有爲他們開啓大門。最後超過一千名虔誠信徒在那裡喪生了。

這種教堂的火災在整個美洲經常發生，通常都發生在木造的小教堂裡。沒人能倖免於難，就連傳道的神父也不例外。這要怎麼解釋？

1 「七海」，一般泛指以歐洲為中心，歐亞非大陸周圍的七個海或內陸湖。在歐洲中世紀它指的是：黑海、裏海、紅海、地中海、亞得里亞海、阿拉伯海、坎特布連海。到了十九世紀，隨著人類的世界觀變得更寬廣，雖然「七海揚帆」（sail the Seven Seas）的說法還存在，但是七海的概念已經被七大洋取代，指的是：北極洋、南極洋、印度洋、北太平洋、南太平洋、北大西洋、南大西洋。

對我來說，沒意義的事還有不斷要求人像巴斯夸爾（Pascual）說的一樣、要「有燒炭工人的信仰」[1]。教會在你的頭上放了一把「德摩克里斯之劍」[2]，不相信的人就會遭到地獄的懲罰。可是，爲什麼？根據宗教的邏輯，認識的起源是神聖的，任何人都不應該被迫相信他不了解的東西，而且不管他最後是信了還是不信，這都不足以構成獎懲的理由。很明顯地，神聖事物的不可知是一種欺騙的機制，而且對人類的理智來說也是一種鄙視。

無論如何，不斷地諂媚神聖的事物、刻意地低聲下氣、一切能讓祈禱變得有意義的事物等這些會影響上帝的決定，實在是令人無法理解。此類的事情沒有道理可言，而且祈禱也像機械式的重複。它們最後成了一種缺乏眞理的例行公事。隨著它們的墮落，在某些宗教體制中已經淘汰這些沒有意義的祈禱，取而代之的是完全不需要思考、也不需要文字的機制：有如轉動的小輪子，數著輕輕在指間滑落的念珠。

幾個世紀前，某個歷史事件對古代美洲造成了無法估計的影響。西班牙征服者以天主教教會名義，推倒了美洲古代諸神的千年雕像，同時這些雕像也曾被當地的寡頭用來實施神權統治，剝削美洲的原住民。入侵者在西班牙天主教神父的幫助下，破壞了他們的神廟，焚燬藏有珍寶的圖書館和無價的手抄本，還殘忍地屠城，讓他們血流成河。那樣的征服被賦予了宗教戰爭的概念。當十字架與劍完全結合在一起時，他們攻擊並摧毀古帝國、恬靜的部落、傑出的文化。只有一位神職人員反對那樣屠殺，因爲人道主義經常降臨在修道院裡；他就是不凡的拉斯．卡薩斯（Las Casas）神父。不過，他也遭到迫害，最後被武力和教會打敗。

在漫長的道路上，教會有它不可否認的價值。人民犧牲後，教會蓋起了有如光芒萬丈、偉大作品的教堂。他們超越我們這時代的政權，因爲他們若想作畫，找來的不是二流的畫家或雕刻家，而是最有創意、最好的藝術家。甚至到了現在，儘管偉大的藝術家亨利·馬諦斯（Henri Matisse）在意識形態上傾向進步主義，他還是接受法國教會的委託，爲凡斯（Vence）禮拜堂畫上美麗的裝飾。根據我個人的喜好，古代俄國的圖案才是人類創作中最有趣的傑作。

不過，這是另一項研究，也是另一種價值與可能吸引廣大民眾相信不同信仰之間的微妙關係。同時，它也運用了古代的優美音樂。

在我的詩〈船〉（El Barco）中，我想呈現人類在目前資本主義社會的一個全貌。這是一首短詩，我在詩裡抗議社會的不公不義彷彿已成被接受的既定事實，讓我感到忿忿不平。

在這首〈船〉裡，在這艘明顯看得出不平等與痛苦的船上，宗教、各種宗教提供了很大的幫助，如此船才沒有發生海難，才能維持原狀。

1 「有燒炭工人的信仰」（tener fe de carbonero），意指毫無理由、盲目的信仰。典故出自於十五世紀西班牙的一則軼事。有人問燒炭工人：「你相信什麼？」他回答：「我相信教會所相信的事。」人們繼續追問他：「教會相信什麼？」他又回答：「教會相信我相信的事。」燒炭工人就這樣鬼打牆地反覆「我」和「教會」之間的關係，顯示出個人對於宗教的盲目崇拜。

2 「德摩克里斯之劍」（sword of Damocles），出自西塞羅在《圖斯庫盧姆辯論》（*Tusculanae disputationes* [V, 61-62]）中的傳奇故事：西元前四世紀義大利錫拉庫薩（Siracusa）的狄奧尼修斯二世，雖然坐擁財富和權勢，但四處與人為敵，因此在平時坐的寶座上頭懸掛著一把劍。某天，朝臣德摩克里斯提議與他玩一日角色互換的遊戲，他才發現僭主每日都過著提心吊膽的生活。

我沒辦法在哲學和歷史上繼續深入探討宗教的整個發展脈絡。

身爲詩人，我的工作是揭發導致發展落後的原因，並爲人類社會燃起希望、增加各種可能性和提升快樂。

書與海螺

一個貧窮的藏書愛好者，在任何時候都會受苦。書不是從他的手中逃走，而是像小鳥飛翔一樣，隨著價格高漲就消失在空氣裡了。

然而，不停地找著找著，就會挖到寶。我還記得一九三四年，我在馬德里的賈西亞．里克（García Rico）書商那裡發現的驚喜。當時我提議每個月付二十比塞塔，向他買一本古代印刷、要價一百比塞塔的貢戈拉作品集。那並不貴，但是我連那一點錢都沒有。我那整整半年，每個月都準時付錢。那是佛本斯（Foppens）出版的版本。這個十七世紀的法蘭德斯出版商，用無可比擬、精美的字體，印刷了西班牙黃金世紀大師的作品。

讀克維多的〈十四行詩〉時，只有將詩句排成彷彿船堅砲利、鋸齒狀的戰鬥隊形，才會讓我想看。

後來，我進了書店叢林，遊走在有如郊區崎嶇山地的二手書店、遊走在法國和英國有如大教堂中殿的大型書店。最後我的手沾滿了灰塵，但是偶爾會挖到寶，或至少感覺自以爲挖到寶的樂趣。

經常獲得響亮的文學獎，讓我可以買到某些價格高到誇張的書，藏書因此變得很有價值。其中古代詩集閃亮耀眼，另外我因爲愛好自然史，所以書櫃裡擺滿了彩繪上各種顏色、大部頭的植物學書籍，還有關於飛禽、昆蟲、魚類的書籍。我還收集了各種不可思議的冒險書籍，例如：幾部伊巴拉（Ibarra）印刷、不可思議的《唐吉軻德》，以及用精美的活字印刷、八開本的但丁作品，甚至還有一部限量發行、經過刪減僅供法國王子閱讀的莫里哀作品。

不過，我這輩子最好的收藏，其實是海螺。它們奇妙的結構，有如神奇的陶瓷表面泛著皎潔月光的色澤；再加上造型有的像哥德式尖塔、有的看起來平整實用，各種形狀和觸感都讓我感到很開心。

自從某天古巴著名的軟體動物學家卡洛斯．德拉．托雷（Carlos de la Torre）先生送了他收藏最好的標本給我之後，爲我開啓了水中生物的知識大門。從那時開始，每當我環遊七大洋時，都會在旅行中隨興觀察、尋找海底標本。但我必須承認，在一陣陣的浪花間，其實我發現在巴黎有更多海螺。巴黎將所有海洋的珍珠母全送到博物商店，也就是「跳蚤市場」去了。

比起你將手伸進維拉克斯（Veracruz）或下加利福尼亞（Bajo California）的岩石裡探尋，你更容易在城市的馬尾藻底下、在破損的燈泡和舊鞋間，找到外型優美精緻的錦綢榧螺（*oliva textilina*），或者意外發現伸出一根石英質長矛、有如爲水底世界增添詩意的鳳凰長旋螺（*Rosellaria fusus*）。令我目眩神馳的還有我從那片都市大海裡撈出、布滿珊瑚般觸角的粉紅大牡蠣海菊貝，那樣的激動誰也沒辦法從我內心奪走。另外在更深處，我隱約看見長著白刺、有如貢戈拉岩洞裡的石筍的白色海菊貝。

在這所有的收藏當中，某些可能是歷史文物。我記得在北京的博物館裡，他們打開了一個最神聖、裝有中國海洋軟體動物的寶盒，拿出兩個館內僅有的旋梯捲管螺（*Thatcheria mirabilis*），把其中一個送給我，我因此能收藏到海洋不可思議的傑作。在那海螺身上，看得出海洋送給中國、至今仍存在那緯度的廟宇和寶塔上的特殊風格。

我花了三十年時間，收集了許多書，書架上擺著令我心動的古版書和其他書籍：有初版的克維多、塞萬提斯和貢戈拉，也有拉弗格（Laforgue）、韓波、羅特阿蒙等人的作品。我感覺在這些扉頁裡，仍保留著我喜愛的詩人們觸摸過的痕跡。我還有韓波家族的手稿。在巴黎時，保羅．艾呂雅送了兩封伊沙貝爾．韓波（Isabelle Rimbaud）的家書給我當生日禮物。那兩封在馬賽的醫院寫好、寄給母親的信裡，傳達了那位四處漂泊的詩人截肢失去一條腿的消息。它們是巴黎國家圖書館和芝加哥貪婪的書商渴望得到的珍寶。

我跑遍了全世界，讓我的藏書得以快速增加，而且超越一般私人藏書所擁有的規模。某一天，我捐出了花費二十年時間收藏的大批海螺，以及帶著無比的愛在各國收集到的五萬冊圖書。我將這些東西全數送給我祖國的大學。它們像個閃亮亮的大禮被收下了，而且校長還為此盛讚了一番。任何心無邪念的人都會以為，在智利收到我那樣捐贈的人會有多開心。但就是有人心存邪念。某個官方的評論家怒氣沖沖地寫了幾篇文章，猛烈抨擊我的舉動。他激動地說：到底什麼時候才能遏止國際共產黨？另外，還有某一位先生在議會中發表激烈的演說，譴責大學收下我珍貴的現代印刷和古版書，並且威脅砍去那所國立大學的補助款。經過那位評論家和那位議員的攪局，在智利小小的世界中掀起一場冰風暴。那所大學校長的臉垮了下來，在國會的走廊上來回奔波。

確實，從那時候到現在已經過了二十年，沒人再見過我的書和我的海螺。看來它們似乎都已回到原本的書店和大海了。

碎玻璃

在離開好一陣子之後，三天前我再度回到天堂谷的家裡。牆壁上出現受損的大裂縫。在房間的地板上，整片的碎玻璃成了一塊令人痛心的地毯。時鐘也跌落在地上，硬生生地指著地震發生的時間。現在，有多少美麗的東西被瑪蒂爾德用掃把掃起！有多少稀罕的物品因爲天搖地動而於轉眼間變成了垃圾！

我們必須打掃、整理、重新開始。在混亂中，好不容易找回了稿子，而且後來也好不容易找回了創作的頭緒。

我近期的作品是翻譯《羅密歐與茱麗葉》，還有寫一首押古韻的愛情長詩。那首情詩還沒完成。

情詩，加油！歌唱的時間到了，從碎玻璃中站起來吧！

情詩，幫幫我！幫我重建完整！幫我唱出內心的悲痛！

眞的，世界無法擺脫戰爭，無法洗去血跡，無法化解仇恨。這是眞的。

不過，我們愈來愈清楚一件事：殘暴的人在世界的面前照鏡子，而且連他們都覺得自己的嘴臉醜陋。這也是事實。

而我依舊相信有愛的存在。我很肯定人類將在痛苦中、在流血中、在破碎的玻璃中了解彼此。

我太太，瑪蒂爾德・烏魯蒂亞

我太太和我一樣都是外地人。她出生在一座南部的城市——奇漾。那裡幸運的是生產知名的鄉下陶器，不幸的是發生過幾次可怕的地震。我在《一百首十四行情詩》（*Cien sonetos de amor*）中所寫的一切，都是我想對她說的話。

或許，在詩句中清楚表明了她對我有多麼大的意義。生命和土地將我們聯繫在一起。

雖然這對其他人來說不有趣，但我們很幸福。我們兩人相伴，長時間盤桓在智利孤寂的海岸邊。不過，不在夏天，因爲在那期間，被陽光蒸發的海岸像沙漠一樣發黃、乾枯。而是在冬天，在挾帶著雨水和寒氣奇特的開花季，此時大地披上了一層綠色、黃色、藍色和紫色的外衣。有時我們離開原始、孤獨的海邊，北上到步調緊張的聖地牙哥市。我們兩人一起，在那裡和其他人一樣忍受複雜生活的折磨。

瑪蒂爾德用宏亮的聲音唱我的歌。

我寫的一切、我擁有的一切都是獻給她的。雖然不多，但她爲此開心。

現在，我遠遠看著她把小小的鞋踩進庭院的泥巴裡，接著也將她小小的雙手深入植物的深處。

她用雙腳、雙手、雙眼和聲音，從大地裡帶給我所有的根、所有的花和所有幸福芬芳的果實。

創造星星的人

在巴黎某間旅館的房間裡，一個男人在睡覺。他毅然決然地當個夜貓子，所以如果我向諸位說到了中午十二點那個男人還在睡，也不用覺得太驚訝。

他該醒了。左邊的牆壁突然被拆掉了。接著，前面的牆也坍塌了。那不是被轟炸，而是幾個大鬍子、手上拿著十字鎬的工人，從剛挖好的地道進來了。他們對著那正在睡覺的人大罵：

「欸！布爾喬亞，起來啦！跟我們乾一杯！」

開香檳了。胸前掛著一條三色彩帶的市長進來了。吹奏〈馬賽進行曲〉旋律的開場小號響起了。為什麼會發生如此奇怪的事呢？因為當時巴黎仍在興建的兩條地鐵線，就在那位先生睡覺的地下室交會。

從那位男子告訴我這個故事的當下，我就決定和他當朋友，或更確切地說，當他的追隨者，或當他的門徒。他時常發生那樣光怪陸離的事，而我不想漏掉任何一件他所發生的事，所以我跟隨他到許多不同的國家。費德里克·賈西亞·洛爾卡也被那個奇才的幻想給吸引，和我採取類似的行動。

我和費德里克坐在馬德里西貝萊斯廣場（Plaza de Cibeles）旁的郵政啤酒屋時，那個巴黎來的瞌睡蟲突然打斷我們的聚會。他雖然外表光鮮亮麗，而且身材圓滾滾地像顆球，但是臉色很差。他不只一次發生過類似難以描述的情形。他在馬德里簡陋的狗窩裡，總想把自己的樂譜收整齊。我忘了告訴大家，我們的主角是一名了不起的作曲家。接著，發生什麼事了？

「一輛轎車停在我旅館的門口。我聽到腳步聲上樓，進到我隔壁的房間裡。接著，那位新來的住戶開始打呼。一開始只發出窸窸窣窣的聲音，後來四周開始震動。在那個人強而有力又規律的打呼聲中，衣櫃和牆壁跟著搖晃起來。」

沒錯，那是一頭野獸。當一陣陣的打呼聲像山洪暴發般發出驚人的衝擊力時，我們的朋友毫不懷疑，認爲他就是那位「王八野豬」先生。在其他國家，他雷鳴般的打呼聲撼動了宗教聖殿，阻斷了公路交通，引起了驚濤駭浪。這個地球上的公害，這頭危害歐洲和平、可惡的野獸，將會怎樣呢？

每天他都會向我、向費德里克、向拉法耶爾．阿貝爾迪、向雕刻家阿貝爾多，還有向福亨修．迪亞斯．巴斯多爾（Fulgencio Díaz Pastor）和米格爾．俄南德斯講「王八野豬」聳動的新故事。我們所有人都會很熱情地迎接他，但和他告別時都感到惶惶不安。

直到某一天，他帶著一貫胖乎乎、笑咪咪的表情，對我們說：

「令人害怕的問題解決了。德國的齊柏林伯爵號（Graf Zepplin）已經答應運送這頭『王八野豬』，將把牠丟進巴西叢林。大樹會給牠養分。就算牠一口氣吸乾亞馬遜河的水，也不會造成任何危險。牠在那裡可以繼續用可怕的打呼聲，把大地震得暈頭轉向。」

費德里克聽著聽著，爆笑了出來，激動到眼睛都瞇起來。當時我們的朋友又對我們說，某一次他去拍發電報時，報務員勸他不要再拍發電報，要改用寄的，因爲人們收到那樣飛快的電訊時都會非常害怕，甚至有人還來不及打開來看，就心肌梗塞過世了。他還告訴我們有次他好奇出席一場倫敦純種馬拍賣會上所發生的趣事。當時阿加汗三世（Aga Khan III）想買下一匹母馬，加碼到九千五百英鎊，但我們的朋友舉手向一位朋友打招呼，拍賣師隨即敲下小槌子，以一萬英鎊成交。

「我不得不把母馬帶回旅館，隔天再把馬退回去。」他最後說。

現在，這位寓言故事大師已經沒辦法說「王八野豬」的故事，也沒辦法再說其他的了。他已經在智利這塊土地上離我遠去。這位圓滾滾的智利人、心胸開闊的音樂家、隨口講出精彩故事的寓言家，生前的名字叫阿卡里歐．柯達伯斯。我在這位永不被人遺忘的人下葬時致詞，僅僅說道：「今天我們將每日賜予我們一顆星、閃閃發亮的人交給了黑暗。」

了不起的艾呂雅

我的保羅．艾呂雅同志剛過世不久。他是多麼健康、結實，以致於我痛苦了許久，消耗了很多心力，才適應他已經永遠消失。他是藍眼珠、皮膚紅潤，看似體格強健、但實際上很脆弱的諾曼第人。一九一四年的戰爭中，他兩度遭到毒氣攻擊，從此雙手不停地顫抖。但是，艾呂雅總是讓我想起某種天空的顏色、某種深層平靜的水、某種我所認識的溫柔力量。他的詩如此乾淨，有如春天打在玻璃門窗上的雨滴般澄澈透明，使得保羅．艾呂雅像是一位不關心政治的人，一位厭惡政治的詩人。實際上，並非如此。他的心與法國的人民、與他們的理智、與他們的抗爭，緊緊繫在一起。

他是堅強的保羅．艾呂雅。他是一座熱情又理智的法蘭西高塔，不同於狂熱且愚昧的一般人。

我們兩人第一次結伴在墨西哥旅行時，我發現他處於一種嚴重絕望的邊緣。他總是將寧靜的心留給悲傷，將努力不懈的心留給智慧。

他疲憊不堪。我說服了他，把這位不折不扣的法國佬拉到遙遠的地方，在那裡，就在我們埋葬何塞．克雷門特．歐羅斯科當天，我因爲得了急性血栓性靜脈炎而病倒了，在床上躺了四個月。保羅．艾呂雅感到孤獨，像個盲目的探險家一樣無助，生活黯淡且孤獨。他不認識任何人，沒人爲他敞開大門。更慘的是，他突然變成了鰥夫，形單影隻，感覺失去愛的陪伴。他告訴我：「我們需要有人陪伴過生活，我們需要與人分享生活裡的點點滴滴。我的孤獨不眞實，我的孤獨是一點一滴殺死我的罪人。」

我打電話給朋友們，合力迫使他走出家門。他們好不容易帶著他，走遍墨西哥的大街小巷，在某個路口轉彎處，他遇見了愛情，找到他最後的愛人——多米妮可。

對我來說，要描寫保羅・艾呂雅不是一件容易的事。我會把他當作仍活在我身邊，帶著他那兩顆深邃、看得又寬又遠的眼珠，發出有如藍色閃電般炯炯有神的目光。

他自月桂與植物的根交錯、形成遺產流芳百世的法國土地而來。他修長的軀幹是由水和石頭組成，軀幹上纏繞著古老的攀緣植物，藤蔓上不僅綻放了光彩熠熠的花朵，還有小鳥築了巢，發出清澈透亮的歌聲。

清澈透亮，沒錯，就是這個形容詞。他的詩就像透明的水晶，就像歌唱之流中凝結的水。

他是至高無上的大愛詩人，他的內心純淨、熱情如火。當法國深陷戰亂之際，他的心與祖國同在，毅然決然地熱血從軍。

於是，他理所當然地和共產黨站在同一陣線。對於艾呂雅來說，成爲共產黨員意味著他用自己的詩歌和生命，肯定人類和人本主義的價值。

大家不要以爲艾呂雅只是個詩人，沒有政治頭腦。有時候，他清晰的洞察力和他精闢的辯證說理，精妙到讓我讚歎不已。我們一起分析當代許多事情、人物和問題，他清醒的頭腦總是讓我受益。

他沒有迷失在超現實主義的非理性當中，因爲他不是模仿者，而是創造者。正因如此，他對超現實主義的屍體開槍，發射光明與智慧的子彈。

他曾是我朝夕相處的朋友，現在失去了他的溫柔，就像失去了每日的精神糧食。任何人都沒辦法彌補他從我身上帶走的一切，因爲他眞摯、有如手足般的情誼，是我這輩子最有價值的享受。

我的兄弟！法國的高塔！我低頭看著你緊閉的雙眼，感覺它們將把你在塵世間建立的光芒與偉大、質樸與正直、善良與純眞，繼續傳遞給我。

皮耶．雷維第

我絕不稱皮耶．雷維第的詩歌「魔幻」，因爲這個詞是某個時期的流行話，就像市集裡的小丑帽。沒有任何野生的鴿子會從那個帽子裡出來，展翅高飛。

雷維第是一位講究實體的詩人，他會「羅列並觸及」天地間數不清的事物。他會直接指出世界上明顯與光彩的例子。

他本人的詩就像一層埋在地底、耀眼奪目、取之不盡的石英礦藏。有時候它像是好不容易從密實的土層中挖出、帶著黑色光澤的礦石，閃閃發亮。突然，它在磷光般的火花中飛起，或隱藏到礦坑的隧道裡，它遠離了光源，但是緊緊抓住自身的眞理。或許是這樣的眞理、或許這樣認同大自然就是他詩歌的本質、這樣雷維第式的平靜、這樣不可改變的眞實性，使得他提早被人遺忘。漸漸地，他被其他人視爲一種有如明顯的事實、有如自然現象、有如房舍、河川或知名的街道般，就像從來不改變穿著、永遠待在老地方的人。

如今，地方改變了，一股比他的寧靜還要尊貴、還要驕傲的寧靜將他帶走了，我們發現他不在了，那無法取代的光消失了，他已安葬在天地之間。

我認爲他的名字就像復活的天使，某一天將推倒世間不公正、健忘的大門。

我們將在最後的審判、在大審判中看見他出現；沒有號角聲，只有他偉大且永不止息的詩歌響起寧靜的樂聲，有如光環般圍繞著他，耀眼地向我們展示他簡單、永恆的創作。

葉爾奇．伯雷薩

在波蘭，我再也盼不到等候我的葉爾奇．伯雷薩。命運賜予了這位老流亡者重返祖國的機會。離開多年後，他以軍人的身分回來，當時的華沙只是一堆廢墟。沒有街道，沒有樹，沒有親人迎接他。伯雷薩是精力充沛的奇才，他與他的人民一起努力奮鬥。龐大的計畫從他的腦海冒出，後來成了積極的雄心壯志，讓他建立起圖書印刷廠。廠房一層一層地蓋了起來，世界上最大型的輪轉印刷機也進來了，如今那裡印製著成千上萬冊的書籍和雜誌。伯雷薩是永不疲憊、講求實際的魔術師，他將夢想憧憬變成了眞實。在活力無比蓬勃的新波蘭，他的大膽計畫就像夢中的城堡，瞬間就得以實現。

我原本不認識他。後來我前往波蘭北部馬祖里（Mazury）湖泊區的渡假村，他在那裡迎接我，我們才認識的。

下車時，我見到一個笨手笨腳的男人正等著我，他鬍子長得亂七八糟，身上只穿著一條看不出顏色的短褲。他用在書上學到的西班牙語，以激昂的聲音大喊：「巴布羅，你別累著！你應該休息了！」實際上，他完全沒讓我有機會「休息」。他天南地北、以各種形式亂聊，有時出其不意，有時令人驚歎不已。他一口氣跟我講了七個建築計畫，與此同時還分析了幾本對歷史事件或生命提出新詮釋觀點的書。「巴布羅，真正的英雄是桑丘．潘薩（Sancho Panza），不是唐吉軻德。」對他來說，桑丘代表了現實主義中人民的聲音，是他的世界、他的時代裡真正的核心。「桑丘當官時，他做得很好，因為他讓人民來管理。」

他早早就把我從床上挖起來；雖然總是對我大喊「你應該休息」，卻把我帶到冷杉和松樹林裡，帶我去拜訪一座修道院，由一個世紀以前從俄國流亡至此、並保留所有宗教儀式的教會所建立。修女們像祝聖一般地歡迎他。伯雷薩對那些修女也相當客氣、相當尊敬。

伯雷薩內心溫柔，但也是個激進份子。他曾歷經過那幾年可怕的歲月。有一次他拿出一把左輪手槍，說他就是用那把手槍處決了一名當場判決的戰犯。

他們在那名納粹戰犯身上搜出一本小本子，裡面詳細記載在他手中被吊死的老人和小孩，被他強姦的少女等等他所犯下的所有罪行。他們在他洗劫的村子裡將他逮捕。證人們站成一排。有人讀著構成他罪名的小本子。殺人犯以挑釁的語氣只回答了一句：「如果能重來，我還是會這麼做。」我手中拿著那個小本子和那支終結一名凶殘逃犯的左輪手槍。

馬祖里湖區無限綿延，人們在那裡釣鰻魚。一大清早我們出門去垂釣，不久就看見一條條像黑色皮帶般，活跳跳、濕漉漉的鰻魚。

我熟悉了那裡的湖水、那裡的釣客、那裡的風景。從早到晚，我這位朋友要我爬上爬下，又是奔跑又是划船，認識各類的人、認識各種樹木。做這些的同時，他還會大喊：「你應該在這裡休息。沒有其他地方比這裡更適合休息。」

當我離開馬祖里湖區時，他送給我一條我生平見過最大的煙燻鰻魚。

這個怪人像隻會走路的拐杖，爲我的生活增添許多麻煩。我想吃掉那條鰻魚，因爲我是個燻鰻魚愛好者，再加上這條鰻魚不是從商店裡或批發商那裡買來的，而是直接從它原產的湖泊裡釣起的。只不過那幾天，我住的飯店的每一份套餐都有附鰻魚，所以無論白天或晚上，我都一直沒有機會享用我私藏的這條鰻魚。處理它逐漸成了我的一種執念。

晚上我把它拿到陽台通風。有時當我聊得正開心會想起已經中午了，我的鰻魚還暴露在大太陽底下沒有收。然後，我會瞬間失去聊天的興致，衝去把它移到房間裡陰涼的地方，比方說放進衣櫃裡。最後我找到一個熱愛燻鰻魚的人，所以毫不後悔地將這條世界上僅存最大、最嫩、最好的燻鰻魚送給他。

現在，了不起的伯雷薩第一次眞正獲得休息。這位又瘦又有活力的唐吉軻德，就像小說裡的人物，推崇桑丘，心思細膩又博學，是一位計畫建築者，也是一位夢想家。他在他熱愛的黑暗中安息。在他安息地的附近，人們繼續創造一個他曾付出充沛精力和無限熱情的世界。

索姆里歐．哲爾吉（Somlyó György）1

我愛匈牙利將生命與詩歌、歷史與詩歌、時間與詩人交織在一起這點。在其他地方，人們多多少少帶著無知和偏見探討這個議題。在匈牙利，所有的詩人在出生以前就已經關心這個問題。約瑟夫．阿蒂拉（József Attila）、厄岱．翁德雷（Ady Endre）與伊耶什．谷拉（Illyés Gyula），都是在責任與音樂、祖國與黑暗、愛與痛苦的激動擺盪中，自然創造出的產物。

索姆里歐．哲爾吉是我從二十年前就看著他踏著穩健步伐和能量，逐漸成長的詩人。他是音色有如小提琴般優美與高亢的詩人；他是關心自己和其他人生命的詩人；他是從裡到外、實實在在的匈牙利詩人；他是慷慨與人民分享現實與夢想的匈牙利人。這位內心堅定、行爲熱血的愛情詩人，在他最廣爲人知的特點中，保留了他祖國偉大詩歌的特性。

他是一位成熟穩重的年輕詩人，應該得到我們這時代更多的注意。他寧靜的詩就像金色沙地裡湧現的葡萄酒，晶瑩透亮且令人醉心。

夸西莫多

義大利的土地在它無比純淨的內心深處，保留了古老詩人的聲音。踏過田園的土地，穿過波光粼粼的公園，通過藍色小海洋的沙灘，我感覺一路上踩著鑽石般的物質，踩著祕密的水晶，踩著經得起幾

1 匈牙利是極少數採用「姓前名後」的歐洲國家。為尊重原文，譯者採用匈牙利的姓名排列順序標準。

世紀的考驗所散發出的光輝。義大利爲歐洲詩壇提供了形式、音韻、優雅和魅力，使它擺脫最原始的雛形，使它褪去用粗呢和盔甲製成的鄙俗外衣。在義大利的光照耀下，吟遊詩人破爛的衣裳和英雄史詩的鐵器，幻化爲精緻鑽石組成的潺潺溪流。

我們國家的詩集收錄的都是一八八〇年以後的詩人作品。對我們這些剛進到文化殿堂的詩人來說，看到義大利的詩集標著大約一二三〇年、或一三一〇年、或一四五〇年，看著大約在那時期就誕生了令人目眩神馳的三行詩、令人興奮的藝術，以及但丁、卡瓦爾康蒂（Cavalcanti）、佩脫拉克和波利吉亞諾（Poliziano）等人那有深度又如同寶石般華麗的精彩作品，眞是令人驚歎。

這些名字、這些人物，他們將佛羅倫斯的光輝傳給了風格時而甜美時而鏗鏘有力的加西拉索·德拉·維加（Garcilaso de la Vega），傳給了溫柔寬厚的博斯坎（Boscán），接著照亮了貢戈拉，並爲克維多的憂傷增添了黑暗與諷刺的色調。另外，他們也在英國造就了威廉·莎士比亞的十四行詩，同時豐富了法國作品的精髓，使隆薩與貝萊的詩像玫瑰般大放異彩。

因此，對一位詩人來說，生長在義大利不是一件簡單的事，意味著必須頂起布滿閃亮遺產的星空，隨時會被壓垮跌落。

我在幾年前認識了薩瓦多雷·夸西莫多（Salvatore Quasimodo），他的詩歌裡帶著沉重且熱情的重擔，因此我們感覺它呈現變幻莫測的思維。夸西莫多是一個確實運用知識、和諧以及各種知識技巧的歐洲人。雖然他處於義大利文壇的中心地位，雖然在發展不連貫卻又從未枯竭的古典主義中，他是當前的主要人物，但他沒有因此關在自己的象牙塔裡，成爲一名封閉的鬥士。夸西莫多是傑出的全球性人物，他不壁壘分明地將世界區分爲東西方，而認爲當代最迫切的任務就是消除文化藩籬，並且表明詩歌、眞理、自由、歡樂、和平，是屬於所有人的禮物。

夸西莫多匯集了寧靜、憂愁世界裡的各種色彩與聲音。他的悲傷並不意味著萊歐帕爾迪（Leopardi）的失意與不安全感，而是表達了傍晚時分大地萌芽的沉思。香氣、聲音、顏色、鐘聲，它們在傍晚時保護著埋藏在地底下最深處的種子萌芽，因而產生如此虔誠的心。我愛這位傑出詩人沉思的語言，愛他的古典主義和浪漫主義表現，我更讚賞他持續沉浸在美中，讚賞他能將一切事物變成既眞實又令人感動的詩歌語言。

不管大海和遙遠距離的阻隔，我高高舉起一頂用阿勞卡尼亞的樹葉做成、飄送著芳香的頭冠，讓它在空中飛翔，讓風與生命將它帶走，讓它落到薩瓦多雷·夸西莫多的額頭上。這不是我們在法蘭切斯克·佩脫拉克（Francesco Petrarca）肖像中經常看到的阿波羅桂冠，而是用我們未開發的森林、用我們尚未命名且被南方朝露打濕的樹葉做成的頭冠。

巴列霍依然活著

另一個人是巴列霍。我永遠也忘不了他那顆黃色、彷彿會在秘魯舊窗戶上看到的大頭。巴列霍個性嚴肅、內心單純。他在巴黎過世了。他因爲巴黎污濁的空氣，因爲那條帶走多條人命的濁流，所以過世了。他因爲挨餓、因爲窒息，所以過世了。要是我們當初把他帶回秘魯，要是我們當初讓他吸到秘魯的空氣，或許他現在正活蹦亂跳並且歌唱著。我在不同的時期寫了兩首關於我這位摯友、關於我這位好同志的詩歌。我認爲詩裡描述了我們聚少離多友誼中的種種經歷。第一首是〈頌瑟薩・巴列霍〉（Oda a César Vallejo），收錄在《元素頌》的第一部中。

最近，在尖牙利齒的小兵挑起的這場小小文學戰爭裡，有人不停地用巴列霍、用瑟薩・巴列霍的魂、用瑟薩・巴列霍的消逝、用瑟薩・巴列霍的詩來攻擊我和我的詩。這在任何地方都可能發生，他們的目的在於傷害努力創作的人。他們說：「這個人不行，巴列霍寫的才棒。」要是換作聶魯達死了，他們就改拿他來攻擊還活著的巴列霍。

第二首詩的標題只有單一個字母V，收錄在《狂想集》（*Estravagario*）裡。

爲了探索將人與作品連結起來的引導、思路或無法言喻的因素，我得要說說那些和我有些關係或大有關係的人。我們曾一起經歷部分的生命時光，如今只有我仍倖存，其他人都已作古。我只有以這種方式來探索人們所謂「詩歌神祕」而被我稱呼爲「詩歌清晰」的東西了。人的手與創作，以及人的眼、內臟、血液和他的作品之間，在某種程度上都有關聯。但是我沒有理論方法。我不會隨身挾帶教條，準備強加在別人的頭腦裡。我和所有人都差不多。週一在我眼中，一切都是光明的；週二在我眼中，一切都是黑暗的，所以我認爲這一整年是明暗明暗交錯的。而往後的幾年可能都是藍色的。

雷翁・費立貝*

你快樂嗎？雷翁・費立貝這樣問任何人、問全世界，同時搔一搔他那像救世主的小鬍子。

對我來說，非凡的人不是冷血的人，而是異於常人的超人：在他們心中存在著偉大的光譜。而雷翁．費立貝就是混合所有人類的精髓製成、擺脫人性枷鎖的超人。我喜歡聆聽他、感覺他、觀察他。除此之外，我也閱讀他，閱讀雷翁．費立貝。與其讀他本人的詩，我更常讀這個值得敬重又風趣的人。

他就像用許多扉頁做成的書。他就像一部年輕但泛黃的對開書，書裡的每個小段落、每個學習模仿、每個註解、每個知識和動人的情感，都可感受到寫著他的表情。

高貴的詩人！親愛的老實人！

哎！我們失去了他多少的東西！我們會繼續失去他多少的東西啊！

我心滿意足，因爲對我來說，他是沉思價值的最佳典範。他經常教人放下。當他的消逝已逐漸成爲一種透明的事物，我能得到他寬厚卻又無奈的教導，就已經很滿足了。

很少人像他一樣。很少詩人像這位來自加利西亞、四處漂泊的詩人雷翁．費立貝．卡米諾[1]。

1 雷翁．費立貝，本名費立貝．卡米諾．德拉．羅莎（Felipe Camino de la Rosa，一八八四年—一九六八年），出生於西班牙薩莫拉省（Zamora）的塔巴拉（Tábara），小時候曾住過薩拉曼卡省和坎塔布利亞省，雖然都是在西班牙偏北部的地方，但就是和加利西亞自治區的淵源不深，所以可能是聶魯達筆誤，或因為認識了其他來自加利西亞的文藝創作者，所以晚年寫回憶錄時搞混了。

加芙列拉·米斯特拉爾

先前我提過，我在我的故鄉蝶夢谷就認識加芙列拉·米斯特拉爾。她後來永遠離開那個小鎮。加芙列拉當時已歷經半輩子艱辛且疲憊的生活。她外表像個修女，有點像一本正經的修會學校女校長。

那些日子裡，她寫了幾首關於母與子的詩，詩裡運用了散文的精簡風格，其中又加了裝飾與巧思。她的散文往往是她最動人的詩。她在那些詩裡描述了懷孕、生產和成長的過程，因此引發了蝶夢谷裡的人流傳著某種混淆視聽、某種捕風捉影、某種無知卑鄙的謠言。或許那是針對她單身的不入流評論。我很了解那些攻擊她的人，他們都是在鐵路公司和伐木廠工作的人：說話很直接，看到麵包就叫麵包、看到酒就喊酒，全是沒受過什麼教育、衝動的粗人。

加芙列拉感覺自己被冒犯，而且一直到死都這麼認爲。

幾年後，她在首版的偉大作品中加入了好長一段沒用的註解，譴責世界盡頭的山區曾經有人批評過她、對她指指點點。

在她值得紀念的勝利時刻，也就是她被加冕諾貝爾獎的光環時，她必須行經蝶夢谷的車站。學生們每天都盼望著她的到來。女學生即使被雨淋濕，仍前往車站，顫抖地拿著智利風鈴草等她。智利風鈴草是智利南方的花，也是阿勞卡尼亞美麗且原始的花冠。空等待！加芙列拉·米斯特拉爾想方設法地到夜晚才經過那裡。她搭了一班複雜的夜車，避免在蝶夢谷收到智利風鈴草。

不過，這算是在說加芙列拉的壞話嗎？這其實只是單純地表示，那些傷痕仍持續存在於她的內心夾層裡，不容易癒合。這也顯示了，即便是寫了那麼多精彩作品的女作家，內心仍像個普通人般，會有愛恨情仇。

對我來說，她永遠帶著友善、開朗的笑，彷彿在她那暗紅色麵包般的臉上添加了麵粉，發酵後綻放出燦爛的微笑。

然而，她在她的創作爐子裡加了什麼上等餡料？又是加了什麼獨門配方才能總是寫出痛苦的詩歌？我不打算去搞清楚，而且我確定，我不可能會知道。就算知道了，我也不會說。

野生芥菜在九月開花，田野間成了一片恣意擺動的黃色地毯。四天前，這裡的海岸開始颳起猛烈南風，夜裡隨時聽得到風呼嘯而過、颯颯作響。在晴空萬里的時候，海洋呈現出清澈的綠和驚人的白。

加芙列拉妳來了，妳是這些野生芥菜、這些岩石還有這狂風的愛女。我們滿心歡喜，全來迎接妳。沒有人會忘記妳那些讚頌智利的山楂樹和白雪的詩歌。妳是智利人。妳屬於智利人民。沒有人會忘記妳那些描寫我們的孩子光著腳丫的詩歌段落。沒有人忘記妳「罵人的話」。妳是令人感動的和平擁護者。因爲這些和其他的種種理由，我們愛妳。

加芙列拉妳來了，妳來到了智利的野生芥菜花田和山楂樹林。我應該像開花的野生芥菜和帶刺的山楂一樣，誠心誠意地歡迎妳，這樣才配得上妳的偉大和我們堅不可摧的友誼。九月份春天和岩石爲妳敞開了大門。最讓我高興的是，看見妳帶著開懷的笑容，進到智利人民使花綻放、使歌傳唱的神聖土地。

我有幸與妳分享我對本質和眞理的看法。眞理因爲我們的聲音和行動而受人尊重。希望妳美好的心在祖國的海洋與安地斯山的寂寞中，得以安息、有活力、奮鬥、歌唱、成長。我親吻妳高貴的額頭，我向妳的漫漫詩篇致上最深的敬意。

畢森德·魏多伯羅

偉大詩人畢森德·魏多伯羅總是帶著惡意面對一切。他小動作頻繁，故意迫害我。他曾寄幼稚的匿名信來攻擊我，還不斷告我抄襲。魏多伯羅是一大串無可救藥的自我中心者的代表。在一次世界大戰爆發前不久的矛盾時期，作家們被認爲是無足輕重的，因而採取如此特殊的方式來保護自己。這種激進的孤芳自賞態度，在美洲傳播開來，彷彿是鄧南遮[1]在歐洲無恥行徑的翻版。這位義大利作家，也是摒棄和糟蹋小資產階級原則的大人物，在美洲有如救世主般降臨，引發驚天動地的影響力。其中一位最喧鬧、最具革命性的追隨者，就是巴爾加斯·比拉。

我很難說魏多伯羅的壞話，因爲他一生與我進行了精彩的筆戰，增添了我的榮耀。他封自己爲「詩神」，並且認爲我比他年輕太多，沒有資格進入他的奧林帕斯山。我從來都太清楚，他那座奧林帕斯山上到底有什麼。魏多伯羅那一群人將巴黎最新的花樣包裝成創造主義和超現實主義的模樣，或直接吞下肚。而我就永遠比較差，是個草根性強、半野蠻、不折不扣的鄉下人。

魏多伯羅確實是個天賦異稟的詩人，但他不甘心，還想當個「超人」。在他的胡鬧中，有某種幼稚、可愛的地方。要是他能夠活到現在，肯定自告奮勇成爲第一個飛上月球並且不可被取代的自願者。我想像他會試著跟科學家們說，在這世界上，他頭殼的形狀和可塑性舉世無雙，天生就是搭火箭的料。

有些趣聞還能看得出他的爲人。例如，二戰結束後，他已經老到接近人生的終點；回到智利時，他拿出一台氧化的電話機，並說：

「我親自從希特勒那裡搶來的。這是元首最愛的電話機。」

某次，有人拿了不怎麼樣的學院派雕塑給他看，他說：

「好糟！比米開朗基羅的作品還糟！」

值得一提的還有一九一九年，他在巴黎自導自演了一樁了不起的事件。當時他出版了一本題名爲「不列顛的盡頭」（Finis Britannia）的書，書中預測大英帝國即將瓦解。但沒人注意到他的預言，所以詩人選擇失蹤。媒體忙著報導這事件：「智利外交官神祕消失。」幾天後，他被發現臥倒在自家門口。

「英國童子軍綁架我。」他向警方澄清。「他們把我綁在一處地下室的柱子上，逼我大喊『大英帝國萬歲！』一千次。」

接著，他暈了過去。但警方發現他腋下夾了一小包東西。那是魏多伯羅本人三天前到巴黎一家精品店買的睡衣。一切眞相大白。不過，魏多伯羅因此喪失了一位朋友。原本確信那是一樁綁架案，而且因爲智利詩人遭帝國主義欺辱而感到憤憤不平的胡安．格里斯，永遠都不會原諒那位詩人撒了謊。

魏多伯羅是一位水晶般的詩人。他的作品在四處閃耀，散發迷人的歡樂氣息。他在詩裡融合了無限的趣味和智慧，呈現並散播歐洲的光彩。

---

1 鄧南遮（Gabriele D’Annunzio，一八六三年—一九三八年），義大利詩人、小說家、戲劇家及記者。一戰期間，鄧南遮加入義大利特種部隊阿迪蒂突擊隊，身分從文學家轉變為民族戰爭英雄。其思想及美學影響了義大利法西斯，常被視作墨索里尼的先驅。

反覆閱讀他的作品之後，令我感到最驚訝的是它竟然呈現出晶瑩透亮的特色。這位追求文學表現的詩人，在一個複雜的時代跟隨了所有的潮流，並打定主意不理會大自然的莊嚴，他的創作裡竟然流露出水聲潺潺的歌唱、風和葉子的沙沙作響，同時在倒數第二部分和最後一部分的詩中，完全呈現人類濃厚的情感。

從法式詩歌譁眾取寵的加工，到基本詩歌強大的震撼力，在魏多伯羅的創作裡存在著一種玩世不恭與強烈情感之間、逃避現實與犧牲奉獻之間的角力。這樣的角力構成了一種戲劇張力，而就在完全明亮並且幾乎完全理智的條件下，以一種清晰同時又絢麗的方式表現出來。

毫無疑問地，我們因爲追求簡樸，所以對他的作品有偏見，與它們保持一定的距離。我們一致認爲，畢森德·魏多伯羅最大的敵人就是畢森德·魏多伯羅自己。死神結束了他矛盾且永遠改不了愛嬉鬧的人生。死神爲他有限的生命蓋上了一塊面紗，同時又揭開了另一塊，永遠地向世人展示他絢麗迷人的特質。我曾提議在盧本·達里歐旁邊立一尊紀念他的雕像。但是我們的政府只會亂花錢蓋一些沒意義的紀念碑，對於設立文藝創作者的雕像，卻非常吝嗇。

儘管魏多伯羅曾短暫地踏進革命世界，但是不能就此把他視爲政治人物。在思想上，他曾經像個被慣壞的孩子，言行不一。但是那所有的一切都已成了過往雲煙。要是我們小鼻子、小眼睛，拿大頭針釘住他，無視他的才華，那我們自己也就成了言行不一的人。我們應該這麼說，魏多伯羅曾寫下紀念十月革命和列寧過世的詩，這些都是他爲了喚醒人類意識所做出的重要貢獻。

一九四八年，魏多伯羅在黑島附近的卡塔赫納（Cartagena）過世。當時，他才剛完成我這輩子讀過最扣人心弦、最嚴肅的幾首詩。在他過世前不久，我的出版商兼好友貢薩洛·羅薩達（Gonzalo）陪他到我家作客。我和魏多伯羅兩人，以詩人、智利人和朋友的身分交談。

文壇的敵人

我認爲，世界各個角落或多或少都存在著文人相輕的現象，而且這樣的現象永遠不會消失。

在美洲大陸的文學界，可怕的自殺事件層出不窮。在革命時代的俄國，馬雅可夫斯基被嫉妒他的人逼得走投無路，最後舉槍自盡。

拉丁美洲的小仇恨愈演愈烈。嫉妒有時還成了一種職業。聽說，我們那樣的情感傳承自殖民時期撕裂的西班牙。說實在的，我們在克維多、洛貝（Lope）和貢戈拉身上就經常看到他們彼此傷害。雖然西班牙黃金時期的文藝表現光芒四射，但那是個不幸的年代，宮殿的四周總是有飢餓的人徘徊。

最近幾年，小說在我們這些國家有了新的重要性。到處聽得到也看得到賈西亞·馬奎斯（García Márquez）、胡安·魯佛（Juan Rulfo）、巴爾加斯·尤薩（Vargas Llosa）、薩巴多（Sabato）、科達薩（Cortázar）、卡洛斯·福恩德斯（Carlos Fuentes），以及智利作家多諾索（Donoso）的名字。大家把他們某些人的名字跟「爆炸」（boom）劃上等號。我也經常聽說，他們是自我吹捧的一群人。

我幾乎認識他們所有的人，我認爲他們非常健康而且很有氣度。我現在明白，而且一天比一天明白，他們某些人不得已離開自己的國家，是爲了尋找更寧靜的工作環境，並遠離政治的敵意和不斷增生的嫉妒。他們自願流亡的理由不容置疑，因爲他們的書愈來愈貼近我們美洲的眞實與夢想。

我猶豫要不要說出我個人經驗中那個極端嫉妒的例子。我不想被看作是過度關心個人利益的自我中心論者。但是那些不屈不撓、誇張的嫉妒者有幸碰到了我，就值得讓我來說說。

那些來找麻煩的人像鬼魂一樣，有時候可能讓我很火大。但實際上，他們彷彿成了專門廣播我名字的公司，一不小心就幫我做了詭異的宣傳。

文學上的死對頭＊

一位在暗地裡和我較勁的人悲劇性地過世了，讓我的生活留下了某種空缺。他持續好幾年對任何我做的事口誅筆伐，以致於現在少了攻擊，我反而開始想念起它們。

四十年的文學迫害確實有點驚人，但我還挺樂意回憶這場我從來沒參與過、始終只有一個人攻擊自己影子的孤獨戰爭。

同一個主編（永遠都是他）出版了二十五種雜誌，專門用來詆毀我、控告我各種的罪名，如背叛、江郎才盡、公開和祕密的惡習、剽竊、聳人聽聞的私生活。當然也出現了仍持續在散播的小冊子，以及不乏幽默的專題報導，最後還出現了一整本厚厚的書，標題爲「聶魯達與我」（Neruda y yo），內容包含了各種的污辱與咒罵。

雖然對於許多讀者來說，《聶魯達與我》裡面的這個「我」只是個陌生人，但我覺得有必要在此先停下，仔細地回想這位糾纏我多年的人。他的悲劇性死亡（老年自殺）讓我在寫這些回憶時猶豫了很久。不過，每個時代、每個地方都存在一條不可撼動的原則。一座名爲「仇恨」的巨大山脈橫貫所有的西語國家，它奮力地讓妒忌發威，傷害作家的工作。很少人能逃得過這座山脈的暴虐。

終結它的唯一方法就是將它的惡形惡狀描繪出來，將它攤在陽光下。

我的死對頭是一位比我年長許多的智利詩人，他倔強、霸道、裝腔作勢多過於眞材實料。這種野蠻又自我爲中心的作家在美洲不斷增生。他們以不同的方式表現粗暴和自我感覺良好的一面，但悲慘的事實是，他們都受鄧南遮的影響。只是在我們這些悲慘的地區，我們這些穿得破破舊舊、餓著肚子的作家，至少相信鄧南遮孤芳自賞，身上穿著歌劇般的天鵝絨華服。他那些南美洲的複製品只會和時代不齒的行爲搞在一起；在那樣的時代裡，虛僞的克里歐貴族們以自家莊園作爲掩護，躲在裡頭過日子。而我們這些詩人在寒冷的清晨，在醉漢的嘔吐物旁打轉。

年輕時就纏上我的死對頭是這樣出現的。起初，他誘惑我，想把我騙進他的遊戲規則裡。那樣的事情跟我這個小資產階級、土裡土氣的風格不搭。我不敢也不喜歡靠耍手段過日子。那個男的年紀比我大，擅長靠投機取巧的方式謀利。他生活在不斷欺騙的世界裡；在那樣的世界裡，最穩定的生存之道就是以霸凌者的身分作爲自己的職業或護身符，以此方式來欺騙自己。

現在是公布這位主角名字的時候了。他叫貝里克·德·巴洛特斯（Perico de Palothes）[1]，是個強壯、多毛的男人，總喜歡用他的文學和品味讓人留下深刻的印象。

某一次，當我才十八、九歲時，他提議我們可以共同出版一本文學雜誌，雜誌裡包含兩部分：一部分是他用不同的散文和韻文的語調來評論我，說我是個傑出且有影響力的詩人；另一部分由我負責，讚美他完全是個天才。一切就這樣安排。

雖然我那時候還很稚嫩，但我覺得這種行爲太過了。

我花了好大的工夫勸退他。他是多本雜誌的大出版商；他到處募集資金，只爲了出版自己的宣傳小冊，這確實令誰看了都會大吃一驚。

除了以這種方式出版書和雜誌，德．巴洛特斯還從事計畫性的敲詐，來支付日常開銷。他在寒冷、偏遠的省分擬定了一份縝密的計畫。受害者是全國的專業人士；他們的生活和這個已成爲大都會特權與神話的文化沒有交集。我們的主人翁製作了一份很長的名單，名單上有醫生、律師、牙醫、農業學家、教師、工程師、公務機關的主管等。在他個人龐大出版品（如雜誌、著作全集、敘事和抒情的小冊子）的光環下，他自詡爲「世界文化使者」，並慎重地將這些出版品發送出去，然後卑躬屈膝地假裝關心那些人、拜訪他們，並且向他們收取微不足道的幾塊錢。那些人在他舌燦蓮花的吹捧下，逐漸變得像蒼蠅一樣微不足道。通常他離開時口袋裡都裝著錢，將世界文化拋諸腦後，丟給那些奉獻的蒼蠅。

另外有幾次，他拿自己家族中某人剛完成的畫，炫耀它雖然看起來很新，但那可是出自過去某位世界級或國寶級的大師之手。

有時他幹完一票離開時，會開口對我說：「我從這隻豬身上騙了五十塊。你想拿十塊分紅嗎？」我婉拒，而且感覺被錢嚇到了。

大約在一九二五年，當我回我父母親家裡渡假時，貝里克．德．巴洛特斯來拜訪我，同時想了一個詭計，企圖騙取南方莊園主人的錢。這次陪他來的是我一位年輕時的朋友，小說家暨詩人——盧本．阿索卡（Rubén Azócar）；他眉毛又粗又濃，長得一副印第安人的臉，身材矮小，古道熱腸。德．巴洛特斯說服了他，要他陪同一起來。

那就像一齣戲。瘋狂的德．巴洛特斯穿著馬褲和騎警的靴子，身上披著一件不知從哪裡弄來的大學生長外套。在他旁邊是我那位瘦得皮包骨的朋友；在寒冷的夜裡，他身上只穿著僅有的一件粗花呢格紋夾克。

德．巴洛特斯偽裝成宣傳農產品的專家，向南方森林裡的莊園主建議製作貼有莊園主人和母牛照片的精美專刊。

在我可憐朋友的陪同下，他在各莊園進進出出，一下子說諂媚的話，一下子又拐彎抹角用不利於莊園的宣傳來威脅他們，因此離開時，總會拿到幾張支票。一般來說，那些莊園主都很吝嗇，但也很識相，總會掏出幾張鈔票打發他。

貝里克．德．巴洛特斯是追隨尼采的哲學家，也是無可救藥的寫作狂。他最厲害的特點就是在學問和外表上的吹噓。在智利的文壇中，他以吹噓著稱。有一陣子，這個吹牛大王身邊總是跟著一群拍馬屁的傢伙，而這個故事就是我們主人翁多年來發生的其中一個案例。不過，生活經常毫不留情地讓投機

1 聶魯達是一位厚道的人，顧及到死對頭是自殺身亡，沒有在文中公布他的真實姓名。事實上，這位主角的本名為卡洛斯．伊格納修．迪亞斯．羅耀拉（Carlos Ignacio Díaz Loyola，一八九四年—一九六八年），筆名巴布羅．德．羅卡（Pablo de Rohka），他與聶魯達、魏多伯羅和米斯特拉爾被譽為二十世紀智利最重要的四大作家。

取巧的人失利。

我記得，某次他去詐騙莊園主人時，我剛好在場；那次發生了類似吃敗仗的出糗事件。他邀請我和盧本·阿索卡去喝了幾瓶酒，身上還帶了幾本已經印好但莊園主連看都沒看的農產宣傳專刊。喝到第三瓶時，德·巴洛特斯完全展露出他「大壞蛋」的一面。他大聲咒罵眞實或假想的敵人，連我和阿索卡都不放過，對我們飆出粗話。他的髒話不難想像，盡是一些不入流的影射。當我想離開餐桌時，他起身阻止我，語氣堅定地對我說，我們兩人都是這個星球上知識份子圈的中流砥柱，只是他發現我對他的聰明才智稱讚得有點保守。接著，他淚流滿面。

當他企圖抱住我時，突然摔得狗吃屎，掃倒一些杯子和酒瓶。酒保（也就是店家老闆）走了過來。他笑臉迎人，但長得很魁梧，與我和盧本這種營養不良的年輕人完全不同，輕輕鬆鬆就把貝里克·德·巴洛特斯從桌子底下拖出來，讓他站好。接著，他對我們說：「看來這位先生喝醉了。今晚那麼冷，街上又有爛泥，他很可能出意外。我沒有空房出租，但是我可以免費提供一張床，讓這個醉漢睡個安穩覺。」他說話的同時，還用力地撐住我們這位發酒瘋的主角，讓他別再倒下。德·巴洛特斯聽到他的這番話，猥褻地搭腔：「如果床上有女人，我就留下來。」

魁梧的酒吧老闆對我們說：「這位先生誤會我的意思了。我不是個王八蛋，我自認爲是紳士，所以我要好好地教訓他。」

於是，他抓住我們這位「大壞蛋」的衣領，狠狠地在他嘴邊賞了一巴掌。接著像對待玻璃櫥窗裡的假人一樣，從另一個方向把他轉了過去，再有技巧地把他擺正，然後拉著他往門的方向衝，最後朝著他的背踹出一腳。我們的大人物在雨天的夜裡打滾，並癱倒在泥濘裡。德．巴洛特斯和盧本住的小旅館就在我家附近。我們在幽暗的黑夜裡前進，此時我們這位被酒館老闆教訓的主角仍嚥不下那口氣；他一邊走，一邊朝我們破口大罵。

我們終於平息他的怒火。我在旅館門口告別德．巴洛特斯和他的助手，也就是我那位可憐的朋友。隔天，總是準時的雷耶斯駕駛（也就是我的父親）坐在桌前正準備吃午餐時，嚴厲地看著我，對我說：「已經十二點半了，你的朋友們還沒到。」

我趕緊出門找貝里克．德．巴洛特斯和盧本．阿索卡。儘管前一天晚上過得很不愉快，但我那時年紀還小，還不至於讓我決定和那位過分的訪客斷絕一切關係。

進到他們的房間，我眼前呈現不尋常的景象。詩人盧本．阿索卡穿著短袖襯衫，獨自一人坐在他的床上。我的好友平時總是容易情緒激動；要不就是一連串的開心，要不就是心情跌到谷底。這一次他兩手抱頭，有如古阿茲特克文明的悲傷雕像。

「你怎麼了？」我問。「我在等你吃午餐。我父親已經坐在餐桌前了。」

「他走了。」他回答我，但頭仍低低的。

「德．巴洛特斯嗎？」我對他說。「那不是更好。他終於放過你了。我們去吃飯吧！」

「我吃不下。」他回答我。

「爲什麼吃不下？快走嘛！」

「因爲他拿走我的夾克。」他回答我，差一點哭出來。

我幾乎用推的把他推出門。到我家時，我將我的詩人斗篷披在他的肩膀上。有了這麼一件膚淺的光榮衣物後，他終於肯吃午餐了。在餐桌上，我父親嚴格地檢視大家的儀態。

當下我決定擺脫這一段煩人的友誼。但事情沒有那麼容易。

那個可怕的人用讚美的話和我糾纏不清，同時又要我帶著互惠的心，寫讚美的文章來回饋他。我認爲他的文學創作就像一堆沒完沒了的小題大作，像是一位以救世主自居的詩人捏造出來的謊言，謊言裡還重複地出現自吹自擂的修辭。

另一方面，我選擇了一條截然不同的道路，創作出《無限人類的嘗試》（*Tentativa del hombre infinito*）這部作品。

我開始收到熱情如火又富有詩意的情書；雖然裡面的錯字不少，但這些「侵吻」讓我感到無比興奮。沒錯，裡面寫的就是這個「侵」，我不曉得爲什麼，我感覺它比正常的「親」還要好。這些「侵吻」應該會散發出一股生蠔味。我是這樣認爲的。

我這樣的感覺一直持續到某天那個「大壞蛋」發現我新的住所。這一次，他嚴肅地看著我，彷彿我犯了令人髮指的罪惡一般。他像個宗教裁決所的審判官一樣對我說：

「你收到了一些情書，你不要跟我說沒有。」

「有，時不時就收到幾封。」我帶著青少年的愛慕虛榮回答他。

「我指的是某個好女孩寫給你的。這是她的照片。」

我看了一眼那張一點也不特別的女孩照片，很難將她與熱情如火的「侵吻」聯想在一起。

「喔？」我對他說。「那又怎樣？」

「我希望你娶她。」他回答。

他的語氣裡隱含了某種懇求，同時又隱約帶著一種垂護，彷彿宣布我獲頒嘉德勳章。不過，他同時語帶威脅，要我和他成爲一家人，成爲他們家族的一份子，變得和他本人平時一樣那麼地有攻擊性。

我決定再次搬家，但這次不會輕易就讓他找到，因爲我要搬到印度去了。

某個有可能是烏拉圭籍、帶著源自加利西亞地區、像里貝拉（Ribera）之類姓氏的人，像瘋子一樣對我糾纏不清，在報刊雜誌上連續發表文學和政治性文章，猛烈攻擊我和我的作品。從幾年前開始，這傢伙就以西班牙文和法文出版了好幾本宣傳小冊子，把我罵得體無完膚。最妙的是，他反聶魯達的豐功偉業不僅建立在自掏腰包印宣傳品上，還包括他花大筆資金到世界各地，想盡辦法要狠狠地打倒我。

這位奇怪的人聽說我要獲頒牛津大學的榮譽博士頭銜時，便動身前往大學所在地。烏拉圭的蹩腳詩人帶著子虛烏有的指控到了那裡，準備毀掉我的文學成就。我接受了大學的榮譽頭銜，身上仍穿著鮮紅色的袍子，大教授們便有說有笑地向我談起那些對我不利的指控，並且依照慣例和我一起喝著波特酒（vinho do Porto）慶祝。

更不可思議、更加驚人的是在一九六三年時，這位烏拉圭狂人飛往斯德哥爾摩。謠傳那一年我會得到諾貝爾獎。於是，這傢伙一一拜訪瑞典學院的院士，召開記者會，在電台上說我是殺害托勒斯基的凶手之一。他使盡種種手段，就爲了讓我得不到這個獎。

最後，時間證明這個人每次都很倒楣，無論在牛津或在斯德哥爾摩，他都花了冤枉錢又白費力氣。

希望它挨揍時可以歌唱*

最近，愈來愈多人攻擊我的詩和我的想法。無論在智利或在國外，都已出現某些專門反聶魯達思想的人。關於我的詩，沒有任何爭議。不是因爲和別人的詩比起來，我的詩比較偉大、比較高尚、比較豐富、比較清晰、比較好或比較差。不，都不是這些原因。我的詩能爲自己辯護。它源自蝶夢谷的濕木頭，它歌唱時有如雨水打在高廷住家屋頂上所發出的聲音。希望它用歌聲孤獨地捍衛自己。希望它遭棍棒毒打時可以歌唱。希望它在雙眼遭人唾棄時可以歌唱。希望它被抓住頭髮在骯髒的巷弄裡拖行時可以歌唱。希望住戶們能走出陽台聽它歌唱，聽我的歌唱出雨水與奮鬥、唱出人民與花草樹木、唱出沙拉與洋蔥、唱出愛恨情仇。絕對沒有人看過我走上街頭或在報紙上爲我的詩辯護。任何人認爲我是爛詩人、無敵爛詩人、無法忍受的詩人，都不會遭我咒罵或吃上我一拳。我們不會因爲我們是誰而爭，只會因爲理念不同而爭。在精神上，不會有人因爲鼻子、腳、牙齒或頭髮的理由而據理力爭。一位天生的詩人不會爲他的詩而爭。一名木匠不會爲自己蓋的桁架而爭，也不會刊登報紙說自己架的梁有多麼厲害，或說自己用蘆葦莎草（totora）編成的椅子風格有多麼優美。

不會因爲我謙虛，所以大家就看不到我爲詩論戰。因爲我是詩人。

不過，木匠和詩人都是一般人，就像我們全是平凡的男男女女，所以大家都有責任爲自己相信的事實據理力爭。

基於這點，我很早以前就接受別人對我開戰。

批評與自我批評

不可否認，曾經有好的評論家評論過我。我指的不是文學盛宴上的吹捧，當然也不是那些我無意挑起的抨擊。

我要說的是另一些人。在所有評論我的詩歌的書當中，除了有熱血的年輕人寫的書之外，我首先要提的是來自蘇聯的列夫·歐斯波瓦特（Lev Ospovat）的作品。這位年輕人精通西文，不僅分析了我詩裡的意涵與聲音，還運用了他世界的北極光，爲我的詩勾勒出一幅未來的遠景。

一流的評論家埃米爾·羅德里格斯·莫內卡爾（Emir Rodríguez Monegal）出版了一本關於我詩歌作品的書，題名爲「不動的旅人」（El viajero inmóvil）。一眼便看得出，這個學者不是笨蛋。他發現我喜歡旅行，但我不愛出家門，不愛離開我的國家，不愛遠離我自己。（我有一部精彩的偵探小說，書名叫「月光石」。書中有幅我非常喜歡的版畫，表現一位英國老紳士披著一件寬袖長外套、或大斗蓬、或大禮服之類的外衣，坐在壁爐前，一手拿書，另一手拿著菸斗，腳下兩隻昏昏欲睡的狗。我眞想永遠像那樣坐在火爐前，鄰著海，有兩隻狗的陪伴，一邊讀著我費盡心力收集來的書，一邊抽著我的菸斗。）

阿馬多·阿隆索的書——《巴布羅·聶魯達的詩與風格》（*Poesía y estilo de Pablo Neruda*）——對許多人都很有用。他在黑暗中熱情地探索、尋找文字語言和難以捉摸的現實間的差距，這些都很有意思。另外，阿隆索的研究也突顯了在我們的語言中，一位當代詩人創作時最主要的擔憂爲何。這樣的評論讓我受寵若驚。

許多評論家為了研究和分析我的詩，都曾來求助於我，其中也包括這位阿馬多．阿隆索。他的問題常讓我不知所措，他清晰的思路將我逼到絕境，讓我當下往往跟不上他的腳步。

有些人認為我是超現實主義詩人，有些人認為我是現實主義詩人，而有些人認為我根本不是詩人。他們全都有一些道理，但也有一些無理。

創作（或至少開始創作）《居住在土地上》的年份和《無限人類的嘗試》一樣，都在超現實主義發展到高峰以前；但是，年份不值得信任。世界的風挾帶著詩的分子旅行，而這樣的種子不是像花粉一樣輕盈，就是像鉛一樣沉重；當它們落入犁溝或砸在人的頭上時，不是為萬物帶來春天的氣息，就是引發戰爭的火藥味；同時，不是開出鮮花，就是射出飛彈。

至於現實主義，我必須說（因為我不同意這麼創作），我討厭現實主義出現在詩歌中。而且，詩歌沒必要一定是在現實主義之上，或在現實主義之下，它也可以是反現實主義。最後這個主義包含了所有的理性和所有的不理性，也就是說，它涵蓋了所有的詩。

我喜歡書，喜歡詩歌創作的精華，喜歡文學的森林，我喜歡這一切，甚至是書背。但我不喜歡區分流派的標籤。我希望書和生命一樣，不區分流派，不分門別類。

我欣賞華特．惠特曼和馬雅可夫斯基作品中的「正面英雄」，因為人們會發現這些作家筆下的人物，並不是刻板的角色，而是歷經苦難，接近我們的真實生活，與我們分享麵包與夢想。

社會主義的社會必須結束一個匆忙時代的神話；在這樣的時代裡，廣告比商品有價值；在這樣的時代裡，本質被擺到一邊去。然而，作家們最迫切的需要是寫出好書。我喜歡北美洲惠特曼和蘇俄馬雅可夫斯基筆下那些在紛亂內戰的壕溝裡的「正面英雄」；同樣地，在我的心裡也容得下羅特阿蒙筆下的

「悲傷英雄」，以及拉弗格筆下的「哀歎騎士」，還有夏爾．波特萊爾筆下的「消極士兵」。將有如蘋果的創作剖成一半時要小心，因爲我們可能剖到內心，甚至斷送性命。要小心！我們應該要求詩人置身在街道上、在戰爭中、在明亮與黑暗的地方。

或許詩人在歷史中的責任一直都相同。過去詩的光榮就是走上街頭，參與這一場或另一場鬥爭。當有人說詩人是起義者時，他不會感到驚訝，因爲寫詩就是一場起義。有人稱詩人爲顛覆者時，他也不會感覺被冒犯。生活超越層層的結構，內心裡存在著新的標準。種子從各個角落跳出；一切的思維都是奇異的；我們每天都等待著遽變；我們熱情地經歷人類秩序的更易：春天是桀驁不遜。

我奉獻了我擁有的一切。我將我的詩拋向沙場，有時我也和我的詩一起揮灑熱血，一起承受垂死的掙扎，一起歌頌我目睹和我經歷過的光榮時刻。我因爲某種理由不被理解，但這也不完全是壞事。

某個厄瓜多的評論家曾提到，我的詩集《葡萄與風》裡，眞正詩的部分不超過六頁。原因是，這位厄瓜多人讀了不愛，因爲這是一本政治性的書。同樣地，還有一些超級政治狂的評論家很討厭《居住在土地上》，認爲它太內向、太壓抑。知名的學者胡安．馬里內佑（Juan Marinello）也曾一度以基本概念爲由指責這本詩集。我認爲，這兩類的評論家都在根本上犯了同樣的錯。

我也偶爾批評《居住在土地上》。不過，我在批評時想的不是詩，而是我這本書所散發出的極度悲觀氛圍。我至今仍忘不了在幾年前，一位聖地牙哥的年輕人在樹下自殺，現場留下一本我寫的書，攤開的那一頁標題上寫著「這就是黑暗」。

我認爲，無論是我創作中陰暗但極重要的《居住在土地上》，或是包含了寬廣天地與燦燦陽光的《葡萄與風》，它們都有權利存在於某個地方。我這樣說並不自相矛盾。

其實，我在某種程度上比較偏愛《葡萄與風》，或許它是我比較難被理解的書，又或許是我能透過它的內容環遊世界。書裡有路上的塵土、河裡的水，還包含了我原本不認識，但多次旅行後逐漸發掘的生物、事情的前因後果，以及海外不同的地方。再說一次，它是我最喜歡的其中一本書。

在我所有的作品中，《狂想集》不是最富有旋律的，但卻是思想最跳躍的一本書。它蹦蹦跳跳的詩句，跳過了殊榮，跳過了尊重，跳過了互相保護，跳過了規定與義務，以成就它謙恭且不拘小節的風格。因為它不拘小節，因此成了我最親密的一本書。因為它富有影響力，所以它成了我詩作裡最有意義的一本書。從我喜好的角度來看，這是一本非常重要的書，書裡的詼諧趣味隱含了真實的一面。

在《元素頌》中，我決心探討萬物最初、最原始的狀態。我打算重新描寫已被人歌頌過、講過、反覆探討的許多事物。深思熟慮後，我應該跟咬著鉛筆準備寫作的孩子一樣，必須從太陽、黑板、鐘錶或家人等題材入手。任何題材我都不放過；不管用走的或用飛的，我都必須涉獵一切的題材，如此才能擁有最清晰、最具原創性的思想表達。

我因為將石頭比喻為鴨子，激怒了一位烏拉圭評論家。他曾明白指出，鴨子不是詩歌元素，而且其他的小動物也不是。文學評價竟變得如此輕率。他們想強迫創作者捨棄其他，只創作高尚的題材；但是他們錯了。即使是有品味的大師最唾棄的事物，我們都能將它們變成詩。

資產階級想要詩愈來愈與世隔絕。對於奄奄一息的資本主義來說，詩人如果不懂得變通，只會稱麵包為麵包、稱酒為酒，那是很危險的。詩人最好能夠和畢森德．魏多伯羅說的一樣，認為自己是個「小神」。這樣的信念或態度不會惹怒統治階級，而詩人因為身處在神聖、與世隔絕的地方，無須被收買或打壓。一旦詩人判定自己可以上天堂時，就已經被自己收買了。此時，大地在他們升天的道路上、在他們的光輝中，微微地顫動著。

我們有上百萬的美洲人民不識字。這種沒文化的現象是封建制度遺留下來的問題，也是它保留的特權。我們應該說，由於這七百萬文盲的阻礙，我們眞正的讀者還沒有誕生。我們應該加緊催生他們，讓他們能讀我們和所有詩人的作品。我們必須剖開美洲的子宮，爲它取出榮耀的光。

書評家往往只想討好封建思想的企業主。例如，在一九六一年，我出版了三本書：《歌功頌德》（*Canción de gesta*）、《智利的石頭》（*Las piedras de Chile*）和《禮儀之歌》（*Cantos ceremoniales*）。但那一整年下來，我國的評論家連它們的書名都沒提過。

當我的詩〈馬丘比丘之巔〉第一次出版時，在智利也沒人敢提它。我的詩集出版商帶著一則付費廣告，前往智利版面最多、發行長達近一個半世紀之久的《水星報》（*El Mercurio*）編輯部，想預告這部作品即將問世。他們接受了，但條件是必須刪除我的名字。

「可是聶魯達是作者啊！」內拉（Neira）抗議。

「那不重要。」他們回答。

〈馬丘比丘之巔〉不得已只能以作者無名氏出現在那則廣告中。一百五十年的歷史對那家報社來說有什麼用？經過那麼久的時間，他們還是沒學會尊重眞理，尊重事實，尊重詩。

有時候出現負面不理性的情緒攻擊我，那不光是一種階級鬥爭的激情表現，還包含其他的因素。

我創作超過四十年的時間，得到各種不同文學獎的肯定，出版的書也被譯成許多最令人驚歎的語言，但我沒有一天不遭受周遭嫉妒者對我發出的大大小小攻擊。幾年前我在黑島荒蕪的地方買了這棟房子，當時這裡沒有飲用水，也沒有電。我靠著寫書賺的錢改善它，將它建設起來。我還帶來了心愛的木雕，也就是舊船上的船首雕飾，讓它們在長途航行後，能在我溫暖的家得到庇護和休息。

但是，許多人不能忍受一個詩人享有體面的並且是所有作家、音樂家、畫家都應得的物質條件，當作他在世界各地出版作品的回報。不合時代潮流、反動的二流作家，只會時時刻刻要求大家景仰歌德，卻拒絕當今的詩人享受生活的權利。我買車這件事讓他們特別火大。在他們眼裡，車子應該是商人、投機客、皮條客、放高利貸者和騙子專屬的東西。

我決定把黑島的房子贈送給人民，讓工會以後能偶爾在那裡聚會，讓礦工和農民能偶爾在那裡渡假，讓那些批評我的人更火大。我的詩也將報復他們。

開始新的一年

一位記者問我：

「新的一年，您對世界有什麼看法？」

我回答他：

「此時此刻，或準確地說，在一月五日早上九點二十分，我看見一整片粉紅與藍色的世界。」

這句話沒有任何文學、政治或主觀的影射。它指的是從窗戶看出去，映入我眼簾的是大片粉紅花海，遠方藍色的太平洋與天空相互擁抱、交融。

不過，我清楚，我們也都明白，世界的全景裡還有其他顏色。有誰忘得了每天那麼多虛耗在越南沙場的鮮血是什麼顏色？有誰忘得了被凝固汽油彈焚燬的村子是什麼顏色？

我回答了記者另一個問題。和往年一樣，我將在三百六十五天之後出版一本新書。我很確定。我每天摸它、蹂躪它、寫它。

「裡面寫的是什麼？」

我要回答什麼？我每本書的內容都一樣；我總是在寫同一本書。我希望我的朋友們在這一次、在這新的一年、在這些嶄新的日子裡能原諒我，因爲我能獻給他們的只有我的詩、我依然新的詩。

剛結束的那一年爲地球上的全體人類帶來了勝利，帶來了空間上的勝利，還有在它發展道路上的勝利。過去一整年，我們所有的人都想飛。我們都到了夢想的宇宙中遨遊。第一個擁抱月球光環的人，第一個在月球上跨年倒數吃葡萄[1]的人，無論他們是美國人或蘇聯人，征服太空的勝利都屬於我們所有的人。

人類的驚喜發現絕大多數都屬於我們詩人。從儒勒·凡爾納（Jules Verne）在一部作品中首度製造飛行器，完成人類自古以來探索太空的夢想；一直到儒勒·拉弗格、海因里希·海涅（Heinrich Heine）和何塞·亞松森·希爾巴——別忘了還有曾經發現月亮魔力的波特萊爾——最早觀察這顆蒼白的行星，並

1 跨年倒數吃葡萄，一種源自西班牙後來傳至西班牙語美洲國家的傳統。據說在十二月三十一日子時十二點的鐘聲響起時，跟著敲響的十二下鐘聲吃下十二顆葡萄，來年的十二個月都能過得順順利利。

以詩歌歌詠、發表詩歌的，是我們這些詩人。

歲月流逝。一個人既消耗了元氣又成長茁壯，既受苦又享受。歲月消磨了他，也爲他注入了新生命。告別變得更加平常；朋友們進出監牢，往返歐洲，或死去。

當一個人遠離死者過世之地，就會覺得他們並未完全離開；他們仍像過去一樣，繼續活在他的心裡。一名詩人在朋友們紛紛死去之後，就會開始在創作中收錄一系列的悼念詩句。我拒絕再這麼做，因爲我害怕人面對死亡的痛苦會變成千篇一律；因爲沒有人會想把作品變成死者名冊，縱使這些人是他最親愛的人。一九二八年，我因詩人朋友華金・西福恩德斯・塞普爾貝達（Joaquín Cifuentes Sepúlveda）過世，創作了〈華金的消逝〉（*Ausencia de Joaquín*）；之後於一九三一年，我在巴塞隆納寫了另一首〈阿貝爾多・羅哈斯・希梅內斯在飛翔〉的哀歌；當下我想到的是，不會再有人一一離我而去吧。結果，我身邊還是有許多人過世了。就在這附近，在阿根廷哥多華的山丘上，躺著我最要好的阿根廷朋友，也就是讓我們的智利同胞瑪格麗特・阿吉雷變成寡婦的羅多爾弗・阿勞斯・阿法洛（Rodolfo Araos Alfaro）。

剛結束的這一年，風帶走了伊利亞・愛倫堡虛弱的身軀；他是我的摯友，他是捍衛眞理的英雄，他是揭穿謊言的巨人。這一年，人們在莫斯科埋葬了詩人歐瓦迪・薩維奇（Ovadi Savich）；他曾翻譯我和加芙列拉・米斯特拉爾的詩，他的譯文不僅精確、優美，還閃耀著愛的光輝。同一陣死亡的風也帶走了和我情同手足的詩人納欣・希克美和謝苗・基爾薩諾夫，以及其他朋友。

令人痛心的消息是，切・格瓦拉在愁雲慘霧的玻利維亞遭當局殺害。他的死訊有如一陣神聖的寒顫，傳遍全世界。人們創作上百萬首的哀歌，齊聲頌揚他英勇悲壯的一生。爲了紀念他，世界各地還湧現了一些與此沉痛心情不完全相稱的詩。我收到一封來自古巴的電報，一位號稱文學界上校的人向我邀稿。然而直到現在我都沒寫。我想，這樣的哀歌不只應該包含直接的抗議，還要反映這段令人痛心的歷史對我造成什麼深刻的感受。我將好好地構思這首詩，直到它在我腦中、在我的血液裡完全成熟。

令我感動的是，在切·格瓦拉的日記中，我是唯一被這位偉大的游擊隊領袖提到的詩人。我記得某一次，切當著雷塔馬爾（Retamar）士官長的面對我說，他經常朗誦我的《漫歌》，給第一批在馬埃斯特拉山脈（sierra Maestra）上、謙卑又光榮的大鬍子游擊隊員們聽。他有明顯的預感，所以在日記中引用了我《獻給玻利瓦之歌》中的一句：「您那勇敢船長般的小小遺體……」

諾貝爾獎

關於獲得諾貝爾獎，這中間有很長的一段故事。我被提名了好幾年，但都沒有眞的獲獎。其中最荒謬的一次發生在一九六三年。電台重複了好幾遍，不停地說我的呼聲很高，在所有諾貝爾獎被提名人當中最可能勝出的人是我。於是，我和瑪蒂爾德開始執行「保衛家園三號計畫」，也就是將食物和紅酒準備好，並且在黑島老舊的大門上鎖上大鎖。我還未雨綢繆，爲了那一次的閉關，事先備好了西默農的偵探小說。

記者群迅速趕了過來，但被我們擋在門外。沒人能越過那扇被美麗又堅固的銅製大鎖鎖得牢牢的大門。他們像老虎般在牆外徘徊。他們打算做什麼？對於在世界另一端、只有瑞典學院院士能參與的討論，我又能說些什麼？然而，記者們就像要從乾木棍裡榨出汁來一樣，表明了硬要我開口說幾句話。

南太平洋的沿岸地區，春天來得比較晚。在那些孤獨的日子裡，我與海邊的春天變得更加親近；春天雖然姍姍來遲，但也爲自己孤獨的宴會換上了一襲盛裝。夏天時沒有下過任何一滴雨，飽含黏土質的大地變得堅硬、多石，看不出一絲綠意。冬天時，海風恣意吹襲，捲起了鹽分與滔天巨浪，也使得遭受可怕力量摧殘的大自然顯露出痛苦模樣。

春天以一幅黃色大作拉開序幕。無數朵金黃小花覆蓋了一切。這富有生命力的小小植物攀附在山坡上，包裹著岩石，延伸到海邊，並從我們每天走的道路上冒了出來，彷彿想向我們證明它們的存在。長時間以來，那些小花維持著不起眼的生命；長時間以來，那些小花遭到貧瘠的土地以冷漠、荒涼壓制；但是，依照它們現在的樣子看來，那時間該是持續得不夠久，才會讓它們的黃綻放得如此旺盛。

後來小花變得蒼白、凋零，接著一切被覆蓋上一層鮮艷的紫花。春天的心由黃轉藍，再轉爲紅。這無數朵不知名的小花是如何層層地互相取代？風吹落了一層顏色，隔天又吹落了另一層，彷彿春天在孤獨的山巒間不停地更換華蓋的顏色，又宛如不同的共和國炫耀著入侵的旗幟。

在這季節，岸邊的仙人掌開花了。在距離遙遠的地方，在安地斯山脈的峭壁上，一根根有溝紋、長滿刺的巨大仙人掌佇立著，有如充滿敵意的石柱。相反地，岸邊的仙人掌矮矮小小的。我發現，它們的頂端開了二十個鮮紅的花苞，彷彿一隻冒出幾滴血的小手在展現它們的熱情。接著，花開了。面對磅礴大海激起的白色浪花，成千上萬的仙人掌被盛開的花朵裝飾得有如著火一般發紅。

我家的老龍舌蘭從深層的底部開出一株自殺性的花莖。這棵藍藍黃黃、巨大又多肉的植物，在我家門口活了超過十年，慢慢長到超過我的身高。現在它開花，接著就要死去了。它舉起了一根有如綠色長矛的花莖，高達七公尺，每隔一段便是一圈乾掉的花序，上面細細地覆蓋一層金粉般的小花。接著，這株黃邊龍舌蘭所有巨大的葉片就會凋落，然後枯死。

在這株巨大、枯死的花旁邊，還生長著另一株巨大的花。或許在我國以外的地方沒人認識它。它只生長在南極圈這附近的海岸邊，名叫智利普亞（*Puya chilensis*）。早期這種植物是阿勞卡尼亞人崇拜的對象，但古代的阿勞卡尼亞人已經不存在了。血、死亡、時間，還有之後阿隆索·德·埃西亞寫的史詩，結束了這個黏土部落的古老歷史；它們突然從地質探索的夢裡覺醒，振作精神，捍衛被侵略的土地。我看著那棵植物再度開出鮮花，開在累積了幾個世紀已變深的屍體之上，開在一層又一層被遺忘的鮮血之上；此時我相信，土地的過去會蓋過我們現在的樣子，開出新的花。只有土地持續如此，才能保留萬物的本質。

不過，我忘了描述這棵植物。

它是鳳梨科植物，葉子尖尖成鋸齒狀。一團綠色火球從道路上竄出，就像是插滿了神祕翡翠寶劍的盾形武器架。然而，不久後，從它中間的凹陷處長出一根總狀花序的大花軸，開出和人一樣高的綠色大玫瑰。這株出類拔萃的大花，就像是一座綠色、孤獨的主教座堂，匯集了成千上百的小小花朵，上面點綴了金色的花粉，在海面反射的陽光下閃閃發亮。它是我唯一見過的綠色大花，彷彿向海浪致敬的孤獨紀念碑。

現在智利的農夫和漁民早已忘記這些沒有名字的小植物、小花要如何稱呼。漸漸地，它們就被遺忘了；慢慢地，這些花就喪失了值得自豪的部分。它們宛如被河水沖刷的小石頭，從安地斯山上的積雪滾落到不知名的海岸邊那般，與其他的東西糾纏在一起，變得黯淡無光。農夫、漁民、礦工和走私販在艱困中討生活，不斷地從挫敗中死灰復燃。在未開發的地方當英雄是黯淡無光的事；其實，在那些地方、在歌詠它們的詩句裡，眞正發光發熱的正是那些無名氏的鮮血和那些叫不出名字的花朵。

在這所有的花裡面，還有一種包圍了我整個房子。它是一種藍色的花，它的花莖纖細且強韌，堅挺自傲，富有光澤。在花莖的末端，搖曳著許許多多淺藍與深藍的小花。不曉得是不是全部的人都能欣賞到這樣高雅的藍？或者它只展示給特定的某些人觀賞？又或者對於另一群被某藍色大神禁止觀賞的人來說，這樣的藍是隱形的，是看不見的？抑或，這只是我習慣獨居後變得自命不凡，自以爲在那被人遺忘的春天裡發現了這種藍，發現了這種藍的海浪、這種藍的星辰，因此沾沾自喜？

最後，我要說一下海無花果。我不知道在其他地方是否存在著這種大量繁殖、在沙地裡留下它三角形指痕的植物。春天來臨時，這些綠色的手都戴上了罕見的紫紅色戒指。海無花果有個希臘文名字：番杏科植物（*Aizoaceae*）。在春天最後的這幾天，黑島的光輝全靠這些多到氾濫的番杏科植物；它們有如入侵海岸的大軍，有如源自海底綠色岩洞、有如遠方海神藏在地窖裡的一串串紫紅色葡萄所流出的汁液。

就在這時，電台公布了那知名的文學獎得主是一位優秀的希臘詩人。記者們作鳥獸散。我和瑪蒂爾德終於可以恢復平靜的生活。我們愼重地取下舊大門上的大鎖，讓大家像春天一樣，繼續不用叫門、不事先知會就能進到我家。

當天下午，瑞典大使夫婦帶了一籃子的酒和高級美食來找我。他們原本以爲諾貝爾獎非我莫屬，所以早就準備好要幫我慶祝。我們不但沒有傷心，還爲獲獎的希臘詩人塞弗里斯（Seferis）舉杯。告別時，大使把我拉到一邊，對我說：

「記者肯定會來採訪我。關於塞弗里斯，我什麼都不知道。您可以跟我說他是誰嗎？」

「我也不知道他是誰。」我老實地回答。

老實說，在這個被稱之爲地球的行星上，所有的作家都夢想有一天可以獲得諾貝爾獎，即使是那些表面上沒這麼說，或者否認有這種想法的人也是。

尤其在拉丁美洲，各國都有自己的候選人，都各自制定好策略，有計畫地拉票。這樣的做法也使得某些應該獲獎的候選人最後落選了。羅慕洛．加列哥斯（Rómulo Gallegos）就是一個例子。他的創作豐富又高貴。然而，委內瑞拉是石油大國，也是有錢的國家，因此計畫透過策略性的拉票來使候選人獲獎。他們安排了一個駐瑞典大使，指派給他的最高任務就是爲加列哥斯爭取到那個大獎。他花大錢請人吃飯；幫瑞典學院的院士出版西班牙文版著作，並在斯德哥爾摩找當地的印刷廠印製發行。對敏感且謹愼的院士來說，這一切都過頭了。羅慕洛．加列哥斯萬萬想不到，一位委內瑞拉大使過度積極的表現，也許就是剝奪他理應獲得的一個榮譽頭銜的原因。

某次在巴黎，有人告訴我一段摻雜了殘酷幽默感的傷心故事。這次要講的是關於保羅．瓦萊里（Paul Valéry）。他的名字傳遍法國，而且出現在各大媒體，被認爲是當年最有希望的諾貝爾獎候選人。在斯德哥爾摩投票做最後決定的當天早上，瓦萊里爲了躲避緊接而來會對他內心造成不安的消息，早早就帶著拐杖和小狗，離開了鄉下的住家。

中午吃飯時間他散步回來了。一進門就問祕書：

「有人打電話來嗎？」

「有的，先生。幾分鐘前有人從斯德哥爾摩打來給您。」

「他說了什麼？」他說，再也難掩內心激動。

「是一位瑞典的女記者，她想知道您對女性解放運動的看法。」

瓦萊里自己講起這段故事時，語氣裡總是帶著一點諷刺。其實他是相當傑出的詩人，完全無可挑剔的作家，但就是從來沒有獲得這個著名的大獎。

至於我，大家應該會認爲我是個非常小心的人。我曾讀到，某位意圖讚美加芙列拉．米斯特拉爾的智利大學者在他的書裡提到，我那位嚴肅的女同胞曾寄大批的信件到許多地方，雖然她依舊保持嚴肅的態度，但仍在本能驅使下做了那樣的事，目的就是想趕快得獎。這讓我更加謹言慎行。自從我知道被提名（而且不知道有多少次被提名）爲候選人時，就決定不到瑞典去了。那是一個從青少年時代就吸引我的國家，當時我和多瑪斯．拉戈還曾追隨一位被逐出教會的酒鬼牧師——戈斯塔．柏林（Gösta Berling），並自封爲他眞正的門徒。

此外，令人厭煩的是，每年都被提名但事情卻沒進展。看到我的名字每年都出現在候選人名單上，就像是將我變成了一匹賽馬，讓我實在惱火。另一方面，在智利，無論是文學界或是市井小民，也因爲被瑞典學院冷落而感到很受傷。這樣的情況已幾乎成了一場可笑的鬧劇。

如同眾所周知的，最後我獲頒了諾貝爾獎。一九七一年，我剛抵達巴黎擔任智利駐法大使，我的名字再度出現在報紙上。我和瑪蒂爾德皺起了眉頭。我們早就習慣每年希望落空，已變得沒什麼感覺。那年十月的某天晚上，我們大使館的參贊同時也是作家的霍爾赫．愛德華斯（Jorge Edwards）進到我家飯廳。個性向來謹慎的他，提議和我打一個小賭。如果那一年諾貝爾獎是頒給我，我就付錢請他和他太太到巴黎最好的餐廳吃飯。如果得獎的不是我，那就換他請我和瑪蒂爾德吃飯。

「同意。」我對他說。「我們包准痛快地吃，讓你來付錢。」

霍爾赫・愛德華斯前來的祕密，以及他冒險打賭的原因，有某一部分的內情在隔天逐漸揭曉。我得知，他接獲一位女性朋友從斯德哥爾摩打來的電話。那位女作家兼記者跟他說，這一次所有的可能性都指向巴布羅・聶魯達會贏得諾貝爾獎。

記者們開始打長途電話來關心；有從布宜諾斯艾利斯、從墨西哥，特別是從西班牙打來的。在西班牙，人們已認爲這是百分之百篤定的事實。當然我拒絕表態，只不過我內心的疑問又再度浮現。

那天晚上，我在瑞典唯一認識的作家朋友阿圖爾・倫德克維斯特（Artur Lundkvist）來找我。倫德克維斯特在三、四年前成了瑞典學院院士。他從瑞典來，旅經巴黎準備前往法國南部。一起用完餐後，我向他表達了對於打長途電話來說我得獎的那些記者，我不知道該如何回應他們的窘境。

「阿圖爾，我想請你幫個忙。」我說。「如果這是眞的，我很想在媒體公布前知道這件事。我想比誰都還要早通知薩爾瓦多・阿言德。他曾經多次與我並肩作戰；如果他是第一個接到這個消息的人，他會非常高興的。」

院士兼詩人的倫德克維斯特那雙瑞典人的眼睛看著我，格外嚴肅地說：

「我什麼都不能跟你說。如果有任何消息，瑞典國王或者瑞典駐巴黎的大使會打電報通知你。」

這件事發生在十月十九日或二十日。二十一日早上，大使館的各接待廳開始擠滿了記者。瑞典、德國、法國和拉丁美洲各國電視台的採訪人員，對於我沒有接獲任何消息而選擇沉默這件事顯得相當不耐煩，甚至還差一點釀成暴動。十一點半，我接到瑞典大使打來的電話，說要來見我，但沒有透露他要來說什麼。這通電話對於平息眾怒一點幫助也沒有，兩個小時之後我們才會見面。電話繼續歇斯底里地響個不停。

此時，一家巴黎電台以迅雷不及掩耳的方式傳來了一條最新消息，宣布一九七一年的諾貝爾文學獎得主是「智利詩人巴布羅・聶魯達」。我立刻下樓面對那一大群混亂的媒體記者。在那當下，幸好出現了我的老朋友強・馬塞納克（Jean Marcenac）和阿拉貢。馬塞納克是傑出的詩人，也是我在法國的好兄弟，他發出歡呼的叫聲。而阿拉貢得知消息時，似乎比我還開心。他們兩人在緊要關頭幫我應付記者的問題。

我剛開完刀，有點貧血，走路又搖搖晃晃的，所以不太想移動。當天晚上，朋友們來和我吃飯慶祝。有從義大利來的馬塔（Matta），從巴塞隆納來的賈西亞・馬奎斯，從墨西哥來的西凱羅斯，從卡拉卡斯來的米格爾・歐德羅・希爾巴，從巴黎當地過來的阿圖洛・卡馬丘・拉米雷斯（Arturo Camacho Ramírez），還有從住家過來的科塔薩。而且，卡洛斯・巴薩佑（Carlos Vasallo）也特地從羅馬過來，準備陪我去斯德哥爾摩領獎。

傳來的電報堆得像一座座小山一樣，至今我還沒有辦法全部讀完並回覆。在數不清的信件當中，有一封詭異且稍微帶點威脅口氣的信。根據信裡附的剪報照片，寄件人是一位來自荷蘭、體型壯碩的黑人。信裡大致上說的內容是：「我是荷屬圭亞那[1]巴拉馬利波反殖民主義運動的代表。我要了一張邀請函，準備到斯德哥爾摩看他們頒發諾貝爾獎給您。瑞典大使館的人通知我，要我準備一套燕尾服，一套嚴格遵守場合規定的禮服。我沒有錢買禮服，也絕不用租的，因為對於一個自由的美洲人來說，穿舊衣服完全就是個污辱。所以我先跟您說，只要我能籌到那麼一點錢，我就會前往斯德哥爾摩舉辦一場記者會，揭發這個典禮的帝國主義和不親民的作風；我將會以這種方式來向世界上最具反帝國主義精神、最親民的詩人們表達敬意。」

十二月初，我和瑪蒂爾德前往斯德哥爾摩。幾位老朋友陪我們一起出發。我們住在華麗的斯德哥爾摩大飯店，從那裡可看見寒冷又美麗的城市街景，而且窗戶正前方就是皇宮。在同一個飯店裡，還住了當年在其他領域，如物理、化學、醫學等領域的得獎人。他們都很不一樣，有些話很多，有些很中規中矩，有些樸素又土裡土氣，就像剛從廠房裡走出來的技工一樣隨興。德國的威利．布蘭特（Willy Brandt）沒有住在這間飯店，因爲他將在挪威領取諾貝爾和平獎。眞可惜！在所有受獎者當中，我唯一想認識且想交談的人就是他。直到後來，我才在招待會上見到他，但中間有三、四個人把我們隔開。

爲了這樣重要的典禮，事先做彩排是必要的。瑞典的禮賓人員要我們在即將舉行頒獎儀式的場地走位。看著一群表情嚴肅的人，在規定好的時間起床並離開飯店，準時前往空蕩蕩的會場，完全不出差錯地走上樓梯，按照嚴格的次序從左邊和右邊前進，到頒獎台前就定位，坐在頒獎當天被指定的正確位置上，眞的很滑稽。我們這一切都在電視台的攝影機前，在空曠的大廳裡完成；大廳裡擺了國王和王室專用的椅子，非常顯眼，不過也同樣寂寥地空著沒人坐。一直讓我搞不懂的是，瑞典電視台到底哪來的怪念頭，怎麼會想錄一段由這麼爛的演員上場彩排的畫面。

1 今南美洲蘇利南舊稱，首都巴拉馬利波（Paramaribo）。

諾貝爾獎頒獎典禮與聖露西亞節的慶祝活動在同一天拉開序幕。飯店走廊上甜美的歌聲喚醒了我。接著，在燭光的照耀下，幾個頭上戴著花環的斯堪地那維亞金髮少女，直接走進我的房間。她們為我送來了早餐，還帶了一幅又長又美麗的大海風景畫送給我當禮物。

過了一會兒，發生了一件驚動斯德哥爾摩警方的插曲。有人在飯店的接待處留了一封信給我。署名的是一個同樣來自荷屬圭亞那巴拉馬利波、激進的反殖民主義者。「我剛抵達斯德哥爾摩。」他寫道。他沒有成功地召開記者會，但身為行動派的革命份子，他自有辦法。為卑微者和受迫害者發聲的詩人巴布羅．聶魯達，不可能穿著燕尾服領取諾貝爾獎。他買了一把綠色剪刀，將在眾目睽睽下剪掉「燕尾服的尾巴，還有任何垂下來的破布」。「為此，我已完成警告您的任務。所以，當您看到一個黑人從會場最後面站起來，手上拿著一把綠色的大剪刀時，您應該猜得到會發生什麼事了。」

我將那封奇怪的信交給瑞典禮賓司派給我的一位年輕代表，也就是每天陪我忙進忙出的外交人員。我笑笑地跟他說，我在巴黎也收過同一個瘋子寄來的另一封信，我覺得我們不需要太認真看待。那位瑞典年輕人不同意。

「在這個爭論不休的年代，任何最難以預料的事都可能發生。我的責任就是通知斯德哥爾摩警方。」他這樣跟我說，並快速地去執行他認為屬於他責任範圍的這件事。

我還要說一下，在陪我前往斯德哥爾摩的人當中，還有一位委內瑞拉的大作家，也是才華洋溢的詩人——米格爾．歐德羅．希爾巴；對我來說，他不只是一位最具美洲意識的人，也是和我非常要好的朋友。典禮開始前幾小時，吃午餐時，我講述了瑞典人嚴肅看待抗議信件的這件事，和我們一起用餐的歐德羅．希爾巴在自己的額頭上拍了一下，大聲說道：

「巴布羅，那信是我寫的，本來只想捉弄你一下，沒想到搞得警方四處尋找一個不存在的鬧事者。我們現在該怎麼辦？」

「你會被抓去關。你因爲開了加勒比海野蠻的大玩笑，將受到巴拉馬利波那名男子應得的懲罰。」我回答他。

此時，我那位年輕的瑞典小助理剛完成向警方的通報，回來和我們坐在同一桌。我們向他敘述了事情的來龍去脈：

「那是個惡作劇。肇事者現在正跟我們一起吃午餐。」

他再度急急忙忙地離開。但是，警方已查訪了斯德哥爾摩所有的飯店，尋找一位從巴拉馬利波或其他任何類似地方來的黑人。

此外，警方還保持戒備。我和瑪蒂爾德進到頒獎典禮會場以及離開慶祝舞會時，都有四、五個又高又魁梧的年輕人靠過來；他們不是一般的保全，而是精壯的金髮保鑣，確保我們不會遭遇剪刀攻擊。

諾貝爾獎的頒獎典禮上觀眾很多，大家都很安靜，很有秩序，適時地給予掌聲，很有禮貌。老國王一一和我們每個人握手，並頒給我們獎狀、獎章和支票。接著，我們回到台前的椅子上就坐，這個時候台前已經和彩排時寂寥的樣子大不相同，到處都是鮮花，而且每張椅子上都坐了人。聽說（或者是大家想讓瑪蒂爾德感動才這麼說）國王和我握手的時間比其他領獎人還久，明顯對我展現出親和的一面。也許，這是對古代宮廷禮遇吟遊詩人傳統的某種優雅緬懷。但無論握手的時間是長是短，反正沒有其他的國王和我握過手。

那個儀式是如此嚴格地按照規矩來，當然辦得很隆重。這樣在所有重要場合採用的隆重做法，或許會永遠存在於這個世界上。看來，人類需要這樣隆重的做法。只是在這些傑出的得獎人出場領獎時，我發現它和鄉下小鎮的中小學頒獎典禮，有種令人發出會心一笑的相似之處。

小智利

我從伊巴涅斯港過來，廣闊的卡雷拉將軍湖將我震住了；我對那金屬般閃亮的湖水感到驚奇，感覺那像是大自然天外飛來一筆的傑作，能與它相提並論的只有古巴巴拉德羅沿岸那碧綠色的海洋，或者我們貝德羅威（Petrohúe）的湖畔。接著，還有與震撼人的湖泊不可分割的壯麗美景——伊巴涅斯河飛奔的瀑布。那裡的人貧窮而且與外界溝通不易，同樣也讓我有感而發；他們住在強大的水力附近，卻沒有電燈可用；他們與無數的羊群爲伍，卻穿著劣質又破舊的衣服。我終於到了小智利。

抵達時，白晝已進入尾聲，一望無際的晚霞等待著我。風不停地吹，剪碎了石英般色澤的雲彩。幾條泛著藍光的河圍繞著一大片區域，在風的吹拂下，它彷彿成了漂浮在天地間的孤島。

放牧、播種，這些土地在南極來的強風中掙扎。周圍聳立著有如「岩石城堡」的堅硬高塔：有的銳利得像刀尖，有的細長得像哥德式塔頂，還有的方方的像天然花崗岩垛牆。艾森（Aysén）的山，想怎麼長就怎麼長，有圓到像顆球的，也有又高又平像張桌子的；上面堆的雪有長方形的，也有呈三角形的。

蒼天用薄紗和金屬絲線編織它的晚霞——在高處閃耀的黃有如一隻巨大的飛禽，懸浮在純淨的天幕中。瞬間，一切都起了變化，突然變成了鯨魚的大嘴，變成了火紅的美洲豹，變成了抽象的彩燈。

我感覺廣闊的天在我頭上攤開，要我見證令人目眩神馳的艾森，見證它的山丘、見證它的瀑布、見證它以死亡和燒焦的樹木控訴過往的凶手、見證一個正在誕生且一切都準備就緒的寧靜世界；這些是天與地為我準備的盛宴。唯獨缺少的是庇護，是整體的秩序，是建築物和人。在如此駭人的孤獨中，需要的是有如廣闊土地般慷慨的互助。

當我離開時，晚霞逐漸消逝，藍色的夜幕出其不意地降下。

南方的景色*

在來來去去間，在稍縱即逝與理應受到譴責的愛情當中，我的年少時光逐漸恢復了意識；我不僅意識到自然的土地，還意識到延伸至已播種的土地和森林裡的衝突、折磨與搜刮。

西班牙的進攻像邪惡的閃電一樣，迅速佔領了墨西哥和秘魯的古代王國；而這兩個早已腐蝕、分裂、寄生的原住民帝國，還沒歷經可歌可泣的故事，便屈服於那些大鬍子入侵者之下。在智利，歷史的發展可不一樣。

我們的歷史持續了三個世紀漫長的自相殘殺。防守的印第安人和入侵的西班牙人殲滅對方；不過，儘管進攻的士兵和他們的家人因為無情的戰爭變得窮困，卻在這塊土地上留下了一種難以解釋且繼續存在的莊園制度。事實上，只有智利第一個民選政府，也就是薩爾瓦多·阿言德領導的政府，在一九七一年到一九七三年，我寫這些回憶文章的這幾個月之間，才分配大莊園的土地。當然，這些回憶文章基本上是記錄我個人的回憶。不過，我的國家與它的問題，也在某種程度上和我如影隨形。雖然在歐洲、在亞洲或在美國的某些人可能對我的詩感興趣，但是對他們來說，智利也許和小行星一般，是個狹長得不得了的國家，從天空中鳥瞰，幾乎無法在世界的版圖上找到。但我可不這麼認爲。

我們智利人在某部分來自特殊的血統。在美洲其他地方，印第安女人被伊比利半島來的士兵強暴後，生下混血的後代。而在智利，阿勞卡尼亞的戰士強暴了西班牙女人後，生下了我們。這幾世紀以來，經歷了我國最長的戰爭，智利的原住民和西班牙人一樣殘酷，他們在摧毀的城池與碉堡裡，不會留下任何的西班牙活口。但奇怪的是，他們從來不殺害女人。

我不曉得，是什麼原因造就了他們這樣的戰爭習俗。我同樣繼承了阿勞卡尼亞人的血液；不過，對我來說，他們仍是神祕、遙遠、驕傲的民族，有如保留了十六世紀時的模樣：他們以半裸半掩的樣貌現身，帶著原始的弓箭，對抗無敵的侵略者。

被俘虜的西班牙女人爲挾持者印第安人生下孩子，這些後來就成了智利人。我們在奇怪的情況下被生下來。從一八一〇年起，西班牙君主制度被廢除，智利有了自己國家的政府；那些剛來到此地的同胞們，對於生活在過時的制度中感到相當舒適。他們給自己創造頭銜，封自己爲貴族或財產繼承人，並持續依賴著別人的勞力來過生活。爲了擴張勢力，他們也開始殺害印第安人。在智利獨立後的血腥階段，資產階級用令人憎惡又虛僞的文字，將這一段時期的歷史稱爲「平定阿勞卡尼亞」。

平定者以武力摧毀阿勞卡尼亞人的生命與財產。接著，在原始的土地上建立家園，設立自己的律法，設置自己的法官、律師和警察。克里歐人就這樣高舉著子彈與棍棒，在這片土地上定居下來。這些流淌著鮮血的土地，就是我從前騎著馬來來回回走過的道路。

某些勇敢的人和俄南德斯一家人一樣，帶著脫穀機躲到深山裡，成了新游擊隊最早的戰士。之後，冷漠的地主來了。聖地牙哥的寡頭政權不僅併吞了生產葡萄酒的遼闊地區，還繼續往南擴張勢力。生活被切割成極少數享有莊稼的地主和數量驚人的可憐農民。這些農民和新地主一樣都是智利人，但是他們營養不良，打赤腳，沒有受教育，還穿得破破爛爛的。

這是我青少年時代的社會結構。我們在愛與憂愁中被消磨，而且逐漸發現這國家不爲人知的歷史。我開始搜尋能講述過去和現在的人，瘋狂地尋找可以告訴我眞相的書籍。

我得知，有一本輕薄的、史詩般的書，裡面記載了那段時間人們犯下的暴行：對巴塔哥尼亞上最後幾個種族的屠殺。當那段歷史發生時，我還是個在學習階段的詩人；或許我正搭著船在河流上航行，沉浸在手風琴的優美旋律裡，又或許我被森林中的那些少女美腿迷得臉紅心跳。

我遍尋不著那本書。殺人的地主已經對那本書下了毒手，將書全買下來或毀掉。

它就是《悲慘的巴塔哥尼亞》（*La Patagonia trágica*），直到三十五年以後，我才取得了這份被趕盡殺絕的檔案。

它的內容是一段赤裸裸的歷史，寫著最後的奧納人（onas）如何從這地球上消失。這群人原本過著田園般的生活，也是在這星球上唯一保留石器時代風俗與習慣的民族。這樣的身分還不夠嚇人。貧窮的部落靠著捕魚維生，在全世界最惡劣的環境中活了下來。

但是，他們躲不過梅內德斯家族（Menéndez）、蒙德斯家族（Montes）、埃切拉爾德家族（Echelarte）的毒手。這幾個家族認爲，爲了能安心地畜養他們的綿羊，若再繼續讓那些髒兮兮的巴塔哥尼亞人住在附近，真的很危險；因此他們將奧納族的男人一個個找出來，將奧納族的女人和小孩一個個殺害，甚至還付錢找殺手獵殺；只要殺手帶回一顆奧納族的頭，就獎賞一英鎊。到了傍晚時分，那些新地主就像在清點香瓜數量一樣，數著殺手獵到的人頭付錢。

於是，梅內德斯家族在火地島成立了綿羊自衛隊。現在他們的子孫成了智利聖地牙哥「聯合俱樂部」和布宜諾斯艾利斯「賽馬騎師俱樂部」的會長。

就這樣，在我的祖國，在世界的盡頭，那消失的種族倖存下來的人寥寥可數。

也就這樣，在短短幾年之內，那勢力遍布阿根廷和智利的梅內德斯家族擁有了超過一百萬隻的羊。

九月的旗幟

在拉丁美洲大陸的南方，九月是豁然開朗、百花齊放的月份，也是到處旗海飄揚的月份。

上個世紀初期，在一八一〇年，同樣是九月份，在南美洲的許多地區爆發了起義或出現更加穩固的勢力，企圖推翻西班牙的殖民統治。

如今在九月，我們南美洲人回想當年的解放，慶祝當年的英雄，迎接蔓延橫跨麥哲倫海峽，並在巴塔哥尼亞南邊與合恩角綻放花朵的春天。

對全世界來說，從墨西哥一直到阿根廷與智利，爆發了一系列深具意義的連鎖革命。

每個革命領袖都有不同的特質。身為貴族又親自參戰的玻利瓦（Bolívar）具有先見之明；傑出的領導人物聖馬丁（San Martín）組織軍隊穿越世上最高、最險峻的山脈，爲解放智利而發動決定性戰役；何塞．米格爾．卡雷拉（José Miguel Carrera）和貝納爾多．奧希金斯（Bernardo O'Higgins），兩人不僅成立智利最早的軍隊，創辦最早的印刷廠，還制定最早的反奴隸法，讓智利比美國早好幾年廢除奴隸制度。

何塞．米格爾．卡雷拉與玻利瓦和其他幾個解放者一樣，都出身於克里歐貴族階級。這個階級的利益和西班牙在美洲的利益嚴重牴觸。當時的人民都不是有組織的群體，只是一大群聽從西班牙統治者命令的奴隸。像玻利瓦和卡雷拉這樣讀過博學之士寫的書、受過西班牙軍校訓練的人，有責任突破封閉與無知的高牆，激發民族的情感。

卡雷拉的生命有如閃電般短暫、耀眼。幾年前，我彙編了一本紀念他的詩歌散文集，命名爲「不幸的輕騎兵」（El husar desdichado）。他頗具個人魅力，就像是避雷針吸收雷電的火光一般，將衝突全吸入他的頭腦裡。最後，他在門多薩被剛宣布成立的阿根廷共和國槍決。他迫切想推翻西班牙統治的願望，讓他成爲阿根廷彭巴草原上原住民印第安人的首領。他曾包圍布宜諾斯艾利斯，透過突襲，幾乎要佔領那座城市。不過，他渴望的是解放智利；爲了達成心願，他倉促發動了一場又一場的戰爭和游擊戰，最終將自己推上了刑場。在那兵荒馬亂的年代，戰爭吞噬了他一個既優秀又勇敢的兒子。歷史認爲，這樁流血事件的罪人是奧希金斯和聖馬丁。不過，九月是春暖花開、旗海飄揚的月份，這時候歷史張開雙翅，擁抱這三位英雄人物的回憶，擁抱他們在廣闊草原和無盡冰雪裡施展抱負的戰爭場景。

另一位智利解放者是奧希金斯，他爲人謙虛。要是他十七歲時沒到倫敦，沒有遇見一位爲了解放美洲而在歐洲宮廷奔波以尋求援助的老革命家，他的一生將會平淡無奇。那位老革命家叫弗朗西斯科．德．米蘭達（Francisco de Miranda），他除了擁有許多朋友之外，還深受俄羅斯女皇凱薩琳喜愛，得以帶著俄羅斯護照前往巴黎，出入歐洲各國的外交部。

這是一則浪漫的故事，散發出某種歌劇式的「時代」氣息。奧希金斯是私生子，父親是一位有愛爾蘭血統、幸運的軍人，也是後來掌管智利的西班牙總督。當米蘭達發現這位年輕人可能對西班牙美洲殖民地的起義有幫助時，便想盡辦法查清楚他的出生背景。據說，當他將奧希金斯的身世祕密告訴他並鼓勵他加入起義行動時，這位年輕的革命家跪倒在地，淚流滿面地抱著米蘭達，向他保證將立刻動身返回祖國智利，並在那裡帶頭起義，對抗西班牙勢力。最後奧希金斯成功推翻了殖民政權，獲得勝利，因此大家將他視為建立我們共和國的國父。

米蘭達後來被囚禁在西班牙，死於卡迪斯的卡拉卡監獄。這位法國大革命時的將軍，也是許多革命家的導師，死後被裹屍裝袋，從監獄的高處丟進大海裡。

聖馬丁被同胞流放海外，孤獨終老，最後死在法國的布洛涅。

至於解放智利的奧希金斯，則被很快就掌控革命勢力的大莊園主驅逐出境；於是他在這個土生土長的白人階級逼迫下，遠離了他所愛的一切，在秘魯過世。

不久前路過利馬時，我發現秘魯的歷史博物館裡收藏了幾幅奧希金斯將軍晚年創作的畫。那幾幅畫都以智利為主題。他畫下了智利的春天，畫下了九月的花與樹葉。

在這九月份的季節裡，我不禁想起當年起義時代中的那些人名、那些事件、那些愛、那些煎熬。一個世紀後，人民再次騷動不安，一股狂亂的風與憤怒吹動了旗幟。從遙遠的年代開始，一切都變了；不變的是歷史仍在它的道路上前行，而另一個新的春天將填滿我們美洲無垠的空間。

安德烈斯·貝佑*

我們從北邊狂風暴雨的大海過來。天空逐漸變藍，空氣轉爲溫暖、柔和。載我回祖國的船將碰到美洲的土地。委內瑞拉的拉瓜伊拉港將是我們靠岸的第一個據點。對任何美洲人來說，沒有一個國家能取代整個美洲大陸；我們知道美洲的每一個角落幾乎都是用鮮血換來的歷史；我們被各個民族的通俗音樂所圍繞，爲它們深深著迷。這就是我們愛的果實。

我準備抵達委內瑞拉。在智利聖地牙哥的大學門口，佇立著全智利最完美的雕像。它是一尊表情嚴肅的男人坐像。對於年輕的這幾個世代來說，這個男人體現了過去自由與獨立的理想，奠定了其他美洲共和國的誕生。這尊大理石雕像受到智利的陽光、雨水和時間侵蝕，雖然失去了光澤但依舊美麗；它所表現的是一位政治作家，一位有智慧的導師的容貌。他叫作安德烈斯·貝佑（Andrés Bello），出生於玻利維亞，是玻利瓦的朋友，也是我祖國的智利大學的第一任校長。

當我靠近拉瓜伊拉時，在朦朧的綠色海岸處，我依稀看見安德烈斯·貝佑那雙用大理石刻成的雙眼。那是一雙陪伴我度過學生奮鬥時期，陪伴我創作出最早的詩歌，陪伴我談了純純戀愛的雙眼。那個委內瑞拉人，或許在倫敦創立了西文最好的、最具浪漫主義革命思想的文學與科學雜誌；對我們來說，甚至是對於現在智利的年輕人來說，多虧了他的解放思想，美洲大陸上兩個原本因相距遙遠而分開的共和國，才因此結合在一起。來自委內瑞拉的貝佑賦予新誕生的智利共和國重要的意義和組織概念。他在法國大革命的思想中得到啓發，爲我們制定法律，並且在我國剛脫離殖民陰霾之際，建立了文理學科的研究。

我個人的生命歷程，在某種程度上也與聖地牙哥街道上的那尊雕像有所連結。

貝佑不是一位表現出色的詩人。他擅長的是管理、法律、科學，但是在他的文學創作，特別是在他的詩裡，展現出一股對美洲的土地、對我們的山、我們的河滿滿的愛。在美洲獨立初期，貝佑企圖將民族情感注入文學當中。這種傳統已被遺忘，而且隨著資產階級興起，幾乎完全被一種歐化且世界主流的文學給取代。因此，當我寫《漫歌》時，我的原則就是讓美洲的詩恢復它原有的多民族概念，也就是說，回到那個委內瑞拉的偉人所指引的道路上。

此時，海面上明顯出現一長條綠色、閃亮、有如海藍寶石般的地平線；那是委內瑞拉的土地，是玻利瓦和貝佑的祖國。

雷卡巴連*

雷卡巴連和拉費爾特是極少數意圖建立民族精神、民族特色的智利人。當他們決心為智利工人爭取更大的尊嚴、福利與文化時，這兩位愛國主義者同時也讓我們的歷史更加重視人民的聲音。那是他們身為愛國志士和共產黨員所完成的任務。

直到現在，依舊沒有任何的事物能涵蓋路易斯·埃米利歐·雷卡巴連的生命與偉大事蹟。

在美洲大陸的政治和社會歷史當中，想要找到像他一樣積極、具有如此重要性的鬥士，是一件白費力氣的事。沒有任何的巨人能和雷卡巴連相提並論，無論在北美洲、中美洲還是南美洲，都一樣。

他的形象有如一座巨大的山峰，在美洲的全景中出類拔萃。另一方面，他的特質爲美洲人民的抗爭永遠烙下深刻的意義。激動、偉大的游擊隊員，如墨西哥的埃米利亞諾・薩巴達（Emiliano Zapata）和尼加拉瓜的桑定諾（Sandino），他們以砲彈和鮮血，在北方人民的內心裡埋下起義的種子。

當然，他們做過的事和英勇的事蹟，到現在仍被大家記得且受到景仰。

雷卡巴連比任何人還要熟悉我們的祖國。他也是偉大的英雄，而且是有頭腦的英雄。他組織了群眾的意識，他是永不倦怠的煽動者。但是，他的煽動只朝單一方向，朝著人民有組織的行動前進。他是第一個在美洲從零開始建立工會與聯合組織的人，而且讓它們不斷繁衍，甚至在被破壞、被犧牲、被屠殺的土地上爲它們創造新的生命力。

資產階級領導的政府首度親眼看到人民拍桌，爲自己爭取權益。亞歷山德里（Alessandri）首次當選後推行的社會改革，就直接反映出組織後的力量有多麼堅不可摧，雷卡巴連改革後的士氣有多麼團結。

我們都知道，雷卡巴連有計畫地創辦了一份勞工報。

但是，您知道要發行一份異議報紙，而且是在一九二〇年以前發行，意味著什麼嗎？

這意味著得在被打壓的報社中策劃、撰寫、印刷，還有宣傳；意味著要一個人接著一個人，一隻手接著一隻手，將它散播出去；意味著在缺乏資源的情況下，還要投入金錢，也就是說，只能靠著合作來籌募經費。而且，這種合作也只能在冷漠的沙漠中，在嚴厲報復行動的威脅下，自己想辦法創造出來。

在這樣的狀況下，雷卡巴連創辦了十幾份不同的報紙。因爲他知道文字的力量，因爲他曉得廣大的勞工群眾如何與人互動。

在小北地區[1]，某次朋友們帶我去看一台仍持續印製小黨報的老印刷機。它像個博物館藏品般過時，但仍繼續在運作。在它的轉軸上，有許多明顯的凹痕。我問那些傷痕是怎麼回事？有人回答我，不到半個世紀之前，這個地方遭到警方突襲。印刷機被砸，鉛字被丟到大街上，印刷廠被焚燬。但是那台老印刷機仍繼續在工作，繼續捍衛人民的事業。

我用手撫摸那些舊傷痕。摸到那金屬材質時，我感覺觸碰到雷卡巴連的靈魂，觸碰到他遺留下來的堅定不移的精神。

拉費爾特*

對許多人來說，他是那位拉費爾特同志。對另外一些人來說，他是埃里亞斯（Elías）。對我來說，他永遠而且也將一直都是，我記憶中敬愛的埃里亞斯（don Elías）。

我從他身上學到很多。在認識他以前，我感覺自己在這個人身上學了他一半的美德。我學了他一半的正直、一半的樸實。我還學了他一半的尊嚴。跟著敬愛的埃里亞斯在北部的曠野四處奔波，我看到的是一位完全樸實的男人，我認識的是一位完全正直的個體，我結交到的是一位完全值得尊敬的朋友。

這是不平凡的一課，是生命與黨爲我精心挑選的一課。

敬愛的埃里亞斯教我的另一件事（因爲我先前不知道他是個傑出的老師），就是愛黨。他在愉悅或艱困的情況下，與曠野上大批的工人談話幾百回；這提升了我對黨的愛，讓我一直都懷著一份驕傲與謙卑的心，更加深了對共產主義的感情。

我在他身上還學到，一個即使被公認爲優秀的人，也應該遵守奮鬥的原則，關心人類的希望，成爲黨的積極份子。我們個人的自由固然重要，但更重要的是人類的自由。

敬愛的埃里亞斯從不認爲，一個不加入黨的人能成爲好的共產主義者。他是一個了不起的人物，當然也是一個謹守紀律的大人物。

在塔拉帕卡沙漠或在安多法加斯塔高處的礦場上，我們結伴同行，邊走邊聊。我們的黨在那氣候嚴峻的平原上誕生。在那裡，我看得到奮鬥的同伴們吃苦的能力和英勇的精神。有時前方有機關槍對著我們，我們還繼續談話。罷工抗議活動不斷。工資低下，生活困苦，還有礦區那些優秀的孩子生長在人口稀少的荒漠上，沒有機會接受教育。

我看過礦工如何從塵土飛揚的礦場挖出硝石，看過礦工如何進入坑道，接著滿身大汗、像個歷經煎熬的鬼一樣地爬出來。在伊基圭時，我和敬愛的埃里亞斯坐在桌前，我寫了一首名爲「硝石」（Salitre）的十四行詩，他將詩背了下來。

在雷卡巴連和拉費爾特動盪且激奮人心的生命中，出現過許多不一樣的故事和軼事，有些動人心弦，有些則趣味橫生。

---

1 由於智利的國土狹長，加上政治分區複雜，因此在一九五〇年時，促進生產協會（CORFO）按照自然氣候的相似性，將全國分成了五個地區，由北到南分別為大北地區、小北地區、中部地區、南部地區和南極地區。

誰忘得了他們被帝國主義企業的警衛盯上，不准他們與工人聚會，也不准與他們說話。雷卡巴連絞盡腦汁地想辦法。很快地，有如置身孤伶伶墳墓的礦工們聚集在被世界遺忘的礦區。不過有一次，英國的硝石公司禁止工人在曠野上舉行任何的集會遊行，他們的理由是，那裡所有的土地都已轉讓，是屬於他們的財產。雷卡巴連要工人在穿越曠野的火車鐵軌上集合。

「至少這一小塊土地不屬於他們，因爲這是國有鐵路。」這些人就這樣，在兩道鐵軌隔出來的狹窄空間裡，排成細細長長的一排，聽他講話。

講述完這個故事後，我不希望有人還會認爲，我們這些傑出的朋友都是沒有幽默感的傢伙，或認爲像他們這樣的人物只會做曲高和寡的大事。

雷卡巴連是個有幽默感、樂觀、有人性、溫柔的人。比他年紀小很多的拉費爾特常被他捉弄；他會放聲大笑，嘲笑年輕的拉費爾特很天眞，嘲笑他一些大膽的想法。

敬愛的埃里亞斯告訴我，最開始與雷卡巴連聊天時，他突然想炫耀靈魂轉世的概念。

「您可以告訴我，這是什麼？這個概念指的是什麼？」拉費爾特問。

「這個理論來自東方。在印度，人們相信，人死後靈魂會附身在動物身上，轉世爲大象、烏龜、鳥禽或魚類。」雷卡巴連回答。

此時，拉費爾特沉思了一會兒，不曉得雷卡巴連是不是又要捉弄他了。

雷卡巴連問：「那，你死後想當什麼？如果那樣的理論是眞的，你想變成什麼動物？」拉費爾特回答：「我想變成驢子，這樣從您身邊經過，我就可以踢您一腳。」雷卡巴連挖苦地回他：「你怎麼老是想當同一科動物？」

普列斯特斯

沒有一個美洲的共產黨領袖像路易斯・卡洛斯・普列斯特斯一樣，擁有如此不幸、不平凡的一生。他是軍事英雄，也是巴西的政治人物。從很早以前，他的眞實人生與傳奇事蹟就已超越了意識形態的侷限，使他活脫脫成了古代英雄的化身。

因此，當我在黑島收到邀請函，邀我前往巴西訪問並認識普列斯特斯時，我立刻就答應了。另外，我還得知沒有其他的外國人受邀，這更使我倍感榮幸。有瞬間覺得，我在某種程度上參與了他的重生。

普列斯特斯入獄超過十年，剛剛獲得自由。在這「自由的世界」裡，這樣漫長的牢獄之災並非特例。我的詩人朋友納欣・希克美，在土耳其的某個監獄裡度過十三、四年的時間。現在，當我寫這部回憶錄時，已經有六、七名巴拉圭的共產黨員被抓去關了十二年，與外界完全斷了聯繫。巴西的獨裁政府將普列斯特斯的德國籍太太交給蓋世太保。納粹將她銬上鎖鏈，押她上船，準備帶她去受苦。她產下一名女嬰，在不辭辛勞的助產士——也就是這位共產黨領袖的母親雷歐卡蒂雅・普列斯特斯（Leocádia Prestes）的解救下，女嬰得以脫離蓋世太保的魔爪，現在與她的父親一起生活。至於路易斯・卡洛斯・普列斯特斯的太太，則在監獄的中庭裡將孩子生下後，就被納粹砍頭了。那所有受盡折磨的日子，讓普列斯特斯即使在牢裡過了那麼多年，都無法忘記。

當他的母親雷歐卡蒂雅・普列斯特斯過世時，我正在墨西哥。這位母親跑遍了全世界，爲兒子的自由請願。墨西哥共和國前總統——拉薩羅·卡爾德納斯（Lázaro Cárdenas）將軍打電報給巴西的獨裁者，要求他釋放普列斯特斯幾天，讓他可以參加母親的葬禮。卡爾德納斯總統在電報中以他的人格擔保，保證葬禮結束後普列斯特斯會回到牢裡。結果熱圖里歐·瓦爾加斯（Getúlio Vargas）的答覆是：不同意。

我和所有人一樣感到憤慨，因此寫了一首詩向雷歐卡蒂雅表達敬意，並且爲她沒辦法到場的兒子傳達思念，同時譴責那位暴君。

那位尊貴的夫人曾敲擊世界的大門，期望兒子獲得釋放，但徒勞無功。我在她的墳墓旁讀了這首詩。我的詩開頭很節制：

夫人，您使我們的美洲壯大、更壯大；
您賦予了它一條清澈大河，水量豐沛；
您賦予了它一棵參天大樹，盤根錯節：
您生下了和偉大祖國一樣尊貴的兒子。

不過，隨著詩不斷地往下唸，我對巴西暴君的抨擊變得愈來愈猛烈。

我繼續在各地唸這首詩。它被印成了傳單，還被印成了在美洲大陸上流通的明信片。

有一次，我路過巴拿馬，將這首詩加進朗誦會的詩單中，打算在唸完情詩之後唸它。會場上擠滿了人，巴拿馬海峽的熱讓我出汗。當我開始唸到我對瓦爾加斯總統的抨擊時，我感到口乾舌燥。我停了下來，伸手要拿在我身邊的杯子。瞬間，我看到一個穿著白衣服的人急忙走向講台。原本以爲他是會場打雜的工作人員，所以我將杯子遞給他，要他幫我把水倒滿。但那個穿白衣服的男子生氣地拒絕了我，轉身面向聚會群眾，氣沖沖大喊：「我是巴西大使。我抗議，因爲普列斯特斯只是個普通的罪犯……」

聽到這番話，群眾噓聲四起地打斷他。一位長得像衣櫃般又厚又寬的年輕黑人學生，出現在群眾中間，之後撥開人群往講台方向走來，同時將雙手狠狠地朝外交官的喉嚨伸過去。我衝過去保護那位外交人員，讓他順利離開會場，而且也沒有讓他的身分受到太大的傷害。

有了這樣的先例，巴西人覺得，我從黑島前往巴西，和他們的人民一起聚會慶祝是理所當然的。看到擠滿聖保羅帕卡恩布體育場的人群，我嚇傻了。據說現場超過十三萬人。在擠滿一大圈人群的體育場裡，群眾的頭每一顆看起來都小得不得了。身形不高的普列斯特斯在我旁邊，我感覺他像個剛從墳墓裡走出來，衣服又破又舊的乞丐，只是爲了這個場合，刻意梳洗、打扮了一番。他乾瘦、蒼白到幾乎透了光；那是一種過著地牢生活的人特有的蒼白。他強烈的眼神，他又大又暗沉的黑眼圈，他無比憔悴的面容，他穩重高貴的舉止，那一切都讓我想到他長期以來受到的煎熬。不過，他說起話來沉著冷靜，完全像個凱旋歸來的將軍。

我朗誦了一首幾個小時前剛寫好的詩，向他致敬。喬治．阿瑪多只有把詩裡的「水泥匠」（albañiles）改成葡萄牙語的「石匠」（pedreiros）。雖然我很擔心，但是大批的群眾都聽懂了我用西語唸的詩。我緩慢地讀完每一行，巴西人都爆出如雷的掌聲。我一邊讀，一邊迴盪著此起彼落的掌聲。在十三萬人面前讀完自己寫的詩以後，詩人再也不是原來的那個詩人了；在經過那次的洗禮之後，詩人再也不能用原來的方式寫詩了。

我終於和傳奇人物路易斯．卡洛斯．普列斯特斯面對面地相見了。他在幾位朋友的家裡等我。他所有的特徵──個子矮小、乾瘦、像紙一樣透明、蒼白──像極了袖珍畫裡精細描繪的人物。還有他的談吐，或許還有他的思想，感覺和他的外表很一致。

他平時沉默寡言，但對我算是非常熱情。我想，他用我們詩人經常受到的那種親切態度來對待我，就好像大人爲了遷就孩子，刻意用一種介於溫柔與哄騙的語氣來和他們說話。

普列斯特斯邀我於下週的某天一起吃午餐。然後就發生了悲劇；只能怪命運捉弄人，不然就要怪我太沒有責任感。事情的經過是，在葡語中，儘管跟西語一樣都有星期六和星期日，但是一週的其他天，他們不是用星期一、星期二、星期三等來表達，而是用該死的「第二天」（segonda-feira）、「第三天」（terça-feira）、「第四天」（quarta-feira）來稱呼，偏偏還跳過了「第一天」（primera-feira）。我完全被這些「天」（feira）給搞糊塗了，根本不知道哪一天是哪一天。

我和一位美麗的巴西女性朋友在海邊待了幾個小時，而且每隔一小段時間就提醒自己，隔天和普列斯特斯約好了要吃午餐。到了星期三我才意識到，普列斯特斯早已在「第三天」（星期二）布置好餐桌，痴痴地等我，而我那幾個小時卻在伊帕內瑪的海灘逍遙。他四處找我，但沒人知道我的下落。那位像苦行僧般的領袖爲了迎合我的口味，還特地訂了一款在巴西很難買到的上等好酒。我們原本打算只兩個人共進用餐。

每次我想起這段故事，就羞愧得很想去死。我這輩子什麼都學得會，除了葡語裡一星期的字。

科多比拉

正要離開聖地牙哥時，我得知畢多里歐·科多比拉（Victorio Codovila）想和我聊一聊，所以就去找他。在他生前，我們一直是很要好的朋友。

科多比拉是第三國際的代表，匯集了那個年代所有的缺點於一身。他是個人主義者，態度專橫，認爲自己總是對的。他容易將自己的想法強加在別人身上，就像一把切奶油的刀，一下子就入侵別人，左右他們的意志。他經常急急忙忙地去開會，給人一種他全盤都考慮過，而且也已經做好決定的感覺。他似乎是出於禮貌才耐著性子聽完別人的意見，接著就下達決定性的指令。他能力過人；他在做結語時，令人感到有壓迫感。他一工作起來就完全不休息，而且還會要求其他一起做事的人也用那樣的節奏工作。他總讓我感覺，他就是那個年代處理政治思想的一台大機器。

他對我總是懷著一種特別的情感，特別地包容我、尊重我。在公開的生活中，他是義大利移民，是功利主義者；但是在與文化人的相處上，他特別能理解別人，帶著一種深沉的藝術思維，去理解他們的錯誤和弱點。不過，這並不妨礙他在政治上成爲一個嚴厲甚至偶爾很要不得的人。

據他向我表示，他很擔心普列斯特斯沒看清裴隆的獨裁統治。科多比拉認爲，裴隆和他的行動是歐洲法西斯主義的延伸。任何一個反對法西斯政權的人都不能消極地接受裴隆勢力的擴張，也無法苟同他一而再、再而三的鎮壓行動。科多比拉和阿根廷共產黨認爲，此時唯一能夠反擊裴隆的就是起義。

科多比拉要我向普列斯特斯講這件事。他告訴我，這不是一項任務；但我在他特有的那種自信滿滿的表情中，感受到他的擔憂。

在帕卡恩布體育場舉行的活動結束後，我和普列斯特斯聊了很久。從來沒見過有如此不一樣、如此南轅北轍的兩個人。那個義大利裔的阿根廷人，體型又大又飽滿，似乎總是佔滿了整個房間、整張桌子、整個空間。普列斯特斯又瘦又像苦行僧，感覺虛弱到連啓動個玩具風車都可以把他吹到窗外去。

不過，在這兩人的外表下，我發現他們的態度都很強硬。

「阿根廷沒有法西斯主義；裴隆只是個地方角頭，但不是什麼法西斯領袖。」普列斯特斯回答我的問題時這樣說。「那褐衫軍[1]在哪裡？黑衫軍[2]呢？法西斯民兵呢？」

「再說，科多比拉搞錯了。列寧說，不可以拿起義開玩笑。而且，光靠那些志願者而沒有士兵，我們是沒辦法宣戰的。」

這兩個如此不一樣的人，內心都不容易屈服。或許是普列斯特斯在某些事情上有道理；但這兩個令人敬佩的革命家，他們獨斷的行事作風，經常在他們周圍形成一種讓我無法呼吸的氛圍。

我必須補充的是，科多比拉是個充滿活力的人。我很欣賞他在共產主義時代，對抗假正經、對抗清教徒思想的作爲。我們智利舊時代的偉大擁護者——拉費爾特，就是個禁酒禁到著魔的傢伙。上了年紀的拉費爾特，還會動不動碎碎唸，批評黨內男女同志間發生的婚外情和小戀愛。科多比拉則會用他無限的活力，擊垮我們這位過分拘謹的導師。

馬雅可夫斯基*

年輕時，我打著寒顫，讀完夏米索（Chamisso）一篇關於賣影子男人的故事。對我來說，最令我驚心動魄的一刻是交易完成後，魔鬼彎下身去，小心翼翼地將那男人售出的影子捲起。

我總覺得，某些大詩人以某種形式出賣了伴隨著他們的影子。在地上的影子被不同的魔鬼剪下來，捲起來，摺疊縮小，從所有人的身上取走；這詩人的魔鬼包含時尚、汲汲營營、文學沙龍，有時也包括逐漸接受資產階級的收買。

馬雅可夫斯基留給我們的遺產有他未完成的詩，還有他無比廣大的影子。

這就是從來不出賣影子的詩人的形象。他會把它當作自己的斗篷，一輩子都用它來保護自己，並且裹著它睡覺；那樣屬於個人的影子使得詩人的每個動作、每個夢想，都在個人無法取代的光與暗、白與黑的變化中有突出的表現。

表面上，我們以爲他的詩還沒有完成，因爲它被死神用駭人的剪刀截斷了。與此同時，蘇聯的發展突飛猛進。我們需要馬雅可夫斯基那首關於范倫蒂娜（Valentina）的詩；她是歷史上飛得最高、最遠的女人。只有語調像發射的子彈一樣的馬雅可夫斯基，才能恭賀那艘太空梭。這些他沒完成的詩，沒有人能幫他完成，因爲他的創作散發出太空人高傲的神韻；甚至他在寫愛情與鬥爭的詩歌時，都融入了太空的元素。他像個時代的征服者，奪走了許多當代的新題材，並加入他最擅長的豐富文采，使得詩歌在

1 褐衫軍（Braunhemden），指納粹裡穿著黃褐色卡其衣的衝鋒隊（Sturmabteilung）。

2 黑衫軍（Camice Nere），指由墨索里尼創建的民兵，全稱為國家安全義勇軍（Milizia Volontaria per la Sicurezza Nazionale，簡稱 MVSN）。

他來回的琢磨下，彷彿歷經一場大自然的暴風吹襲，改頭換面。

詩在人類的運動中變得激動。如果說與某個革命有關的詩人不只一個，那麼並不是所有的革命都會在一個詩人身上成形，被賦予血肉之軀和靈魂，就像馬雅可夫斯基的例子一樣。人類劇烈顫動的十月革命，在他的詩裡表現得相當鮮明，使得他的詩成了大事件，成了我們當今必須傳頌、值得紀念的大事。在以往的革命中，一位詩人會寫一首詩，或者好幾位詩人會出個聲，寫幾段表示支持的詩句。但馬雅可夫斯基投入他騷動的靈魂，耗盡他全身上下的氣力來創作，將他的詩當作一種絢麗的養分，來完成建設社會主義的夢想。

因此，馬雅可夫斯基的影子大得難以估計；它不僅沒有耗損，反而變得更大了。

這個影子經過了厄瓜多，有如風箏的尾巴抵達了拉丁美洲被人遺忘的郊區，開啓了年輕詩人的智慧。這個影子離開了某間圖書館，哐啷哐啷地往地上丟出了許多厚重說教的書籍。它闖入了街頭抗爭，潛入人們的行爲中。這個影子有時像把劍，有時像顆柳丁，具有夏天的色彩。

與我同世代的詩人，我們把馬雅可夫斯基視爲經典，想把他整齊地擺在書架上。但是他很叛逆，每天都從書架上偷溜出來，和我們一起加入時代的抗爭與勝利。因爲馬雅可夫斯基是我們非常傑出的同志。

對世界上每個地區、每個種族、每個民族、每個詩人來說，他都是非常傑出的同志。

在世界上每個地區、每個種族、每個民族的詩人心中，他還是導師。

史達林

許多人一直以爲我是或我曾經是一位重要的政治人物。我不曉得這個廣爲流傳的謠言是從哪來的。有一次我赫然發現，我一張像郵票大小的照片出現在《生活》（*Life*）週刊裡，擺在其中兩頁展示了世界共產主義領袖的照片裡。我的照片被放在普列斯特斯和毛澤東之間，讓我感覺這是個有趣的玩笑，不過我沒有跳出來澄清，因爲我一直以來都討厭寫澄清信。除此之外，可笑的事情還有，儘管美國中情局在世界上部署了五百萬名幹員，他們還是搞不清楚狀況。

在我們訪問北京那段時間，我曾經和一位重要的社會主義領袖有過最長時間的接觸。那是在一個慶祝典禮上，我和毛澤東相互敬酒。當我們的酒杯碰在一起時，他笑笑地看著我；他那爽朗的笑，看起來有些親切，又有些嘲弄。他牽起我的手，緊緊地握著，握了比平常還要多了幾秒鐘的時間。接著，我回到我原本的座位上。

我拜訪蘇聯那麼多次，從來沒見過莫洛托夫（Molotov）、維辛斯基（Vishinsky）和貝利亞（Beria）；就連米高揚（Mikoian）和李維諾夫（Litvinov）這兩位相對來說比較好親近、比較不神祕的人物，我也沒見過。

我曾從遠處見過史達林，而且不只一次，都在同一個地方：每年五月一日和十一月七日[1]，在紅場立得高高的觀禮台上，在坐著滿滿的高階領導人當中。我身爲史達林獎各獎項的評審委員，因此在克里

1 十一月七日，蘇俄國慶日。

姆林宮待了好幾個小時，但是我從頭到尾都不曾在走廊上與他碰到面；當我們在討論或吃午飯時，他也沒有過來看看我們，或把我們找過去寒暄一下。各獎項都要取得評審委員的一致認同才可以頒發，因此在產生候選人之前，不免歷經一番激烈爭論。我總有一種感覺，在我們做出最後決定之前，評審委員會的某位祕書總會帶著結果去給那個大人物過目，看看他有沒有意見。但老實說，我不記得我們有收到他任何反對的意見；儘管感覺他離我們很近，但我也不記得他曾表示過他知道我們的存在。很顯然，史達林是有計畫地爲自己蒙上神祕色彩，又或者他是個無敵害羞、活在自我內心世界的人。有可能是因爲這樣的個性，才使得貝利亞對他有舉足輕重的影響力。貝利亞是唯一不需要事先報備，就能隨意進出史達林房間的人。

不過，在某個偶然的機會，我和克里姆林宮那位神祕人物有過意外的交集，直到現在我仍覺得很不尋常。那次我和路易・阿拉貢以及他太太埃爾莎正前往莫斯科途中，準備參加那一年的史達林獎評審大會。一場大雪讓我們滯留在華沙，無法準時赴會。其中一位陪同我們的蘇聯人，用俄文將我和阿拉貢認爲適合的候選人名單傳過去給莫斯科；當然，那些候選人最後都通過了。不過，有趣的是，那位收到電話答覆的蘇聯人把我叫到一旁去，突然對我說：

「聶魯達同志，恭喜您。史達林同志過目了可能獲獎的名單之後，大聲地說：『爲什麼聶魯達沒有出現在名單裡？』」

隔年，我就獲得史達林和平獎。也許我值得獲獎，但我的疑問是，那個遙不可及的人怎麼會注意到我的存在？

我還知道那時期史達林出手干預的其他例子。當反世界主義的運動愈演愈烈時，當「硬領」派的狂熱份子要求取下愛倫堡的首級時，某天早上，《胡立歐．胡雷尼多與門徒們的奇特冒險》（*The Extraordinary Adventures of Julio Jurenito and His Disciples*）的作者家裡的電話響了。盧芭（Luba）接起電話。一個模糊又陌生的聲音說：

「伊利亞．格里戈里耶維奇在嗎？」

「看情況。」盧芭說。「您哪位？」

「我是史達林。」那聲音回答。

「伊利亞，一個來開玩笑的人找你。」盧芭對愛倫堡說。

但作家一接起電話，立刻就認出所有人都熟悉的史達林的聲音。

「我一整晚都在看您那本《巴黎的陷落》（*The Fall of Paris*）。我打給您是想告訴您，敬愛的伊利亞．格里戈里耶維奇，請您再多寫一點像這樣有趣的書。」

或許因爲那通意外的電話，才讓傑出的愛倫堡能多活幾年。

還有另一件事。當馬雅可夫斯基過世後，那些頑劣、反動的敵人張牙舞爪地攻擊大家對詩人的思念，並高喊著要將他從蘇聯文學的脈絡中剔除。此時發生了一件事，打亂了他們的計畫。馬雅可夫斯基的戀人莉莉．布里克（Lily Brik）寫了一封信給史達林，向他說明那些攻擊有多無恥，並激動地捍衛她情人的詩。那些攻擊者以集體平庸的智慧作爲後盾，原本以爲計畫無懈可擊，沒想到卻大失所望。史達林在莉莉．布里克的信件空白處註記：「馬雅可夫斯基是蘇維埃時代最優秀的詩人。」

從那時候起，紀念馬雅可夫斯基的博物館和雕像如雨後春筍般出現，而且他傑出的詩也不斷地再版。面對那有如耶和華號角響起的勝利，攻擊者受到晴天霹靂般的打擊，一蹶不振。

我還知道，史達林過世後，人們在他的文件裡找到一份他親筆寫的「勿碰」名單。名單的第一個人是音樂家蕭士塔高維奇（Shostakovitch），接著還有愛森斯坦（Eisenstein）、帕斯特納克、愛倫堡等傑出人士的名字。

許多人認爲我是一個堅定的史達林主義者。法西斯主義者和反動份子將我形容成註解史達林的詩人。對於這些評論，我並不感到特別生氣。在一個極度混亂的時代，任何的結論都是可能的。

對於我們共產黨員來說，最大的悲劇是突然意識到，敵人批評史達林問題的許多面向是有道理的。這樣披露令人震驚，緊接而來的是良心的掙扎。某些人感覺受騙，毅然決然地接受敵人的話並加入他們的行列。某些人則認爲，那些在蘇共二十大會上被無情揭發的驚人事實，恰好證明了共產黨的正直，因爲他們在將歷史眞相公諸於世之後，繼續活下來且自我承擔後果。

儘管每個人都有義務承擔那樣的後果，但揭發那些罪行讓我們回到學說的中心思想——自我批評與剖析——讓我們具備武器，以防可怕的事捲土重來。

一直以來，我所持的立場是：在史達林時代，在那我不熟悉的黑暗當中，出現在我眼前的是蘇聯部長會議主席史達林；他是有原則的大好人，有如隱修士般簡樸，也是蘇俄革命的強力捍衛者。此外，這個留著大鬍子的小矮個兒，在戰爭中成了高大的巨人；紅軍的口裡高喊他的名字，攻佔並粉碎那些著了魔般的希特勒擁護者的堡壘。

然而，我只寫過一首詩獻給這位強人，哀悼他的辭世。在我任何一個版本的《作品全集》裡都找得到這首詩。克里姆林宮的這位巨人過世轟動了全世界，震撼了全人類。我的詩捕捉了世人那樣的恐懼。

單純的教訓

加布列．賈西亞．馬奎斯生氣地向我說，他精彩的《百年孤寂》裡的某些情色段落，在莫斯科是如何被刪減的。

「這太糟了！」我這樣對出版社說。

「這對書又沒有任何影響。」他們回答我。我當下的感覺是，他們刪減情節時沒有什麼惡意。但畢竟他們還是刪了。

遇到這樣的事要怎麼處理？我愈來愈不懂社會在想什麼。除了馬克思主義的基本原理，除了我討厭資本主義和堅信社會主義，我愈來愈不懂人類固執的矛盾心理。

我們這時代的詩人必須選擇。選擇並非事事如意。不公平的可怕戰爭、持續的壓力、金錢的攻擊，所有的不公不義變得愈來愈明顯。老舊體制的誘惑已成了有條件的「自由」、性愛、暴力，還有舒服地按月分期付款所得到的各種享受。

今日的詩人在煩惱中尋找自己的出路。某些人選擇逃避，遁入神祕主義，或遁入理性的夢想。某些人則被年輕人自發性、破壞性的暴力所蒙蔽，成了只關心眼前的利益，而完全沒有考慮到，在目前這個口誅筆伐的世界裡，這樣的做法總會遭受打壓，並陷入江郎才盡的痛苦。

在吾黨——智利共產黨裡，我發現有一大群人的想法很單純，他們遠遠地拋開個人的虛榮心、拋開當地方老大的心態、拋開物質的利益。我很開心認識這樣一群高尙的人，他們追求的是共同的正道，也就是爲正義而努力。

我從來不覺得和我的黨相處困難；我的黨以謙虛的心，爲我們智利的人民爭取了非凡的勝利。我還能多說什麼？我不奢求別的，只想和我的同志們一樣單純，和他們一樣努力不懈、百折不撓。我們永遠都沒有學到足夠的謙虛。驕傲的個人主義者，只會抱著懷疑的態度住在象牙塔裡，不懂得關心人類的痛苦，所以從來沒有教會我任何事。

菲德爾．卡斯楚

菲德爾．卡斯楚（Fidel Castro）打完勝戰進入哈瓦那之後兩週，短暫訪問了卡拉卡斯（Caracas），對委內瑞拉政府與人民曾經給予他的幫助，公開表示感謝。這些幫助包括了他的軍隊所取得的武器；不過提供武器的人當然不是剛當選總統的貝坦庫爾特（Betancourt），而是前一任的沃夫岡．拉拉薩巴（Wolfgang Larrazábal）總司令。一向與委內瑞拉左派——包含共產黨在內——友好的拉拉薩巴，在共產黨請求協助之前，就主動向古巴伸出了援手。

那位古巴革命的年輕勝利者，得到了委內瑞拉人帶著政治色彩的熱烈歡迎，這實在很少見。菲德爾在卡拉卡斯市中心寬敞的埃爾希倫修廣場上，連續講了四個小時的話。有二十萬人站著，鴉雀無聲地聽完他的演說，而我也是其中一位聽眾。對我和其他許多人來說，菲德爾的演講是個啓示。聽著他在大批群眾前的公開演說，我了解到拉丁美洲將展開一個嶄新的時代。我喜歡他創新的語言。那些最優秀的工人領袖或政治人物，把經常引用一些或許適當的內容變成慣例，經過不斷地重複，那些話都成了陳腔濫調，而且變得軟弱無力。菲德爾假裝對這些慣例一無所知，很自然地講出富有教化意義的言語。感覺他在說話與教人的同時，自己也不斷地在學習。

貝坦庫爾特總統當時並不在場。他一想到要面對向來不歡迎他的卡拉卡斯市民，就心生恐懼。每次菲德爾．卡斯楚在演講中提到他的名字，就立刻傳來一陣噓聲和起鬨聲，逼得菲德爾不得不舉起手請大家安靜。我想，從那天起，貝坦庫爾特和那位古巴革命家確定結下了樑子。當時菲德爾不是馬克思主義者，也不是共產黨員；他講的話和那些政治立場有很大的差距。根據我個人的看法，那場演說、菲德爾熱情且突出的個性、他激起的群眾狂熱，都讓貝坦庫爾特這位說話官腔官調、組織委員會和密謀會議的老派政治人物傷心透頂。從那時候起，貝坦庫爾特只要一聞到任何與菲德爾．卡斯楚或古巴革命有關的氣味，就會伸出無情的爪子打壓他們。

群眾聚會隔天，當我在星期天野餐時，幾位機車騎士靠近，給了我一張古巴大使館的邀請函。他們已經找了我一整天，最後才打聽到我的下落。那個招待會將在當天下午舉行。我和瑪蒂爾德直奔大使館。受邀賓客多到溢出大廳和花園。外面聚集了大批群眾，使得通向大使館的各條道路都寸步難行。

我們穿過擠滿了人的大廳，穿過一隻隻高舉著雞尾酒杯的手所形成的壕溝。某人帶我們穿過了幾條走廊，走上幾階樓梯，到了另一個樓層。菲德羅最親近的好友兼祕書塞莉雅（Celia），在某個出乎意料的地方等著我們。瑪蒂爾德和她留下，而我則被帶到隔壁的房間。我進到了一間園丁或司機那類低階工作人員的臥室。裡面只有一張床，床上的人才剛急忙起身，床鋪凌亂沒整理，有顆枕頭掉在地上。角落還有一張小桌子，此外再也沒有其他東西。我心想，他們會從那裡把我帶到某間像樣的小廳，然後與那位革命指揮官見面。其實不然。門突然開了，菲德爾・卡斯楚的身體堵住了整個門。

他比我高出一個頭。他以飛快的腳步向我走來。

「哈囉！巴布羅！」他對我說，並且緊緊抱住我，讓我難以呼吸。

他的聲音細細的，像個孩子一般，令我感到吃驚。另外，和他說話語調相符合的還有他某部分的外表。菲德爾給人的感覺不像個大人，反而比較像個雙腿突然拉長、但是仍長著一張孩子臉、留著一嘴青少年稀疏鬍子的大孩子。

他突然用力地鬆開我，像被電到一樣醒過來。他轉過身去，果斷地朝房間角落走去。我完全沒察覺，已經有某報社的跟拍記者偷偷潛入，在那個角落拿著相機對著我們。菲德爾一個箭步衝到了他身邊。我見他掐住那個人的脖子，搖晃了一下，他的相機就掉到地上。我靠近菲德爾抓住他的手，驚恐地看著那弱小的跟拍記者做無謂的掙扎。菲德爾用力一頂，將他推到了門邊，攆他出去。接著，他笑笑地朝我走來，撿起地上的相機，將它丟在床上。

我們沒有談論剛才的意外插曲，而是開始說起建立一個擴及全美洲的通訊社的可能性。我認為，「拉美社」（Prensa Latina）就是在那次的談話後誕生的。接著，我們各自穿過房門離開，回到接待會上。

一個小時後，在我和瑪蒂爾德一起從大使館離開的回家途中，我的腦中浮現的是那位跟拍記者的驚恐表情，還有那位游擊隊首領背對著偷偷潛入的不速之客，也能立刻察覺並本能地迅速反應的畫面。

那就是我第一次與費德爾・卡斯楚見面的經驗。為什麼他如此斷然拒絕那位跟拍記者的跟拍呢？他那麼做是否帶著絲毫的政治隱情呢？直到現在，我仍不明白為什麼我們的會面必須如此地保密。

我和切．格瓦拉第一次見面的經驗則完全不同。那次在哈瓦那，將近凌晨一點，我過去他在財政部或經濟部的辦公室找他；正確的地點我已經不是很清楚了。雖然我們原本約定半夜十二點見面，但我先去參加了一個官方活動，被安排在主席團；活動一拖再拖，所以就遲到了。

切穿著戰鬥靴和迷彩服，腰上插著手槍。他的裝扮與商業環境的辦公室非常不搭。

切膚色黝黑，講話斷斷續續，帶著濃濃的阿根廷口音。他是個適合在草原上、與他一杯接一杯喝著馬黛茶、慢慢聊天的人。他說話的句子都很短，最後皆以微笑收尾，彷彿語帶保留。

他向我提到我的《漫歌》，讓我受寵若驚。在馬埃斯特拉山脈的夜裡，他習慣讀我的這本詩集給他的游擊隊員聽。如今事隔多年，一想到他死亡時我的詩也陪伴著他，我就打了寒顫。我從雷吉斯．德布雷（Régis Debray）那裡得知，切在玻利維亞山上時，直到最後一刻仍在背包裡裝著兩本書：一本算術課本和一本我的《漫歌》。

那一夜，切和我說了某些話，讓我百思不得其解；不過，那些話或許在某部分解釋了他的命運。他的目光從我的眼睛，轉移到辦公室周圍黑暗的窗外。我們聊著美國可能入侵古巴。我早就注意到哈瓦那沿街的戰略據點散落著一些沙包。他突然說：

「戰爭……戰爭……我們總是反對戰爭，但待我們一打過仗，我們的生活就少不了戰爭。在任何時刻，我們都想回到戰爭裡。」

爲了讓我也聽得到，他大聲地自言自語。我聽了感到十分震驚。對我來說，戰爭是一種威脅，絕不是一種命運。

那次分開後，我就再也沒見到他了。接著，他在玻利維亞森林裡浴血奮戰，並悲劇性地過世。不過，現在想到切．格瓦拉時，我仍能見到那位愛好沉思的男人，在英勇的戰役中，總是在武器旁保留了一個位置給詩歌。

拉丁美洲非常喜歡「希望」這個詞。聽到別人叫我們「希望的大陸」，就很高興。參選眾議員、參議員、總統的候選人，都封自己爲「希望的候選人」。

事實上，這個希望就有點像上帝應許的天堂，有點像不斷延期承諾的支票。它被延至下一次的立法會期、延至下一年，或延至下個世紀。

當古巴革命爆發時，成千上百萬的南美洲人瞬間醒了過來。他們不敢相信自己聽到的事。在一個絕望中度日同時又滿懷希望的大陸上，從來沒有一本書記載過這樣的事。

突然，在這裡出現了一個沒沒無聞的古巴人費德爾．卡斯楚；他抓住了希望的頭髮或雙腳，不讓它漫天飛舞，而將它安置在桌前，亦即安置在美洲人民的桌前和家裡。

從那時候開始，我們在希望化爲現實的道路上，往前邁進了一大步。但我們仍過著提心吊膽的生活。一個非常強大且非常帝國主義的鄰國，想要壓垮古巴一切的希望。美洲的民眾天天看報紙，夜夜聽廣播。他們開心地喘了口氣，因爲古巴還活著。它又多活了一天，多活了一年，多活了五年。我們的希望沒有被砍頭，也絕不會被砍頭。

古巴人的信

我有許多的秘魯朋友。這些朋友向秘魯施壓了一段時間，要求他們的政府頒一個正式勳章給我。坦白說，我一直都覺得勳章這種東西有點可笑。少數幾個我領到的勳章，都因爲不得已才會掛在我的胸前；有的是出於我的職責所在，有的是因爲我的領事工作；也就是說，不是因爲被迫，就是因爲例行公事。某次我旅經利馬（Lima）時，傑出的小說家希羅．阿雷葛利亞（Ciro Alegría），即《飢餓之犬》（*Los perros hambrientos*）作者暨當時的秘魯作家協會會長，堅持要他的國家頒獎給我。我的詩〈馬丘比丘之巔〉早已成了秘魯生活的一部分；或許我在那些詩句裡，成功表現了某種沉睡在那偉大建築的石塊底下的情感。此外，當時秘魯總統貝拉溫德（Belaúnde）建築師，是我的朋友兼讀者。雖然之後的革命以激烈的方式將那位總統驅逐出境，並爲秘魯帶來意想不到的開放新政府，爲秘魯開啓了歷史上的新道路，但我始終認爲貝拉溫德建築師是無可挑剔的正人君子；他執著於有點不切實際的事業，最後使他遠離了可怕的現實，也使他遠離了他深愛的人民。

我願意接受勳章，但這次受獎不是因爲我的領事工作，而是因爲我的一首詩。除此之外，這次的獎別具意義，因爲在智利和秘魯人民之間仍存在著尚未癒合的傷口。不只有運動員、外交人員和政治家應該盡力爲過去的傷口止血，詩人更有責任爲這樣的工作效力，因爲我們的心靈比其他任何人都更沒有隔閡。

在那段時間，我去了一趟美國，爲的是去參加國際筆會舉辦的會議。受邀者有我的好友亞瑟．米勒（Arthur Miller）、阿根廷作家埃內斯多．薩巴多（Ernesto Sabato）和維多利亞．歐坎波、烏拉圭評論家埃米爾．羅德里格斯．莫內卡爾，以及墨西哥小說家卡洛斯．福恩德斯。另外，與會者還包括來自幾乎所有歐洲社會主義國家的作家們。

當我抵達時，有人通知我古巴作家也受邀了。不過卡本鐵爾沒有出現，因此國際筆會感到訝異，並拜託我聯繫看看到底發生了什麼事。我去找了拉美社駐紐約的代表，他幫我傳了一封電報給卡本鐵爾。

我從拉美社那裡得到的回覆是，卡本鐵爾太晚收到邀請函，美國的簽證還沒辦妥，所以無法與會。有人撒謊：所有的簽證早在三個月前就已經下來了，而且也早在三個月前古巴人就已經收到邀請並答應出席了。所以大家心知肚明，肯定是在最後一刻，高層當局決定不參加會議。

我和平常一樣，完成我的任務。我在紐約進行了第一次的詩歌朗誦，群眾多到必須在劇院外面架設電視牆，才能讓數千名無法入場的人欣賞和聆聽。強烈反帝國主義色彩的詩歌喚醒了那些美國群眾，如此廣大的迴響深深打動了我。在紐約、華盛頓和加州，當我看到學生和一般人認同我控訴帝國主義的言論時，我了解到很多事。我近距離地證實了，與我們人民爲敵的美國人，同樣也與自己的美國人民爲敵。

我接受了許多採訪。由某個拉丁美洲暴發戶所主導的《生活》雜誌西文版，曲解並刪減我的意見。我要求他們更正，他們沒有理我。反正問題也不大。他們只是刪掉某一段我控訴越戰和當時某位黑人領袖被謀殺的事。直到幾年以後，那位編輯採訪內容的女記者出面澄清，她報導的內容遭到刪減。

我得以訪美，全是我那些美國作家朋友們的功勞。在訪問期間我才知道，他們不斷施壓，讓美國政府給我入境簽證。我感覺，要是美國堅持不發入境許可給我，他們不排除以國際筆會的名義譴責美國，威脅國務院。美國詩壇最德高望重的人物、好幾個月後過世的年邁女詩人瑪麗安・穆爾（Marianne

Moore），在一場公開的會議中被頒予一個新頭銜，而且在發表演說時提到，她很高興因爲那些詩人的齊力爭取，讓我得以合法入境美國。據說，她那番激昂的言語感動了許多人，博得了滿堂喝彩。

可以確定但又相當不可思議的是，那個戰火意味濃厚、主要用來表達支持和捍衛古巴革命的政治與詩歌巡迴活動結束後，我一回到智利，就立刻收到古巴作家們寄來的那封著名的指控信，幾乎把我罵得跟美國哈巴狗和叛徒差不多。我已不太記得提告我的那些「檢察官」所用的字眼。但我可以確定的是，他們自封爲革命的導師，提出左派作家必須遵從的規範。他們以高傲、蠻橫和褒揚這些手段，企圖「改正」我的詩歌、社會與革命活動。我因爲〈馬丘比丘之巔〉獲頒勳章；我出席國際筆會的會議；我發表聲明並舉辦詩歌朗誦會；我在敵營表達我對美國制度不滿的演說並參與那樣的活動；這些全都被剛剛提到的作家們質疑、曲解、毀謗；他們之中有許多人才剛進入革命的陣營，有許多人合法或不合法地收了古巴新政府的酬庸。

這一波對我的抹黑中，還加入了他們宣稱在各作家與藝術團體的講壇上收集到的「自發性」簽名，因而變得聲勢更大。發起人在哈瓦那四處奔波，尋找音樂家、舞蹈家和造型藝術家等團體的全體人員簽名。多到數不清、路過的藝術家和作家，被慷慨地邀請入境古巴，住進最奢華的飯店，然後被要求簽名。某些名字被印在那封不實指控信下方的作家，後來偷偷地告訴我：「我從沒簽署過那封信；我是看到我沒簽過的名字出現後，才知道信的內容。」一位胡安·馬里內佑的朋友暗示我，他遇到的情況是這樣，雖然我始終無法查證。但是我在其他人的身上得到了證實。

這事件就像一團線球、一團雪球，或像意識形態遭到濫用的一團爛帳，無論如何都會愈滾愈大。他們在馬德里、巴黎和其他國家首都設置了特派員，專門負責向群眾散播這封謊話連篇的信。成千上萬封的信被寄出，尤其在馬德里，每個收件人都一口氣收到了二、三十封同樣內容的信。令人感覺陰險又好笑的是，那封外面貼著佛朗哥頭像郵票的信，內容竟指控巴布羅·聶魯達是一位反革命份子。

我根本沒去調查他們突然大動作的原因爲何；政治上的虛僞、意識形態上的薄弱、文壇上的仇恨與妒忌，任何我不知道的因素，都可能導致這場如此多人攻擊我一個人的戰爭。之後，有人告訴我熱中寫這封指控信並推波助瀾和收集簽名的人，包括了作家羅貝爾多·費南德斯·雷達馬爾（Roberto Fernández Retamar）、埃德蒙多·德斯諾耶斯（Edmundo Desnoes），以及里桑德羅·歐德羅（Lisandro Otero）。我不記得我有讀過任何德斯諾耶斯和歐德羅的作品，也不認識他們。但我見過雷達馬爾。在哈瓦那和巴黎時，他曾很熱心、很巴結地跟隨我，告訴我他一直都有幫我的書寫序，也持續發表關於我的作品的正面評論。其實，我從來不覺得他有實力，只把他當作想在我們這個時代的政壇和文壇往上爬的牆頭草。

他們也許把我幻想成激進的革命鬥士，以爲可以傷害我或整垮我。但是當我首度想去黨中央委員會處理這件事，才剛抵達智利聖地牙哥的戴蒂尼會修士街時，他們已至少在政治方面提出自己的看法。

「這是我們智利共產黨第一次遭到攻擊。」他們對我說。

當時大家都生活在嚴重的衝突當中。委內瑞拉、墨西哥和其他國家的共產主義者，都在意識形態上與古巴人發生爭執。之後，陷入悲慘困境的玻利維亞人，也默默地與他們產生分歧。

智利共產黨決定在一個公開的活動中，頒予我雷卡巴連獎章；那是當時新設立的獎，授予的對象是最積極奮鬥的黨員。這是分寸拿捏得恰恰好的一種回應。智利共產黨明智地處理當時的分歧，堅持以內部分析的方式，來解決我們分歧的意見。隨著時間過去，所有衝突的陰霾也消失了；在拉丁美洲最重要的兩個共產黨之間，只存在一種清晰的理解，和一種兄弟情誼關係。

至於我，我是寫《歌功頌德》的詩人，而且我不曾改變。這是一本我一直都很喜歡的書。藉由它，我不會忘記我是第一個寫了一整部詩集來歌頌古巴革命的詩人。

我當然曉得，革命和革命份子偶爾會犯錯，偶爾會有不公正的事情發生。人類沒有明文規定的法律不僅會影響革命份子，同樣也會影響反革命份子。沒有人能永不犯錯。在偉大事業的整體當中，一個盲點，一個發展進程的小小盲點沒什麼大不了。我一直都在歌唱，一直對古巴革命、對他們的人民、對他們高貴的革命英雄們，抱持著愛且尊敬的心。

但是每個人都有弱點。我就有不少的弱點，例如：我堅持當個革命鬥士，我不喜歡放棄這樣的驕傲感。或許是這個原因，又或許是其他微不足道的一個小弱點，讓我仍然認為那封信是一種對我的毀謗，所以直到現在，我仍拒絕且將持續拒絕與那些有意識或無意識簽下名的人和解。

12——甜蜜又艱困的祖國

極端主義與間諜

過去的無政府主義者往往走向一條非常舒適的道路，走向無政府資本主義，走向政治槍手、類激進份子和假獨立人士會走的路；今日有無政府主義傾向的人，明日也會發生同樣的情況。壓迫人的資本主義，鎖定共產主義者作爲他們最主要的敵人，而且他們在瞄準對象上很少失誤。反動派在某種程度上，以機智的方式或以強硬的手段吹捧所有的個人主義叛徒，將他們視爲神聖原則的捍衛英雄。反動派知道，一個社會改變的危險不在個人主義者的背叛，而在於群眾的組織和廣泛的階級意識。

這一切，我在西班牙內戰時看得十分清楚。面對希特勒和佛朗哥的勢力向馬德里逼近，某些反法西斯主義的團體竟然組織了一場僞裝的狂歡派對。我指的團體當然不包括那些難以控制的無政府主義者，例如杜魯迪（Durruti）和他那些在巴塞隆納張牙舞爪、像獅子般打鬥的加泰隆尼亞同胞。

比極端主義者糟糕一千倍的是間諜。在革命黨派的軍隊裡，時不時會有敵營的臥底滲透；他們要不是拿了警方的好處，就是當反動派政黨或外國政府的走狗。他們有些人專門負責煽動，有些人負責耐心偵查。阿澤夫（Azef）的故事就很經典。在沙皇體制被推翻以前，他多次參加恐怖刺殺行動，也被關進牢裡好幾次。十月革命後，沙皇祕密警察的隊長出版了一本回憶錄，鉅細靡遺地敘述阿澤夫如何從頭到尾埋伏在保衛部裡。這個怪人在某次的突擊中，刺死了一位大公爵；在他看來，恐怖份子和密探沒什麼兩樣。

另一個怪例子發生在洛杉磯、舊金山或其他的加州城市。一陣瘋狂的麥卡錫主義（McCarthyism）旋風襲來，導致當地所有的共產黨員都被逮捕。他們總共七十五人，每個都被編號、標註，甚至日常的一舉一動都被記錄下來。但這七十五個人竟成了警方的線民。聯邦調查局還授予他們特權，讓他們幾個互相不認識的個體成立自己的小「共產黨」，以便之後逮捕這群假想敵，並把這樣引起轟動的勝利，全當作是自己的功勞。聯邦調查局以此方式製造出一些荒謬的事件，例如一位被警方用美金收買的前共產黨員查爾摩斯（Chalmers），將驚人的國際內幕藏在一顆捲心菜裡。當然，也發生過駭人聽聞的事件，其中最令人髮指的就是聯邦調查局處決——或更確切地說——謀殺羅森堡（Rosenberg）夫婦的案子。

智利共產黨是歷史悠久的組織，完全由無產階級者建立，比較不容易發生類似這樣的滲透情形。相反地，拉丁美洲的游擊戰理論，卻爲各種形式的滲透開啓了後門。游擊組織需要積極性和年輕族群，這使得間諜活動很難被察覺、被揭發。也因此，游擊隊的首領總是疑神疑鬼，連對自己的影子都緊張兮兮。在某種程度上，充斥在拉丁美洲的浪漫激情與狂妄的游擊戰理論，助長了崇拜冒險的心理。也許，隨著切．格瓦拉的遇害和英勇過世，這個時期已經宣告結束。但有很長一段時間，那些支持使用戰略的理論學者，在美洲大陸上四處散播論述與文章，隱隱鼓吹了未來的人民革命政府是由各種的武裝游擊隊員來當家，而不是由資本主義剝削的階級領導。這種理論的缺點在於它的政治基礎薄弱。有可能在某些情況下，一位傑出的游擊隊員具有很強的政治頭腦，就像切．格瓦拉的例子，但是這畢竟是少數，而且也得碰運氣。在游擊隊中僥倖存活下來的人，他們有的只是比死掉的人更勇敢一些、更幸運一些，還有比活著的人槍法更準一些，並無法帶領一個無產階級國家。

現在，我要說一個我的親身經歷。當時我剛從墨西哥回到智利。我去參加一個政治性的會議，有人過來和我打招呼。他是一位中年男子，一副現代紳士的模樣，穿著十分得體，配戴一副無框的夾鼻眼鏡，令人有種敬畏感。結果，他是個健談的傢伙。

「尊敬的巴布羅，我一直不敢靠近您，雖然我欠您很大的人情。我是您從集中營和毒氣室救出來的難民，您把我們送上開往智利的溫尼伯號。我是加泰隆尼亞人，也是共濟會的成員。我在這裡過得很好。現在，我在智利最大的某某公司上班，專門銷售健康商品。」

他告訴我，他在聖地牙哥市中心有一間豪華公寓。他的鄰居是赫赫有名的網球冠軍，叫作伊格雷西亞斯（Iglesias），曾經是我的小學同學。他們經常聊到我，所以最後決定請我吃飯。這也是他來找我的原因。

那位加泰隆尼亞人的公寓展現出我們小資產階級的舒適生活。布置擺設無可挑剔，西班牙燉飯色澤金黃且配料豐富。伊格雷西亞斯全程陪我們吃午餐。我們嘻嘻笑笑，回憶起蝶夢谷的舊校舍，回憶地下室裡蝙蝠翅膀拍打我們臉頰的往事。聚餐最後，好客的加泰隆尼亞人簡短地說了幾句話，並且送了我兩張精美的照片：一張是波特萊爾，另一張是愛倫．坡。這兩張精美的詩人頭像，當然仍保存在我的書房裡。

某天，我們那位加泰隆尼亞人突然中風癱瘓，倒在床上一動也不動，沒辦法說話，也沒辦法動；只能痛苦地轉動眼球，像是要向他那位背景無懈可擊、傑出的西班牙共產黨員太太說些什麼；或像是要對他的鄰居、也就是我那位網球冠軍的朋友伊格雷西亞斯說些什麼。不過，那個人什麼話也沒說，什麼手勢也沒做，就離開了人世。

那個家充滿了淚水、朋友和花圈，此時那位打網球的鄰居接到一通神祕的電話：「我們知道，您和那位過世的加泰隆尼亞人是非常要好的朋友。他之前不停地稱讚您的為人。如果您想做點重要的事情來紀念朋友，那請打開他的保險櫃，拿出他藏在裡面的一個小鐵盒。三天後，我會再打過來。」

那位寡婦根本聽不進諸如此類的事；她傷心到了極點，完全不想管那件事；她丟下公寓，搬到聖多明哥街上的一間廉價旅館。旅館的主人來自南斯拉夫，曾參加反抗運動，也是在政治上受過訓練的人。寡婦要他幫忙清點她先生的文件。那位南斯拉夫人找到小金屬盒，費了好大一番工夫才將盒子打開。結果，爆出駭人的內幕。保存的文件透露，死者一直都是法西斯的臥底。信件的備份揭露數十名偷偷回到西班牙、被囚禁或被處決的流亡者姓名。

甚至還有一封佛朗哥親筆所寫、感謝他服務貢獻的信。那位加泰隆尼亞人提供的其他消息，讓納粹海軍擊沉了幾艘從智利海岸出發、載著軍備的貨船。其中壯烈犧牲的一艘就是智利海軍的驕傲，也是服役多年的「勞達羅」（Lautaro）號護衛艦。它裝載硝石，才剛離開我們的多克皮亞港，就在戰爭中被擊沉。船難中有十七名海軍士官喪命；他們不是被淹死，就是被火燒死。

這些罪行，全是某天笑臉迎人、邀我一起吃午餐的那位加泰隆尼亞人幹出來的。

共產黨員

……我入黨幾年了……我很開心……共產黨員組成了一個大家庭……他們外表強韌，內心溫柔……他們四處挨棍子……挨專為他們準備的棍子揍……精神主義者、保皇黨人士、心理變態、各種的罪犯萬歲……沒有形體、虛幻的哲學萬歲……會叫又會咬人的狗萬歲，好色的占星術士萬歲，淫蕩的作品萬歲，犬儒主義萬歲，蝦子萬歲；除了共產黨員，全世界萬歲……貞操帶萬歲，意識形態基礎已經五百年沒有洗滌的保守派萬歲……窮人的蝨子萬歲，免費公墓萬歲，無政府資本主義萬歲，里爾克（Rilke）萬歲，安德烈．紀德（André Gide）還有他的小書《克里登》（*Corydon*）萬歲，任何的神祕主義萬歲……什麼都好……誰都是英雄……所有的報紙都應該發行……什麼報都可以發行，就是共產主義的報紙例外……讓所有的政治人物都自由地進入聖多明哥……讓他們來慶祝血腥的特魯西佑總統的死，就是別讓曾經與他浴血奮戰的人過來……狂歡節，狂歡節的最後幾天萬歲……我們為大家準備了各式各樣的偽裝……有理想主義基督徒的偽裝，有極左派人士的偽裝，有慈善夫人的偽裝，有寬厚女士的偽裝……但是要當心，別讓共產黨員混進來……快把門關好……不能有疏失……他們什麼權利也沒有……我們只要煩惱主觀的事，煩惱人的本質，為本質的本質擔憂……這樣，我們所有的人都會很開心……我們都享有自由……自由真偉大啊！……他們都不尊重它，不懂它……不懂自由為本質擔憂……為本質的重要性擔憂……

……這幾年就這樣過去了……爵士樂走了，靈魂樂來了，我們在抽象繪畫的基本原理中遭受挫敗，我們在戰爭中顫抖，被宰殺……在這方面，一切都沒兩樣……又或者都不一樣？……經過這麼多心靈演說的洗禮，頭上遭到那麼多的棍棒伺候，事情仍進行得不順利……非常地不順利……人算不如天算……人民發動組織……游擊戰和罷工持續不斷……古巴和智利獨立……許多的男男女女唱起了《國際歌》

（L'Internationale）……好奇怪……好令人傷心啊！……現在他們用中文、用保加利亞語、用美洲西班牙語唱起了這首歌……我們必須採取緊急措施……必須禁止它……必須再多講一點精神層面的東西……必須再多頌揚自由的世界……必須用棍子再多揍幾下……必須再多送出一點美金來收買……不能再繼續這樣……不是用棍棒換取自由，就是活在赫爾曼．阿西涅卡斯（Germán Arciniegas）的恐懼當中……而現在，古巴……在我們的自己的這個半球，在我們這一半的蘋果，這些大鬍子都唱著同一首歌……那麼，對我們來說，耶穌基督有什麼用？……教士又用什麼方式為我們服務過？……我們不能再相信任何人……就連教士也不能信……他們不了解我們的觀點……不了解我們的股票在交易所是怎麼下跌的……

……與此同時，人類攀上太陽系……在月球上留下鞋印……除了老舊的制度不變，一切都在求新求變……老舊制度的生命源自於中世紀那張巨大的蜘蛛網……那張比機械鋼鐵還要堅硬的蜘蛛網……儘管如此，有人相信改變，也進行了改變，讓改變獲得勝利，讓改變開花結果……唉呀！……原來春天要來時，擋都擋不了！

詩學與政治學

一九六九年，我幾乎整年都在黑島。從早上開始，海水就呈現出漲潮般的神奇狀態，彷彿在揉製一塊無限廣大的麵糰。盈滿的浪花白得像麵粉，彷彿受到深海裡寒冷酵母的推動。

冬天死氣沉沉又霧濛濛。我們每天在壁爐裡生火，爲它籠罩的範圍增添一點魅力。沙灘的白爲我們製造了一個孤獨的世界，就像這片土地上還沒有人來居住或避暑的狀態。但是，大家別以爲我討厭夏天的人山人海。夏天才剛到，女孩們就往海邊跑，大人和小孩小心翼翼地走進浪裡，接著從危險的大浪裡跳起，冒出頭來。這就是人類跳了千年的舞，或許也是人類面對大海時跳的第一支舞。

在冬季，黑島的房子全籠罩在夜晚的黑暗裡，只有我家是亮著的。有時，我以爲對面的屋裡有人。我看見一個窗戶有亮燈。那只不過是個幻影。船長的家裡沒人。那是我窗裡的燈反射在他的窗戶上。

我一整年都在工作的角落寫東西。連要去到哪裡待下來，都不是件簡單的事。很快地，有個東西吸引了我那兩條狗——胖達和周杜。那是一張我用來當作小房間地毯的孟加拉虎皮。我好多年前把它從中國帶回來，上面的爪子和毛都掉了，幸好我和瑪蒂爾德沒讓它被蟲蛀掉。

我的兩條狗喜歡癱倒在這張「老」虎皮上。牠們兩個勝利者宛如歷經了一場廝殺，疲憊不堪，一躺上去就立刻睡著。牠們會橫躺在小房間門口，似乎不讓我離開，逼迫我繼續工作。

這個房子裡，每一刻都有事情發生。有人打了長途電話來。應該怎麼回答？我不在。然後，他們再打另一通？回答我在。

我不在。我在。我在。我不在。黑島遙遠的角落再也不遙遠，這就是我身爲一位詩人的生活。大家總是問我，尤其是那些記者，老問我：我在寫什麼作品、我在做什麼事，這種問題的膚淺程度，一直都讓我感到驚訝。因爲事實上，我都一直在做同樣的事情。我不曾停止做同樣的事。不就是寫詩？

我在持續從事一陣子這樣的事情之後，才意識到我寫的東西叫作詩。我對定義、標籤，從來不感興趣。美學的爭議更讓我厭惡得要命。我不歧視那些堅持在美學上爭論不休的人，只是我對文學創作的出生證明與驗屍報告，眞的很無感。「任何外在的事物都不能動搖我。」華特·惠特曼這麼說。況且，文學的裝飾和它所有的成就，都無法取代純淨樸實的創作。

我一年內換了好幾次筆記本。在那裡，筆記本和我一行行用綠色墨水寫的字跡，緊緊地繫在一起。在許多的筆記本裡，我將它們寫得滿滿的，讓它們逐漸變成一本本的書，就好像歷經了一次又一次的蛻變，從靜止到動態，從小幼蟲變成了螢火蟲。

政治生活像雷一般地襲來，讓我離開了平日的創作。我再度回到群眾裡。對我來說，人群一直是我生命的課題。我可以帶著詩人天生的膽怯，帶著膽怯者的恐懼走向人群；不過，一旦進入他們的懷裡，我就感覺變了一個人。我是絕大多數的一部分，我是人類這棵大樹的一小片葉子。

孤獨與群眾，將持續成爲我們這個時代詩人的主要課題。在孤獨中，我的生活因爲智利岸邊的浪而變得多姿多彩。海水的侵襲和被攻擊的岩石、海洋生命的繁衍、候鳥飛翔的完美隊形、浪花的壯麗，在在引起我的好奇，激起我的熱情。

但是，高低起伏的生命潮汐裡，在那成千上萬雙同時看著我的溫柔眼神裡，我學習到更多東西。可能不是每個詩人都能接收到這樣的訊息，但是他一旦感受到了，就會將它藏在心底，將它運用在作品中。

對於詩人來說，能爲許多人實現希望，儘管只持續短短的一分鐘，都是多麼令人難忘、多麼令人感動的一件事。

總統候選人

一九六九年的某天早上，我們黨的總書記和其他同志來到我海邊的住所，也就是我在黑島的家。他們想把我推薦到由六、七個黨組成的「人民團結」（Unión Popular）聯盟，讓我參加智利共和國的總統候選人初選。他們已經備好了政見、政府型態、未來的緊急應變措施等等。到目前爲止，每一個政黨都已經有了自己的候選人，而且都想支持自己推薦的人。只有我們共產黨沒有人選。我們的立場是支持左翼政黨推派的唯一候選人，由他代表「人民團結」聯盟參選。但是我們還沒有做出決定。事情再拖下去不是辦法。右派的候選人都已經產生，而且都開始宣傳了。如果我們不在共同的參選理念下團結起來，那我們一定會被打得落花流水。

促進團結的唯一好方法，就是共產黨也推派自己的候選人。我答應當我黨提名的候選人，同時也清楚表明共產黨的立場。我們會支持聯盟裡其他政黨也支持的候選人。萬一各黨的意見分歧，那麼我黨就會繼續提名我，直到最後一刻。

這是一種逼迫其他政黨也認同的英勇做法。當我向寇巴蘭（Corvalán）同志說我接受黨的提名時，同時也讓他知道，萬一我認爲退選是避免不了的選擇時，他們也必須接受我的退選。要大家因爲一個共產黨員團結起來，眞的非常不可能。說好聽一點，就是所有政黨都想要我們支持他們（就連某些基督教民主黨的候選人也這麼想），但是沒有政黨想要支持我們。

但是，那天早上在黑島海邊，當我參選的消息一出來之後，就立刻造成轟動。我所到之處，都受到熱烈的歡迎。面對著小鎮裡上千的男男女女，捏我，親我，甚至哭泣，讓我的心都融化了。聖地牙哥郊區的居民、科金博地區的礦工、銅礦和沙漠地區的居民、抱著孩子等我好幾個小時的鄉下婦人、從比奧比奧河到遠方麥哲倫海峽生活無助的人們，所有的人不是在滂沱大雨中，就是在大街小巷的泥濘中，要不然就是在讓人冷到直打哆嗦的南風中，聽我說話或讀詩。

我非常感動。愈來愈多人去聽我發表政見，跟著到場的女人也愈來愈多。我一邊受到誘惑，一邊又感到恐懼；內心開始盤算著，要是眞的當選了總統，我應該如何治理這個無敵野蠻、問題無敵棘手、負債累累，還可能是最吃力不討好的共和國。總統都只在第一個月接受大家的喝彩，剩下的五年又十一個月，每天都因爲公正或不公正而受苦。

阿言德的競選活動

某一刻，傳來令人高興的消息：阿言德可能代表整個人民團結聯盟出來競選。我事先取得了黨的同意，接著立刻提出放棄競選聲明。在廣大群眾的歡呼聲中，我宣布退選，阿言德宣布接受提名。那場大型群眾聚會在一座公園裡舉行。放眼望去，空地上滿滿都是人，連樹上也有人。枝葉間露出一雙雙的腿和一顆顆的頭。沒有人比得過這些韌性堅強的智利人。

我認識這位候選人。我之前三度陪著他，到智利所有最惡劣、最無邊無際的地方演講和朗讀詩歌。

我這位百折不撓的朋友，每隔六年就出來競選總統，已經連續三次了。今年是第四次，也將是他選上的一次。

我記不太清楚，是阿諾德．貝內特（Arnold Bennett）或是薩默塞特．毛姆曾說過，某一次他和溫斯頓．邱吉爾湊巧睡在同一個房間。那位政治強人醒來、睜開眼睛做的第一件事，就是伸手去拿床頭櫃上的古巴大雪茄，並且毫不猶豫地點燃，抽了起來。只有住在山洞裡、身體像石器時代的礦石一樣健康的人，才能像他這樣做。

阿言德的毅力驚人，沒有任何陪同人員跟得上。他和邱吉爾一樣，擁有一種想睡就可以立刻睡著的特殊技能。有時候，我們走在智利北部一大片浩瀚、貧瘠的土地上，阿言德就在汽車的角落呼呼大睡。路上突然出現一顆小紅點；當我們靠近時，小紅點成了一群十五或二十個男人，他們攜家帶眷，每個人手上還拿著國旗。我們停車。阿言德揉了揉眼，準備迎接頭上的艷陽和那一小群唱歌的人。他過去加入他們，與他們一起唱著國歌。接著，簡短地向他們發表演說，展現出生動、極富感染力的口才。回到車上，我們繼續在智利漫長的公路上前進。阿言德絲毫不費力，再度進入夢鄉。每過二十五分鐘，同樣的場景就會循環一次：人群、國旗、歌唱、演講、睡覺。

面對智利成千上萬人的造勢活動，從汽車換到火車；從火車到飛機；從飛機到船；從船到馬，那幾個月阿言德毫無退縮地完成了一日又一日累死人的行程。幾乎所有的隨行人員都筋疲力竭，跟不上他的腳步。沒多久，當他正式參選智利總統時，他絲毫不減的超高效率，讓四、五個與他一起工作的人心臟病發。

駐巴黎大使

到巴黎大使館上任時，才發現因爲自己愛慕虛榮，必須爲此付出慘痛的代價。我先前沒有考慮清楚就接受了這個職位，使得我的生活再度掀起波瀾。我很開心能在多年來表現平庸且撒謊成性的政府被打敗後，代表勝利的人民政府。或許在心底，眞正吸引我接受這份工作的是，我能帶著一種新的尊嚴，進入那棟我曾經卑躬屈膝、只求協助西班牙共和勢力移民到我國的智利大使館。之前的每一任大使都曾經參與迫害我的行動，都曾抹黑我、傷害我。現在這個被迫害的人就要在那些迫害者的位子上坐下來，在他們的餐桌前用餐，在他們的床上睡覺，並且打開窗，讓世界新鮮的空氣進入這棟老舊的大使館裡。

最困難的就是讓新鮮空氣進來。一九七一年三月的某個晚上，當我和瑪蒂爾德抵達我們的臥室，躺在某幾任大使和大使夫人曾平靜或掙扎地死去的高級床上時，我感覺那繁複的沙龍風格讓我的鼻子和眼睛都無法呼吸。

那間房適合給一名戰士和他的馬休息；裡面有足夠的空間餵馬吃東西，並讓騎士睡覺。天花板相當高，裝飾得很柔美。家具像是長了絨毛，顏色不清不楚，像乾掉的落葉，邊緣還帶著嚇人的流蘇；裝飾的風格同時展現出貴氣與頹廢。一塊塊的地毯，在六十年前應該很美；但如今，免不了呈現出被踩踏過的痕跡，並聞得到一股陳舊與死寂對話所散發出的腐朽味。

再者，緊張等待我們的同仁想得很周到，但就是沒考慮到那麼大的臥室裡的暖氣。在巴黎上任外交官的第一個夜晚，我和瑪蒂爾德冷到全身發抖。第二天晚上，暖氣正常運轉了。暖氣已經用了六十年，過濾器已經沒有作用。老舊的管線吹出來的熱風只會排出二氧化碳。和前一天晚上相比，我們已對冷沒什麼好抱怨的了，只是我們感覺到心悸，擔心被毒死。我們迫不得已只好開窗，讓冬天的冷空氣進到屋裡來。或許，前幾任的大使們就是要以這種方式對付某個野心家，報復他在官場上既沒有突出表現，又沒世家背景替他撐腰，竟然敢取代他們。

我們在想，應該爲自己找個可以呼吸的房子，找個有樹葉、有水、有鳥、有新鮮空氣的地方。隨著時間流逝，這個想法將成爲一種執念。我們輾轉難眠，有如渴望自由的囚犯，在巴黎以外的地方尋尋覓覓，找尋純淨的空氣。

對我來說，當大使是個新鮮而且不輕鬆的差事，但是它頗具挑戰性。智利已爆發過一場大革命，一場受到廣泛討論與爭議的智利式革命。國內外的敵人正磨刀霍霍，想破壞它。一百八十年來，被貼上不同標籤的政府輪流上台掌權，但都是屬於同一類的執政者，做的事也大同小異。人民繼續穿著破衣褲，住著破房子；孩子沒鞋穿，沒地方上學；可憐的人民被送入牢裡，挨棍子揍。

我們現在終於可以呼吸、歌唱。這是新房子讓我感到開心的地方。

智利外交官的任命必須經過參議院同意。智利的右派勢力曾不斷地恭維我，稱讚我這位優秀的詩人，甚至公開演說對我表達敬意。很明顯地，他們寧可在我的葬禮上發表這樣的演說。因爲在參議院投票表決我擔任大使的提案中，我只驚險地以三票過半。在小黑球和小白球的祕密投票中，所有的右派人士和某些虛僞的基督教民主黨黨員都對我投下了反對票。

前一任大使在牆上不僅掛了自己的照片，還掛了歷任（而且是每一任）大使的肖像。那是令人驚歎的空虛收藏，有貨真價實材料的只有兩三位，其中一位是號稱智利小巴爾扎克的知名作家布雷斯特・卡納（Blest Gana）。我下令撤掉這些虛幻得像鬼一般的肖像，換上比較實在的人物：五位給智利人帶來了國旗、民族性和獨立的英雄肖像，還有三張近代人物的照片；有進步的共和國總統阿基雷・瑟爾達，有智利共產黨的創黨人埃米利歐・雷卡巴連，還有薩爾瓦多・阿言德。牆壁這樣好看多了。

我不知道之前幾乎全是右派的大使祕書到底在想什麼。在過去一百年間，反動派的政黨佔據整個國家的行政體系。連個門房，只要不是保守派或擁護君主體制的人，都不可能被錄用。自許「自由革命」的基督教民主黨，表現得和舊反動派一樣貪婪。接著，兩條貪婪的平行線交會，最後成了同一條線。官僚體制、公務機關大樓，全部擠滿了右派的職員、檢查員、顧問；彷彿阿言德和人民團結聯盟還沒在智利的大選中取得勝利，彷彿現在政府各部門的權力還沒落到社會黨和共產黨手裡。

基於這樣的情況，我要求巴黎大使館的參贊由我一位好朋友擔任。他本身從事外交工作，也是一位傑出的作家，叫霍爾赫・愛德華斯。雖然他出生在智利最有權勢的寡頭和反動派家庭，但他是一位思想左派且不隸屬於任何政黨的人。我需要的正是一位頭腦清楚、了解自己工作、值得我信任的夥伴。在那之前，愛德華斯一直都是駐哈瓦那的使館代辦。我收到一些不是很確定的流言，聽說他在古巴遇到了一些困難。但是根據我多年對這位左派人士的了解，我沒把流言當作一回事。

我的新參贊很緊張地從古巴過來，告訴我他在那裡發生的事。我的感覺是，雙方都有理，但也都沒有理，就和我們有時在生活中遇到的情況沒兩樣[1]。霍爾赫・愛德華斯逐漸恢復平靜，不再咬指甲，帶著出色的才能、智慧與忠誠，和我一起工作。在大使館努力工作的那兩年時間，我的參贊是我最好的朋友，也是一位（或許是在那麼大的辦公室裡唯一一位）在政策的執行上無可挑剔的公務員。

當美國的一家公司打算對智利的銅礦實施禁運時，一股情緒的熱浪席捲整個歐洲。不僅報紙、電視、廣播極度關心這個議題，我們也再一次成爲大多數人和公眾所捍衛的對象。法國與荷蘭的碼頭工人，爲了表達他們對侵犯行爲的不齒，拒絕在當地港口卸下銅礦。這樣高尚的舉動感動了全世界。這種互相聲援的故事，比大學課堂裡教給我們的當代歷史知識更有意義。

我還記得其他更微不足道，但更令人感動的例子。禁運的第二天，一位法國鄉下小鎮的樸實婦女寄了一張她日積月累存到的一百法郎鈔票給我們，以表達她捍衛智利銅礦的一點心意。此外，她還附上一張卡片，上面有整個小鎮的居民、鎮長、教區神父、工人、運動員和學生等熱情支持者的簽名。

我從智利收到上百位認識和不認識的朋友傳來的訊息；他們對於我勇敢面對國際海盜，捍衛我國銅礦的行爲，表示讚許。我還收到一位婦人從鄉下郵寄過來的包裹，裡面有一顆葫蘆、四顆酪梨和六條青辣椒。

同時，智利也聲名大噪。我們成了一個有存在感的國家，之前我們總是沒沒無聞、隱匿在一群未開發國家裡。現在，我們首度擁有自己的面貌；在這個世界上，不會有人敢不承認我們曾經爲掌握國家的命運，努力奮鬥過。

所有發生在我們國家的事，都讓法國和整個歐洲熱血沸騰。群眾集會、學生集會、以各種語言出

---

1 此處指一九七一年阿言德上任後，重新恢復與古巴的外交關係，愛德華斯成為派駐哈瓦那大使館的代辦，沒想到三個月後竟被卡斯楚列為「不受歡迎人物」，被要求限期離境。

版的書，都在研究我們，分析我們，討論我們。我每天都得應付想知道一切、想了解更多細節的那些記者們。阿言德總統是世界性的人物。我們的工人階級在紀律和堅毅的品格上，值得嘉許與讚揚。

我們銅礦開採的國有化引發衝突，同時也造成了國際對智利展現愈來愈高的同情。大家都明白，對於智利這樣新獨立的國家來說，這是發展上的一大躍進。人民政府無須任何的藉口，在收復我們祖國的銅礦時，已經確立了我們主權的界線。

返回智利

一回到智利，立刻在大街上和公園裡受到新生植物的歡迎。我們美妙的春天已爲樹林裡的枝葉添上綠意。我們灰灰、舊舊的首都需要綠葉，就像人類的心需要愛。我吸了一口這初來乍到、清新的春意。遠離祖國時，我們從來不會想起它的冬天。距離抹去了冬天的悲慘模樣，抹去了被遺棄的村落，抹去了在寒冷中光著腳丫的孩子身影。記憶的魔法只帶給我們綠色的原野、黃黃紅紅的花，還有如同國歌裡藍色的天空。這次我遇到了曾多次在遠方夢裡幻想的季節。

另一種植物在城牆上造次。城牆裝飾著憤怒的地衣，張貼著蠻橫無理、謊話連篇的反共海報、反古巴海報、反蘇聯海報、反自由和反人權海報、預言雅加達大屠殺的血腥海報。就是這樣的新植物，讓城牆變得醜陋不堪。

我憑經驗就知道那種文宣的調性與含義。在希特勒上台前，我就住過歐洲。希特勒文宣傳達的正是那樣的精神：拚命地撒謊，交互使用威脅與恐懼來施壓，採取一切仇恨的手段來對抗未來。我認爲，他們想改變我們的生活本質。我不明白，以那種方式傷害我們國家情感的智利人，要如何活下去。

當右翼的反對派覺得有必要時，就會肆無忌憚地採取恐怖行動。陸軍的最高指揮官史奈德（Schneider）將軍，是一位德高望重且值得尊敬的人；他因爲反對發動政變阻撓阿言德上任共和國總統而遭到殺害。一群背景複雜的惡棍在他家附近，用機關槍從他的背後掃射他。行動主謀是一位被開除的前陸軍上將。參與行動的那幫人包括年輕的紈絝子弟，以及職業罪犯。

罪名成立後，策劃行動的首腦被軍事法庭判處入獄服刑三十年。但此判決送到了最高法院，徒刑卻被減免成兩年。因爲肚子餓而偷了一隻雞的可憐蟲，獲判刑期還比智利的陸軍總司令謀殺案主謀多一倍。這就是統治階級制定出來的法律所產生的階級差異。

阿言德的勝利對統治階級造成一種巨大的恐慌。他們精心制定出來的法律，竟要落到自己頭上，這可是他們之前萬萬沒想到的。他們帶著手上的股票、珠寶、紙鈔、金幣，逃到某處去避難。到阿根廷，到西班牙，甚至遠赴澳洲。人民的崛起對他們造成的恐懼，讓他們不多加考慮，連北極都可以去。之後，還是有可能回來。

弗雷（Frei）[1]

智利的「路」時時刻刻都符合憲政體制，只是到處埋伏了各種合法以及有如地獄般非法的障礙物。

此時，寡頭集團重新披上他們千瘡百孔的外衣，搖身一變，成了法西斯主義的同路人。銅礦開採國有化之後，美國的禁運制裁愈演愈烈。美國的國際電話與電報公司（ITT），與前智利總統弗雷取得協議，擁抱基督教民主黨，使它投入右翼新法西斯主義的懷抱。

互補且對立的兩大人物——阿言德與弗雷，一直以來都是智利的隱憂。或許正是因爲兩人天差地遠，或許他們各有目標、各自在設定好的道路上前進，但都想在沒有強勢領袖的國家裡成爲強人領袖。

我自認很了解阿言德；他沒有任何的祕密。至於弗雷，我和他在共和國的參議院裡當過同事。他是個愛打聽的人，老謀深算，與阿言德自然的作風差很多。不過，他經常會爆笑出來，發出呵呵大笑、刺耳的聲音。我欣賞會呵呵大笑的人，因爲我沒有那樣的天分。不過，同樣是呵呵大笑，還是有差別的。弗雷的呵呵大笑出自一張焦慮、嚴肅的臉；他時時緊盯著一根細針，構思如何編織他政治生命的藍圖。那是一種瞬間的笑，就像夜裡某種鳥禽發出的呱呱叫聲，聽起來有點嚇人。除此之外，他的舉止往往很謹慎，感覺熱心但實則冷漠。

在我完全對他絕望之前，他在政治上迂迴的態度，曾好幾次讓我感到沮喪。我記得，有一次他到我聖地牙哥的家來找我。當時，傳言共產黨員和基督教民主黨員之間相互理解。基督教民主黨在那時候還沒有改名，而是受到年輕的法西斯主義者普利莫．德．里貝拉的影響，採用了一個令人毛骨悚然的名字，叫國家長槍黨（Falange Nacional）。接著，西班牙內戰後，受到馬里丹（Maritain）的影響，他們的態度轉爲反法西斯，才改了名字。

我們聊得很空泛，但很熱絡。任何帶著善意的人和各界人士，我們共產黨員都有興趣和他們相互了解；因爲被孤立，我們哪裡也去不了。從弗雷天生閃閃躲躲的個性中，我確定他明顯是個極左派人士。他發出一聲哈哈大笑與我道別，有如從他嘴邊掉下了一顆大石頭。「下次再聊。」他說。但兩天後，我才明白，我們的對話沒有下次了。

阿言德獲勝之後，野心勃勃又冷靜的政治家弗雷認爲，他必須組一個反動聯盟才能重新掌權。那純粹是個幻想，那是一隻政壇蜘蛛所織出的、冷冰冰的網。他編織的網將撐不了多久；他支持的政變，對他沒有一點好處。法西斯主義無法忍受妥協，只能接受絕對服從。弗雷的形象一年比一年陰暗；總有一天，他的記憶要面對犯罪的責任。

多米克

基督教民主黨從放棄它那令人難以接受的名字誕生之後，我就對它產生濃厚的興趣。它的出現是因爲一小群天主教知識份子所組成的馬里丹主義者及托馬斯主義者[2]的菁英團體。我關心的不是這些哲學思想，因爲在詩、政治、性等方面，我本來就對光說不練的人很無感。這一小群人實踐的成果，以一

1 弗雷（Eduardo Frei Montalva，一九一一年—一九八二年），阿言德前一任的智利總統，也是基督教民主黨的創黨人。一九七三年，支持政變，推翻阿言德政權。不過，隨後弗雷亦成了繼任的皮諾切獨裁政府的最大反對者。

2 托馬斯主義（Thomismus），自中世紀哲學家暨神學家托馬斯．阿奎納（Thomas Aquinas，一二二五年—一二七四年）的作品與思想所衍伸出的哲學學派。

種奇特且出乎意料的方式吸引了大家的注意。我從砲火連天的馬德里回來時，籌劃了幾場大型的集會，邀請了幾位年輕的政治領袖參加，拜託他們說一些支持西班牙共和的話。這樣的參與十分難得；老舊的教會領導階層，在保守黨的推波助瀾下，幾乎要將這個新政黨給解散掉。只有一位有遠見的主教插手干預，才挽救了這場政治自殺的悲劇。達爾卡（Talca）主教的聲明，讓這個團體繼續存活下來，而且隨著時間推移，在智利成了黨員最多的政黨。他們的意識形態也在時光的流逝中，徹底變了。

繼弗雷之後，基督教民主黨裡最重要的人物是拉多米羅．多米克（Radomiro Tomic）。當我仍是參議員，在智利北部各地關心罷工、跑選舉時，就認識他了。當時的基督教民主黨員到處跟著我們共產黨員，想到我們的群眾聚會裡插一腳。我們在產硝石和銅礦的荒漠中，也就是美洲大陸最受煎熬的工人之中，無論在當時或是現在，都是最受歡迎的。從那裡誕生了雷卡巴連，從那裡誕生了工人的報紙和最早的工會。要是沒有共產黨員，那一切都不會存在。

在當時，多米克不僅是基督教民主黨最大的希望，他的人格特質也散發出極大的魅力，他的口才也最具說服力。

一九六四年，當基督教民主黨贏得大選，弗雷被推上總統大位時，政局起了很大的變化。打敗阿言德的選戰奠基於聳動的反共暴力文宣，在報紙和廣播中釋放假消息，以及恐嚇民眾之上。駭人聽聞的文宣包括了：修女會被槍殺；長得像卡斯楚的大鬍子軍人們會用刺刀刺穿孩童；小女孩會與父母分離，被送到西伯利亞。後來，經過美國國會的特別委員會出面澄清，大家才知道，那是美國中情局花了兩千萬美元製造出來的恐懼選戰。

弗雷一上任，就送了一個令人匪夷所思的大禮給他在黨內的唯一勁敵；他派拉多米羅．多米克擔任智利駐美大使。弗雷知道，智利政府將與美國銅礦公司重新協商。當時，全國上下都要求國有化，而弗雷卻老神在在地像個魔術師，將這個詞改成了「智利化」，重新簽訂協議，確定將我們國家最主要的資產，拱手讓給資金雄厚的肯尼科特（Kennecott）和安納康達（Anaconda）這兩家銅業公司。這項決定對智利的經濟造成嚴重的後果。對多米克的政治生涯來說，也是個悲劇：弗雷讓他出局了。一位智利駐美大使，要是成了出賣銅礦的共犯，就不可能得到智利人民的支持。因此，在下一次的總統大選中，多米克很悲慘地成爲三位候選人中墊底的人。

一九六九年初，多米克剛辭去駐美大使工作不久，便到黑島來找我。他當時剛從北方下來，還沒正式成爲總統候選人。在政治的風風雨雨中，我們一直維持著很好的友誼，就像我們現在的關係。不過，那次我們無法了解彼此。他想要建立一個影響力更廣、更有發展勢力的聯盟，來取代我們以「人民團結」命名的這個運動。他的目標很難實現；他曾參與銅礦開採的談判案，這使他無法代表左派政團出來參選。此外，人民運動的兩大基本陣營——共產黨和社會黨，也是聯盟中成立最久的政黨，有能力讓他們黨裡推薦的人當選總統。

在離開我家時，多米克除了感到無比的沮喪之外，還告訴我一件祕辛。基督教民主黨的財政部長安德烈斯・薩迪巴（Andrés Zaldívar）給他看過一些文件，告訴他當時國家的經濟已經破產。「我們要完蛋了。」多米克告訴我。「情況撐不了四個月。這會是一場災難。薩迪巴仔細向我分析，說明我們國家逃不了破產的命運。」

阿言德當選後一個月，還沒就職共和國的總統之前，那位薩迪巴部長便公開宣布國家即將面臨的經濟災難，但是這一次他推卸責任，怪罪阿言德的當選引起了國際的反對聲浪。歷史就這樣記載了這件事。至少，像薩迪巴這樣不正派、投機主義的政客，就是這樣記載的。

阿言德

我們的人民是這時代最會叛變的人民。從硝石曠野，從海平面底下的煤礦區，從生活條件極差、產銅的高原上，從我國人民以雙手辛苦開採銅礦的地方，出現了一批大規模的解放運動。這個運動使一位名叫薩爾瓦多·阿言德的人當上了智利總統，使他刻不容緩地推行各種改革與司法正義，使他從外國企業的魔掌中將國家的財產搶回來。

阿言德總統所到之處，在那些遙遠的國家，人民景仰他，並讚美我國政府特殊的多元性。在紐約的聯合國總部，史無前例地聽到智利總統受到世界各國代表的歡呼。在智利，在這些重重的困難當中，逐漸形成一個正義的社會，建立在我們主權的基礎上，在我們國家驕傲的基礎上，在智利優秀人民英勇的精神基礎上。與我們和智利革命站在同一邊的，是憲法和法律，是民主與希望。

與我們站在不同邊的，什麼都有。有丑角、傀儡，有身形鼓大的小丑，有帶槍和帶著鐵鍊的恐怖份子，有假神父還有墮落的軍人。他們一批接著一批，在辦公室的旋轉木馬上轉圈圈。信奉法西斯的哈爾巴（Jarpa）和與他一起從「祖國與自由民族主義陣線」來的內親，他們手牽手，準備只要恢復他們稱爲智利的這個大財庫，就立刻粉碎所有人的心智與靈魂。和他們一起在這場鬧劇裡炒熱氣氛的，還有一位沾了些血跡的大銀行家兼舞者；他是跳倫巴舞的冠軍，也是他多年前跳著跳著就把他的黨交給人民之敵襲薩雷斯・彼德拉。現在換弗雷了，他同樣把他的基督教民主黨交給人民公敵，並且跟著敵人彈奏的音樂起舞；此外，他還和前陸軍上校一起爲非作歹。這些都是這齣鬧劇的主要演員。他們早已備好糧食、雞爪釘、棍棒，還準備了過去在伊基圭、在朗奇（Ránquil）、在薩爾瓦多、在蒙特港（Puerto Montt）、在聖地牙哥的何塞・瑪麗亞・卡羅區、在弗魯帝亞爾（Frutillar）、在阿爾多港（Puerto Alto）和其他地方殺害我們人民的子彈。埃爾南・梅里（Hernán Mery）的殺手們，與原本應該捍衛自己記憶的人們共舞。他們若無其事、虛僞地跳著。若有人指責他們做的那些「芝麻蒜皮小事」，他們還會惱羞成怒。

在過去很長一段社會史中，智利幾乎沒有革命，政府保守、平庸，但是穩定。很多總統都不怎麼樣，只有巴馬塞達（Balmaceda）和阿言德這兩個總統比較偉大。有趣的是，這兩人出生背景一樣，都來自有錢的資產階級；在這裡是大家口中的貴族世家。他們都是很有原則的人，都堅持壯大這個被寡頭集團搞到縮水的國家，但是兩人最後都同樣被逼得走向死亡。巴馬塞達因爲拒絕把豐富的硝石交到外國企業手裡，被迫自殺。

阿言德因爲讓智利的另一個地下寶庫——銅礦國有化，而慘遭殺害。在這兩個事件當中，智利的寡頭都發動了血腥革命。在這兩個事件當中，軍人都成了獵犬。英國公司在巴馬塞達的例子中，還有美國公司在阿言德的例子中，都煽動且資助這些軍事行動。

在這兩個事件當中，兩位總統的家都依照高貴的「貴族們」指示，被洗劫一空。巴馬塞達的客廳遭斧頭破壞。阿言德的家，要「感謝」世界不斷的進步發展，被我們英勇的飛行員從空中炸毀。

然而，他們兩位是很不一樣的人。巴馬塞達是個有魅力的演說家。他專橫的個性，讓他愈來愈唯我獨尊。他確信自己的目標崇高。他身邊總是圍繞著敵人。在他身處的環境中，他感覺自己相當優越，同時也感覺自己相當孤獨，以致於最後他封閉自己的心靈。原本應該支援他的人民，還沒形成一種力量，也就是說，他們還沒有組織起來。那個總統遭到譴責，被說行爲像個神棍、像個夢想家；他夢想偉大，終究只是個夢。他被害死後，貪婪的外國商人和國會裡的克里歐人進來瓜分硝石礦產：外國人得到所有權和開採權，而克里歐人則可以抽成。得到了蠅頭小利之後，一切就都回歸了正常。成千上萬的人民在戰場上拋灑鮮血，血很快地乾枯了。世界上被剝削最慘的工人，就是智利北部地區的硝石工人，他們不停地爲倫敦賺進大把大把的英鎊。

阿言德從來就不是厲害的演說家。作爲國家領袖，他在做任何事之前，都會諮詢他人。他反對獨裁，在任何小細節上都堅守民主原則。輪到他統治這個國家時，人民已經不像巴馬塞達時代那麼沒有經驗。他發現，他們是一個強大、完全在狀況內的勞工階層。阿言德身爲一個集體的領導人，雖然不是平民出身，但他是平民階級在對抗剝削者的無能和腐敗下所創造出的產物。基於這樣的理由和原因，阿言德在如此短的時間內所達到的成就，比巴馬塞達還偉大，甚至是智利史上最重要的成就。光是銅礦國有化就是一大創舉，其他還有很多目標，也都是在他以集體利益爲考量的執政團隊下完成的。

阿言德的事業與成就對國家有不可磨滅的價值，因此激怒了我們解放運動的敵人。總統府遭到轟炸這件事，正是危機的悲劇性象徵，這也令人想起納粹空軍對西班牙、英國、蘇俄等國無防禦能力城市所發動的閃電戰；如今，同樣的惡行也發生在智利。兩個世紀以來是國家人民生活重心的宮殿，遭到智利飛行員噠噠噠的攻擊。

事發後不過三天，我匆匆地在回憶錄裡寫下這幾行字，記載帶走我最要好的朋友——阿言德總統生命的這些卑鄙行徑。他的謀殺不對外張揚，而被默默隱藏，只有他的遺孀得以陪伴在那不朽的屍體旁。根據侵略者的說法，他被找到時已經沒有生命跡象，而且身上明顯有著自殺的痕跡。國外媒體公布的版本與這個大相逕庭。空軍轟炸後，緊接著行動的是坦克；許多坦克開始對一個人發動猛烈的攻擊，而這個人就是智利共和國的總統薩爾瓦多．阿言德；他獨自一人在辦公室裡等著他們，只有那顆偉大的心相伴，四周煙霧瀰漫，早已被火焰包圍。

他們一定會利用這個不容錯過的好機會。他肯定遭到機關槍掃射，因為要不是這樣，他絕不會辭去總統大位。那具屍體被祕密埋在某個地方。那具屍體在一個帶著世界所有悲傷的孤獨女子陪伴下，被運往了墳場。那具光榮死者的軀體，遭到再次背叛智利的國軍用機關槍掃射，變得千瘡百孔、支離破碎。

道別*

今天，我在此結束這一趟關於我個人的旅程。當我與你們訴說，當我與你們同在，當我讓我的詩、我的奮鬥與你們的觀點和心思面對面時，我從來不想傷害任何的理智，也不想撲滅你們任何的夢想。但願我所說的解決了你們憋在心裡的所有疑問。不過我也希望，今天下午的這番話激起了你們新的疑問、新的不滿。希望世界的生命、快樂、痛苦每天衝破家門，造訪我們。組成我們生命的是神祕物質，而這些物質屬於死亡的夜，屬於即將誕生的黎明。但願新誕生的問題與每個新找到的答案，為你們而升起。

各位先生，各位女士，再會了。直到不可知的未來，我們再會。

巴布羅．聶魯達，〈繞著我的詩旅行〉

附錄

在智利大學的講座

詩人在滿五十歲時，舉辦了五場一系列的講座作爲慶祝活動的一部分。我們在此附錄中，收錄了第二、第三和第五場講座的稿子。主題是他的生命與詩歌，地點在智利大學的短期課程國際學校（Escuela Internacional de Temporada），時間是從一九五四年一月二十日至二十四日。

同一系列的另外兩場，第一場和第四場講座，已經在詩人的《作品全集》中發表，題名爲「童年與詩歌」（Infancia y poesía）以及「關於我詩歌與生命的幾件事」（Algo sobre mi poesía y mi vida）。

講座的全文是聶魯達三部有關個人生平的散文作品中，最重要的一部。之後詩人運用這些講稿的一部分來撰寫《回憶錄》。例如，第二場講座的幾個段落或篇章，就出現在本回憶錄的第二部分〈迷失都市叢林〉，以及第十一部分〈詩是一種職業〉的其中一篇〈原創性〉。爲聶魯達作傳的好友——瑪格麗特．阿吉雷，也在她的作品中節錄了幾段。

有幾頁一直沒有出版的文章，例如聶魯達談論他當時正在寫的《元素頌》，還有幾首收錄在《二十首情詩》中的詩作。同時，還呈現了詩中蘊含的預言成分，以及詩人一生持續經營、不涉及社會地位與自身特權的典型勞動者形象。

第三場講座的部分內容，也被聶魯達用來創作《回憶錄》，尤其是〈錫蘭〉一章。同樣也是不曾發表過的，還有他對《居住在土地上》的看法；雖然他在當時相當重視這部詩集，但後來他修正了自己的看法。此外，首度發表的，還有他讀了韓波、波特萊爾、馬拉美和畢亞梅迪亞納（Villamediana）伯爵的作品後，對他們的評論。

最後一場講座的介紹，有很大一部分是朗誦，而且包含了聶魯達對詩歌的有趣見解。這些也都是之前未公開的內容。

除了內容完全未公開過，回憶錄中還加入幾個新段落，這幾篇講稿顯示了詩人在自傳中的敘事技巧。例如，聶魯達在第三場講座中提到：「這些回憶必須流暢，因此我剔除任何笨重、會讓回憶不流暢的障礙物。」除此之外，在我們首度完整公開的這三篇講稿中，我們還發現詩人在撰稿當下所寫的批註，這些未公開的文字說明了文章的架構、順序和節奏。因此，在這些講稿中，眞正新穎的部分是詩人爲自己的敘事，賦予了形式與次序。

正如先前所提過的，聶魯達不僅特地寫了許多文章，還重新潤飾，重新編排，並加入很久以前寫的作品或部分作品，就像從這場講座的講稿中截取部分內容，以完成這部《聶魯達回憶錄》。當然，這樣重新編排的方式，呈現出來的是一九七二年，一位將近七十歲的詩人寫自傳時會有的觀點；當然，這不可能和一九五四年聶魯達滿五十歲時講座的講稿一樣。

這三場講座的稿子，加上另外兩份已出版的講稿，收錄在《聶魯達回憶錄》裡，構成了其內容的主要架構及脈絡。

在附錄中，我們還收錄了一篇可能是詩人爲了上廣播節目而寫的文章：〈那個陌生的巴布羅·聶魯達〉（Pablo Neruda, ese desconocido）。我們認爲，聶魯達的這篇文章是自傳式講座的最佳範例，因爲在內文中，他一邊敘述生平，一邊朗誦他的詩。呈現了他在書寫個人傳記時，強調敘事體與詩體層層疊疊的交錯結構。

第二場講座，一九五四年一月二十一日

詩比我們想像中還具有韌性，它能抵抗環境與氣候最劇烈的變遷。我從鄉下的森林來到聖地牙哥。在我離開前，大家對我千叮嚀萬交代，就是沒有人向我提到叮人的蟲子。南方和北方都沒有這種小蟲子。住在旅館的那個晚上，我被蟲子咬。我累到已經失去感覺。隔天早上起床時，我看到我的臉被叮到變形。我以爲我生病了。於是，有人抓了那些可怕的蟲子給我看，並教我用一根蠟燭，把熱熱的蠟油滴在牠們身上，就可以抓到牠們。

我感覺受委屈，而且迷失在城市裡。一九二一年三月的聖地牙哥，飄散著一股瓦斯味和咖啡的香味。成千上萬的房子裡，被我不認識的人和小蟲子佔據。我完全在狀況外。

秋天之後，接著是冬天，街道上和公園裡滿是落葉。周遭的世界變得更髒，更黑暗，更悲慘。

在馬魯里街五百一十三號，完成了我的第一本書。我每天寫二、三、四、五首詩。傍晚太陽下山時，陽台前上演的是每天我絕不錯過的精彩好戲：那顏色層層疊疊、光芒四射，呈現一大片橘色與紅色的晚霞。我書本裡最主要的那一篇就叫作「馬魯里的晚霞」。從來沒有人問過我那個「馬魯里」是什麼

意思；或許極少人知道那只不過是一條不起眼的街道，只在黃昏時會出現絕美的日落景色。

我因為極度害羞而躲進詩歌的世界裡。新的文學流派在聖地牙哥鼓譟。羅哈斯．希梅內斯熟知所有的主義，他與馬丁．邦斯特（Martín Bunster）創了一個名為「阿嗚」的流派，但只是曇花一現。巴黎的各種流派和雷維第的影響力傳到了奧瑪達街。接著，我漸次閱讀所有的事物。但我帶著防衛心。

我不信仰原創性，因為那是我們快速崩解的時代所創造出的另一個迷信崇拜。我信仰個人特色，它能透過任一語言、任一形式、任一藝術創作的理念呈現出來。但神智不清的原創性是現代的發明，也是一種騙取選票的伎倆。有人想被選為他的國家、他的語言，甚至全世界的「首席詩人」。為了獲取選民的支持，他們四處奔波，辱罵他們認為可能與他們爭奪榮譽頭銜的人，於是詩歌成了一種虛偽的面具。

在古代，像克維多這種最高貴和最嚴格的詩人在創作時，都曾寫過「模仿賀拉斯」、「模仿奧維德」、「模仿盧克萊修」這類警世的話。

不過，重要的是保持內心的方向，掌握自然、文化與社會生活的成長，以利於發展詩人的卓越品德。

而我則保持我原有的語調，並讓它像其他所有生物一樣，順其自然地逐漸茁壯。無庸置疑地，感情是我最早期詩集裡的精髓。哎！怎麼會有詩人不用詩來回應內心溫柔或憤怒的呼喚！經過了三十五年的歷練，我相信詩歌創作能真正實質地駕馭情感。我相信有方向的自然表現。為達此效果，詩人在口袋裡必須隨時都有庫存的素材，以隨時應急。首先，在觀察形式、潛在事物、文字、聲音、人物，還有任何經過你身邊像蜜蜂之類的事物之後，將這樣的素材儲存下來。必須要瞬間捕捉它們，將它們放進褲頭的口袋裡。我在這方面很懶，不過這是一個很好的建議。馬雅可夫斯基有一個小本子，他常常在本子上寫東西。情感的庫存也是有的，那要怎樣留住感情呢？當感情產生時，要意識到它的存在。接著在面對白紙時，我們才能更生動地回想起當初的意識，感受到事件的原因和事件本身。這是給詩人的建議，不針對小說創作。

這幾天我創作了第一本書，名爲「元素頌」。之前我想證明，詩人能寫別人指定他寫的議題，能寫一群人需要的內容。幾乎所有古代偉大的作品都是基於這樣嚴格的理由被創造出來的，例如羅馬時期的《農事詩》，就是在農村宣傳莊稼。一個詩人能爲某大學、爲某工會、爲某同業公會、爲某行業寫作，但絕不會因此失去自由。神奇的靈感、詩人與上帝的溝通，都是圖利的發明。在許多關鍵時刻，創作會受到外界壓力和讀者的影響，導致成品在某部分上不屬於自己。

在我這幾天寫的新詩歌裡，我一直想寫一些最不熟悉的題材，我想在完全意識到自己的表達方式，意識到自己想給新作品的方向的狀況下，來發揮這些題材。

這個部分，我們稍後再談。

回想起當年的創作時光……畫家與作家的內心默默地激動，在繪畫和詩歌當中呈現秋天的多愁善感。他們每個人都想變得更不受控、更扣人心弦、更放蕩不羈……智利的社會生活深深地受到震撼。那幾天是神聖不可侵犯的日子……阿雷桑德里發表了顚覆性的演講，還有卡洛斯．畢庫尼亞、胡安．坎杜爾弗……工人聚集在硝石礦區，準備發動美洲最重要的人民運動。工會無政府組織的想法立刻打動了我……我最喜歡的書是安德列耶夫的《薩什卡．日古列夫》。當時其他人都讀阿爾志跋綏夫的情色小說，並且認爲意識形態的改變是它造成的，就如同存在主義的情色作品目前所引發的情況一樣。知識份子紛紛躲進小酒館……陳年老酒讓貧窮閃耀著黃金般的光澤，直到隔天早上。富有才華的詩人胡安·埃加尼亞一輩子窮困潦倒……據說他繼承了一大筆財富，但他把所有的鈔票都放在桌子上，扔在被他遺棄的屋子裡……他與酒友們白天睡覺，晚上出門在酒桶裡找酒喝……儘管如此，胡安·埃加尼亞的詩散發出的那道月光，依舊在我們《抒情叢林》裡默默地顫動。這個浪漫的名字是莫利納·努涅斯和歐·塞古拉·卡斯特羅爲自己編的現代主義作品大部頭精選集所下的標題。這是一部完整的精選集，輯錄了各種偉大、高尚的作品。這部詩歌聖經是一個混亂時代的產物，裡面存在著空泛的虛無和無比純潔的光輝……讓我印象最深刻的是年輕一代的文學獨裁者。現在已經沒人記得他是誰。他叫阿里洛·歐亞孫。他是憔悴的波特萊爾追隨者，他走頹廢風而且各方面條件都不錯，他飽受折磨、臉色死白、俊美且性情古怪，是智利版的巴爾巴—亞各伯。他個子很高，嗓音低沉。他發明以字謎的方式來提出美學問題，某個程度上在我們文學界算是獨樹一格……他提高音量說話時，額頭就像一座智慧聖殿裡的黃色穹頂。他曾說過「圓環中的圓環」、「酒神的狂歡」、「黑暗中的黑暗」這類話。不過，阿里洛·歐亞孫一點也不傻。他將文化的天堂與魔鬼融合於一身。他支持世界主義，他不惜犧牲本質以追求作品的理論化。聽說他因爲和人打賭，所以寫了他唯一的一首詩歌。但我不明白的是，爲什麼不是所有智利的詩歌選集都收錄他創作的那首詩。

黃色的船／阿里洛·歐亞孫（一八九六年—一九二三年）

在那難以控制的海上，

逐漸駛過那艘黃色的船。
在它的黑帆與船桅上，
纏繞著意亂情迷的情感。
嚴厲的水手走在橋上，
朝著萬丈深淵奮力呼喊。

在一片死寂的天空中，
被征服的星星睡得很沉。
在可怕的汪洋大海中，
各種的徵兆慵懶地舞動。
在有氣無力的微風中，
聽得見古代嚴厲的歌頌。

喔！無神論者的小船，
主宰它的是兇狠的主張；
彎彎曲曲、不疾不徐，
航行在討厭的北極海上。
哎！永不止息的疲憊，

屬於那堅毅的黃色帆船。

這是一種個人恐懼、逃避知識的神祕表現。然而，這也是一首絕美的詩，表現得有如精確的鐘錶般恰到好處。

智利存在著一種連我們自己都不知道的詩歌底蘊。我認爲需要很大的努力才能到達那樣的境界，而且我相信將出現許多新的嫩芽，但我也相信，像是加芙列拉．米斯特拉爾，還有其他像我們這些有名的詩人，都成了一塊大陸或一個潛力國家引人注目的部分。幾分鐘前，我提到彙編工程浩大的《抒情叢林》的作者——歐．塞古拉．卡斯特羅。接下來，我要朗誦這首他在一九一三年寫的詩部分詩句。

這是首咒罵的詩，很有波特萊爾的風格，但也是美麗的創作，充滿力量、深度、平衡等許多優點。

我的貪婪

該死的規則，妳將我輕薄的生命維繫
在這豐富的土地上；妳火紅的一隻手
推著我的肉體，而它又因為一股魔力，
有如一尊神像般，在黃金浪潮中顫抖。

我的貪婪，也就是大地上靈魂的喘息，

或許在我雙眼從沒見過的層層天空裡，
妳的氣數已盡；還有耶穌基督的傳奇，
在世界之火中，徒勞無功地將我抓緊。

我的貪婪，抓緊那杯子，千萬別鬆手！
妳知道，妳鬆手會對我造成什麼打擊？
是使一個貧瘠身軀，在蒼穹底下遊走。
（……）

如果迅速在文壇上消失的阿里洛．歐亞孫選擇成爲咒罵詩歌的激進份子，那麼羅哈斯．希梅內斯就是攪亂詩歌的天使長。他令人驚艷的快速理解力；他掌握任何細微事物的神奇創造力；他隨時抓住靈感的能力，這一切讓他成了當時最具魅力、最受熱議的人物之一。

當我得知羅哈斯．希梅內斯的死訊時，人在巴塞隆納。我傷心透了。我知道他終究會死，因爲他狂妄的生命就像另一樁自殺事件的延伸。但令我感覺遭到背叛的是，死神竟趁我不在他身邊時，帶走了他的生命。他是我早年相當要好的朋友。他用盡了巧妙的手法取笑我，還幫我擺脫悶悶不樂的個性。他在大街小巷散播了多少歡樂與瘋狂！展現了多少才華！他是某種無拘無束的水手；是永恆的文學家；是挖掘平日生活中細微但絕對美妙事物的探險家。介紹天堂谷給我認識的就是他；在他眼中的港口，彷彿把我們眼中的平凡港口裝在神奇酒瓶裡，他會發現顏色，發現東西，讓所有事物都具有某種令人無法抗拒的新鮮感。

因此，當我知道他過世時，就好像我身體本來就會離我而去的某個部分消失了。

當時我和畫家朋友（也是他的朋友）伊薩亞斯·卡貝松，一起去宏偉的海上聖母教堂。這座教堂很不一樣。它的仿羅馬式建築，是十三世紀巴塞隆納的漁夫和船員一磚一瓦蓋起來的。它的內部與世界上所有的教堂相去甚遠。那是一個船的大殿堂，裝飾著大大小小在永恆世界中航行的船模型。幾個世紀以來，它們被加泰隆尼亞的船員，被海上的那些居民帶到那裡去。

我們突然想到，那個地方最適合用來悼念那位流浪詩人，悼念那位離我們而去的瘋狂兄弟。

於是，我們買了兩根我們找得到的最大型、將近一公尺高的蠟燭。

我們進到那座偉大的聖殿裡。當時似乎不是點蠟燭的時候。我們在祭壇和無數幅海上信徒還願的畫之間找了找，就是找不到負責處理蠟燭的人，所以最後我們爬到最高的地方。那裡，在某個保佑漁民的聖母附近，在接近天堂的地方，我們將蠟燭放好，並且點燃它們。

接著，我們退到入口處，觀賞我們的傑作。

聖殿有如一艘大船的船艙，內部相當昏暗。只有透過玫瑰花窗，才有類似源自海洋的微弱光線進來，而在最裡面，我們的兩根蠟燭在高處，獨自散發著光芒。

然後我們去了港口附近，喝綠色的酒，唱著歌。

快樂青年、海上詩人，他已離我遠去，但享有這一場甜蜜且莊嚴的追悼會。

讓我們回到一九二三年。

號稱「高塔」的詩人——華金·西福恩德斯·塞普爾貝達從監獄出來，寫了無數的優美詩句，同時也用糟糕的酒，浸濕他孤苦無依的善良。

在他心底，仍繼續貝德羅・安東尼歐・龔薩雷斯（Pedro Antonio González）與培索阿・貝里斯（Pezoa Véliz）的悲情路線。

一方面，世界主義關閉了所有的路，顯示受第一次世界大戰影響的精神官能症是一條理想的道路。另一方面，做作的資產階級想要一種嚴格的外國文學，想要具有靈魂，但不具人性，也不具民族意識的文學花招。

與此同時，人們讓苦澀的膽汁和強酸淋在作家身上，甚至擊倒他們，判處他們任意又眞正的慢性自殺。

保持頭腦的清醒很困難。

當我想起那些紊亂的歲月，記得我們每天不知道爲什麼，都在解決美學問題中度過。事實上，在我們每個下午離開的那個學生會旁邊就是工會；在它的門口，我們每天都會看到一位受人尊敬的人。他頭髮灰白，眼皮皺皺的，體型壯碩，只穿一件襯衫，名字叫路易斯・埃米利歐・雷卡巴連。

在某個寧靜的陽台裡，上一輩的大人物深思熟慮著他們的作品，對我們釋出關愛的眼神。那幾年是普拉多（Prado）、巴利歐斯（Barrios）和拉多雷（Latorre）的巔峰。人稱「阿洛內」的埃爾南・迪亞斯・阿里耶達（Hernán Díaz Arrieta），他是——而且一直都是——最好的文學評論家，更確切地說，是最傑出的文學評論作家。華金・愛德華斯（Joaquín Edwards）記載了每天發生的事，是一位很有文采的回憶錄作者。

然而，階級鬥爭透過存在已久的熱情，讓世代之間分化。我們或許需要很長的時間才能全面性地發展，但是在那個時代，已經窺見未來的狀態。

我已漸漸地把《晚霞》拋到腦後。強烈的不安擾亂了我的詩興。匆匆去南方旅行後，我再度恢復創作的動力。一九二三年，我回到蝶夢谷老家，經歷了特別的體驗。當時已過了午夜十二點，我睡前打開房間窗戶，穹蒼布滿星群，夜色像剛被洗滌過般清澈乾淨，南方的繁星籠罩在我頭頂，讓我目眩神迷。我沉醉在星星、蒼穹和宇宙當中。我奔向桌前，彷彿接到某種指示，瘋狂寫下腦中聽到的聲音。隔天，我讀著前一晚寫的詩，感覺十分開心。那是《激情的投石手》的第一首詩。

等我回到聖地牙哥，把它唸給一位綽號叫魔法師的朋友阿里洛．歐亞孫聽時，他除了表示讚許，還接著用深沉的語氣問我：「你確定那首詩沒有受薩巴特．埃爾卡斯提的影響？」

我當然確定。我靈感一來就把它寫下來了。

我下筆如飛，寫得十分順手。我戀愛了，我文思泉湧，我在《投石手》之後創作了一堆愛的詩歌。很快地，我的第一本書誕生了。

於是，我一時興起，把那天晚上寫的詩寄到蒙特維多給薩巴特．埃爾卡斯提，問他那首詩歌作品是不是有受到他的影響。很快地，那位偉大的詩人回信給我。他有禮貌的信，內容大致如此：「我很少看到技巧那麼高超、內容那麼優美的詩，不過我必須老實說，您的詩裡確實有那麼一點薩巴特．埃爾卡斯提的影子。」

那封信就像夜裡的一道閃光，如此地發人深省，讓我至今仍感激在心。之後的好幾天，我都把信放在口袋裡揉來揉去，最後就爛了。很多事情都有危險性，尤其是當我沉迷於那天晚上自以爲了不起的創作靈感時。我徒勞地沉浸在星星裡，我的感官徒勞地受到南方那一陣騷動的刺激。

這意味著我錯了，我不應該相信靈感。在創作的羊腸小徑上，我應該讓理性一步步地引導我前進。我必須學會謙虛。我毀了任何我找得到的原稿，並修改其他作品的思路，直到十年後，我才出版最後的定稿，讓它們出現在讀者眼前。

於是，我限制了創作形式，步步爲營，同時又不失自己最初的動力；我再次尋找更樸實的個人特色，尋找屬於我自己的和諧天地，並著手創作另一本關於愛的作品——《二十首情詩》。

於是，那本書在我的內心小劇場中，在我的內心與愛無法相遇之中誕生了。

那是我很喜愛的一部作品，因爲儘管它散發著濃濃的憂鬱氣息，但它令我享受到存在的快感。另外，印貝里阿爾河和它的出海口也爲我的寫作提供了不少幫助。《二十首情詩》寫的是我在聖地牙哥生活的浪漫傳奇，記錄了我學生時期的街道、大學的校園，還有飄散著分享之愛的忍冬花香。

關於聖地牙哥生活的部分，我是在埃喬仁街和西班牙大道之間，以及師範學院的古建築裡完成的，但詩歌裡呈現的風貌往往都是南方的水景與森林。

〈絕望之歌〉裡的碼頭是卡拉威和下印貝里阿爾的碼頭：破舊的木板，被湍急水流拍打成了有如殘肢的木材，此外還感受得到海鷗振翅，彷彿持續在出海口處盤旋。

愛與回憶逐漸繫住我；我躺在小汽船的甲板上，兩旁伴著汽船的輪子，航行在卡拉威和薩韋德拉港之間。我們停靠在內溫杜耶（Nehuentúe），接著沿著岸邊前進，兩岸有厚殼桂與松樹。小船的某處突然傳來手風琴聲。我不是因爲文學的理由，在創作中加入這些手風琴：我真的曾在印貝里阿爾河上聽到它的聲音。

薩韋德拉港的圖書館等著我。我是個幸運的人，在我命運的每一刻都遇到意外的驚喜。有誰想得到，在那河岸的末端，在那被人遺忘的海天交會處；在河的盡頭，在破舊房舍聚集的地方，我將發現我年少時期最讚的圖書館。

在薩韋德拉港的某個角落，我找到了那個聖地。它的外面有河岸的寒冷，它的裡面是書籍、是世界知識的精彩內涵。那裡的書有一種特殊、有如神祕燒瓶混合著海洋造訪的氣味。那棟圖書館的整體、內部和外部開放的空間，都是如此地完美，令人難以置信；在它身後，應該有一尊聖像，因爲那裡也有點類似鄉下的教堂，散發著一種教堂聖像的氣味；一種樸實、老舊木頭的氣味。

不過，它是一尊異教聖像，一尊開創異端的巫師聖像。

我知道它是誰。在智利，無人不知，在這世界上誕生的絕美詩歌之一，叫作「天鵝的逃亡」（La fuga de los cisnes）。但我進薩韋德拉港的市立圖書館，爲的是消滅那些書。我將擄獲的勝利品帶到我最愛的地方。威爾克山上的洞穴、我朋友巴伽克夫婦廢棄的穀倉、海難後拖上岸的棄船；我在這些隱密的地方持續地閱讀與創作。

沒有任何地方比在一艘小船上讀書和寫作還要更不舒服。其實，印貝里阿爾河的沙洲和我們所有的事物，就像山脈、太平洋、硝石、銅、巴塔哥尼亞一樣，都不好對付。沙洲上常有遇難的船。雖然我們有救生隊，但不免有船難。因此，在我們這些幸運的南方港口，只要每隔一陣子就會遇到船遇，而且死掉的搜救人員比實際遇難的人還多，也因此成立了一個特別的救難部。那裡沒有兇狠的搜救隊員，而是存放了一副用柚木做的大舵，一批航行用的旗幟，還有其他的雜物。它們應該藏在裡面有好長一段時間了。

我在一艘不知從哪個遇難大船上遺留下的細長、廢棄小艇裡，從頭到尾讀完《約翰．克里斯朵夫》，並且創作了那首〈絕望之歌〉。天空在我的頭頂上呈現出前所未見、驚人的藍。我躲進那艘埋在大地裡的小艇中寫作。生命的存在就這樣逐漸向前推進。我想，我再也無法像那幾天一樣，感覺如此地崇高、有深度。頭上的天，藍到無法望穿。在我手中的不是《胡安．克里斯多巴傳》，就是正在創作的詩句。身旁的一切都是已經存在，或是正在誕生以便永遠化為詩歌的美好事物：遠方的海浪聲、野鳥的叫聲，還有像黑莓樹一樣常青、生生不息、炙熱的愛。

奧古斯多．溫特先生個子不高，留了一嘴不整齊、泛黃的短鬍子，還有一對充滿了愛的眼睛。他沒有興趣認識我，我也不知道有這麼一個小巫師存在。

奧古斯多．溫特先生對我超級有耐心。我當時決心對抗格式的問題。我的書都是正方形。他仔細幫我的《二十首情詩》打字。我要求他都用大寫的字體打字。接著，他必須用手鋸幫我把紙裁小，在我們兩人一推一拉之下，最後紙的邊緣呈現鋸齒狀。

我天生鬼點子一堆，打亂了所有人的生活。我永遠都忘不了那位好心的老詩人；他被我要求用鋸子裁切那本詩集的扉頁，讓他百思不得其解。

在薩韋德拉港山上，在遼闊的河灘與大海旁，是歌詠南方鳥禽的詩人奧古斯多．溫特的小小墳墓。我親愛的朋友，安息吧！

對我來說，薩韋德拉港充滿了魔力。之前我不認識海，海包圍了黑夜。在巴伽克夫婦的花園裡，綻放著最壯觀的虞美人。這些花將在我的詩裡繼續綻放。這一切充滿了奇異的氛圍。

我騎馬沿著沙灘，往托騰湖的方向前進。

在我的國家，沒有比馬在海邊奔馳還要美的景色。我們的海灘就像環繞著一顆星球的道路。其他國家讓他們的海灘變成受歡迎的景點，讓海灘充滿餐廳、咖啡廳和精彩的表演。我們卻匯集在山谷間，在岩石底下聚在一起。

我們放棄了最原始、長滿最多樹木、最普遍的海岸。智利就像星球與星球間的一條道路；有綿延的海灘，有會發出聲響的峽谷，有大海的深溝，有鳥類的棲息地。

或許這連地質學家都不知道。

但詩人應該要了解他自己的國家。

夏天過去，三月來臨。我搭著一列長長的夜車，回到聖地牙哥。

在聖地牙哥，作家躲在一個個盒子裡生活。他們從工作的盒子裡出來，躲進另一個長得像酒吧或咖啡廳的盒子，然後晚一點又前往長得像家的盒子裡睡覺。這就是我對文學生活的看法。他們怎麼能不每天下午去採採智利風鈴草，或去下印貝里阿爾那樣的海灘追逐企鵝呢？

在那樣的環境中，我第一次遇到安赫．克魯恰卡（Angel Cruchaga）；當時這位高尚、有名、傑出的詩人，正從工作多年的西班牙銀行的柵欄裡出來。在我認識他以前，他早已在其中一篇文章中引用我的《二十首情詩》，屢屢展現出他無限慷慨的胸懷。

痛苦的作家，同時也是我在那段日子的好兄弟——羅梅歐．穆爾加，從一個盒子進到另一個盒子，被生活壓得喘不過氣，直到離世。

每天下午從一個盒子裡出來的還有羅薩梅爾．德爾．巴耶；但現在，他選擇居住在另一個更大的盒子：紐約。

在我之後才進入詩壇的胡本修．巴耶（Juvencio Valle）、埃德修．阿巴拉多（Edesio Alvarado）、阿爾多．多雷斯（Aldo Torres）等，都是伐木詩人，也是不願妥協的南方人，他們是否也和我有同樣的感覺，這我就不知道了。

這些詩人呈現南方的感官，表現出易受氣候影響的個性。

胡本修．巴耶的創作技巧高超，他的作品是純粹的精華，他的詩節有如植物在波動。

經常詮釋這樣特性的詩人，如埃德修．阿巴拉多、巴布羅．基涅斯（Pablo Guiñez）、克勞迪歐．索拉爾（Claudio Solar）和阿爾多．多雷斯等人，他們在作品中摻入了社會主題，讓他們的創作變得更有延展性，更加豐富。

我曾承諾，我要向諸位解釋我的每一首情詩。我忘記時間就這樣一年一年地過去了。原因不是我忘了任何人，而是仔細想想，諸位從我說的這些名字能得到什麼訊息呢？

某個夕陽中的黑色髮辮，諸位會想到什麼？八月的雨中一對驕傲的眼睛，諸位又會想到什麼？要是諸位不懂我的心，我能對諸位說些什麼？

我們說白一點。我從來不說虛情假意的話，也寫不出沒有事實根據的詩。

今年三月，我出版的《二十首情詩》屆滿三十週年。在這世紀的三十年，風風雨雨的三十個年頭。我歷經的歲月，比任何古代的歷史都還要有創造力、有故事性。我身邊的詩人，不是在西班牙被槍決，就是在德國被砍頭，不然就是在義大利被消滅。我見過人風大浪，認識上百萬人。我經常改變。當我企圖回憶時，我的詩就摻雜在一起，相互搞混，就像書的內頁因爲濕氣而全沾黏在一起。

《二十首情詩》出版過好幾次。我看過許多感情永誌不渝的戀人因爲這部悲傷的詩集而交往。在彷彿經歷幾世紀的這幾年裡，這些詩如何保持新鮮感，保持濃郁的芬芳？我沒辦法解釋。

首先，我要說，我記不住每一首詩的編號。我仍不斷地搞錯第七首和第九首。這部詩集裡，有兩段主要的戀情。一段是我青少年時期的鄉下戀情；另一段是之後在如同迷宮般的聖地牙哥裡等待著我的都會戀曲。

它們在《二十首情詩》中結合，從一頁到另一頁，在某處點燃了狂野的火，在另一處儲存了黑夜的蜜。

例如第四首詩，在蝶夢谷有一條很長、消失在原野裡的道路。或許，那是在三月時發生的事？我和她在幾棵參天大樹下。突然打了一陣雷，顫動了原野和枝葉，也嚇得我們兩人抱在一起……周圍充滿聲音，充滿搖搖欲墜的葉子；秋天準備來臨，風感動了我們……

這就是全部。

這是狂風暴雨的早晨，
位在我夏日一般的心。

雲兒朵朵在旅行，有如送別的白手巾，

風揮起它遊子的手，助它們一臂之力。
那陣風是難以計數的心，
潛伏在我們戀愛的寂靜。

第十五首詩，讓我回想起某一段戀愛的心；那是一段直接、深刻、與大自然比較沒有關聯的戀情……她是聖地牙哥女孩，和第五首、第七首、第十一首、第十五首、第十四首、第十七首和第十八首相同。

另外，第一首和第二首也一樣。第六首另有目的。當時，某些字是禁忌，令我感到厭煩。所以我決定寫一首詩，內容新穎，而且我要讓「平靜」（calma）和「心靈」（alma）押韻。

記得最後一年秋天，妳的舉止模樣。
妳是灰色的貝雷帽，妳的心情平靜。
妳的眼裡，閃爍著猶如晚霞的火焰。
樹葉飄落，掉進妳柔情似水的心靈。

第十六首詩的背後有個很普通的故事，後來竟衍生出一點風波。那個蝶夢谷的女孩是泰戈爾的忠實讀者，她寄給我一本老舊的《園丁集》，裡面畫了一堆記號，又是十字、又是線條、又是小星星、又是驚歎號。我主動幫她做摘要，並把那些散文詩改寫成韻文，同時加入我自己的元素。我把它當成一件有趣的事來做。之後，把詩連同她的書寄還給她。

一九二四年五月，在愛德華多．巴利歐斯（Eduardo Barrios）的推薦下，我將《二十首情詩》送到了誕生（Nascimento）出版社印刷，準備出版。某天晚上，我和華金．西福恩德斯．塞普爾貝達無憂無慮、快樂地走著，我突然想到，這個第十六首詩少了一個註解的說明。

我很焦慮，於是拜託華金．西福恩德斯提醒我，明天和我一起過去印刷廠，把註解補上。華金立刻反應：「巴布羅，別傻了！這樣做很蠢。大家會在《水星》（*El Mercurio*）雜誌裡說你抄襲，這樣你的書才會賣。」

詩集很少能陳列在玻璃櫥窗裡販售，只會擺放在倉庫。我照他說的話做，只是滿腦子疑惑，但之後就開心地把這件事情拋在腦後。時間就這樣過去了，而那首詩仍一直沒有前言說明。

在布宜諾斯艾利斯發行新的版本時，詩集裡面放上了說明，就像之後再版的那樣。

阿根廷版詩集發行後幾個月，稍稍遲來的指控便接踵而至。

第二十首詩也發生在蝶夢谷附近的地區。那是一首告別詩，內容焦躁不安，同時又蘊含了改變的決心，這樣的改變也逐漸影響我的心情。

〈絕望之歌〉是在薩韋德拉港完成的。創作它時，我聽著沙洲上的巨響、海鳥的哀叫、大海在河口發出震耳聲響。

我必須補充，當我在寫這部詩集時，許多我描繪的感受是我從沒體驗過的。

同樣的情形也出現在我《晚霞》詩集裡的片段中。

在所有感知的範圍中，這樣的感受持續藉由詩發生在我身上。這些幾乎全是肉體上的感受，或者個人的感受，要不然就是難以說清楚的心事。但有時這些感受超越了我個人的親身經歷。

在我多年後創作的〈費德里克頌歌〉裡，我大致描寫他悲慘的結局，但是當時離費德里克過世還有很長一段時間；我沒有一次讀這首詩時不感到害怕。

在我逃亡時創作的〈讓樵夫醒來〉中，我寫了這一段詩送給美國人：

你別下榻
在中國；貪財老蔣已經不在，
圍繞他的是朝廷官員的腐敗，
等待你們的將會是一整片的
農民鐮刀和一座火山的塵埃。

很清楚地，這段詩的政治預測可能性更高；不過，在我寫這幾句時，合眾國際社與美聯社正向全世界證實，今日福爾摩沙島上的蘇丹，其道德與軍事力量都堅不可摧。

然而，小心別聲張這些危險的徵兆，我只是說一些有趣的例子給諸位聽聽。統治階級塑造詩人的假形象，把他們形容成一種盲目的魚，彷彿用幻術般的高超技巧，悠遊在神祕的水裡。這是錯誤的。這種理論的目的，是爲了將詩歌創作者與人群隔離；是爲了打破他們與人民之間的聯繫；是爲了拔除詩人扎下的根，將他們變成一棵虛假、弱不禁風的植物。尤其是那些面對著悲慘且污穢的生存條件的年輕詩人，他們參與的理論，將他們譽爲「小神」、「奇特的神靈附體」或無論如何都是較高級的人；但他們不曉得此時自己正默默地被牽著鼻子走。於是，他們原本還不錯的才華逐漸失衡，最後變得奄奄一息，甚至消失。

詩人不是「小神」，沒有偷走天上的聖火，也不是源自什麼特殊種族，或是雌雄同體、惡魔那一類的人。詩人是做某種職業的人。這個職業沒有比其他的職業重要，除非面臨了退步勢力的威脅，也沒有比其他的職業危險。

我們有必要純樸。我追求純樸，我愛純樸，我對純樸鍥而不捨。我是眞誠的人，要不是我相信純樸，要不是我追求純樸，我就無法獲得別人對我的肯定，我也無法給予他們向我要求的東西。[1]

第三場講座，一九五四年一月二十二日

我昨天的講座，刻意避開學生聯會的意識形態運動，並避開《光明》雜誌；這本雜誌對一個世代是如此地重要，而且我還是它的編輯。昨天下午，多瑪斯·拉戈對我忘記這麼重要的事覺得奇怪。就是因爲如此重要，所以我要在其他的場合再特別討論。

這些回憶必須流暢，因此我剔除任何笨重、會讓回憶不流暢的障礙物。內在的部分，也就是當年的政治，是很複雜而且很激烈的。檢視那些政治事件和結果，是評論家的工作。

當年，我無時無刻都在寫。

一九二五年，我出版了隱密而且像夢遊者寫的書：《居民與其希望》以及《無限人類的嘗試》。在這兩本書裡，不是全部都很糟。它們散發出些許太陽的光芒，還有某些《無限》裡的詩句我很喜歡。

我帶著同樣的眞誠，逐漸進入黑暗的領域。那些作品就像在《居住》的黑暗土地上，起飛前的奔跑。《無限》裡，從頭到尾都沒標點符號，就像法國詩人現在的作品一樣。這本沒有句點、沒有逗點的書，就像一條沒有小卵石的溪流，每當我看到它，都覺得有點悲傷。

西班牙文不怎麼欣賞這樣的小玩笑。在當時，我是那麼地瘋狂，甚至在印刷時還刻意把字印錯，以爲那樣是有創意。眞蠢！

然而，《居住》裡憂鬱的視角是另一種情況。這本詩集有不少屬於地下的成分，有金屬，有鐘乳石。裡面還有許多高貴的物質。但是，我現在不能讀這部作品，因爲它的風格傾向極度地悲觀、痛苦。我無法完全讓它不再流通，但我不建議大家讀它。如果我是政府，我會禁止年輕人讀它。

在莫斯科時，詩人蘇爾科夫（Surkov）對我說：「生命是一場抗爭，你不能命令你的兵上前線，又奏死亡進行曲給他們聽。」

這個道理很簡單。黑暗的詩有兩種解釋。一種是因爲社會制度的壓迫，使得詩人支支吾吾，或選擇沉默。另一種是傳統的黑暗風格，源自於法國的象徵主義詩歌。不過，韓波完全是個點點點省略法的

1 原編者註：詩人以朗讀《元素頌》裡的一首詩〈隱形的人〉（El hombre invisible），結束這場講座。

作家。我一直感覺他的文章語言眞的很妙，有如鍊金術，但又不像魔法，反而像是一位探險家快速記下的筆記。波特萊爾像某種黑鑽石，稜角切得很漂亮，而且往往耀眼動人。

接著是優雅的小作家——馬拉美專業的黑暗風格。但在格局上，馬拉美與西班牙的貢戈拉相比，眞是小巫見大巫。貢戈拉這位作家就像一間空蕩蕩大教堂裡的玫瑰花窗，又像引進一座冰冷迷宮的人。

此外，面對克維多極度痛苦的表現，波特萊爾的激動情緒根本算不了什麼。

因此，我認爲閱讀西班牙黃金世紀的偉大詩歌，是破解形式主義黑暗的其中一種好方法。許多詩人在當時沒有被發掘；幾個世紀後，西班牙首度出版畢亞梅迪亞納伯爵被人遺忘的詩：

寂靜，我在你的墓穴裡寄託
嘶啞、無聲的筆和悲傷的手；
如此，我的痛不再對風空歎，
我的苦不再枉然寫在沙地上。

很美吧？諸位有人知道這首詩嗎？我在馬德里阿多恰門（Puerta de Atocha）一家很不起眼的舊書店裡找到這本一六三四年的書。從那時候起，我就一直帶著它，直到最近我把所有的書都捐給這所大學。現在諸位都可以讀到它。畢亞梅迪亞納伯爵是貢戈拉很要好的朋友，最後國王費立貝四世命人殺了他。

案發地點位於馬德里的主廣場，我沒有一次經過那裡不稍稍顫抖一下的。我在《居住》中爲他寫了一首詩，標題是「重新被發掘的人」（El desenterrado）。

《居住在土地上》是我從一九二五年在智利開始寫的，後來到了緬甸、錫蘭和爪哇都繼續寫。有人認爲，在這本詩集裡看得到東方和神祕主義的影響。我倒不這麼認爲。我在印度從來沒見過神智學的神祕主義。我認識的神智學者和研究神祕主義的學者都是哥倫比亞人、阿根廷人、德國人、美國人。在那時候，印度就像一頭側躺的大象。它的廟宇令我驚艷，但是它的貧窮最令我肝腸寸斷。它讓我想起玻利維亞、秘魯、智利的貧窮，還有在那裡過著水深火熱般生活的居民，以及穿得破破爛爛的人們。印度一大群的人民，很單純，很不可思議。那裡見得到世界上最美的笑容。

任何的殖民地，無論是昔日的印度或是今日的波多黎各，都總是令人悲傷。

對於居住在殖民地的人來說，有一種可怕的場景，一種有點違反自然又戲劇性的場景。姑且不論壓迫和經濟剝削，而是生活上的小事充滿了一種惡劣的氛圍，並被一種不潔的價值給污染。

我從來就不追求文學的異國風情，也不是考古學的狂熱愛好者。

但是，印度的古雕刻和古畫有時具有某種生命，某種感官的誘惑，某種冥想。經過兩千年的沉睡，在它們上面，似乎仍感受得到當初賦予它們光輝的那些手在顫動。

對於我們這樣沒有過去、沒有宏偉遺跡的智利人來說，那種感覺更是深刻。

走在叢林裡，突然遇見一尊側臥的釋迦牟尼，也就是佛陀。那像是一尊雪花石膏或大理石材質的山。你會覺得，在那尊從兩千年前就開始微笑的龐然大物面前，自己像隻小蒼蠅。從祂裂開的膝蓋間，竄出幾棵在那裡生長的樹。在祂高高的頭後面，藤蔓植物像黑色的蛇一樣相互交纏。祂在那裡呈現靜態的美與智慧，並用祂屬於人世間的雙眼看著我們。

不過當我們回到市區，我們看到那些將文化發展到那樣規模的可憐人民，仍被一小群外國來的白人逼得走投無路，被他們迫害，被他們糟蹋。

英國在那個時期的印度，莎士比亞與米爾頓都被鎖在櫃子裡了。法國在當時的越南也沒兩樣。維克多．雨果、羅曼．羅蘭、自由、平等和博愛，全都被鎖在櫃子裡。

在當時的印度，朋友之間帶著不信任的眼神互看。棍棒很快就落在佛像建築工人的頭上。我和年輕的革命份子交朋友，但是令我感到十分傷心的是，他們竟然對我說：「你會和我們混在一起，那是因爲英國人不想跟你好。」

好悲傷啊！一種生活在一大群受壓迫人民之間，所感受到的極度悲傷。

然而，自由從不停下腳步，爲了這些雕刻神像的小工匠來到了印度。

不過，我感覺自己在那幾年被困住，沒有出路，無垠的孤獨。我在錫蘭住了許久，有時整整幾個星期沒看過一個人影。我養了一條狗和一隻灰獴。

這隻灰獴有牠的故事。有誰讀了吉卜林的作品後，不會想要擁有一隻灰獴？諸位要知道，牠是唯一敢對付兇猛毒蛇的動物。牠會立刻攻擊毒蛇。小動物那一層胡椒鹽色系的粗毛皮，讓蛇在咬的時候暈頭轉向。牠們會血淋淋地糾纏在一起。最後勝利的總是灰獴。在印度，他們傳言灰獴知道一種大家不曉得的藥草，可以讓牠們被毒蛇咬了之後沒事。在印度的大街上，這種可怕的纏鬥是一種司空見慣的表演。

某次，一位農夫經過我可倫坡的家前面，後面跟著一隻我從沒見過的奇特小動物。牠搖搖晃晃的，好像有一搭沒一搭地跑著。牠的尾巴又蓬又長。

牠是一隻灰獴。當時牠和我的手掌差不多大。我一個人住，牠和我吃同一盤食物。我到哪裡都有牠跟著。如果沒有牠圍在我的脖子和肩膀上，我就睡不著。

當牠還很小的時候，某天下午，附近認識且欣賞我家灰獴的小男孩們，在沼澤發現一條大蛇。他們跑到我家，然後一起往敵人的方向前進。

我和我的灰獴整裝待發，走在前面，後面領著一群皮膚黑黑的小跟班。他們頂多就穿了一塊遮羞布。他們發出鼓譟聲，以迎接他們期待的大戰。

抵達目的地，我獨自向前，面對著在艷陽下睡午覺的大蛇，將灰獴放在牠前方幾公尺處。

滿心期待只持續了一分鐘。我的灰獴靠近大蛇。或許牠原以爲那是根樹枝。但牠突然停頓下來。奮力往後跳，以我完全沒見過的速度，穿過那些孩子，衝回我家。等我找到牠時，牠正開心地吃著一顆水煮蛋。

在那次事件之後，我在威拉瓦特的名聲一落千丈。可倫坡孤獨的海邊郊區就是叫這個名字，我在那裡住了超過一年。

我帶著兩隻寵物，在椰子樹下散步。兩年後，我交了最早的朋友，有英國人，也有當地人。他們的生活因爲階級制度變得很複雜，這讓我想起智利的社會階級。

《居住在土地上》就是在這樣的情況下逐漸完成的。封閉的氛圍令人有壓迫感。我就像住在洞穴裡。但這本書卻是我寫作風格發展最完整的。

我很快就擺脫那樣的風格。我將我的書一本一本地抛到腦後，而且屢屢取代並重建書裡的意義與形式。我是聶魯達風格的頭號敵人。要是每完成一本書就終結那樣的風格，怎麼可能會存在所謂的聶魯達風格呢？

書對我來說很重要，而且它們每一本都是一次誕生，一個接近完整的生命。現在諸位將看到我今年預計出版的兩本書。一本書名為「葡萄與風」，再過幾天就要問世。諸位也將看得到它和我其他所有的創作不一樣。我很喜歡它，但是我更喜歡我現在正在寫的這一本，它即將在六月出版。這本書名叫「元素頌」。它與其他所有的書差異更大。這一本的內容相當簡單，充滿歡樂，老少皆宜。

我在青少年時期，非常渴望能創作出一部系列詩作。《無限人類的嘗試》是個開端，是我對宇宙的冗長解釋。

這種不節制的企圖是美洲詩歌的通病。它使許多有天分的詩人迷失了自我，也是南美洲新興國家的病灶。

人們並未意識到自己讓文化的各個階段被燒毀，讓詩歌創作的基礎變形，使它被包裝成幻影。許多拉丁美洲詩人都想要寫出自己的《浮士德》。但《浮士德》代表了中世紀的一切，代表了知識與科學的萌芽，這些表現都屬於寬容、謙遜、內斂的世紀。但是它沒有發展成美妙的音樂，沒有發展成傑出的詩，也沒有採用浪漫主義者稱為「天賦」的主題或態度，讓那樣的表現變成一種科學上的發現。我們之中有許多人以一種錯誤的自我形象來使別人信服，因此迷失在無用的旅程當中。此外，在主題上展現企圖心，也是一種膚淺的表現。

關於這一點，我主要是說給年輕作家聽的。

我從來沒想過要當大師。我想說的是，每個人都應該尋找自己的路，但是大家應該要注意一些根本的東西，以及危機。

首先，詩人若少了他人的生命，就是一個沒有價值的人。能讓詩人歌唱的是人類社會的生命、行動和革新。夢境、神話、與夢有關的一切與魔法，這些所有不起眼的文字，都像是現代雜貨店裡的劣質品。詩歌一點也不神祕。我們每天吃的麵包比較神祕；然而，麵包師傅一點也不會自以爲了不起。如果詩人不曉得自己的責任，不想與其他人一起奮鬥，那他就只是在閉門造車。

我們昨天提過，詩是一種工作，而詩人是工作的人。

我認識最出色、最睿智的詩人之一——保羅．艾呂雅某次對我說：「（詩）成了一種對『質』的迷戀。我們必須重新規劃事物，將（詩）它的價值回歸到『量』，回歸到創作本身。」那天（三年前，哎！保羅．艾呂雅現在都已經不在了），我們拿著紙和筆，計算畢卡索的繪畫、雕塑、版畫、陶藝作品、石雕、石版畫、文學創作，幫他弄清清單。結果共計超過二十四萬件。

那麼維克多．雨果呢？或許他在耿西島的岩石上，以爲他和令人摸不透的永恆有聯繫；但眞正讓他得到永恆生命的不是那個，而是他那些媲美麵包師作品的美好作品，是他每天以同情心、以詩、以奮鬥、以痛苦和愛製作出來的糧食。

《居住在土地上》的上、下兩冊在西班牙出版。在那段時間，我從沒看過有人比我享有更濃厚的兄弟情誼。我們從沒想過，戰爭會令文壇留下如此驚人的空白。如今，所有倖存的西班牙詩人都流散到世界各地。對他們來說，這是最痛苦的。

我一直維持著戰鬥狀態，對抗西班牙投機且殘忍的法西斯主義。現在這個場合不適合講政治，不過，我之所以這麼說，並不是這類議題造成的結果，而是我帶著這樣的哀痛，千百個不願意觸碰到這些傷口。我無法忘記費德里克的死。對於曾經愛他，曾經接近這麼一位如此亮眼、有如詩神下凡的人們來說，要忘記他的死是不可能的。

在內戰前不久的西班牙，是製造詩的大廠房。阿貝爾迪、費德里克、阿萊桑德雷、米格爾．俄南德斯，其他還有多少人啊！

我們當時生活在無比快樂的年代。費德里克帶著他的破房子劇團到處跑。他全部的心思都放在劇團上。不過，我對他最後的印象，是他動身前往格拉納達前，在馬努耶爾．阿多拉吉雷家裡唸給我聽的那幾首傷心之愛或類似主題的十四行詩。我不想要在我之外，還有別人聽到那幾首詩。所以我們找一個僻靜的角落，他小小聲地唸給我聽。我感覺那幾首十四行詩很美，就像成熟的枝條上結滿了果實。這些詩仍未曾出版，人們會怎麼處理它們？

阿貝爾迪讓他芬芳、透亮、海洋一般的詩遍布西班牙。阿萊桑德雷很嚴肅地創作。米格爾．俄南德斯像剛離開大地一樣地探出頭來。最有份量的莫過於胡安．拉蒙．西門內斯和安東尼歐．馬恰多的詩。不過，薩里納斯和紀嚴那一輩的詩人經歷過胡安．拉蒙．西門內斯在知識上對他們的影響，而我的西班牙朋友們，如阿貝爾迪、洛爾卡等，他們都認爲馬恰多才是他們眞正要走的路。西門內斯想當歐洲詩人，像是西班牙版的保羅．瓦萊里詩人，像是詩歌界的抽象主義者。這讓他迷失了。那些老舊、顫抖的浪漫主義，他早期作品中的那些顏色和氣味，都已經被丟棄了。它們逐漸乾枯，鮮血從那些作品身上流失，不再歌唱。只思考而不歌唱的詩人，就算是迷失了。我並不把歌唱當作一種特質，而把它視爲一種自然狀態，一種提升形式與意義的運動。少了這一點，詩就不存在。

一九三五年，馬德里「十字與線條」（Cruz y Raya）出版社的發行人何塞·貝加明（José Bergamín），幫我出版了上、下兩冊的《居住在土地上》。

從很早以前開始，我的詩在西班牙就享有名氣。當我住在印度時，阿貝爾迪曾寫幾封信給我，要我提供詩稿給他。西班牙詩人複印了六、七本《居住》詩集。我不知道我的詩和他們如此不同，他們到底喜歡它哪一點。西班牙詩依然很古典，就像在切割古代的水晶。阿貝爾迪則是古典、寶貴，有點像十八世紀的詩人。在那年代，存在著「神聖的」詩人，就像那位神聖的埃雷拉。大家就這樣稱呼那些完美、純淨、一板一眼有如直線的詩人。在西班牙，受到安達魯西亞詩人的影響，大家仍有點持續傾向那樣的創作風格。

費德里克·賈西亞·洛爾卡有某種異於常人的天分，他企圖打破那樣優美的直線，讓他的詩，讓他最近的詩具有一種更寬廣的視野，也就是更美洲生命的視野。

要所有人都注意到賈西亞·洛爾卡的重要性是不可能的。當他遇害時，他才剛開始創作。他有驚人的創作天賦。他直接成了現代西班牙的洛貝·德·維加，也將進入社會詩歌的領域。

費德里克總是在讀我的詩，有時他會對我說：「我不想再讀你的詩了，因為我會受影響。」他就像個被慣壞的小孩，充滿了鬼點子，也充滿了創作的幻想。大家都無法對他發脾氣。

不過，我記得曾發生過一次不愉快的事。他正在指導那齣《葉爾瑪》（*Yerma*）的排練。他是相當嚴格的導演，會收起平常嘻笑的說話方式。他的指導完全顛覆了西班牙的舞台，從此誕生出一位偉大導演的風格與詮釋。有人在我不曉得的情況下，以我的名義打電話給他，害他以為家裡出了事，之後他就把這件我沒做的惡作劇怪到我頭上。

當他指責我時，我的反應很激烈，而且很不客氣地回應他。我當著大家的面對他說，教他別再跟我說話了。

那一天我們很晚才吃晚飯。我們前往平時很常去，在月亮街上一間很受歡迎、名叫巴斯瓜爾（Pascual）的小酒館用餐。

當我正和某個人聊天時，感覺有人拍我的肩膀。是費德里克。我撇過頭，不想和他說話。其實沒什麼事，我只是不喜歡他剛才那一副讓我感覺有點自以爲是的態度。

於是他繼續拍我的肩，讓我不得不回頭。「你看。」他對我說。

他非常緩慢地拿出一條手帕，像魔術師般將它攤開，準備變把戲。他將手帕舉高，給我和我的朋友們看，接著將它小心翼翼地放在地上，然後跪在手帕上，一臉後悔地看著我。

眞的拿他沒輒。他的可愛眞是無敵。我把他從地上扶起，從此我們再也沒起過爭執。

不過，在西班牙詩壇中，年輕一輩最有趣的人是米格爾．佚南德斯。我在其他場合已經聊過這位來自歐里維拉的牧羊人。我有點把他看作是我的孩子。

他離開家鄉時，就直接到我家來。他是牧羊人，滿臉皺紋，完全是個鄉下人。他會跳到樹上，在上面吹哨子，模仿夜鶯啾啾啾的聲音給我聽。

他是我見過生活最多彩多姿的詩人，而且有辦法一開口就講個不停。他也過世了，我無法完全展現他那令人折服的優點。

我曾經描寫過他好幾次。我對他的犧牲始終無法釋懷。現場的諸位都知道我在政治上的意識形態。

在這幾場談話中，我想避開會造成彼此歧異的任何事。我們一天比一天更深深地感覺到，我們有必要填補空虛，塡補人類被迫接受但沒有人民想要的無人土地。我們應該盡量拓展大家共有的利益，並且讓我們所有人更容易了解彼此。

但是，有些東西像刺，深深扎入我正在和諸位分享的生活中，讓我無法跳過它們不講。我被迫帶著理智與內心所有的力量，與這些刺朝夕相處。

米格爾・俄南德斯的死和費德里克・賈西亞・洛爾卡一樣。他們爲血腥戰爭最初發生的謀殺案找了一個理由，這樣內戰的殘酷就能在雙方陣營中大肆蔓延開來。但是，我們要怎麼理解米格爾・俄南德斯的死呢？他是一位年輕詩人，幾乎沒有名氣。他在政治上，在軍隊中，沒有什麼舉足輕重的地位。他是替人民發聲的偉大詩人，是農民之子；在戰爭中，他持續與農民站在同一陣線。

戰爭結束後，他被判了死刑，幸好我們還能救得了他。自由後，當他準備和太太、小孩一起來智利定居時再度被關，幾年來他從一個牢房換到另一個牢房，直到他奄奄一息，最後因爲無法在不自由的環境中生活而斷了氣。

多年前，他們想證明賈西亞・洛爾卡被殺害並非預謀。不過，殺了洛爾卡的那一幫人，讓西班牙樸實的詩歌繼承人垂死掙扎了七年。

現在，在西班牙出版了一本用許多三行詩拼湊起來的詩集，裡面說要是米格爾・俄南德斯還活著，就會與殺他的那一夥人在一起。

太荒唐了。

我無法接受這種說法。這不是政治工作，而是良心問題。我因此在《漫歌》裡寫道：

你直接從西班牙東部過來找我。牧羊人，
你為我帶來了一臉皺巴巴的天真與無邪，
以及舊書裡的經院哲學；你帶來了一股
路易斯修士的學究味，一股橙花的芬芳，
一股山間糞肥燃燒的氣味；你的外表下，
帶來了收割後的燕麥一般、穀物的粗獷，
帶來了你用雙眼測量土地時散發的蜜糖。

還有，你用你的嘴，帶來了夜鶯。
一隻柳丁色的夜鶯，一絲純潔的
歌唱，以及一點一滴耗盡的力量。
哎！年輕人！白天突然爆發戰爭，
你帶著夜鶯，帶著步槍，
日日夜夜地走在沙場上。

孩子，現在你知道我多麼地無能，你知道
對我來說，在所有的詩裡，你是藍色火苗。

如今，我將我的容顏放在地上，聽你歌唱，
聽你歌唱；你是鮮血、音樂、垂死的蜂巢。

許多年後，在我的新書《葡萄與風》中，第四首詩是我獻給他的，標題是：「迷路的牧羊人」（El pastor perdido）。

將米格爾·俄南德斯和費德里克·賈西亞·洛爾卡的受苦眞相帶給大家，是我的兩大任務。從我的西班牙時期開始，他們可能就對我造成影響，突然改變我的詩歌風格。沒錯，我關懷社會的詩主要表現在早期的詩集裡，或許我早已註定會這樣表現情感。關懷社會的詩只不過是人性的延伸，人性更深層的表現。但這些作家悲劇性的死亡，是一種完全激發我良知的痛苦刺激物。

這是第一個原因。

第二個原因是友誼。這些人都是我珍貴的、情同手足的好朋友。

對詩人來說，友情就像一塊大陸。我有南方人特有的友情至上、友誼長存的概念。我從來不想失去朋友，只有死神可以把他們從我身邊帶走。

我和三十四年前一樣，與多瑪斯·拉戈走在聖地牙哥的大街小巷，從頭到尾沒有談論書。我們曾一起出版那本名爲「戒指」（Anillos）的書，內容包含了出色的詩作。後來他對大地的愛，讓他珍藏了金恰馬利（Quinchamalí）原住民的黏土作品、農具；如今，他從共和國最美麗的博物館裡，在我們民族動人的藝術創作包圍下，每天眺望著山脈。

盧本·阿索卡也在那裡蹓躂。他已經從小島回來，那個島提供了他一些悲傷的主題，讓他在智利完成了最出色的作品。我們每天下午都在那附近散步，說些沒意義的話，就像三十年前一樣開心。

如果不想說話，我就會去找我的教父胡本修．巴耶。和他在一起可以好幾個小時都保持沉默。在西班牙，大家都叫他「胡本修．寧靜」（Juvencio Silencio）。

因爲我有很多不同的事要忙，再加上我會躲起來寫詩，所以如果想找我說話，就要和三十年前一樣，問歐梅洛．阿爾塞我人在哪裡。

但是，我也有跟蹤我的死敵。

詩人畢森德．魏多伯羅總是和我保持強烈的敵對關係；他發動了大大小小的戰爭，發表了各種文章，製造各種事件來攻擊我。

這樣一個靜不下來、在詩壇上稱王的人，如今也成了自己的敵人，而且孤單地只剩下自己的詩。希望他能用自己的詩，繼續發光發熱。

還有許多從我年輕時就圍繞在我身邊的敵人，他們鍥而不捨，用華麗的雜誌來迫害我。

有趣的是，這些敵人就像是卡拉布里亞山上父母將東西傳給孩子、姻親、姪兒姪女與外甥一樣，將這樣的敵對關係傳下去。姪兒姪女與外甥將那些攻擊的雜誌愈做愈小本。大家應該對這一切都感覺有趣極了。我用我的方式回擊，我把詩寫得愈來愈厚，愈來愈費工，愈來愈長。

我不是什麼完美的模範。沒有這回事。

但我也從未公開寫過一句話去攻擊哪位詩人。

我選擇更巨大的敵人；我選擇對詩不友善、對所有人生命不友善的敵人。

我相信世界上有某個位置是留給所有詩人的。

有一次我說，大象比我們詩人龐大，都有容得下牠們的地方。諸位知道我收到什麼樣的回應嗎？「這句話代表了巴布羅．聶魯達有戀大象情結。」

我不曉得什麼是戀大象情結，但是我必須承受這一切，承受這如此沉重、複雜、血淋淋的言語攻擊。

我不是在說那些評論家。總體而言，不存在評論，或更確切地說，那是一個逐漸消失的文類。我喜歡樸實、有內容的評論，但這種文類愈變愈奇怪。有些評論家自詡爲啓示錄的作者，成天宣傳自己的政治，自己家族和家庭的政治，豪華俱樂部的政治和農業社會的政治。這些我都不喜歡。也有自稱爲馬克思主義者的評論家，他們又苦澀又沉重。我可以認同他們，但是我也不喜歡。我更不喜歡的是那些超級知識論、極盡抽絲剝繭的評論家。我讀過幾篇他們針對一首短詩寫的評論，那一頁又一頁複雜的論述，就像一個盒子套了另一個盒子，讓我感覺很無聊，因爲我知道在最後一個小盒子裡，同樣也什麼都沒有。

我指的不是評論中的抨擊或攻擊，而是指他們缺乏理解，缺乏人文素養。因爲人類的人文素養是從某個東西來的。雖然它源自人文學科，但這些人文是從人性演變而來的。

不久前，我針對這些不人性的評論家寫了這幾句詩：

〔原稿中少了幾行〕

〔詩人〕是一個細膩的工作，因爲他必須表達很多難以言述的感覺；在自己的內心中必須是個古代唱詩班；必須發出聲音表達許多人感受得到但無法表達的事情。他就像一個船伕，必須引導自己的船，還要知道如何順著水流走才不會迷失方向。這個水流是人們內心深層的感受，是時間指引的深層水流，而且也應該可以帶領我們，讓我們不會失去目標。

我已經慢慢告訴諸位，詩歌是如何對抗所有的事物。最後，我將要告訴諸位，詩是如何對抗這所有複雜的、堅持讓詩人脫離現實以抵銷他的影響。如果詩人單槍匹馬，獨自與自己傑出的詩歌文字表現來抵抗，那麼他就會變成某種赤裸裸的熱帶植物的樹幹，只穿著可悲的驕傲來保護自己。

抵抗意味著不簡單的簡單，意味著回歸到單純的人性。這至少是我自己走過的路。還可能有別的方法嗎？我已對諸位說過，我是從哪裡來；我從邊界來。諸位也知道，也了解與我一起成長的大自然、人和萬物是什麼樣子。若是我不夠單純，若是我不企圖當個單純的詩人，我就違背了寫詩的基本信念。

在接下來的詩裡，清楚地表達了我要說的這所有想法。

〔他指的肯定是他那首〈頌單純的人〉（Oda al hombre sencillo）。〕

第五場，最後一場講座，一九五四年一月二十四日

昨天的講座裡，我們已經提過了在某種程度上，影響我詩歌表達的人、事、物的來龍去脈。今天下午，我只想直接與諸位談談我的詩。在我們所有人的參與下，最後這一場講座將被我們變成一場沒有權威感，也就是人們口中所謂的「詩歌朗誦會」或詩歌朗讀。

我抗議「沒有權威感」這種說法，雖然我也這樣註解詩歌朗讀。

在現代世界裡，男女朗誦者都是英雄，某種層面上算是帶著武器的英雄；他們或強或弱，或優雅或鏗鏘有力地接續古代的傳統，亦即接續口語傳遞的詩歌傳統。

詩歌朗讀除了被運用在現代戲劇中，它也有權宣稱是偉大希臘戲劇——傑出的宣敘調——的遺產。

我經常問自己，一首詩到底什麼時候才算結束。當我們書寫下詩並且把自己的手稿唸出來時，感覺缺了點什麼。當我們用打字機打時，詩會比較完整。不過還是缺少了什麼。

等到詩在某本雜誌上發表時，它就眞的變成一首完整的詩。不過……總是有不足之處。

於是出版了書。至此，就眞的結束了。至此，我們詩人也永遠忘了自己的詩。我們與那首詩保持了距離，頭腦裡想著其他的東西。我們想寫些不一樣的題材。那首在詩集裡的詩，彷彿已經死去。

於是我們很快聽到它在歌唱。有人大聲地朗誦它。或許朗誦得好，或許朗誦得不好。但無論如何，一個人的聲音就賦予了它意義，讓它重新活了過來。

此時，這首詩就眞的完成了。

所有的詩都是要讓人大聲朗誦的。文字應該放在嘴裡感受，聲母應該要有聲音，書裡沒有生命的每一行字都應該要充滿聲音。

只有這樣，才能在韻律起伏的高處，從詩裡出現它生命的元素、它的意義、它的聲音。

韻律是詩內在的法則。它不只是詩的外衣，還是它內在的血液，是它生命的循環。

我們在讀詩的時候，必須跟著旋律走。旋律必須像水流一樣強勁，能夠帶動你的身體。

我們必須尋找旋律的那條線，必須跟著它穿越所有的事件，因爲那條線也是嚮導，它會開啓內容的大門。在詩的迷宮裡，那條線通向關鍵。

我注意到了，當人們讀詩的時候，會將一行詩的最後與另一行詩的開頭連結起來。這樣不太好。每一句詩的最後要有停頓，否則就會變成散文。這種停頓不需要像句點之後的停頓那麼久，也不像兩段詩之間的停頓那麼短暫，也不是從頭到尾停頓的時間都一樣。不過，詩的要求是，韻律線到了每一行詩的最後，要停頓在一個細微的顫抖處，停頓在一個轉折處，由此將會出現另一個新的韻律動線。

然而，詩也表現在唱詩班的吟誦當中。詩的最高夢想就是被許多人一起朗誦出來。詩人在自己的內心也是一個唱詩班，他在創作中表達了許多隱藏的存在，而這些存在渴望在時機成熟時被表現出來。理想的詩，就是在一分鐘之內能說盡地球上人類全部的渴望。這個全部指的應該就是和平。[1]

其他自傳式文章

那個陌生的巴布羅・聶魯達

我們人類彼此認識得眞少！你這次帶著好奇聽我說，我開始說，我開始害怕地跟你說。我的聲音從外面、從街上、從夜晚來，我的聲音就是一個入侵者的聲音。我不知道你將怎麼接受我。剛剛不久，你才從你的作坊、辦公室、餐桌離開，你或許進入了臥房，進入了床鋪；而我的聲音沒有經過允許，突然就像魔法般地，硬是闖了進來。我害怕，因爲如果我要說愛情，或許你還比我更幸福洋溢；如果你比較快樂，那你也不需要聽我說話、聽我的詩。現在，我要來與你談談我的痛苦，有可能你比我了解痛苦，而當你可能切斷我無用的話語時，我和我的聲音就會留在空中跳舞。

1 原編者註：本文是聶魯達為詩歌朗誦做的開場白，他用詩歌朗誦結束這一系列關於他的生平與詩歌的講座。一開始，他發給現場所有觀眾一份印好的詩〈頌空氣〉（Oda al aire），讓他們閱讀。隨聶魯達一起上台的還有民俗學家瑪姤特・羅耀拉（Margot Loyola），帶著馬普切的傳統小號德魯德魯卡（trutruca）和吉他；另外還有演員瑪麗亞・馬魯恩達（María Maluenda）和羅貝爾多・巴拉達（Roberto Parada）。朗誦會開頭，先由瑪姤特・羅耀拉演奏一首情歌。演奏結束後，聶魯達讀了《漫歌》裡的一首詩〈致船首雕像〉（A una estatua de proa）。接著，在吉他的伴奏下，詩人與兩位演員朗誦了幾首頌歌：頌地上的一顆栗子、頌土地的肥沃、頌夜晚的時鐘、頌線、頌洋蔥與頌何塞・米格爾・卡雷拉（一八一〇年）。

我們男女老少對彼此的認識眞的很有限。就我而言，我應該說大家在看我的詩和我的人時，總是只認識到黑的或白的、眞的或假的一面。我從來不隱藏什麼，我不隱藏我的人，也不隱藏我的想法；但是好朋友們會用一根棒子把某個人從頭到腳串起來，然後塗上友善的漆。接著過來的是敵人，他們會將某個人全塗上不友善的漆；他們會在他的衣服上、鞋子上，甚至是舌頭上，都塗上黑色的漆。

至於男男女女的你們，智利的大人和小孩，窮人或富人，胖子或瘦子，各行各業、各種年齡的智利人，我從好幾年前就想當一個所有人的綜合體；綜合胖子和瘦子、窮人和富人、黑人與白人，當一個智利的代表同時又是一般人。我從來沒有想要強出頭，如果有人或有很多人想要突顯我，那是因為我不愛慕虛榮，也不謙虛，我只是一般人，我是群體裡的一個人。

而那個群體，對我來說，它叫智利，它是全世界最好的群體。

四十年前，當我腋下夾著我的詩，從蝶夢谷來到這裡時，大家不會這麼想。

當時流行的是留在過去的東西。我認爲我也促成了那時代的風氣。

第一種風氣就是，詩人認爲自己高人一等，比其他人長得更長、更寬。他們認爲自己是超人，是天才，是神祕的。有人還寫過這麼一句：「詩人是一個小神。」其他人成爲超自然的魔鬼。最後成了一個問號。有時他們還爲了讓人感到有趣，而幫自己製造負面新聞。

這種捏造的優越感是一種風氣。我不喜歡，因此找了一條比較單純的路。如果我和全世界都不同，那至少我曾嘗試這麼做。

這樣的衝突全進入了我的詩。包括了閱讀的人、寫作的人、聰明的人、自認聰明的人、無論正面或負面被稱爲知識份子的人，這些人的爲與不爲。

我記得，我甚至寫了幾行看似諷刺的詩，因爲它們彷彿在我的耳邊鼓譟，但是那鼓譟的內容是眞實的事情。

時不時，在遙遠的地方，
我們須要在墓穴裡沐浴。

毫無疑問，一切都好；
毫無疑問，一切都糟。

旅人來來又去去，
孩子大了，道路寬了；
最終，我們買下了那把
獨自在店裡歌唱的吉他。

一切都好，一切都糟。

酒杯裝滿了，當然
它們再度成了空杯；
有時，它們在清晨，
莫名其妙地死去。

酒杯與用酒杯喝酒的人。

我們長大了，而如今
我們不再和鄰居打招呼，
許多女人對我們示愛，
但我們卻不知道怎麼做。

我們身上衣服真美麗！
我們的意見多麼重要！

我認識一個黃色的人，
他卻自以為他是橘色；
還認識披著金衣的黑人。

大家見過如此多的事。

我看過小偷們吃大餐，
接受完美紳士的招待，
而且他們以英語交談。
也看過正直、飢餓的人，
他們在炭火中找麵包吃。

我知道沒有人會相信，
但這是我的親眼所見。

我們須要在墓穴裡沐浴，
並從封閉的地底下，
觀察上面人的傲氣。

於是，我們學習觀察。
我們學習說話，學會做人。

或許我們將不會那麼瘋癲，
或許我們將不會那麼清醒。
我們將學會什麼叫作死亡，
學會化為泥土，沒有眼睛，
學會成為被遺忘的無名氏。

有一些非常大的詩人，
大到無法通過一扇門，
還有一些快速的商人，
回想不起來什麼叫窮。

有一些女人進來
不穿過洋蔥的眼。
許許多多的事，無奇不有，
它們是這樣，不會是那樣。
要是願意的話，千萬別信我。

我只想教諸位一些事。

我是生命的老師，
是死亡的懶學生。
只要我知道的事對諸位有幫助，
我就什麼都說，不會保持沉默。

〈別那麼高〉（No tan alto），《狂想集》

同樣也在一九二一年，存在著一股巴黎風尚。所有的作家、畫家、藝術家都紛紛到了巴黎，或準備前往巴黎。住在智利就是不好，不夠高尚。住在智利很蠢。

對那些人來說，智利是醜陋的，是多雨或布滿風沙的，是淒涼且無聊的。某次，當時一位傑出的女作家在一場文學沙龍中對我說：「要是大家想把某個煩人的東西放在這世界上，那他們會選擇放在智利的某個地方。」她藉由這句玩笑話，擺出一副高高在上的架子，表現出反大眾品味，追求世界主義的思維，她那副不屑的態度我不欣賞。

當時，在這個國家和其他國家，許多作者用法文寫作，原因不是他們出身自法文家庭，而是因爲我們的語言是智利人的語言，也就是當今所謂的低度開發的語言。

（……）

希望你了解，我不是想把自己講得像天才一樣。別人都是昏庸愚昧，只有我是頭腦清醒，別人都很糟，我很好。不！絕不是這樣的。我說的是一種偏好，是我們應該怎麼做比較好，是我們要怎麼樣讓大家都變好。那些時代的流行帶來了敵意與對立。我從很年輕的時候就爲作家們帶頭示範，拒絕追求流行。有人自詡爲天才，給別人冠上白痴的封號。我遠離那些偏激的人。大家總是討論某人堅持與我爭論不休，甚至有一些閒閒沒事幹的人，在假議題上公然挑起爭論。無論過去或現在，我都不參與任何一方，不傷害任何人，不取走任何人既有或創造出來的文學價值。我不曾在我的創作中指名道姓地責罵任何人，但我確實指名道姓地讚美了很多人。搬出國家演藝廳來給自己壓力，就像是搬石頭砸自己的腳，這是文壇的壞習慣。你們別把我算進去，我做不出那麼低級的事。我從沒看過有礦工忙著說其他礦工的壞話；他們只會專心地挖礦。我也從沒見過有木匠會成天像鸚鵡一樣喋喋不休，攻擊其他的木匠；他們只會切木板，釘釘子，蓋房子，組東西。這才是我欣賞的。或許我選錯了志向，當初我應該當個木匠，或當隻啄木鳥。

在蝶夢谷的森林裡，在古老的樹林中，在南美杉和桂皮樹之間，我愛的是一直到現在仍陪伴我的木頭。搭著我父親開的道碴車，跑遍拉布郎薩和卡拉威之間的樹林和孤獨的鐵軌，我全身充滿了一股氣味，聞起來像森林，像木板和大木板；但願它常駐在我的詩裡。

最後我來唸這幾行詩送給大家，向大家告別：

哎！在認識的萬物裡，
我認得出來，

在所有的東西中，
我的好友是木頭。
我走遍全世界，
在我的身體裡，
在我的衣服裡，
帶著鋸木廠的芬芳，
帶著紅木板的氣息。
我的胸口，
我的感官，
充滿了我小時候
倒下的樹木，
茂密的森林，
未來的建築。

選自〈頌林木〉（Oda a la madera），《元素頌》

出版註解
智利二〇一七版新增內文

01——繞著我的詩旅行

本文由兩部分組成，很可能是聶魯達從墨西哥返國後，於一九四三年十二月八日在聖地牙哥市立劇院舉辦的紀念活動中，他爲自己的演講暨詩歌朗誦會所作的開場白與結語。詩人費南多．阿雷葛利亞（Fernando Alegría）當時也在朗誦會現場，俄南．羅耀拉（Hernán Loyola）教授從他那裡取得聶魯達的一句經典名言的口述版本：「如果諸位問我，我的詩是什麼？我應該會回答諸位：我不知道。」現在，我們首度公開這句名言唯一的文字版本：「我的詩是什麼？我不知道。還不如直接向我的詩問我是誰。」

我們摘選了開場白與結語兩部分，分別放在此版回憶錄的開頭與結束。

02——返鄉的少女

這一篇文章，顯然是接續著俄南德斯一家脫粒場的故事，以此結束回憶錄的第一部分〈童年與詩歌〉。我們加入的這篇文章，敘述年輕詩人從脫粒場返鄉的旅程。

如果說〈麥稈堆裡的愛〉這一篇包含了傳統的母馬脫粒，接著是白天工作後的節慶，最後還有年輕旅人的性愛初體驗，那麼最後這部分（至今尚未公開）講述的就是這趟冒險的回程，而且包含了一點諷刺意味。年輕的聶魯達在馬的臀上載了一位嬌艷欲滴的少女。這是讓他首度展現剛具有的男性氣概的好機會。但最後讓他的慾望沒辦法得逞的，竟然是一個愚蠢萬分的原因：找不到拴住馬的地方。

03——皮革店的馬

我們加入這篇文章的原因，是考量到它很適合用來結束回憶錄的第一部分，因爲它敘述了剛成年的詩人返回童年的世界，發現世界變了，而且在某種程度上它被摧毀了。唯一讓他與童年重逢的最好證據就是這匹木馬；那曾是他小時候學生生活的一部分。

瑪蒂爾德·烏魯蒂亞在她的作品《我在巴布羅身邊的生活》（*Mi vida junto a Pablo*）中指出：「那匹馬原本在一家蝶夢谷的五金行裡。當巴布羅上學時，必須經過這條路，他一直看到它，而且會摸它的鼻子。他看著這匹馬生活和成長，把它當作是自己的馬。每當我們去蝶夢谷時，他都會叫老闆把馬賣他，但是怎麼求都沒用。連馬主人的朋友們都得不到那匹馬，因爲老闆堅持不賣。但是，某天五金行失火了；消防隊員來救火，當然他們當中有許多人是巴布羅的朋友。事後他們告訴我們，在火災現場只聽到一個大喊的聲音：『快救巴布羅的馬！別讓馬燒起來！』馬就這樣被解救了，它也是消防隊員第一個救出來的東西。不久後，所有從火災中救出來的東西都被拿出來拍賣。那個老闆知道巴布羅對那匹馬情有獨鍾，因此找了人來哄抬拍賣的價格。他知道巴布羅不會讓人搶走他心愛的馬，因此最後他以非常高的價錢得標。」

現在它在詩人黑島家中的馬廳裡，作爲展示詩人童年世界的一部分。

04——「天堂谷離聖地牙哥不遠……」

本文是作者寫來作爲回憶錄第三部分〈世界的道路〉首章〈在天堂谷流浪〉的開頭。這一章的其他部分取自一九六五年聶魯達所寫的文章〈天堂谷〉，以德文發表在瑞士蘇黎世的雜誌《亞特蘭提斯》（*Du Atlantis*）一九六六年二月刊中，並附上瑟爾席歐．拉萊因（Sergio Larraín）拍攝的照片。西班牙文版的原文在巴布羅．聶魯達的《作品全集》（第三版，布宜諾斯艾利斯，羅薩達出版社，一九六八年）中首度公開。

爲了編輯《聶魯達回憶錄》，一九六五年發表的這篇文章已重新編排過，而且加入了開頭的段落；亦即我們在此公開的新版本，其內容忠於作者用打字機打的原稿，並加上親筆修改的最後完稿。若將本文與舊版回憶錄的同一篇文章對照，會發現有些異動，但主要是形式上的差異。此外，文章最後的幾段，在舊版裡是被刪除的，但我們覺得很重要，因爲聶魯達在文中將自己設定爲回憶錄作家；也就是他作爲一位詩人，以當下的中年時期作爲回溯點，以他所處的黑島作爲中心，開始回憶生活的每個片段。在此情況下，聶魯達帶著思念的眼光，看待在他年輕歲月中消逝的天堂谷。

05——《黑暗之愛的十四行詩》與詩人費德里克最後的愛

瑪蒂爾德．烏魯蒂亞在某個筆記中寫到，當初這兩篇文章沒公開的原因：「這些文章是爲了回憶錄所寫的。我和巴布羅多次討論，到底要不要放進來。他跟我說的原話是：『讀者有辦法完全撇開成見，接受費德里克是同性戀，而不影響他的聲譽嗎？』這是他擔心的點。我當初也擔心，所以沒有把它們放進回憶錄。現在我把它們放進來，因爲我認爲我沒權利破壞它們。」

06——迷霧的禮物

這篇文章在一九六二年完成。適逢拉法耶爾·阿貝爾迪六十歲生日，聶魯達在這篇文章裡，描述了其中一個夜晚，他從馬德里住家步行到這位卡迪斯詩人家裡遇到的情形。文中包含了回憶時的有趣畫面：寂寥的街上籠罩著一層霧，聶魯達被一條像幽靈般的狗尾隨。抵達阿貝爾迪的家之後，那條狗自己在家裡找到位置，蹲在充滿阿貝爾多·參切斯的雕塑作品之間。這段故事也出現在阿貝爾迪的回憶錄《失去的小樹林》（*La arboleda perdida*）中；在書裡，他回想起聶魯達「在某個起霧的馬德里夜晚，發現的那隻腳受傷、高大且毛髮凌亂的愛爾蘭獵狼犬」，並將狗送給他。

07——野心家的嘴臉

這篇是關於聶魯達在政治上最大的敵人——龔薩雷斯·彼德拉。在原稿第一頁的內容底下，看得到有鉛筆筆跡寫著：「這篇散文是為了回憶錄所寫，莫名其妙地放錯位置。」此外，在一張牛皮紙上，也看得到用墨水筆跡寫著如下的註記：「這章節/這篇散文是為了回憶錄所寫，莫名其妙地放錯位置，但在尋找這本書的原稿時，找到了。」這個註記應該是瑪蒂爾德寫的，而裡面提到的這本書，毫無疑問指的是《旅行的終點》（*El fin del viaje*）；這本未出版的聶魯達詩集，是她在一九八一年為她先生整理的。

08——致普希金

一九四九年六月六日，聶魯達首次抵達蘇聯，參加普希金一百五十週年冥誕紀念活動。在一場又一場的詩歌朗誦會與研討會中，他創作了這篇文章，作為他寫給俄國最偉大的國民詩人的一封信，分享他參與這場一百五十週年冥誕的心得。

09——年輕的詩人巴克羅

這篇文章被放在〈一九五二年八月到一九五七年四月〉這章之後，原因是聶魯達在一九五六年偶遇的一位年輕詩人，讓他彷彿看到了一九二〇年代初期剛抵達聖地牙哥的自己。另外，這篇文章具有聶魯達文學創作薪火相傳的意義，因爲在「智利回憶」（Memoria Chilena）的網站中，埃弗拉印．巴克羅的初期作品被譽爲「繼承了巴布羅．聶魯達的詩歌創作路線」。

10——樹的持續影響力

在本文中，聶魯達談論自己的詩歌，因此這篇當然屬於彙集了〈詩的力量〉、〈詩〉以及〈和語言共存〉等章的第十一部分〈詩是一種職業〉。這也是一篇從未公開的文章，原本打算放在某一版的《元素頌》當作序言。

11——宗教與詩

這是一篇有趣的文章，聶魯達從帆船的船首雕像切入主題，反思宗教的起源。由此，大大地擴充了《酒瓶與船首雕飾》一章最後一段的內容。聶魯達在其生活經驗和自身對世界的觀察刺激下，在《回憶錄》的其他段落加入了相關的宗教反思。例如在〈臥佛〉中，他以在東方居住的經驗出發，反思基督教與佛教。

12——雷翁・費立貝

聶魯達於一九七二年七月完成這篇文章，當時他已開始有系統地編撰回憶錄。

13——文學上的死對頭

本長篇文章的一小部分，已出現在本書〈文壇的敵人〉一文中。在舊的版本裡，聶魯達對這位文壇死敵的行徑做了比較概括的評論，稱呼他爲貝里克・德・巴洛特斯。而在我們新添加的這篇文章中，聶魯達詳述了這位傳說中的死對頭做過的某些事。而在詩集《船歌》（*La Barcarola*）中，同樣也看得到〈致盧本・阿索卡的群島之冠〉（Corona del archipiélago para Rubén Azócar）這首詩簡要描述了這些事件。

14——希望它挨揍時可以歌唱

詩人以本文回應別人對他的詩歌的抨擊。

15——南方的景色

正如作者文中所說，這篇文章是一九七三年爲了編撰回憶錄所寫的。我們認爲，聶魯達在詩和散文中已描繪、歌頌過南方的大自然，而現在他則想要創作一篇側重在智利南方的人文風景，並且具有歷史和政治意味的文章。

16——安德烈斯·貝佑

這篇像是他的遊記。對聶魯達來說，貝佑大理石般的目光「陪伴我度過學生的奮鬥時期，陪伴我創作出最早的詩歌，陪伴我談了純純的戀愛」。除了以此方式與他的生命做連結，聶魯達還在西班牙與美洲的文化解放這方面，肯定他最重要的地位。他在某場演講中提到，貝佑早就開始幫他寫《漫歌》。

17——雷卡巴連

這一篇和下一篇文章都屬於某場長篇演講，而這場演講似乎是於一九六〇年代在共產黨內部舉行的。在這兩篇文章中，工人運動的兩位領導人物都與聶魯達的個人記憶有關係。其中路易斯·埃米利歐·雷卡巴連是美洲最受聶魯達推崇的人物。

18——拉費爾特

一九四五年，陪伴聶魯達到北部省分進行參議員選戰的工人領袖埃里亞斯·拉費爾特，是另一位受到聶魯達推崇的人物。這些人物在某部分都與聶魯達的生平有很重要的連結。

19——馬雅可夫斯基

於一九六三年六月完成，可能想藉機爲馬雅可夫斯基慶祝七十歲冥誕。聶魯達說他是「一位將手伸進群眾的內心裡，從中取出力量與信念，唱出新曲調的詩人」，並譽爲當代詩壇最重要的人物。

年表

本年表依照本書的內容及章節編排，以便讓讀者更加了解詩人的生平。不過，本書內容並未依照年表的順序排列。有些章節，像是第十一章，包含了雜記、對詩作的感想，談及個人零散的事件，以及作家的收藏狂熱等等，上述及某些特定情況下，本年表與本書的內容應分開閱讀。

01——鄉下的年輕人

一九〇三年　十月四日：羅莎・內夫塔利・巴索阿爾多老師與一百畝地「伯利恆莊園」的所有人何塞・安赫・雷耶斯・俄莫西亞之子——何塞・德爾・卡門・雷耶斯結婚。

一九〇四年　七月十二日：雷耶斯・巴索阿爾多夫婦在帕拉爾小鎮的家裡生了里卡爾多・埃列瑟・內夫塔利・雷耶斯・巴索阿爾多，亦即後來改名的巴布羅・聶魯達。

一九〇四年　九月十四日：羅莎・內夫塔利・巴索阿爾多夫人因肺結核過世。何塞・德爾・卡門前往阿根廷工作，將年幼的內夫塔利・雷耶斯留在伯利恆莊園。

一九〇五年　何塞・德爾・卡門從阿根廷返鄉，在阿勞卡尼亞鐵路公司謀得一職，並與兒子定居在蝶夢谷。聶魯達總是強調他是在這個地區成爲詩人，並且形塑出看待世界的詩意眼光。

一九〇五年　十一月十一日：何塞・德爾・卡門與特里妮妲・坎迪亞・瑪貝爾德結婚，她已有一個出生於一八九五年，名爲羅多爾佛・雷耶斯・坎迪亞的孩子。特里妮妲將里卡爾多・埃列瑟・內夫塔利視如己出。

一九〇七年 開始與雷耶斯·坎迪亞一家人，以及父親在塔卡瓦諾與奧雷莉雅·多拉（Aurelia Tolrá）生的小女孩蘿拉·雷耶斯一起生活。羅多爾佛、內夫塔利與蘿拉爲同父異母（三位的母親都不同）的兄妹。不過，特里妮妲·坎迪亞對他們都非常疼愛。對詩人來說，她不但是母親這角色的模範，也是家鄉人民謙虛與善良的典範。

一九一〇年 年輕的里卡爾多·內夫塔利進入蝶夢谷的男子學校就讀。

一九一七年 蝶夢谷七月十八日的《晨報》（*La Mañana*），刊出了年輕詩人里卡爾多·埃列瑟·內夫塔利的第一篇作品〈熱情與堅持〉（Entusiasmo y perseverancia）。他最早的幾篇詩作都在該報發表。

一九一八年 從該年到一九二二年之間，里卡爾多·內夫塔利先後在蝶夢谷的《晨報》及《南方日報》（*El Diario Austral*）；巴迪比亞的《文化雜誌》（*Revista Cultural*）；奇漾的《啓發時刻》（*Ratos Ilustrados*）和聖地牙哥的《飛奔》（*Corre Vuela*）發表文章。

一九一九年 詩人用筆名昆達里尼（Kundalini）參加茅雷的花神節詩歌比賽，作品〈理想的融合〉（Comunión ideal）獲得三等獎。

一九二〇年 二月：完成從蝶夢谷到下印貝里阿爾（今薩韋德拉港）的夏日旅行。年輕的里卡爾多·內夫塔利第一次看見海，此爲另一個塑造他詩歌創作的關鍵時刻。

一九二〇年 年輕的詩人認識了一九四五年的諾貝爾文學獎得主加芙列拉·米斯特拉爾，她到蝶夢谷擔任女子中學的校長。

一九二〇年 在聖地牙哥發生學生聯會會所遭攻擊事件，「反愛國主義者」遭到追捕，詩人多明哥·高梅斯·羅哈斯被捕入獄並被處以死刑。儘管聶魯達不屬於這些遭追捕者的核心成員，仍在蝶夢谷關注他們的消息，並在蝶夢谷收留了逃亡的作家何塞·桑多斯·龔薩雷斯·貝拉（José Santos

González Vera）。

一九二〇年 以巴布羅・聶魯達作爲筆名。詩人宣稱他的姓是來自捷克作家揚・聶魯達（Jan Neruda）。不過詩人米格爾・阿德切（Miguel Arteche）則有另一種假設，認爲聶魯達這個姓取自福爾摩斯系列小說《血字的研究》（*A Study in Scarlet*）裡提到的小提琴家諾曼・聶魯達（Norman Neruda）的音樂會。智利醫生安立克・羅伯森（Enrique Robertson）的研究證實小提琴家聶魯達確有其人；此外，羅伯森也發現，出現在諾曼・聶魯達樂譜上的作曲家名字是巴布羅・薩拉沙泰（Pablo Sarasate）。

一九二〇年 十一月：以詩作〈向王后致敬〉（Salutación a la Reina）參加蝶夢谷的春會花神節詩歌大賽，獲得一等獎。

02——迷失都市叢林

一九二一年 一月二十二日：學生聯會的《光明》雜誌第十二期，刊載了費南多・歐索里歐（Fernando Ossorio，拉烏爾・希爾巴・卡斯特羅〔Raúl Silva Castro〕的筆名）對聶魯達及其詩作的評論，並且附上他的詩作節選。

一九二一年 三月：搭乘火車前往聖地牙哥，開始在附屬於智利大學的師範學院學習法語教學。

一九二一年 四月十八日：開始與《二十首情詩與一首絕望之歌》裡的其中一位主要謬思——阿貝蒂娜・羅莎・阿索卡（Albertina Rosa Azócar）戀愛。詩人從未揭露詩集中兩位謬思的身分。在講座和回憶錄中，他只提到她們分別是「瑪莉索爾」及「瑪麗松普拉」；在《黑島備忘錄》中，稱她們爲

「羅莎烏拉」（Rosaura）及「德魯莎」（Terusa）。德魯莎其實是德雷莎・雷翁（Teresa León），是他在鄉下的最愛；而瑪麗松普拉，就是羅莎烏拉，也就是阿貝蒂娜・羅莎・阿索卡。這件事直到一九七四年，聶魯達寫給她的眾多情書被公開之後才曝光。

一九二一年　七月二日：聶魯達成爲智利學生聯會《光明》雜誌第二十八期之後的固定撰稿人。

一九二一年　十月十四日：以詩作〈節慶之歌〉（La canción de la fiesta）獲得禮讚春會詩歌大賽一等獎。

一九二三年　一月至三月：詩人在蝶夢谷與薩韋德拉港之間度過他的夏季長假。之後在冬天和夏天時也持續待在智利南部。或許這是減輕那些年他在聖地牙哥當學生時窘困生活的一種方法。

一九二三年　七月：由智利聖地牙哥的光明出版社（Editorial Claridad）出版了《晚霞》詩集，並且附上了胡安・坎杜爾弗、胡安・弗朗西斯科・龔薩雷斯（兒子）（Juan Francisco González, Jr.）及巴拉克（Barak）的插畫。這是他的第一本書，也是他的嘔心瀝血之作。評論家阿洛內在一九二三年九月二日的《國家報》（*La Nación*）裡寫了一段讚美的話，結尾還有著一個預言式的評論：「……平心而論，我們相信他現在已經領先與他同世代的作家，甚至超越了他們，而且如果沒有命運作弄，隨著時間增長，他將成爲這塊土地以及他這個年代中巨擘的巨擘。」

一九二三年　聶魯達和他一群好友旅行至天堂谷，爲將前往巴黎的藝術家阿貝拉爾多・布斯達門德（Abelardo Bustamente）、巴斯欽（Paschin），以及詩人阿貝爾多・羅哈斯・希梅內斯送別。歐蘭多・歐亞孫（Orlando Oyarzún）見證了這趟旅行，而這也很可能是聶魯達在〈流浪天堂谷〉一章中所提到的旅行。

一九二四年　六月：在聶魯達即將滿二十歲的前幾天，出版了第一版的《二十首情詩與一首絕望之歌》，後來這本書成了世界上最受歡迎，同時也是出版和翻譯版本最多的詩集之一。一九二四年年底，詩人沒有參加師範學院的結業考試。放棄學業加速了聶魯達和他父親的決裂，導致他父親切斷了每個月從蝶夢谷匯給他的微薄生活費。

03——世界的道路

一九二四年　結識了他日後最好的朋友之一——阿爾巴洛．伊諾霍薩。在一九二五年到一九二七年之間，聶魯達應伊諾霍薩之邀，多次前往天堂谷。

一九二五年　十一月：應在安庫德（Ancud）任教的好友盧本．阿索卡之邀，前往奇洛埃島（Chiloé）居住，並從一九二六年開始撰寫生涯當中唯一的一本小說《居民與其希望》（*El habitante y su esperanza*），該書由誕生出版社出版。

一九二六年　一月：同一家出版社出版了聶魯達的詩集《無限人類的嘗試》，接著又出版他與友人多瑪斯．拉戈共同創作的抒情散文集《戒指》。

一九二六年　從詩人寄給他妹妹蘿拉的信裡，透露出他的情況。三月九日，他說：「我的衣服已經破舊不堪，我無法穿著它們出門。」另外，在十月二十七日時，他寫道：「我從昨天開始就沒有補助金了。我該怎麼辦？（……）我已經老到不用天天吃東西了。」

一九二七年　四月十一日：根據第三七二號命令，聶魯達被任命為駐仰光的選派專任領事。

一九二七年　六月：聶魯達從聖地牙哥的馬坡丘（Mapocho）車站展開東方之旅；許多朋友到車站為他送行。他在那裡搭上開往天堂谷的火車。在阿爾巴洛．伊諾霍薩的家待了幾天後，他們搭上另一列由跨安地斯山鐵路公司（Ferrocarril Transandino）聯運的火車。六月十五日他們抵達布宜諾斯艾利

一九二七年　七月：在里斯本下船後，聶魯達和伊諾霍薩前往馬德里。之後，他們坐火車朝巴黎前進，在那裡聶魯達遇到瑟薩・巴列霍。接著他們前往馬賽乘船至東方。

一九二七年　十月初：聶魯達擔任駐緬甸（時爲大英帝國的一部分）第一大城仰光的領事。

04——明亮的孤寂

一九二七年　十月二十五日：寄出給阿根廷作家埃克多・埃安迪（Héctor Eandi）的第一封信。此後的通信成了了解詩人在東方生活最重要的書信集。

一九二七年　十一月：到印度清奈旅行。

一九二七年　十二月七日：在寫給朋友尤蘭多・比諾（Yolando Pino）的信中，聶魯達提到正在創作《午夜集》（*Colección nocturna*）。這也是《居住在土地上》最初設定的書名。

一九二八年　一月：在完成他首次的領事任務後，繼續和阿爾巴洛・伊諾霍薩一起旅行，出發至法屬印度支那和暹羅王國（今日的泰國）。

一九二八年　二月初：他們抵達中國，等待他們的是「一個颳風、下雨又下雪的冬天」。二月初他們前往日本。

一九二八年　三月：認識了讓他在情感上歷經了從相愛到離棄的緬甸情人——喬斯・布莉斯。她以「好情人」和「壞心人」的形象，出現在《居住在土地上》一書中。

一九二八年　八月六日：在一封寫給作家何塞・桑多斯・龔薩雷斯・貝拉的信中說道：「我跨越了那條我從

未想過自己有能力越過的界線；老實說，我的成果讓我驚訝且欣慰。我的新書將取名爲『居住在土地上』，收錄了四十首詩，而且我想在西班牙出版。」

一九二八年 十一月：出發至加爾各答，與三月時分別的阿爾巴洛．伊諾霍薩重逢。伊諾霍薩設法在逐漸興盛的印度電影工業中大撈一筆。

一九二八年 十二月五日：被任命爲駐錫蘭首都可倫坡的選派領事，錫蘭即今日的斯里蘭卡。

一九二八年 十二月：聶魯達有機會出席在加爾各答舉辦的印度國大黨年會，重量級人士如甘地和賈瓦哈拉爾．尼赫魯皆有出席。

一九二九年 一月中旬：從加爾各答出發至可倫坡，履行他的領事任務。阿爾巴洛．伊諾霍薩在旅程中陪了他一陣子，之後轉往孟買。

一九二九年 十一月：爲了想要出版《居住在土地上》，將原稿寄到西班牙。原稿到了智利大使館公使銜參贊卡洛斯．莫爾拉．林奇的手裡，再由他交給拉法耶爾．阿貝爾迪。雖然拉法耶爾．阿貝爾迪和他的西班牙詩人朋友都很欣賞聶魯達的詩作，但該書最後還是無法順利出版。

一九二九年 五月：被任命爲駐新加坡及爪哇島選派專任領事，駐在地爲巴達維亞，其管轄權還包括荷屬巽他群島。

一九三〇年 十二月六日：詩人與荷裔爪哇人瑪麗．安東妮．海格納．弗赫桑結婚。十二月十五日，他在寫給父親的信中說：「對我來說，她集合所有完美於一身，我們很幸福……瑪麗的個性很好，而且我們很了解對方。」然而，這段婚姻並不成功，聶魯達在詩作〈旅程〉（Itinerarios）（收錄在《狂想集》，一九五八年）中，寫了一句沒有回答的提問：「我到底爲什麼在巴達維亞結了婚？」

05——西班牙在我心

一九三二年　二月初：由於聶魯達原本任職的領事館遭撤，迫使他帶著太太回到智利。

一九三二年　四月十九日：他和太太一起在蒙特港下船，接著搭火車前往蝶夢谷，在親人家裡短暫停留幾天後，啓程前往聖地牙哥。聶魯達既沒有住的地方，也沒有錢，而國家則正處於歷史上經濟和社會的最大危機中。

一九三二年　外交部給了他一份在圖書館兩個小時的工作，收入微薄，幾乎無法負擔他和太太在廉價旅社的租金。

一九三二年　七月：調任至勞工部的文化推廣局擔任圖書館長，這份工作對他的經濟情況有一些改善。

一九三三年　一月二十四日：智利聖地牙哥的文學事業（Empresas Letras）出版社出版了詩人十年前寫的《激情的投石手》。

一九三三年　四月十日：誕生出版社印行一百本《居住在土地上》（一九二五年—一九三一年）的珍藏版。

一九三三年　八月：被派任爲布宜諾斯艾利斯總領事的助理領事。這個職位比東方不穩定的領事工作等級更高、薪資更好，也有更多活動。

一九三三年　八月底：聶魯達夫妻抵達布宜諾斯艾利斯，並且拜訪了埃克多·埃安迪。聶魯達終於可以當面認識這位作家。

一九三三年　十月十三日：巴布羅·聶魯達在一場向費德里克·賈西亞·洛爾卡致敬的聚會中與他結識，從此展開兩人的親密友誼。賈西亞·洛爾卡剛剛抵達布宜諾斯艾利斯，籌備其劇作《血婚》（*Boda de sangre*）在拉丁美洲的首演。聚會地點是在阿根廷作家巴布羅·羅哈斯·巴斯（Pablo Rojas

Paz）與他的妻子薩拉．多努（Sara Tornú）的家裡。

一九三三年　十一月十日：在布宜諾斯艾利斯市中心的廣場飯店裡，舉行了一場大型餐會，聶魯達和賈西亞．洛爾卡受邀出席。兩人進行了「雙人演說」，向盧本．達里歐致敬。

一九三三年　十一月十一日：詩人被任命爲駐巴塞隆納的領事。

一九三四年　五月：與懷孕的妻子一同抵達巴塞隆納，履行領事職務。到了一九五〇年代，當詩人回憶起他剛抵達西班牙的情景時，表示在那裡遇見「一群有才華而且充分了解他作品的人」。

一九三四年　五月二十五日：聶魯達的一位摯友阿貝爾多．羅哈斯．希梅內斯逝世於聖地牙哥，他寫了悼文〈阿貝爾多．羅哈斯．希梅內斯在飛翔〉向他致敬。

一九三四年　五月三十一日：聶魯達搭乘火車至馬德里，費德里克．賈西亞．洛爾卡在北車站等候他。

一九三四年　六月二日：在一場卡洛斯．莫爾拉．林奇於自家舉辦的歡迎聶魯達的活動中，詩人結識了日後成爲他第二任妻子的阿根廷畫家——德麗雅．德爾．卡里爾。

一九三四年　七月：米格爾．俄南德斯在一趟從家鄉歐里維拉到馬德里的旅行中結識了聶魯達。

一九三四年　八月十八日：聶魯達的獨生女瑪爾巴．瑪麗娜．雷耶斯．海格納（Malva Marina Reyes Hagenaar）出生於馬德里。當月二十五日，聶魯達寫了一封信告訴父親，他正在處理小女孩瀕臨死亡的問題。

一九三四年　十二月六日：聶魯達在馬德里大學舉行詩歌朗誦會。賈西亞．洛爾卡是這麼介紹他的：「一位接近死亡更勝於哲學、接近痛苦更勝於知識、接近鮮血更勝於墨水的詩人。」

一九三四年　十二月十九日：聶魯達被臨時借調爲智利駐馬德里大使館的參贊，但是該職務並不影響他執行巴塞隆納的領事工作。

一九三五年　四月：普魯塔克（Plutarco）出版社在馬德里出版了《西班牙詩人向巴布羅．聶魯達致敬：三首物質之歌》（*Homenaje a Pablo Neruda de los poetas españolas / Tres cantos materiales*）的小冊子，其中不只有「三首物質之歌」，還包含胡安．拉蒙．西門內斯以及胡安．拉雷亞（Juan Larrea）之外的幾位重要西語詩人的推薦。

一九三五年　六月二十一日至二十五日：參與巴黎舉行的第一屆世界作家捍衛文化大會。

一九三五年　九月十五日：《居住在土地上（一和二）》在馬德里發行第一版。本作品由十字與線條出版社分成兩冊出版，並收錄在該出版社的大樹系列（Ediciones del Árbol）。

一九三五年　十月：加芙列拉．米斯特拉爾自馬德里調任里斯本，馬德里領事改由聶魯達接任。

一九三五年　十月：由聶魯達主編的《綠馬》詩刊第一號出版。該詩刊共出版四冊，第五號與第六號（雙號刊）已經印製、裝訂完成，但因西班牙內戰爆發而遺失，未能發行。

一九三五年　十一月至十二月：每月記載世界文學重要作品，聲望卓著的法國雜誌《月份》（*Les Mois*）指出：「……年度最重要的出版詩作，無庸置疑地是智利人巴布羅．聶魯達的兩冊《居住在土地上》。」

一九三六年　七月十八日：弗朗西斯科．佛朗哥將軍發起軍事行動，西班牙爆發內戰。

一九三六年　八月十八日至十九日凌晨：詩人費德里克．賈西亞．洛爾卡在格拉納達遭到暗殺身亡。

一九三六年　九月二十四日：詩人在抗戰雜誌《藍猴》（*El mono azul*）以匿名方式發表了一首詩〈爲死亡民兵的母親歌唱〉（Canto a las madres de los milicianos muertos），該作之後收錄於《西班牙在我心》。

一九三六年　十一月初：馬德里遭到轟炸。聶魯達與德麗雅．德爾．卡里爾、路易斯．安立奎．德拉諾（Luis Enrique Délano）和他的妻子羅拉．法孔（Lola Falcón），離開馬德里前往瓦倫西亞，接著詩人再繼續旅程至巴塞隆納，與他從七月就待在那裡的妻子和女兒團聚。

一九三六年 十二月七日：智利駐馬德里與巴塞隆納的領事館關閉。聶魯達不再獲委派職務，與家人經馬賽到蒙地卡羅。聶魯達在那裡與瑪麗．安東妮．海格納分居；隨後，前妻帶著女兒前往荷蘭。

一九三七年 一月：與德麗雅．德爾．卡里爾住在巴黎。

一九三七年 二月二十日：舉行一場由知識份子聯盟（Alianza de Intelectuales）贊助，向費德里克．賈西亞．洛爾卡致敬的追思會。在聚會中，詩人公開支持西班牙共和軍，而他在巴黎的這番政治活動，受到智利外交部的譴責。

一九三七年 詩人與南希．庫納一起在法國創立並編輯《世界詩人捍衛西班牙人民》雜誌，共發行六期。

一九三七年 四月：爲捍衛文化協會（Asociación de Defensa de la Cultura）籌備第二屆世界作家大會。

一九三七年 七月四日至七日：籌辦在瓦倫西亞和馬德里舉行的第二屆世界作家捍衛文化大會。各國代表們在巴黎集合，從那裡搭火車前往戰火中的西班牙。

06——出發尋找落難者

一九三七年 八月二十六日：聶魯達與德麗雅，以及拉烏爾．貢薩雷斯．杜濃和安帕蘿．蒙兩夫婦在安特衛普上船，搭乘貨輪阿里卡號（Arica），於十月十日抵達天堂谷。航程中，詩人完成了《西班牙在我心》。

一九三七年 十月：聖地牙哥爲聶魯達舉行了兩場盛大的歡迎活動，第一場在寇西紐公園；第二場由國際筆會籌辦，在金塔諾瑪爾餐廳舉行，有將近兩百人參加。

一九三七年 十一月七日：在智利大學的榮譽廳，慶祝智利的捍衛文化知識份子聯盟成立。演說中，聶魯達再次重申他對法西斯主義的抗爭，以及對西班牙共和軍的支持。

一九三七年　十一月十三日：智利聖地牙哥的埃西亞出版社出版了《西班牙在我心》。第一版二千八百本在短時間內銷售一空。

一九三七年　十二月十三日：智利的知識份子聯盟在聖地牙哥市立劇院，舉辦了第一次公開活動，主要活動爲巴布羅・聶魯達和拉烏爾・貢薩雷斯・杜濃發表的抒情演說，主題爲「西班牙的暴風雨」（Tempestad en España）。晚會大獲成功，因此主辦單位於十二月十九日，在天堂谷多加了一場。

一九三八年　五月六日或七日：詩人的父親何塞・德爾・卡門・雷耶斯於蝶夢谷逝世。

一九三八年　八月一日：巴布羅・聶魯達擔任雜誌《智利曙光》的主編，由智利知識份子聯盟出版。

一九三八年　八月十八日：聶魯達的繼母特里妮妲・坎迪亞・瑪貝爾德於蝶夢谷逝世。家族決定將她與三個月前剛過世的父親合葬。在痛失雙親並挖出父親遺體的情況下，聶魯達寫下〈血酒杯〉（La copa de sangre）這篇極重要的自傳性作品。

一九三八年　十月二十五日：人民陣線的倡導者貝德羅・阿基雷・瑟爾達贏得智利總統大選，打敗執政黨提名的候選人古斯塔博・羅斯（Gustavo Ross）。

一九三八年　十一月七日：馬努耶爾・阿多拉吉雷帶領的東部軍隊委員會出版社在加泰隆尼亞的蒙塞拉特（Montserrat）修道院，出版了《西班牙在我心》，第一刷印了五百本。

一九三九年　合法購買了黑島的土地以及地面上的棚屋。詩人後來陸續擴建這間屋子，而他也在那裡完成了絕大部分作品。

一九三九年　年初：貝德羅・阿基雷・瑟爾達總統任命聶魯達爲駐巴黎二等專任領事，職務從該年四月十五日開始。其主要任務是處理西班牙難民事務。

一九三九年　三月：前往法國，途經布宜諾斯艾利斯以及蒙特維多，在那裡參加民主國家國際大會（Congreso Internacional de las Democracias）。會議中，他爲西班牙難民移民至智利一事，尋求必要的協助。

一九三九年　四月底：抵達巴黎開始執行任務，同時奮力對抗駐法大使與反政府政客及媒體們的壓力。

一九三九年　六月：在法國的利哈佛港（Le Hávre），重新安排溫尼伯號運送西班牙難民的工作。

一九三九年　七月二十九日：智利外交部長阿布拉安．歐德卡（Abraham Ortega）與法國外長協商「接受一千五百名符合資格的難民攜帶家眷，意即婦女和孩童，直到船隻滿載爲止」。

一九三九年　八月四日：溫尼伯號從特隆普鹿碼頭出發，載了接近二千名西班牙難民以及三十五名曾經加入國際縱隊的智利人。

一九三九年　八月三十日：溫尼伯號抵達智利阿里卡港。一些難民獲得工作後，選擇留在該港口生活。

一九三九年　九月二日：溫尼伯號於晚間抵達天堂谷。三日，難民下船，第二次世界大戰也在同一天爆發。

一九三九年　十一月中：詩人在回到智利之前，去了趟荷蘭探望他的女兒瑪爾巴．瑪麗娜以及前妻瑪麗．安東妮。

一九三九年　十二月初：與德麗雅．德爾．卡里爾一同搭乘遠洋輪船奧古斯都號（Augustus）回到智利，於該月二十九日抵達天堂谷。

07——百花齊放且多刺的墨西哥

一九四〇年　一月一日：聶魯達與德麗雅在聖地牙哥受到藝術家們、作家們、政治家們以及西班牙難民們的歡迎。

一九四〇年　一月十八日：詩人米格爾．俄南德斯在西班牙遭判死刑。聶魯達在智利爲他尋求援助。最後佛朗哥把他的死刑減爲三十年有期徒刑。

一九四〇年　六月十九日：聶魯達收到擔任智利駐墨西哥總領事的正式任命。

一九四〇年　七月底：與德麗雅．德爾．卡里爾、路易斯．安立奎．德拉諾及其妻子羅拉．法孔一起在天堂谷搭上遠洋郵輪靖國丸號（Yasukuni Maru）。

一九四〇年　八月十七日：抵達墨西哥市。二十一日起開始工作。他與德麗雅先是在雷比亞西赫多街租了公寓，之後租了一棟房子，羅莎．瑪麗亞（Rosa María）莊園。

一九四一年　四月：聶魯達批准了曾因企圖暗殺托洛斯基入獄的壁畫家大衛．阿法羅．西凱羅斯進入智利的簽證。智利外交部命令聶魯達取消他的簽證。最後智利政府准許他入境，但西凱羅斯必須在智利奇漾的墨西哥學校繪製壁畫，而聶魯達則遭到停職停薪一個月的處分。

一九四一年　六月：與德麗雅一同到瓜地馬拉旅行，在那裡認識了米格爾．安赫．阿斯圖利亞斯。一群年輕詩人在得到獨裁者霍爾赫．鄔畢克（Jorge Ubico）的允許下，爲聶魯達舉辦了詩歌朗誦會。

一九四一年　七月二十四日：在墨西哥參與了由墨西哥國立自治大學所舉辦的紀念西蒙．玻利瓦（Simón Bolívar）活動。他朗誦了自己的詩作〈一首獻給玻利瓦的歌〉（Un canto para Bolívar）；此外，某個法西斯團體在活動中作亂。

一九四一年　八月底：與歐塔維歐．帕斯絕交。

一九四一年　德國入侵蘇聯後，聶魯達積極參與援助蘇聯的行動及組織。

一九四一年　十二月二十八日：聶魯達和德麗雅，與路易斯．安立奎．德拉諾及他的妻子跟小兒子波利．德拉諾（Poli Délano）在墨西哥庫埃納瓦卡的一家餐廳裡，遭到某個德國納粹團體的攻擊。詩人頭部受傷。墨西哥媒體一致譴責該次襲擊。

一九四二年　一月五日：積極對抗法西斯的攝影家蒂娜・莫多蒂逝世於墨西哥。聶魯達寫了一首〈蒂娜・莫多蒂已死〉（Tina Modotti ha muerto）的詩；這首詩的前幾句被刻在莫多蒂的墓碑上。

一九四二年　三月初：應古巴教育部長之邀，與德麗雅・德爾・卡里爾一同前往古巴。他在那裡獲知米格爾・俄南德斯在佛朗哥政權下，於阿里坎德（Alicante）監獄裡死亡的消息。

一九四二年　九月三十日：在一場由「蘇聯之友社」舉辦的活動中，聶魯達朗誦詩作〈為史達林格勒獻唱〉（Canto a Stalingrado）。之後該作品被印成摺頁，張貼在墨西哥市街頭的牆上。

一九四三年　二月：與德麗雅一同到美國，參加在百老匯最大的戲院裡舉行的美洲之夜晚會。

一九四三年　三月二日：詩人的獨生女瑪爾巴・瑪麗娜・雷耶斯・海格納，在德軍佔領下的荷蘭去世。

一九四三年　七月二日：在墨西哥莫雷洛斯（Morelos）州的德德卡拉（Tetecala）市與德麗雅・德爾・卡里爾結婚。

一九四三年　六月：巴西共產黨領袖路易斯・卡洛斯・普列斯特斯的母親雷歐卡蒂雅・費利薩多・德・普列斯特斯在墨西哥去世。當時普列斯特斯在巴西坐牢，眾人請願，希望暫時釋放他，好讓他參加母親的喪禮，但請願遭到駁回。十八日喪禮當天，聶魯達朗誦了他的詩作〈悲痛的哀歌〉（Dura elegía）；儘管沒有指名道姓，但詩裡嚴厲批評了巴西總統熱圖里歐・瓦爾加斯。巴西政府為此抗議，智利外交部也認為事態嚴重。之後，聶魯達申請回智利六個月，並準備辭去領事工作。

一九四三年　八月二十一日：獲頒米卻肯州莫雷利亞市的聖尼可拉斯・德・伊達爾哥（San Nicolás de Hidalgo）大學的榮譽學位。

一九四三年　八月二十七日：大批墨西哥群眾聚集在大型的體育館——回力球館（El Frotón），向聶魯達致意並道別，聶魯達當場朗誦了長詩〈在墨西哥的牆裡〉（En los muros de México），此詩之後被收錄在《漫歌》中。

一九四三年　與德麗雅一同前往巴拿馬，由此展開經由太平洋沿岸國家回到智利的漫長旅程。

08——黑暗中的祖國

一九四三年　九月三日：和德麗雅抵達巴拿馬，並且在那裡逗留了幾天。

一九四三年　九月八日：應哥倫比亞自由派總統阿豐索・洛貝斯・布馬列霍（Alfonso López Pumarejo）之邀，抵達波哥大。該國保守派的參議員勞雷亞諾・高梅斯（Laureano Gómez）以詩作攻擊聶魯達，而詩人以〈三首抨擊勞雷亞諾・高梅斯的十四行詩〉（Tres sonetos punitivos para Laureano Gómez）回應。

一九四三年　十月十五日：抵達利馬，秘魯總統馬努耶爾・普拉多（Manuel Prado）設午宴款待，並協助他參觀印加帝國遺跡馬丘比丘。

一九四三年　十月三十一日：聶魯達、德麗雅，以及秘魯眾議員烏利耶爾・賈西亞（Uriel García），從庫斯科騎乘母騾經過三天的旅行，抵達馬丘比丘。

一九四三年　十一月四日：抵達聖地牙哥，詩人開始參與共產黨的政治活動。

一九四四年　五月二十一日：榮獲聖地牙哥市政府頒發的一九四三年城市文學獎。

一九四四年　十二月：儘管還不是正式的共產黨員，該黨指定聶魯達爲塔拉帕卡和安多法加斯塔省的參議員候選人。

一九四五年　一月至三月：與曾爲硝石工人的共產黨黨主席，亦爲參議員候選人的埃里亞斯・拉費爾特一起在曠野進行競選活動。三月四日，兩人雙雙當選參議員。

一九四五年　五月二十四日：榮獲智利國家文學獎。

一九四五年　七月八日：成爲智利共產黨黨員。

一九四五年　七月十五日：在巴西聖保羅帕卡恩布體育場，舉辦了一場向剛大赦出獄的共產黨領導人路易斯・卡洛斯・普列斯特斯致敬的活動，有近十萬人參加。聶魯達在活動中朗誦了詩作〈問候卡洛斯・普列斯特斯〉（Saludos a Carlos Prestes）。

一九四五年　九月：暫停政治活動。在黑島休息並創作有關馬丘比丘的詩作。

一九四六年　七月二十一日：中間偏左勢力經協調後，推舉龔薩雷斯・彼德拉爲總統候選人。八月，聶魯達被任命爲宣傳部長，並且得陪同龔薩雷斯・彼德拉進行全國競選活動。

一九四六年　九月一日：在聖地牙哥國家體育場的競選活動結束前，聶魯達承諾龔薩雷斯・彼德拉會履行他的政見。

一九四六年　九月四日：龔薩雷斯・彼德拉贏得總統大選。

一九四七年　六月十二日：聖地牙哥的公共運輸工人罷工，最後以四人死亡、十幾人受傷收場。龔薩雷斯・彼德拉公開指控共產黨引發這場衝突。參議員聶魯達予以駁斥。

一九四七年　八月十七日：煤炭工人宣布無限期罷工。龔薩雷斯・彼德拉指控共產黨員推動政治性罷工，並與該黨決裂，派遣軍隊進駐煤礦區。

一九四七年　十月十四日：聶魯達發表在參議院三次演說中的第一次發言，這些發言使他成爲龔薩雷斯・彼德拉總統的頭號反對者。

一九四七年　十一月二十七日：詩人在卡拉卡斯的《國家報》（*El Nacional*）發表〈智利的民主危機是對我們美洲大陸的一個警訊〉，它像〈給上百萬人民的一封密函〉一樣在美洲各國間流傳。

一九四七年　十二月十日：在參議院發表三次演說中的第二次，反對龔薩雷斯．彼德拉。

一九四七年　十二月二十四日：智利政府依司法程序寄送公文至管轄法院，起訴巴布羅．聶魯達參議員的違法行爲。

一九四八年　一月六日：聶魯達在參議院發表其中一篇最著名的演說，隨後以「我控訴」（Yo acuso）爲名出版。

一九四八年　一月二十七日：試圖搭車前往阿根廷失敗，第二次嘗試旅行至阿根廷的門多薩尋求政治庇護也以失敗收場。

一九四八年　二月三日：最高法院剝奪聶魯達參議員的權利。被下令逮捕的詩人開始過著在不同屋子裡躲藏的生活，並完成了《漫歌》。

一九四八年　二月二十六日：瑪麗．海格納旅行至智利。智利政府把她找來，想給詩人增添新的困難。最後詩人與他的前妻達成經濟上的協議。

一九四八年　八月二十五日至三十日：知識份子捍衛和平世界大會在波蘭弗次瓦夫（Wroclaw）舉行，著名的畫家巴布羅．畢卡索爲了提出保護聶魯達的解決方案而發表公開演說，是他畢生唯一一次。

一九四九年　二月：詩人抵達智利南部的弗特羅諾（Futrono）。在一座伐木農莊裡爲前往阿根廷做準備。

一九四九年　二月中：聶魯達與兩位朋友及三名腳伕，騎馬循著盜馬賊及走私犯的路線跨越山脈。

一九四九年　三月初：抵達阿根廷安地斯山的聖馬丁，從那裡前往布宜諾斯艾利斯。在作家米格爾．安赫．阿斯圖利亞斯出借護照的幫助下，聶魯達得以繼續前往歐洲。

一九四九年　四月二十五日：出其不意地出席在巴黎舉辦的第一屆世界和平會議的閉幕典禮。

09——流亡的開始與結束

一九四九年　四月至五月：與德麗雅·德爾·卡里爾在巴黎居住。

一九四九年　六月六日：與德麗雅一同旅行至蘇聯。在莫斯科及列寧格勒參加紀念詩人普希金一百五十週年的冥誕活動。

一九四九年　七月至八月：前往東歐，參加在波蘭、匈牙利及捷克斯洛伐克等地舉行的會議、活動與聚會。

一九四九年　八月：與德麗雅前往墨西哥，參加九月三日至十日舉行的拉丁美洲擁護和平大會。聶魯達重遇一九四六年在聖地牙哥就認識的瑪蒂爾德·烏魯蒂亞。

一九四九年　九月：詩人罹患血栓性靜脈炎，瑪蒂爾德前去照顧他，兩人因此展開詩人後半生的戀愛關係。

一九五〇年　四月：在墨西哥出版了第一版《漫歌》。書的襯頁有墨西哥壁畫家迪耶戈·里維拉與大衛·阿法羅·西凱羅斯畫的插畫。與此同時，智利也出版了該書的地下版本，附有何塞·本圖瑞伊的版畫。《漫歌》成了詩歌界的經典。該書是一本傑出的創作，在同類型的作品中獨樹一格，在美洲的自然、歷史及文化上，都展現出宏大的詩歌視野。

一九五〇年　六月二十四日：與德麗雅一同搭船前往歐洲。

一九五〇年　七月：再次與德麗雅定居在巴黎，並從那裡至捷克斯洛伐克、羅馬尼亞、匈牙利及蘇聯旅行。

一九五〇年　十月：受到世界和平理事會主席、物理學家約里奧—居里的委託，前往新德里，與印度總理賈瓦哈拉爾·尼赫魯會談，不但受到冷淡的對待，還遭到嚴密的警察監控。聶魯達在回憶錄中沒有說明印度總理的態度爲何如此，但應該與泰倫迦納（Telangana）叛亂（一九四六年至一九五一年）有關；那是一場由印度共產黨支持的農民運動，後來遭到政府鎮壓。

一九五〇年　十一月十六至二十二日：參加在華沙舉辦的第二屆世界和平會議。在獲獎者當中，有三個名爲巴布羅（或保羅）的人：畢卡索、羅伯遜及聶魯達。

一九五〇年　十二月：被任命爲史達林和平獎國際評審委員會的成員。

一九五一年　八月初：瑪蒂爾德．烏魯蒂亞抵達巴黎。從那個時候直到聶魯達回到智利，詩人利用各種方法留在情人身邊。到東柏林參加第三屆世界青年節，瑪蒂爾德也去那裡演唱。

一九五一年　八月底：詩人前往羅馬尼亞布加勒斯特。與瑪蒂爾德住在同一個屋簷下，在那裡創作了幾首詩，之後收錄在《船長之歌》的開頭。

一九五一年　九月：以世界和平委員會代表團成員身分，搭乘西伯利亞鐵路至中國，頒發史達林和平獎給孫逸仙的遺孀宋慶齡；孫逸仙逝世於一九二五年，致力於民主奮鬥，爲中華民國第一任總統。

一九五一年　十一月底：私下前往瑞士萊芒湖邊的小城尼永（Nyon），在那裡與瑪蒂爾德度過了一段時光。

一九五一年　十二月中：前往布拉格，之後去了蘇聯參加史達林和平獎的評審委員會議。

一九五一年　十二月底：在羅馬重新遇上瑪蒂爾德，然後與德麗雅及一群朋友前往拿坡里慶祝新年。

一九五二年　一月十一日：被義大利內政部通知必須出境。警察將詩人帶上火車，前往羅馬，但是在羅馬火車站有大批的示威團體，詩人因此獲准被帶至旅館等候，直到示威情況好轉。一月十五日，撤除驅逐出境的命令。

一九五二年　一月中：歷史學家暨現實主義作家厄文．伽里歐在卡布里島上，爲詩人安排了一棟別墅。同月二十三日，瑪蒂爾德與聶魯達開始在那裡短暫度過一陣子。詩人在該島完成了他的著作《船長之歌》，並且進一步開始創作《葡萄與風》。

一九五二年　一月三十日：德麗雅・德爾・卡里爾出發至智利，打理聶魯達回國事宜。

一九五二年　七月八日：《船長之歌》在拿坡里印製完成，這個版本只印了有編號及指名的四十四本，不對外販售。直到一九六二年之間，這本詩集都以匿名方式出版。

一九五二年　七月底：與瑪蒂爾德一同前往坎城，預備搭船回到美洲。出發前，在港口得知他被法國驅逐出境的消息。旅途中，認識了烏拉圭建築師阿貝爾多・曼達拉斯（Alberto Mántaras）以及他的太太歐爾卡（Olga），雙方建立了深厚友誼。

一九五二年　八月十日：抵達蒙特維多，與瑪蒂爾德分別。接著，瑪蒂爾德前往布宜諾斯艾利斯，詩人搭機前往聖地牙哥。十二日，詩人抵達後，人們在首都的布爾內斯廣場舉行盛大活動歡迎他。

10——歸航

一九五二年　十月二十七日：正中午與德麗雅開車外出時，遭到一輛卡車嚴重撞擊。詩人住院，手臂掛著吊帶，而德麗雅必須留院休息。

一九五二年　十一月：與瑪蒂爾德一起買下首都聖克里斯多巴（San Cristóbal）山下的一塊地，之後在那裡興建一棟名爲「恰斯孔納」的房子；房子名稱取自瑪蒂爾德一頭茂密秀髮。此時，瑪蒂爾德住在天恩（Providencia）鎮的一間公寓，而聶魯達繼續與德麗雅住在米卻肯之家（Casa Michoacán）。

一九五二年　十二月初：前往歐洲參加在維也納召開的世界和平會議。之後參加蘇聯成立三十八週年慶祝活動並商議史達林和平獎。

一九五三年 三月五日：籌備四月將在聖地牙哥舉行的美洲大陸文化會議，此時史達林於蘇聯逝世，聶魯達在黑島寫了一首詩〈當他過世時〉（En su muerte）來紀念他。

一九五三年 四月：在聖地牙哥出版聶魯達親自挑選的情詩選集《愛的一切》（*Todo el amor*）。

一九五三年 四月二十六日至五月三日：美洲大陸文化會議於聖地牙哥舉行。有將近二百位來自拉美各國的代表與會。

一九五三年 五月初：前往智利參加美洲大陸文化會議的墨西哥壁畫家迪耶戈．里維拉，畫了瑪蒂爾德正面及側面肖像，並在她紅色的頭髮中，勾勒出聶魯達的臉部特徵。

一九五三年 八月：與共產黨領導人埃里亞斯．拉費爾特及薩爾瓦多．歐坎波（Salvador Ocampo），在硝石曠野中奔波。

一九五三年 十二月二十一日：聶魯達得知成爲史達林和平獎的獲獎者。

一九五三年 十二月二十九日：透過公證文件，詩人將他的海螺收藏捐給智利大學圖書館，預備成立一個以他爲名的詩歌研究基金會。此舉爲聶魯達慶祝他五十歲生日的其中一個活動。

一九五四年 一月二十日至二十四日：在智利大學的夏季學校進行一系列五場名爲「我的詩歌」的講座。

一九五四年 二月中：至巴西的戈亞尼亞（Goiânia）參加第一屆巴西知識份子國家會議。

一九五四年 二月二十七日：誕生出版社在聖地牙哥出版了第一版的《葡萄與風》。

一九五四年 六月至七月：爲慶祝詩人的五十歲生日，籌備了大量的文化活動。七月十五日，在智利大學的榮譽廳舉行了開幕儀式。

一九五四年 七月十四日：羅薩達出版社在布宜諾斯艾利斯出版了第一版的《元素頌》；據薩烏爾．尤奇耶維奇（Saúl Yurkievich）指出，詩人從這本書出發，展開極具野心的創作計畫，他的詩歌「探討的議題更加全面」，並且「完整地涵蓋千變萬化的現實」。這本詩集之後，還出版了其他三部作品：《新元素頌》（一九五六年）、《頌歌第三卷》（一九五七年）以及《航行與歸航》（*Navegaciones y regresos*）（一九五九年）。

一九五四年　八月十日：在聖地牙哥從他的朋友伊利亞・愛倫堡手上，接獲史達林和平獎。

一九五四年　十二月中：與德麗雅及博羅迪亞・泰德爾鮑姆，參加第二屆蘇聯作家會議。一九五五年四月十七日，在智利舉行了一個關於該會議的講座，暗示蘇聯在某種程度上的文化開放。

一九五四年　十二月：在莫斯科參加史達林和平獎的評選委員會議。隨後，前往斯德哥爾摩參與世界和平理事會的某個會議。該月三十日，返回智利。

一九五五年　二月：與德麗雅・德爾・卡里爾徹底斷絕關係。詩人搬到尚未興建完成的「恰斯孔納」，開始與瑪蒂爾德・烏魯蒂亞同居。

一九五五年　十一月：受邀前往波蘭，參加國家詩人亞當・米茲凱維奇（Adam Mickiewicz）的百年冥誕紀念。聶魯達與瑪蒂爾德前往華沙、克拉科夫（Cracovia）和波茲南（Poznan）。

一九五六年　二月十四日至二十五日：在莫斯科舉行了蘇聯共產黨第二十次代表大會，會議中首次揭露史達林時代的罪行。此後，聶魯達在不同的文章及詩作中批判性地修正他對史達林的評價，詩歌也因此有了變化。

一九五七年　一月底：羅薩達出版社在布宜諾斯艾利斯發行了聶魯達的第一版《作品全集》。

一九五七年　四月初：與瑪蒂爾德一同前往布宜諾斯艾利斯。阿根廷政府開始通緝共產黨員。四月十一日凌晨，住處遭強行闖入，聶魯達被逮捕，第二天獲釋。之後，繼續前往蒙特維多。

一九五七年　四月：抵達烏拉圭首都，聶魯達被選爲智利作家協會（SECH）的主席。他繼續前往巴西，在那裡與喬治．阿瑪多以及他的太太澤莉雅．加泰（Zelia Gattai）一同度過短暫時光。

一九五七年　七月：前往錫蘭可倫坡，參加世界和平理事會會議，並且再次與喬治．阿瑪多及澤莉雅相聚。詩人回到他三十年前曾經住過的房子及街道。

一九五七年　七月：與喬治及澤莉雅一同前往印度，隨後至仰光。他們飛到中國境內，乘船沿著長江逆流而上，同時慶祝詩人五十三歲生日。

一九五七年　九月至十月：聶魯達與瑪蒂爾德至東歐各國旅行，之後前往巴黎。十月四日，在那裡獲知成功發射第一顆環繞地球軌道的人造衛星的高科技壯舉，從此揭開了蘇聯的太空時代。聶魯達對這一當代歷史的新頁極感興趣，並且把它變成詩歌創作的題材。

11——詩的力量

一九五八年　六月：參與薩爾瓦多．阿言德的第二次總統競選活動，至全國各地旅行。

一九五八年　八月十八日：羅薩達出版社在布宜諾斯艾利斯出版了第一版的《狂想集》；該書開啓了詩人創作的新時期，揚棄了烏托邦式的信念，採取一種矛盾且反對僵化的角度看待人生。

一九五九年　一月三日：與瑪蒂爾德一同搭船至委內瑞拉。一月十八日，抵達該國拉瓜伊拉港。

一九五九年　一月二十六日：於卡拉卡斯，在古巴駐委內瑞拉大使館與菲德爾．卡斯楚會面。

一九五九年　十一月：在聖地牙哥大學出版社出版了私人版本詩集《一百首十四行情詩》，獻給瑪蒂爾德．烏魯蒂亞。

一九六〇年　三月：與瑪蒂爾德從蒙特維多出發，搭乘路易．盧米埃號（Louis Lumiére）前往歐洲，遇見搭乘同一艘船旅行的巴西詩人維尼修斯・迪・莫萊斯（Vinicius de Moraes）。兩位詩人各自寫了十四行詩獻給對方。

一九六〇年　五月二十一日及二十二日：連續兩起地震，摧毀了智利中部及南部地區。人在歐洲的聶魯達寫了〈災難〉（Cataclismo）一詩，並四處奔波，將這首詩編印成附有著名畫家插畫的豪華版，爲遭受摧殘的家鄉募款。

一九六〇年　撰寫〈《二十首情詩》的小故事〉一文，作爲羅薩達出版社發行該書一百萬冊的特別版的序言。

一九六〇年　十一月中：從馬賽搭船前往古巴，於十二月五日抵達。聶魯達籌辦會議及詩歌朗誦會。美洲之家（Casa de las América）出版社出版了他獻給古巴革命的創作《歌功頌德》，印刷二萬五千冊。午夜，切・格瓦拉在他的中央銀行辦公室，與詩人會面。

一九六一年　六月二十六日：羅薩達出版社在布宜諾斯艾利斯出版了詩集《智利的石頭》，附有安東尼歐・金達納（Antonio Quintana）拍攝的照片。

一九六一年　九月十八日：聶魯達在天堂谷港口的家「塞巴斯蒂安納」落成，當天剛好是智利的獨立紀念日。

一九六一年　十月三十一日：羅薩達出版社在布宜諾斯艾利斯出版了《禮儀之歌》。

一九六二年　一月十六日：《國際十字路口》開始連載〈詩人的生活：巴布羅・聶魯達的回憶與記憶〉（Las vidasdelpoeta. Memorias y recuerdos de Pablo Neruda）。

一九六二年　三月三十日：舉行聶魯達成爲智利大學哲學與人文學院學術成員的儀式。詩人尼卡諾爾・巴拉（Nicanor Parra）負責致歡迎詞。

一九六二年　四月初：與瑪蒂爾德前往烏拉圭，隨後至義大利。在義大利，聶魯達結識了活字印刷術大師阿貝爾多・塔隆內（Alberto Tallone），聶魯達有許多不同版本的作品都出自他之手。

一九六三年　義大利文版的《二十首情詩》獲得聖范倫蒂諾（San Valentino）獎。

一九六三年　九月二十九日：在聖地牙哥布斯達門德（Bustamente）廣場舉辦的一場近三千人的集會中，聶魯達嚴厲批評中國的文化大革命。

一九六四年　二月：詩人完成《羅密歐與茱麗葉》的翻譯；為了紀念莎士比亞的四百週年冥誕，智利大學的劇團將該譯作搬上舞台。

一九六四年　七月：舉辦了一系列活動，慶祝詩人六十歲生日。

一九六四年　六月二日至七月十二日：羅薩達出版社在布宜諾斯艾利斯分冊出版了聶魯達由五個部分組成的自傳式詩集《黑島備忘錄》。

一九六四年　十月十日：智利大學戲劇學院首演由聶魯達翻譯並改編的《羅密歐與茱麗葉》，該劇由埃烏赫尼歐．古斯曼（Eugenio Guzmán）執導，瑟爾席歐．歐德卡（Sergio Ortega）配樂。

一九六四年　十二月：附屬於布宜諾斯艾利斯大學出版社的埃烏德巴（Eudeba）出版了由瑪格麗特．阿吉雷撰寫的《巴布羅．聶魯達的天賦與形象》（*Genio y figura de Pablo Neruda*）；這是詩人的第一本傳記。

一九六五年　三月二十七日：聶魯達的第一任妻子瑪麗．安東妮．海格納，於荷蘭海牙過世。

一九六五年　三月：與瑪蒂爾德一同前往歐洲。四月十六日，抵達巴黎，之後前往莫斯科，並且應匈牙利政府之邀，前往布達佩斯。聶魯達遇見米格爾．安赫．阿斯圖利亞斯，兩人一同接受委託，書寫他們對匈牙利的印象，於是誕生《吃在匈牙利》（*Comiendo en Hungría*）一書。

一九六五年　五月十九日：參加由東德舉辦，紀念脫離納粹統治二十週年的作家國際會議。

一九六五年　六月一日：獲牛津大學頒授哲學與文學榮譽博士學位。他是拉丁美洲第一位獲頒此榮譽的詩人。

一九六六年　三月二十一日：劇作家亞瑟．米勒邀請聶魯達以榮譽嘉賓的身分，出席於六月十二日至十八日

一九六六年　在紐約舉行的國際筆會。六月初，聶魯達與瑪蒂爾德一同前往美國。在會議裡，他成了五十六國代表中最受矚目的焦點。

一九六六年　六月十八日：在位於華盛頓的美洲開發銀行舉行詩歌朗誦會，並且爲美國國會圖書館錄了幾首詩歌。

一九六六年　七月四日：抵達秘魯。聶魯達在利馬和阿雷基巴（Arequipa）舉行講座，爲地震災民募款。與秘魯總統費南多．貝拉溫德共進午餐，並且獲頒秘魯最高榮譽勳章：太陽勳章。

一九六六年　七月十二日：與瑪蒂爾德返回智利，並且在同一天歡度六十二歲生日。

一九六六年　七月三十一日：一封由超過百名的古巴藝術家及知識份子署名給巴布羅．聶魯達的公開信在哈瓦那曝光，並且在全世界流傳。該信批評聶魯達參加國際筆會，以及與秘魯總統共進午餐，並且獲頒勳章一事。根據俄南．羅耀拉教授指出，對聶魯達而言，這是「毫無根據的攻擊，是種對他個人道德及革命家人格的侮辱」。八月一日，詩人發了一封電報回應那些古巴人。

一九六六年　布宜諾斯艾利斯的羅薩達出版社出版了由埃米爾．羅德里格斯．莫內卡爾撰寫的傳記《聶魯達：不動的旅人》（*Neruda: el viajero inmóvil*），該書還收錄了作者對某些作品的分析。

一九六六年　九月：魯門（Lumen）出版社在巴塞隆納出版聶魯達的詩作與散文集《沙中的房子》（*Una casa en la arena*），主題爲他在黑島的家，照片由瑟爾席歐．拉萊因拍攝。

一九六六年　十月二十八日：聶魯達與瑪蒂爾德在黑島完婚。

一九六六年　十一月一日：當代藝術之友協會（Sociedad de Amigos del Arte Contemporáneo）出版《鳥的藝術》（*Arte de pájaros*）一書，附有內梅修．安圖內斯、馬里歐．卡雷紐（Mario Carreño）、埃克多．埃雷拉（Héctor Herrera）及馬里歐．多拉爾（Mario Toral）的插畫。

一九六七年　十月十四日：智利大學戲劇學院在聖地牙哥首演聶魯達唯一的劇作：《華金·穆里耶達的光輝與死亡：一八五三年七月二十三日在加利福尼亞受到不公審判的智利盜匪》（*Fulgor y muerte de Joaquín Murieta. Bandido chileno injusticiado en California el 23 de julio de 1853*），該劇由瑟爾席歐·歐德卡配樂，貝德羅·歐爾杜斯（Pedro Orthous）執導，舞蹈設計爲巴德里修·邦斯特（Patricio Bunster）。

一九六七年　十一月二十四日：回到出生地帕拉爾，接受市政府頒發的「傑出子弟」證書。

一九六七年　十二月四日：羅薩達出版社在布宜諾斯艾利斯出版了《船歌》。

一九六八年　一月：蘇聯詩人葉甫根尼·葉夫圖申科（Evgeni Evtushenko）訪問智利，與聶魯達在聖地牙哥的國家體育場，以俄語和西班牙語舉行了詩歌朗誦會。

一九六八年　四月二十四日：以〈隨筆散記〉（Escarabagia dispersa）一文展開一系列的寫作，每兩週刊登在聖地牙哥的《埃爾西亞》（*Ercilla*）雜誌裡，並統一以「黑島的反思」（Reflexiones desde Isla Negra）作爲該系列文章的標題。

一九六八年　七月十二日：在黑島慶祝六十四歲生日。計畫以一九六二年刊登在《國際十字路口》的一系列自傳式散文爲基礎，開始撰寫回憶錄。

一九六八年　八月二十二日：與瑪蒂爾德一同前往蒙特維多，之後至巴西。聶魯達在聖保羅爲費德里克·賈西亞·洛爾卡的紀念碑揭幕。之後，他參訪巴西的薩爾瓦多市、孔戈尼亞斯（Congonhas）、彼得羅波利斯（Patrópolis）、歐魯普雷圖（Ouro Preto）和巴西利亞，並且在巴西利亞時，遇見設計該城市的建築家奧斯卡·尼麥耶（Oscar Niemeyer）。

一九六八年　十月：從巴西前往哥倫比亞，與米格爾·安赫·阿斯圖利亞斯一同擔任馬尼薩雷斯（Manizales）

大學第一屆戲劇節的評審委員。

一九六八年 十一月：羅薩達出版社在布宜諾斯艾利斯出版《今日的手》（*Las manos del día*）。

一九六八年 聶魯達向他的主編龔薩羅．羅薩達（Gonzalo Losada）提議，在黑島附近他購買的一片地上，興建「多卵石」（Cantalao）計畫，讓作家與藝術家有駐點創作的地方。

12——甜蜜又艱困的祖國

一九六九年 一月及二月：參與共產黨候選人於三月國會大選中的競選活動。

一九六九年 七月：誕生出版社在聖地牙哥出版了《仍然》（*Aún*）。

一九六九年 八月：當代藝術之友協會於聖地牙哥出版《世界的盡頭》（*Fin de mundo*），該版本附有馬里歐．卡雷紐、內梅修．安圖內斯、貝德羅．米亞爾（Pedro Millar）、瑪麗亞．馬德內爾（María Martner）、胡立歐．埃斯卡梅斯（Julio Escámez）及歐斯巴爾多．瓜亞薩名（Osvaldo Guayasamín）的插畫。

一九六九年 八月十九日：智利國家圖書館在聖地牙哥舉辦的「巴布羅．聶魯達著作書目展」開幕。

一九六九年 八月二十一日：智利天主教大學授予聶魯達榮譽博士學位。

一九六九年 九月三十日：共產黨宣布聶魯達為該黨一九七〇年總統大選之候選人，他的競選口號為「為人民團結」（*Por la unión popular*）。

一九六九年 十月：在國內從阿里卡到洛達展開巡迴競選活動，並且於十二月開始另一趟從蝶夢谷到沙角（Punta Arenas）的巡迴競選活動。一九七〇年初，天堂谷港口聚集了大批民眾歡迎聶魯達。

一九七〇年　一月：爲了幫助薩爾瓦多．阿言德，退出總統競選，使得阿言德成了左派唯一的總統候選人。

一九七〇年　科克倫伯爵（Lord Cochrane）出版社在聖地牙哥出版了豪華版的《二十首情詩與一首絕望之歌》，內附有馬里歐．多拉爾的水彩插畫。

一九七〇年　四月：與瑪蒂爾德一同前往歐洲。在莫斯科參加了列寧百年誕辰慶祝活動。之後他們前往倫敦參加西敏市詩歌節。

一九七〇年　六月二十三日：在坎城登船回到美洲。二十四日抵達巴塞隆納，在那裡短暫停留並趁機拜訪加布列．賈西亞．馬奎斯[1]。

一九七〇年　七月初：聶魯達在委內瑞拉短暫停留，於卡拉卡斯參加第三屆拉丁美洲作家會議。之後繼續旅程至秘魯，爲五月三十一日發生的秘魯大地震災民舉行了詩歌朗誦會，並且與秘魯總統貝拉斯克．阿巴拉多（Velasco Alvarado）會面。

一九七〇年　七月中旬：返回智利。聶魯達積極參與薩爾瓦多．阿言德的總統競選活動，阿言德在九月四日的總統大選中獲勝。

一九七〇年　羅薩達出版社在布宜諾斯艾利斯出版了《燃燒的劍》（*La espada encendida*）與《天空的石頭》（*Las piedras del cielo*）。

一九七〇年　當代藝術之友協會在聖地牙哥出版《海嘯》（*Maremoto*），該書附有卡林．歐費爾特（Carin Oldfelt）的木刻版畫插圖。

一九七一年　一月：前往復活節島，在那裡停留十天拍攝《巴布羅．聶魯達的歷史與地理》（*Historia y Geografía de Pablo Neruda*）系列影片的某幾部分，該片由雨果．阿雷巴洛（Hugo Arévalo）執導，於智利天主教大學的十三頻道播出。這趟旅行催生了一九七二年出版的《散落的玫瑰》（*La rosa separada*）。

一九七一年　一月二十一日：智利國會通過派任巴布羅．聶魯達為駐法大使的提名。
一九七一年　三月二十日：與瑪蒂爾德一同抵達巴黎。二十六日，向法國總統喬治．龐畢度（Georges Pompidou）遞交到任國書。
一九七一年　七月十二日：慶祝六十七歲生日。
一九七一年　九月至十月：尋找一處遠離城市又安靜適合寫作的地點。在離巴黎一個半小時車程的諾曼地大區的伊通河畔孔代（Condé-sur-Iton），找到一處曾經屬於某地主的老宅邸。
一九七一年　十月二十一日：聶魯達收到瑞典的駐巴黎大使昆納．黑格洛夫（Gunnar Hägglöff）的正式通知，獲得諾貝爾文學獎。瑞典學院的文稿裡強調聶魯達是「為受害者寫作的詩人」，他一次次地遭到迫害，並且可以在他的作品中，窺見四處被壓迫的人們。
一九七一年　十月底：詩人在巴黎的科尚（Cochin）醫院進行手術。聶魯達的黑島鄰居兼好友拉烏爾．布爾內斯醫師，從智利前往巴黎參與手術，隨後聶魯達在法國的家「曼克爾」（La Manquel）休息。
一九七一年　十二月初：與瑪蒂爾德前往斯德哥爾摩。諾貝爾獎頒獎典禮於十日舉行。正式餐會中，聶魯達於發表個人感言之前，代表該年的獲獎者發表了一段簡短演說。

1 賈西亞．馬奎斯後來將這一段兩人見面、聚餐、散步且一起逛舊書店的往事，與杜撰的情節和虛構的神祕人物編成了一篇短篇故事〈賣夢的人〉（Me alquilo para soñar，或譯為〈占夢人〉），收錄在《異鄉客》（*Doce cuentos peregrinos*，或譯為《十二個異鄉故事》）中。在故事裡，賈西亞．馬奎斯對聶魯達愛吃美食的習慣、純真且不做作的個性，還有他與妻子瑪蒂爾德的互動等，描繪得唯妙唯肖。參見G．賈西亞．馬奎斯，《異鄉人》，宋碧雲譯，台北，時報文化，一九九四，頁八五—九三。

一九七一年　十二月三十一日：和一群朋友在「曼克爾」家裡慶祝新年。

一九七二年　一月：據說希臘作曲家米基斯．提歐多拉基斯（Mikis Theodorakis）獲得聶魯達的授權，爲《漫歌》譜曲。他創作的《漫歌》於一九七四年，在詩人去世後完成並首演。

一九七二年　二月：聶魯達以智利代表的身分，參與和巴黎俱樂部重新商議外債的會議。

一九七二年　四月十日：在紐約的國際筆會五十週年慶祝大會開幕儀式上，發表演說。

一九七二年　四月二十五日：與瑪蒂爾德一同前往莫斯科。四月二十六日至五月五日，在當地住院。

一九七二年　五月：羅薩達出版社在布宜諾斯艾利斯出版了《無收穫的地理》（*Geografía infructuosa*）。

一九七二年　六月中：前往倫敦，參加國際詩歌節。在該場合遇見歐塔維歐．帕斯，與他重修舊好。

一九七二年　六月二十八日：返回巴黎，必須在那裡住院幾天。

一九七二年　七月十二日：以大使館的晚宴慶祝六十八歲生日，除此之外還邀請了一些朋友到「曼克爾」。慶祝活動的與會者包括胡立歐．科達薩（Julio Cortázar）和他的太太烏格涅．卡維麗絲（Ugne Karvélis）、加布列．賈西亞．馬奎斯、卡洛斯．福恩德斯、馬里歐．巴爾加斯．尤薩、霍爾赫．愛德華斯、波利．德拉諾、克羅多米羅．阿梅達（Clodomiro Almeyda）。

一九七二年　七月中：接受減緩病情的外科手術。

一九七二年　七月：詩人的妹妹蘿拉．雷耶斯抵達巴黎，同行的還有詩人歐梅洛．阿爾塞，聶魯達請他幫忙做回憶錄的準備工作。

一九七二年　十月二十六日：與法國總統喬治．龐畢度會面。

一九七二年　十月二十八日：獲選爲聯合國教科文組織諮詢委員會成員，任期四年。

一九七二年　十一月二十日：與瑪蒂爾德搭乘飛機回到智利。

一九七二年　十二月五日：在聖地牙哥國家體育場舉行了向諾貝爾得主致敬的活動，因爲阿言德總統正在國外參訪，所以由副總統卡洛斯・普拉德斯（Carlos Prats）將軍親自迎接。

一九七二年　十二月三十一日：與一群朋友在天堂谷的家「塞巴斯蒂安納」，迎接新年的到來。

一九七三年　阿言德政府透過都市優化協會（CORMU）承諾實行詩人的最終願望「多卵石」計畫，一個靠近海邊，可以讓作家及藝術家暫時工作的地方。建築師拉烏爾・布雷斯（Raúl Bules）、卡洛斯・馬德內爾（Carlos Martner）、維吉尼亞・布魯賓斯（Virginia Plubins）負責設計，聶魯達積極參與籌備。

一九七三年　二月二日：薩爾瓦多・阿言德總統和他的夫人抵達黑島探望聶魯達，同行的還有共產黨總書記路易斯・寇巴蘭（Luis Corvalán），以及參議員博羅迪亞・泰德爾鮑姆。聶魯達趁此機會請辭駐法大使一職。

一九七三年　二月十六日：基曼圖（Quimantú）出版社在聖地牙哥出版了《尼克森迫害的煽動與智利革命的讚頌》（*Incitación al nixonicidio y alabanza de la revolución chilena*），發行六萬本。

一九七三年　儘管健康不佳，聶魯達還是繼續寫作，忙著完成回憶錄的收尾及七本詩集。預計在一九七四年七月十二日，他七十歲生日的當天出版。

一九七三年　四月初：聶魯達結束化療療程後，在海上葡萄園（Viña del Mar）的望海旅館（Hotel Miramar），向記者路易斯・阿貝爾多・曼西亞（Luis Alberto Mansilla）口述一篇向四月八日逝世的巴布羅・畢卡索致敬的稿子。

一九七三年　四月中：瑪蒂爾德到巴黎處理之前因搬遷留在大使館的物品，並且準備賣掉房子「曼克爾」。

一九七三年　七月十二日：在黑島慶祝六十九歲生日，在病榻前見了一些朋友。

一九七三年　八月三十日：路易斯．阿貝爾多．曼西亞再度來訪。詩人在黑島向記者口述了一段給阿雷罕德羅．立普丘斯（Alejandro Lipschuts）醫生九十歲生日的賀詞。

一九七三年　九月十一日：詩人與瑪蒂爾德從收音機及電視得知軍事政變，總統府遭到轟炸，阿言德總統死亡的消息。

一九七三年　九月十四日：向瑪蒂爾德口述回憶錄的最後部分。黑島的家遭巡邏軍強行闖入。

一九七三年　九月十九日：詩人的健康惡化，在瑪蒂爾德的陪伴下搭救護車前往聖地牙哥，在高燒的情況下住進聖瑪麗亞診所（Clínica Santa María）。

一九七三年　九月二十三日：詩人於該日晚間十點三十分與世長辭。親人到「恰斯孔納」守靈時，發現房子遭到破壞，如同廢墟一般。

一九七三年　九月二十五日：巴布羅．聶魯達葬於聖地牙哥公墓，儘管軍方出面恐嚇，葬禮仍自發性集結了大批擁護者，而這場詩人的葬禮也成了抗議軍事政府的第一場示威活動。

照片集

上 年輕的詩人，一九一一年攝；當時他還是蝶夢谷男子學校的學生。聶魯達基金會檔案館。

下 於同父異母的妹妹蘿拉．雷耶斯旁，一九一八年攝。照片來源：卡巴羅斯有限公司（Caparrós SRL）。聶魯達基金會檔案館。

聶魯達，站立者，於可倫坡的威拉瓦特，一九二八年攝。聶魯達基金會檔案館。

上 著東方服飾，於錫蘭，一九二九年攝。聶魯達基金會檔案館。

下 詩人的第一段婚姻，與瑪麗·安東妮·海格納，一九三〇年十二月六日攝於印尼巴達維亞。聶魯達基金會檔案館。

上 詩人，一九三二年攝。照片來源：阿弗雷多．莫利納．拉．伊德（Alfredo Molina La Hite）。聶魯達基金會檔案館。

下 巴布羅．聶魯達與德麗雅．德爾．卡里爾、安帕蘿．蒙、拉烏爾．貢薩雷斯．杜濃，以及幾位共和軍成員，於馬德里某間酒吧，一九三六年或一九三七年攝。聶魯達基金會檔案館。

向溫尼伯號道別的聶魯達，該船載著超過二千名西班牙共和軍難民，從法國出發航向智利，一九三九年攝。聶魯達基金會檔案館。

上 一九四一年，時任智利駐墨西哥總領事。聶魯達基金會檔案館。

下 於馬丘比丘，一九四三年十月底攝。聶魯達基金會檔案館。

上 與第二任妻子德麗雅・德爾・卡里爾於黑島，一九四四年攝。照片上有手寫題詞：給安赫（克魯恰卡）與阿貝蒂娜（阿索卡）（Albertina）。聶魯達基金會檔案館。

下 智利共和國參議員委任狀。聶魯達基金會檔案館。

—聶魯達在路易斯·安立奎·德拉諾與羅拉·法孔的家，那是他地下祕密逃亡生活的其中一個藏匿點，一九四八年攝。照片來源：羅拉·法孔。聶魯達基金會檔案館。

上 詩人，於布達佩斯，一九四九年七月攝；可能攝於紀念匈牙利國民詩人裴多菲．山多爾逝世一百週年的某個紀念儀式上。聶魯達基金會檔案館。

下 於巴黎，一九四九年攝。聶魯達基金會檔案館。

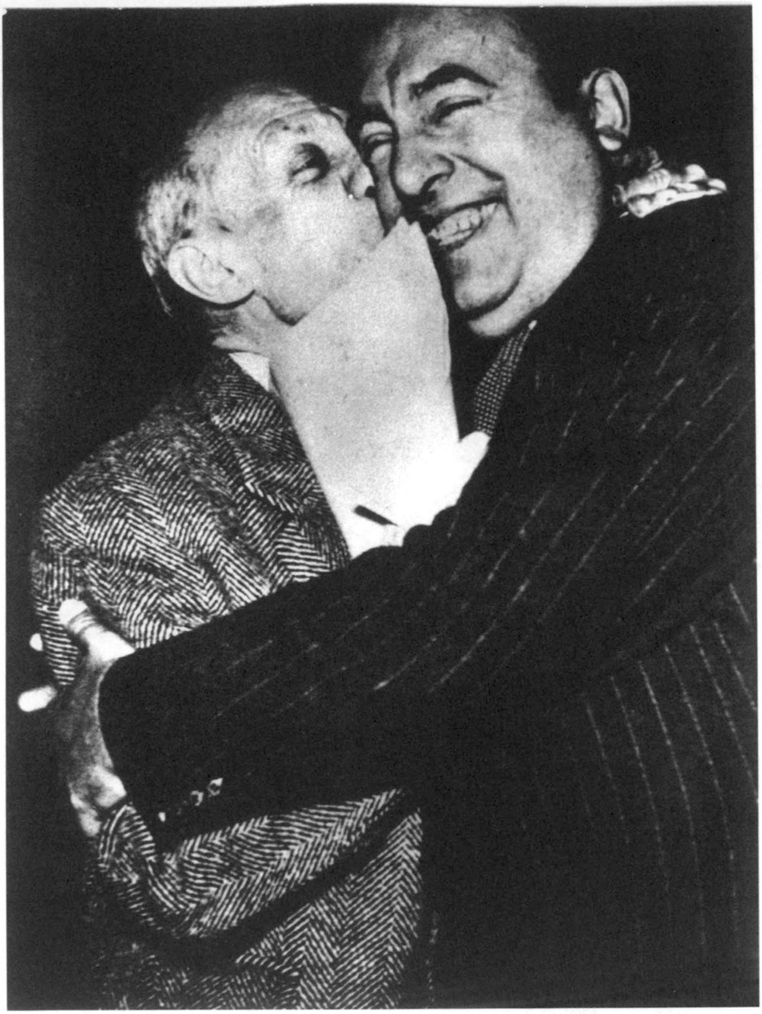

於巴黎，一九五〇年攝，在世界和平獎的頒獎典禮上擁抱畢卡索，當年有三位同名的巴布羅獲頒此獎：畢卡索、聶魯達及羅伯遜。聶魯達基金會檔案館。

上 流亡期間於莫斯科，一九五〇年攝。聶魯達基金會檔案館。

下 一九五〇年攝，與作家喬治．阿瑪多在捷克斯洛伐克的多布日什城堡。聶魯達基金會檔案館。

上 於印度，一九五〇年攝。聶魯達基金會檔案館。

中 於拿坡里，登船出發前往卡布里島，一九五二年攝。聶魯達基金會檔案館。

下 與瑪蒂爾德在卡布里島，一九五二年攝。聶魯達基金會檔案館。

上 在伽里歐家的陽台，於卡布里島，一九五二年攝。聶魯達基金會檔案館。

下 緊靠著瑪蒂爾德·烏魯蒂亞，於智利聖地牙哥仍在施工中的家——恰斯孔納的階梯上，一九五三年攝。聶魯達基金會檔案館。

上 與加芙列拉・米斯特拉爾，一九五四年攝。聶魯達基金會檔案館。

中 巴布羅・聶魯達與喬治・阿瑪多、瑪麗亞・羅莎・歐立貝爾、艾青、博羅迪亞・泰德爾鮑姆，及其他來慶祝詩人五十歲生日的作家們，一九五四年七月攝。聶魯達基金會檔案館。

下 於中國長城，一九五七年攝。聶魯達基金會檔案館。

上 於印度清奈，一九五七年六月攝。聶魯達基金會檔案館。

中 於某巴黎地鐵站，一九六〇年攝。聶魯達基金會檔案館。

下 詩人於天堂谷家中，一旁是從蝶夢谷法蘭西皮革店的火場裡救出來的馬。照片來源：安東尼歐・金達納。聶魯達基金會檔案館。

上 與薩爾瓦多．阿言德醫生，當時正值阿言德第三次競選智利總統，一九六四年攝。聶魯達基金會檔案館。

下 聶魯達與作家米格爾．安赫．阿斯圖利亞斯，一九六五年攝；當時兩人正在撰寫《吃在匈牙利》一書。

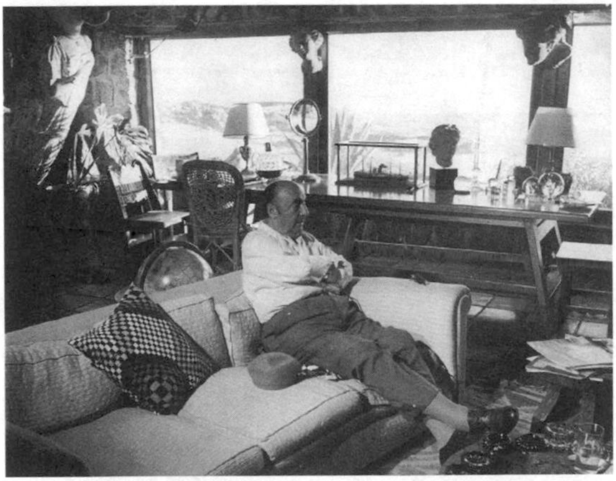

上 於秘魯，一九六六年攝；當時他正在購買民俗手工藝品，如他手上拿著的布卡拉牛，該工藝品至今仍保存在他黑島的家中。聶魯達基金會檔案館。

中 於黑島家中客廳。照片來源：弗朗切斯克．尤凡內（Francesco Jovane）。聶魯達基金會檔案館。

下 於蘇聯的某樺樹林，一九六七年攝。聶魯達基金會檔案館。

上 巴布羅·聶魯達與瑪蒂爾德，於黑島慶祝聶魯達六十五歲生日，一九六九年攝。聶魯達基金會檔案館。

中 於智利南部的蒙特港，正值薩爾瓦多·阿言德第四次競選總統期間，且在同年當選智利總統。聶魯達基金會檔案館。

下 於復活節島，一九七一年一月攝。聶魯達基金會檔案館。

上 詩人於復活節島，在此趟旅行中催生出《散落的玫瑰》。聶魯達基金會檔案館。

下 與加布列．賈西亞．馬奎斯在巴塞隆納的海事博物館，一九七〇年六月攝。聶魯達基金會檔案館。

上 於蒙特港的安赫莫（Angelmó）海灣，一九七〇年攝。聶魯達基金會檔案館。

中 與他的作家好友暨參議員博羅迪亞·泰德爾鮑姆，於法國諾曼地名為「曼克爾」的家附近，一九七一年攝。聶魯達基金會檔案館。

下 詩人在曼克爾家中，一九七二年攝。於詩人背後開玩笑的人身分不詳。聶魯達基金會檔案館。

上 與拜訪黑島的薩爾瓦多·阿言德總統，一九七三年二月二日攝。聶魯達基金會檔案館。

下 於黑島上曾一度引起宗教崇拜的船首雕像「美杜莎」旁。聶魯達基金會檔案館。

詩人的筆記

直到巴布羅．聶魯達過世前不久，他仍專心地撰寫個人回憶錄，除此之外，還費盡心力地編輯。他留下一些草稿筆記，讓我們看見他在這方面的用心。在後面幾頁的圖片與手稿中，能欣賞到他局部的手稿，同時也能理解詩人在撰寫回憶錄時，在題材與形式上的堅持。在其中的幾頁手稿中，提到他加入此版《聶魯達回憶錄》的文章，特別是〈返鄉的少女〉、〈野心家的嘴臉〉和〈南方的景色〉。

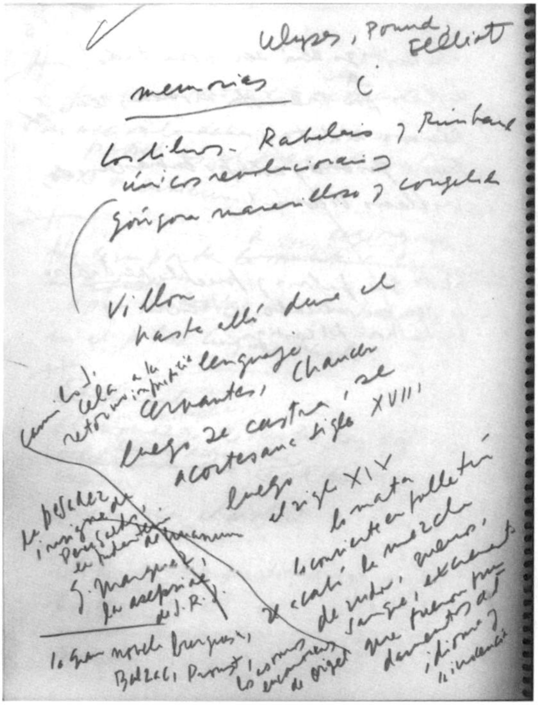

尤里西斯、龐德、艾略特／回憶錄／書、拉伯雷和韓波／唯一的革命主義者／不可思議與冰冷的貢戈拉／維永／持續到當時為止／語言／塞萬提斯、喬叟／之後它被閹割，被／宮廷化、十八世紀／之後／十九世紀／把它給殺了／把它變成了連載小說／最後混合了／汗水〔難以辨識〕／鮮血、糞便／這些都是語言的基礎，而且／貝雷斯·卡多斯著名的沉重〔難以辨識〕／霍爾赫·曼利克／胡安·拉蒙·西門內斯的無菌／資產階級的偉大小說／巴爾札克／普魯斯特

這些內容的某些部分反映在《坦白說，我沒有白活》第十一部分〈詩是一種職業〉的「和語言共存」中。

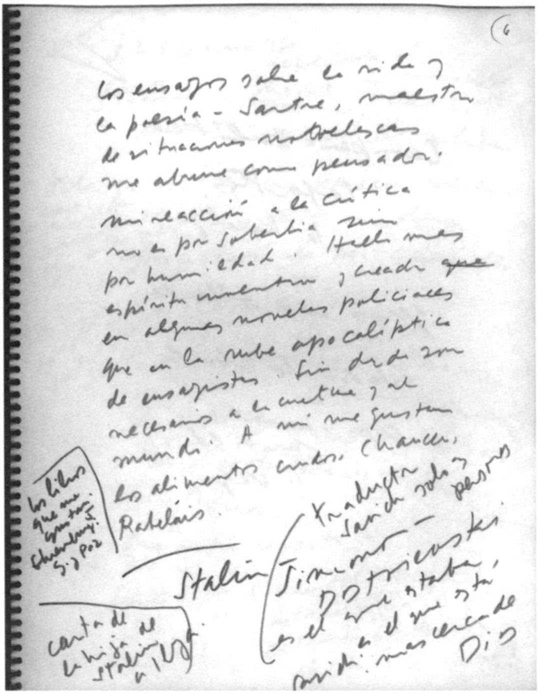
Los ensayos sobre la vida y
la poesía - Sartre, maestro
de situaciones novelescas
me abruma como pensador.
mi reacción a la crítica
no es por soberbia sino
por humildad. Hallo más
espíritu inventivo y creador que
en algunas novelas policiales
que en la nube apocalíptica
de ensayistas. Sin duda son
necesarios a la cultura y al
mundo. A mí me gustan
los alimentos crudos, Chaucer,
Rabelais.

關於生命與詩的散文——荒謬狀態的大師沙特，像個思想家一樣讓我感到沉重。我對批評採取反擊，不是因為驕傲，而是因為謙卑。我發現在偵探小說中，比在散文作家的世界末日烏雲中，更有創造與發明的精神。毫無疑問，這樣的精神是文化與世界所需要的。我喜歡未加工的食材，喬叟、拉伯雷

我喜歡的書。愛倫堡／戰爭與和平／史達林／史達林的女兒給伊利亞〔愛倫堡〕的信／西蒙諾夫／是一位／〔難以辨識〕／比較接近……〔難以辨識〕

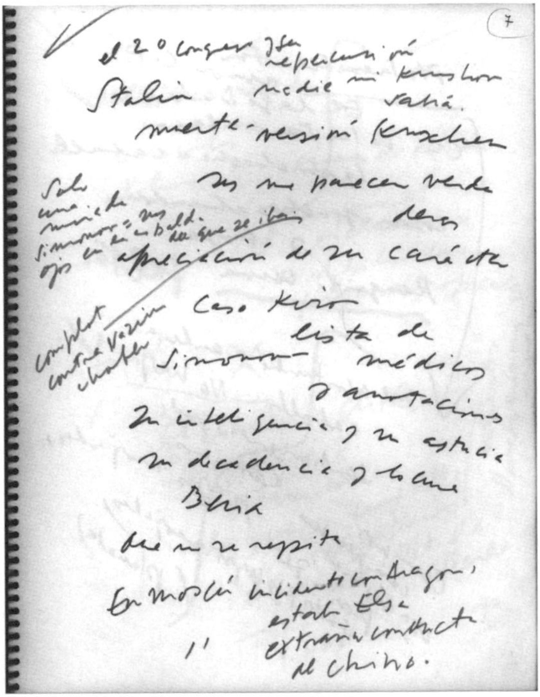

第二十次大會與它的迴響／沒有人，就連赫魯雪夫也不知道／史達林／死亡、版本、赫魯雪夫／他的我覺得是真實的／欣賞他的個性／基洛夫（Kirov）案／西蒙諾夫／醫生名單與註解／他的聰明與它的狡猾／它的衰敗與瘋狂？／貝利亞／不會再重複／在莫斯科與阿拉貢的意外／埃爾莎〔特里歐雷〕在／奇怪的行徑／〔難以辨識〕

側邊：只有一個眼神／西蒙諾夫／陰謀不利於納欣〔希克美〕司機

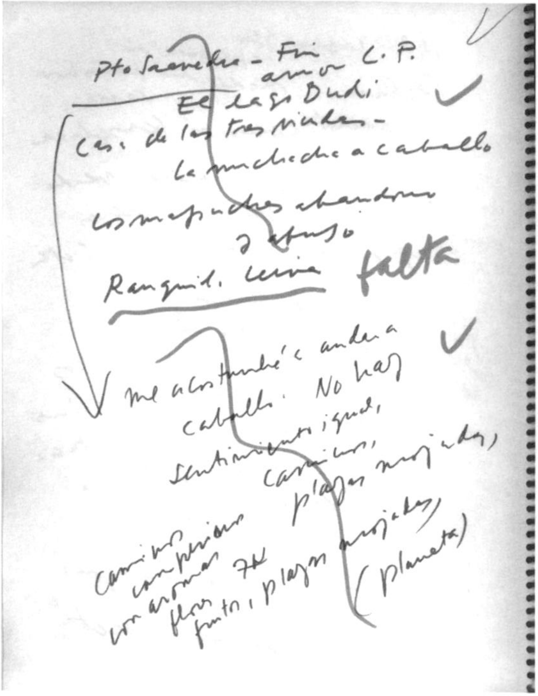

薩韋德拉港。結束／愛Ｌ．Ｐ．／布迪湖／三個寡婦的家／騎馬的少女／馬普切人、遺棄與胡作非為／郎奇爾〔難以辨識〕／我習慣騎馬。沒有一樣的感覺／道路／濕的海灘／道路／農夫／有芳香／花朵／果實、濕的海灘／（行星）。

在這些手稿裡，我們找到某些撰寫回憶錄第一部分〈鄉下的年輕人〉的題材，其中提到〈騎馬的少女〉，這是我們在這一版新增的文章之一。

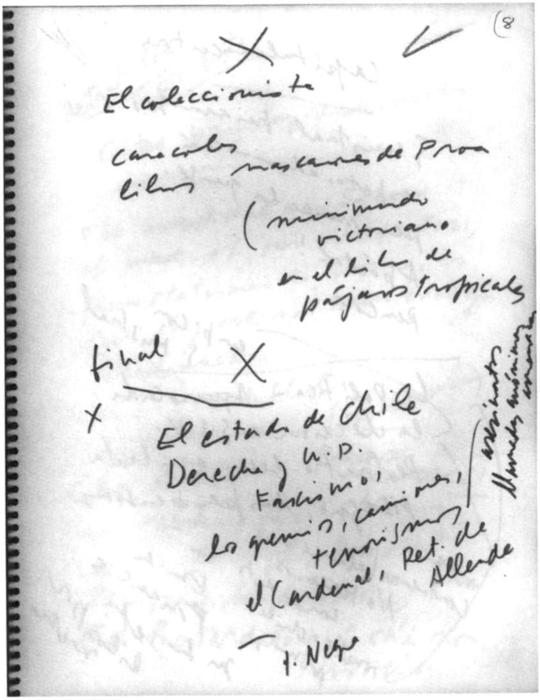

收藏家／海螺／書、船首雕飾／（小世界／維多利亞時期的／在熱帶鳥類的書裡）。

結束

智利的情況／右派與U．P．〔人民團結〕／法西斯主義／同業公會／卡車／恐怖主義／謀殺、匿名電話／樞機主教、阿言德的肖像／黑島。

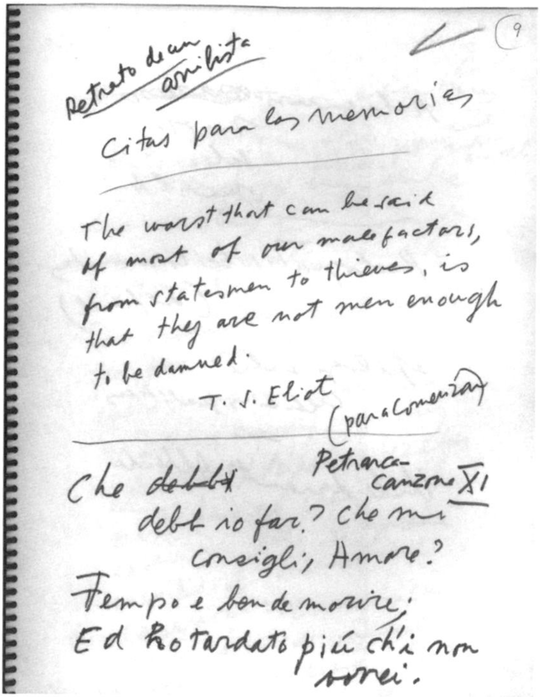
9

Retrato de un arribista

Citas para las memorias

The worst that can be said
of most of our malefactors,
from statesmen to thieves, is
that they are not men enough
to be damned.

T. S. Eliot

(para comenzar

Petrarca–
canzone XI

Che ~~debb~~
debb io far? Che mi
consigli, Amore?
Tempo è ben de morire,
Ed ho tardato più ch'i non
vorrei.

野心家的嘴臉
當作回憶錄裡的引用
從政治家到小偷，我們大多數的壞人獲得最難聽的評語就是，他們連被詛咒都不配。
T．S．艾略特

愛神，我該怎麼做？你有何建議？
我早該死亡，
我卻逗留得比我想要的時間還長。
佩脫拉克，〈第十一首詩〉。

聶魯達為他的回憶錄挑選的第一則引言，是T．S．艾略特在波特萊爾的《親密日記》（*Journaux intimes*）中寫的導讀。
第二則引言是從佩脫拉克的《歌集》中挑選出來的詩。但這一首並非如同聶魯達註解的引自〈第十一首詩〉，而是〈第二百六十八首詩〉。

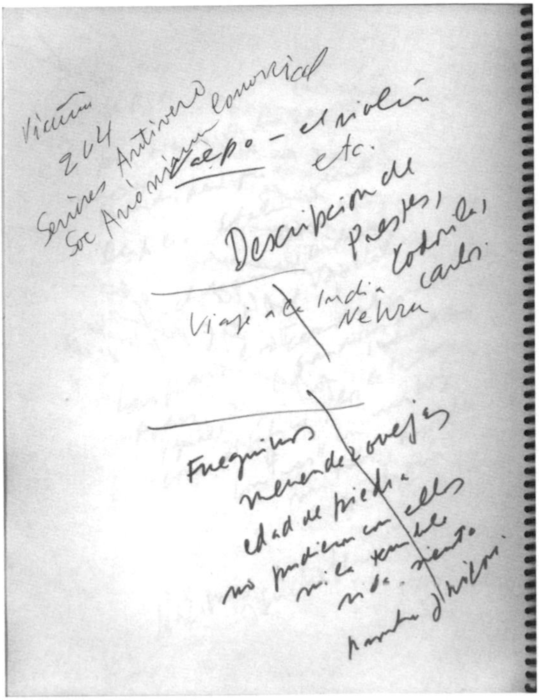

天堂谷／小提琴／等等／描述／普列斯特斯／科多比拉／卡洛斯／前往印度／尼赫魯
火地島人／梅內德斯、綿羊／石器時代／沒有辦法和他們〔難以辨識〕／生活。風／〔難以辨識〕

這兩段關於火地島人和梅內德斯家族在巴塔哥尼亞上引進綿羊的事，毫無疑問指的是〈南方的風景〉中的內容，而且這篇文章很明顯是為回憶錄所寫的。基於某種原因，沒有出現在舊版中，不過我們將它收錄在此新版的回憶錄裡。

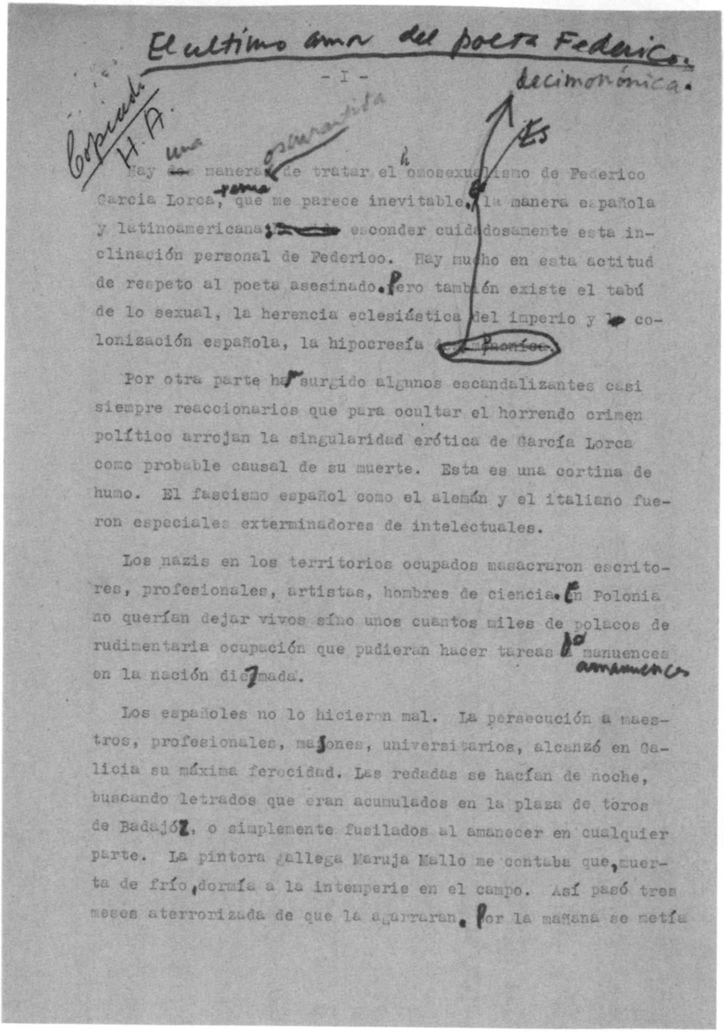

El ultimo amor del poeta Federico.

- I -

Copiado H.A.

decimonónica.

Hay dos maneras de tratar el omosexualismo de Federico García Lorca, que me parece inevitable. la manera española y latinoamericana esconder cuidadosamente esta inclinación personal de Federico. Hay mucho en esta actitud de respeto al poeta asesinado. Pero también existe el tabú de lo sexual, la herencia eclesiástica del imperio y la colonización española, la hipocresía

Por otra parte han surgido algunos escandalizantes casi siempre reaccionarios que para ocultar el horrendo crimen político arrojan la singularidad erótica de García Lorca como probable causal de su muerte. Esta es una cortina de humo. El fascismo español como el alemán y el italiano fueron especiales exterminadores de intelectuales.

Los nazis en los territorios ocupados masacraron escritores, profesionales, artistas, hombres de ciencia. En Polonia no querían dejar vivos sino unos cuantos miles de polacos de rudimentaria ocupación que pudieran hacer tareas de manuences en la nación diezmada.

amanuences

Los españoles no lo hicieron mal. La persecución a maestros, profesionales, masones, universitarios, alcanzó en Galicia su máxima ferocidad. Las redadas se hacían de noche, buscando letrados que eran acumulados en la plaza de toros de Badajóz, o simplemente fusilados al amanecer en cualquier parte. La pintora gallega Maruja Mallo me contaba que, muerta de frío, dormía a la intemperie en el campo. Así pasó tres meses aterrorizada de que la agarraran. Por la mañana se metía

〈費德里克最後的愛〉以打字機打的局部內容原稿，附加聶魯達的修改筆跡。

\- II -

clandestinamente en su casa. En el camino había tropezado con media docena de cadáveres, los fusilados de aquel amanecer.

García Lorca tenía que ser ejecutado como lo había sido Alberti o Machado si los hubieran cogido. Franco en la única declaración que hizo de su muerte la atribuyó al desorden de los primeros días de la guerra civil. Pero esto queda facilmente desmentido por el largo cautiverio, martirio y muerte del poeta encarcelado Miguel Hernandez. Grandes oportunidades tuvieron de liberarlo. Embajadas, Cardenales y escritores que intervinieron ante el fascismo español no lograron sino prolongar el cautiverio de Miguel Hernandez. Su muerte como la de Federico fué un repugnante asesinato político.

Volviendo a las costumbres íntimas de García Lorca, diré que me ha tocado conocer y tratar a muy pocos homosexuales pero aún después de meses de verme casi todos los días con el poeta en Buenos Aires en 1933 no me daba cuenta de su característica, no podría decir de él que tuviera un encanto femenino. Todas las luces de la inteligencia lo vestían de una manera tan espléndida que brillaba como una piedra preciosa. Su cara gruesa y morena no tenía nada afeminado, su seducción era natural e intelectual. Está probada su homosexualidad, esto lo ví mas tarde. Pero talvez hay también homosexuales felices y homosexuales desdichados. Federico irradiaba la felicidad y en esta copa los deben haber contado sus amores satisfechos.

En Buenos Aires comencé a tener alguna sospecha de su

y lo visible es mas visible en la tristeza.

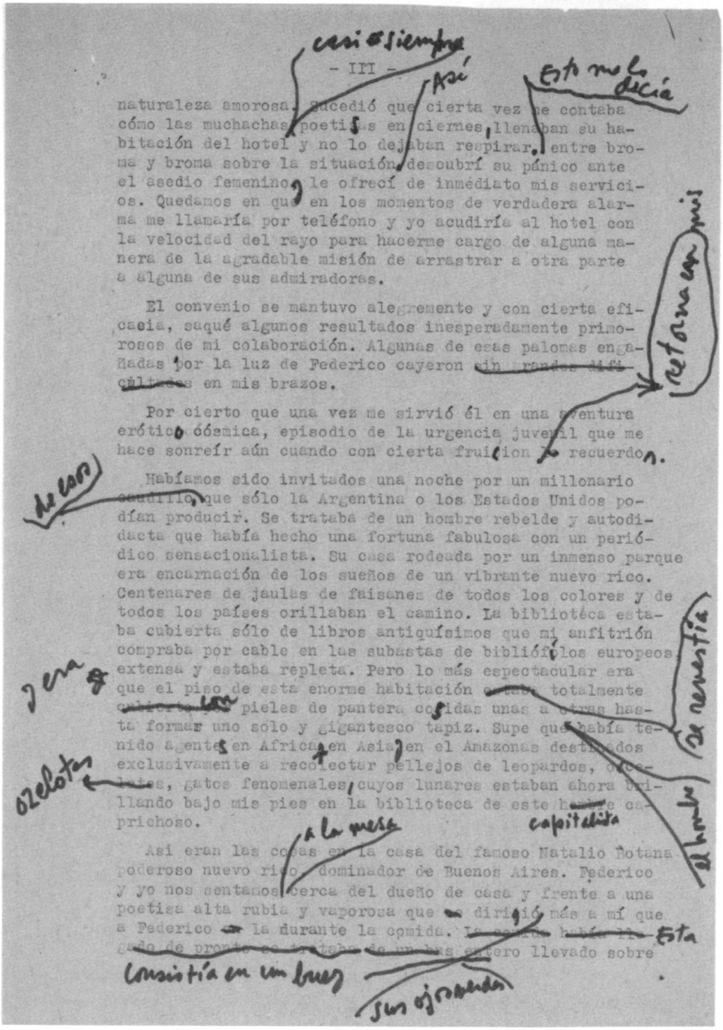

- III -

naturaleza amorosa. Sucedió que cierta vez me contaba cómo las muchachas poetisas en ciernes llenaban su habitación del hotel y no lo dejaban respirar. entre broma y broma sobre la situación descubrí su pánico ante el asedio femenino le ofrecí de inmédiato mis servicios. Quedamos en que en los momentos de verdadera alarma me llamaría por teléfono y yo acudiría al hotel con la velocidad del rayo para hacerme cargo de alguna manera de la agradable misión de arrastrar a otra parte a alguna de sus admiradoras.

El convenio se mantuvo alegremente y con cierta eficacia, saqué algunos resultados inesperadamente primorosos de mi colaboración. Algunas de esas palomas engañadas por la luz de Federico cayeron sin grandes dificultades en mis brazos.

Por cierto que una vez me sirvió él en una aventura erótico cósmica, episodio de la urgencia juvenil que me hace sonreír aún cuando con cierta fruición lo recuerdo.

Habíamos sido invitados una noche por un millonario caudillo que sólo la Argentina o los Estados Unidos podían producir. Se trataba de un hombre rebelde y autodidacta que había hecho una fortuna fabulosa con un periódico sensacionalista. Su casa rodeada por un inmenso parque era encarnación de los sueños de un vibrante nuevo rico. Centenares de jaulas de faisanes de todos los colores y de todos los países orillaban el camino. La bibliotéca estaba cubierta sólo de libros antiquísimos que mi anfitrión compraba por cable en las subastas de bibliófilos europeos. extensa y estaba repleta. Pero lo más espectacular era que el piso de esta enorme habitación estaba totalmente cubierta de pieles de pantera cosidas unas a otras hasta formar uno solo y gigantesco tapiz. Supe que había tenido agentes en Africa en Asia en el Amazonas destinados exclusivamente a recolectar pellejos de leopardos, ocelotes, gatos fenomenales cuyos lunares estaban ahora brillando bajo mis pies en la biblioteca de este hombre caprichoso.

Asi eran las cosas en la casa del famoso Natalio Botana poderoso nuevo rico, dominador de Buenos Aires. Federico y yo nos sentamos cerca del dueño de casa y frente a una poetisa alta rubia y vaporosa que se dirigió más a mí que a Federico en la durante la comida. La comida había llegado de pronto se trataba de un bus entero llevado sobre